21세기 국제질서 맥락으로 이해하기

패권 전환기 속 대한민국의 미래

정하늘 지음

21C

INTERNATIONAL

ORDER

패권 전환기 속 대한민국의 미래

21세기
국제질서
맥락으로
이해하기

국제법질서연구소
SYSTEM FOR INTERNATIONAL LAW AND ORDER

가족들의
인내와 배려에 감사하며

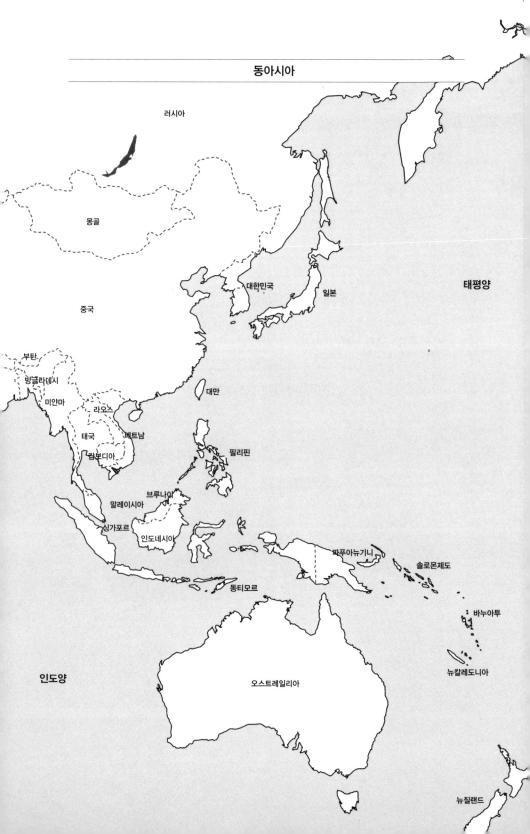

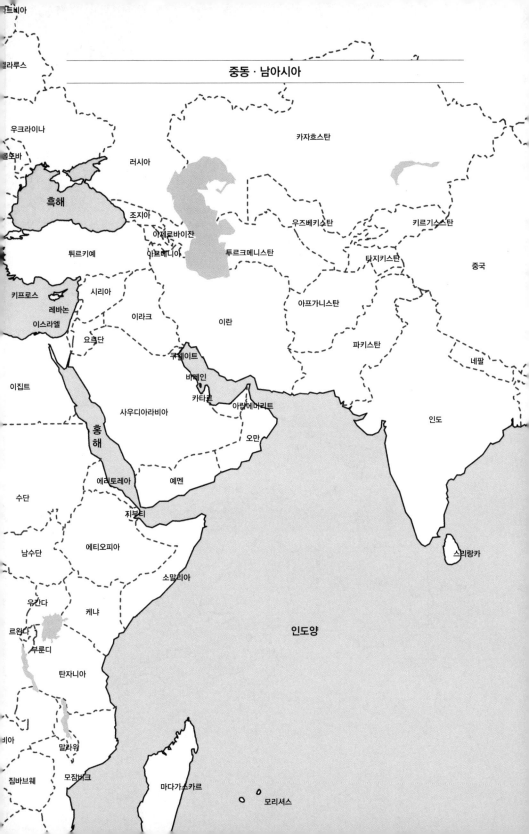

유럽

아이슬란드

대서양

스웨덴

노르웨이

핀란드

에스토니아

러시아

라트비아

덴마크

리투아니아

벨라루스

아일랜드

영국

네덜란드

독일

폴란드

벨기에

체코

우크라이나

슬로바키아

프랑스

스위스

오스트리아

헝가리

몰도바

슬로베니아

루마니아

크로아티아

세르비아

흑해

불가리아

포르투갈

스페인

이탈리아

북마케도니아

알바니아

그리스

튀르키예

튀니지

지중해

키프로스

레바논

이스라엘

리비아

이집트

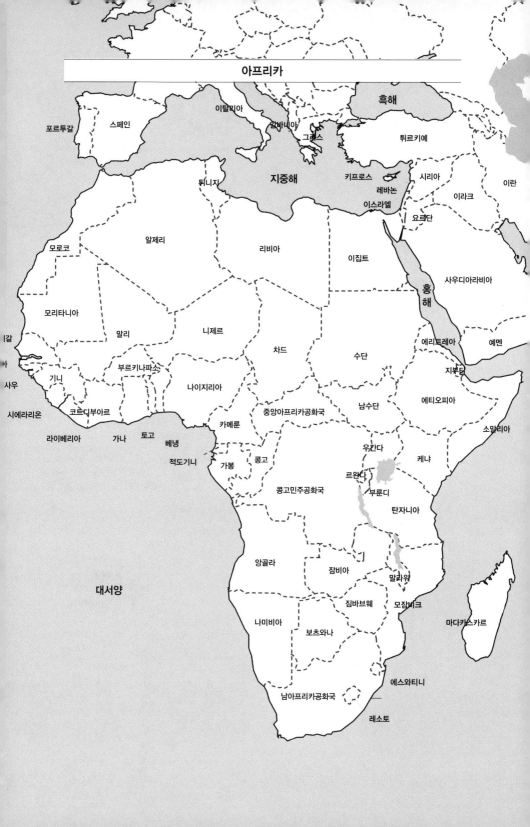

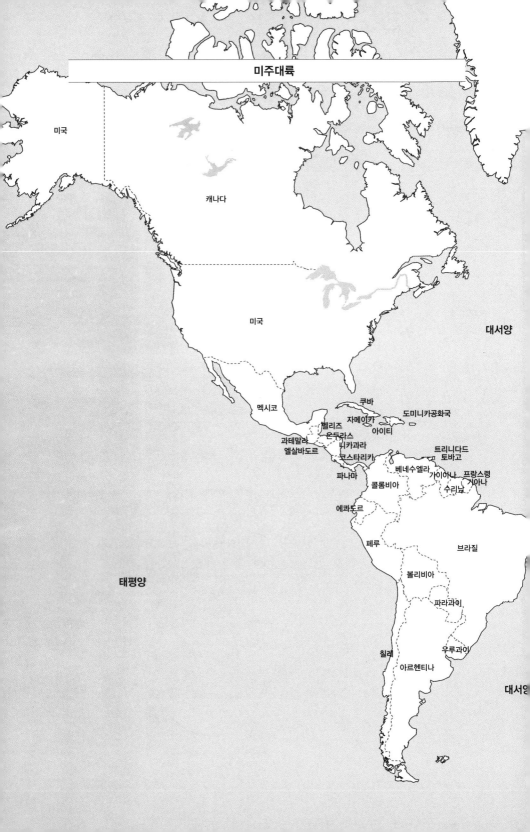

저자가 국제질서에 본격적으로 관심을 가지게 된 시점은 트럼프 대통령의 미국 우선주의가 세계를 뒤흔들던 2017년이었다. 당시 법무법인 세종에서 국제통상 업무를 주로 담당하던 저자에게 국회 입법조사처가 '트럼프 정부의 통상정책'이란 주제로 특강을 요청해왔다. 실무적으로 워낙 논란이 되던 사안이라 강의 내용을 작성하는 것 자체는 수월했다. 문제는 결론부였다: "어째서 트럼프는 WTO 다자무역체제를 망가뜨리는가?"

　미국은 제조업 분야에서의 손해를 감수하는 대신 서비스와 지적재산권 분야에서 이득을 얻기 위해 WTO와 다자무역체제를 설계했다. WTO가 가져다준 자유무역질서 아래에서 미국의 제조산업은 예상대로 큰 피해를 봤지만, 서비스 분야와 첨단산업은 여전히 미국이 주도하고 있었다. 무엇보다 미국의 경제산업 구조는 이미 제조업 단계를 넘어선 상태. 특히 자유무역주의는 미국의 세계 패권과 동전의 양면이라 할 수 있는 '자유주의 국제질서'를 구현하는데 필수적인 기둥이다. 설령 자유무역으로 다소 손해를 본다고 해도, 그것은 현행 국제질서의 궁극적 수혜자인 패권국으로서 기꺼이 부담할 만한 관리비용일 터였다. 그런데 왜?

 가장 직관적인 답안은 자유무역으로 피해를 본 미국 내 제조업 종사자들의 표심을 얻기 위해 자유무역주의를 공격한다고 해석하는 것이었다. 그러나 그냥 그렇게 넘어가기에는 정치적 자산이 전무한 아웃사이더로서 공화당의 주류와 싸워 이기고, 미국 정계를 지배하던 '정치적 올바름'과 민주당마저 꺾고 대통령이 된 트럼프란 인물을 너무 과소평가하는 것 같았다. 고민 끝에 'Make America Great Again'이란 부재로 더욱 알려진 트럼프의 저서 'Crippled America'를 찾아 읽었다. PPT 발표 자료의 마지막 슬라이드, 그것도 한 꼭지를 작성하기 위한 것치곤 품이 과하다는 생각도 들었지만, 오랜만에 실무와 상관없이 찾아온 호기심을 충족하고픈 맘이 컸다. 중간쯤 읽었을 때 문득 뇌리를 스치는 생각이 있었다.

 '혹시 미국이 더 이상 세계 패권을 유지할 수 없다고 생각하는 걸까?'

 아직 동서냉전이 한창이던 1980년대 초중반에 구소련의 엘리트들은 공산권이 냉전에서 확정적으로 패배하였다는 분석을 이미 끝낸 상황이었다고 한다. 미국 역시 세계 패권의 유지 시한에 대해 어느 정도 계산을 끝낸 상황이라도 이상할 건 없었다. 만일 그렇다면 트럼프 대통령의 행보도 이해가 갔다. 어차피 곧 내려놓을 패권의 유효기간을 연장하기 위해 유지 비용을 부담하는 것은 비합리적일 수 있다. 패권을 내려놓더라도 미국은 세계 최강대국일 터, 그렇다면 WTO라는 다자무대를 우회하고 일대일의 양자 관계를 통해 원하는 바를 쟁취하는 쪽이 합리적일지도 모른다.

 고민이 시작되었다. 그때까지 저자의 목표는 국제통상법 분야에서 대가가 되는 것이었다. WTO와 다자무역체제는 국제사회에 역사상 가장 높은 수준의 '법의 지배rule of law'를 확립하였다고 평가받고 있었다. 자유무역은 국가 간에 상호의존도를 높여 전쟁 위험을 줄일 뿐 아니라, 자유민주주의의 확산에도 기여한다. 약육강식의 국제사회에 영구적인 평화를 가져다줄 수 있다고 여겨진 소위 '평화 삼각구도Triangulating Peace'를 결성하기 위한 열쇠를 WTO 다자무역체제가 쥐고 있는 것처럼 여겨지기도 했다. 미국에 도전할만한 유일한 초강대국인 중국도 다자무역체제의 최대 수혜자였기에, WTO의 장래는 밝아 보였다. 그러나 미국이 세계 패권을 내려놓을 준비를 하고 있다는 저자의 가설이 사실이라면, 다자무역체제의 설계자이자 수호자인 미국이 WTO를 저버릴 가능성도 있어 보였다.

때마침 얼마 뒤, 대한민국의 WTO 분쟁을 총괄하는 산업통상자원부 통상분쟁대응과장(공모 당시 통상법무과장) 공개모집 절차가 개시됐다. 막상 지원하자니 가장 걱정되었던 부분은 아무래도 1심에서 막 패소가 결정된 한·일 후쿠시마 수산물 분쟁이었다. 만약 상소심에서 패소가 확정되면 담당과장으로서 책임을 질 각오를 해야 했다. 그러나 트럼프 행정부의 보호무역주의는 거침없이 다자무역체제를 위협하고 있었고, 세계 각국은 그때까지만 해도 견고했던 WTO에 일제히 제소하는 것으로 대응하는 중이었다. 기존의 국제질서가 도전받을 때 가장 먼저 나타나는 현상은 국제분쟁의 증가다. 국가 간에 벌어지는 무역분쟁이 아직은 WTO에서 사법절차를 통해 해결되던 시기, 그야말로 '대大분쟁시대'라 불릴 만큼 WTO 분쟁의 숫자가 급증하는 현황을 최전선에서 직접 겪어보고 싶다는 맘이 컸다.

다행인지 불행인지 대한민국이 당사국이 된 역대 40건의 WTO 분쟁 중 11건이 저자의 50개월 임기 중에 진행되었다. 감사하게도 운이 따라주어 나쁘지 않은 결과를 얻어낼 수 있었고, 2022년 초에 판정이 내려진 한·미 세탁기 세이프가드 분쟁을 끝으로 저자가 맡았던 WTO 분쟁들은 모두 일단락되었다. 초대 통상분쟁대응과장으로서 저자가 맡은 역할도 같이 끝이 났다. 그런 저자의 눈앞에 평생 걷고픈 오솔길이 나타났다. 이 책은 저자가 그 길을 걷기 위해 놓는 첫 번째 징검돌이다.

이쯤에서 고백할 것이 있다. 저자는 국제정치학 전문가가 아니다. 저자의 전문 분야는 법이고, 그중에서도 실무와 학문 양면에서 성취를 얻어냈다고 할 수 있는 분야는 국제법이나 국제경제법 정도이다. 전문 분야에서는 해외 유명 실무 평가기관으로부터 인정도 받았고, 학술상을 수상하였으며, 국내외 유수의 학술지에 논문을 게재하여 세계적으로 권위 있는 매체들에 인용되기도 했다. 뜬금없는 자랑을 늘어놓으려는 것이 아니다. 단지 엄정한 학술 연구에 어느 정도의 완결성과 분석 깊이가 요구되는지 정도는 알고 있고, 이 책이 그 수준에 이르지 못한다는 사실을 객관적으로 인정하려는 것이다. 그런데도 감히 저자가 이 책을 출판하려 용기를 낸 데는 크게 3가지 이유가 있다. 첫째는 이 책이 망라하는 범위가 워낙 넓기에, 모든 관련 내용에 대한 전문성을 가진 개인은 어차피 없을 것이라는 점이었다. 필자가 나름 전문성을 가진 분야도 이 책에 일부 포함되어 있으니, 저술에 필요한 최소한의 자격은 있다고 생각했다. 둘째는 공격적 현실주의 이론의 대가인 존 미어샤이머 교수가 저서 '강대국 국제정치의 비극'의 서문을 통해 강조한 점 때문이다. 미어샤이머에 따르면 "정치 현상을 예측하려는 자는 겸손한 자세로 임해야 하고, 근거 없는 확신을 표시하면 안 되며, 나중에 보았을 때 놀라움과 실수가 있을 수 있다는 점을 인정하여야 한다." 실제로 2022년 2월에 우크라이나 전쟁이 정말 일어날 걸로 예측한 국제정치학자는 많지 않았다. 저자가 이 책을 통해 틀린 예측을 제시하더라도 그것이 곧 결격사유는 아니리라는 자신이 생겼다. 세 번째 이유가 가장 중요한데, 저자가 앞으로 오랜 시간 연구할 '국제법질서'를 본격적으로 탐구하기에 앞서 '국제질서'를 체계적으로 이해할 필요가 있었기 때문이다. 국제법에 관해서는 어느 정도 이론과 실무적 기초를 닦은 상태였지만, 국제질서에 관한 이해는 부족했다. 이 책을 저술하는 과정에서 저자 나름대로 국제질서에 관한 이해의 틀을 구성할 수 있었다.

저자가 가진 여러 한계를 고려하여 이 책은 처음부터 일반서 또는 교양서를 목표로 쓰였다. 아마도 적지 않은 오류가 있을 것이다. 패권 전환기가 급물살을 타면서 국제정세가 변화하는 속도도 너무나 빨라졌다. 이 책의 집필을 시작할 당시에는 당연하지 않았던 내용 중에 이제는 너무나 당연해진 부분도 많고, 그때는 당연했던 내용 중 더 이상 유효하지 않게 된 부분도 있다. 앞으로도 한동안은 정세의 변화 속도가 계속 빨라질 것으로 예상된다. 이 책에 담긴 지식과 사례, 분석 가운데서도 시시각각 바뀌는 정세의 흐름에 밀려 유효하지 않게 될 것들이 많을 것이다. 그러나 이 책의 가치는 세부적인 분석이나 방법론적 연구에 있지 않다. 이 책의 가치는 국제질서에 관한 포괄적인 정보와 사례, 통찰을 하나의 '맥락'으로 엮어낸 데 있다. 나아가 21세기 국제질서에 대한 맥락적 이해contextual understanding를 제공함으로써 독자 개개인이 급변하는 국제정세를 읽기 위한 자신만의 시각을 개발하도록 돕는 데 의의가 있다. 적어도 그런 측면에서는, 이 책은 읽는 모든 이에게 도움이 될 수 있을 것이라 믿는다. 이 책의 내용이나 시각에 동의하든, 동의하지 않든지 말이다.

끝으로 가족들에게 고마운 마음을 전해야겠다. 수산물 분쟁 상소심 결과를 몇 주 앞둔 어느 날, 당시 임신 중이었던 아내와 산책하다가 공직을 그만두게 되면 새로운 길을 가보고 싶다고 양해를 구했던 기억이 난다. 어찌 보면 허황된 계획을 이해해주고 인내로 격려해준 가족들에게는 그 어떤 말로도 충분한 감사를 표할 수 없다. 물심양면 지원해주시고 또 매사에 노심초사 염려해주시는 아버지 어머니의 은혜는 아무리 애를 써도 다 갚을 길이 없을 것이다. 믿어주신 장인어른과 한결같은 자애로 지지해주신 장모님께도 진심으로 감사의 말씀을 올린다. 사랑하는 아내와 딸아이에게는 말이 아닌 행동으로 고마움을 전하는 것이 도리일 것이다. 아내의 믿음과 배려가 없었다면 이 책은 세상에 나올 수 없었다.

무엇보다, 언제나 내 삶에 등불이 되어주시는 주님께 감사드린다.

CONTENTS

지도 … 6
서문 … 11
약어표 … 24

| 제1장 | 이 책을 읽어야 하는 이유 … 27

| 제2장 | 패권의 역사, 그리고 질서의 진화 … 41

| 제3장 | 팍스 아메리카나와 자유주의 국제질서 … 137

| 제4장 | 미·중 패권 경쟁의 시대 … 207

| 제5장 | 우크라이나와 대만해협 … 311

| 제6장 | 패권국이 없는 세계 … 369

| 제7장 | 남은 21세기의 국제질서 … 529

| 제8장 | 갈림길에 선 대한민국 … 563

| 제9장 | 맺는말 … 629

참고 문헌 … 637

상세 목차

지도 … 6
서문 … 11
약어표 … 24

| 제1장 | **이 책을 읽어야 하는 이유**

01. 급변하는 세계 … 29

1980년대 서울
2018년 서울
그리고 현재

02. 세계는 분열되고 있다 … 34

변화하는 국제질서
과도기 속 기로(岐路)에 선 대한민국

| 제2장 | **패권의 역사, 그리고 질서의 진화**

01. 소개 … 43

02. 인간의 본성과 인간의 이상 … 46

패권주의와 자유주의
자유주의 사상의 본질
자유주의와 국제사회의 이상향
자유주의 국제질서의 이론적 토대
이상과 현실의 차이

03. 힘의 균형 위에 세워진 질서와 평화, 그리고 붕괴 … 62

영국과 러시아의 '그레이트 게임'
비스마르크와 통일 독일제국의 등장
파국의 씨앗

04. 제1차 세계대전과 자유주의 국제질서의 시도, 그리고 실패 … 71

전쟁의 경과
종전과 구질서의 붕괴
자유주의 이상 구현을 위한 시도
국제연맹의 실패와 자유주의 이상의 한계

05. 제2차 세계대전과 구시대의 종말 … 82

전쟁의 배경
전쟁의 발단
전쟁의 경과
종전과 새로운 패권 질서의 부상

06. 동서냉전의 시대 … 104

양극화된 패권
핵무기 경쟁
이념 경쟁
경제 경쟁
냉전기의 국제질서
냉전의 경과와 종결

| 제3장 | **팍스 아메리카나와 자유주의 국제질서**

01. 미국의 세계 패권과 자유주의 국제질서 … 139

'팍스 아메리카나'의 이해
마침내 현실에 구현된 자유주의 국제질서
자유주의 국제질서의 성격
세계화와 통합된 세계

02. 자유주의 국제질서를 지탱하는 힘 … 153

미국의 패권적 힘
다자주의로 뭉친 국제사회

03. 자유주의 국제질서의 빛과 그늘 … 164

역사상 가장 평화로운 시기
미국 일방주의와 자유주의 국제질서의 패권성
역사상 가장 풍요로운 시기
세계화와 신자유주의의 그림자

04. 팍스 아메리카나의 황혼 … 176

9·11 테러와 테러와의 전쟁
2008년 금융위기
도널드 트럼프의 등장과 미국 우선주의
정치 양극화와 민주주의의 위기
2021년 아프가니스탄 철수

| 제4장 | 미·중 패권 경쟁의 시대

01. 미·중 패권 경쟁의 올바른 이해 ⋯ 209

02. 중국의 굴기(屈起) ⋯ 211

중화(中華) 백 년의 기연이 된 WTO 가입
기지개를 켜기 시작한 거인
패권을 향한 선전포고

03. 미·중 무역분쟁 ⋯ 224

분쟁의 배경
WTO 체제의 한계
트럼프 행정부의 대중(對中) 무역분쟁
바이든 행정부가 계승한 미·중 무역분쟁
글로벌 가치사슬의 단절과 글로벌 공급망의 분절
경제제재의 시대와 자유무역질서의 종말

04. 미·중 기술 경쟁 ⋯ 244

중국의 기술 굴기
4차 산업혁명과 기술 패러다임의 전환
중국의 반도체 산업을 정조준한 미국의 수출통제

05. 미·중 안보, 군사 경쟁 ⋯ 258

아직은 절대적인 격차
미·중 핵무기 경쟁]
인도·태평양에서 벌어지는 지정학적 경쟁

06. 미·중 패권 경쟁의 결과 ⋯ 268

중국은 세계패권국이 될 수 있을까?
중국은 미국과 양극체제를 형성할 수 있을까?
중국은 21세기에 미국을 제치고 세계 최강대국이 될 수 있을까?
중국은 미국의 세계 패권을 해체할 수 있을까?

07. 해체되는 미국의 세계 패권 ⋯ 290

제도적 패권의 약화
반미연대와 글로벌 사우스의 발호
달러 패권의 약화

08. 전환기의 평화를 위협하는 변수 ⋯ 300

| 제5장 | **우크라이나와 대만해협**

01. 불길한 변수 ⋯ 313

02. 우크라이나 전쟁과 도미노 효과 ⋯ 315

전쟁의 배경
전쟁의 경과
우크라이나 전쟁의 함의
우크라이나 전쟁의 향방
우크라이나 전쟁과 대만해협

03. 미·중 패권 경쟁의 잠재적 승부처가 된 대만해협 ⋯ 342

대만해협에서의 미·중 군사 대치 상황
미국의 전략
대만의 대응
침공 가능성과 침공 시점
전쟁을 피하기 위한 노력

04. 우크라이나와 대만, 그리고 한반도 ⋯ 362

단기적 영향
중장기적 영향

| 제6장 | **패권국이 없는 세계**

01. 불안정한 세상 ⋯ 371

잠재적 지역 패권국의 발호
'힘의 균형'을 맞추기 위한 노력
날로 심화하는 군비경쟁
산업정책, 새 시대를 관통하는 키워드

02. 미국의 선택과 미래 ⋯ 383

고립주의의 대두
패권국의 퇴장과 최강대국의 귀환
미국의 대외 균형 전략과 억지력

03. 중국에 맞서는 미국의 동맹들 ⋯ 396

미국의 가장 긴밀한 동맹 세력: 파이브 아이즈/영미동맹
동상이몽에서 깨어난 필리핀
서태평양의 대항마 일본

04. 최후의 이상주의자, 유럽의 도전 … 413

분열에서 통합으로
유럽의 한계
공동의 외적 앞에 뭉치는 유럽
유럽의 전략적 자율성
다극화되는 국제질서 속 유럽의 이상주의적 노력

05. 이해관계로 뭉친 반미연대 … 433

반목의 역사를 공유하는 세 나라
상호보완을 위한 반미연대
최강대국에 맞서는 두 초강대국의 합종연횡
반미연대의 아킬레스건

06. 시대의 흐름은 '글로벌 사우스'로 … 459

글로벌 사우스를 찾아온 기회
반미(反美)가 아닌 탈미(脫美)
글로벌 사우스의 도전과 자원 민족주의

07. 글로벌 사우스의 각자도생 … 471

중남미
동남아시아
중동
아프리카

08. 패권을 꿈꾸는 과거의 제국 … 506

인도양의 패자가 될 숙명을 타고난 인도
오스만 제국을 계승하려는 튀르키예
패권 지향적 균형 외교

| 제7장 | **남은 21세기의 국제질서**

01. 현상 진단 … 531

자유주의 국제질서의 종언
패권 질서의 전환기

02. 남은 21세기의 국제질서는 무엇이 될까? … 539

규칙 기반 국제질서와 다극적 국제질서, 그리고 천하질서
자유주의 국제질서의 유일한 대안

03. 다자주의의 미래 … 548

다극화된 세상의 다자주의
21세기 다자주의의 한계
그래도 포기할 수 없는 다자주의

| 제8장 | **갈림길에 선 대한민국**

01. 한반도 역사와 동북아시아 국제질서 … 565

중화(中華)의 중력 속에 살았던 이천 년
팍스 시니카의 종언과 실기(失期)의 대가
일제 강점기와 반일 정체성의 대두
반으로 쪼개진 나라의 비극
동서 냉전기 자유 진영 속의 대한민국
자유주의 국제질서 속의 대한민국

02. 변화하는 국제질서 속의 대한민국 … 585

오늘날 한반도의 지정학적 환경
미·중 패권 경쟁 속 대한민국이 마주한 딜레마
앞으로 5년 또는 길어야 10년 안에 결정될 대한민국의 미래

03. 대한민국의 대전략 … 600

대한민국의 단기 전략
대한민국의 중장기 전략
실타래같이 얽힌 북한 문제

04. 대한민국의 숙제 … 620

| 제9장 | **맺는말**

참고 문헌 … 637

| 약어표 |

반덤핑협정	1994년도 상품무역에 관한 일반협정 제6조의 이행에 관한 협정(Agreement on Implementation of Article VI of the General Agreement on Tariffs and Trade 1994)
보조금협정	보조금과 상계조치에 관한 협정(Agreement on Subsidies and Countervailing Measures)
브릭스	BRICS(Brazil-Russia-India-China-South Africa)
세이프가드 협정	세이프가드에 관한 협정(Agreement on Safeguards)
연준	미국 연방준비제도(Federal Reserve System)
A2/AD	반(反)접근·지역 거부 전략(anti-access, area denial)
AIIB	아시아 인프라 투자은행(Asian Infrastructure Investment Bank)
ASEAN	동남아시아 국가 연합(Association of Southeast Asian Nations)
AU	아프리카연합(African Union)
BIS	미국 산업안보국(Bureau of Industry and Security)
CIPS	위안화 국제결제시스템(Cross-Border Interbank Payment System)
CISG	국제물품매매계약에 관한 UN 협약(United Nations Convention on Contracts for the International Sale of Goods)
CDO	부채담보부증권(Collateralized Debt Obligation)
CMF	연합해군사령부(Combined Maritime Forces)
COCOM	대공산권 수출통제 위원회(Coordinating Committee on Multilateral Export Controls)
CSTO	집단안보 조약기구(Collective Security Treaty Organization)
DF-21D	둥펑(东风) 21D
DSU	WTO 분쟁해결양해(Understanding on Rules and Procedures Governing the

	Settlement of Disputes)
EAR	수출관리규정(Export Administration Regulation)
EC	유럽공동체(European Community)
ECSC	유럽석탄철강공동체(European Coal and Steel Community)
EEC	유럽경제공동체(European Economic Community)
EEZ	배타적 경제수역(Exclusive Economic Zone)
EPC	유럽정치공동체(European Political Community)
EU	유럽연합(European Union)
FTA	자유무역협정(Free Trade Agreement)
GATT	관세 및 무역에 관한 일반협정(General Agreement on Tariffs and Trade)
GCC	걸프협력회의(Gulf Cooperation Council)
GDP	국내총생산(Gross Domestic Product)
GNP	국민총생산(Gross National Product)
GVC	글로벌 가치사슬(Global Value Chain)
ICC	국제형사재판소(International Criminal Court)
IEC	국제전기기술위원회(International Electrotechnical Commission)
IMF	국제통화기금(International Monetary Fund)
INF 조약	중거리핵전력조약(Intermediate-Range Nuclear Forces Treaty)
IPEF	인도·태평양 경제 프레임워크(Indo-Pacific Economic Framework)
IS	이슬람국가(Islamic State)
ISDS	투자자-국가 분쟁(Investor-State Dispute Settlement)
ISO	국제표준화기구(International Organization for Standardization)
IT	정보기술(Information Technology)
ITU	국제전기통신연합(International Telecommunication Union)
JCPOA	포괄적 공동행동 계획'(Joint Comprehensive Plan of Action)
LGFV	지방정부 융자기구(Local Government Financing Vehicles)
MAD	상호확증파괴(Mutually Assured Destruction)
MAGA	미국을 다시 위대하게(Make America Great Again)
MD	미사일 방어(Missile Defense)
MERCOSUR	남미공동시장(Mercado Común del Sur)
MPIA	다자간 임시상소중재약정(Multi-Party Interim Appeal Arbitration Arrangement)
NAFTA	북미자유무역협정(North American Free Trade Agreement)
NASA	국립항공우주국(National Aeronautics and Space Administration)
NATO	북대서양조약기구(North Atlantic Treaty Organization)
NGO	비정부기구(Non-Governmental Organization)
NPT	핵확산방지조약(Non Proliferation Treaty)
OFAC	해외자산통제국(Office of Foreign Assets Control)

OECD	경제협력개발기구(Organization for Economic Cooperation and Development)
OPEC	석유수출국기구(Organization of Petroleum Exporting Countries)
PC	정치적 올바름(Political Correctness)
PSI	대량파괴무기 확산방지구상(Proliferation Security Initiative)
R&D	연구개발(Research and Development)
R2P	보호의 의무(Responsibility to Protect)
SCO	상하이협력기구(Shanghai Cooperation Organization)
SWIFT	국제은행간통신망(Society for Worldwide Interbank Financial elecommunication)
THAAD	고고도 미사일 방어시스템(Terminal High Altitude Area Defense)
TPP	환태평양동반자협정(Trans-Pacific Partnership Agreement)
UCP	신용장에 관한 통일규칙 및 관례(Uniform Customs and Practice for ocumentary Credits)
UN	국제연합(United Nations)
UNFCCC	기후변화에 관한 UN 기본협약(UN Framework Convention on Climate Change)
UN 안보리	국제연합 안전보장이사회(UN Security Council)
USMCA	미국-멕시코-캐나다 협정(US-Mexico-Canada Agreement)
USTR	미국 연방무역대표부(United States Trade Representative)
WHO	세계보건기구(World Health Organization)
WMD	대량파괴무기(Weapons of Mass Destruction)
WTO	세계무역기구(World Trade Organization)
VER	수출자율규제(Voluntary Export Restraint)

제1장

이 책을
읽어야 하는
이유

만일 그대에게 전략이 없다면,
그대는 다른 누군가의 전략의 일부다.

If you don't have a strategy,
you're part of someone else's strategy.
—

앨빈 토플러
(Alvin Toffler, 1928~2016)

01 급변하는 세계

1980년대 서울

1980년대의 어느 날. 당신은 대한민국의 수도 서울특별시에 있다. 길을 걷다 보니 배가 출출하다. 80년대를 사는 당신은 십중팔구 주린 배를 안고 그저 걸음을 재촉하겠지만, 혹시 주머니 사정이 넉넉한 날이라면 떡볶이나 순대, 붕어빵 등을 사 먹을지도 모른다. 겨울이라면 호빵이나 군고구마 정도가 추가되겠지. 패스트푸드? 그런 건 없다. 치킨, 피자, 햄버거… 전부 신문물이다. '켄터키 후라이드치킨'은 1984년도에야 종로에 1호점을 열었고, '피자헛'은 1985년도에 이태원에 1호점을 열었다. 세계화의 척도라는 '맥도날드'조차 1986년에야 압구정동에 1호점을 열었다. 식당에 가든 시장에 가든, 수입 식자재로 만든 음식은 좀처럼 찾아볼 수 없다. 신토불이身土不二란 사자성어는 아직 유행하지도 않았다.

식료품뿐이 아니다. 의복이든 가전제품이든 자동차든 '외제'란 단어는 고급 또는 고가란 단어와 동의어다. 외제가 좋은 거야 다들 알지만, '미제' 포드 자동차 한 대를 살 돈이면 대치동에서 30평대 은마아파트 2채를 살 수 있다. 그림의 떡이다. '일제'는 수입이 금지된 품목이 많아 그나마도 구하기가 하늘의 별 따기다. 어쩌다 일본에 방문할 일이 있으면 '코끼리 전기밥솥'은 꼭 사와야 한다. 참고로 해외여행이 자유롭지 않기 때문에 '어쩌다 방문할 일'은 좀처럼 생기지 않는다. 1983년에야 순수한 관광 목적의 일반인 해외여행이 허용되기 시작했다. 그것도 50세 미만의 국민은 아예 대상군에서 제외됐고, 50세 이상도 당시 돈으로 200만 원이란 거금[1]을 예치해야 연 1회의 해외여행이 허용됐다. 우리 국민에게 해외여행이 전면적으로 허용된 것은 동서냉전이 끝자락에 이른 1989년이었다. 다만 유럽에라도 한 번 갈라치면 비행기를 타고 동쪽으로 태평양을 건너 미주대륙으로 갔다가, 미주대륙을 횡단한 뒤 다시 대서양을 건너야만 한다. 그냥 서쪽으로 유라시아를 가로지르면 되지 않냐고? 그러다 소련 영공에라도 침범하면 민간 항공기라도 격추될 수 있다. 실제로 대한항공 여객기가 1978년과 1983년에 실수로 소련 영공에 진입했다가 격추되기도 했다.

세계의 절반은 소위 '자유 진영', 그리고 다른 절반은 공산주의 이념에 의해 통치되던 소위 '공산권'에 속해 있다. 양측 어디와도 동맹 관계를 맺지 않은 나라들도 있지만, 대한민국은 미국이 주도하는 자유 진영에 속해 있다. 대한민국과 공산권 간에는 교류가 없다. 비즈니스? 1980년대만 해도 공산권으로 분류되던 20~30개 국가와는 사실상 아무런 거래도 할 수 없었다. 1986년도 한 해 동안 대한민국과 공산권 국가와의 거래는 중국으로부터 미화 7만 5천 달러어치 광물을 수입한 거래 단 1건이 전부였다.[2] 그렇다고 자유 진영에 속하는 나라들과의 교류가 자유로운 것도 아니다. '외제'는 무조건 귀하다. 문화 상품은 더욱 그렇다. 정식으로 배급되는 몇몇 할리우드 영화를 제외하면 다른 나라의 대중문화를 접할 길은 흔치 않다. 외국 문화를 접하기 위해서는 해적판이라 불리는 불법 복제품(레코드, 카세트테이프, 비디오 등 등…)을 구하는 수밖에 없다. 그나마 해적판을 파는 노점상들을 서울 길거리 어디에서나 쉽게 찾아볼 수 있다는 점이 다행이랄까.

2018년 서울

시계를 빨리 감아 서기 2018년의 대한민국 서울로 가보자. 도로에 보이는 자동차 네다섯 대 중에 한 대는 외제차다. 길거리에는 온갖 외국 상표가 넘쳐난다. 상점에는 수입 제품이 너무 많아 국산을 찾기가 어려울 지경이다. '직구'라고 해서 원하는 상품을 외국에서 직접 구매하는 행위도 일상이 된 지 오래다. 침대에 누워서 손가락을 몇 번만 까딱이면 생전 들어보지도 못한 나라에서 상품을 구매하고 대금을 결제할 수 있다. 음식점에 가면 대부분의 원산지 표기에 수입 식자재가 포함되어 있다. 패스트푸드는 식상해서 급할 때만 찾는 편이지만, 그래도 식후 커피 한 잔은 스타벅스가 최고다. 최근 들어 외국에서 유명하다는 셰프들이 너도나도 서울에 레스토랑을 여는 거 같다. 돈만 있으면 세계 각국의 음식을 언제든지 사 먹을 수 있다. 마트에 가도 수입 과일과 고기, 식료품이 넘쳐난다. 집에서 스테이크를 구워 먹고 싶으면 스마트폰을 켜서 고든 램지 같은 유명 서양 셰프가 올린 조리법을 따라 하면 된다. 요즘엔 저 멀리 아제르바이잔이란 나라에 사는 유튜버가 올린 '쿡방'이 인기다. 엇! 내가 즐겨찾기 해놓고 종종 시청하던 외국 뮤직비디오가 저작권자 요청으로 유튜브에서 게시 중단되었다고 한다. 뭐 괜찮다. 같은 이름으로 다시 검색하니 1초도 안 되어 원저작권자가 직접 올린 공식 뮤직비디오가 뜬다. 저작권을 존중해야지, 암.

뮤직비디오를 보면서 거리를 걷다 보니 중국인 관광객이 길을 묻는다. 중국은 대한민국의 최대 무역 상대국이 된 지 오래다. 다만 '사드THAAD' 사태 이후로 중국인 관광객 숫자는 좀 줄어든 것 같다. 대신 동남아시아에서 온 관광객들의 숫자가 늘어났다. 마침 내일은 유럽으로 해외여행을 떠나는 날이다. 시베리아 상공을 지날 때쯤에 창문을 열고 끝도 없이 펼쳐진 하얀 설원雪原을 한 번 내려다봐 주면 힐링이 된다. 여행 준비는 여권과 필수품, 현지에서 멋 부릴 옷들만 챙기면 된다. 환전? 한국에서 사용하는 카드나 스마트폰이 그대로 통용되는데 굳이 현금을 많이 들고 갈 필요가 없다. 외국 어디에서든지 이동할 때는 우버를 타고, 길 찾기는 구글맵을 이용하면 된다.

뭐, 도널드 트럼프라는 사람이 미국 대통령에 당선되더니 미국과 중국 간에 무역전쟁이 벌어지고 우리나라가 미국에 수출하는 상품에도 반덤핑이니 상계관세니 하는 것들이 엄청나게 부과된다는 기사를 읽은 것도 같다. 그래도 세계무역기구"WTO," World Trade Organization라는 곳에 제소하면 해결된다는 모양이다. 그동안은 미국 말고 다른 나라에 수출하면 되겠지? 어차피 세계는 다 연결되어 있으니까.

그리고 현재

자, 이제 현재로 돌아와 보자. 2020년에 시작된, 코로나19라는 팬데믹 탓에 2022년까지는 해외여행이 아예 금지됐었다. 간신히 코로나19가 끝나 여행을 계획했더니, 이번엔 우크라이나에서 전쟁이 터졌다고 한다. 러시아 영공이 폐쇄되어서 미국이든 유럽이든 가려면 우회 항로를 이용해야 한다. 거기에 러시아가 무슨 국제결제망에서 퇴출당했다는데, 그 탓인지 러시아에 있는 상인에게 대금을 지급하고 상품을 구매하는 게 어려워졌다. 2022년 겨울에는 러시아산 가스 수입이 제한된 탓에 가스값이 폭등해 전국적인 대란이 일어났다. 우크라이나 전쟁 때문인지 아니면 범세계적인 인플레이션 때문인지는 모르겠지만, 기름이나 밀가루, 빵 가격도 하루가 다르게 오르고 있다. 중국과 미국의 무역전쟁이 점점 심해지고 있다는 뉴스는 일상적인 것이 되었다. 우리나라도 중국에 반도체를 팔기 어려워지고 있다는 얘기가 들린다. 중국에 진출한 기업들이 대거 철수하게 될 수 있다는 소식도 들린다. WTO? 이젠 큰 의미가 없다고 하던데?

뉴스에서 전쟁 이야기를 듣는 것도 일상이 됐다. 우크라이나에서 전쟁 중인 러시아가 핵전쟁이 벌어질 수 있다고 경고하는가 하면 중국이 대만을 침공할 수 있다는 얘기도 들린다. 잊을만하면 미사일을 쏘고 핵실험을 하는 북한도 신경 쓰인다. 그런가 하면 아프리카에서는 연례행사처럼 내전이니 쿠데타가 일어났다는 소식이고, 내가 좋아하는 '쿡방'의 나라 아제르바이잔이 아르메니아란 나라와 전쟁을 한다는 뉴스가 들리는가 싶더니 또 얼마 전에는 한동안 잠잠하나 싶던 중동의 이스라엘에서 전쟁이 터졌다고 한다. 인터넷이나 신문에서는 매일 같이 미·중 패권 경쟁이니, 인도·태평양 전략이니, 글로벌 공급망 재편이니, 반도체 수출통제니, 국제질서의 변화니, 신냉전이니 하면서 시끄럽다. 최근 몇 년 사이에 갑자기 세상이 왜 이리 변한 걸까? 그래도 조금만 지나면 세상은 다시 조용해지고 원래대로 돌아가겠지?

안타깝지만, 이 질문에 대한 답은 '아니오'일 가능성이 크다.

02 세계는
분열되고 있다

변화하는 국제질서

1980년대의 세상과 2018년도의 세상을 비교할 때 두드러지는 차이점은 단연 세계의 '통합'이다. 2018년의 세계가 1980년의 세계보다 더욱 통합되었다는 점에는 이견의 여지가 없다. 흔히들 '세계화globalization'라 불리는 범세계적 통합이 2018년경의 수준까지 이뤄진 시기는 인류 역사상 단 한 차례도 없었다. 어딜 가든 수입 상품을 접할 수 있었다. 바다에서는 거대한 화물선들이 가장 짧은 항로로 24시간, 365일 내내 물품을 운송했다. 돈만 있으면 얼마든지 해외여행을 갈 수 있었다. 여행객들이 탄 비행기들은 최단거리 항로로 사람들을 실어 날랐다. 언제 어디서나 스마트폰을 켜면 전 세계에 공통으로 제공되는 각종 서비스를 국경의 제한 없이 이용할 수 있었다. 구글맵이나 우버는 여행객들의 필수 앱이었다. 비즈니스도 마찬가지였다. 북한이나 이란, 시리아 등 국제사회에 의해 제재 대상으로 지정된 일부 국가들을 제외하면 외국과의 무역에는 아무런 제약이 없었다. 전 세계 모든 나라로부터 물건을 구매할 수 있었고, 전 세계를 대상으로 물건을 팔 수 있었다. 2020년경 우리나라의 최대 교역국은 중국이었다.[3] 러시아로부터 수입한 원재료도 엄청났다. 거래 상대를 정할 때는 경제적 효율성이 가장 중요했다.

이렇듯 세계를 통합시킨 힘은 무엇이었을까? 정보통신 혁명에 따른 기술의 발전? 물론 기술의 발전도 중요하다. 기술의 발전은 개개인의 영향력을 여러 평면에서 증강하고, 증대된 개개인의 영향력은 세계 통합을 가속한다. 그러나 기술의 발전이 세계 통합 그 자체를 이뤄낸 것은 아니다. 지난 30여 년간 우리가 겪은 세계적 통합은 사실 현행 국제질서의 산물이다. UN, WTO, IMF, OECD, SWIFT, UCP, ISO, ISDS… 누구나 한 번쯤 들어봤을 이런 영문 약어들은 국제사회에서 운용되는 다양한 체제와 제도를 상징한다. 국제사회의 여러 체제regime는 국가 간의 합의나 동의, 협력으로 구성된다. 체제 안에 조직된 제도institution는 회원국으로부터 권한을 위임받아 독립적으로 운영되는 국제기구international organization[4]에 의해 주로 관리된다. 세계의 통합은 국제적인 체제와 제도, 기관을 중심으로 지난 30여 년간 세계화가 꾸준히 진행되었기 때문에 가능했다. 그런데 세계의 통합은 최근 몇 년 사이 느려지거나 멈추었고, 심지어 여러 방면에서 후퇴하고 있다. 지난 30여 년간 누렸던 것과 같은 통합된 세상이 향후 수십 년간 돌아오지 않을 가능성도 있어 보인다. 그 이유는 오늘날 국제질서가 변화하고 있기 때문이다.

국제적인 체제와 제도는 국제사회의 복잡한 역학관계와 그에 기초해 자리매김한 국제질서에 힘입어 작동한다. 그간 국제적인 체제와 제도가 꾸준히 작동할 수 있었던 것은, 저변에 깔린 국제질서가 안정적이었기 때문이다. 국제질서가 안정적일 수 있었던 것은 그동안 국제사회의 역학관계가 공고했기 때문이다. 바꾸어 말하면 국제사회의 역학관계가 흔들리면 그 위에 세워진 국제질서도 위태로워지고, 국제질서가 흔들리면 국제적인 체제와 제도도 더는 작동하지 않게 될 수 있다는 뜻이다. 그렇게 되면 범세계적인 통합은 더이상 진행되지 않을 것이다. 변화된 역학관계가 다시 균형을 찾아가기까지 혼란의 시대가 계속될 것이다. 혼란이 끝난 뒤 정립될 새로운 질서가 어떤 모습일지는 아무도 확신할 수 없다. 현재의 질서가 무너진 세상에서는 지금까지 우리가 당연하게 생각했던 것들이 더 이상 당연하지 않을 수 있기 때문이다.

앞서 이 책은 1980년대를 '과거의 기준점'으로 제시하였다. 1980년대는 제2차 세계대전 이후 수십 년간 이어진, 동서냉전 시대Cold War era의 국제질서가 유지되던 마지막 시기였다. 2018년도는 과거 및 미래와 비교하기 위한 '중간 기준점'으로 제시되었다. 2018년은 소련과 공산권의 붕괴로 도래한 탈냉전 시대Post-Cold War era의 국제질서에 명백한 균열이 발생하기 시작한 시점이었다. 탈냉전과 함께 본격화된 세계화가 정점을 지났다는 사실이 명백해진 시점이기도 했다. 당신이 이 책을 읽고 있는 오늘날의 세상과 2017~2018년의 세상을 비교해 보라. 그사이 얼마나 많은 변화가 일어났는지를 떠올려보라. 자유롭게 오고 갈 수 없는 나라가 늘어나고 있다. 자유롭게 거래할 수 없는 나라가 늘어나고 있다. 자유롭게 사고팔 수 없는 기술과 상품이 늘어나고 있다. 자유롭게 항행할 수 없는 하늘도 늘어나고 있다. 바다는 아직 상대적으로 자유롭지만, 주요 항로들의 안정은 날로 위태로워지고 있다.

만일 당신 눈에 이러한 변화가 보이지 않는다면, 그것은 변화의 물결이 아직은 당신이 서 있는 곳까지 이르지 않았기 때문일 것이다. 기존 체제의 관성이 남아 있다는 방증이기도 하다. 그러나 기존 체제의 동력을 만들어내던 제도와 기관들은 이미 만신창이가 됐다. 자유무역을 보장하던 WTO는 더 이상 온전히 기능하지 않는다. 세계의 평화를 보장하던 국제연합"UN," United Nations 의 집단적 안전보장 기능은 사실상 유명무실해졌다. 그 외에도 수많은 국제제도와 국제기구가 훼손됐고, 앞으로 더욱 훼손될 예정이다. 지난 30여 년간 세계화와 통합된 세계를 이룩한 국제사회의 체제와 제도, 기관이 치명상을 입은 가운데 기존 국제질서에 도전하는 세력과 이에 응전하는 세력 간의 갈등은 날로 첨예해져 가고 있다. 점차 커지는 이 균열이 복원될 기미는 보이지 않는다.

이대로라면 기존의 국제질서가 해체되는 것은 기정사실일 것이다.

과도기 속 기로岐路에 선 대한민국

우리는 복잡한 세상 속에서 허덕이며 하루하루 살아가고 있다. 포털의 1위를 차지하는 굵직한 뉴스들조차 몇 시간을 버티지 못하고 숨 가쁘게 교체되는 세상이다. 땅을 밟고 살아가는 인간이 지구의 자전과 공전을 느끼지 못하듯이, 변화무쌍한 시류 속에 살아가는 우리가 세상을 움직이는 큰 흐름을 감지하고 또 이해하기란 쉬운 일이 아니다. 그러나 적어도 한 가지만큼은 이 책을 읽는 모두가 암암리에 느끼고 있었으리라 믿는다. 바로 나라 밖 사건들이 우리 삶에 미치는 영향력이 점차 커지고 있다는 사실 말이다.

모든 나라들이 직간접적으로 연결된 현대 사회에서는 나라 밖에서 벌어지는 사건들도 우리 삶에 직간접적인 영향을 미치기 마련이다. 예전에도 저 멀리 중동에서 발생한 소요 사태는 당장 우리 집의 냉난방비와 자가용 주유비를 올렸다. 태평양 건너 미국이 금리를 올리면 우리나라에서 달러가 빠져나가고, 원-달러 환율이 상승해 우리 금융시장도 영향을 받았다. 그러나 최근 들어 벌어지는 여러 사건의 향방은 과거의 평면적인 영향과는 차원이 다른 결과를 가져다줄 것이다. 왜냐하면 현재 범세계적으로 관찰되고 있는 일련의 변화는 독립적인 사건이 아니라 국제사회의 질서 그 자체가 바뀌는 과정에서 초래되는 거대한 흐름의 산물이기 때문이다. 새로운 국제질서가 도래할 때까지 이러한 과도기적 변화는 계속될 것이다. 그 변화의 끝에 새로운 국제질서가 도래한 뒤에는, 우리 모두 지금과는 전혀 다른 세상에 살고 있을 가능성이 크다.

우리가 현재 겪고 있는 것이 일종의 과도기적 변화라는 점을 깨닫는 것은 중요하다. 그것을 깨달아야만 우리의 눈앞에 어떠한 미래들이 펼쳐져 있는지, 또 그중에 우리가 선택할 수 있는 미래가 무엇인지를 진지하게 찾기 시작할 것이기 때문이다. 그리고 하루라도 빨리 그러한 노력을 시작해야만 우리가 이제부터 어떠한 방향성을 갖고 어떠한 노력을 해야 할지를 늦지 않게 판단할 수 있다.

참고 사항

1 물가 상승 배수를 반영한 통계청 화폐가치 계산기에 따르면, 2023년 초 기준으로는 대략 1천 2백만 원 정도의 금액이다.

2 당시 안티몬(Antimony) 100톤을 중국으로부터 공수하였다.

3 2020년, 한-중 간 총 교역규모는 약 미화 2,415억 달러였다. 전보희, 조의윤, "한중 수교 30년 무역구조 변화와 시사점," 『국제무역통상연구원 연구보고서』 (2021).

4 국제기구란 무엇일까? 국제뉴스에 전혀 관심이 없는 사람이라고 하더라도 'UN,' 'WTO', 'IMF'에 대해서는 들어보았을 것이다. 이들은 대표적이면서도 가장 영향력 있는 국제기구이다. 세상에는 그 외에도 수많은 국제기구가 존재한다. 국제기구의 성격은 우리 주변에서 흔히 찾아볼 수 있는 여러 협회나 단체들과 크게 다르지 않다. 일반적으로 협회란 공통의 관심사를 가진 회원들이 모여 결성하고, 해당 관심사에 대한 이해당사자들의 의견을 조율하여 공통의 방향을 결정하는 데 도움을 주는 단체이다. 특별한 권한을 부여받은 단체(전문 자격사 단체 등)의 경우 수권 범위 내에서 해당 분야에 일반적으로 적용되는 원칙 또는 기준을 제정하거나, 회원들을 대상으로 일정한 권한을 행사하기도 한다. 국제기구도 그러한 단체의 일종이라고 봐도 그 기능과 역할을 이해하는 데 큰 무리가 없을 것이다. 다만 국제기구의 경우 일반적인 협회·단체들과 달리 사인(私人)이 아닌 주권 국가를 회원으로 두고 있다는 점에서 근본적인 차이가 있다. 국제기구도 공통의 관심사를 가진 국가들이 모여 결성하는 단체이기 때문에 제각각 고유의 목적과 기능을 갖는다. 이러한 목적은 UN과 같이 국제평화와 협력을 증진한다는, 다소 포괄적인 목적일 수도 있다. IMF처럼 국가 간 통화정책을 조율한다는, 기술적이고 특화된 목표일 수도 있다. 국제기구의 목적이나 기능은 회원국의 숫자나 다양성에도 곧바로 반영된다. 예컨대 UN이나 WTO와 같이 범세계적인 영향력을 갖는 기구의 경우 거의 모든 국가가 참여하고 있다. 반면 '아프리카 거대 호수 국가공동체'(Africa's Economic Community of the Great Lakes Countries)와 같이 그 목적과 기능이 특정 지역에 한정되는 경우 회원국이 셋에 불과할 수도 있다. 어쨌든 국제기구의 주된 목적은 특정 분야에 관한 국제적 체제와 제도를 관리하는 것이다. 이를 위해 해당 분야에 관한 이해당사국들의 이해관계를 조율하고, 협력을 증진하며, 협력의 기준이 될 수 있는 규범과 원칙을 제정하여 표준과 기준을 정립한다. 원래대로라면 모든 국가가 양자적 또는 다자적으로 개별 협의해야 할 사안들이 국제기구의 관리하에 이뤄지면 훨씬 더 효율적이고 평화롭게 조율될 수 있다. Robert Keohane, "International Institutions: Can Interdependence Work?" *Foreign Policy*, Issue 110 (Spring 1998), pp. 82–94. 회원국들은 자국의 주권 중 일부를 국제기구에 이양하여 더욱 강력한 권한을 부여하기도 한다. 대표적인 예는 UN인데, UN 회원국들은 UN 헌장 제24조에 따라 무력 사용에 관한 주권을 UN 안보리에 위임하였다. 이에 따라 각 회원국은 국제평화 및 안보에 관한 UN 안보리의 결의를 수용할 의무를 부담하고, UN 안보리가 평화유지를 위한 무력 사용 결정을 내리기 전까지는 천부적 자위권(inherent right of self-defense)만을 행사할 수 있다. 또한 WTO 회원국들은 WTO 협정의 위반 여부에 대한 판정 및 위반행위에 대한 대응조치 채택 권한을 WTO의 분쟁해결기구(Dispute Settlement Body)에 위임하였다.

제2장

패권의 역사,
그리고
질서의 진화

국제관계에서 문명의 진보는
힘에서 외교로, 외교에서 법으로
이동하는 것이라 볼 수 있다.

In relations between nations,
the progress of civilization may be seen as
movement from force to diplomacy,
from diplomacy to law.

—

루이스 헨킨
(Louis Henkin, 1917~2010)

01 소개

급변하는 국제정세 속에서 우리 눈앞에 놓인 길들이 우리를 어떤 방향으로 인도하게 될지를 예상하려면 먼저 우리가 어떤 경로를 통해 여기까지 왔는지를 반추해야 한다. 같은 맥락에서 우리가 처한 현실을 객관적으로 이해하기 위해서는 먼저 오늘날의 국제질서를 있게 한 패권의 역사와 국제사회의 진화 과정을 알아야만 한다. 역사학자 데이비드 맥컬로프의 말대로 "역사는 위험한 시기를 항해하기 위한 나침반"이기 때문이다.

동서냉전이 종식된 이래 세계는 미국이 주도하는 국제질서 아래 놓여 있었다. 냉전의 승리자인 미국을 세계패권국^{global hegemon}이라고도 부른다. 오늘날의 국제질서는 인류 역사상 유일무이한 세계패권국인 미국에 의해 주도되는 질서라고 해서 일극적^{一極的, unipolar} 국제질서 불리기도 한다. 최근의 혼란은 중국과 러시아가 미국의 패권에 도전하면서 발생한 현상이다. 중국이나 러시아와 같은 현상 변경 세력은 미국이 주도하는 일극체제^{unipolarity}를 다극체제^{multipolarity}로 전환해야 한다고 주장한다. 여기서 '일극' 또는 '다극'이란 몇 개의 나라가 국제사회를 주도하는지에 따라 결정된다. 냉전기에 세계를 양분했던 미국과 소련이 주도하던 세계를 양극체제bipolarity라 칭했던 것도 같은 맥락이다. 요컨대 국제사회의 일극체제를 다극체제로 전환하겠다는 선언은 미국이란 유일 패권국이 주도하는 시대를 끝내고 복수 또는 다수의 강대국이 선도하는 국제질서를 구현하겠다는 의미다. 현실적인 국제질서는 이처럼 국제사회를 주도하는 '힘'의 숫자에 의해 좌우된다. 그런데 현행 국제질서에는 국제사회를 주도하는 힘의 숫자와 무관한 명칭도 붙어 있다. '자유주의 국제질서liberal international order'라는 이름이 그것이다. 이 '자유주의 국제질서'는 아직도 국제사회의 대세적 질서로 남아 있다. 그러나 미국의 일극적 패권이 쇠퇴함에 따라 자유주의 국제질서도 함께 훼손되고 있다.

자유주의 국제질서는 인공적인 질서다. 문명의 태동기 이전부터 인류는 '자연 상태'라는 현실의 굴레 속에서 살아왔다. 자연 상태란 곧 약육강식. 약육강식의 세상에서는 각자도생各自圖生의 삶을 살 수밖에 없다. 이 잔혹한 현실을 극복하기 위해 인류는 부족을 이루었고, 부족이 모여 국가를 건설했다. 사회적 동물인 인간이 건설한 사회에는 자연히 위계적 지배체계가 수립됐다. 요컨대 모든 인간 사회는 한가지 근본적 기능을 위해 만들어진 셈이다. 구성원의 생명과 재산을 보호하는 일 말이다. 근대 서구사회에서 자유민주주의 사상이 정립되기 훨씬 이전부터, 모든 사회적 지배체제는 구성원들을 보호할 의무를 부담했다. 지배의 당위성을 정당화하는 논리는 저마다 달랐을지언정, 구성원들을 보호할 의무를 다하지 못하는 지배체제는 동서고금을 막론하고 정당성을 인정받지 못했다.[1] 오늘날에는 말할 것도 없다. 현대 문명국가는 공권력을 제공하는 '정부'라는 지배체제를 통해 사회의 법과 질서를 유지하고 구성원들이 약육강식의 숙명에서 벗어날 수 있도록 보장한다. 구성원에 대한 보호 의무를 다하지 못하는 국가를 '실패한 국가failed state'라고 정의하는 이유이기도 하다.

국민의 생명과 재산을 보호하는 것이야말로 정부의 기본적 역할이다. 그러나 주권 국가sovereign states들이 모여 구성한 국제사회에는 국가들을 다스리는 상위의 지배체제, 즉 '세계정부'가 존재하지 않는다. 여기서 모든 문제가 시작된다. 원시적 무정부상태anarchy에 놓인 국제사회에서 모든 국가는 지배체제가 없는 자연 상태에 놓인 개인이 그래야만 하는 것처럼, 약육강식의 법칙에 따라 각자도생할 수밖에 없다. 이 무정부상태의 숙명을 극복하기 위해 인위적으로 고안된 질서가 바로 자유주의 국제질서이다. 현행 자유주의 국제질서는 인류가 오랜 전란의 시대와 제국주의 식민 지배 시대를 거쳐 제1차 세계대전 및 제2차 세계대전, 그리고 전 인류가 핵전쟁의 위협에 노출됐던 동서냉전을 겪은 끝에 마침내 구현한 결과물이다. 자유주의 국제질서가 제대로 구현되어 범세계적으로 영향을 미치기 시작한 것은 미국의 세계 패권이 확립된 이후였기 때문에, 미국의 일극적 패권에 의해 유지된 자유주의 국제질서를 미국의 패권 질서와 동일시하기도 한다.

02 인간의 본성과 인간의 이상

패권주의와 자유주의

유사 이래 국제사회는 무정부상태에 놓여 있다. 개별 국가의 행위를 규제하고 규율할 상위의 지배체제는 존재하지 않는다. 재난을 당한 국가에 구호를 제공할 인류 공동의 자원도, 국제사회의 치안을 담당할 공권력도 존재하지 않는다. 그렇기에 국제사회에서는 필연적으로 약육강식의 법칙이 득세한다. 약육강식이 국제사회의 유일한 법칙이란 의미는 아니다. 그러나 약육강식의 행동을 규제할 수 있는 공권력이 존재하지 않는 세상에서, 궁극적으로 믿을 수 있는 것은 자력구제뿐이다. 결국 국제사회는 힘의 논리에 의해 지배될 수밖에 없다.

국제사회에서 국가들을 움직이는 가장 강력한 동기는 무엇일까? 물론 자국의 이익이다. 여기에는 자원·영토 등과 같은 유형有形의 이익은 물론이고 안전보장과 같은 무형의 이익도 포함된다. 모든 국가는 한정된 기회와 자원 속에서 자국의 이익을 극대화하기 위해 노력하기 마련이다. 다른 나라의 이익을 훼손하는 일이라도 자국에 이득이 된다면 자제할 필요가 없다. 그래서 모든 나라는 다른 나라로부터 자국의 이익을 지키기 위해서도 노력한다. 그런 국제사회에서 모든 약소국의 단기적 목표는 생존일 수밖에 없다. 일단 생존이 담보되면 국가는 번영을 좇기 마련이다.[2] 그러나 번영을 얻어 강대국 great power이 되더라도 걱정은 남는다. 국제사회에는 강대국이 많기 때문이다. 여전히 나의 안정과 번영을 해칠 수 있는 다른 강대국으로부터 자국의 이익을 지키기 위한 노력을 계속할 수밖에 없다. 이러한 노력이 형식상 평화적인지 또는 대립적인지를 불문하고, 국가 간의 상호작용은 본질적으로 경쟁의 성격을 띠게 된다. 때문에 국제사회를 구성하는 모든 주권 국가는 영구적 투쟁의 상태에 놓여 있다.

자국의 이익을 극대화하고 타국에 의한 침해를 막기 위해 노력한다는 것은 마치 끝이 없는 과정처럼 보이지만, 여기에도 일단 끝은 존재한다. 역내域內 모든 나라들에 비해 압도적인 힘을 갖추고 역내 모든 나라로부터 이를 인정받는 것이다. 모든 경쟁국을 압도할 정도로 강한 위상을 확보하게 되면 더 이상 자국의 이익을 실현할 수 있을지 우려하거나 자국의 이익이 부당하게 침해될까 불안해할 필요가 없다. 이러한 상태를 패권hegemony이라고 정의할 수 있다. 패권이란 상대적인 개념이기에 모든 강대국이 추구할 수 있는 것은 아니다. 그러나 패권을 획득할 가능성이 있는 상황에서도 패권을 추구하지 않는 강대국을 찾아보기란 어렵다. 패권의 본질은 결국 생존과 번영을 약속받는 것이기 때문이다. 그렇기에 모든 국가는 생존과 번영을 추구하고, 모든 강대국은 장기적으로 패권을 추구하기 마련國强必覇이다.[3]

패권을 지탱하는 대표적인 힘은 군사력이다. 하지만 패권국이 되기 위해 역내 모든 국가의 군사력 총합을 상회하는 무력을 항상 유지할 필요는 없다. 역내 모든 국가를 상대로 자국의 생존과 번영을 항상 담보해줄 수 있는 체계

system를 완성하여 구현한 뒤, 그 체계를 유지할 능력을 갖춘 국가라면 패권국이 될 수 있다. 일단 패권을 달성한 국가는 현상 유지 이상의 노력이 필요 없다. 오히려 일정 수준을 넘어선 팽창은 기껏 구현해놓은 역내 패권 체계를 훼손할 우려가 있다. 역사상 대제국들이 전성기가 끝나지 않았음에도 불구하고 더 이상의 팽창을 추구하지 않게 된 시점을 살펴보면, 많은 경우 역내 패권을 안정적으로 확보한 시기와 겹친다는 점을 확인할 수 있다. 로마 제국이 그랬고, 중국이나 인도의 여러 통일 왕조가 그러했으며, 대영제국이나 최근의 미합중국도 그러했다. 실패했을지언정 제2차 세계대전 당시 나치 독일이 게르만 민족의 생존과 번영을 확보한답시고 추구한 레벤스라움Lebensraum이라는 패권 영역에도 팽창 한계선은 존재했고, 유사한 이유로 일본제국이 추구한 대동아공영권大東亞共榮圈에도 팽창 한계선은 존재했다. 인류사의 주요 제국들 가운데 역내 패권을 달성한 뒤에도 순수하게 팽창만을 위한 정복을 계속한 나라는 알렉산드로스 대왕의 헬레니즘 제국 정도일 것이다. 그 헬레니즘 제국조차 정복왕의 사후에는 여러 나라로 쪼개져 팽창을 멈추고 안정을 추구했다.

패권국의 특성 중 하나는 안정을 추구하는 것이다. 이러한 노력에는 자국의 패권 안정을 해치는 세력들을 철저히 구축하는 것도 포함된다. 패권국에 대항하는 소수의 세력은 철저히 탄압받지만, 패권국의 질서에 순응하는 대부분의 세력에는 평화와 번영, 보호가 주어진다. 무정부상태인 국제사회에서 공권력 제공을 담당하는 주체가 있다면 그것은 아마도 패권국일 것이다. 하지만 달도 차면 기우는 것처럼, 모든 패권은 언젠가 쇠락한다. 기존 패권국을 대체할 잠재적 패권국이 존재하지 않는 상황이라면, 쇠락하는 패권국은 조용히 여러 강대국 중 하나로 되돌아갈 수도 있을 것이다. 그러나 기존 패권국이 아직 자신의 지위를 완전히 내려놓지 않았을 때 그 패권을 위협하는 잠재적 패권국이 급속히 부상하게 되면 필연적으로 갈등이 발생한다. 이 때 자국의 패권을 위협하는 잠재적 패권국에 위기감을 느낀 기존 패권국은 강경하게 대응하기 마련이다. 따라서 쇠락하는 기존 패권국과 부상하는 잠재 패권국이 대립하는 상황에서는 대규모 전쟁이 발발할 가능성이 크다.[4]

가장 대표적인 예는 고대 그리스를 선도하던 두 도시국가인 아테나와 스파르타 간에 수십 년에 걸쳐 벌어진 펠로폰네소스 전쟁에서 찾을 수 있다. 아테네와 스파르타는 페르시아 제국이란 외적의 침략을 연합해 막아냈지만, 페르시아 전쟁이 끝난 후 아테네의 세력이 급격히 커지자 그리스의 패권을 두고 갈등이 생겨났다. 날로 강대해지는 아테네를 두려워한 스파르타가 아테네를 견제하기 시작했고, 양국 간에 대립과 갈등이 고조되다가 결국 전쟁이 발발했다. 당시 아테네의 장군이자 역사가였던 투키디데스는 자신이 복무했던 이 전쟁을 '펠로폰네소스 전쟁사'란 기록으로 남겼다. 지금으로부터 2,400년도 전에 벌어진 펠로폰네소스 전쟁은 국가 간의 전쟁이 이해관계와 두려움에 기인하여 발생한다는 점을 보여준다. 국가들은 타국의 행동 동기나 의도를 정확히 알지 못하기에 항상 경계할 수밖에 없다. 상호 소통이 부재한 상황에서 경계심과 대립이 심화하면 전쟁으로 비화하게 된다. 투키디데스의 통찰은 현대에도 유효하다.

펠로폰네소스 전쟁사는 국제사회의 비정한 현실도 보여준다. 펠로폰네소스 전쟁 당시 아테네는 함대를 동원해 에게해의 멜로스라는 작은 섬나라를 포위했다. 멜로스는 중립을 지키고 있었으나 아테네는 종속국이 되는 것과 멸망하는 것 중 양자택일兩者擇一을 강요한다. 펠로폰네소스 전쟁사는 상당한 분량을 할애해 당시 아테네 원정군과 멜로스 인들과의 협상 내용을 기록하고 있다. 멜로스 측 대표는 멜로스가 스파르타의 편에 서지 않았다는 점을 강조하며 함대를 물려 달라고 요구했다. 그러자 아테네 측 대표는 아테네의 뒷마당인 에게해에서 멜로스의 중립과 독립을 계속 용인하면 다른 도시국가가 아테네의 힘과 의지를 의심하게 될 것이므로 불가하다고 반박한다. 멜로스는 정의와 선善, 그리고 도덕을 차례로 언급하며 아테네가 멜로스를 부당하게 박해하면 아테네에도 부정적인 결과가 초래될 것이라고 설득한다. 그러나 아테네는 강자가 약자를 지배하는 것이야말로 자연의 섭리라고 일축한다.[5] 멜로스는 그 외에도 여러 논리를 들어 아테네를 설득하려고 했으나 현실감각이 없다는 조소를 샀을 뿐이다. 협상이 결렬되자 아테네는 멜로스를 철저히 정복한 뒤 남자들은 모두 학살하고 여자와 아이들은 모두 노예로 만든다. 이렇듯 무도한 만행을 저지른 것이 군사 국가 스파르타가 아닌, 서양 문명과 민주주의의 기원이자 철학의 도시인 아테네라는 점이 의미심장하다. 아테네 철학에서 빼놓을 수 없는 요소가 멜로스가 언급한 정의와 선, 그리고 도덕에 대한 치열한 담론이 아니던가. 그러나 아테네가 자랑하던 고고한 철학적 담론들조차 그들의 아고라agora를 벗어나 현실 국제정치에 영향을 미치지 못했다.

투키디데스가 남긴 '펠로폰네소스 전쟁사'는 현대 국제관계학의 양대 산맥 중 하나인 '현실주의Realism'라는 학파의 원전原典이 된다. 현실주의는 문자 그대로 국제사회의 냉엄한 현실을 직시하자고 주창하는 이론이다. 또한 주권 국가를 움직이는 진실한 동기를 탐구하여 국제관계를 예측하려는 학문이기도 하다. 현실주의 이론의 통찰은 주권 국가들로 구성되는 국제사회와 개인들로 구성되는 국내 사회 간의 본질적 차이를 조명한다. 가장 큰 차이는 구성원들 간의 관계에 있다. 예컨대 현대 자유민주주의 체제는 모든 개인이 본질적으로 평등하다고 전제한다. 이러한 관점은 자연 상태에서는 모든 개인이 평등하였다는 전제에서 출발하는 사회계약론Social Contract Theory에 바탕을 두고 있다. 사회계약론의 시조라 할 수 있는 토머스 홉스는 자연 상태에서 모든 인간이 평등하다는 근거로, 제아무리 강한 인간이라 할지라도 다른 인간의 위협에서 완벽하게 안전해질 수 없다는 점을 들었다. 세상에서 가장 힘이 세거나 권세가 강한 사람조차 약한 사람에게 암살되거나 독살될 수 있다. 인간 개개인 간의 힘의 차이는 고작 그 정도다. 그러나 국제사회에서 강대국과 약소국 간의 관계는 다르다. 약자라도 여럿이 힘을 합치면 능히 천하장사를 제압할 수 있는 개인 간의 관계와 달리 국제사회에서는 여러 약소국이 힘을 모아도 하나의 강대국을 당해내지 못하는 경우가 비일비재하다. 국가 간에 근본적인 불신이 존재하는 국제사회에서는 여러 약소국이 철통같은 단일대오를 결성해 하나의 강대국에 대응하는 그림도 거의 찾아볼 수 없다.

그러나 근대에 접어들면서 국제정치학에 이상주의적인 사상을 접목한 이론이 등장해 많은 이들을 사로잡았고, 수백 년이 지난 후에는 인류의 역사를 바꾸게 된다. 국제정치학에서 현실주의와 쌍벽을 이루는 '자유주의Liberalism' 사상이 바로 그것이었다.

자유주의 사상의 본질

국제정치학으로서의 자유주의 이론에는 다양한 분파가 있다. 그러나 모든 자유주의 이론은 국제사회가 무정부상태의 숙명에서 벗어날 수 없다는 현실주의의 대전제에 동의하지 않는 데서 출발한다. 세월이 흐르고 인류 문명이 발전할수록 국제사회는 통합되는 방향으로 진보하기 마련이고, 시간이 흐를수록 국가 간에 정치적, 그리고 경제적 상호의존은 심화할 수밖에 없다. 이러한 상호의존은 공통의 목적을 위해 국가 간에 협력을 촉진하는 체제와 제도를 탄생시킬 것이다. 국제체제와 국제제도가 잘 작동하면 국제사회에 공동의 이익이 된다. 그러니 국가들에겐 자발적으로 국제체제에 참여하고 국제제도를 준수할 유인이 있다. 체제나 제도를 훼손하려는 국가에 대해 국제사회가 공동으로 대응할 유인도 있다. 국가를 규율하는 상위의 지배체제가 존재하지 않더라도, 인류는 협력과 규범에 기초한 국제관계를 구축할 수 있다. 그렇게 이상적인 국제체제에서는 주권 국가 외에도 국제기구, 비정부기구"NGO," Non-Governmental Organization, 다국적기업 등 다양한 행위 주체들이 중요한 역할을 담당할 수 있다.[6] 국제정치학으로서의 자유주의에 대해서는 이 정도 개념만 알아도 충분하다. 그러나 현행 자유주의 국제질서의 본질을 이해하기 위해서는 국제정치이론으로서의 자유주의 이론뿐 아니라 자유주의라는 사상 그 자체에 대해서도 기본적인 이해를 갖추는 것이 바람직하다.

자유주의란 문자 그대로 개인의 자유를 강조하는 사상이다. 자유주의 사상의 정수를 감히 한마디로 정의하자면, "사람들을 특정한 목적을 달성하기 위한 수단means으로만 취급하지 말고 그 자체로 가치 있는 목적end으로 대우" 하여야 한다는 것이다.[7] 제아무리 귀중한 조직, 집단, 목적, 이념, 사상을 위해서라도 개인을 단지 그를 위한 도구나 객체로만 취급하여서는 아니 된다. 모든 개인은 선천적인 자유와 존엄, 고유한 목적과 욕구를 가진 주체적 존재로서 존중의 대상이 되어야 한다. 이를 위해서는 개인의 자유를 존중하고 보장하여야 한다. 자유주의는 개인의 자유를 보장하기 위한 다양한 권리와 제도적 장치를 탄생시켰다. 오늘날의 자유민주주의 사회에서는 당연하게 여겨지는 양심의 자유나 표현의 자유, 주거의 자유는 물론이고 현대적인 재산권과 평등권 등은 모두 자유주의 사상의 산물이다.

그런데 시간이 흐르며 자유주의 사상은 다채로운 담론을 포섭하게 되었다. 오늘날 자유주의란 개념은 정치학뿐 아니라 경제학에도 등장한다. 사회학에서도 자유주의란 개념을 찾아볼 수 있다. 분파 내에서도 꼬리에 꼬리를 물고 개념이 확장되면서 자유주의의 정의는 끝도 없이 복잡해지는 추세다. 자유주의는 진보나 보수로도 구분할 수 없다. 진보가 선호하는 자유주의가 있는가 하면 보수가 선호하는 자유주의가 있다. 일반적으로 보수는 시장에 대한 정부의 간섭을 줄이고 시장에서 활동하는 경제적 주체의 자유를 극대화하는 자유시장주의를 선호한다. 그러나 문화·사회적으로는 개인의 자유보다 공동체의 관습과 규범을 중시하는 경우가 많다. 반면 진보는 경제적으로는 자유시장주의를 반대하고 정부 정책을 통한 부의 재분배를 중시하지만, 문화·사회적으로는 공동체의 관습과 규범보다 개인의 자유를 중시하는 게 보통이다. 자유주의를 표방하는 이념과 사상끼리 대립하는 예도 허다하다. 예컨대 소수자의 권익 보호는 자유주의의 대표적인 가치 중 하나이다. 근래 서구권에서는 성소수자에 대한 혐오 발언을 금지하는 것을 넘어 성소수자를 지칭할 때 포용적inclusive인 표현을 사용하도록 제도적으로 강제해야 한다는 주장이 대두되고 있다. 소위 문화적 좌파cultural left라 불리는 세력의 이러한 요구에 대해, 보수진영에서는 자유민주주의의 또 다른 근본 가치인 표현의 자유freedom of speech에 반하는 표현의 강제compelled speech라며 반발하고 있다.

현대 사회과학의 여러 분야가 그러하듯이 자유주의도 가볍게 소비되는 개념 중 하나가 되어가고 있다. 끝없는 자기복제를 통해 분화된 자유주의의 복잡한 계보를 공부하는 것은 그러나 이 책의 목적이 아니다. 대신 이 책에서는 오늘날의 자유주의 국제질서에 반영된 자유주의 이론의 본질을 이해하기 위해, 자유주의 사상의 기원起源을 추적하기로 한다. 이를 위해서는 국제정치학은 물론이고, 정치학이나 경제학조차 학문으로서의 기틀을 제대로 갖추지 못했던 중세 말기 또는 근대 초기로 돌아가 흔히 '고전적 자유주의classical liberalism'라고도 불리는 자유주의의 뿌리를 살펴볼 필요가 있다.

자유주의와 국제사회의 이상향

고대 그리스·로마 시대에 눈부시게 발전했던 서양은 로마 제국의 멸망과 함께 과거의 영화를 잃어버렸다. 찬란했던 그리스·로마의 문화유산을 잃어버려 '암흑시대Dark Age'라고까지 불렸던 유럽의 중세가 막을 내린 것은 14세기 무렵이었다. 이후 약 200년간 유럽에는 '르네상스'라 불리는 문예부흥의 시대가 도래한다. 발전된 기술과 예술, 사상이 유럽 전역으로 퍼져나갔다. 대외적으로는 대항해시대가 시작됐고, 대내적으로는 중앙지배체제가 고도화됐다.

당시 중부 유럽은 가톨릭교회의 수호자를 자처하는 신성로마제국Holy Roman Empire이 다스리고 있었다. 신성로마제국은 황가皇家인 합스부르크 가문이 배출한 황제를 중심으로 여러 제후에 의해 지배되는 공국들로 구성되어 있었는데, 시간이 흐르면서 신성로마제국을 구성하는 공국 다수가 가톨릭 대신 개신교를 좇았다. 결국 17세기 초 독일 전역을 쑥대밭으로 만든 거대한 종교전쟁이 벌어졌다. 이 전쟁을 30년 전쟁이라고 한다. 전쟁의 결과 신성로마제국은 해체되어 300여 개의 독립된 공국들로 쪼개진다. 30년 전쟁은 평화조약의 체결로 1648년 종결되었는데, 베스트팔렌 조약이라고도 불린 이 평화조약을 통해 독일 제공국들의 영토가 조정·인정되었고, 각 공국의 주권sovereignty과 각자의 영토를 독립적으로 통치하는데 필요한 여러 주권적 권리도 인정되게 되었다.

주권이란 어떤 집단이 자신에게 영향을 미치는 여러 사항을 외세의 개입 없이 스스로 결정할 수 있는 자결권을 의미한다. 따라서 주권을 행사하는 주체는 본질상 가장 상위의 지배체제일 수밖에 없다. 이 주권이야말로 현대 국제사회를 구성하는 주권 국가를 판명하기 위한 핵심 요건이자, 현대 국제관계를 규율하는 기초적인 규범 기준이다.[8] 또한 베스트팔렌 조약을 통해 각 공국의 자결권이 인정된 제반 권리들은 현대 국제사회에서 주권 국가가 갖는 주권에 수반되는 기본 권리를 구성하게 된다. 베스트팔렌 조약을 통해 주권 국가의 개념이 확증되었다고도 볼 수 있는 것이다. 국가의 주권을 실제로 행사하는 주체이자 주권이 미치는 범위에 속하는 영토와 국민을 다스리는 지배체제, 즉 '정부government'의 국제적 역할이 체계적으로 정의된 시점이기도 하다.

베스트팔렌 조약의 체결과 맞물려 유럽에서는 인간의 이성이 본격적인 꽃을 피우기 시작했다. 인간 이성의 발전은 자유주의 사상의 토대가 된 계몽주의Enlightenment의 등장을 불러왔다. 종교가 지배하던 시기에는 군주의 권력이란 곧 신에게서 받은 것이기에 모든 신민은 복종해야 한다는 '왕권신수설'로 지배체제를 정당화할 수 있었다. 그러나 종교의 시대가 끝나고, 주권 국가가 새로이 형성되는 과정을 목격한 유럽인들은 개인과 지배체제와의 관계를 새로운 시각에서 바라보기 시작했다. 특히 개인의 자유를 주창하는 자유주의가 이론화되기 위해서는 개인의 자유를 제한하는 지배체제에 관한 연구가 선행되어야 했다. 지배체제의 속박으로부터 개인을 해방하거나, 그것이 어렵다면 적어도 최대한의 자유를 확보하기 위해 무엇이 필요한지를 연구할 필요가 있었다.

베스트팔렌 조약 체결로부터 3년이 지난 1651년, 영국에서 토머스 홉스의 저서 '리바이어던Leviathan'이 발표된다. 토머스 홉스는 리바이어던을 통해 국가의 지배체제란 신의 창조물이 아닌 사회 구성원들의 합의로 탄생한 것이라는, 당시로서는 혁명적인 개념을 제시했다. 홉스는 지배체제가 존재하지 않던 태초의 자연 상태는 무정부상태였을 것이라고 전제한 뒤, 그러한 자연 상태를 '만인에 의한 만인의 투쟁'이라고 정의했다. 규범도 공권력도 없는 자연 상태는 약육강식의 논리가 지배하는바, 모두의 삶은 비참하고 불안하다. 그래서 사람들은 사회와 지배체제를 구성하고 자신들의 힘과 의지를 양도하는 대가로 일신의 안전을 담보 받았을 것이다. 지배체제에 복종해야 하는 이유는 지배체제가 개인의 신체와 재산을 보호해주는 데 대한 대가가 개인의 복종이기 때문이다. 이것이 곧 개인을 구속하는 사회적 계약인 것이다. 사회계약론은 존 로크나 장 자크 루소와 같은 후대 사상가들에 의해 더욱 체계화된다. 그중 로크는 모든 개인은 생명, 자유, 사유재산을 부당하게 침해받지 않을 자연권^{natural rights}을 가지며, 자연권을 보장하지 못하는 지배체제는 지배의 명분을 상실한다고 보았다. 로크는 특히 생명과 자유 못지않게 사유재산 individual property의 보장을 중요시하였다.

"자연으로 돌아가라"라는 명언으로 유명한 장 자크 루소는 자연 상태에서 모든 인간이 동등하였다는 점에 대해서는 홉스나 로크와 생각이 같았으나, 지배체제가 등장하기 이전의 자연 상태의 모습에 관한 생각은 달랐다. 루소는 원시적 인간에게는 선악이나 미덕의 개념이 없었을 것이므로 '만인에 의한 만인의 투쟁'이란 개념이 자연적으로 성립하기 어렵다고 보았다. 자연 상태의 인간은 필요에 따라 협력도, 반목도 할 수 있었을 것이고, 필요에 따라 공동체 생활도 하였을 것이다. 그러나 공동체 생활이 확산하고 사회가 성립하자 관습과 관례가 형성되기 시작했고, 농업의 발달로 부富가 증가하자 빈부격차가 생기기 시작했다. 제도화된 위계와 지배체제는 이미 형성된 사회질서를 유지하기 위해 사회 내 계급관계를 고착시킨다. 따라서 법과 같은 사회제도는 본질상 힘 있고 가진 자에게 복무하는 생리를 가진다. 그러나 자연 상태의 개인은 약탈적인 사회제도에 복무하기로 합의한 바 없다. 그래서 루소는 대다수의 불행을 가져오는 사회 구조에는 반드시 변화가 필요하다고 보았다. 모든 개인의 의지를 평등하게 반영할 수 있는 사회 구조를 만들 필요가 있다고 본 것이다. 루소는 이를 위해 사회의 법과 제도에 모든 개인의 의지가 반영될 수 있도록 해야 한다고 여겼다. 루소에게 있어 이를 실현하는 방법이란 곧 자격을 갖춘 모든 개인에게 동등한 자격으로 투표할 권리를 부여하는 것이었다. 모든 평등한 개인이 참여하는 투표를 통해 공동체의 규칙과 제도를 만들고, 정부와 같은 지배체제는 투표를 통해 채택된 법과 규칙을 집행하는 게 바람직한 사회의 모습이라고 본 것이다.[9] 루소의 사상은 근대 자유민주주의에 이론적 기반을 제공했다.

17세기와 18세기 근현대 유럽에는 이들 외에도 볼테르, 몽테스키외, 데이비드 흄과 같은 위대한 사상가들이 잇달아 등장하여 자유와 인권, 평등 정신을 진작시켰다. 경제학의 아버지로 불리는 애덤 스미스가 등장한 것도 이 무렵이다. 애덤 스미스는 대표적인 저서인 '국부론'에서 개인의 자유를 최대한 보장하는 것이야말로 시장의 효용을 극대화하는 방법이란 이론을 제시했다.[10] 계몽주의 사상은 인류의 보편적 이성을 일깨움으로써 역사의 속도와 방향을 바꾸었을 뿐 아니라, 역사의 전환점마다 중요한 역할을 하였다. 1788년에 제정된 미국의 연방헌법은 역사상 최초로 삼권분립을 채택했는데, 미美 연방헌법의 제정자Founding Fathers들은 몽테스키외가 1748년에 발표한 '법의 정신The Spirit of Laws'에 직접적인 영향을 받았다.[11] 또 1789년에 벌어진 프랑스 대혁명은 루소의 사상에 직접적인 영향을 받아 발생했다. 이렇듯 이 시기 서구 사회에서 꽃피운 사상과 철학은 프랑스와 미국을 시작으로 여러 서구 강대국의 정치체계에 직간접적으로 반영됨으로써 인류의 역사에 지대한 영향을 끼치기도 하였다.

한편 계몽주의 사상이 제시한, 무정부상태에서 개인의 생명과 자유, 재산을 보호하기 위한 질서를 찾아가는 과정은 국제정치학에도 참고할 만한 방법론이 된다. 예컨대 홉스는 자연 상태란 곧 무정부상태라고 정의함으로써 현실주의 학파의 계보를 잇기도 했지만, 개인이 무정부상태의 자연적 위협으로부터 보호받기 위해 지배체제를 고안해냈다는 그의 발상은 자유주의적 시각이 형성되는데 일조했다고도 볼 수 있다. 주권 국가도 무정부상태의 국제사회에서 안전을 확보하기 위해 세계적인 '리바이어던'을 고안하는 방안을 고려할 수 있기 때문이다. 또는 무정부상태에 대한 루소의 해법을 참고하여 주권 국가 간에 평등한 공동체를 구성하여 공동이익과 공동선을 추구하는 방안도 있을 것이다.[12] 국제무역을 국가 간의 '제로섬' 경쟁이라고 본 중상주의mercantilism에서 벗어나 무역의 역할이 재조명받기 시작한 것도 이때였다. 애덤 스미스는 자유무역이 국가의 총생산을 확대할 수 있으므로 권장해야 한다고 보았고, 몽테스키외는 "평화는 무역의 자연스러운 결과"라고 주장했다.[13]

그리고 얼마 후, 한 철학자가 자유주의 사상을 통해 국제평화를 실현할 방법을 본격적으로 탐구하기 시작한다. 그는 인류 역사상 최고의 철학자 중 한 명으로 손꼽히는 임마누엘 칸트였다.

자유주의 국제질서의 이론적 토대

칸트가 1795년에 발표한 '영구평화론'은 국제정치학으로서의 자유주의 사상에 이론적 토대를 제공했다. 칸트는 모든 국가가 공화정republic을 채택하고, 공화국들이 자유 의지로 구성한 국제적 연방federation이 국제법을 보장하고, 또 세계 모든 시민이 모든 나라로부터 호혜적인 대우를 받으며 안전하고 자유롭게 왕래할 수 있게 된다면 국제사회에 항구적인 평화가 도래할 수 있을 것으로 봤다.

이중 공화정의 확산이 필수인 이유는, 소수의 권력자가 전쟁을 일방적으로 결정할 수 있는 독재체제에서는 전쟁이 쉽사리 발발할 수 있기 때문이다.

반면 민주 공화정에서는 전쟁의 직접적인 희생자가 될 수 있는 국민의 의사가 정치에 반영되므로, 침략전쟁이 발발할 가능성이 상대적으로 낮다. 자유로운 국가들로 구성된 국제연방이 국제법을 보장해야 한다는 주장은, 국내 사회에서 개인이 무정부상태의 야만에서 벗어나기 위해 정부라는 지배체제를 구축하고 스스로 사회규범에 구속됨으로써 일신의 안전을 확보한다는 개념과도 비슷하다. 주권 국가 역시 국제사회에 일종의 느슨한 지배체제를 구축하고, 그 법치法治에 구속됨으로써 국제사회의 야만으로부터 자유로워질 수 있다는 것이다. 마지막으로 모든 세계 시민들이 안전하고 자유롭게 교류할 수 있게 된다면 국제사회는 그만큼 더 통합될 것이다. 통합된 세계의 시민들 간에 전쟁이 벌어질 가능성은 그만큼 더 낮아진다. 이러한 통합에는 응당 경제적 통합도 포함된다. 칸트는 전쟁 위험을 줄이기 위해서는 국가 간에 무역과 상업이 활성화되어야 한다고 보았는데, 후대의 자유주의 국제정치학자들은 여기에서 영감을 얻어 경제교류의 자유화를 통해 국가 간에 경제적 상호의존성이 높아지면 전쟁 위험이 감소한다는 이론을 발전시킨다.[14] 칸트의 영구평화론은 훗날 자유민주주의의 확산, 국가 간 상호(경제)의존, 그리고 국제기구가 관리하는 국제법에 따른 '법의 지배'라는 3개의 축이 달성되면 국제평화가 보장된다는, 소위 '평화 삼각구도Triangulating Peace' 이론으로 발전하게 된다.

칸트의 영구평화론을 관통하는 관념은 크게 두 가지다. 하나는 자유다. 칸트는 국제평화를 위해 공화정의 확산이 필요하다고 봄으로써 개인의 자유가 국가의 정치체계와 범세계적 교류라는 두 개의 상호 연동된 평면에서 각기 보장될 것을 촉구했다. 다른 하나는 법치法治다. 모든 국가가 공화정이 되어야 한다는 주장은 다시 말해 국제사회도 '법에 의한 지배rule by law'가 횡행하는 전제주의가 아닌, '법의 지배rule of law'에 의해 운영되는 민주주의가 필요하다는 주장으로 정의할 수 있다. 국제사회가 국제연방이 감독하는 국제법에 따라 규율되어야 한다는 주장이나, 세계 시민의 권리를 호혜적으로 보장해야 한다는 주장도 마찬가지로 힘이 아닌 법치에 따른 국제관계를 주창한 것으로 볼 수 있다. 즉, 칸트에게 자유가 평화의 본질적 요건이라면 법치는 이를 실현하기 위한 수단인 것이다.

이상과 현실의 차이

그러나 이상과 현실은 다르기 마련이다. 대항해시대는 유럽인들의 세계관을 전 세계로 확장하였다. 탐험가로 시작한 유럽인들이 정복자로 변모하기까지는 그리 오랜 시간이 걸리지 않았다. 영구평화론이 발표되고 얼마 지나지 않아 유럽 열강들은 본격적인 식민주의colonialism 시대에 돌입한다. 계몽주의 사상이 꽃 피우는 와중에도 세계 곳곳을 정복해 식민지화한 것이다.

이 시기 유럽 열강들의 대표적인 대외정책은 제국주의imperialism라고도 불리는, 전 세계를 대상으로 한 식민 팽창주의였다. 계몽주의와 자유주의에 경도된 지식인들조차 문화·인종적 우월주의를 통해 식민제국주의를 정당화했다. 19세기 말과 20세기 초 사이 유럽에서 유행한 풍자화諷刺畵들을 찾아보면 '문명화'라는 표어를 통해 타민족이나 타국에 대한 식민 지배를 정당화하는 모습을 쉽사리 확인할 수 있다. 당시의 풍자화에는 당시 유럽이 갖고 있던 문화·인종적 우월감이 적나라하게 표현되어 있다. 자유주의 사상의 확산이 평화로운 시대의 등장으로 이어지지 않은 것은 유럽 본토에서도 마찬가지였다. 프랑스 대혁명에 이은 나폴레옹 전쟁, 흑해로 남하하는 러시아와 이를 저지하기 위해 연합한 영국·프랑스·오스만 제국 간에 벌어진 크림 전쟁, 신흥 강대국으로 떠오른 프로이센이 오스트리아·프랑스를 상대로 차례로 벌인 전쟁 등이 이어졌다.

지정학이 득세하던 시기, 국제사회에서 자유주의 사상은 찻잔 속의 태풍에 지나지 않았다. 현실주의가 말하는 국제사회의 무정부상태는 좋든 싫든 현실이었다. 이에 비해 자유주의가 추구하는 이상향은 인류가 이성으로 본성을 누르고 달성해야 하는, 일종의 숭고한 목표인 셈이었다. 자유주의의 이상향이 잔혹한 현실 국제사회에서 구현되기 위해서는 국가들의 단합된 노력이 필요했다. 그러한 노력은 한참의 시간과 엄청난 피가 흐른 뒤인 제1차 세계대전이 끝나고서야 처음으로 시도될 수 있었다.

03 힘의 균형 위에 세워진 질서와 평화, 그리고 붕괴

자유주의 사상은 19세기 내내 강력한 정치적 원동력으로 작용했으나 국내 정치의 틀을 벗어나지는 못했다.[15] 국제정치는 여전히 냉엄한 현실이 지배했다. 나폴레옹이 워털루 전투에서 패배한 1815년, 유럽의 다섯 강대국(영국, 프랑스, 오스트리아, 프로이센, 러시아)은 '빈 회의'라는 체제를 탄생시켰다. '빈 회의,' 또는 '빈 체제Vienna System'는 5대 강국이 세력균형을 유지하면서 상호 간에 견제와 협력을 통해 힘의 균형이 깨질 수 있는 사태를 미리 방지하는 데 목적이 있었다. 즉, 빈 체제는 힘의 논리에 기초한 현실주의적 국제질서 였다. 빈 체제를 통해 인공적으로 성립된 세력균형은 당시 전성기를 맞은 대영제국의 해양 패권과 맞물려 19세기 유럽에 안정된 시기를 가져다주었다. 안정된 국제관계 위에 자리 잡은 질서 속에서, 유럽은 경제·산업 등 사회의 모든 영역에 걸쳐 큰 발전을 이룩할 수 있었다.

　빈 체제가 유지되는 동안에도 몇 차례의 큰 전쟁은 벌어졌다. 빈 체제의 질서는 힘의 균형이 요동칠 때마다 위협을 받았다. 그러나 빈 체제 말기에는 독일에서 비스마르크라는 걸출한 인물이 등장하여 유럽의 세력균형을 지켜냈다. 덕택에 유럽의 질서는 통일 독일이 영국의 해양 패권을 위협하기 시작한 20세기 초까지 위태롭게나마 유지될 수 있었다.

영국과 러시아의 '그레이트 게임'

19세기 영국은 적극적인 해외 식민지 정책을 통해 인류 역사상 가장 거대한 식민제국을 건설한 상태였다. 최전성기 대영제국은 전 세계 육지 면적의 약 25%를 지배했는데, 이는 단일 영토로는 최대규모를 자랑했던 몽골 제국이나 소비에트 연방("소련")의 판도와도 비교가 되지 않는 엄청난 크기였다. 영국의 직접적인 지배 아래 놓인 땅은 유럽(브리튼섬, 몰타 등)은 물론 미주대륙(캐나다, 자메이카, 도미니카, 쿠바 등), 남태평양의 오세아니아(호주, 뉴질랜드, 솔로몬 제도 등), 동남아시아(필리핀, 말레이시아, 브루나이, 미얀마 등), 남아시아(인도, 네팔, 부탄, 아프가니스탄 등), 서아시아(오만, 바레인, 키프로스 등), 아프리카(이집트, 수단, 소말리아, 케냐, 남아공 등) 등 지구 곳곳에 포진해 있었다. 영국의 세력권만을 거쳐 세계 일주를 하는 것이 가능할 정도였다. "대영제국에 해질 날 없다"라는 표어는 전혀 과장이 아니었다. 그런 영국이 19세기 내내 경계했던 지정학적 적수는 러시아 제국이었다.

 러시아는 영국에 비해 산업화가 뒤떨어졌지만, 유라시아를 동서로 가로지르는 거대한 영토를 보유하고 있었고 당시에는 알래스카까지 지배하고 있었다. 영국은 지구상의 거의 모든 지역에서 러시아와 세력이 맞닿아 있었다. 지구를 남북으로 나누었을 때, 미주대륙을 제외한(미국이 독립한 이후 영국의 북미 식민지는 최북단의 캐나다였다) 거의 모든 대륙에서 영국의 세력권이 남쪽에 포진하고 있었다면 그 북쪽에는 러시아가 웅크리고 있었다. 그런 러시아가 오랜 염원인 부동항不凍港. 겨울에도 얼지 않는 항구을 확보하기 위해 전방위적으로 남하南下하기 시작하니, 영국으로서는 러시아가 세계를 에워싼 영국의 '왕관'에 도전한다는 위기감을 느낄 수밖에 없었다. 특히 러시아는 중앙아시아 지역에서 공격적인 팽창을 계속했는데, 영국은 이를 가장 중요한 식민지인 인도를 노리려는 의도로 받아들였다. 러시아의 전방위적 남하에 영국도 전방위적으로 대응했다. 그중 가장 치열했던 싸움이 크림반도를 둘러싸고 벌어졌다.

19세기 중반, 러시아는 크림반도를 교두보 삼아 지중해로 진출하기 위해 남하하기 시작한다. 러시아가 지중해로 나아가기 위해서는 중동의 패자인 오스만 제국이 지배하던 흑해의 제해권을 빼앗을 필요가 있었다. 그리고 흑해의 제해권은 흑해와 지중해를 잇는 보스포루스 해협의 통행권을 확보함으로써만 빼앗아 올 수 있다. 보스포루스 해협은 당시 오스만 제국의 수도이자 현 튀르키예(터키) 최대의 도시이기도 한 이스탄불을 남북으로 관통하는 해협이다. 러시아가 흑해의 제해권을 빼앗는다는 것은 중동의 맹주인 오스만 제국의 등뼈를 꺾는다는 것을 의미하기도 했다.

오스만 제국은 1453년 동로마 제국을 멸망시키고 콘스탄티노플을 자국의 수도 이스탄불로 삼은 이래 끊임없이 유럽을 위협했던 기독교 제국諸國의 숙적이었다. 18세기까지 호시탐탐 유럽을 노렸던 오스만 제국이었지만 유럽의 산업화가 급격히 진행된 19세기에 이르러서는 쇠락한 상태였다. 반면 러시아는 나폴레옹 전쟁에서의 승리를 통해 명실상부 유럽의 강대국으로 떠오른 상태. 노쇠한 오스만 제국은 더 이상 러시아의 적수가 아니었다. 그러나 러시아가 해양 세력이 되는 것을 원치 않았던 영국은 '유럽의 적'이라 명명해도 과언이 아닐 오스만 제국의 편을 들었다. 중동으로의 세력 확장을 꾀하던 프랑스도 오스만 제국의 편에서 전쟁에 개입하였다. 그러다 러시아와 오스만 제국 간에 전쟁이 발발하자 영국과 프랑스는 빈 체제의 일원인 러시아가 아닌, 역사적 숙적인 오스만 제국의 편에서 참전한다. 크림 전쟁(1853~1856)이라 불린 이 전쟁에서 양측 모두 수십만의 대군을 동원해 치열한 전투를 벌였다. 그 결과 엄청난 사상자가 발생했고 나폴레옹 전쟁 이래 유지되던 유럽의 평화 상태가 무너졌다.

크림 전쟁 이후에도 영국과 러시아는 중동과 중앙아시아, 티베트와 동아시아에 이르기까지 여러 대륙에 걸친 긴 전선을 두고 대치했다. 1885년 영국이 느닷없이 조선의 거문도를 점령한 것도 같은 맥락에서였다. 당시 조선의 고종은 청나라와 일본에 맞서 러시아와의 관계를 강화하려 노력하고 있었는데, 이에 놀란 영국이 러시아의 한반도 진출을 견제하기 위한 목적으로 거문도를 점령한 것이다. 19세기 초부터 20세기 초까지 영국과 러시아 간에 근 100여 년간 이어진 전략적 경쟁을 소위 '그레이트 게임The Great Game'이라 부른다.

그레이트 게임이 치열하게 전개되는 와중에도 나폴레옹 전쟁 이래 유지된 유럽의 질서는 송두리째 무너지지는 않았다. 영국과 프랑스, 오스트리아와 프로이센, 그리고 러시아는 상호 견제 노력을 계속하면서 빈 체제를 명목상으로나마 유지하였다. 빈 회의도 지속해서 개최되었다.

1904년, 러일전쟁에서 일본에 불의의 패배를 당한 러시아는 발트함대와 태평양함대를 모두 잃는다. 영국은 러시아가 더 이상 심각한 위협이 되지 않는다고 판단했다. 또한 그레이트 게임에 빠져 있는 사이 통일 독일제국의 국력이 급격히 강해지고 있었다. 영국은 1907년에 이뤄진 영·러 협상을 통해 중동과 중앙아시아에서의 영국-러시아 간 세력권을 조정함으로써 그레이트 게임을 끝내게 된다.

비스마르크와 통일 독일제국의 등장

러시아에 이어 부상한 것은 독일의 프로이센 왕국이었다. 프로이센은 나폴레옹 전쟁 이후 꾸준히 세력을 강화하면서 북쪽 덴마크를 상대로 슐레스비히 전쟁을 일으키는 등 국지적인 팽창을 지속해왔다. 그러던 19세기 중반 무렵, 철혈재상鐵血宰相 오토 폰 비스마르크가 프로이센에 등장한다. 프로이센 국왕 빌헬름 1세의 전폭적인 신임 아래 비스마르크는 독일의 통일을 노렸다. 독일 통일을 위해서는 신성로마제국의 적통임을 내세우는 합스부르크 가문이 지배하는 오스트리아 제국과의 전쟁을 피할 수 없었다. 떠오르는 프로이센 앞에 오스트리아는 적수가 되지 못했다. 1866년, 오스트리아는 전쟁 발발 7주 만에 무릎을 꿇는다. 독일의 북부를 통일한 프로이센은 남부 독일의 병합을 노렸지만, 이번엔 독일 통일을 경계한 프랑스의 견제를 받았다. 그러자 비스마르크는 1870년 프랑스 황제 나폴레옹 3세(나폴레옹 보나파르트의 조카)를 도발하여 프랑스로부터 선전포고를 끌어낸 뒤, 강력한 육군을 동원해 2달 만에 나폴레옹 3세를 사로잡아 버린다. 프랑스 파리에선 시민들을 중심으로 한 국민방위정부가 들어서서 항쟁을 이어갔다. 그러나 이미 주력군을 격파당한 프랑스에 승산은 없었다. 프로이센은 약 4개월 동안 파리를 포위한 끝에 국민방위정부의 항복을 받아냈다. 프랑스를 꺾은 비스마르크는 통일 독일제국의 탄생을 선포하고 프랑스 베르사유 궁전에서 빌헬름 1세의 황제 대관식을 치른다. 한편 프랑스에서는 국민방위정부의 맥을 이은 공화정이 들어서게 되었다.

비스마르크가 외교의 천재로 불리는 이유는 단지 독일의 통일을 이뤄내서만은 아니었다. 비스마르크는 통일 독일의 등장으로 인해 빈 체제가 지탱하던 유럽의 질서가 무너지지 않도록 갖은 노력을 기울였다. 나폴레옹이란

패왕을 무찌르고 탄생한 빈 체제의 목적은 유럽에 패권국이 등장하는 상황을 방지하는 것이었다. 빈 체제를 구성하는 다섯 강대국 중 하나인 프로이센이 다른 두 강대국인 프랑스와 오스트리아를 꺾고 독일마저 통일한 이상, 잠재적 패권국인 독일제국은 견제의 대상이 될 수밖에 없었다. 이 경우 영국과 프랑스를 중심으로 반독일 동맹이 결성될 수 있다는 점을 비스마르크는 꿰뚫어 보고 있었다.

통일 독일제국의 국력은 대영제국조차 넘어설 정도였지만, 독일이 고립되는 사태를 막기 위해 비스마르크는 패권 추구를 포기했다. 천재적인 혜안으로 반독일 동맹이 형성되는데 필요한 각종 조건을 꿰뚫어 본 비스마르크는 이를 매사에 앞질러 차단했다. 비스마르크는 오스트리아 제국을 꺾은 뒤에도 최대한 관대한 처분을 했고, 오스트리아와의 관계를 복원하기 위해 갖은 노력을 기울였다. 덕택에 얼마 뒤 이중제국으로 거듭난 오스트리아-헝가리 제국과 원수가 되는 사태를 피할 수 있었다. 다양한 노력 끝에 비스마르크는 러시아 제국과 오스트리아-헝가리 제국을 끝내 독일제국의 우방으로 끌어들였고, 지속적인 팽창을 추구하는 러시아와 그런 러시아와 갈등 관계에 있던 오스트리아-헝가리 간의 관계도 평화적으로 중재해냈다. 유럽 대륙의 세력균형 변화에 극도로 민감한 영국과의 대립을 피하는 데도 성공했다. 반면 인접한 프랑스는 철저히 고립시켜 독일에 위협이 될 수 없게 하였다.

비스마르크는 유럽의 패권을 추구하는 대신 독일이 성장할 수 있는 발판을 마련하는 데 매진했고 강대국 간에 미묘한 세력균형을 유지함으로써 유럽 질서의 붕괴를 막아냈다. 독일이 유럽 대륙의 잠재적 패권국으로 떠오른 상황에서도 빈 회의 구성국들은 제1차 세계대전이 발발하기까지 수십 차례나 회동하며 서로 간의 이견을 대개 평화적으로 조율했다. 비스마르크가 아니면 할 수 없었을 신묘한 외교를 통해 유럽의 세력균형은 아슬아슬하게 유지될 수 있었다. 이 시기 독일의 외교 정책을 통해 유지된 유럽의 질서는 '비스마르크 체제'라고까지 불린다.

패권국이 될 잠재력을 갖춘 국가가 눈앞에 어른거리는 패권을 쫓지 않고 자제한다는 것은 실로 예외적인 일이었다. 그러나 특출난 개인이 시류에 미치는 영향에는 결국 한계가 있다. 초인적인 군략으로 군사적 한계를 극복하고 연전연승을 이어갔던 나폴레옹도 끝내 패배하였고, 현실주의 외교 정책의 정수를 통해 역설적으로 현실주의가 부과한 숙명을 극복해냈던 비스마르크도 패권을 추구하는 강대국 본연의 본능을 끝내 극복할 수는 없었다. 비스마르크를 전폭적으로 신임하던 빌헬름 1세가 사망하고, 얼마 뒤 독일제국의 황제로 등극한 빌헬름 2세는 비스마르크와 사사건건 대립하다가 1890년 비스마르크를 해임한다. 이후 빌헬름 2세는 당연하다는 듯이 패권을 추구했다.

그 결과 독일제국은 비스마르크의 우려대로 영국과 대립하게 되었고, 프랑스, 그리고 러시아까지 연달아 적으로 돌리게 된다.

파국의 씨앗

산업혁명의 최대 수혜자인 영국은 통일 독일제국이 등장하기 전까지 유럽에서 가장 부유한 국가였다. 19세기 영국의 국시는 유럽 대륙의 질서를 유지하고 전 세계로 뻗은 대영제국의 판도를 유지하는 것이었다. 영국은 무력과 외교력을 교묘히 동원해 특정 국가가 갑자기 강대해지지 못하도록 차단했다. 영국의 세력균형 노력은 유럽에 잠재적 패권국이 등장하는 상황을 막거나 지연시켜 대규모 전쟁을 방지하는 효과가 있었다. 산업혁명과 자유무역에 힘입은 영국의 최전성기는 빈 체제에 따른 상대적 평화의 시기와 겹쳤던 탓에 '팍스 브리타니카Pax Britannica,' 즉 '영국에 의한 평화의 시기'라 불리기도 한다.

섬나라인 영국은 대규모 육군을 보유하는 데는 관심이 없었지만, 해군력 강화에는 진심이었다. 나폴레옹의 프랑스-스페인 연합해군을 격파한 트라팔가르 해전 이후 영국에 도전할 만한 해양 세력이 없었음에도 말이다. 19세기 내내 영국은 소위 '2대 강국 기준two-power standard'을 국가정책으로 유지하였고, 1889년에는 아예 이를 법으로 못 박기에 이른다. '2대 강국 기준'이란 영국의 해군력을 단순히 세계 1위로 유지하는 것을 넘어, 세계 2위 및 3위 해군 강국의 해군력을 합친 것 이상의 전력을 상시 유지하는 정책이었다. 그만큼 영국에게 있어 해군력의 우위를 유지하는 것은 중요했다. 영국이 거대한 육군을 보유하지 않았던 것도 유럽 강대국이 도버해협을 넘지 못하게 할 자신이 있었기 때문이었다. 영국의 막강한 해군은 본토를 대륙의 전화戰火로부터 보호하는 걸 넘어 전 세계 곳곳에 군사력을 투사해 지구상의 거의 모든 지역에 식민지를 건설할 수 있도록 해주었다. 본토와 식민지 간의 항로는 물론이고 사실상 전 세계의 항로를 지배함으로써 국제무역을 좌지우지했다. "해질 날 없는" 대영제국의 건설은 바다를 제패한 최강의 해군이 있었기에 가능했다.

그런데 1890년 비스마르크를 해임하고 독일의 대외정책을 직접 챙기기 시작한 빌헬름 2세는 영국의 역린 두 가지를 모두 건드리기에 이른다. 첫 번째는 식민지 쟁탈전에 뛰어든 것이다. 당시는 유럽 제국주의의 팽창이 절정에 달했던 시기라, 전 세계의 문명 지역은 대부분 유럽 열강의 식민지였거나 준準 식민지 상태였다. 그중에서도 영국·프랑스의 식민지가 압도적으로 많았다. 독일이 식민지를 확장하기 위해서는 영국이나 프랑스의 식민지를 빼앗는 수밖에 없었다. 독일이 영국과 프랑스의 식민지에 대해 야욕을 드러내자 위협을 느낀 두 나라는 자연히 손잡고 독일에 맞섰다.

두 번째는 영국을 겨냥한 독일의 급격한 해군력 증강이었다. 유럽 최강국으로 거듭난 독일이 국력에 걸맞은 세계제국이 되기 위해서는 영국의 해양 패권을 빼앗아야만 했다. 빌헬름 2세가 독일의 해군력을 급격히 증강하자 영국도 해군력을 더욱 증강함으로써 대응했다. 소위 '건함경쟁'이라 불리는 군사 경쟁에 돌입한 양국은 서로를 잠재적 적국으로 상정할 수밖에 없었다.

04 제1차 세계대전과 자유주의 국제질서의 시도, 그리고 실패

제1차 세계대전은 비스마르크 해임 이후 영국·프랑스와 손잡은 러시아가 오스트리아-헝가리 제국의 약화를 틈타 오-헝 제국의 뒷마당이었던 발칸반도로 진출하면서 생긴 갈등이 직접적인 원인이었다.[16] 그러나 기존 패권국 영국을 중심으로 뭉친 프랑스·러시아와 잠재적 패권국인 독일 사이에는 대전쟁이 터지기 위한 조건이 이미 모두 갖춰진 상태였다.

1914년에 시작된 제1차 세계대전은 4년 후인 1918년, 독일의 완전 항복으로 막을 내렸다. 제1차 세계대전은 군인과 민간인을 합쳐 약 4천만 명에 달하는 사상자가 발생한 전대미문의 대전쟁이었다.

전쟁의 경과

전쟁의 양상은 소모전이었다. 독일은 프랑스-프로이센 전쟁 때처럼 강력한 육군으로 서쪽의 프랑스를 신속히 제압한 뒤 기수를 돌려 동쪽의 러시아를 격멸할 계획을 세웠다. 그러나 독일 육군은 예상과 달리 영국과 프랑스 연합군을 제압하는 데 실패했다.

제1차 세계대전에서는 미국 남북전쟁에서 처음 선보인 기관총이 본격적으로 사용되었는데, 그때까지 대세였던 육전陸戰에서의 전술 교리와 무기로는 대량의 기관총이 배치된 적진지를 도무지 돌파할 수가 없었다. 진지 전방에 대규모의 철조망을 펼쳐 놓아 돌격을 지체시킨 뒤 밀집된 보병에게 기관총으로 집중사격을 가하는 전투 방식은 반인륜적일 정도로 치명적이었다. 거기에 후방의 야포가 어마어마한 물량의 포탄을 쏟아부으니 전통적인 보병 돌격 전술로는 아무리 많은 병력이 희생되어도 적의 진지를 빼앗을 수가 없었다. 조금씩 참호를 파면서 야금야금 전진하거나, 적진을 우회하여 공격하는 수밖에 없었다. 우회하여 진격하는 적을 막기 위해서 상대는 또다시 참호를 팔 수밖에 없었고, 결국 서부전선은 끝도 없는 참호로 뒤덮이게 된다. 참호전trench warfare이라 불린 이 소모적인 대치 국면을 타개하기 위해 독일은 독가스를 살포하기도 하였고 영국은 전차를 개발하여 투입하기도 하였지만 큰 효과는 없었다.

동부전선에서는 산업화에서 뒤졌던 러시아가 독일과 오스트리아-헝가리 제국에게 밀리는 싸움을 하고 있었지만, 러시아의 거대한 영토는 그 자체로 강력한 방벽이었다. 독일과 오-헝 제국의 공세가 러시아의 광활한 종심縱深을 뚫지 못하고 공세종말점breakpoint에 이르자 동부전선에서의 싸움도 소모전이 된다. 결과적으로 독일-오스트리아 동맹은 영국·프랑스를 상대로 한 서부전선과 러시아를 상대로 한 동부전선에서의 소모전을 양면으로 수행해야 하는 처지가 되었다.

유럽 각국이 보유한 해외 식민지에서도 전투가 벌어졌다. 중동에서는 수에즈 운하의 통제권을 둘러싸고 영국과 오스만 제국 간에 격렬한 전투가 벌어졌다. 아프리카에서는 영국군과 프랑스 군이 독일이 지배하던 토고와 카메룬을 공격했고, 독일은 영국이 지배하던 남아프리카를 공격했다. 아시아 태평양에서는 일본과 호주, 뉴질랜드가 독일의 식민지였던 칭다오와 뉴기니, 사모아를 점령했다.

빌헬름 2세가 영국을 자극하면서까지 야심 차게 건설한 독일 해군은 제1차 세계대전 내내 별다른 역할을 하지 못했다. 전쟁 발발 직후인 1914년 독일 해군의 태평양 전대는 영국의 남대서양 식민지인 포클랜드섬을 공격하려다 영국 해군의 공격을 받아 섬멸되었고, 이후 독일은 영국과의 함대전을 피했다. 반면 영국은 나폴레옹 전쟁에서 그랬던 것과 같이 압도적인 해군력을 동원한 해상봉쇄로 독일의 대외무역을 차단하고 독일의 해외자산을 공격했다. 독일은 영국과의 해전을 피하는 대신 신형병기였던 잠수함을 이용한 선박 격침 작전을 전개했다. 무제한 잠수함 작전Unrestricted Submarine Warfare이라 불린 이 작전은 한마디로 연합국으로 향하는 선박을 무차별 격침하는 것이었는데, 선박의 국적도 가리지 않았을뿐더러 민간 상선이나 여객선조차 공격 대상으로 삼아 문제가 많았다. 1915년 5월에는 독일 잠수함이 발사한 어뢰가 영국으로 향하던 여객선 루시타니아호를 격침해 미국인 128명이 사망하는 사건이 발생한다. 독일은 격분한 미국을 달래기 위해 사과와 배상은 물론 무제한 잠수한 작전도 잠시 중단하였다. 대신 영국의 봉쇄망을 뚫기 위해 1916년, 그때까지 결전병기決戰兵器라 불리던 드레드노트급 대형전함을 대대적으로 동원하여 북해에서 영국 해군에 정면으로 도전했다. 유틀란트 해전이라 명명된 이 대해전에서 독일 해군은 신승을 거두었지만, 워낙 거대한 전력을 보유한 영국 해군의 해상 봉쇄망을 무력화시키는 데는 실패한다. 전술적으론 성공을 거두었지만, 전략적으론 실패한 것이다. 독일은 무제한 잠수함 작전을 재개할 수밖에 없는 상황으로 몰렸다.

독일은 무제한 잠수함 작전이 결국에는 미국의 참전을 불러올 것으로 판단했다. 이에 독일은 1917년 1월 멕시코에 미국과 독일 간에 전쟁이 발발하면 미국 본토를 공격해달라고 비밀리에 요청한다. 대가로는 전쟁이 끝난 뒤 미국이 멕시코로부터 빼앗은 텍사스, 애리조나, 뉴멕시코 등을 되돌려주겠다고 제안했다. 그러나 미국의 국력이 이미 유럽 열강을 아득히 초월하였다는 사실을 알고 있었던 멕시코는 독일의 제안을 물리친다. 어쨌든 독일은 무제한 잠수함 작전을 재개하였고, 그 과정에서 다시 미국 상선이 침몰하는 사태가 벌어진다. 미국은 19세기 초 제임스 먼로 대통령 이래 유지되어 온 고립주의isolationism를 유지하고 있었으나, 미국 내 참전 여론은 날이 갈수록 높아지고 있었다.

한편 1917년 2월 러시아에서 오랜 전쟁에 지친 노동자들이 혁명을 일으켰다. 혁명으로 제정 러시아가 붕괴하고 임시 공화정이 수립되자 독일은 스위스에서 망명 중이던 공산주의 혁명가 블라디미르 레닌을 러시아로 재빠르게 귀국시켰다. 레닌은 1917년 10월 '10월 혁명'이라 불린 혁명에서 볼셰비키(러시아-소련 공산당)를 영도하여 러시아의 정권을 장악, 소비에트 정부를 수립한 뒤 독일과 강화조약을 맺는다.

그사이 독일이 멕시코에 전달했던 도발적인 제안이 우여곡절 끝에 영국의 첩보 당국에 의해 입수된다. 영국은 제안 내용을 냉큼 미국에 전달했고, 미국과 독일의 관계는 더욱 험악해졌다. 거기에 독일의 잠수함 작전으로 인한 피해가 누적되자 미국은 1917년 4월, 마침내 독일에 선전포고하고 전쟁 준비에 돌입한다. 독일은 미국이 전쟁 준비를 완료하기 전에 영국·프랑스와 승부를 내기 위해 러시아와 대치하던 동부전선의 전력을 대거 서부로 집결시켜 1918년 초 최후의 공세를 시도했다. 그러나 독일의 마지막 총공세도 영국·프랑스의 완강한 저항에 가로막혀 좌절됐다.

얼마 후 전쟁 준비를 끝마친 미군이 유럽 대륙에 본격적으로 파병되기 시작하자 전세는 한순간에 결정되었다. 4년에 걸친 전쟁에 피폐해진 독일군은 하루에 1만 명씩 증파되는 미군의 압도적인 전력 전개 앞에 무기력했다. 1918년 10월에 오스만 제국이 가장 먼저 항복했다. 같은 달, 전쟁 기간 내내 항구에서 벗어나지도 못하던 독일 해군에게 최후의 옥쇄^{玉碎} 작전이 하달되자 킬^{Kiel} 군항의 수병들이 반란을 일으켰다. 수병들의 반란은 전국적 혁명으로 번졌다. 혁명에 쫓긴 빌헬름 2세는 네덜란드로 망명했다. 이로써 비스마르크가 건설한 독일제국은 허망하게 무너졌다.

그리고 1918년 11월, 오스트리아-헝가리 제국과 독일의 임시내각이 차례로 연합국에 항복함으로써 제1차 세계대전이 종식되었다.

종전과 구질서의 붕괴

제1차 세계대전은 여러 측면에서 인류 역사의 한 획을 그은 전쟁이었다. 근대기술을 가진 강대국 간의 총력전이 얼마나 끔찍한 비극을 초래할 수 있는지를 보여줬으며, 전쟁은 기술을 급격히 발전시킨다는 불편한 진실도 확인시켜주었다. 사회에서는 전쟁에 나선 남자들의 역할을 여자들이 대신하면서 여성의 권리가 신장하였고, 독일과 러시아, 오스트리아-헝가리 제국 등에서 군주정이 무너져 일시적으로나마 민주주의가 발달하였다. 무엇보다 제1차 세계대전은 영국의 산업혁명 이후 한 세기 이상 유럽을 중심으로 움직여온 국제질서가 무너지는 계기가 되었다.

제1차 세계대전은 이제 세계에서 가장 강한 세력이 미국이란 점을 확인시켜준 전쟁이기도 했다. 미국의 우드로 윌슨 대통령은 1918년 1월의 연두 국정연설에서 세계대전 참전을 선포하면서 "세계평화의 복원"을 명분으로 내세웠다. 윌슨은 전후 세계평화를 복원하기 위한 복안을 담은 '14개조 평화원

칙Fourteen Points'을 통해 현실주의에 바탕을 둔 제국주의 시대의 종언을 선포
했다. 전승국은 1919년 6월 독일과 전후 처리에 관한 사항을 규정한 베르사
유 조약Treaty of Versailles을 체결한 뒤 다른 패전국들과도 차례로 종전협정을 체
결했다. 모든 종전협정에는 윌슨이 주창한 '14개조 원칙'이 반영되어 있었다.
그리고 '14개조 원칙'에는 저 유명한 '민족자결주의national self-determination'도 포함
되어 있었다.

　세상 모든 민족이 정치적 미래를 스스로 결정할 수 있는 자결권을 가진다
는 민족자결주의는 유럽 열강의 식민제국주의를 정면으로 부정했다. 그 결
과 패전국들이 보유하고 있던 해외 식민지들이 독립하게 되었다. 다민족이
묶여 구성된 오스트리아-헝가리 제국은 오스트리아, 헝가리, 체코슬로바키
아, 유고슬라비아(일부), 루마니아(일부) 등으로 해체되었다. 역시 다민족으로
이뤄진 오스만 제국도 해체되었고, 오스만 제국의 후계자격인 튀르키예(터
키) 공화국이 확보한 아나톨리아 반도를 제외한 방대한 영토가 신생 그리스
에 넘어가거나, 영국과 프랑스의 보호 아래 놓이게 된다.

자유주의 이상 구현을 위한 시도

제1차 세계대전은 지정학이 낳은 비극이었다. 전승국인 미국, 영국, 프랑스,
일본, 이탈리아가 전후 처리를 위해 1919년 1월부터 수년에 걸쳐 개최한 '파
리 강화회의Paris Peace Conference'에서는 이에 대한 성찰이 이루어졌다. 그 결과
제1차 세계대전 직전까지 유럽을 지배했던 '힘의 질서'에서 탈피하기 위한
시도가 일부 이루어졌다.

　빈 체제는 세력균형을 통해 질서를 유지한 체계balance of power system였다. 현
실적인 '힘의 질서' 아래 유럽 열강들은 야만의 19세기를 지나는 동안 파국을

피할 수 있었고, 짧고 제한된 평화나마 누릴 수 있었다. 그러나 제1차 세계대전이 증명했듯이 힘에 의한 균형과 그에 따른 평화는 언젠가 파국을 맞을 수밖에 없다. 왜냐하면 힘이란 본질적으로 정체되지 않기 때문이다. 달도 차면 기울고, 열흘 붉은 꽃은 없는 법花無十日紅이다. 개인의 신체적인 힘이든, 정치적 권력이든, 경제적 부이든, 국가의 국력이든 간에, 모든 종류의 힘이 공유하는 우주적 진리가 있다. 힘이란 언젠가 쇠하고 흐르며 변할 수밖에 없다는 점이다. 힘의 균형에 의존한 질서와 평화는 언제고 반드시 깨지기 마련이다. 그리고 힘의 균형 위에 세워진 질서가 붕괴할 때는 제1차 세계대전과 같은 큰 전쟁이 벌어질 확률이 높다. 그러니 힘의 균형에 의존하지 않는 질서를 수립할 필요가 있었다.

제1차 세계대전의 참전을 앞두고 윌슨 대통령은 미국의 역할을 어떻게 정의할지를 고민했다. 전후 유럽 열강 간의 경쟁에 휘말리지 않기를 원했던 윌슨은 미국이 제1차 세계대전에 참전하는 대의를 유럽 열강의 그것과 구분하고자 했다. 윌슨의 지시에 따라 역사학자, 정치학자, 지리학자로 구성된 대규모 자문단이 새로운 시대의 질서를 위한 원칙을 마련하기 위한 연구에 돌입했다. 결론적으로 미국이 세계대전에 참전하는 대의는 자유주의 사상에 따른 평화롭고 정의로운 국제질서를 세우기 위함이지 새로운 힘의 질서를 구축하기 위함이 아니라는 점을 보여주기 위한 14개의 원칙이 수립됐다. '제14개조 원칙'은 크게 비밀외교의 폐기, 바다에서의 항행의 자유freedom of navigation, 경제무역장벽의 철폐, 군비축소, 소수민족의 자기 결정권을 존중한 식민 지배의 조정adjustment, 모든 나라의 정치적 독립과 영토의 보존을 보장하기 위한 국제공동체의 구성이라는, 여섯 가지의 목표로 정리되었다. 특히 '제14개조 원칙'에 담긴 민족자결주의는 범세계적인 반향을 불러일으켰다. 사실 '제14개조 원칙'에는 전승국이 보유한 식민지에 관한 내용은 전혀 포함되

지 않았고(애초에 윌슨 대통령은 전승국의 식민지에 민족자결주의를 적용할 의도
가 없었다), 패전국인 오스트리아-헝가리 제국과 오스만 제국의 소수민족 독
립을 지지하고 조장하는 내용만이 적시되어 있었다. 그러나 윌슨의 의도와
상관없이 '제14개조 원칙'은 전승국에 의해 식민 지배되던 민족에게도 영감
을 주었다. 우리나라의 3·1 운동과 임시정부 수립에도 민족자결주의가 큰
영향을 끼쳤다.

　다른 전승국은 미국의 '제14개조 원칙'에 대해 시큰둥했다. 당시 프랑스의
총리였던 조르주 클레망소는 "주님께서는 오직 열 개의 계명만을 주셨지만
우리는 그조차 제대로 지키지 못하고 있다"라며 냉소적인 반응을 보였다고
한다. 그러나 승리에 가장 큰 지분을 가진 미국의 대통령이 주창한 '제14개
조 원칙'은 전후 처리의 지침이 될 수밖에 없었다.

　자유주의적 국제질서를 수립하기 위한 또 다른 노력은 국제기구의 설립이
었다. 1920년, 베르사유 조약 제1장에 따라 세계평화 수호를 목적으로 하는
'국제연맹League of Nations'이 창설되었다. 2년 뒤인 1922년에는 국가 간의 분쟁
을 사법절차를 통해 해결함으로써 국제사회에 법치法治를 구현하고자 상설국
제사법재판소Permanent Court of International Justice가 설치된다. 임마누엘 칸트가 '영
구평화론'을 통해 국제법에 기초한 국제연방의 필요성을 설파한 지 약 120여
년만의 일이었다.

국제연맹의 실패와 자유주의 이상의 한계

제1차 세계대전 직후에 이루어진 자유주의적 실험은 불과 21년 뒤인 1939년
에 벌어진 제2차 세계대전을 막지 못했다는 점에서 실패로 기억되고 있다.
그러나 국제연맹의 창설은 인류가 처음으로 현실주의적 세계관에서 벗어나

고자 시도했다는 점에서 큰 의미가 있다. 국제연맹의 설립과 운영을 통해 얻은 여러 교훈은 오늘날의 UN 체제에도 많은 영향을 미쳤다. 예컨대 UN의 핵심 기능인 '집단안전보장collective security'은 국제연맹이 최초 도입한 개념이다. 집단안전보장이란 어떤 국가가 회원국 중 하나를 침략하면 회원국 전체를 공격한 것으로 보아 공동으로 대응하는 체제를 의미한다. 또한 국제연맹은 전쟁 대신 협상이나 사법절차와 같은 평화로운 방법을 통해 국제분쟁을 해결하는 제도를 도입했고, 군비감축이나 무기 거래 등에 관한 원칙도 제시했다. 아동보호, 여권신장女權伸張, 노동권 향상, 인신매매 금지, 소수민족 보호, 난민 문제 해결, 전쟁범죄 방지 등 자유주의의 핵심 목표인 인권 보호human rights protection와 관련하여서도 다양한 활동을 전개했다. 국제기구로서의 국제연맹이 갖추었던 다양한 기능과 조직은 이후 UN이 대부분 인수하여 현재까지 이어지고 있다.

국제연맹에는 많은 문제와 제약도 있었다. 전성기 기준으로도 국제연맹의 가입국은 58개국에 지나지 않았다. 또한 국제연맹의 의사결정은 만장일치로 이뤄지는 것이 원칙이었다. 국제연맹의 결의 채택 과정은 신속하지 않았으며, 그 결과는 종종 타협적이었다. 국제연맹이 영국과 프랑스의 이익을 주로 반영하였다는 점도 문제점으로 지적되곤 한다. 그러나 이러한 문제들은 모두 부차적이었다. 결정적인 문제는 명실공히 세계 최강대국으로 떠오른 미국이 국제연맹에 가입하지 않았다는 점이었다. 윌슨 행정부는 국제연맹과 상설국제재판소의 설립을 주도했으나, 고립주의로 회귀하길 원하는 의회의 반대로 국제연맹에 가입하지 못했다. 윌슨 대통령은 국제연맹 참가에 대한 지지를 얻기 위해 미국 전역을 돌며 수십 차례나 유세하는 등 분투하다가 뇌경색으로 쓰러져 반신불수까지 됐다. 그럼에도 국제연맹 규약the Covenant of the League of Nations의 비준은 연방상원에서 부결됐다. 미국이 가입하지 않자 국제연맹은 영국과 프랑스에 의해 주도되었다. 그러나 쇠락한 영국과 프랑스의 힘만으로 다른 강대국들을 억제하는 데는 처음부터 한계가 있었다.

그럼에도 불구하고 초기 국제연맹은 많은 성과를 거두었다. 1921년 스웨덴과 핀란드 간 발트해에서 벌어진 올란드 제도 영유권 분쟁도, 1922년에 독일과 폴란드 간에 벌어진 실레시아Silesia 지역 영유권 분쟁도, 1926년에 이라크와 터키 간에 벌어진 모술Mosul 영유권 분쟁도 국제연맹의 중재를 통해 전쟁으로 비화하지 않고 해결됐다. 1923년 이탈리아와 그리스 간에 벌어진 알바니아 지역 분쟁에서는 이탈리아의 영도자이자 파시즘의 상징인 베니토 무솔리니가 선제적으로 무력을 사용했지만, 그때도 국제연맹의 중재로 전면전으로 비화하기 전에 상황을 종료시킬 수 있었다. 1920년대 국제연맹이 거둔 눈부신 성과는 제1차 세계대전에 대한 기억으로 범세계적인 반전의식anti-war sentiment이 존재했던 덕도 컸다.

그러나 나치 독일과 파시즘의 이탈리아, 군국주의 일본이나 공산주의 소련과 같은 권위주의 국가들이 본격적인 팽창 의지를 드러내기 시작한 1930년대에 들어서는 상황이 달라졌다. 1931년 일본제국이 일으킨 만주사변滿洲事變이 결정적이었다. 당시 일본군은 남만주철도 노선을 폭파하는 자작극을 일으킨 뒤 이를 중국군의 소행이라 선포하고는 침공을 개시했다. 일본은 신속히 만주를 점령한 뒤 만주국이란 괴뢰정부를 세우고, 청나라 마지막 황제인 선통제 부의를 꼭두각시 지도자로 내세운다. 국제연맹은 1932년 만주에 조사관을 파견하였고, 조사 결과를 토대로 일본을 침략국으로 규정했다. 1933년 국제연맹은 일본이 만주를 중국에 반환하도록 요구하는 보고서를 42대 1(일본만 반대)의 총회 결의로 채택하였다. 그러자 일본은 즉각 국제연맹을 탈퇴하는 것으로 응수했고, 이에 국제연맹이 유의미한 대응책을 내놓지 못하자 억지력deterrence의 부재가 탄로 난 국제연맹의 기치가 한순간에 무너졌다. 종이호랑이로 인식된 국제연맹은 거짓말처럼 기능을 상실했다. 국제연맹은 1932년 볼리비아와 파라과이 간에 벌어진 차코전쟁에도, 1935년 이탈리아의 침공으로 시작된 제2차 에티오피아 전쟁에도, 1936년 스페인에서 벌어진 내전에도, 1937년 벌어진 제2차 중일전쟁에도, 1939년 9월 독일과 소련의 폴란드 침공에도, 1939년 11월 소련의 핀란드 침공에도, 제대로 대응하지 못했다. 국제연맹은 핀란드 침공을 이유로 소련을 연맹에서 퇴출시켰지만(동년 12월 14일), 그때는 영국과 프랑스가 폴란드 침공을 이유로 독일에 선전포고(동년 9월)해 이미 제2차 세계대전이 발발한 상황이었다.

제2차 세계대전의 발발은 여러 복잡한 요인이 복합적으로 작용한 결과였다. 따라서 국제연맹 체제를 실패로 치부하는 것은 야박한 평가일지도 모른다. 국제연맹 대신 오늘날의 UN이 1930년대에 존재했더라도 제2차 세계대전을 막아냈으리란 보장은 없다. 회원국의 주권을 지나치게 존중한 나머지 신속하거나 효율적이지 않았던 국제연맹의 의사결정 체제에 비해, UN 안전보장이사회"UN 안보리", United Nations Security Council를 중심으로 운영되는 UN의 집단안전보장 기능은 시스템적으로는 분명 우월하다. 그러나 UN의 집단안전보장 체제에도 엄연히 한계가 있다. 세계가 미국과 소련이란 두 초강대국이 형성한 양극兩極 질서에 놓여 있던 냉전 시대에, 그리고 미국이 더 이상 '세계의 경찰' 노릇을 담당하지 않으려 하는 오늘날 UN 안보리가 보여주고 있는 무기력한 모습이 그 증거이다.

한편 국제연맹을 통한 자유주의적 이상의 시도와 실패는 21세기를 사는 우리에게도 많은 것을 시사한다. 현실주의적 세계관에서 탈피하기 위한 자유주의적인 시도조차도 결국에는 '힘'이 뒷받침되지 않고서는 실현될 수 없다는, 안타까운 현실이 그것이다. 자유주의적인 국제질서를 구현할 때조차 현실주의의 역학을 초월할 수는 없는 것이다.

05 제2차 세계대전과 구시대의 종말

1939년 9월 1일에 시작된 제2차 세계대전은 그로부터 약 6년 뒤인 1945년 9월 2일, 일본제국의 무조건 항복으로 막을 내렸다. 제2차 세계대전은 지금까지 인류가 겪은 모든 전쟁 가운데 가장 처참하고 끔찍한 전쟁이었다. 민간인과 군인을 합쳐 8천만가량의 인명이 사망하였고, 부상자는 셀 수도 없을 지경이었다. 제2차 세계대전 중에도 인류의 기술은 발전을 거듭하여 급기야 인류 전체를 절멸시킬 수 있는 핵무기가 등장하기에 이른다. 제2차 세계대전의 종결과 함께 대항해시대 및 산업혁명 이후 몇백 년 동안 유럽에 있었던 세계질서의 중심축은 신대륙의 미국과 유라시아의 소련으로 완전히 넘어가게 된다.

전쟁의 배경

제1차 세계대전이 유럽 열강 간에 힘의 균형이 무너짐에 따라 발생한 전쟁이었다면 제2차 세계대전은 지정학적 원인에 이념과 민족주의가 뒤섞이면서 더욱 잔혹해진 전쟁이었다.

제2차 세계대전을 일으킨 나치 독일, 일본제국, 그리고 파시스트 이탈리아 간에는 민족주의와 전체주의, 군국주의, 팽창주의라는 공통점이 있었다. 이들의 정치, 사회, 문화적 배경은 서로 달랐다. 그러나 셋 모두 대중에 영합하는 포퓰리스트가 민족주의를 내세워 정권을 잡은 뒤 사회를 전체주의로 몰아가고, 정권을 유지·확장하기 위한 방편으로 군국주의를 선택한 뒤, 급기야 팽창을 위해 전쟁을 선택하였다는 큰 흐름을 공유한다.

제1차 세계대전 후반 독일은 미국의 참전으로 전세가 급격히 기울자 신속히 항복했다. 그 덕에 독일을 유럽 최강국으로 만들어준 산업시설을 고스란히 보존할 수 있었다. 독일 본토가 유린 되기도 전에 항복하였던 탓에, 일반 국민은 패전 상황을 제대로 받아들이지 못했다. 독일은 동부전선에서는 러시아를 상대로 많은 전과를 올린 끝에 유리한 조건으로 강화했고, 서부전선에서 밀리는 와중에도 항복 직전까지 국민을 상대로는 승리하고 있다고 선전했었다. 그런데 빌헬름 2세가 갑자기 퇴위하더니 새로 들어섰다는 공화정부가 무조건 항복을 선언해버리니 일반 국민으로서는 납득하기 어려울 수밖에 없었다. 느닷없는 항복에 혼란스러워하는 독일 국민 앞에 날아온 것은 패전에 따른 청구서였다.

베르사유 조약 제231조는 속칭 '전쟁책임 조항War Guilt Clause'이라고도 불리는데, 전쟁으로 인한 모든 책임을 독일을 위시한 동맹국이 부담해야 한다는 게 그 골자였다. 패전의 대가로 아예 해체되어 버린 오스트리아-헝가리 제국이나 오스만 제국과 달리 독일은 해체되진 않았으나, 프랑스-프로이센 전쟁에서 프랑스로부터 빼앗았던 알자스-로렌 지방을 비롯한 많은 영토를 포기해야만 했다. 당시로선 갚을 길이 없는 엄청난 전쟁배상금을 부담하고 프랑스에 막대한 석탄도 공급해야 했다. 제대로 된 군대를 보유하지 못하게 되었고, 프랑스의 안보를 위해 인접 라인란트 지방을 무장 해제하여야만 했다. 베르사유 조약이 부과한 가혹한 조건과 막대한 전쟁배상금은 독일인의 자존심을 짓밟았다. 당시 프랑스는 전쟁으로 경제기반이 무너져 배상금과 석탄이 절실했고, 청년 남성의 3분의 1가량이 전사한 상태라 독일이 다시 전쟁을 걸어오지 못하도록 철저히 관리할 필요가 컸던 것이 사실이다. 그러나 프랑스의 적대적인 태도가 독일 내 민족주의가 강화되는 촉매가 되었던 것 또한 사실이다. 베르사유 조약에 대해 "독일인을 회유하기엔 너무 가혹했고 독일이 대륙의 지배적 강대국으로 다시 부상하는 것을 막기엔 너무 관대했다"라는 평가가 나오게 된 이유다.

한편 독일의 공화정부는 전쟁배상금을 갚기 위해 화폐를 마구 찍어냈는데, 이것이 천문학적인 인플레이션을 유발해 독일의 민생경제가 파탄되기도 한다. 설상가상으로 1929년에는 미국에서 시작된 경제 대공황이 전 세계를 강타했다. 내수시장이 큰 미국과 방대한 식민지를 보유한 영국 · 프랑스는 대공황을 극복하기 위해 수입을 제한하고 자국의 통화를 공유하는 시장을 중심으로 블록 경제를 결성했다. 주요 선진국들이 보호무역주의를 채택하는 와중에 그나마 있던 식민지마저 빼앗긴 독일의 경제 상황은 더욱 어려워졌다. 1930년대 초반 독일의 실업률은 30%에 이르렀다.

그 와중에 전후 책임을 져야 할 독일의 고위 군인들은 자기 보신을 위해 근거 없는 음모론을 제기하였다. 제1차 세계대전 패전의 이유는 전장에서의 패배가 아닌 후방에서의 배신행위 때문이라고 주장하고 나선 것이다. 내우외환이 겹치고 민족주의 감성이 범람하기 시작한 독일은 나치즘과 같은 대중영합적 파시즘이 득세하기에 최적의 상황이 됐다.

급기야 1933년, 게르만 민족의 위대함을 주장하며 독일인의 지지를 얻은 나치당의 영수 아돌프 히틀러가 총통으로 선출된다. 정권을 장악한 히틀러는 독일 사회의 산적한 대내외적 문제들을 모조리 전승국과 유대인들의 책임으로 돌림으로써 대중에게 분노를 쏟아부을 대상을 제공했다. 제1차 세계대전 당시 후방에서 배신행위를 한 것도, 독일 경제에 금융 혼란을 초래한 것도, 그 외 수많은 사회 문제도 모두 독일 내 유대인과 공산주의자들의 탓이라고 선동함으로써 대중의 분노를 자극했다. 나치 독일의 선전장관 요제프 괴벨스는 라디오를 통해 히틀러의 연설과 나치즘 프로파간다를 매시간 대중에게 전파함으로써 전 독일인을 세뇌했다.

나치와 히틀러는 독일인의 분노와 좌절을 범게르만주의Pan-Germanism라는 민족주의적 광기로 끌어내는 데 성공한다. 광기에 휩싸여 비판 능력을 잃어버린 대중은 나치즘 일당 독재체제를 위한 친위대로 전락했다. 히틀러는 국민의 압도적인 지지를 바탕으로 강경한 대외정책을 몰아붙일 수 있었다. 인종주의자이자 패권주의자였던 히틀러는 전쟁을 갈망했다. 한계에 내몰린 독일 경제로 인해 전쟁이 절실하기도 했다.[17]

전쟁의 발단

1935년 나치 독일은 베르사유 조약을 파기하였고, 1936년에는 라인란트 지방을 재무장하였다. 전쟁 준비가 되어 있지 않았던 데다 또 다른 세계대전이 벌어질까 두려웠던 영국과 프랑스는 침묵했다. 히틀러는 마찬가지로 전체주의·군국주의의 길을 걷던 이탈리아의 무솔리니와 함께 스페인 내전(1936년)에도 개입한다. 1938년에는 오스트리아-헝가리 제국의 해체로 약소국으로 전락한 오스트리아를 같은 게르만 민족임을 내세워 합병하였다. 게르만 민족주의가 유럽에 확산하자 체코슬로바키아의 주데텐란트 지역에 거주하는 게르만인이 독일로의 병합을 요구하며 들고 일어났다. 독일은 주데텐란트 지역을 병합하기 위해 군대를 움직였고, 체코슬로바키아는 동맹국 프랑스에 지원을 요청했다. 하지만 영국의 참전을 약속받지 못한 프랑스는 외교로 분쟁을 해결하길 원했다. 영국과 프랑스는 무솔리니의 중재로 히틀러와 협상을 개시하였고, 독일이 더 이상 팽창을 추구하지 않겠다는 확약을 얻는 대신 주데텐란트를 독일에 넘겨주는 뮌헨 협정을 체결하게 된다. 뮌헨 협정을 체결하고 런던으로 돌아온 네빌 체임벌린 영국 총리는 "우리 세대의 평화를 얻어냈다"라고 홍보했지만, 히틀러는 불과 6개월 뒤에 체코슬로바키아를 통째로 집어삼켰다. 하지만 또 다른 세계대전을 치를 준비가 되어 있지 않았던 영국과 프랑스는 이번에도 평화를 선택한다. 영국과 프랑스의 미온적인 전쟁 의지와 전비 태세를 확인한 히틀러는 거칠 것이 없었다.

1939년 8월 24일 소련과 '독·소 상호 불가침조약'을 맺음으로써 동부전선의 위협을 제거한 나치 독일은 불과 1주일 뒤인 1939년 9월 1일, 선전포고도 없이 폴란드를 침공한다. 영국과 프랑스는 9월 3일 독일에 선전포고했으나 이번에도 말뿐이었다. 당시 소련을 통치하던 이오시프 스탈린은 독일에 핵심 원자재를 포함한 막대한 전쟁물자를 지원하는 대신, 폴란드를 독일과 분할하고 발트 3국과 루마니아, 핀란드 등은 소련이 차지하기로 약조한 상태였다. 다만 스탈린은 혹시라도 영국과 프랑스가 독일의 폴란드 침공에 맞서 군사적 대응에 나설까 봐 상황을 지켜보고 있었다. 영국과 프랑스가 군사작전에 나서지 않을 것이 분명해지고, 폴란드의 주력부대가 독일군에 궤멸되자 소련도 동쪽에서 폴란드를 침공한다. 폴란드군은 서부 국경을 통한 독일군의 침공에 대해서는 항전 태세를 갖추고 있었으나 동부 국경을 통한 소련의 침공에는 대비하지 못하고 있었다. 합계 2백만에 가까운 대군을 동원해 동서 양면으로 침공해온 두 강대국 앞에 홀로 선 폴란드는 처절하게 항전했으나 1달여만에 멸망하고 만다.

제2차 세계대전은 독일의 폴란드 침공에 대해 영국과 프랑스가 독일에 선전포고한 1939년 9월에 발발한 것으로 기록되어 있다. 그러나 그 시대를 살아가던 영국인과 프랑스인들에게 있어 진정한 의미에서의 세계대전은 독일이 프랑스를 전격적으로 침공한 1940년 5월 10일 이전에는 발생하지 않은 상태였다. 영국·프랑스 양국은 독일에 선전포고한 뒤에도 유의미한 군사적 조치 없이 대치 상태만 유지하고 있었기 때문이다.

당시 독일은 폴란드의 결사 항전으로 상당한 손실을 본 상태였다. 만일 영국과 프랑스가 1939년에 곧장 전쟁에 돌입했다면 재정비를 완벽히 끝마친 독일의 침공을 방어해야 했던 1940년보다는 전황을 유리하게 이끌어 갈 수 있었을지 모른다. 그러나 제1차 세계대전과 끔찍했던 참호전의 기억을 가진 양국 국민은 독일과의 전면전을 원치 않았다. 영국은 물론이고 폴란드에 대한 군사 지원 의무를 진 동맹국 프랑스에서도 반전운동이 일어났다. "폴란드를 위해 우리가 죽을 순 없다." 프랑스 시민들의 반전 구호였다. 독일은 독일대로 폴란드 전쟁에서 얻은 실전 경험을 교리에 반영하고 군수와 물자, 병력을 재정비할 시간이 필요했다. 세 나라는 형식적으로는 전쟁에 돌입한 상태에서 실질적인 무력 충돌 없이 1939년 겨울을 보낸다. 1939년 9월부터 1940년 5월까지 8개월간 이어진 이 군사적 대치 상태를 '가짜 전쟁Phony war'이라고 부른다. 그러나 전쟁의 주사위는 평화에 대한 실낱같은 희망의 끈을 놓지 못하고 숨죽이던 영국과 프랑스가 아닌, 나치 독일이 쥐고 있었다.

한편 이탈리아는 제1차 세계대전의 전승국임에도 원하던 전리품을 얻지 못해 크게 실망한 상태였다. 이탈리아는 1915년 영국·프랑스·러시아와 런던 조약Treaty of London이라는 비밀조약을 맺었다. 이탈리아는 연합국의 일원으로 제1차 세계대전에 참전하는 대가로 이탈리아반도 동북부에서 아드리아해

Adriatic Sea의 해안선을 따라 동남쪽으로 이어지는 알짜배기 영토를 오스트리아-헝가리 제국으로부터 얻어내기로 약조되어 있었다. 하지만 전후 영국과 프랑스는 이탈리아가 전쟁에서 큰 역할을 하지 못했다는 점과 전쟁 초기 중립적인 태도를 견지했다는 점을 문제 삼았다. 미국도 비밀외교의 결과물인 런던 조약에 비판적이었다. 미국은 오스트리아-헝가리 제국이 해체된 이상 사정변경의 원칙에 따라 런던 조약도 적용될 수 없다고 선언하였다. 약속받은 영토를 거의 얻지 못한 이탈리아는 국가적 자존심에 심각한 상처를 입었다. 국익을 지키지 못한 정부 수반들에 실망한 이탈리아 국민은 강력한 지도자의 등장을 원했다.

이때 "로마 제국의 부활"을 약속하며 권력을 차지한 자가 무솔리니였다. 로마 제국의 영광을 되찾겠다고 선언한 이상 무솔리니의 이탈리아는 팽창을 추구할 수밖에 없었다. 파시스트 이탈리아는 국제연맹이 허수아비가 된 1930년대부터 본격적으로 이빨을 드러내기 시작했고, 1935년에는 아프리카의 에티오피아를 침공하여 식민지로 삼았다. 이 전쟁으로 영국 · 프랑스와 관계가 틀어진 이탈리아는 자연히 독일과 가까워졌다. 스페인 내전에서는 독일과 함께 스페인 극우파를 지원하였고, 독일의 오스트리아 병합을 인정하는가 하면 1938년 독일이 체코슬로바키아를 침공하여 영국 · 프랑스와의 긴장이 높아지자 중재자를 자처하여 독일 편에서 뮌헨 협정을 성사시켰다. 1939년에는 알바니아 왕국을 침략해 정복하기도 했다. 독일의 폴란드 침공 직후에는 영국 · 프랑스의 대응을 지켜보기 위해 잠시 중립을 지켰으나, 1940년 프랑스를 침공한 독일군이 1달여만에 파리를 점령하자 영국의 아프리카 식민지 등을 노리고 선전포고함으로써 제2차 세계대전에 뛰어들었다.

그 와중에 동아시아의 일본은 제1차 세계대전 이후에도 꾸준히 군비를 증강하고 있었다. 군비 증강은 채권의 무분별한 발행과 경제위기로 이어졌다. 1927년 일본에서 자체적인 금융 대공황이 발생하였고, 1929년 미국에서 시작된 대공황이 전 세계로 번지면서 일본 경제는 더욱 큰 타격을 입는다. 당시 일본의 경제는 수출에 상당히 의존하고 있었는데, 주요 선진국들이 블록경제를 통한 보호무역주의를 채택하자 일본도 식민지를 확장할 필요성이 대두되었다. 경제적 어려움이 가중되는 상황에 더해 내부적으로는 비대해진 군부를 제대로 통제할 만한 세력이 없는 상황이었다. 1930년에 일본은 제1차 세계대전의 전승국을 포함한 11개 국가와 함께 해군 군축을 위한 런던해군조약을 체결한다. 그러자 과격파 해군 장교들이 이누카이 쓰요시 당시 일본 총리대신을 암살하는 사건이 발생했다. 그런데 일본의 기존 정치세력에 염증을 느낀 일본 민중들은 재판과정에서 암살자들을 애국자로 떠받들며 구명운동까지 전개하였다. 그만큼 일본의 민중 사이에는 정계와 재계에 대한 불신이 만연해 있었다. 무력을 손에 쥔 데다 민중의 지지까지 얻은 군부가 정치세력화되는 것은 시간문제였다. 1936년에는 육군 장교들이 쿠데타를 일으켰다가 실패한다. 민주주의를 유지하기 위한 기본요건 중 하나인 '문민文民에 의한 군대 통제civilian control of the military' 원칙이 뿌리부터 흔들리고 있었다.

그런 상황에서 1937년 총리대신의 자리에 오른 고노에 후미마로는 군부와 결탁하길 선택한다. 의회를 강제 해산시킨 고노에가 군부의 이익에 부역하자 일본제국의 정치는 군부에 복속되는 지경이 되었다. 사실상 정권을 장악한 군부는 경제 문제를 해결하는 손쉬운 방법으로 전쟁과 식민주의를 택했다. 1937년 7월 7일 일본은 중국을 대대적으로 침공한다. 제2차 세계대전 종결 직전인 1945년 9월까지 장장 8년간 이어진 중일전쟁의 발발이었다. 몇 년 뒤인 1940년에 독일이 프랑스를 점령하자 일본은 독일, 이탈리아와 삼국동맹을 맺어 추축국Axis Power을 결성한다. 중국과의 전쟁이 길어지는 상황에서,

전쟁을 지속하기 위한 자원을 확보하기 위해 동남아시아의 영국·프랑스·네덜란드 식민지를 빼앗기로 한 것이다.

    제2차 세계대전의 발발 과정에서 주목해야 할 또 하나의 팽창 세력은 소련이다. 그 무렵 소련의 권좌를 차지한 스탈린은 레닌 생전부터 라이벌 관계였던 정적政敵 레프 트로츠키를 몰아낸 뒤 사회의 모든 분야와 영역에서 자신에게 위협이 될 가능성이 조금이라도 있는 자들을 발본색원해 숙청했다. 절대 권력을 장악한 스탈린이 해외로 시선을 돌린 1938년경에는 그와 닮은 꼴인 아돌프 히틀러가 본격적인 팽창 행보를 보이고 있었다. 스탈린은 지독한 반공주의자인 히틀러와 나치 독일을 경계하여 영국과 프랑스에 먼저 손을 내밀었으나, 영국과 프랑스도 공산주의 소련을 경계하긴 마찬가지였다. 그런 스탈린에게는 뜻밖에도, 독일이 먼저 독·소 불가침조약을 제안했다. 전전긍긍하던 스탈린은 얼른 히틀러와 손을 잡았다. 독·소 불가침조약으로 한동안 독일의 위협이 사라졌다고 여긴 스탈린은 본격적으로 팽창 야욕을 드러내기 시작한다.

    1939년 9월, 독일과 함께 폴란드를 침공하여 폴란드의 절반을 차지한 소련은 영국·프랑스와 독일이 '가짜 전쟁'을 벌이는 틈을 타 2달 뒤인 11월에 핀란드를 침공했다. 50여만의 대군을 휘몰아 총인구 370만에 불과한 핀란드를 전면 침공한 것이다. 핀란드는 치열하게 항전했으나 소련과 핀란드의 국력 차이는 거인과 어린애 수준이었다. 핀란드의 결사 항전으로 소련의 최초 침공은 무위로 돌아갔으나 1940년 봄, 재정비를 마친 소련이 병력을 두 배로 증강하여 총공세를 펼치자 더는 버틸 수가 없었다. 핀란드는 국토의 십분의 일에 해당하는 광활한 영토를 소련에 넘겨주고 강화를 맺었다. 그래도 항전의 대가로 귀중한 독립은 지킬 수 있었다. 얼마 후 소련은 발트 3국(라트비아,

리투아니아, 에스토니아)을 하루 이틀의 시차를 두고 한꺼번에 침공했는데, 이때 별다른 저항 없이 항복한 세 나라가 모두 소련에 통째로 병합되었다는 점과 비교되기도 한다.

1939년 동아시아에서 만주와 외몽골 지역의 국경선 획정을 놓고 일본과의 사이에서 벌어진 할힌골Khalkhin Gol 전투를 제외하면, 독소전쟁 발발 이전까지의 소련은 주로 추축국과 합을 맞추었다. 특히 소련은 1934년 나치 독일과 포괄적 경제무역협정을 맺고 무기와 군사기술을 공급받는 대가로 막대한 천연자원과 원재료를 독일에 공급했다. 소련이 지원한 천연자원과 원재료는 고스란히 나치 독일의 전쟁 수행에 쓰였다. 독일–소련 간의 경제협력은 1941년 독일이 소련을 침공하는 날까지 유지되었다.

제2차 세계대전이 발발한 원인은 복잡다기하여 단순하게 정의하기 어렵지만, 영국과 프랑스가 세계대전을 피하고자 채택한 유화책이 도리어 세계대전의 계기가 되었다는 점만큼은 분명하다. 히틀러가 처음부터 세계대전을 벌일 계획이었는지는 알 수 없다. 다만 라인란트를 재무장할 때도, 오스트리아를 병합할 때도, 체코슬로바키아를 침공할 때도, 폴란드를 침공할 때도, 히틀러는 영국·프랑스가 강경하게 대응할까 봐 내심 우려했다고 한다. 실제로 라인란트 재무장 시점에만 해도 독일은 프랑스와 전면전을 벌일 만큼의 군사력을 회복하지 못한 상태였고, 폴란드 침공 직후 영국이 선전포고하자 히틀러가 매우 당황하고 두려워했다는 기록도 남아 있다. 그러나 세계대전을 원치 않았던 영국과 프랑스를 상대로 벼랑 끝 전술을 통해 야금야금 외교·군사적 승리를 얻어낸 히틀러는 점차 자신감을 얻었고, 마침내 무모한 결단을 내리게 된다.

전쟁의 경과

1940년 초, 독일은 프랑스를 침공하기에 앞서 영국의 해상봉쇄선을 북해 너머로 밀어내기로 한다. 이를 위해서는 스칸디나비아반도를 석권할 필요가 있었다. 오랜 전쟁을 수행하자면 노르웨이의 풍부한 철광석이 필요하기도 했다. 1940년 4월 8일 독일은 영국 해군이 손쓸 틈을 주지 않기 위해 멀리 있는 노르웨이를 침공하기 위한 병력을 먼저 대규모 수송 선단에 태워 출항시켰다. 노르웨이에서 전투가 벌어지는 것과 거의 동시인 4월 9일에는 바로 북쪽의 덴마크를 침공하여 4시간 만에 항복을 받아냈다. 다음 날인 4월 10일에는 노르웨이 정부가 항복했다. 영국은 뒤늦게 노르웨이에 지상군을 파견하였지만 때늦은 노력이었다. 6월이 오기 전에 독일은 노르웨이 전역을 사실상 석권했다. 그나마 영국 해군이 독일 해군을 연파하여 노르웨이 서쪽 연안의 제해권을 지켜낸 것 정도가 전과였다. 반면 독일은 영국 해군의 작전반경을 스칸디나비아반도 너머로 밀어냄으로써 숨통이 트였다. 그리고, 그 사이 프랑스의 수도 파리가 함락됐다.

제2차 세계대전에서 독일군의 최대 성과는 개전 1달여만에 전통의 육군 강국 프랑스를 점령한 것이다. 독일과 프랑스의 전쟁은 독일군과 연합군이 각각 3백만에 달하는 대군을 쏟아부은 거대한 단판 승부였다. 그러나 폴란드와의 전쟁을 겪으며 제1차 세계대전 때와는 비교할 수 없을 정도로 발전한 전차의 활용 가능성과 기갑전에 대한 이해가 충실했던 독일에 비해, 연합군의 육전陸戰 이해도는 제1차 세계대전의 참호전 수준에서 크게 벗어나지 못하고 있었다. 독일 기갑 전력의 진격 속도를 예상하지 못한 연합군은 독일군의 기동전술에 휘말려 지리멸렬한다. 삽시간에 후방을 뚫려 포위된 연합군은 대서양을 마주한 프랑스 서북단 됭케르크 시에 고립됐다. 연합군의 주력을 꺾은 독일군은 거칠 것이 없었다. 얼마 지나지 않아 파리를 함락시키고 프랑스 전역을 제압한 독일은 프랑스 전체를 병합하는 대신 파리를 포함한 북부만을 병합하고 남부에는 괴뢰정부를 세워 프랑스의 해외 전략자산을 통제하기로 한다. 독일 민중은 빌헬름 2세의 독일제국이 제1차 세계대전 내내 이루지 못한 위업을 1달 만에 달성한 히틀러를 신격화했다. 남은 적수는 영국뿐이었다.

　독일이 프랑스를 전격적으로 침공한 1940년 5월 10일, 독일과의 화평을 추구하다가 히틀러의 야욕을 키운 책임을 지고 물러난 네빌 체임벌린의 뒤를 이어 윈스턴 처칠이 영국의 제61대 총리로 취임한다. 처칠이 취임 직후 한 일은 됭케르크에 고립된 영국군을 구조하는 것이었다. 1940년 5월 27일부터 9일간 됭케르크에서 결사의 철수작전이 펼쳐졌다. 영국 공군의 전투기가 하늘에서 독일 전투기와 맞붙는 사이 영국은 가용한 모든 종류의 선박을 총동원해 영국군과 프랑스군을 실어 날랐고, 무려 34만에 달하는 연합군 병력을 무사히 영국으로 철수시키는 데 성공한다. 프랑스 함락에도 불구하고 영국이 항복하지 않자 히틀러는 영국 본토 침공 준비를 진행하는 한편 외교전 및 선동전을 병행했으나 처칠은 꿈쩍도 하지 않았다. 제1차 세계대전의 참혹한 기억에 쫓겨 전쟁을 회피하는 데 급급하던 영국인들은 처칠의 단호한 영도 아래 전 세계에 식민제국을 건설한 대영제국의 야성을 되찾는다.

　전쟁을 각오한 영국은 독하기 그지없었다. 당시 프랑스는 해외에 거대한 식민지와 해군 함대를 보유하고 있었다. 독일이 프랑스 남부에 괴뢰정부를 수립한 이유 중 하나도 프랑스의 해외 주둔 함대를 활용하기 위해서였다. 그러나 1940년 7월 3일과 7월 8일, 영국 해군은 알제리에 주둔하고 있던 프랑스 함대를 두 차례에 걸쳐 공격해 격멸한다. 해당 프랑스 함대는 아직 나치 독일의 지배하에 놓인 상태가 아니었지만, 영국은 개의치 않았다.[18] 더 이상의 외교적 노력이 무의미하다는 것을 깨달은 히틀러는 7월 10일부터 영국에 대한 총공격을 감행한다.

영국 본토와 독일의 막강한 기갑 전력 사이에 놓인 도버해협은 평균 수심 50미터, 너비 34킬로미터 정도에 불과했으나 수 세기 동안 세계의 바다를 제패한 영국의 왕립해군Royal Navy이 지키고 있었다. 스페인의 무적함대도, 나폴레옹의 연합함대도, 빌헬름 2세의 독일제국함대도, 모두가 영국 해군 앞에 무릎을 꿇었다. 하지만 기존의 정복자들과 달리 히틀러에게는 당대 최강의 전력을 자랑하던 공군이 있었다. 압도적인 공군력으로 영국의 해군과 공군을 괴멸시킨 뒤 대대적인 상륙작전을 전개하는 것이 독일의 계획이었다. 그렇게 '전격 폭격the Blitz'이라 불리는 대공습이 시작됐다. 이 작전에 수천 대의 전투기와 폭격기가 동원되었다. 영국 전역의 도시, 항구, 산업시설에 대한 공습이 끝없이 이어졌다. 영국의 피해는 컸다. 하지만 영국은 전 국토가 유린당하면서도 꾸역꾸역 전투기를 생산하며 분투를 이어갔다. 2천여 대의 전투기와 폭격기를 잃은 끝에 독일은 결국 영국 상륙작전을 포기할 수밖에 없었다. 무엇보다 세계 최고 수준의 역량을 자랑하던 전투기 조종사들이 대거 전사한 것이 치명적이었다. 독일은 제2차 세계대전이 끝날 때까지 제공력을 회복하지 못한다.

그러나 독일은 여전히 수백만의 강대한 육군과 프랑스를 1달 만에 굴복시킨 막강한 기갑 전력을 보유하고 있었다. 독일이 바다 건너 영국을 어찌할 수 없는 만큼 육군이 빈약한 영국도 독일을 어찌할 수 없었다. 이런 상황에서 히틀러는 그때까지 불가침조약을 맺고 있던 소련으로 갑자기 눈을 돌린다. 히틀러가 느닷없이 소련을 침공하기로 결심한 이유에 대해서는 갑론을박이 있다. 독일은 비스마르크 이래 동서양면東西兩面에서 동시에 전쟁을 벌이는 사태를 가장 경계했다. 제1차 세계대전에서도 동서 양면에서의 소모전에 빠져들게 된 것이 패전의 원인 중 하나였다. 극도의 반공주의자였던 히틀러가 스탈린에게 먼저 손을 내밀었던 것 또한 서부전선을 정리할 때까지 소련과 싸우는 사태를 피하기 위해서였다. 그런데 영국이 두 눈을 시퍼렇게 뜨고 있는 상황에서, 침공 하루 전날까지도 독일에 군수물자를 지원한 소련을 공격하기로 한 히틀러의 비합리적인 결정에 대해서는 오늘날까지도 많은 의문이 남는다.[19]

1941년 6월 22일, 독일군은 약 400만의 대군을 동원하여 '바르바로사 작전'이라 불린 소련 침공을 개시한다. 소련도 300여만의 대군을 동원해 응전함으로써 인류 역사상 가장 많은 육상 병력이 맞겨룬 대전쟁이 벌어졌다. 전쟁 초기 독일군은 장기인 기갑 전력의 기동전술을 통해 연전연승을 거두면서 불과 몇 개월 만에 모스크바까지 소련군을 몰아붙였다. 그러나 소련군의 강력한 저항과 러시아의 혹독한 겨울에 발목을 잡혀 모스크바를 점령하는 데는 실패한다. 동부전선이 교착상태에 빠지자 독일은 공격 목표를 모스크바에서 스탈린그라드(현재의 볼고그라드)로 변경했다. 그러나 스탈린그라드를 놓고 벌어진 치열한 공방전에서는 뚝심을 발휘한 소련군이 승리한다. 스탈린그라드 공방전은 독일군이 제2차 세계대전에서 당한 패배 중 가장 치명적인 패배였다. 이후에도 양군은 동부전선에서 밀고 당기며 공방전을 벌였지만, 스탈린그라드 공방전 이후부터는 잠재된 국력의 차이가 드러나기 시작했다. 소련은 지속해서 병력을 증강했지만, 독일군은 약화된 전력을 회복하지 못했다.

1943년에 이르러서는 동부전선의 독일군 전력이 한계치까지 잠식된 상태였고, 북아프리카에서는 이탈리아군을 전멸시킨 영국군이 열세에 몰린 독일의 아프리카 기갑군을 밀어붙이고 있었다. 북아프리카 전쟁이 끝나면 영국군은 이탈리아반도에 상륙한 뒤 남부 유럽에 진출할 것이 분명했다. 설상가상으로 1941년 말 일본의 진주만 공습으로 미국이 제2차 세계대전에 참전한 상태였다. 참전 초기 미국은 주로 일본과의 태평양 전쟁에 집중했지만, 동시에 영국과 소련에게 무제한에 가까운 전쟁물자를 지원하고 있었다. 특히 대부분의 육상전을 담당하는 소련에 대한 미국의 군수 지원은 압도적인 수준이었다.[20] 조만간 유럽 전역戰域에도 미군이 대거 투입될 것임이 분명했다. 시간은 독일 편이 아니었다. 그러나 1943년 7월 12일부터는 소련군의 본격적인 반격이 시작됐다. 동부전선에서 완전한 수세에 몰리게 된 독일은 제2차 세계대전이 종료될 때까지 끊임없이 밀리는 전쟁을 수행하게 된다. 독소전쟁의 전체 피해 규모는 정확히 확인되지 않았지만 아무리 보수적인 추산에 따라도 3천만 이상의 인명이 희생되었다고 한다. 독일군은 포로로 잡힌 병사를 포함하여 1천만에 가까운 사상자가 발생했고, 소련군도 거의 2천만에 가까운 사상자가 발생했다. 민간인 피해자도 2천만을 넘는다고 한다. 나치 독일이 자랑하던 최강의 육군 전력은 사실상 독소전쟁에서 전부 소모되었다고 해도 과언이 아니었다.

연합국에는 다행스럽게도, 나치 독일의 동맹국인 다른 추축국은 제2차 세계대전의 전황에 큰 도움이 되질 못하거나 방해가 되었다. 로마 제국의 부활을 꿈꾸던 이탈리아의 무솔리니는 제2차 세계대전을 영토 확장을 위한 절호의 기회라 여겨 사방팔방 군사적 침공을 감행하였으나 대부분 실패했다. 1940년 6월 독일이 프랑스를 사실상 정복하자 이탈리아는 기회를 틈타 남프랑스를 침공했지만, 소수의 프랑스 방어군에 격퇴되었다. 1940년 10월에는 그리스를 침공했다가 그리스 방어군에 격퇴된다. 히틀러는 무솔리니를 돕기 위해 독일의 군사전략과 무관한 발칸반도에 독일군을 투입하여 그리스를 무너뜨리고 괴뢰정부를 수립했다. 그런데 무솔리니는 1940년 12월 그리스에서 이탈리아군이 패퇴하는 와중에도 영국의 보호령이었던 이집트를 침공하였고, 이때 영국군에 패배하여 12만 이탈리아 대군이 전멸했다. 영국 해군이 지중해의 제해권을 장악한 상황에서 이탈리아의 북아프리카 식민지였던 리비아까지 빼앗기면 영국군이 이탈리아반도에 상륙해 남쪽에서부터 치고 올라올 가능성이 있었다. 히틀러는 하는 수 없이 독일이 자랑하던 기갑 전력을 북아프리카로 파병했으나 치열한 전투 끝에 북아프리카는 결국 연합군에 넘어간다. 북아프리카를 완전히 석권한 연합군은 1943년 7월, 히틀러가 우려했던 데로 이탈리아반도에 상륙해 북상을 시도했다. 이탈리아 본토에서의 싸움은 연합군에 있어서도 만만치 않았지만, 독일이 패망하기 직전인 1945년 5월 2일 이탈리아는 끝내 항복하게 된다.

일본제국은 제2차 세계대전이 발발하기 약 2년 전인 1937년부터 중국과의 기나긴 전쟁에 휘말려 있었다. 일본군은 장비와 훈련에서 열세인 중국군을 밀어붙였고, 연안과 평야 지방의 주요 도시 다수를 함락하는 데 성공한다. 그러나 중국군의 반격도 만만찮았다. 일본은 우월한 군사력과 무기체계에도 불구하고 중국과의 전쟁에서 결정적인 승리를 거머쥐지 못했다. 제2차 세계대전이 종결된 1945년 9월까지 약 8년간 이어진 중일전쟁에서 중국군은 수백만이 넘는 사상자를 냈으며 일본군도 수십만 이상의 사상자가 발생했다. 난징 대학살로 대표되는 민간인 사상자의 숫자는 독소전쟁 못지않다고 한다.

중일전쟁이 장기전에 돌입하자 일본은 전쟁을 수행하기 위한 자원확보가 절실해졌다. 마침 제2차 세계대전이 발발하고 일본이 자원확보를 위해 영국·프랑스·네덜란드의 동남아시아 식민지에 쳐들어가자 미국은 1941년 일본에 대한 석유 수출을 금지했다.[21] 전체 석유의 80%가량을 미국으로부터 수입하던 일본에 있어 미국의 금수조치는 치명적이었다. 미국은 금수조치 철폐의 조건으로 중국 점령지에서의 철수와 추축국 탈퇴, 괴뢰 만주국의 해체

등 일본 군부가 수용할 수 없는 요구를 제시했다. 사실상 일본제국이 지금까지 얻어낸 모든 군사적 성과를 포기하도록 요구한 것이다. 미국의 압박에 눌려 모든 군사적 성과를 포기한다는 선택지는 일본 군부에 있어 정권을 포기하는 것과 마찬가지였다. 권위주의 정권은 벼랑 끝에 몰렸을 때 자발적으로 정권을 내려놓기보단 모험을 선택하는 법이다. 일본 군부의 선택은 동남아시아를 점령하여 자체적인 유전을 확보하는 것이었다. 이를 위해서는 일본이 동남아를 정복할 때까지 미국이 개입하지 못하도록 견제할 필요가 있었다. 1941년 12월 7일, 일본은 하와이 진주만에 정박해 있던 미국 태평양함대에 기습공격을 가해 격멸했다. 다음 날인 12월 8일 미국은 일본에 선전포고한다. 고립주의를 고수하던 미국이 마침내 제2차 세계대전에 참전하게 된 것이다. 다만 일본은 그때까지도 베일에 가려져 있던 미국의 진정한 국력을 제대로 알지 못했다.

진주만 공습 직후부터 일본은 전격적으로 세력을 확장했다. 태국, 홍콩, 싱가포르, 필리핀, 괌, 보르네오, 자바, 미얀마(버마) 등 사실상 동남아 전역이 대상이었고, 솔로몬 제도와 호주까지도 일본의 사정권 안에 있었다. 전쟁 초기 일본은 승승장구했다. 영국은 유럽에서 나치 독일과의 싸움에 전력을 기울이고 있었고, 네덜란드나 호주는 군사력이 미약했으며 미국은 전쟁 준비가 안 되어 있었다. 일본 해군은 1942년 2월 자바 해전에서 미국과 영국의 연합함대를 격파했고, 3월에는 실론 해전에서 영국의 동양함대를 격파했다. 1942년 5월까지 일본은 동남아시아 전역을 사실상 석권하고, 필요한 전략물자들을 확보하는 데 성공한다. '대동아공영권'의 완성이었다. 그러나 1942년 6월 아직 진주만 공습의 피해에서 회복하지 못했던 미국 태평양함대가 일본의 주력 함대를 미드웨이에서 격파, 예봉을 꺾는 데 성공한다. 8월에는 솔로몬 제도의 과달카날에서 치열한 전투가 벌어졌다. 이 전투에서도 일본 해군은 패퇴했지만, 일본은 솔로몬 제도를 포기하지 않았다. 솔로몬 제도와 과달카날 전역에서는 1942년 말까지 일본 해군과 미 해군 간에 밀고 밀리는 공방전이 이어졌다. 그러나 미국이 본격적으로 전시체제에 돌입한 1943년경부터는 답이 없었다.

전시체제에 돌입한 미국의 생산능력은 그때까지 전쟁의 주역이었던 독일과 일본, 영국이나 소련 등과는 차원이 달랐다. 미국의 주요 공업 도시들은 하나하나가 유럽 최대·최고의 공업력을 자랑하던 독일 전체와 맞먹거나 능가하는 생산능력을 발휘했다. 미국은 무기대여법Lend-lease을 통해 영국과 소련에도 막대한 물량의 군수품을 지원했다. 수만 대의 항공기와 수만 대의 전차, 수십 척의 군함 등이 연합국에 지원됐다. 탄약과 식료, 의복과 같은 보급품은 말할 것도 없어서, 미국 참전 이후 연합국은 과장을 좀 보태면 보급품이 남아나서 처치 곤란일 지경이었다고 한다.

미국은 제2차 세계대전의 주적을 나치 독일로 상정하고 유럽 전선에 전쟁물자 대부분을 투입했지만, 태평양 전선에 투입된 일부의 물자만으로도 일본과의 전력 차이는 비교가 불허될 정도로 벌어졌다. 태평양 전쟁 초기 일본해군은 10척의 항공모함을 보유하고 있었다. 그러나 미국은 전쟁 기간 중 총151척의 항공모함을 생산했고, 특히 1942년 7월부터 1년간은 항공모함을 매주 1척씩 진수했다. 대서양과 태평양의 양방향으로 병력과 물자를 수송하기위한 수송선도 전쟁이 끝날 때까지 2천여 척이 진수됐다. 1만 톤급 수송선의 생산 속도가 하루에 1척꼴이었다. 독일의 잠수함 전력이 총력으로 전개되어도 격침 속도가 생산 속도를 도저히 따라잡을 수 없을 지경이었다.

제2차 세계대전을 배경으로 한 여러 다큐멘터리와 역사 서적, 영화와 문학에서 조명된 바와 같이 전쟁은 미국이 참전한 뒤로도 약 4년간 더 이어진다. 독일과 일본은 군국주의에 모든 것을 바친 나라답게 총력전total war에 돌입하여 가용한 모든 수단과 자원, 기략, 전략과 전술을 동원해 필사적으로 저항했고 연합군도 역사에 남을 전략과 전술을 동원했다. 그러나 여러 지엽적인 전투의 결과로 대세가 결정된 것은 아니었다. 제1차 세계대전과 마찬가지로, 미국이 참전한 순간부터 추축국에는 승산이 없었다. 1944년 6월 유럽 전선의 결정타가 된 연합군의 노르망디 상륙작전이 펼쳐졌고, 1945년 5월에는 베를린이 함락됐다.

일본은 태평양과 동남아시아의 모든 점령지를 잃고 독일이 패망한 뒤에도 홀로 항복하지 않았다. 일본 수뇌부는 항복이 불가피하다는 것을 깨달았지만 제2차 세계대전이 끝나면 미국과 소련 간에 지정학적 대립이 시작될 것을 예견하고 자국의 전략적 가치를 최대한 높이기 위해 항복할 시기를 노리고 있었다고 한다. 요컨대 소련이 만주에 진출할 때까지 본토에서의 항전을 이어가, 다급해진 미국을 상대로 좀 더 관대한 항복 조건을 얻어내려고 했다는 것이다. 그러나 미국은 일본의 항전 태세를 매우 심각하게 받아들였다. 태평양 전쟁에서 가장 치열했던 이오지마 전투와 오키나와 전투에서 전멸할 때까지 저항하던 일본군의 투쟁심을 기억하던 미국은 자국의 인명피해를 줄이기 위해 최대 15발의 원자폭탄과 수백만 대군으로 일본 열도를 초토화하는 '몰락 작전Operation Downfall'을 계획했다.

1945년 8월 6일과 9일, 히로시마와 나가사키에 각기 한 발씩의 원자폭탄이 투하됐다. 단 두 발의 폭탄에 두 개의 도시가 초토화되고 수십만의 인명이 희생됐다. 일본 군부가 즐겨 쓰던 '옥쇄玉碎'란 표현은 옥처럼 아름답게 부서진다는 뜻이다. 그러나 옥쇄를 부르짖으며 항전을 독려하던 자들조차 수십만의 인명이 한순간에 덧없이 소멸하는 모습에 전의를 상실했다. 며칠 뒤인 8월 15일 일본은 먼저 라디오 방송을 통해 항복 선언을 하였고, 1945년 9

월 2일 마침내 항복문서에 서명함으로써 인류 역사상 가장 끔찍한 전쟁이었던 제2차 세계대전이 종결되었다.

종전과 새로운 패권 질서의 부상

제1차 세계대전이 끝난 후 전승국이 직면했던 문제는 크게 두 가지였다. 하나는 본토에 직접적인 피해를 거의 입지 않은 독일이 국력을 회복하여 (주로 프랑스의) 위협으로 떠오르는 사태를 어떻게 방지할 것인지에 관한 현실적인 문제였고, 다른 하나는 미국의 윌슨 대통령이 주창한 자유주의적인 국제질서를 어떻게 설계하고 구현할 것인지에 관한 문제였다. 제2차 세계대전이 끝난 직후의 상황은 제1차 세계대전 때와는 전혀 달랐다. 전쟁의 주범인 추축국들은 철저히 파괴되어 더 이상 연합국의 위협이 되지 못했다. 대신 공산주의 소련이 새로운 위협으로 떠오르고 있었다.

제2차 세계대전이 한창이던 1940년대 초반부터 미국과 영국은 소련이 전후 새로운 위협으로 떠오를 가능성을 경계하고 있었다. 소련은 세계 최초의 공산주의 국가로서 자본주의 국가들과 양립할 수 없는 건국이념을 갖고 있었다. 스탈린은 1927년에 소련을 방문한 미국 노동조합원들과의 인터뷰에서 언젠가 공산주의와 자본주의가 각자의 운명을 걸고 자웅을 가려야 할 것이라 예견한 바 있다. 나치 독일의 위협 앞에서는 연합전선을 구축했지만, 세계대전이 끝나고 공동의 적이 사라지면 공산주의와 자본주의는 서로 적이 될 수밖에 없었다.

전후 소련의 팽창주의 정책을 가장 먼저 예견한 것은 나치 독일의 악명 높은 선전장관 괴벨스였다. 괴벨스는 일본제국이 항복하기 7개월 전이자 히틀러가 베를린의 한 지하 벙커에서 자살하기 2개월 전인 1945년 2월 18일 독일이 총력전을 통해서라도 승산이 희박한 전쟁을 계속해야 하는 가장 큰 이유로 소련의 존재를 꼽았다. 괴벨스는 독일이 패전하면 소련이 동남부 유럽과 독일 영토의 대부분을 차지한 뒤, 폐쇄적인 '철의 장막'의 뒤에서 인종학살을 개시할 것이라고 주장했다. 약 1년 뒤인 1946년 3월에는 영국의 윈스턴 처칠도 소련이 유럽 대륙을 가로지르는 거대한 철의 장막iron curtain을 펼치고 있다고 경고했다.

정작 미국은 제2차 세계대전 종식 직후 한동안은 소련이나 공산주의를 당면한 위협보다는 잠재적 위협 정도로 평가하고 있었던 것처럼 보인다. 제2차 세계대전 중에도 본토가 거의 피해를 보지 않은 미국은 압도적인 국력과 더불어 원자폭탄이라는 가공할 무기까지 손에 넣은 상태였다. 그에 비해 소련은 황폐해진 국토와 수천만 명의 인명피해로 인한 후유증에 허덕이고 있었다. 또한 미국 정계에서는 제2차 세계대전에서 승리한 이상 어서 빨리 고립주의로 회귀하자는 목소리가 대두되고 있었다.[22] 하지만 제2차 세계대전으로 소련 이상으로 황폐해진 서유럽은 소련과 공산주의의 확장을 견제할 능력이 없는 상태였다. 독일은 승전국들에 의해 분할되었고, 영국과 프랑스는 전후 재건에만도 여력이 부족했다.

그사이 소련은 루마니아와 불가리아, 유고슬라비아, 알바니아, 헝가리, 체코슬로바키아를 소련의 위성국가로 만들어서 서유럽과의 완충지대로 삼았다. 동유럽 국가들은 대부분 소련의 직접 세력권에 편입되거나 소련의 위성국가로 전락했다. "만국의 노동자여 단결하라!"라는 구호를 앞세운 공산주의의 약진은 매서웠다. 1949년 소련은 미국에 이어 두 번째로 원자폭탄을 개발하는 데 성공했고, 1949년 12월에는 마오쩌둥의 중국 공산당에 패배한 장제스의 국민당이 중국 본토를 내주고 타이완섬으로 쫓겨나기에 이른다. 마침내 중국까지 공산당에게 넘어가면서 공산주의는 명실공히 자본주의 미국과 자웅을 겨룰 만한 거대한 세력으로 떠올랐다.

　이로써 세계는 미국이 주도하는 소위 자유 진영과 소련이 영도하는 소위 공산권으로 양분되게 된다.

06 동서냉전의 시대

1947년 3월 12일 미국의 해리 트루먼 대통령은 공산주의의 확산을 막는 것을 미국의 대외정책으로 선포하는 '트루먼 독트린Truman Doctrine'을 발표한다.[23] 같은 해 7월부터 미국은 해외 각국에 어마어마한 경제적 지원을 쏟아부었다. 소련이 공식적으로 해체된 1991년 12월 26일까지, 거의 반세기에 가까운 기간 동안 이어진 냉전Cold War의 시작이었다. 미국의 대외 지원정책 중 가장 유명한 것은 서유럽의 재건과 부흥에 결정적인 역할을 한 '마셜플랜Marshall Plan'일 것이나, 미국은 한국이나 일본 등 공산주의의 확산을 막는데 전략적인 가치가 있는 국가들에도 대규모 원조를 제공하였다. 공산주의는 빈부격차가 심하거나 경제체제가 파탄 난 환경에서 위력을 발휘하기 마련인바, 공산주의의 확산을 저지하는데 중요한 국가들을 중심으로 부유하고 민주적인 환경을 조성하고자 한 것이다.

미국과 소련의 대립은 경제의 영역을 넘어 이념·군사·기술 등 다양한 영역에서 동시다발적으로 전개되었다. 특히 냉전기 국제질서는 패권과 이념, 경제와 핵 무력이란 4가지 큰 축에 의해 지탱되었다.

냉전기의 세계는 미국과 소련이란 두 초강대국에 의해 양분된 양극체제였다. 다수의 국가가 각자의 이념 및 이해관계에 따라 미국 또는 소련이 이끄는 진영에 소속되었다. 이렇게 나뉜 진영을 각각 '자유 진영' 및 '공산권'이라 불렀다. 양극화된 패권은 서로 상극에 가까운 이념 노선을 추구하였으나, 냉전기 국제질서는 미·소 간의 '핵 균형Nuclear Balance' 위에 아슬아슬하게 유지될 수 있었다. 미·소 양국이 너무나도 괴멸적인 파괴력을 가진 핵무기를 대량 생산·보유하면서 소위 '공포의 균형Balance of Terror'이라 불린 끔찍한 질서가 등장한 것이다.

핵무기의 압도적인 위력을 고려하면 미국과 소련 간의 전쟁은 상호 공멸은 물론이고 인류의 멸절로 이어질 수밖에 없었기에 역설적으로 두 초강대국은 직접적인 전쟁을 벌일 수가 없었다. 냉전의 승패는 전면전 대신 체제경쟁을 통해 가릴 수밖에 없었고, 체제경쟁은 이념대결과 경제대결로 구현되었다. 냉전은 공산주의 이념과 체제에 서구적 가치와 체제가 맞서며 발생한 대립인 만큼, 하드파워(경성권력/硬性權力, 군사력·경제력과 같은 물리력 힘)에 기반한 지정학적 다툼임과 동시에 소프트파워(연성권력/軟性權力, 문화·가치·체재 등과 같은 비물질적 영향력)의 충돌이기도 했다. 냉전기 내내 세계 곳곳에서 체제전복과 혁명이 일어났고, 두 초강대국이 다른 나라를 통해 벌인 대리전proxy war도 무수히 발생했다. 이 시기 세계의 경제질서도 공산주의적 계획경제와 자본주의적 자유경제로 양분되었다. 두 진영 간에는 제대로 된 경제교류가 이뤄지지 않았기 때문에, 진영 간의 경제적 대결은 체제경쟁의 일환으로 이뤄졌다.

상호 간에 직접적인 열전熱戰을 피할 수밖에 없었던 두 초강대국은 어느 한쪽의 국력이 모두 소진되어 수명이 다할 때까지 차갑고 지루한 냉전冷戰을 이어갔다. 결국 공산주의식 정치·경제 체제가 먼저 한계를 드러내면서 동서냉전은 미국이 주도하는 자유 진영의 승리로 끝나게 된다.

양극화된 패권

제2차 세계대전의 종식과 함께 국제질서의 중심축은 신대륙의 미국과 유라시아의 소련으로 완전히 넘어갔다. 세계대전이 한창이던 1941년 8월 영국의 윈스턴 처칠 총리와 미국의 프랭클린 루스벨트 대통령은 전후의 국제질서를 수립하기 위한 여덟 가지 원칙을 담은 '대서양헌장Atlantic Charter'에 합의한다. 대서양헌장은 제1차 세계대전 직후 우드로 윌슨 대통령이 주창한 '14개조 원칙'을 상당 부분 계승한 것이었다. 약 1개월 뒤인 1941년 9월에는 소련을 포함한 다수의 국가가 대서양헌장을 인준한다. 이듬해인 1942년 1월, 대서양헌장 발의국들이 '국제연합에 의한 선언Declaration by United Nations'을 발의함으로써 대서양헌장은 명실상부 전후 질서의 초석이 됐다. 이때까지만 해도 대영제국은 건재했고, 국제질서에 상당한 지분을 가진 강대국으로 대접받았다.

그러나 제2차 세계대전이 종식될 무렵 수백 년간 유럽의 패권을 대표해온 영국은 더 이상 예전의 대영제국이 아니었다. 전후 독일의 처리를 논의하기 위해 1945년 2월 개최된 얄타 회담에는 미국과 영국 외에 소련도 초대되었다. 얄타 회담에 모인 3국의 정상은 나치 독일에서 해방된 폴란드의 미래에 대해서도 치열하게 논의하였다. 이때 폴란드 멸망 직후부터 망명정부를 후원했던 영국과, 독일과 함께 폴란드를 분할 점령했던 소련의 입장이 첨예하게 대립했다. 협상 결과 3국 정상은 자유선거를 통해 폴란드 국민이 원하는 정부를 세우는 것으로 합의하였다. 그러나 전쟁이 끝나자 스탈린은 약속을 어기고 폴란드에 공산정권 수립을 강행했다. 소련의 일방적인 약속 파기 앞에서도 미국의 원조에 의존하는 처지였던 영국은 무기력했다. 각지의 식민지들이 독립을 요구하는 목소리도 날로 커져만 갔다. 제2차 세계대전 중 영국이 아프리카와 중동 등 유럽 밖의 전장에서 나치 독일을 상대로 승리할 수 있었던 데는 인도를 비롯한 식민지의 지분이 절대적이었다. 쇠락한 수사자는 더 이상 식민지의 목소리를 무시할 수 없었다. 1947년, '왕관의 보석'으로 불리던 인도의 독립을 시작으로 1950~1960년대에 아프리카 식민지들이 대거 독립하였고 1970년대에는 중동 식민지들이 대거 독립하였다. 대영제국의 완전한 해체는 형식적으로는 1997년에 홍콩을 중국에 반환하면서 이루어졌지만, 제국의 몰락을 보여주는 가장 상징적인 사건은 1956년에 벌어졌다.

1956년, 이집트의 가말 압델 나세르 대통령은 거의 100여 년간 수에즈 운하를 관리해온 '수에즈 운하회사'를 일방적으로 국유화했다. 수에즈 운하회사의 지분을 보유하고 있던 영국과 프랑스는 이스라엘로 하여금 먼저 이집트를 침공하게 한 뒤, 무력 분쟁 발생을 근거로 군대를 파병하여 수에즈 운하에서 이집트군을 몰아냈다. 이것은 영국과 프랑스가 세계제국으로서 행동한 사실상 마지막 사건이었다. 그러나 신흥 패권국인 미국과 소련은 자신들이 관리하는 새로운 국제질서를 훼손하려는 옛 제국을 좌시하지 않았다. 미국과 소련은 영국과 프랑스에 강력한 압력을 가했고, 두 초강대국의 압박에 영국과 프랑스는 굴욕적으로 철군할 수밖에 없었다.

냉전 기간에는 미국과 소련이라는 두 초강대국의 국력이 너무나도 압도적인 나머지 다른 강대국들의 의지나 힘이 큰 의미가 없을 지경이었다. 전성기 소련은 종합 국력이란 측면에서 역사상 미합중국에 가장 근접했던 대제국이었다. 세계 제1의 영토 대국이었던 소련은 북미대륙의 알래스카를 마주한 베링해협에서 동유럽까지 동서로 1만여 킬로미터, 남북으로도 최북단에서부터 최남단까지의 너비가 거의 7천여 킬로미터에 달하는 광활한 영토를 지배했다. 동유럽 국가 대부분을 위성국가로 거느린 소련의 세력권은 서유럽의 앞마당까지 뻗어 있었다. 영토 내에 11개의 시간대가 존재했고 지구 육지 면적의 6분의 1을 지배했던 전성기 소련의 판도는 북미대륙 전체에 비견될 수 있을 정도로 거대했다.

소련은 영국의 지정학자 핼포드 맥킨더가 세계제패를 위한 핵심지라고 주장한 심장의 땅, 즉 '하트랜드Heartland'를 거의 석권한 나라였다.[24] 과거 러시아 제국은 단일국토만으로도 지구상의 거의 모든 시간대에 식민지를 보유한 대영제국을 지정학적으로 압박할 수 있는 판도를 보유하고 있었다. 후계자인 소련 역시 단일국토만으로도 유라시아 전역에 영향력을 투사할 수 있었다. 소련의 광활한 영토는 당연하게도 막대한 부존자원을 품고 있었다. 어마어마한 부존자원과 뛰어난 공업력, 국가 주도 계획경제 특유의 추진력 덕분에 소련은 여러 내부적인 모순에도 불구하고 냉전기 대부분의 기간 중 세계 2위권의 경제력(명목 GDP 기준)을 유지할 수 있었다. 세계 3위의 인구 대국이었던 소련은 세계 2위의 군사 대국이기도 하였다. 물량을 중시했던 소련군은 1980년대에는 500만이 넘는 대군과 1천만이 넘는 대군을 각각 현역병과 예비군으로 유지하였으며, 1980년대 말에는 거의 4만여 발의 핵탄두를 보유하고 있었다. 냉전기 중 소련군은 정량적인 군사력에 있어서는 미군보다도 우세하였기 때문에(재래식 전력뿐 아니라 핵전력에서도 정량적으로 우세했던 시기가 길었다) 미국이 아닌 소련을 세계 1위의 군사 대국으로 꼽는 전문가들도 있었다. 또한 소련은 공산주의의 맹주로서 국경을 초월한 소프트파워를 행사했다. 1980년경에는 인종과 지역, 언어와 문화를 막론하고 인류의 3분의 1 이상이 소련이 영도하는 공산주의 체제하에서 살고 있었다. 인류 역사상 냉전기의 미·소 양국과 같이 단 두 개의 나라가 전 지구를 말 그대로 양분한 양극체제는 이전에도 없었고 앞으로도 없을 가능성이 크다.

그리고 미국이다. 제2차 세계대전에서 본토에 피해를 거의 입지 않은 미국은 한시적이긴 해도 홀로 전 세계 GDP의 50%에 육박하는 가공할 경제력을 자랑했다. 미국은 50여 년의 냉전 기간 내내 대제국 소련을 거의 모든 부문에서 완벽하게 압도했다. 맥킨더가 세계를 지배할 패자霸者의 조건으로 제시한 '심장의 땅'조차 비스마르크가 "신의 특별한 은총을 입은 나라"라고 칭한 미국의 지정학적 입지에 비견될 수는 없었다. 미국 본토는 상정할 수 있는 모든 외적의 침입으로부터 완벽하게 안전했던 반면 소련은 얼어붙은 북극해를 제외한 모든 국경이 대항 세력과 직간접적으로 맞닿아 있었다. 여기저기 위성국가를 수립해 완충지로 삼아도 동·서·남 쪽은 대륙에 의해, 북쪽은 북극의 빙산으로 가로막힌 소련은 뻥 뚫린 대서양과 태평양 양면을 자유롭게 드나들 수 있는 미국에 비해 불리했다. 냉전기 미국이 소련과 공산주의 세력의 확장을 봉쇄containment하는 것을 기본적인 대對소련 정책으로 채택한 것은 자연스러운 결과였다.

미국은 소련을 에워싼 지정학적 요충지마다 해외 군사기지를 건설하여 소련을 봉쇄했다. 드와이트 아이젠하워 대통령 당시 채택된 미국의 봉쇄정책은 강성해지는 소련과 공산주의 세력의 확산을 막는 것을 일차적 목표로 했다. 미국은 소련을 효과적으로 봉쇄하기 위해 재래식 무기뿐 아니라 핵무기도 적극적으로 활용했다. 1960년대까지만 해도 미국의 핵전력이 소련에 비해 압도적인 우위에 있었기에 가능했던 것이기도 하다. 유럽과 터키 등에 전진 배치된 미국의 핵무기는 소련에 상당한 위협이 되었고, 소련의 핵전력 증강을 불러왔다. 소련의 핵전력 증강에 미국도 핵전력 증강으로 다시 맞대응하면서 두 나라는 전 인류를 몇 차례고 멸절시킬 수 있는 어마어마한 수량의 핵탄두를 제작하게 된다.

미국은 소련과 공산주의가 고사에 직면한 1980년대에 들어서야 소련의 체제변화를 목표로 한 롤백rollback 정책으로 전환하기 시작한다.

핵무기 경쟁

냉전기의 가장 큰 특징은 핵무기로 인한 '공포의 균형'일 것이다. 핵무기의 가공한 파괴력은 재래식 무기의 전략적 효용을 본질적으로 제한하였을 뿐 아니라, 진영 간 전면전이 벌어질 가능성도 억제했다. 미·소 양국은 이미 1960년대에 더 이상의 핵 무력 증강이 의미가 없는 상태에 놓인다. 그때까지 생산한 핵무기만으로도 상대방은 물론이고 전 인류를 몇 번이고 몰살시킬 수 있었기 때문이다.

냉전기에 발달한 핵 정책 이론에 따르면 핵 공격 능력은 크게 1차 타격 능력First Strike Capability과 2차 타격 능력Second Strike Capability으로 대별할 수 있는데, 1차 타격 능력은 핵을 사용한 선제공격으로 상대국을 완전히 괴멸시키는 것을 목표로 한다. 반면 2차 타격 능력은 핵 선제공격을 받은 뒤 핵 반격을 가해 상대국도 괴멸시킬 수 있는 능력을 의미한다. 1차 타격 능력의 핵심은 상대국의 주요 설비(특히 핵기지)의 위치 및 방어력 등에 대한 정확한 정보력, 그리고 최초의 공격만으로도 상대국을 완전히 침묵시킬 수 있는 압도적인 파괴력을 갖추는 것이다. 만일 선제공격만으로 상대국을 완전히 무력화시킬 수준의 핵 무력을 갖춘다면 경제력이나 재래식 전력의 차이는 무의미할 수 있다. 그래서 2차 타격 능력을 갖추는 게 필요하다. 2차 타격 능력의 핵심은 상대국의 정보망에 노출되지 않은 다수의 핵기지, 상대국의 핵 선제공격에 버틸 수 있는 지하 핵시설과 항시 이동하는 핵전력(특히 핵잠수함)을 보유하는 것이다. 그렇게 핵전쟁의 결과가 확실한 공멸로 귀결될 수밖에 없는 상태를 '상호확증파괴"MAD", mutually assured destruction'라고 한다.

냉전 중 미·소 양국 사이에는 소위 '데탕트'라 불린 유화기도 있었고 한계효용을 넘어버린 핵무장과 미사일 전력을 감축하자는 합의도 이뤄졌다. 그

러나 양국은 1차 타격으로 상대방의 2차 타격 능력까지 제거하기 위한 수단
과, 상대방의 1차 타격으로부터 자국의 2차 타격 능력을 보존하는 방법을 끝
없이 강구했다. 다행인지 불행인지 냉전이 끝날 때까지도 '공포의 균형'은 깨
지지 않았다. MAD는 핵무기 사용에 대한 강력한 억지력으로 작용했다.

한편 다른 나라들이 미·소의 핵무장 경쟁에 들러리만 섰던 것은 아니었
다. 미·소 양국의 핵무기는 다른 모든 나라에도 위협이 됐다. 자체 핵무장
을 시도한 강대국들은 미·소와 같은 압도적 핵 무력을 갖추진 못할지언정,
선제공격을 꿈도 꾸지 못할 수준의 2차 타격 능력을 갖추는 것을 목표로 했
다. 영국은 1952년, 프랑스는 1960년, 중국은 1964년에 핵실험에 성공한다.
이들이 갖춘 각기 수백 기 규모의 핵무기는 미·소 양국을 상대로 MAD를 담
보하기에는 부족했으나, 적어도 미·소 양국이 침공 엄두를 내지 못하게 하
는 데는 충분했다.

1960년대 말에는 이스라엘이 프랑스와의 협력을 통해 핵실험 없이 핵무
장에 성공했다. 그러자 이스라엘과 분쟁상태에 있던 중동 국가들이 핵무장
에 돌입할 태세를 보였다. 국제사회는 인류 멸절의 능력이 무차별적으로 확
산하는 사태를 막으려 했다. 이에 1968년에 개최된 UN 총회에서 '핵확산방
지조약"NPT", Non Proliferation Treaty이 체결된다. NPT에 따라 비핵보유국이 신규 핵
무기를 갖는 것과 핵보유국이 비핵보유국에 핵무기를 넘겨주는 것이 금지됐
다. 그러나 강자強者의 위협으로부터 해방시켜주는 핵무기는 너무나도 매력
적인 유혹이었다. 1974년, 냉전기 내내 자유 진영과 공산권 어디에도 속하지
않는 비동맹주의non-alignment를 고수하던 인도가 핵실험을 강행하여 성공하였
다. 인도의 핵무장은 1998년, 인도와 대립상태에 있던 파키스탄의 핵무장을
초래했다.

하나둘씩 이탈하는 국가가 생겼음에도 NPT는 나름대로 유효하게 작동하

고 있다. 그러나 21세기에 들어서도 핵확산은 이어지고 있다. 2006년에는 북한이 핵실험을 감행했고, 이란도 핵무장을 지속 고려하고 있다. 북한과 이란에 대한 억지가 실패하면 더욱 많은 국가가 핵무장을 강행할 것이다. 핵보유국이 늘어날수록 우발적이거나 오판으로 인한 핵무기 사용 가능성은 커지게 된다. 냉전이 끝난 21세기에도 핵무기의 확산은 인류가 짊어지고 가야 할 운명적 속박으로 남아 있다.

이념 경쟁

냉전은 공산주의와 자유민주주의, 또는 자본주의 간의 이념대립이었다. 자유주의가 주창하는 가치가 '자유'라면, 공산주의가 주창했던 가치는 '평등'이었다.[25] 두 가치는 모두 중요하지만, 현실 세계에 구현되는 과정에서는 상호 배타적인 부분이 발생하게 된다. 예컨대 자유에 절대적인 가치를 부여하면 한정된 자원과 권력이 불균등하게 배분될 수밖에 없다. 반면 평등만을 추구하면 평등한 결괏값을 만들어내는 과정에서 비효율이 발생함은 물론이고 개인의 자유와 권리를 침해하고 억누르게 될 수밖에 없다.

　이념대립이 지정학적 대립으로 이어진 사례는 희귀하긴 하지만 전례가 없진 않다. 만일 종교를 이념으로 본다면, 중세의 십자군 전쟁이나 이슬람 세력의 유럽 공략 등도 이념 전쟁이라 할 수 있을 것이다. 프랑스 대혁명 직후 프랑스 혁명정부와 유럽의 왕조 국가 간 벌어진 대프랑스 동맹 전쟁Coalition Wars도 이념 전쟁의 일환이라 볼 수 있다. 반면 공산주의와 자유민주주의 간의 냉전은 근대 계몽주의에 기인한 이념 간에 벌어진 대립이란 점에서 특기할 만하다. 자유주의의 산물 중 하나인 자본주의가 공산주의 탄생의 배경이 되었다는 점도 의미심장하다.

자유주의 사상이 발전하던 시기 유럽에는 상공업이 발달하고 있었다. 상공업의 발달로 급격히 축적된 부는 전통적인 체제에서 우월한 계급을 형성하던 왕이나 귀족들과도 구분되는 새로운 세력을 형성하기 시작했는데, 이들이 바로 자본가 계급이다. 자본의 힘을 가진 새로운 계급이 부상하면서 기존의 봉건적 위계질서에 불협화음이 발생한 것은 자연스러운 결과였다. 프랑스 왕정과 귀족계급의 종말을 고한 프랑스 대혁명을 주도한 것 역시 부르주아라 불린 자본 계급이란 점은 잘 알려져 있다. 이 시기 유럽에서는 사회는 개인에 대한 제약을 최소화하여 개개인의 역량을 최대한 발휘할 수 있도록 하고, 개개인 스스로가 자신의 행위에 책임을 지는 것이 이상적이라는 자유주의적 관념이 대두됐다. 자유주의 사상에 기초한 이러한 경제철학은 '자유방임적 경제laissez-faire economy'에서 시작했다. 자유방임적 경제란 개별 경제주체의 시장 활동에 그야말로 전폭적인 자유를 허용하는 체제를 뜻한다. 그렇게 성립된 자유시장경제는 사적 소유, 자유무역, 경쟁을 통한 이익 추구, 수요와 공급의 자연스러운 변화에 따라 작동한다. 자유시장경제는 정도의 차이가 있을 뿐 거의 필연적으로 자본주의로 흐르게 된다. 그러나 완전경쟁 시대가 도래하자 사회는 왕이나 봉건귀족 대신 자본가라는 새로운 계층에 의해 지배되기 시작했다.

정부가 시장에 개입하지 않자 심판이 사라진 경기장에서 시장지배적 지위를 선점한 자들이 시장과 경제를 왜곡하기 시작하면서, 자본가가 노동자를 착취하고 국가의 부가 일부 집단에 편중되어 왜곡되는 행태가 나타났다. 인구 대부분을 차지하는 노동자들이 소수의 자본가를 위해 부역하고 복무하는 처지가 된 것이다. 자유방임주의가 절정에 달한 19세기 영국에서는 자본가들이 고액지폐로 담배를 말아 피우는 저급한 유행을 즐기는 사이 살인적인 노동강도에 시달리던 노동자들은 공장 벽에 걸어둔 밧줄에 기대 빨랫감처럼 휴식을 취했다. 자유주의자들이 기대한 소위 '시장의 자정작용'은 승자 독식의 사회에서는 제대로 작동하지 않았다. 인간의 이기심이 제한 없이 작동할 수 있는 환경을 조성해주면 끊임없는 경쟁을 통해 혁신이 제고되고 부의 정체를 막을 수 있으리라는 기대는, 독과점을 통해 생산수단을 독식하고 경쟁을 원천 배제하는 자본의 횡포 앞에 좌절되고 말았다. 왕과 귀족이 다스리던 사회가 자본가에 의해 지배되는 사회로 바뀌자, 피지배 계층이 된 노동자 집단의 불만과 분노가 상승했다. 태생적 유별함에 따른 계급의 존재가 전제되던 과거 봉건사회에서는 어느 정도의 부조리는 천부적인 것으로 인정하고 차라리 체념할 수 있었다. 하지만 사회계약론에 따른 공정과 정의가 요구되는 세상에서는 구조적 부조리에 대한 의문과 반감이 더욱 클 수밖에 없었다. 결국 혁명을 통해 자본주의 세상을 뒤엎고 새로운 세상을 세우자는 공산주의 사상이 등장하게 된다.

　공산주의 사상은 19세기 독일의 사상가인 카를 마르크스와 프리드리히 엥겔스에 의해 정립됐다. 자본주의의 적나라한 폐해를 목적한 이들은 자본주의가 빈부격차를 조장할 수밖에 없는 내재적 오류와 모순[26]으로 붕괴할 운명이라고 예견했다. 세상을 계급 간의 투쟁의 장으로 정의하고, 부르주아가 봉건 계급을 퇴출한 뒤로 자본가 계급과 노동자 계급 간의 투쟁이 벌어지고 있다고 진단한 마르크스와 엥겔스는 노동자 계급의 혁명을 통해 자본가 계급을 박멸하자고 제안했다. 마르크스와 엥겔스의 사상은 산업혁명 이후 비대해진 자본가 계급에 착취당하던 노동자들과 진보적 엘리트들 사이에서 반향을 일으켰다. 마르크스와 엥겔스의 사상은 이후 레닌과 스탈린 등에 의해 계승되었다.

　고전 사상이 흔히들 그러하듯 공산주의에도 분파가 있다. 하지만 봉건사회 이후로 세상에는 크게 자본가와 노동자란 두 계급이 존재하고, 자본가가 노동자를 착취하는 현행 사회 구조와 사회질서를 혁명으로 타파해야 한다는 부분은 모든 공산주의자가 공유하는 의식이라 보아도 거의 틀림이 없을 것이다. 공산주의의 대의를 달성하기 위해선 국가가 모든 '생산수단'을 통제하여 노동의 대가를 공정히 분배하여야 한다. 현대 사회의 계급은 봉건사회에서의 혈통 대신 자본과 부의 축적을 통해 형성된 만큼, 생산수단이 국가에 의해 통제되면 사람 간에는 계급이 없고 평등한 지상낙원이 도래할 것이다. 이러한 신조에 따라 소련과 소련이 건설한 공산주의 제국은 거의 반세기 동안 전체 인류의 3분의 1을 다스렸다. 그러나 마르크스와 엥겔스, 그리고 레닌이 주창한 프롤레타리아 지상낙원은 오지 않았다. 오히려 절대군주가 지배하던 고대사회에서도 그 짝을 찾아보기 힘들 정도로 억압적인 독재와 잔혹한 압제가 인민을 핍박했다.

공산주의적 이상이 실현되기 위해서는 기존 계급을 타파하는 혁명이 선행되어야 한다. 이를 위해서는 기존 계급을 구성하는 자들은 물론이고 혁명에 반대하는 반동분자를 모두 숙청할 필요가 있다. 이러한 대학살이 도덕적으로 용인되기 위해서는 "목적이 수단을 정당화한다"라는 마키아벨리적 명제가 통용되어야 한다. 실제로 공산주의는 독재정권의 수립을 혁명 완수를 위한 과도기적 필수사항으로 본다. 공산주의 체제가 일사불란하게 유지되고 운용되기 위해서 사회적 다양성은 결코 허용될 수 없기에, 체제를 강제하기 위한 독재정권이 꼭 필요하기 때문이다. 공산주의도 형식상으로는 민주주의를 표방하지만, 인민에게 진정한 의미에서의 정치적 자유와 선거권을 부여하는 공산주의 정권은 구조적으로 존재할 수가 없다. 국가가 임금과 물가를 정하고, 철저한 중앙통제식 계획에 따라 자원을 분배하는 시스템이 유지되어야만 존속할 수 있는 공산주의 체제에서는 다양한 정치적 의견이 허용될 수 없기 때문이다. 그렇기에 공산주의의 대척점에는 자본주의가 서 있을 뿐이며, 공산주의와 자유민주주의가 상호 대립하는 개념이 아니라는 평면적인 논리는 온당치 않다. 그리고 체제 수립을 위한 혁명에 수반되는 숙청이 정당화된다면, 체제 유지를 위한 숙청도 당연히 정당화되는 법이다. 그리고 이 모든 과정은 권력을 쥔 자에 의해 얼마든지 조작될 수 있다.

계급철폐라는 이상과 달리 공산주의는 계급 차별에서도 자유롭지 못하다. 독재정권의 존재를 전제하는 이상 공산주의 사회는 지배계층(공산당원)과 일반 인민이라는 계급으로 구분될 수밖에 없다. 그런데 "절대권력은 절대적으로 부패"한다. 공산주의 사회가 필연적으로 전체주의 · 권위주의에 지배될 수밖에 없는 이유다. 전체주의적인 목적과 균질함을 추구하는 사회에서 개인의 개성이 발휘될 수 있는 공간은 지극히 제한적이다. 개인의 자유와 인권도 제한될 수밖에 없다. 공산주의 사회는 '노동자의 낙원'을 건설하겠다는 이념 취지와 달리 '공산당'의 낙원만을 건설하였고, 정작 노동자에게는 자본주의 사회에서조차 당연히 인정되는 기본적인 노동권마저 부여되지 않았다. 공산주의가 실패한 데에는 내외부적으로 여러 가지 이유가 있지만, 미국과의 경쟁이란 외부 요인 못지않게 공산주의 이념에 내재한 모순과 오류가 근본적인 원인이었다.

공산주의 사회의 인민에게는 경제적 자유도 주어지지 않았다. 공산주의가 사유재산의 존재 그 자체를 원천 부인하는 것은 아니지만 재산권은 사실상 보장받지 못한다. 사유재산을 보장하지 않는 공산주의 사회에서 개인이 체제에 대항하기란 지극히 어렵다. 많은 자유주의 사상가가 개인의 자유를 담보하기 위한 기본조건 중 하나로 '사유재산의 보장'을 꼽은 것은 의외로 단순한 진리에 착안한다.[27] 최소한의 생활 수준을 유지하기 위한, 기본적인 재산권조차 보장 · 보호받지 못하는 사회에서 권력에 맞설 용기는 아무나 가질 수 있는 것이 아니기 때문이다.

그사이 자본주의는 자유시장경제 체제를 유지하면서도 시장 왜곡적인 상황에서는 정부가 개입하는 소위 수정자본주의로 진화함으로써 자유방임주의의 약점을 상당 부분 극복하는 데 성공했다. 여전히 정부의 개입은 합리적으로 제한되어야 한다는 것이 자유주의적 경제철학의 근간이지만, 정부의 개입이 무조건 배제되어야 한다는 극단적 자유방임주의는 자취를 감췄다.[28] 경제공황과 같은 내재적 모순이나 공산주의와 같은 외부 도전을 겪으며 자본주의도 진화를 거듭한 셈이다. 공산주의는 정반합正反合의 과정을 통해 현대 자본주의의 발전에 상당한 역할을 했다고 볼 수 있다.

사회계약론적 관점에서 냉전기 소련을 비롯한 공산주의 정권들은 크게 두 가지 묵시적 약속을 대가로 인민들로부터 독재 권력을 이양받았다고 볼 수 있다. 첫째는 프롤레타리아 지상낙원을 실현하겠다는 것. 둘째는 적어도 자본주의 치하에 놓인 노동자들보다는 더 나은 삶을 제공하겠다는 것이다. 첫 번째 약속은 이상향에 불과하다고 쳐도, 당장 두 번째 약속조차 지켜지지 않으면 곤란하다. 그런데 냉전기 소련을 비롯한 공산권 인민의 삶은 자유민주주의를 추구한 미국 및 기타 서구사회 국민의 삶에 한참 미치지 못했다. 공산권에 종속된 인민들은 정치적 자유는 물론이고 경제적 자유도 누리지 못했다. 표현의 자유도, 양심의 자유도, 언론의 자유도, 이동의 자유도, 거주의 자유도, 심지어 (역설적으로) 결사의 자유와 같은 기본적인 노동권조차 누리지 못했다.

소련과 공산권은 인민들을 외부 세계로부터 철저히 고립시킴으로써 상대적 박탈감이 싹틀 빌미를 차단했다. 그러나 공산주의의 내재적 모순과 오류는 시간이 지날수록 쌓이고 있었다. 경제 분야에서 누적된 문제점들을 통제하는 것이 더 이상 불가능해지고, 기본적인 생활을 위한 필수재의 공급조차 원활해지지 않게 되자 인민들은 사회계약을 위반한 데 따른 책임을 떠올리기 시작했다. 공산주의의 붕괴는 결정적으로는 경제적 실패에 기인했다.

경제 경쟁

소련은 냉전기의 대부분 기간 중 미국에 이어 세계 2위 규모의 경제력을 유지했다. 최전성기에는 명목 GDP 기준으로 미국 경제의 60~70%까지 따라갔었고, 붕괴 직전인 1989년에도 미국 경제의 절반 정도의 규모를 유지하고 있었다. 냉전 초기에는 공산주의식 계획경제를 통해 미국을 능가하는 경제 성장률을 보여준 적도 있었다. 지금의 러시아가 그렇듯 소련 역시 경제력의 상당 부분을 부존자원에 의존했다. 소련의 광활한 영토는 공업에 필요한 대부분의 부존자원을 품고 있었고, 일부 작물 등 자급자족이 어려웠던 재화도 다른 공산권 국가와의 교역을 통해 확보할 수 있었다. 거대 산유국인 소련은 공산권뿐 아니라 제3세계나 일부 자유 진영에도 대량의 에너지를 수출하며 1970년대까지도 (특히 중동발 오일쇼크에 힘입어) 경제 성장 기조를 유지할 수 있었다. 뛰어난 과학자들 덕에 중앙통제식 연구개발로도 미국에 필적하는 과학기술력을 오랫동안 유지했다. 그러나 시간이 지날수록 중앙통제식 경제의 한계가 드러났다.

중앙에서 모든 의사결정을 통제하는 공산주의 경제체제에서는 세부적인 계획을 복잡하게 설계하고 구성하여야 했다. 그 자체로 엄청난 비효율이 발생할 수밖에 없다는 점은 명약관화했다. 또한 권위주의 체제의 특성상 투명성이 담보될 수도 없었다. 경제 목표는 현실적인 예측이 아닌 프로파간다를 위해 설정됐다. 한 번 설정한 목표는 오류가 있어도 수정할 수가 없었고, 목표에 자료를 꿰맞추는 행태가 횡횡했다. 소비에 대한 예측도 정확하지 않았고 생산 목표의 설정이나 생산 방식의 설계에도 비효율이 넘쳐났다. 중앙에서 일선으로 하달된 생산 목표는 무슨 수를 써서라도 달성할 수밖에 없었기에 엉터리 보고가 판을 쳤다. 제대로 된 통계나 자료를 대외적으로 공개하지 않기도 했지만, 내부 목적상 생성한 정보조차 사실은 부정확했단 뜻이다. 이런 모순적인 체제가 작동하는 상황에서는 어마어마한 부패와 관료주의가 뿌리 깊이 자리잡을 수밖에 없었다.

민간의 경쟁을 원천 봉쇄하여 발생한 경영 비효율도 심각한 문제였다. 같은 자원을 갖고도 경영 능력의 차이로 인해 전혀 다른 성과가 도출되는 광경을 상시 목격하는 자본주의 사회에서는 상상하기 어려운 일이지만, 공산주의는 경영자의 능력이 생산성에 미치는 영향을 사실상 부정한다.[29] 생산이란 이름의 경제활동을 떠받치는 두 날개인 노동과 경영 가운데 경영을 통째로 뜯어낸 셈이다. 생산력은 오로지 투입된 노동력에 따라 결정된다는 비현실적 가정에 따라 세워진 공산주의 국가경제계획은 자유민주주의 경제체제의 효율성을 따라갈 수 없었다.

수요와 공급의 작용을 배제한 공산주의 경제 체제의 문제는 이것만이 아니었다. 경제의 상태를 파악하는 데 있어 가장 중요한 신호이자 정보는 가격인데,[30] 시장가격이 존재하지 않는 공산주의 사회에선 경제 문제를 진단하기 위한 결정적인 정보가 부재한 셈이었다. 해결되지 못한 경제 문제가 누적되다 보면 언젠가 파국이 닥칠 것은 자명한 일이었다.

또한 미국과의 체제경쟁에 매진한 소련은 당시까지만 해도 국력의 지표를 결정하던 중공업에 국가 역량을 과도하게 집중했다. 그러니 치약, 샴푸, 설탕, 우유, 의복 등과 같이 인민의 생활에 직결되는 생필품은 항상 부족할 수밖에 없었다. 그 결과 금지된 암시장과 장마당이 횡횡했고, '2차 경제secondary economy'라 불린 이 자생적 시장은 시간이 지날수록 비대해져만 갔다.

공산주의 체제에서는 패러다임을 바꾸는 기술혁신도 일어날 수가 없었다. 소련은 군사력과 직결된 기술에는 집중투자 하여 미국에 맞설 수준의 기술력을 유지했지만, 인민의 생활 수준과 관련된 기술의 발달은 거의 이뤄지지 않았다. 중공업과 군사기술이 첨단기술을 대표할 때는 문제가 불거지지 않았으나, 1970년대부터 정보기술"IT", information technology이 발전하기 시작하자 중앙통제연구방식이 발목을 잡기 시작했다. 특히 서방세계에 개인용 컴퓨터가 보급되기 시작하자 혁신과 생산력에 있어 소련과 공산권은 더 이상 서구의 상대가 될 수 없었다. 동서냉전 중 경제 경쟁의 향방은 소련이 IT의 발달에 따라가지 못하는 순간 사실상 결정되었다고 봐도 과언이 아닐 것이다. 만에 하나 소련이 냉전 말기의 붕괴 위기를 잘 넘겨서 존속에 성공했다고 해도 3차 산업혁명이라 불리는 IT 혁명 시대에 양 진영 간 경제·기술 격차는 더욱 벌어졌을 것인바, 역사의 결말이 바뀌었을 가능성은 없다. IT 기술력의 차이는 군사 역량에도 결정적인 영향을 미쳤다. 소련의 고위 관료들은 1980년대 중반에 이미 IT 기술력의 차이로 인해 조만간 소련군이 미군의 상대가 되지 못할 만큼 전력 격차가 벌어질 것이라는 점을 인지하고 있었다.[31]

반면 냉전기에 미국이 주도하는 소위 '자유 진영'은 적극적인 자유주의 경제정책을 채택했다. 냉전기 자유주의 경제정책은 국내적으로는 시장의 자유를 근간으로 하는 자본주의의 형태로 구현되었고, 국제적으로는 진영 내 무역자유화로 구현되었다. 자유 진영 안에서의 경제교류를 활성화하기 위해서는 경제활동의 주체가 되는 개인과 기업, 자본을 규율하는 각국의 제도 간에 호환성을 제고할 필요가 있었다. 이를 위한 국제제도를 구축하기 위한 회의가 1944년 미국 뉴햄프셔주의 브레턴우즈Bretton Woods에서 개최된다. 회의 결과 각국의 환율과 국제수지, 그리고 국제 금융 시스템을 감독하는 국제통화

기금"IMF", International Monetary Fund과 개발도상국의 개발지원 등 투자에 관한 사항을 관장하는 세계은행World Bank이 설립되었다. 1947년에는 관세를 획기적으로 낮추고 비관세장벽을 대거 철폐하는 '관세 및 무역에 관한 일반협정'"GATT", General Agreement on Tariffs and Trade이 체결되었다. IMF, 세계은행, 그리고 GATT는 자유 진영에 속하는 국가 간에 교역의 장벽을 철폐하고 자본의 이동과 투자·무역을 촉진함으로써 시장 자유화를 촉진했다. 오늘날의 관점에서는 낮은 수준의 시장 자유화에 지나지 않았지만, 당시로선 역사상 유례없는 수준의 시장 통합이 이뤄졌다고 해도 과언이 아니었다.

시장 자유화를 통해 자본주의 경제체제는 자유 진영에 더욱 깊숙이 뿌리내렸다. 자본주의 경제체제는 경쟁을 통해 효율성을 담보하고, 성과에 대한 보상을 보장함으로써 혁신을 유인하는 데 있어 공산주의 경제체제보다 월등하다. 자본주의 경제체제를 채택한 자유 진영 국가들은 공산주의 국가에 비해 압도적으로 뛰어난 효율성을 발휘했고, 개인이 이룩한 성과에 대해 직접적인 보상을 제공하는 시장원리는 혁신의 강력한 원동력이 되어 고도 기술의 발전을 이끌었다.

냉전기의 국제질서

냉전기 국제질서는 그때까지 인류에게 익숙하던 기존의 패권 질서와는 다른 점도 있었다. UN을 중심으로 한 국제사회의 민주주의, 즉 다자주의 multilateralism가 태동하기 시작한 것이다.

국제연맹의 후계자격인 UN은 아직 제2차 세계대전이 한창이던 1945년에 탄생했다. 국제연맹과 마찬가지로 UN은 집단안보 체계 구축을 통해 세계평화를 담보하고, 국가 간의 협력을 촉진하며, 개인의 인권을 증진한다는 자유주의적 목적에 따라 설립됐다. UN은 구조적인 측면에서 국제연맹보다 체계적이고 정교했다. 국제연맹보다 다양하고 방대한 국가가 가입했고, 초강대국인 미국과 소련이 모두 가입했다는 점에서 국제연맹보다 큰 역할을 할 수 있는 잠재력을 가지고 있었다. 결정적으로 UN은 안보와 관련된 의사결정에 있어 법보다는 정치와 외교가 우선하는 구조를 채택했다는 점에서 국제연맹과 달랐다(국제연맹보다 현실적이었다).

예컨대 국제연맹의 경우 총회와 연맹 위원회 간의 우위관계가 불분명했다. 국제평화를 해치는 국가에 대해 경제제재와 같은 대응조치를 취할 법적 권한은 국제연맹 규약에 의거 모든 회원국에 부여되었고, 집단안보와 관련된 권한에 있어서도 총회가 연맹 위원회를 대신할 수 있는 부분이 상당히 많았다. 그러나 뒷받침할 힘이 없는 상태에서 이상만을 위해 구현된 법적·제도적 형식은 강대국에 의해 무시되기 시작하자 오히려 기구의 존재가치를 훼손시키는 단초가 됐다. 독일과 일본, 소련이 국제연맹의 결의와 연맹규약에 따른 의무를 대놓고 무시하는 상황에서 국제연맹이 별다른 대응을 하지 못하자 규약은 종이 쪼가리가 되었다. 반면 UN의 경우에는 UN 안보리와 총회가 각각 최상위 기관으로 존재하지만, 적어도 집단안보에 관한 사항에 있어서는 전체 회원국으로 구성된 총회보다도 다섯 개의 상임이사국이 포함된 안보리의 권한이 우위에 있다는 점에서 좀 더 현실적이다. UN이 냉전이라는 양극화된 패권 질서 속에서도 형해화되지 않고 나름 중요한 역할을 하며 오늘날까지 존속될 수 있었던 데에는 어찌 보면 강대국들이 '자기들만의 리그'를 통해 내린 정치적인 결정에 곧바로 국제법적 권위를 부여하는, 현실적인 UN 안보리 체제의 역할이 컸다.

UN 안보리의 기능을 제대로 이해하기 위해서는 먼저 UN 헌장의 의의에 대해 알아둘 필요가 있다. UN 헌장은 안보와 무력 사용에 관한 그때까지의 국제법을 송두리째 뒤바꾼 뒤, 새로 생긴 권한을 모두 안보리에 몰아줬다고 보아도 무방하다. 전통 국제법에 따르면 군사력을 사용할 권리는 개별 주권국에 있었고, 다만 국가는 전쟁을 개시하거나*jus ad bellum* 전쟁을 수행함에 있어*jus in bello* 일정한 국제법을 준수할 의무만을 부담했다. 현재 모든 UN 회원국은 그러나 UN 헌장 제24조에 따라 국제평화와 안전의 유지를 위한 주위적 책임primary responsibility을 안보리에 부여하고, 안보리가 이에 근거해 '자국을 대신하여' 행동하는 것에 동의한 상태다. 오늘날 UN 회원국은 타국의 선제공격을 받는 상황에서만 UN 헌장 제51조에 따라 안보리가 집단안보 조치를 채택할 때까지, 한시적으로 천부적 자위권inherent right of self-defense을 행사할 수 있다. 그리고 UN 안보리 결의에 따라 회원국들에 발생하는 의무는 UN 헌장 제103조에 의거 다른 모든 국제협정상의 의무보다 우선한다. 요컨대 모든 UN 회원국은 무력 사용에 관한 주권적 권리를 UN 안보리에 통째로 의탁한 셈이다.

이렇게 중요한 UN 안보리는 5개의 상임이사국과 10개의 비상임이사국으로 구성되고, 안보리 결의는 이들 중 9개 국가의 찬성표로 채택된다. 그러나 상임이사국은 실질적인 사항에 관한 모든 결의에 대해 거부권veto right을 행사할 수 있다. 즉, 상임이사국 중 하나라도 특정 사안에 대해 반대하면 안보리는 결의를 채택할 수 없다. UN 헌장에 따른 안보리 상임이사국은 미국, 소련(현재의 러시아), 중국, 영국, 프랑스이다. 제2차 세계대전에서 패전한 독일과 일본을 제외하면, 전후 세계의 모든 주요 강대국이 안보리 상임이사국이었던 셈이다. 현실적으로 이들 5개 상임이사국이 합의하면 국제사회에서 벌어지는 대부분의 일들을 처리할 힘이 생긴다. UN의 모든 회원국이 안보리 결의를 준수할 국제법적 의무를 부담하는 것은 덤이다. 또한 이들 5개 상임이사국은 거부권을 가졌기에 자국이 진정으로 원치 않는 일에 구속되는 일은 없다. 즉, 제2차 세계대전을 앞두고 국제연맹에서 탈퇴한 독일이나 일본, 소련처럼 UN 상임이사국이 스스로 판을 깨고 UN에서 탈퇴할 가능성은 희박하다는 얘기다. 다만 특정 상임이사국의 주요 이해관계가 얽힌 사안에 대해서는 UN 안보리가 제대로 된 해결사 노릇을 하지 못하는 점은 문제다. 실제로 미국과 소련의 대립이 이어지던 냉전기 내내 UN 안보리는 그다지 많은 역할을 하지 못했다. 제2차 세계대전 종전 이후 공산권과 자유 진영 간에 벌어진 전쟁에서 UN의 집단안보 기능이 제대로 발휘된 사례는 1950년의 한국전쟁뿐이었다.

한국전쟁 이후 공산권과 자유 진영의 대립은 더욱 심화됐다. 냉전 종식 직전인 1990년 11월 29일 이라크의 쿠웨이트 침공에 대한 군사 대응(걸프전)을 결의한 안보리 결의 제678호가 채택될 때까지, UN의 집단안보 기능은 적어도 주요 무력 분쟁에 관한 한 사실상 마비 상태에 놓였다. 그러나 상임이사국에 부여된 강력한 권한으로 인해 UN 안보리가 본연의 기능을 수행하지 않고 태업했을지언정, UN은 험악했던 냉전기에도 국제연맹이 겪었던 것과 같은 파국적 결말은 피할 수 있었다. 국제협력이란 설사 당장은 결과를 내놓지 못하더라도 소위 '협력의 장'을 유지하는 것 자체에 의미가 있는 경우가 많다. 모든 문제는 시간의 흐름이 해결해줄 수 있다는 단순한 진리는 국제사회에도 통용되기 때문이다. UN이란 다자협력의 판이 깨지지 않고 버텨내는 동안 국제사회는 여러 분야에서 다양한 협력의 이력을 쌓을 수 있었다.

냉전기의 주요 국제협력은 안보리 대신 UN 총회를 통해 주로 이뤄졌는데, 특히 인권이나 국제법과 관련된 규범 분야에서는 인류사적으로 기념비적인 진보를 여럿 이룩하는 데 성공했다. 1948년 UN 총회에서는 세계인권선언Universal Declaration of Human Rights[33] 및 집단살해죄의 방지와 처벌에 관한 협약 Convention on the Prevention and Punishment of the Crime of Genocide이 채택되었고, 1966년에는 시민적·정치적 권리에 관한 국제규약International Covenant on Civil and Political Rights

및 경제적, 사회적, 그리고 문화적 권리에 관한 국제규약International Covenant on Economic, Social and Cultural Rights이 채택되는 등, 동서냉전이 한창이던 시기에도 인권 분야에서 기념비적인 국제협정들이 채택될 수 있었다. 또한 UN 국제법위원회International Law Commission를 통해 국제법의 법제화를 위한 다양한 시도가 이뤄졌는데, 이러한 노력 역시 주로 UN 총회 결의를 통해 결실을 보았다. 1948년부터 수십 년에 걸친 협상 끝에 1982년에야 비로소 합의된 바다의 헌법, 유엔해양법협약United Nations Convention on the Law of the Sea도 UN 총회의 업적이다. UN 안보리에서는 쉽사리 결론이 나지 않을, 안보 문제와 관련된 첨예한 쟁점이 UN 총회를 통해 해결되는 경우도 종종 있었다. 핵무기 확산을 방지하기 위한 보루라 할 수 있는 NPT가 UN 총회를 통해 1968년 채택된 것이 대표적인 예시다. 그 외에도 현행 국제관계의 기본 틀을 구성하게 된 다양한 국제협정이 UN 총회를 모태로 하여 탄생했다. UN의 이름으로 국제사회의 난제들을 해결하는 이력이 축적되자 UN의 권위와 힘도 그만큼 커졌다.

또한 UN 안보리가 상임이사국 간에 이해관계가 충돌하는 사안을 조율하는 데 항상 실패했던 것만도 아니었다. 냉전이 한창이던 시기에도 미국과 소련은 이집트와 이스라엘 간의 수에즈 분쟁, 콩고 분쟁, 레바논과 이스라엘 간의 분쟁 등 최소 13건의 분쟁지역에 UN 평화유지군을 파견하는 데 합의할 수 있었다. 양극화된 패권이 치열히 대립하는 어려운 상황 속에서 비록 UN의 집단안보 기능은 원래 기대했던 만큼 성공적으로 발휘되지는 못했지만, UN 헌장에 내재된 정치적 유연성을 발휘해 파국을 피하며 나름 기념비적인 성과를 도출하면서 동서냉전이란 험난한 시기를 헤쳐 나갈 수 있었던 것이다.

국제관계에서 인권과 법치가 본격적으로 논의되고, 또 현대 국제법이 보편적인 국제규범으로 받아들여지기 시작했다는 점만으로도 이 시기 UN은 국제관계의 진보를 위해 거대한 역할을 했다고 평가할 수 있다. 강대국 본위로 움직이는 국제관계의 본질을 바꾸지는 못했지만, UN의 등장으로 인해 인류 역사상 최초로 진정한 의미에서의 '다자주의'가 시작될 수 있었기 때문이다.

냉전의 경과와 종결

동서냉전은 1948~1949년에 있었던 베를린 봉쇄를 기점으로 본격화되기 시작했다. 소련의 봉쇄를 무시하고 서베를린에 물자를 수송한 끝에 봉쇄 해제를 끌어내어 상징적 승리를 거둔 미국은[34] 1949년 8월 서유럽 국가들과 북대서양조약기구"NATO", North Atlantic Treaty Organization란 군사동맹을 결성한다. 1955년 5월 서독이 NATO에 가입하자 소련과 동유럽 위성국들은 NATO에 대항한 군사동맹인 바르샤바 조약기구Warsaw Pact를 결성했다. 1957년에는 소련이 인류 최초의 인공위성 스푸트니크Sputnik 1호를 성공적으로 쏘아 올린다. 스푸트니크의 성공적 발사와 더불어 소련은 최초의 대륙간탄도탄R-7을 개발했고, 우주를 군사적 목적으로 활용하기 위한 가능성도 선점하였다. 미국도 질세라 국립항공우주국"NASA", National Aeronautics and Space Administration을 설립하고 본격적으로 소련과의 우주 경쟁Space Race에 뛰어든다. 우주 경쟁은 초기 소련의 우세로 진행되다가 미국이 1969년 7월 사람을 달에 착륙시킨 뒤 귀환시키는 아폴로 11호 프로젝트에 성공하면서 미국의 승리로 마무리되었다.

미·소 양국 간의 군사적 대립이 절정에 이른 것은 1962년이었다. 소련이 미국의 코앞인 쿠바에 핵미사일 기지를 설치하고자 시도하면서 쿠바 미사일 위기가 터졌던 것이다. 당시 미국이 쿠바를 해상봉쇄하고 미사일을 선적한 소련 선박을 타격하기로 하면서 인류는 핵전쟁의 위기에 가장 가깝게 다가갔다. 다행히 소련이 한발 물러나 쿠바 미사일 기지를 철수하기로 하고, 미국도 이에 호응하여 터키에 설치한 미사일 기지를 철수하고 쿠바에 대한 해상봉쇄를 풀기로 하면서 인류는 가까스로 멸절의 위기에서 벗어날 수 있었다. 쿠바 미사일 위기를 외교적으로 해결한 미·소 양국은 한동안 유화적인 관계를 구축하기 위해 노력한다. 이러한 노력은 주로 핵전쟁의 위협을 낮추고 핵무기의 확산을 방지하는 데 방점을 두고 이루어졌다. 1972년에는 미국의 리처드 닉슨 대통령이 소련을 방문했고, 양국 간에 핵무기의 생산과 배치를 제한하기 위한 전략무기 제한 협상Strategic Arms Limitation Talks이 개시된다.

닉슨 대통령은 중국을 상대로도 유화책을 펼쳤다. 1969년 소련과 중국은 러시아 제국이 청나라로부터 강탈한 아무르강과 우수리강, 흑룡강 유역의 영토를 놓고 여러 차례 무력 분쟁을 벌였다. 이때 소련이 중국을 상대로 핵 위협을 하자 마오쩌둥은 충격을 받았다. 핵전력에서 압도적인 열세에 있었던 중국을 구원한 것은 미국이었다. 닉슨 행정부는 핵전쟁을 방지하기 위해서는 미국이 핵억지력을 발휘할 필요가 있다고 판단하고, 중국을 핵으로 공격하면 미국이 핵 보복을 할 것이라고 소련에 경고했다. 미국이 사실상의 핵 우산을 펼쳐 중국을 보호하는 사이 중·소 양국은 전쟁을 피할 타협점을 찾을 수 있었다. 생각지도 못하게 미국이 중국을 구원하자 미·중 간에 관계 개선의 가능성이 보이기 시작했다. 공산권의 맹주 소련과 대립하기 시작한 중국으로서도 미국과의 관계 개선은 불가피했다. 1971년, 닉슨 행정부의 국가안보보좌관이었던 헨리 키신저가 중국을 방문하여 양국 간 대화의 물꼬를 텄다. 1971년 10월에는 UN 총회 결의 제2758호에 따라 UN에서 중국을 대표하는 정부가 중화민국(대만) 정부가 아닌 중화인민공화국(중국) 정부로 변경되었다. 중국과의 관계 개선을 통해 소련을 봉쇄하려던 미국의 입김이 작용했음은 물론이다.[35] 1972년에는 닉슨 대통령이 중국을 방문했다. 그로부터 7년이 지난 1979년, 미·중 양국은 정식으로 수교하기에 이른다. 미국으로서는 공산권의 양대 대국인 소련과 중국의 갈등을 틈타 중국을 품음으로써 주적 소련을 고립시키는 데 성공한 셈이다.

쿠바 위기와 중·소 국경분쟁을 제외하면 냉전기 중 미국과 소련이 정면충
돌할 뻔한 위기는 거의 없었다. 하지만 양국은 다양한 지역에서 대리전을 이
어갔다. 1950년에 발발한 한국전쟁은 북한의 김일성이 스탈린의 승인을 얻
어 소련제 무기를 지원받아 일으킨 전쟁이었다. 소련은 공식적으로는 한국
전쟁에 참전하지 않았지만, 2002년에 해제된 미국 기밀문서에 따르면 제공
권을 빼앗긴 중국군과 북한군을 지원하기 위해 1950년 11월부터 비공식적
으로 소련 공군을 투입했다. 미 공군과 소련 공군은 한국전쟁 중 한반도 북
부의 상공에서 여러 차례 맞붙었으나 미국은 확전을 우려해 소련 공군의 참
전을 공표하지 않았다. 1965년에는 미국이 북베트남과 남베트남 사이에 벌
어지던 무력 충돌에 전면 개입하면서 베트남 전쟁이 발발했다. 이 전쟁은 소
련과 중국의 지원을 받은 북베트남의 게릴라 전술에 휘말려 지속적인 피해
를 보던 미국이 국내의 종전 여론을 이기지 못하고 1973년 남베트남에서 전
면 철수하면서 끝나게 된다. 그로부터 2년이 지난 1975년, 북베트남이 남베
트남을 점령하면서 베트남 전쟁은 미국이 패배한 전쟁으로 기록된다. 4년 뒤
인 1979년에는 소련이 무자헤딘 반군으로부터 공산주의 정권을 지키기 위
해 아프가니스탄을 침공했다. 이번에는 미국을 비롯한 서방 세력이 무자헤
딘 반군에게 군사훈련 및 군수물자를 제공하여 힘을 실어주었다. 실크로드
의 요충지에 위치한 아프가니스탄은 고대로부터 무수한 침략을 받았으나 그
때마다 끈질긴 저항으로 침략자들에게 큰 대가를 안겨주었다. '제국의 무덤
Graveyard of Empires'이란 별명까지 얻은 아프가니스탄에서 소련 또한 발목을 잡혔
다. 아프가니스탄의 험준한 산악지대에서 무자헤딘의 게릴라 전술에 휘말린
소련은 아무런 성과도 얻지 못하고 국력을 소모했다. 10여 년에 걸친 아프가
니스탄 전쟁은 그렇지 않아도 쇠퇴하던 소련에 큰 부담을 주어 냉전의 종식

을 앞당긴 요인 중 하나로 평가받는다. 미·소 양국은 그 외에도 앙골라, 니카라과, 캄보디아 등 세계 각지에서 대리전을 벌였다.

소련의 마지막 공산당 서기장 미하일 고르바초프가 취임할 무렵인 1985년경에 이르러 소련은 공산주의 체제의 누적된 병폐로 인해 서방과의 경쟁을 더 이상 이어갈 수 없을 지경에 이르렀다. 고르바초프는 개혁·개방 노선을 통해 체제의 모순을 해결하고자 노력했다. 고르바초프의 정책은 크게 점진적 시장 자유화를 추구하는 페레스트로이카perestroika, 개혁와 정보의 자유화 및 투명성 제고, 인민에 대한 사상검열을 중단하는 글라스노스트glasnost, 개방로 대별될 수 있었다. 또한 고르바초프는 미국과의 냉전을 중단하고 다른 공산주의 국가에 대한 지배력 행사[36]를 포기함으로써 이미 한계를 넘어선 소련의 국력 소모를 막고자 했다.

고르바초프는 1989년 5월 중국의 덩샤오핑 주석과 만나 중국과의 오랜 대립을 끝낸 뒤, 같은 해 12월에는 조지 부시 (시니어) 미국 대통령과 만나 냉전의 종식을 선언했다. 당시 고르바초프는 소비에트 연방을 해체하려던 것이 아니라 그저 한계에 다다른 소련이 소련으로서 존속할 수 있는 길을 모색했던 것으로 보인다.[37] 그러나 고르바초프의 개혁·개방 정책으로도 반세기에 걸쳐 누적된 모순과 병폐를 해결할 수는 없었다. 언론의 자유화와 사상검열의 중단은 그간 쌓여온 공산주의 체제의 모순과 불합리를 일거에 인민에게 공개하고, 수십 년간 탄압받아온 인민대중의 열망을 기폭 시키는 결과를 초래했다. 고르바초프는 시장 자유화를 통한 개혁으로 경제위기를 해소하여 내부의 불만을 다독일 계획이었겠지만, 페레스트로이카를 통한 자유주의 개혁은 글라스노스트에 따른 개방의 충격과 사회적 급변을 상쇄할 만큼의 경제안정 효과가 없었다. 반면 그간 억눌려온 인민대중의 요구는 거칠 것이 없었다.

먼저 동유럽에서 민주화의 바람이 불기 시작했다. 1950~1960년대에 동유럽 공산정권은 민주화 바람이 불 때마다 때로는 자체적으로, 때로는 소련의 지원을 받아 인민들을 무력 진압했다. 하지만 1980년대에는 고르바초프 소련의 불간섭 정책으로 인해 무력 진압이 어려워진 상태였다. 1980년대 말에서부터 1990년대 초까지 폴란드, 헝가리, 동독, 불가리아, 체코슬로바키아, 루마니아, 알바니아, 유고슬라비아 등에서 연쇄적인 민주화 혁명이 일어났다. 가장 상징적인 사건은 1989년에 독일에서 있었던 베를린 장벽 붕괴였다. 서유럽과 마주한 공산권의 최전선이었던 동유럽 공산권이 도미노처럼 붕괴하자 아시아와 아프리카에 수립된 공산정권들도 차례로 무너지기 시작했다. 1990년 3월 리투아니아의 독립선언을 시작으로, 1991년 12월까지 소비에트 연방을 구성하던 구성국들이 순차적으로 탈퇴하기 시작했다. 1991년 12월 26일에는 마침내 소련, 즉 '소비에트 사회주의 공화국 연방'이 공식적으로 해체됐다.

이로써 길었던 동서냉전의 시대는 미국과 자유 진영의 완벽한 승리로 막을 내렸다.

참고 사항

1 서양에서는 왕권신수설이 지배사상이던 중세 시대는 물론이고 고대 그리스 시절부터 군주에게 도덕과 선, 그리고 정의를 추구할 책무가 있다고 보았다. 이러한 책무의 전제조건에 일반 시민이나 백성을 보호할 의무가 포함되었던 것은 물론이다. 특히 사회계약론이 등장한 이후에는 군주와 같은 지배체제가 군림하고 지배하기 위한 조건은 시민의 안전을 보장하는 것이라는 전제가 성립했다. 예컨대 토머스 홉스나 존 로크는 인류가 무정부상태인 자연의 저주에서 벗어나기 위한 목적으로 정부라는 지배체제에 자신의 권력을 이양했기에, 지배체제가 생명과 재산에 대한 보호 의무를 다하지 못할 시에는 복종의무도 사라진다고 보았다. 장 자크 루소는 지배체제가 구성원들의 권력을 이양받은 독립된 주체가 아닌 구성원들이 모여 설립한 단체에 불과하다고 보았지만, 그 역시 지배체제는 구성원의 자유와 평등을 증진하는 '공동선'을 추구하여야 하며 그러지 못할 시 파국이 도래할 것이라고 봤다. 동양도 크게 다르지 않았다. 유교의 기틀이 된 공자의 정명사상은 '군군신신부부자자(君君臣臣父父子子)'라 하여 모든 구성원이 천부적 직분에 충실해야 함을 강조하는 등 현대 자유민주주의 사상과는 거리가 있었지만, 동시에 백성을 이끄는 위치에 있는 군주에게는 당연히 덕과 예로 백성을 다스릴 의무가 있다고 보았다. 특히 맹자는 민생안정을 군주의 책무로 보았고, 이를 다하지 못한 군주는 역성혁명을 통해 교체할 수 있다고 보았다.

2 생존과 번영의 상관관계는 현실주의적 관점에서 많은 논쟁의 대상이 됐다. 생존이 최우선 순위의 목표라는 점은 분명하지만, 번영 역시 국가의 행동을 좌우하는 중요한 요인이다. 예컨대 전국시대 중국의 오기가 집필한 오자병법에서는 욕심이야말로 전쟁의 근본적인 원인이라고 봤다.

3 현실주의 학파의 대부인 한스 모겐소는 국가 간의 투쟁은 인간에게 선천적으로 내재된 권력 추구 본능이 국가 차원으로 발현되었기 때문이라고 봤다. 모겐소는 국가들이 가능한 최대한의 힘을 확보할 때까지 만족하지 않을 것인바, 그 끝은 결국 패권의 확보일 것이라고 보았다. 반면 방어적 현실주의의 대가인 케네스 월츠는 국가들이 패권보다는 힘의 균형을 추구한다고 보았다. 그는 국가들이 힘의 균형을 추구하는 이유는 무정부상태에서 자국을 지키기 위함이라고 보았다. 한편 공격적 현실주의를 설파한 존 미어샤이머는 국가는 무정부상태에 대한 두려움 때문에 자국을 지키기 위해 패권을 추구한다고 보았다. 한편 저자는 국가를 움직이는 동기는 생존과 번영을 모두 포섭하는, 포괄적 국가이익을 좇는 것이라 본다. 생존에 대한 두려움에 노출되지 않은 상황에서도 국가는 일정 수준 이상의 번영을 좇는 것은 물론, 당면한 선택지마다 매번 (합리적으로 얻을 수 있는) 최대한의 이익을 추구할 것이기 때문이다. 여러 국가가 관여된 국제관계에서는 국가이익을 추구하는 것이 장기적으로 패권을 추구하는 형식으로 발현될 가능성이 높을 것이나, 그 경우에도 패권 추구 목적이 아닌 과정이라고 본다. 즉 패권 추구는 결과적 현상이지 본질적 목표는 아니라고 여겨진다.

4 국제정치학자 그레이엄 앨리슨은 역사상 기존 패권국과 잠재적 패권국이 대립한 16건의 사례를 분석한 결과 약 75%의 확률로 큰 전쟁이 발발했다고 분석했다. 그레이엄 앨리슨은 이를 '투키디데스의 함정(Thucydides Trap)'이라 명명했다. 앨리슨에 따르면 전쟁이 발발하지 않은 소수의 사례(미국과 대영제국 등)들의 경우, 기존 패권국과 잠재적 패권국이 동종 문화권에 속해 있었고, 잠재적 패권국이 기존 패권국의 영토를 노리지 않았을 뿐 아니라 기존 패권국이 세운 국제질서를 사실상 승계하였기에 양국은 대립이 아닌 협력관계에 있었다는 것이다. 다만 그레이엄 앨리슨의 '투키디데스의 함정' 이론은 16건의 전쟁 발발 사유를 지나치게 단순화했다는 비판을 받기도 한다. 또한 아테네와 스파르타는 페르시아 전쟁 이전부터 그리스의 양강(兩强)이었기 때문에 이들의 관계를 '기존 패권국'과 '신흥 패권국' 간의 관계로 묘사하는 것이 바람직한지 의문이다. 다만 경쟁 관계에 있는 국가 중 일방의 국력이 급격히 신장하면 위기감을 느낀 국가가 과잉 대응하여 충돌할 가능성이 커지는 것은 당연할 것이다. 위기감을 느낀 국가가 아직 패권국의 지위를 차지하고 있고, 급격히 강해진 국가가 잠재적 패권국이라면 양국의 경쟁 관계는 유독 심화할 수밖에 없을 것이다.

5 여기서 "강자는 할 수 있는 것을 하고 약자는 받아야 할 고통을 받는다(The strong do what they can and the weak suffer what they must)"는 유명한 경구가 나왔다.

6 현대의 현실주의 및 자유주의 이론의 분파들은 주권 국가가 국제관계에서 '가장 중요한' 행위자라는 점, 그리고 국가 간에 공동이익증진을 위한 협력이 가능하다는 점에 대해서는 대체로 동의하고 있다. 그러나 현실주의적 시각에서 국

가 간의 협력은 여전히 '상대적 이익(relative gain)'을 얻기 위한 경쟁의 일종이다. 반면 자유주의적 시각에 따르면 모든 국가는 국제체제의 인원으로써 체제로부터 얻는 '절대적 이익(absolute gain)', 즉 공공의 이익을 극대화하기 위한 협력이 가능하다. 자유주의 이론에 따른 국가 간의 협력은 현실주의에서 이야기하는, 협력으로 포장된 '힘의 갈등'과는 구분된다. 두 학계의 관점 차이는 특히 국제기구(international organization)의 역할에 대한 해석에서 극명하게 드러난다. 현실주의적 시각에 따르면 국제기구의 역할은 기껏해야 주권 국가의 대외정책을 촉진하거나 중재하는 수준에 지나지 않는다(심지어 냉소적인 이론가들은 국제기구는 주권국의 대외정책 추구를 위한 도구(tool)에 불과하다고 보기도 한다). 반면 자유주의적 시각에 따르면 국제기구는 국제질서의 중립적 관리자라는 중요한 역할을 수행한다. 따라서 국제기구는 주권국의 대외정책에 직접 영향을 미치는 것은 물론, 심지어 주권국의 대외정책을 재단하기도 한다.

7 가장 유명한 구절은 임마누엘 칸트의 'Groundwork of the Metaphysics of Morals'에 등장한다("Act so as to treat humanity, whether in your own person or in that of another, at all times also as an end, and not only as a means"). 칸트 이전에 존 로크나 장 자크 루소 역시 개인이 선천적 가치를 가진 존재로서 그 자체로 자유와 존엄을 존중받아야 한다고 보았다.

8 베스트팔렌 조약은 현대 국제법(international law)의 기반을 형성했다. 베스트팔렌 조약을 통해 국제법상의 행위 주체는 주권 국가이고, 모든 주권 국가 간의 관계는 동등하다는 개념이 등장하였다고 보아도 과언이 아니다.

9 다만 루소는 다수결이 정의롭다거나 다수결을 무조건 따라야 한다고 주장한 것은 아니다. 루소는 국가와 같은 정치체계는 '리바이어던'과 같이 구성원을 지배하는 독립된 주체라기보다 구성원들이 연합된 공동체로서, '확장된 개인'에 해당한다고 보았다. 따라서 공동체의 지배체제는 공동체를 구성하는 개인의 집합적인 의지를 일반적으로 대변하는 소위 일반의지(general will)를 갖게 된다. 여기서 일반의지란 확장된 개인의 자아가 연합한 사회의 '대응적' 의지로, 개개인의 개별의지(particular will)와는 다르다. 또한 개개인의 개별의지가 단순히 더해진 총합적 의지, 즉 '전체의지(unanimous will)'와도 다르다. 개별의지는 이기심과 다를 것이 없고, 전체의지는 이기심의 총합에 불과하다. 그에 비해 '일반의지'는 개개인의 '가장 선한 의지'가 공동체로 확장된 자신을 통해 수렴되는 과정에서, 공동의 의지에 반영된 대응적 의지이다. 따라서 일반의지는 '공동이익(common interest)'과 공동선을 추구하는 것을 목표로 하게 된다. 루소는 공동의 선을 추구하는 공동체는 필연적으로 구성원의 자유와 평등을 촉진하게 될 것으로 보았다. 루소에 따르면 공동체가 이기적인 전체의지 대신 일반의지를 반영하기 위해서는 구성원 개개인이 공동체의 일원으로서 소속감을 느껴야 한다. 루소는 공동체에 대한 소속감이 무뎌지면 개개인의 개별의지가 대두될 것이고, 각자의 이해관계에 따른 이합집산이 심화하여 파괴적이고 이기적인 전체의지가 공동체를 지배하게 될 것으로 보았다.

10 애덤 스미스는 국부론에서 한 나라의 부(wealth)가 어떠한 질서 또는 원리에 의해 형성되고 운용되는지를 탐구했다. 국부론은 인간이 다층적이고 복합적인 존재라는 성찰에서 시작한다. 스미스는 인간은 이기적일 수도 있고 이타적일 수도 있지만, '공동체'의 형성과 공동체 안에서의 상호작용에 있어서는 이타심이 작용하고 경제적인 관계에서는 이기심이 작용한다고 보았다. 즉, 이기심이야말로 경제 관계에서 인간을 움직이는 핵심적인 동기라고 본 것이다. 그러나 인간은 상호 간의 협상을 통해 서로 간의 이해를 조정할 수 있다. 개개인들 간의 '협상' 또는 '흥정'이 확장되어 시장(market)이 등장하게 된다. 인류가 자급자족의 체제에서 벗어나 더욱 큰 위업을 이룰 수 있는 것은 '시장' 덕분이다. 언제든 부족한 재화를 거래하고 교환할 수 있도록 해주는 시장의 존재로 인해 개인은 각자 특화된 재화의 생산에 집중할 수 있다. '분업'이 가능해지는 것이다. 분업 체계는 특별한 기술이 없는 사람들까지도 생산체계에 편입될 수 있도록 하여 더욱 많은 노동력을 재화 생산에 투입될 수 있게 한다. 더 많은 노동 주체가 경제활동을 하면 구매력이 높아지고, 그럼 다시 수요가 늘어난다. 결국 분업을 통해 국가 전체의 경제와 부가 활성화되는 것이다. 개개인이 이기심에 따라 각자의 이익을 추구하여도 시장은 '보이지 않는 손(invisible hand)'을 통해 사회 전체의 이익을 증진할 수 있는 것이다. 애덤 스미스는 시장에서 국가의 역할은 공권력의 행사를 통한 기본적인 법질서를 세우고 사회기반시설과 같이 개인이 건설·유지할 수 없는 공공재를 제공하는 정도로 제한되어야 한다고 보았다. 스미스는 국제무역에서도 국가의 규제가 없어지고 국제적 분업체제가 등장하는 쪽이 바람직하다고 보았다.

11 몽테스키외는 공화정, 군주정, 전제정/독재정의 3가지 유형의 정부들 가운데 공화정을 우선으로 치면서, 공화정이야말로 법의 존재 이유를 가장 잘 반영할 수 있다고 보았다. 몽테스키외는 법이 존재하는 이유는 개인의 '자유'를 보장하기 위함이고, 법질서를 통해 개인의 자유를 보장하려면 권력의 남용을 통제하고 견제하여야 한다고 보았다. 그리

고 권력을 제어할 수 있는 가장 자연스러운 수단은 지배체제의 권력을 분립하여 상호 견제하고 균형을 유지토록 하는 것이다. 즉, 권력분립이 필요한 것이다. 몽테스키외는 특히 행정권, 입법권, 사법권의 3권은 반드시 분립 되어야 한다고 보았으며, 이들 3개 권력이 분립 되어 상호 견제하고 균형을 이루면 독재를 방지하고 개인의 자유를 촉진할 수 있는 중용적인 체제가 유지될 수 있다고 믿었다.

12 루소 역시 홉스와 마찬가지로 국제정치학적인 측면에서는 현실주의 사상가로 분류되는 경우가 많다. 국제질서의 무정부성과 모든 국가가 힘을 추구하는 습성으로 인해 국제사회에는 전쟁이 끊이지 않는다. 따라서 루소는 국제평화가 이뤄지기 위해서는 세계정부가 들어서거나 극단적인 고립주의로 돌아서야만 한다고 봤다. 두 가지 모두 현실주의적 관점에서는 불가능하다. Michael Doyle, "Kant, Liberal Legacies, and Foreign Affairs", *Philosophy & Public Affairs*, Volume 12, Issue 3 (1983), pp. 205-235.

13 애덤 스미스의 시절에 경제학의 주류는 중상주의(mercantilism)였다. 중상주의자들은 국제경제 활동의 근간이 되는 국제무역이 한정된 자원을 놓고 국가 간에 뺏고 빼앗는 '제로섬 게임'이라고 보았다. 이에 따르면 국제경제 관계에서는 항상 승자와 패자가 존재할 수밖에 없다. 그러나 애덤 스미스는 자유무역이 보장된 국제사회에서는 국가들이 전문화를 통해 각자가 더욱 뛰어난 생산 효율성을 가진 분야에 특화함으로써 모든 국가의 후생을 전체적으로 향상시킬 수 있다고 보았다. 이를 '절대우위론(absolute advantage)'이라고 한다. 애덤 스미스의 자유무역론은 자유주의 국제질서를 통한 국제평화 유지가 가능하다는 주장에 중요한 이론적 토대를 제공하였다.

14 노만 엔젤, 로버트 코헤인, 조지프 나이 등이 여기에 해당한다. 여기에 민주주의 국가들 사이에는 무력 충돌이 발생하지 않는다는 소위 '민주평화론(Democratic peace theory)'이 마이클 도일 등에 의해 체계화되었다.

15 예컨대 19세기 영국에서 노예제가 폐지된 것도 자유주의자들의 노력에 의한 것이었다. 영국 휘그당(Whig Party)을 비롯한 여러 진보좌파 단체가 모여 자유당(Liberal Party)을 결성한 것도 19세기였다. 영국에 비하여 상대적으로 미약했으나, 유럽 대륙에서도 자유주의는 사상적 영향력을 발휘했다. 유럽의 민족주의자들 중 법치의 원칙에 따라 지배되는 중앙집권적 입헌국가를 꿈꾸던 이들은 대부분 자유주의의 영향을 받았다. 대서양 건너 미국의 건국을 주도한 소위 건국의 아버지들도 대부분 자유주의자이거나 자유주의의 영향을 받았다.

16 직접적으로는 오스트리아-헝가리 제국의 프란츠 페르디난트 대공과 그의 부인이 당시 오-헝 제국의 영토였던 사라예보에서 러시아의 피후견국이었던 세르비아 민족주의자의 총격으로 사망한 사건(1914년 6월 28일)이 발단이었다. 오-헝 제국은 세르비아에게 암살과 관련된 모든 이를 처벌하고, 세르비아 내의 모든 반(反)오스트리아 단체를 해산하고, 모든 반오스트리아 관리를 파면하고, 오스트리아가 세르비아 내에서 암살 사건을 조사하도록 허용할 것을 요구했지만 거절당했다. 이에 오-헝 제국이 세르비아에 선전포고하자(1914년 7월 28일) 세르비아의 후견국이었던 러시아가 총동원령(1914년 8월 2일)을 선포하였다. 오-헝 제국의 동맹국이었던 독일은 러시아에 총동원령 해제를 요구하였으나 응하지 않자 러시아에 선전포고한다(1914년 8월 2일). 독일은 바로 다음 날(1914년 8월 3일) 러시아의 동맹인 프랑스에도 선전포고한 뒤 같은 날 프랑스를 침공하기 위해 벨기에를 침공한다. 이에 벨기에의 중립국 지위를 후견하던 영국이 다음날 독일에 선전포고하였고(1914년 8월 4일), 일본도 영일동맹을 이유로 독일에 선전포고한다(1914년 8월 23일). 이어서 1917년까지 오스만 제국, 이탈리아, 불가리아, 포르투갈, 미국, 그리스, 태국, 중국, 브라질 등이 차례로 전쟁에 참전하게 된다.

17 히틀러와 나치가 단순히 대중을 선동·조종함으로써 모든 문제를 해결한 것은 아니다. 히틀러는 대규모 국채 발행을 통해 확보한 자금을 아우토반과 같은 인프라 사업과 독일의 재무장 사업에 쏟아부어 침체된 경기에 활력을 불어넣었다. 대규모 재무장을 통한 경제 활성화는 나치 독일 경제정책의 핵심이었다. 그로 인해 발생한 인플레이션은 강력한 가격통제 정책과 이웃 약소국(불가리아, 헝가리, 루마니아 등)에 대한 약탈적 무역협정 강요 등을 통해 최대한 억제했다. 나치의 중앙은행장과 경제장관을 역임한 얄마르 샤흐트는 이미 1937년경 과열된 경기로 인한 인플레이션을 더 이상 막기 어려운 지경에 이르렀다고 진단하고 히틀러에게 독일이 국가부도에 직면해 있다고 경고하였다고 한다.

18 당시 영국 해군을 지휘하던 제임스 썸머빌 제독은 알제리의 프랑스 함대에 영국 함대에 합류하거나 달리 독일군의 손에 넘어가지 않도록 적합한 조치를 취하지 않으면 공격하겠다고 통보하였고, 프랑스 함대가 영국 함대로의 합류를

거부하자 공격한 것으로 알려져 있다. Benjamin Brimelow, "2 weeks after the Nazis captured Paris, the British launched their own mission to knock out what was left of France's navy", *Insider* (July 29, 2022)

19 영국을 굴복시킬 수 없는 상황에서 먼저 소련을 굴복시켜 영국에 더욱 강한 압박을 가하려는 계획이었다거나, 영국을 꺾을 해공군을 건설하려면 육군을 감축하여 비용을 절감해야 하나 거대한 육군을 보유한 소련을 배후에 둔 채 육군을 감축할 수 없었기에 먼저 소련을 정리하려 했다는 설 등이 있다. 또한 당시 영국의 처칠은 미국의 루스벨트 대통령에게 1천 통이 넘는 친서를 쓰며 지원을 요청하고 있었는바, 비록 당장은 고립주의를 지키고 있더라도 제1차 세계대전 때처럼 언젠가 미국이 참전하게 될 것을 우려해 소련이란 잠재적 후환을 얼른 제거하여 동부전선을 정리하고자 했을 수도 있다. 아니면 히틀러의 소련 침공이 영국 침공을 포기한 시점과 거의 겹친다는 점을 고려할 때, 정치적 관점에서 영국 침공전의 패배로부터 독일 국민의 관심을 돌릴 거대한 사건이 필요했을 수도 있다. 또는 당시 독일은 전쟁을 지속하기 위한 석유가 바닥을 드러내고 있었던바, 흑해와 카스피해 사이에 있는 캅카스 지방의 유전지대를 확보할 필요가 있었을 수도 있다.

20 미국은 제2차 세계대전 기간 중 40만 대가 훨씬 넘는 군용 트럭과 6천 대 이상의 장갑차, 7천 대 이상의 전차와 1만 대 이상의 전투기, 4만 대 이상의 다목적 차량과 2천 대의 기차를 소련에 제공했다. 탄약과 식량, 석유 지원도 엄청나서, 소련 항공유의 60%에 가까운 물량이 미국으로부터 제공됐다.

21 정확히는 미국, 영국, 중국, 네덜란드의 4개국이 석유를 포함한 포괄적인 전략물자의 대일본 수출을 금지한다. 그러나 일본을 압박한 결정타는 역시 미국의 석유 수출 금지 조치였다.

22 당시 미국에서 고립주의를 주장하는 목소리만 있었던 것은 아니다. 예컨대 미국의 정치학자 니콜라스 스피크만은 이미 제2차 세계대전이 한창이던 당시(스피크만은 미국이 전쟁에 참전하지 않으면 독일이 유럽을 제패하고 일본이 아시아를 제패한 뒤 미국이 태평양과 대서양 양면에서 침공당할 수 있다고 경고했었다)부터 미국이 고립주의에서 벗어나야만 대륙 세력과 세력균형을 이룰 수 있다고 주장했다. 스피크만은 미국이 다른 대륙에 패권국가가 등장하지 않도록 개입해야 한다고 설파하였다. 또한 마셜플랜의 입안자 중 하나인 찰스 킨들버거는 제1차 세계대전 이후 대영제국으로부터 패권을 물려받은 신흥 패권국인 미국이 고립주의로 회귀하면서 자신의 역할을 다하지 못했기에 제2차 세계대전이 발생했다고 주장하기도 하였다. 훗날 국제정치학자 조세프 나이는 킨들버거가 제시한 이 이론에 '킨들버거의 함정(The Kindleberger Trap)'이란 이름을 붙이기도 했다.

23 1947년 3월 미국 연방의회 연설을 통해 해리 트루먼 대통령은 공산주의의 확산을 막기 위해 전 세계적인 군사·경제 지원을 제공하겠다고 천명했다. 사실상 공산주의 소련과의 패권 경쟁을 개시하겠다는 선포였다.

24 맥킨더가 '심장의 땅'이라 칭한 유라시아는 그 규모와 자원 매장량 고려 시 잠재력만으로는 단연 최고의 요충지이다. 또한 '심장의 땅' 내에서 신속하고 원활한 육상 운송이 이루어지면 유럽-아시아-중동으로 이어지는 각 지역에 지상 전력을 곧장 투사할 수 있게 된다. 맥킨더는 철도와 같은 육상 운송 기술의 발전에 따라 신속한 이동이 가능해지면 1900년대 초반 당시로서는 대부분 야생에 묻혀 있던 유라시아 대륙의 전략적 가치가 비약적으로 제고될 것으로 보았다. 러시아를 의식한 맥킨더는 심장의 땅의 지배자가 동유럽에서 발원할 것으로 보았는데, 이에 따르면 동유럽과 유라시아를 지배한 자는 맥킨더가 '세계섬(World-Island)'이라 부른 유럽과 아시아, 중동을 지배할 수 있게 된다. '세계섬'을 지배한 자는 자연히 전 세계를 지배하게 된다.

25 공산주의는 정치적 평등보다는 경제적 평등에 집중했다. 정치적 자유와 경제적 자유 가운데 어느 것이 우선시 되어야 하는지에 관한 논쟁은 뿌리가 깊다. 에드워드 카는 모든 경제과학은 특정 정치 질서의 존재를 전제하고, 정치와 분리해서 고려될 수 없다고 보았다. 반면 엥겔스는 정치구조와 경제구조가 상충할 경우 정치권력이 경제의 힘에 적응하게 되며, 따라서 경제발전이 정치를 지배한다고 보았다. Robert Gilpin, U.S. Power and the Multinational Corporation (Basic Books, 1975), pp. 20~44 참조. 하지만 정치적 자유가 확보된 사회에서는 경제정책을 민주적으로 바꾸거나 원복할 수 있지만, 특정 경제체제를 근간으로 구성된 정치체제는 혁명적 변화를 거치지 않고는 경제체제에 대한 개혁이 불가능하다.

26 예컨대 자본가들 간의 경쟁은 필연적으로 생산력 과잉을 초래하는데, 이를 끝내 소비가 따라가지 못하여 실업자가 양산될 것이다. 자본가의 착취로 인한 노동자 임금 감소 등으로 인해 소비력은 더욱 떨어진다. 그 경우 과잉 생산된 상품을 구매할 자가 없어 자본가도 망하게 되는 경제공황이 도래, 자본주의의 붕괴로 이어질 것이란 취지이다. 역사가 말해주듯이 자본주의는 마르크스가 지적한 자본주의의 모순과 오류를 극복해냈다. 그러나 자본에 의한 노동자 착취가 자본주의 체제의 붕괴로 이어질 수 있다는 핵심적 주장은 새겨들을 가치가 있다.

27 예컨대 존 로크는 재산권은 곧 자연권이라고 주장했다. 장 자크 루소는 사유재산이 인간 사회에 불평등을 만들었고, 당시의 법과 정치질서는 불평등을 초래한 사유재산 보호를 위해 만들어졌다고 비판하였으나 공산주의와 같은 기계적 평등을 주장한 것은 아니다. 외려 루소는 사회계약에 따른 정치체가 추구해야 할 '일반의지(general will)'의 기능 및 목적 중 하나로 개인의 재산을 보호할 것을 꼽았다. 또한 근대 자유주의 사상의 정화라 할 수 있는 미국 연방헌법은 사유재산의 보호를 명시하고 있다. 수정헌법 제5조(Fifth Amendment)는 "누구라도 정당한 법의 절차에 의하지 아니하고는 생명, 자유 또는 재산을 박탈당하지 아니한다. 또 정당한 보상 없이 사유재산을 공익목적으로 수용당하지 아니한다(No person shall be … deprived of life, liberty, or property, without due process of law; nor shall private property be taken for public use, without just compensation)"라고 규정하고 있다.

28 대표적인 후기 자본주의에는 20세기 초 경제 대공황 당시 미국이 도입한 뉴딜(New Deal) 정책이 있다. 후기 자본주의에서는 시장의 문제를 자정작용에 맡기기보단 국가가 적극적으로 개입하여 해결한다. 국가의 역할에는 일자리 창출이나 부의 재분배, 복지, 빈부격차 축소 등도 포함된다. 예컨대 실업률이 높으면 공공사업을 통해 일자리를 창출하고, 세금 징수를 통해 부의 재분배를 도모하고, 징수한 세금을 공공자금으로 활용, 복지나 인프라 사업 등을 통해 사회에 환수함으로써 빈부격차를 해소하는 것이다. 경쟁법(competition law) 등을 통해 자본가의 불공정거래행위도 철저히 단속한다. 뉴딜 정책은 경제학자 존 메이너드 케인스가 입안한 것으로 알려져 있는데, 케인스는 자유방임주의적 자본주의(laissez-faire capitalism)의 문제점을 해결하기 위해 정부의 적극적인 시장개입을 주장했다. 정부의 개입이 필요한 것은 경기가 과열되었을 때도 마찬가지다. 케인스는 정부가 금리조정과 같은 통화정책과 인프라 투자와 같은 재정정책을 통해 상품의 총수요와 같은 거시경제적 흐름을 간접 통제함으로써 자본주의의 문제를 해소할 수 있다고 봤다. 다만 정부의 개입이 과도할 경우 시장을 경직시키고(예컨대 경기 변화에 기민하게 대응하지 못하는 노동시장은 수익 악화 상황에서 비용 절감을 어렵게 하면서 결국 심각한 경제위기 상황에서 기업의 줄도산을 초래), 불황에 기민하게 대응하기 어려운 경제 체질로 만들어 경제침체로 이어질 수 있다는 문제점이 있다.

29 마르크스는 상품의 가치란 등 상품의 생산에 투입된 노동량에 따라 결정된다고 봤다. 따라서 상품의 경제적 가치를 생산한 것은 노동자이고, 자본가는 이를 착취할 뿐이란 것이다. 요컨대 공산주의적 경제관점에서는 경영의 역할과 기능이 근본적으로 배제되었다고 볼 수 있다. 경영의 중요성을 간과한 것은 분명한 잘못이지만, 생산에 있어 노동자의 역할에 절대적 의미를 부여한 공산주의는 노동자의 인권과 존엄성을 새롭게 조명하는 순작용을 하기도 했다. 경제학의 근간이 되는 기본 개념에는 '특화(specialization)'와 '거래(trade)'라는 것이 있다. 특화와 거래는 '분업'이란 보다 근본적인 현상에 의해 지탱되는데, 이에 대해 애덤 스미스는 "하나의 완성된 제조를 위한 노동은 거의 항상 수의 손에 의해 분업되어 있다"라고 말하기도 했다. 개인이 자연인으로서 산이나 무인도에 혼자 살면서 생존을 위해 필요한 모든 행위를 혼자서 도맡고 있다면 분업이나 분업을 통한 특화로부터 자유로울지 모른다. 그러나 사회생활을 하는 이상은, 모든 일을 분업하여 개인별로 특화하는 것이 생산성의 효율 제고에 필수적이다. 예컨대 자동차를 조립하는 공정의 전 과정을 한 명이 도맡을 것보다 각 공정(process)을 분화하여 그 부분만 맡는 사람을 배정하면, 해당 노동자는 당해 공정에 특화될 것이다. 만일 각 공정마다 그렇게 특화된 사람을 배정할 수 있다면 자동차 공정 전체의 효율이 극대화될 것이다. 이것은 컨베이어 공정을 도입한 자동차왕 헨리 포드 이래 확립된 사실이다. 이를 사회 전반으로 확장한다면? 가능한 모든 영역에서 분업을 통한 특화 내지 전문화를 이뤄낼 수 있다면 사회의 모든 생산력은 극대화될 것이다. 극대화된 생산력은 경제 전체의 활황을 가져온다(생산과 소비는 경제활동의 양대 축이지만, 필수재를 제외하면 생산이 경제의 활력을 좌우하는 경우가 많다). 또한 공정을 세분화하여 분업, 개별 분야별로 전문화된 사람을 배치하면 자연히 고용이 늘어나게 된다. 높아진 생산성이 개별 노동자에게 분배되어 구매력을 향상시키는 것이다. 또한 '거래'가 촉진된다. 노동자들이 특화되면 특화될수록, 자신이 생산하는 부분을 제외하면 다른 사람의 생산에 의존할 수밖에 없기에, 높아진 생산력과 구매력으로 거래가 전반적으로 활성화되는 것이다. 다 좋아 보이지만 심각한 문제도 있다. 바로 개개인이 시스템에 종속된 '부품화'가 된다는 점이다. 관점을 달리할 경우, 개인은 시스템을 운영하는 자본가나 권력가에 종속되게 된다. 시스템적인 자정작용이 없다면 자본가나 권력가는 종속된 개인을 조만

간 착취하게 될 것이다. 공산주의 사상이 지적한 것은 바로 이 지점이다.

30 경제 상황을 진단하는 데 있어 가격의 중요성을 강조한 대표적인 경제학자로는 프리드리히 하이에크가 있다. 하이에크는 시장에서 수요와 공급을 각각 책임지는 생산자와 소비자의 필요가 무엇인지, 그리고 각자가 상대방에게 무엇을 기대할 수 있는지를 보여주는 가장 중요한 정보는 가격이라고 봤다. 이러한 신호를 바탕으로 경제주체들은 각자의 계획을 설계하고 기획하며 실행하기 마련인데, 만약 '가격'이란 신호에 오류가 있다면 큰 문제가 발생한다. 가격이 정확한 정보의 원천이 되지 않으면 공급자는 소비자가 무엇을 원하는지를 알 수 없고, 그 경우 생산의 효율성이 훼손된다. 자유시장경제에서는 국가가 잘못된 통화정책을 채택할 경우 가격 정보가 왜곡될 수 있을 것이나, 공산주의 경제 체제에서는 가격이 정보로서의 역할을 아예 수행하지 못하기 때문에 더욱 문제가 크다.

31 존 미어샤이머, 『강대국 국제정치의 비극 – 미중 패권경쟁의 시대』(이춘근 옮김), 김앤김북스 (2017), p. 128.

32 좀 더 구체적으로 말하자면 이때 설립된 것은 현재 세계은행 그룹의 일익을 담당하는 국제부흥개발은행 (International Bank for Reconstruction and Development)이었고 이후 국제개발협회(IDA), 국제금융공사(IFC), 국제투자보증기구(MIGA), 국제투자분쟁해결본부(ICSID)가 추가·확장되어 세계은행 그룹(World Bank Group)을 결성하게 된다.

32 특히 세계인권선언은 그 자체로는 구속력이 없지만 인종과 성별, 종교, 국적과 무관하게 모든 인간이 보편적으로 누려야 하는 기본적인 인권을 선포하였다는 점에서 큰 의미가 있다. 무엇보다 세계인권선언을 기초로 국제인권법과 각국의 인권 기준이 정립되었다는 점에서, 인류 역사에 한 획을 그었다고 할 만한 업적이다.

33 제2차 세계대전의 종전과 함께 독일은 미국·영국·프랑스가 점령한 지역과 소련이 점령한 지역으로 나누어졌다. 독일의 상징이라 할 수 있던 베를린시는 소련이 점령한 동독 지역 안에 놓여 있었지만, 그 안에서도 다시 미국·영국·프랑스가 통제하는 지역과 소련이 통제하는 지역으로 구분되어 있었다. 그러나 미국·영국·프랑스가 각자가 통제하던 서독지역과 서베를린을 정치·경제적으로 통합하려는 움직임을 보이기 시작하자 소련은 서베를린을 봉쇄하여 도로, 철도, 전기, 생필품 등의 공급을 완전히 차단하기에 이른다. 서방이 서베를린 때문에 소련과의 전면전을 감수하지는 않을 것이라 여긴 소련은 서베를린을 봉쇄하면 서방이 서베를린을 버릴 수밖에 없을 것으로 여겼다. 그러나 여기서 밀리면 서유럽까지 공산주의 세력이 밀고 들어올 것을 우려한 미국은 서베를린 시민이 필요한 물자를 매일매일 수송기로 항공 공수하기로 한다. 서방과의 전쟁을 원치 않았던 것은 소련도 마찬가지였기에 소련은 미국의 수송기를 공격하지 못했다. 미국이 11개월간 이어진 항공수송 작전을 통해 200만 톤이 넘는 물자를 서베를린에 공급하고도 전혀 부담을 느끼지 않는 모습을 보이자 미국의 압도적인 생산력과 서유럽 수호 의지만이 국제사회에 각인되는 역효과가 발생했다. 미국은 1949년 4월에는 부활절 기념으로 서베를린에 기존에 육로로 공급되던 물량보다도 많은 물자를 공급하는 '쇼'까지 선보였다. 결국 소련은 베를린 봉쇄를 해제할 수밖에 없었다. 반면 미국은 물자 수송 작전을 통해 서독을 확실히 자유 진영으로 끌어들일 수 있었고, 서유럽을 공산주의에 대항한 방파제로 삼는 데 성공한다.

34 1971 Yearbook of the United Nations (Part One, Section One, Chapter VIII. Questions Relating to Asia and the Far East).

35 1968년, 소련이 체코슬로바키아의 민주화 운동인 소위 '프라하의 봄'을 전차로 무력 진압한 뒤 이를 정당화하기 위해 공산주의 진영의 전체 이익을 위해서는 개별 구성국의 주권을 제한할 수 있다는 이론을 골자로 한 소위 '브레즈네프 독트린(Brezhnev Doctrine)'을 제시한 이래 유지되던 원칙이다.

36 당시 고르바초프는 소련의 해체를 용인할 수 없다는 취지의 발언을 몇 차례 한 적이 있고, 소비에트 연방을 구성하는 구성국들의 자치권을 확대하되 소련의 붕괴가 가시화된 시점에도 기존의 연방 체제를 유지하는 대안으로 소비에트 주권 공화국 연맹을 제안하여 상당한 호응을 끌어내기도 했다. 그러나 1991년 8월 19일, 소련 공산당 세력이 기존 체제를 유지하기 위해 쿠데타를 일으켜 고르바초프를 실각시켰다. 이 쿠데타는 3일 만에 실패했을 뿐 아니라, 더 이상 소련 공산당에 기대를 걸 수 없다고 판단한 구성국들의 의사가 확고해지는 결과만을 초래했다.

제3장

팍스
아메리카나와
자유주의
국제질서

자유는 공짜가 아니다.

Freedom is not free.

—

미국 속담

01 미국의 세계 패권과 자유주의 국제질서

미국과 반세기에 걸쳐 세계를 양분했던 대제국 소련이 1991년 해체됐다. 이후 약 30년간 미국은 인류 역사상 유일무이한 세계패권국global hegemon으로 불리게 된다. 지난 30여 년의 세월과 오늘날의 패권 전환기를 제대로 이해하려면 먼저 미국의 '세계 패권global hegemony'이 구체적으로 무엇이었는지를 이해할 필요가 있다.

미국이 세계 최강대국을 넘어 인류 역사상 가장 강대한 국가라는 점에 대해서는 이견의 여지가 없다. 그러나 최강대국과 패권국은 다르다. 패권국은 최강대국일 수밖에 없지만, 최강대국이 곧 패권국인 것은 아니다. 패권국이 되기 위해서는 역내 모든 경쟁 세력을 거의 동시에 위압할 수 있는 위력이 필요하기 때문이다.[1] 패권의 존부存否는 군사력과 군사력으로 전환될 수 있는 하드파워적인 국력 요소(경제력, 인구 등)에 의해 결정되는 것이 보통이다. 소프트파워적인 영향력이 아무리 강하더라도 그것만으로는 패권국이 될 수 없다. 한데 이러한 기준에 따르면 세계패권국이 등장하기란 거의 불가능하다. 패권의 범위가 특정 지역으로 제한되는 지역 패권국regional hegemon은 역사상 종종 등장했다. 그러나 세계패권국은 전 세계 모든 경쟁국을 직접 압도할 것이 요구된다. 자국을 중심으로 일정한 세력권 내에 지역 패권을 구축하는 것과, 전 세계를 상대로 한 패권을 구축하는 것은 아예 다른 차원의 문제다.

제아무리 세계 최강대국이라도 자국의 앞마당이 아닌, 멀리 떨어진 외국에 투사할 수 있는 국력은 수많은 지정학·지경학적 요인으로 인해 제한된다. 거리나 지리 등의 물리적 요인뿐 아니라 문화적·사회적·인종적 차이 등, 생각할 수 있는 모든 요인이 제약으로 작용하기 때문이다. 그 모든 제약을 극복하고 언제 어디서든, 그리고 어떤 상황에서든 압도적인 국력을 투사하기란 사실상 불가능하다. 대부분의 국력 지표에서 지구상의 모든 경쟁국을 한꺼번에 압도했던 제2차 세계대전 직후의 미국이나, 세계 패권을 완성한 1990년대의 미국조차도 그 정도의 국력은 갖추지 못했었다. 최전성기의 미국조차 모든 사안에 있어 중국과 러시아를 항상 굴복시킬 수 있었던 것은 아니었고, 중국이나 러시아의 세력권sphere of influence에 속한 나라에 대한 영향력에도 제한이 따랐다.[2]

그러나 소프트파워적인 영향력이 패권과 정말로 무관하다고 단정할 수 있을까? 설사 다른 모든 나라들을 강압하여 자국의 의지에 완벽히 복속하도록 강제하진 못하더라도, 역내 모든 나라들이 따르는 '게임의 규칙'을 세우고 통제하며 또 유지한다면, 그 또한 연성적 의미에서의 패권이라 볼 수 있지 않을까? 만일 그렇다면 바로 최근까지도 미국은 세계패권국이라 불릴 만한 자격이 있었다. 탈냉전脫冷戰 시대 미국은 전 세계를 대상으로 역사상 그 어떤 패권국도 누려본 적이 없을 만큼 압도적인 영향력을 행사하였고, 그러한 영향력을 통해 국제질서를 형성하고 유지하며 통제했기 때문이다. 많은 자유주의 국제정치학자가 미국의 세계 패권을 일컬어 '패권적 지도력hegemonic leadership' 또는 '패권적 질서hegemonic order'라고 정의했던 이유이기도 하다.[3]

'팍스 아메리카나'의 이해

미국에 관해 이야기하기에 앞서, 고대 로마 제국에 관한 이야기를 잠깐 해보자. 일반적으로 로마 제국의 전성기('황금기Golden Age'라고도 불린다)는 기원전 27년 아우구스투스가 집권한 시점으로부터 서기 180년 오현제五賢帝의 마지막 황제 마르쿠스 아우렐리우스가 사망한 시점까지 약 200년간 이어진 것으로 보고 있다. 이 시기 로마 제국의 판도는 절정에 달해 서쪽 이베리아반도(스페인)에서부터 동쪽으로는 프랑스, 이탈리아, 그리스를 거쳐 아나톨리아반도(튀르키예)까지, 남쪽으로는 이집트를 거쳐 다시 연안을 따라 북아프리카의 서쪽 끝까지를 아우르는 광대한 영역을 지배했다. 지중해의 모든 연안이 로마 제국에 복속됐다. 지중해는 로마의 내해Mare Internum, 內海였다. 역사는 이 시기를 일컬어 '팍스 로마나Pax Romana, 로마에 의한 평화'라 부른다. '팍스 로마나' 시기 로마가 평온하기만 했던 것은 아니다. 동쪽에서는 숙적 파르티아 제국과의 전쟁이 빈발했고, 북쪽에서는 게르만 민족의 항쟁이 벌어졌다. 각종 반란도 빈번히 발생했다. 그럼에도 지중해는 로마가 구축한 질서에 의해 공고히 지배됐고, 황금기 로마는 지중해 질서를 지켜낼 만한 국력을 보유하고 있었다. 그것으로 충분했다. 지중해의 질서가 안정화되니 지중해를 사이에 두고 마주한 지역 간에 다각무역多角貿易이 활성화된 것은 자연스러운 수순이었다. 다양한 문화권과 기후, 특산물을 아우르는 방대한 지역 간에 무역·교류가 활성화되자 인류 역사상 기념비적인 번영과 문명의 발전이 뒤따랐다.

'팍스 로마나' 시절의 로마 제국처럼 특정 국가의 패권이 역내에 공고한 질서를 형성하는 데 성공한 사례를 찾아보기란 쉽지 않지만, 전례가 없었던 것은 아니다. 중국의 통일왕조가 전성기를 구가할 때마다 동아시아에 형성된 국제질서를 '팍스 시니카Pax Sinica'라고 하고, 나폴레옹 전쟁에서 승리한 영국의 국력이 모든 열강을 압도하던 시기 대영제국이 주도하던 국제질서를 '팍스 브리타니카Pax Britannica'라고 한다. 그리고 제2차 세계대전 직후부터 서방세계를 중심으로 형성되기 시작하여 소련과 동구권의 붕괴 이후 바야흐로 전세계를 아우르게 된 미국 중심의 국제질서를 '팍스 아메리카나Pax Americana'라고 부른다.

'평화Pax'라는 단어에 의해 수식된다는 점에서도 알 수 있듯이, 이 정도로 광범위하고 공고한 질서는 상당한 수준의 역내 안정을 담보한다. 질서가 정립된 지역의 역내 안정과 그에 따른 높은 수준의 교류는 문명의 발전과 번영으로 이어지기 마련이다. 역내 안정과 건설적 교류가 패권국의 이해와 상충할 리 없다. 높은 수준의 역내 질서가 확립된 순간부터 패권과 질서는 동전의 양면과도 같은 관계가 된다. 그때부터는 패권을 유지하기 위해 역내 질서를 처음 구축할 때 요구되었던 수준의 국력을 항시 갖추고 있을 필요는 없다. 역내 질서를 유지하고 관리하는데 충분한 수준의 국력을 보유하는 것만으로도 족하다. 제한적인 갈등이나 분쟁은 역내 질서 그 자체를 위협하지 않는 이상 본질적인 문제는 아니다. 그 질서가 얼마나 촘촘하고 공고하게 정립되어 있는지, 그리고 질서의 유지·관리가 패권국의 이익에 얼마나 복무하는지가 중요할 뿐이다.

특정 국가에 의해 구축된 국제질서가 지역 범위를 넘어 세계범위로 확장된 최초의 사례는 '팍스 브리타니카'일 것이다. 19세기는 영국이 방방곡곡에 식민지를 두어 "대영제국에 해질 날 없다"라고 부르짖던 시기였다. 영국은 전 세계에 건립한 식민지와 압도적인 해군력을 통해 세계 모든 지역과 교류할 수 있었고, 모든 지역에 군사력을 투사할 수 있었다. 자연히 영국의 패권도 세계범위로 영향을 미쳤다. 전 세계 바다의 패권이 자유무역주의를 숭상하는 영국의 손아귀에 쥐어지자 급속도로 세계화가 이뤄졌다. 때마침 유럽이 '빈 체제'를 거치며 상대적으로 안정된 상태였기에 이 시기 국가 간 여행과 경제교류는 놀라울 정도로 발전했다. 1873년에는 프랑스의 작가 쥘 베른이 '80일간의 세계일주'라는 모험소설을 출판하기도 했다. 이 시대에 이미 2~3달 안에 전 세계를 여행하는 것이 가능했던 것이다. 그러나 대영제국도 세계패권국이라 불리기엔 부족했다. 영국의 패권은 경성권력$^{hard\ power}$이었기에 가장 본질적인 성격의 패권이었지만, 패권이 직접적으로 미치는 지역 밖에서는 패권일 수 없었다. 대영제국의 패권은 엄밀히 말해 세계의 바다를 지배한 해양 패권이었을 뿐, 세계 패권 그 자체는 아니었다.

반면 미국이 주도해온 오늘날의 국제질서는 인류 역사에 짝을 찾아보기 어려울 만큼 독특하다. 현대 미국은 전성기의 대영제국에 비할 때 직접 지배하는 해외 식민지가 없다시피 하지만 세상 모든 나라들에 대해 – 심지어 미국과 대립하는 나라들에 대해서조차 – 전례 없이 막강한 연성권력$^{soft\ power}$을 행사한다. 미국의 패권력이 직접 미치지 못하는 일부 국가나, 지역 강대국의 직접 세력권에 속한 국가들조차 미국의 소프트파워로부터 완전히 자유로울 수 없다. 미국이 통제하는 국제질서에서 배제되거나 소외된 국가들은 빠짐없이 큰 대가를 치렀고, 미국이 통제하는 국제질서에 순응한 국가들은 큰 혜택을 얻었다. 미국이 통제하는 국제질서는 지구상 모든 나라의 국익과 지정학적 운명에 결정적인 영향을 미쳤기에, 미국의 의지는 사실상 모든 나라를 상대로 관철될 수 있었다. 냉전 이후 장장 30여 년에 걸쳐 국제사회의 질서와 규칙을 세우고 집행해온 미국의 패권은 실로 연성적인 의미에서의 세계 패권이라 정의하여도 무방할 것이다.

마침내 현실에 구현된 자유주의 국제질서

미국이 사실상의 세계패권국으로 군림한 지난 30여 년간의 국제질서는 자유주의 사상에 근간을 둔 '자유주의 국제질서'였다. 오늘날의 자유주의 국제질서가 최초로 성립된 시점에 대해서는 학자마다 견해가 다르다. 어떤 이들은 자유주의 국제질서란 개념이 제2차 세계대전의 향방이 사실상 결정된 1940년대 초반 미국과 영국 간에 이루어진, 전후 세계질서 구축에 관한 일련의 협의 과정을 통해 등장했다고 한다. 어떤 이들은 냉전기 미국이 자유주의를 공산주의에 대항하기 위한 이념적 도구로써 활용하면서 구체화 되었다고 보기도 한다. 또한 어떤 이들은 냉전이 종식된 이후에야 진정한 자유주의 국제질서가 도래하였다고 본다.

자유주의 국제질서의 사상적 뿌리는 자유주의에서 찾을 수 있고, 자유주의적인 국제질서는 시대별 상황에 따라 추구된 방식이 달랐을 뿐 공통된 본질은 유지되었다. 그러나 사상과 본질이 유사하더라도 현실 국제사회에 제대로 뿌리내리지 못한 질서는 진정한 의미에서의 국제질서라고 볼 수 없다. 냉전기에 소위 '자유 진영' 내에서만 제한적으로 적용되었을 뿐 세상의 나머지 절반에 대해서는 영향을 미치지 못했던 국제질서는 범세계적인 질서가 아니었다. 국제무역이 전체 GDP에서 차지하는 비중을 기준으로 세계화의 수준을 평가할 때, 1970년대까지의 세계화 수준은 팍스 브리타니카가 유지되던 제1차 세계대전 직전의 세계화 수준과 크게 다르지 않았다.[4] 자유주의 국제질서가 전 세계적으로 구현된 것은 누가 뭐래도 냉전이 종식되고 '팍스 아메리카나'가 펼쳐진 다음부터였다.

냉전기의 국제질서와 탈냉전기의 국제질서는 성격적으로도 달랐다. 탈냉전기 이전까지 미국의 대외전략은 철저하게 현실주의 세계관에 따라 수립됐다. 미국의 대외정책이 현실주의에서 자유주의로 전환된 시점은 미국이 다른 나라의 정권교체regime change를 획책한 극단적인 사례를 통해 상당히 구체적으로 확인할 수 있다. 19세기 말과 20세기 초, 막 초강대국으로 떠오르던 미국은 미주대륙에서의 패권을 확립하는 데 여념이 없었다. 당시 미국은 중남미와 태평양 지역 여러 나라에 대한 배타적인 영향력을 확보하기 위해 다양한 노력을 기울였다. 그 결과 태평양의 일부 나라(하와이·괌·필리핀)는 미국의 식민지로 복속되었고, 중남미 여러 나라(쿠바·푸에르토리코·니카라과·온두라스)에는 친미 정권이 수립되었다. 냉전기 미국의 대외전략도 크게 다르지 않았다. 미국은 공산주의의 확장을 막기 위한 요충지나, 달리 소련이 관심을 보인다는 첩보를 확보한 지역에서 다양한 첩보·군사 작전을 통해 정권교체를 시도했다. 미주대륙에서는 과테말라·도미니카·브라질·칠레·그레나다·파나마에서, 중동과 아프리카에서는 이란과 콩고에서, 아시아에서는 남베트남 등지에서 현지 정권이 교체되도록 힘을 썼다. 19세기에 비해 달라진 점은 식민지나 자치령으로 삼아 직접 지배하는 대신, 맘에 들지 않는 정권을 친미 정권으로 교체했다는 점 정도였다. 이란에서는 민주적인 선거로 당선된 현지 정권을 무너뜨리고 친미 성향의 왕정王政이 복원되도록 힘을 쓰기도 했다.[5] 공산주의의 확장을 막는다는 명분이 있었다고는 해도, 민주적 절차에 따라 수립된 정권을 무너뜨리고 군주제를 복원시킨 것을 두고 '자유주의적 조치'였다고 포장할 수는 없을 것이다.

그런데 냉전이 끝난 뒤 미국이 시도한 타국 정권교체는 수단은 비슷했을지언정 목적이 달랐다. 1991년 이후 미국이 타국의 정권교체를 목표로 전쟁을 일으킨 사례는 2001년 아프가니스탄 전쟁, 2003년 이라크 전쟁, 2011년 리비아 전쟁의 3건 정도이다. 원인과 경과는 달라도 이들 사례 모두에서 미국은 막대한 자원과 비용을 소모해 소위 '민주주의 국가건설democratic nation-building'을 시도했다. 탈냉전기 미국의 대외정책을 '자유주의적 패권 행보'라고 정의하거나 평가절하할 수는 있어도, 그저 지정학에 기초한 현실주의적 행보라고 규정할 수는 없을 것이다.

그렇다면 자유주의 국제질서는 탈냉전과 함께 진정한 세계질서World Order로 부상하였다고 보는 것이 타당하다.

자유주의 국제질서의 성격

현대 자유주의 국제질서의 본질은 200여 년 전 임마누엘 칸트가 제시한 영구평화론에서 크게 벗어나지 않았다. 즉, 자유주의 국제질서란 인류 공동의 평화와 번영을 추구하기 위해 자유주의 사상에 기초해 구축된 국제관계를 의미한다.

자유주의 사상에 따를 때 평화롭고 건설적인 국제관계를 위해서는 국가 간에 '교류의 자유'가 담보되어야 한다. '교류의 자유'란 모든 국가가 자발적으로 교류에 참여할 수 있어야 한다는 뜻이다. 그러자면 다른 주권 국가를 힘으로 억압하는 세력이 없어야만 한다. 하지만 모든 나라는 자국의 이익을 위해서라면 다른 나라의 행동에 간섭할 동기가 있고, 간섭할 힘만 있다면 분명 간섭할 것이다. 이를 막기 위해서는 어떻게 해야 할까? 문명사회에서는 힘이 강한 사람이 다른 사람에게 위해가 되는 행동을 하거나, 원치 않는 행동을 강요하거나, 마땅히 할 수 있는 일을 하지 못하도록 강제할 수 없다. 그러한 행위는 법으로 금지되어 있고, 법을 어긴 사람은 공권력이 응징하기 때문이다. 달리 말해 공권력이 존재하지 않으면 사회질서는 성립할 수 없다. 무정부상태인 국제사회에는 공권력이 존재하지 않는다. 그러나 세계에서 가장 강력한 국가가 경찰관 역할을 자임한다면 상황은 바뀐다. 팍스 아메리카나 시절 미국은 '세계경찰Global Policeman' 노릇을 기꺼이 자청했다. 이로써 '자유로운 국제관계'를 위한 기본조건이 충족됐다. 그러나 그것만으로는 충분치 않다.

교류의 자유가 확보되면 그다음 과제로 모든 참여국에 이익이 될 수 있는 의제를 찾아내야 한다. 국가들의 자발적 참여를 끌어내자면, 교류의 결과가 '제로섬'이어서는 곤란하다. 따라서 모든 참여국의 공동이익에 이바지할 수 있는 의제를 찾아내야 한다. 자유주의 국제질서는 경제 분야에서의 자유로운 교류를 대표적인 의제로 제시했다. 자유로운 경제교류가 모든 참여국에 이익이 된다는 점은 절대우위absolute advantage와 비교우위comparative advantage라는 경제학 이론으로 설명된다.[6] 국가 간에 경제적 상호의존도가 높아지면 그만큼 평화 협력이 촉진된다는 점은 앞서 살펴본 바와 같다. 다만 자유로운 교류를 통해 공동의 이익이 발생하더라도, 그로 인해 발생하는 불이익이 더욱 크다면 교류에 참여할 유인은 줄어든다. 따라서 특정 국가의 참여로 인해 다른 참여국에 불이익이 발생하는 일이 없도록 보장할 필요가 있다. 그러자면 참여국의 범위가 최소한 공존 가능한 수준의 정치·경제 체계 및 인권 의식을 공유하는 국가들로 제한될 수밖에 없다. 자유무역에 참가하길 원하는 국가에 각종 체제·제도 개혁이 요구되곤 하는 이유다.

마지막으로는 분쟁을 어떻게 해결하느냐에 관한 문제가 남는다. 한 나라의 무임승차 또는 일탈로 인해 공동의 이득이 잠탈되거나 약탈 되는 상황을 방지하지 못한다면 국제적 체제와 제도는 무의미해진다. 동시에 국가 간의 분쟁은 평화롭게 해결되어야만 한다. 자유주의 국제질서에서 분쟁의 해결은 힘의 논리가 아닌 국제협력을 통해 이루어져야 한다. 그러나 외교를 통한 해결도 힘의 논리에서 완전히 자유로울 수는 없다. 이상적으로는 중립적이고 구속력 있는 사법절차를 통해 분쟁을 해결하는 것이 가장 바람직하다. 법치주의가 뿌리내릴수록 자유주의 국제질서는 고도화되고, 자유주의 국제질서가 고도화될수록 국제사회에는 법치주의가 뿌리내릴 수 있는 영역이 커질 것이다. 그러한 국제규범을 관리하고 국가 간 협력을 증진하기 위한 매개체로서 국제기구의 역할도 중요하다.

팍스 아메리카나의 기치 아래 이루어진 자유로운 국제교류는 하나의 거대한 흐름을 만들어냈다. 이 흐름을 통해 범세계적인 통합이 이루어지기 시작했다. 이러한 현상을 흔히들 '세계화globalization'라 불렀다.

세계화와 통합된 세계

세계화란 국가 간에 사상, 인력, 상품, 서비스, 자본의 교류가 점진적으로 자유화되어 사회와 경제의 다양한 영역이 범세계적 통합에 이르는 과정을 의미한다.

물리적인 세계화는 운송 및 통신 기술의 발전을 통해 촉진된다. 탈냉전기에 운송 및 통신과 관련해 발생한 가장 큰 변화를 두 가지만 꼽자면 기술의 발전과 정치·군사적 긴장의 해소를 들 수 있다. 인터넷은 전 세계를 하나로 엮어주는 사이버 세계를 탄생시켰고, 컴퓨터와 스마트폰의 보급은 모든 개인에게 언제 어디서나 손쉽게 사이버 세계에 접속할 능력을 부여했다. 사이버 세상이 통합됨에 따라 현실 세상도 급격히 통합됐다. 전자상거래와 국경 간 서비스 공급이라는 신개념이 등장하는 시기와 발맞추어 마침 세계화를 저해하는 각종 제도적 장벽도 제거되었다. 국가와 사회의 통합을 위해서는 사람과 사람 사이에 교신·왕래가 자유롭게 이루어져야 한다. 기술이 제아무리 발전해도 국가 간에 정치·외교·군사적 대립은 교류의 단절을 초래한다. 운송 및 통신도 예외가 아니다. 그러나 탈냉전기 대부분의 국가 간에는 자유

로운 통신이 허용되었다. 상품과 사람의 물리적 운송도 전례 없이 자유로워
졌다. 우크라이나 전쟁 이전까지, 지구상에 존재하는 해역海域과 공역空域의
대부분은 자유로운 국제 운송을 위해 개방되었다. 특정 지역을 중심으로 이
따금 군사적 긴장이 고조되기도 하였지만, 인류는 유사 이래 가장 안전한 해
상 및 항공운송의 혜택을 누렸다. 민간 여행도 급격히 자유화되었다. 1980년
도에 해외여행에 나선 여행객은 전 세계적으로 2억 8천만 명 정도였고, 그중
2억 4천만 명은 유럽과 미주대륙에 집중되어 있었다. 이 수치는 2018년에는
14억 명으로 거의 여섯 배 상승하였고, 그중 4억 7천만 명은 1980년대까지
외부와 단절되어 있었던 아시아와 중동, 아프리카로 여행을 떠났다.[7]

　자유로운 교류에는 무역이나 기타 상행위가 수반되기 마련이다. 국제사
회의 통합은 경제 분야에서 가장 큰 성과를 거뒀다. 상품과 서비스의 이동
은 유사 이래 가장 자유로운 상태가 됐다. GATT 체제의 후신後身으로 1995
년 출범한 WTO 체제는 회원국 간 관세장벽과 서비스무역 장벽을 대거 철폐
했을 뿐 아니라 모든 회원국을 상호 간에, 그리고 자국민보다 차별하지 않
을 공통된 의무까지 부과함으로써 느슨하게나마 세계 경제공동체를 구현하
는 데 성공했다. 2023년 현재 전 세계 195개국 가운데 164개국이 WTO의 회
원국이고, 이란보다 경제 규모가 큰 나라들은 모두 WTO에 소속되어 있다.
WTO 협정보다도 높은 수준의 무역자유화를 규정한 자유무역협정"FTA," free
trade agreement도 다양한 국가 그룹 간에 체결되어 있다. 현대 산업에서 가장 중
요한 경제적 권리 중 하나인 지적재산권[8]을 보호하는 국제규범도 다수 존재
한다. 그중에서도 WTO 협정(그중 TRIPS 협정)은 저작권copyright, 저작인접권
related rights, 상표권trademark, 특허권patents, 산업디자인industrial design, 지리적 표시
geographical indication 등 다양한 지적재산권을 광범위하게 보호하고 있다. WTO
협정의 영향으로 세계 각국의 지재권 관련 규정들도 많이 유사해졌다. 국제

거래에서의 예측 가능성도 그만큼 커졌다.

경제 및 기술 분야에서 국제교류가 효율적으로 이뤄지는데 필요한 국제표준international standard이 자리 잡은 지도 오래되었다. 진시황이 중국을 통일한 뒤 가장 먼저 도량형부터 통일하였다는 점에서도 알 수 있듯이, 서로 다른 집단이 효과적으로 교류하기 위해서는 상호 간에 같거나 적어도 호환이 가능한 기준이 필요한 법이다. 특정 분야에서 사전에 합의된 기준이 없다면 매번 거래가 이뤄질 때마다 세부 규격, 품질, 구성 등에 관해 세세하게 합의할 수밖에 없고, 그로 인해 발생하는 비효율과 비용은 엄청날 것이다. 이러한 기준들 가운데 공인되어 보편적으로 통용되는 기술적 기준을 '표준'이라고 한다. 현재 대다수 국가는 상품, 서비스, 과학, 기술, 산업 등 방대한 분야에 있어 자체적으로 사용되는 표준을 갖추고 있는데, 각국의 표준은 국제표준화기구"ISO", International Organization for Standardization 등 관련 국제기구가 보급한 국제표준과 연동되어 효과적이고 효율적인 국제교류를 가능케 한다.

자본의 이동도 역사상 가장 높은 수준으로 자유화된 상태다. IMF와 세계은행은 각국의 통화currency 흐름을 감독하고 국경을 넘어 이뤄지는 투자cross-border investment를 촉진한다. IMF는 경제위기에 처한 나라에 구제금융을 제공함으로써 금융위기가 범세계적으로 확산하는 것을 막고, 세계은행은 개발도상국에 개발금융과 차관을 제공하여 경제발전을 돕는다. 민간 거래에 필요한 국제금융을 조달하는 데 걸리는 시간도 획기적으로 단축되었다. 과거에는 국경을 넘어 이뤄지는 금융거래에 여러 날이 소요되었다. 자금흐름이 지연됨에 따라 발생하는 비용은 물론이고, 그사이 환율변동이나 거래 상대의 도산 등으로 인해 발생할 수 있는 다양한 금융 리스크는 국제 거래에 큰 제약으로 작용하였다. 공산주의 국가 등 '신용credit'이란 개념이 아예 존재하지 않는 국가들도 많았다. 그러나 오늘날 국제금융은 전 세계 대부분의 은행이 가입한 국제은행간통신망"SWIFT," Society for Worldwide Interbank Financial Telecommunication과 같은 국제금융시스템을 통해 신속하게 이뤄지고 있다. 자유롭게 국경을 넘나드는 유동성 덕택에 국제거래가 전반적으로 활성화되었음은 물론이다.

국제 거래를 촉진하는 것은 자본의 이동뿐이 아니다. 거래의 수익성에 직간접적인 영향을 미치는 제도적인 장치들도 중요하다. 모든 거래는 이윤을 창출하기 위해 이뤄지는바, 거래에서 발생하는 매출과 비용에 직접 영향을 미치는 조세는 중요한 고려 사항이다. 그런데 복수의 국가가 조세권을 갖는 국제 거래에 대해서는 이중과세double taxation가 발생할 수 있다. 이중과세는 국제 거래로 인한 기업의 순익純益을 감소시킨다. 국제 거래의 유인이 줄어들면 국제경제 활동도 저해된다. 이러한 문제를 해결하고 국제무역과 국제투자를 촉진하기 위해 세계 각국은 이중과세방지협약을 체결하여 이중과세를 방지하는 한편, 자금세탁 등도 감시하고 있다. 이중과세방지협약은 대개 '경제협력개발기구"OECD", Organization for Economic Cooperation and Development'가 매년 업데이트하는 모범조세조약model tax treaty을 기초로 작성되는데, 현재 전 세계적으로 3천 개 이상의 조세조약이 발효된 상태이다.

또한 국경 간 투자를 더욱 촉진하기 위해서는 투자유치국의 국내 사정에 따라 언제든 변경될 수 있는 국내법보다는 안정적이고 중립적인 국제규범을 통해 외국인 투자 및 외국인 투자자를 보호하는 것이 선호된다. 그렇게 해외투자로 인한 리스크를 줄이기 위한 국제규범도 범세계적으로 확산해 있다. 외국인 투자에 대한 차별대우를 금지하고, 자의적이거나 비합리적인 조치로 손해를 입히지 못하게 규정한 투자보호협정investment treaty이 현재 전 세계적으로 2천 개 이상 존재하는 상태다.

세계화로 인한 규범 공통화 현상은 구속력 있는 국제규범이 존재하지 않는 영역에서도 흔히 찾아볼 수 있다. 계약법, 회사법, 금융법, 경쟁법 등 국제 거래에 직간접적인 영향을 미치는 각국의 경제법들은 적어도 주요 원칙에 있어서 만큼은 유사해졌다. 그러다 보니 '국제물품매매계약에 관한 유엔협약"CISG", United Nations Convention on Contracts for the International Sale of Goods'이 규율하는 상품거래뿐 아니라[9] 기업 인수합병M&A 등과 같이 투자유치국의 고유 법제에 구속되는 투자거래조차 큰 틀에서 대동소이해졌다. 범용성 있는 영문 템플릿template에 개별 거래에 따른 특유사항들만을 반영하여 수정한 국제계약서에 기초하여 투자거래를 진행하는 사례도 쉽게 찾아볼 수 있다. 국제 거래에서 발생한 분쟁은 당사자들의 국내 법원에서 소송으로 해결하기도 하지만, 많은 경우 국제중재international arbitration라는 사적 절차를 통한 해결이 선호된다. 국제중재에서는 분쟁 당사자들이 준거법과 중재지, 중재인 선정을 포함해 절차에 관한 거의 모든 사항을 자유롭게 합의할 수 있고, 중재판정부가 내린 판정은 뉴욕협약이라는 다자조약에 의해 전 세계 168개국에서 집행력이 담보된다. 그 결과 국제 거래에 대한 진입장벽이 획기적으로 낮아졌고, 국제 거래에서 발생할 수밖에 없는 분쟁의 관리도 훨씬 수월해졌다.

불확실성과 리스크가 획기적으로 개선된 이상 국제 거래는 더욱 활성화될 수밖에 없다. 국제규범의 확산과 제도의 공통화 현상은 시장의 통합을 촉진하고, 세계화를 더욱 가속한다. 증강된 세계화는 새로운 거래와 교류를 창출하고, 확대된 교류는 다시 관련 국제규범을 창설하고 제도를 더욱 공통화시킨다. 세계화는 또한 범세계적인 경쟁을 촉발했다. 그 결과는 범세계적인 역량이 융합된 혁신이었다. 끝없는 순환을 통해 세계화는 천천히, 그러나 확실하게 우리 삶 속에 파고들었다. 좋든 싫든 세계화란 언론기사나 논문에서나 찾아볼 수 있는 막연한 표어가 아니라, 우리 삶의 밀접한 일부가 된 지 오래다.

02 자유주의 국제질서를
지탱하는 힘

세계화가 지속되기 위해서는 통신·운송 기술의 발달이나 제도의 통합 외에도 역내 안정이 필요하다. 국제사회에 대립이나 편 가르기가 만연해지면 글로벌 단위의 세계화가 유지되기 어렵기 때문이다. 지난 30여 년간 미국은 자유주의적 가치liberal values를 인류 보편의 가치로 만들기 위해 노력하는 한편, 압도적인 힘을 바탕으로 자유주의 국제질서를 수호해왔다. 미국의 저널리스트 토머스 프리드먼은 자유로운 세계를 지탱하는 것은 다름 아닌 미국의 힘과 의지라면서, "보이지 않는 시장의 손은 보이지 않는 주먹 없이는 작동할 수 없다"라고 강조하기도 했다.[10]

　물론 자유주의 국제질서가 그저 미국의 위력으로만 유지되었던 것은 아니다. 유럽을 비롯한 서방 선진국은 기본적으로 자유주의 국제질서를 숭상하는 경향이 강하고, 국제사회에는 대한민국과 같이 자유주의 국제질서 아래 성공의 길을 걸어온 국가들도 상당하다. 또한 국제사회의 모든 구성국의 참여와 협력이 바탕이 된 다자주의는 자유주의 국제질서를 유지해온 또 하나의 강력한 힘이었다. 그러나 자유주의 국제질서가 위협받기 시작한 현시점에서 돌이켜볼 때, 자유주의 국제질서 유지에 가장 중요했던 것은 세계경찰관 노릇을 마다하지 않은 초강대국 미국의 힘과 의지였다는 점을 부정하기 어려워 보인다.

미국의 패권적 힘

미국의 패권이 완전무결하다고는 할 수 없지만, 인류 역사상 그 어떤 제국도 넘보지 못할 위력과 완성도를 갖추었다는 점은 분명하다. 지난 100여 년간 미국은 모든 국력 척도에서 적수를 찾아볼 수 없는 나라였다. 앞서 살펴본 세계화의 다양한 요인들을 기억하는가? 그중 미국이 지배력을 행사하지 않는 분야는 거의 없다. 그리고 앞으로도 상당 기간 핵심 분야에서 미국의 지배력은 유지될 가능성이 높다.

미국은 이론상 국제무역 없이도 경제 성장을 할 수 있는 거의 유일한 나라다. 세계 3위 규모의 인구가 받쳐주는 방대한 내수시장 외에도 현대 산업에 필요한 거의 모든 천연자원이 영토에 매장되어 있기 때문이다. 세계 최대의 자원 부국임과 동시에, 세계에서 가장 다양한 종류의 자원을 보유한 국가이기도 하다. 세계 최고의 산업국이자 전 세계 식량 생산의 4분의 1을 담당하는 세계 제일의 농업국이기도 한 미국은 셰일 혁명 이후에는 사우디아라비아를 제치고 세계 최대의 에너지 생산국까지 됐다. "기이할 정도로 편애받았다peculiarly favored"라는 오래된 표현[11]만큼 미국에 어울리는 표현을 찾기 어려울 지경이다.

제2차 세계대전 직후나 20세기 후반부와 같이 압도적이지는 않지만, 21세기에 들어서도 미국은 세계 1위의 경제 대국 지위를 놓친 적이 없다. 2023년 현재도 미국의 명목 GDP는 세계 2위의 경제 대국이자 유일하게 미국을 위협하는 중국에 비해 크게 앞서있다. 전 세계를 무대로 사업을 벌이며 세계화를 선도하는 투자은행이나 다국적기업도 대다수가 미국을 본거지로 삼고 있다.

미국은 오늘날 중국에 이은 세계 2위의 상품 수출 대국이지만, 수출 품목에는 질적 차이가 있다. 미국의 주요 수출품에는 에너지·식량과 같은 필수품은 물론 첨단기술이 집약된 고부가가치 품목도 대량 포함되어 있다. 미국은 핵심 기술의 주요 수출국으로서의 위상도 갖고 있다. 첨단 반도체 등의 경우 미국의 기술이 없으면 생산 자체가 불가능할 지경이다. 미국이 다른 나라를 제재하는 주요 방식 중 하나가 자국의 수출관리규정"EAR," Export Administration Regulation을 통해 제재 대상 국가에 핵심 기술이나 첨단제품의 수출 또는 재수출을 금지하는 것일 정도다. 또한 미국은 세계에서 가장 큰 상품 수입시장인데, 미국이 수입하는 상품은 주로 원재료 등 대체 가능성이 높은 품목으로 구성되어 있다. 필수품의 수입의존도가 떨어지고 그나마도 대체 품목을 쉽게 찾을 수 있는 미국에 비해 다른 나라들은 미국으로부터 필수품 또는 필수기술을 수입해야만 하는 처지다. 요컨대 미국과 다른 나라 간에 전면적인 경제 전쟁이 벌어졌을 때 미국이 입을 피해는 기껏해야 수입품의 가격이 올라서 소비자 후생이 피해를 보는 정도이다. 그에 비해 상대국은 세계 최대의 수출시장을 잃고, 수입품 가격상승에 따른 일반적인 피해에 더해 필수품이나 필수기술 조달에도 심각한 타격을 입게 된다. 즉, 미국의 산업과 경제는 그 어떤 나라에 대해서도 구조적 우위에 서 있다.

국제금융 분야에서도 지배적 기축통화인 달러화를 발행하고 통제하는 미국의 힘은 절대적이다. 달러화는 미국과 미국 경제가 가진 위상에 힘입어 국제 거래에서 보편적으로 통용되는 가치 저장 수단으로 인정받고 있다. 고대에는 국제 거래에서 금이나 은과 같은 귀금속이 신뢰할 만한 가치 저장 수단으로 통용됐는데, 달러화라는 일개 통화가 과거 금이나 은이 수행했던 역할을 대신하고 있는 셈이다. 달러화가 갖는, 보편적이고도 안정적인 국제 통화로서의 위상은 국제 거래의 유지와 확산에도 엄청난 기여를 한다. 이런 달러화를 발권할 수 있는 미국의 영향력은 단연 막강하다. 미국은 기축통화인 달러화에 대한 통화정책을 통해 세계 각국의 환율과 국제수지에 막대한 영향을 끼칠 수 있다. 특히 미국의 통화정책을 관장하는 연방준비제도"연준", Federal Reserve System는 국제금융시장의 지배자나 다름이 없다. 미 연준 의장을 '세계의 경제 대통령'이라고 부를 정도다. 연준은 달러화의 신규 발행이나 양적완화quantitative easing, 양적긴축quantitative tightening 등을 통해 달러 통화량을 직접적으로 통제하는가 하면 미국 내 기준금리를 조정하여 달러 통화량을 간접적으로 통제할 수도 있다. 달러화의 공급량은 세계 각국의 환율에 직접적인 영향을 미친다. 환율은 무역수지에 영향을 미친다. 각국은 외환보유고를 활용해 환율방어에 나설 수 있지만 기축통화국인 미국의 환율정책에 정면으로 맞서 승리할 수 있는 나라는 없다. 미국 내 기준금리가 올라가면 그보다 낮은 금리를 적용하는 국가들은 외국인 투자가 썰물처럼 빠져나가는 모습을 보게 될 것이다. 자연히 각국 중앙은행들은 연준이 정한 기준금리에 기초하여 자국의 금리를 설정하게 된다.

미국은 금융제재를 통해 제재 대상으로 지정된 국가와 기업의 경제활동에 심각한 타격을 줄 수도 있다. 미국의 금융제재 대상이 되는 대상은 전 세계 달러화 결제망에서 사실상 퇴출될 수밖에 없고, 그 경우 일반적인 국제 거래가 실질적으로 불가능해진다. 미국의 금융제재에는 제재대상자와 거래하는 자에 대한 2차 제재secondary boycott가 포함되는 경우가 많기에, 대다수 은행은 미국이 제재 대상으로 지정한 기관 또는 개인과의 거래를 원천 금지하고 있다. 2차 제재의 '냉각 효과chilling effect'로 인한 부수적 피해효과도 상당하다. 금융기관들은 2차 제재 및 채권 회수 등의 위험 때문에 조금이라도 미심

쩍은 부분이 있는 상대와는 (설사 대외금융제재를 담당하는 미국 해외자산통제국 "OFAC," Office of Foreign Assets Control 규정상 명시적인 제재대상자로 지정되지 않았다고 해도) 거래하지 않는 것이 보통이다. 다시 말해 미국의 전방위적 금융제재 대상이 된 국가에 소재한 기업과 개인들은 설사 직접적인 제재대상자가 아니라도 각국 은행들에 의해 결제가 거부되고 있다. 최근 중국·러시아에 의해 미국의 달러 패권이 도전받으면서 달러화 대신 위안화 등 다른 통화를 사용하는 결제망이 등장하기도 했지만, 기축통화인 달러화 결제가 제한되면 국제 거래에 심각한 애로를 겪는 것은 여전히 어쩔 수 없다.

기술력 또한 미국이 세계 최고다. IT 시대 이전부터 미국은 인류의 기술 발전을 선도해왔다. 자동차, 비행기, 전기, 전화기, 라디오, TV, 세탁기 등 지난 백여 년 동안 인류의 문명과 사회의 혁신을 가져온 발명품 대부분은 미국에서 나왔다. IT 시대도 미국이 선도했다. 인터넷과 스마트폰도 미국에서 발명됐다. 세계인들을 하나로 이어주는 각종 IT 플랫폼도 대부분 미국 기업이 운영하고 있다. 2022년 현재 역대 노벨상 수상자 약 889명 가운데 400명 이상이 미국인이다. 대학과 연구기관, 다국적기업 등 현대 사회에서 최첨단 부가가치를 창출하는 영역에서 종사하는 사람 또는 기관의 국적을 확인해봤을 때 과반수가 미국인 또는 미국 소속인 경우는 흔한 일이다. 지재권과 국제표준 등의 영역에서도 미국은 선도적 지위를 누리고 있다. 미국은 강력한 기술력과 금융지배력을 바탕으로 세계 1위의 서비스 수출국으로서의 위상도 독차지하고 있다.

미국과 다른 나라 간의 격차가 가장 큰 분야는 현실주의 이론에서 국력에 가장 큰 영향을 미친다고 평가받는 군사력이다. 군사력의 경우 우열을 논하는 것 자체가 무의미하다. 미국의 패권에 도전하는 유일한 국가인 중국조차 2050년경에야 미국의 군사력을 따라잡겠다는 계획을 자체적으로 수립하고 있을 뿐이다. 미국은 북극해에서 작전 수행이 가능한 전투함정이 러시아에 비해 상대적으로 부족하다는 약점을 제외하면, 육·해·공의 모든 군사력에 있어 완전무결에 가깝다. 미국의 첨단무기들은 경쟁국들의 무기와는 아예 세대世代가 다른 경우가 많아서 설사 같은 물량으로 교전해도 압도적으로 유리하다. 거기에 미국은 2차 세계대전 이후 모든 시대에, 모든 환경에서 지속적인 전투 경험을 쌓아온 세계 유일의 군대를 갖추고 있다. 미군의 작전·훈련 교리는 그 어떤 나라에 비해도 실전적이다. 특히 미국의 전략정보자산은 경쟁국에 비해 여러 세대 앞선 것으로 평가받는 데, 우크라이나 전쟁에서 확인된 바와 같이 정보자산에서 우위에 있으면 물량과 무장이 뒤떨어지는 군대도 월등히 강한 군대를 격퇴할 수 있다. 비대칭무기 분야에서도 미국의 절대적 우위는 확고하다. 미국은 핵무기 전력뿐 아니라 생화학무기 전력에서도 세계 1위이다.

미국 패권의 바탕이 되는 군사력 가운데서도 가장 중요한 부문은 해군이다. 미국의 해군은 배수량 기준[12]으로 전 세계 해군력 2위부터 14위까지의 모든 국가의 해군을 합산한 규모를 상회한다. 미 해군의 6개 주요 함대는 전세계 바다를 통째로 6개 구역으로 나눈 뒤 각자의 작전구역으로 삼고 있다. 제2함대는 미국 동부와 면面한 대서양의 절반을, 제3함대는 미국 서부와 면한 태평양의 절반을, 제4함대는 남아메리카 대륙을 둘러싼 바다(태평양 동남부와 대서양 서남부)를, 제5함대는 중동을 에워싼 바다(인도양, 아덴만, 홍해)를, 제6함대는 유럽과 아프리카를 둘러싼 바다(대서양 동부와 인도양 서부)를, 제7함대는 아시아 대륙과 오세아니아를 포괄하는 태평양의 절반을 각각 자신의 작전구역으로 삼고 있다. 이들 여섯 개 함대와 각 함대에 배속된 항모전단航母戰團을 통해 미국은 전 세계 모든 지역에 언제든 압도적인 군사력을 투사할 수 있다. 특히 미 해군의 상징과도 같은 항모전단은 전 세계 바다를 말 그대로 제패하고 있다. 세계 공군력 1위는 미 공군이고, 공군력 2위는 러시아 공군이 아닌 미 해군의 항모전단이라는 평가가 있을 정도다. 그런 미 해군의 전투력을 비교할 때 진지한 논쟁의 대상이 되는 주제는 미 해군이 과연 "지구상의 다른 모든 나라의 해군력 총합을 10배 상회한다고 평가할 수 있는지"이다. 미 해군의 전투력은 그야말로 논외의 대상이다.

미국의 해양 패권은 전 인류에게 역사상 유례없이 자유롭고 안전한 바다를 선물했다. 지구상의 거의 모든 해역에서 '항행의 자유'가 보장되었고, 세계 물동량의 약 90%를 차지하는 해상운송[13]의 안전이 확보되었다. 미국의 해양 패권이 구축된 후 발생한 정규 해전海戰은 영국과 아르헨티나 간에 벌어진 포클랜드 전쟁 정도이다. 자유롭고 안전한 바다를 보장한 것은 로마 제국이 지중해에서 일부 실현하였던 것을 제외하고는 역사상 그 어떠한 제국도 이루지 못한 위업이다. 최전성기 로마 제국 치하 지중해가 그랬듯이, 자유롭고 안전한 해상운송은 국제무역의 번영으로 이어졌다. 수출입의 사실상 전부를 해상운송에 의존하는 대한민국을 비롯하여, 전 세계 대부분의 나라들이 미국의 해양 패권이 가져다준 해상안전에 직간접적인 수혜를 입고 있다.

미국의 해양 패권은 강력한 억지력을 발휘한다. 역사적으로 항로航路는 연안국沿岸國, coastal state의 정치 · 경제 · 군사적 필요에 따라 언제든지 봉쇄될 수 있는 것이었으나 미국의 치세하에서는 어림없는 일이다. 이 시대의 바다에서 평시平時 항로 봉쇄란 있을 수 없다. 특히 전 세계 물동량의 대부분이 지나는 주요 항로航路들에 대해서는 절대적인 해상안전이 보장되어 있다. 미국이 두 눈을 시퍼렇게 뜨고 있는 한, 연안국이 어떠한 이유로든 주요 항로를 일방적으로 봉쇄하는 일은 상상하기 어렵다. 현재 말라카해협이나 아프리카의 뿔과 같은 주요 해로를 위협하는 최대의 세력은 연안국이 아닌 해적 같은 범죄자 집단이다. 지금 이 순간에도 미국은 바다의 자유를 제한하는 행위를 용납하지 않고 있다. 미국은 '항행의 자유 작전Freedom of Navigation Operation'을 상시 전개하고 있는데, 이는 어느 국가가 특정 해역에서 외국 함선의 상시적인 운행을 제한하는 구역을 영구적 또는 반영구적으로 선포[14]하는 경우 미 해군이 보란 듯이 그 구역을 항행함으로써 항행제한구역을 무력화하는 조치이다. 이러한 조치는 연안국이 설정한 해역 중 외국 선박의 무해통항innocent passage을 제한하는 해역에서 주로 이뤄진다. 예컨대 중국의 경우 자국 영해를 통과하는 외국 군함에 사전 허가를 받을 것을 요구하는데, 미국은 이를 무시하는 항행의 자유 작전을 대만해협이나 남중국해와 같은 분쟁해역에서 빈번히 실시하고 있다. 이란의 호르무즈 해협도 항행의 자유 작전이 실시되는 단골 해역이다. 과거 카다피 정권 치하의 리비아, 베네수엘라 등도 빈번히 항행의 자유 작전의 대상이 됐다. 항행의 자유 작전에는 동맹국도 예외가 아니라서, 2021년에 한국의 국도國島 인근 해역, 일본의 쓰시마 해협에서 항행의 자유 작전이 이뤄진 사례가 있다.

그뿐이 아니다. 미국은 전 세계 70여 국가에 설치된 8백여 개의 해외 군사기지를 통해 지구 전역을 대상으로 매 순간 다층·중첩적인 군사력을 투사하고 있다. 또한 미국은 인류 역사상 가장 광범위하고 체계적인 국제동맹 체제를 구축한 나라이기도 하다. 유럽, 중동, 아시아, 오세아니아 등 전 세계거의 모든 지역에 미국의 동맹국들이 포진해 있는데, 이들 중 상당수가 지역 강대국이다.

미국의 국력은 하드파워에 국한되지 않는다. 소프트파워에서도 미국은 비교의 대상이 없는 최강대국이다. 실은 미국이야말로 소프트파워의 잠재력을 본격적으로 활용한 최초의 제국이라고 볼 수 있다. 대표적인 연성권력인 문화의 영역에서 미국의 영향력은 압도적이다. 미국의 음악·영화·게임 산업은 세계에서 가장 발달해있고, 국제공통어의 지위를 가진 영어를 원어로 한다는 거대한 장점을 바탕으로 세계시장을 석권하고 있다. 미국을 근거지로 하는 다양한 다국적기업들은 전 세계를 대상으로 '미국식' 상품과 서비스를 제공함으로써 미국 문화의 세계화를 선도하고 있다. 미국과 적대관계에 있는 국가들은 미국의 문화상품을 '프로파간다'로 정의하고 극도로 경계한다. 특히 권위주의authoritarianism 국가들은 미국이 수출하는 각종 문화 상품에 녹아 있는 '자유', '다양성 존중', '개방성' 등의 가치가 체제 유지와 사회 통합에 부정적인 영향을 준다고 인식하는 경우가 많다. 그러한 시각에 따르면 미국의 문화적 영향력은 24시간 내내 전 세계를 상대로 투사되는 전방위적인 문화 무기인 셈이다.

  미국의 패권적 힘은 실로 자유주의 국제질서를 지탱하는 가장 견고한 기둥으로 작용해왔다.

다자주의로 뭉친 국제사회

다자주의란 국제사회를 구성하는 국가들이 건설적인 협력을 통해 공동의 목표를 추구하는 국제 관리체제international governance를 뜻한다. 다자주의는 소수의 강대국이 주도하는 다극체제multipolarity와는 전혀 다른 개념이다. 다자주의는 현재까지 국제사회에 구현되었던 여러 체제 가운데 민주주의에 가장 가까운 시스템일 것이다. 다자주의를 통하면 국력이 미약한 약소국이나 개발도상국도 국제사회에 자국의 목소리를 전파할 수 있다. 다자주의를 통해 국제사회는 인류 공동의 목표를 설정하고, 이를 달성하기 위한 공동의 협력을 끌어낼 수 있다.

  진행한 의미에서의 다자주의는 제2차 세계대전의 종식과 함께 등장한 UN 체제를 통해 시작되었다. 탈냉전 시대를 거치며 더욱 발전한 오늘날의 다자주의는 최대한 많은 참여국 간에 민주적인 의사결정과 형평적 역할분배를 가능케 한다. 다자주의의 최대 장점은 소수의 국가만으로는 대응할 수 없는 글로벌 문제를 해결하는 데 있다. 기후변화 대응이나 대량파괴무기"WMD," weapons of mass destruction의 확산 방지, 멸종위기종 보호나 인신매매 금지 등과 같은 국경을 초월한 의제에 대응하기 위해서는 범세계적 협력이 필요하다. 이러한 의제를 전문성 있게 다루기 위한 국제기구들이 설립되었고, 세계 각국은 그러한 국제기구의 회원국으로서 다양한 글로벌 문제 해결을 위한 국제협력에 참여하고 있다.

다자주의가 효과적으로 작동하려면 참여국 간 비차별non-discrimination과 상호주의reciprocity가 전제되어야 한다. 개별 의제별로 다자주의를 구현하기 위한 협력체계는 유관국 간에 임의ad hoc로 구성할 수 있지만, 아무래도 전문화된 사무국secretariat을 둔 중립적인 국제기구가 관련 체제를 관리하는 쪽이 효과적이다. 한때 가장 성공적이었다고 평가받은 다자체제는 WTO가 관리하는 다자무역체제multilateral trading regime였다. WTO는 회원국 간 최혜국대우 및 내국민대우라는 비차별 원칙의 채택과 보편적 양허concession를 통해 상호주의를 규범의 영역으로 끌어올렸고, 자유무역주의의 확산과 유지를 관장하였다. 2023년 7월 현재 WTO의 정식 회원국은 164개국이고 가입 절차가 진행 중인 국가는 24개국이다. 이는 전 세계 국가의 약 96%에 달한다. 가장 광범위하고 포괄적인 의제를 다루는 UN의 경우 2023년 2월 현재 전 세계 193개국이 가입하여 세계의 거의 모든 국가를 회원국으로 두고 있다. 오늘날 국제사회를 구성하는 거의 모든 나라가 다자주의적 국제질서를 지지한다고 보아도 무방하다.

다자주의는 오랫동안 미국이 가진 패권의 다면성과 깊이를 보여주는 하나의 척도로도 여겨져 왔다. 미국이 역사상 처음으로 세계 패권을 손에 쥘 수 있었던 이유는 힘으로 다른 나라들을 압도하였기 때문만이 아니라 다양한 평면에서 세계를 규율하는 다자체제^{multilateral regime}를 설계한 뒤, 바로 그 체제를 통제하였기 때문이다. 현대 국제기구의 시초라고 할 수 있는 UN과 각종 UN 산하 기구들은 물론, WTO·IMF·세계은행과 같은 국제경제기구를 포함해 제2차 세계대전 이후 설립된 대다수 주요 국제기구는 미국이 설계하였거나 미국이 주도하고 있다.

물론 미국의 의지가 항상 결정적인 것은 아니다. UN 및 UN 산하 기구와 같이 "1국 1표제"의 의사결정 구조를 갖춘 국제기구에서의 미국의 역할과 위상은, 분담금의 크기에 따라 의사결정에 참여할 권리가 차등화된 일부 국제경제기구에서의 위상에 비할 때[15] 상대적으로 제한적이다. 특히 "1국 1표제"를 채택한 국제기구에서 개도국의 주요 이해관계가 걸린 의제를 놓고 다툴 시에는 미국의 뜻이 관철되지 않는 경우도 많다. 그렇다고는 해도 시스템의 설계자로서 미국이 갖는 특장점은 영속적이다.

03 자유주의 국제질서의
빛과 그늘

세계패권국의 등장이 초유의 일이었다면 패권국이 '가치'와 '정의'를 주창한 것도 전대미문의 일이었다. 지난 30여 년간 미국은 자국의 제도를 국제사회에 이식하려 시도했다. 정치적으로는 자유민주주의라는 체계를, 경제적으로는 자유시장경제라는 체계를 전 세계적으로 전파하기 시작했다. 동서냉전과 같은 체제경쟁 상황에서는 경쟁진영에 비해 도덕적 우위를 확보하는 것만으로도 충분했으나, 경쟁 세력을 무너뜨리고 세상을 움직이는 지배적인 질서로 자리매김한 이상 자유주의 국제질서는 비판적 평가의 대상이 될 수밖에 없었다. 하지만 세상의 이치가 그렇듯이 자유주의 국제질서에는 명암明暗이 모두 존재했다. 공정한 평가를 위해서는 자유주의 국제질서의 빛과 그림자를 모두 조명할 필요가 있다.

역사상 가장 평화로운 시기

1991년 소련 붕괴로부터 2001년 9·11 테러까지, 약 10년간 미국의 패권은 가히 절대적인 것처럼 보였다. 중국도 WTO에 가입하기 전이라 '대국굴기'는 꿈도 꾸지 못하던 때였다. 역사상 최초로 세계 패권이란 위업을 이뤄낸 미국과 미국인들은 자기 손으로 얻어낸 성과에 도취해 있었다. 어찌 보면 당연했다. 미국은 제1차 세계대전에서 승리해 세계 최강대국으로 거듭났고, 제2차 세계대전에서는 인류의 적이라고 불릴 만한 나치 독일과 일본제국을 무너뜨렸으며, 소련을 상대로 벌인 반세기에 걸친 이념 전쟁에서조차 완벽하게 승리해 역사상 최초로 일극의 패권 질서를 이룩했다. 미국이 20세기에 잇달아 이뤄낸 업적들은 그 어떠한 역사적 기준에 따라도 기념비적이었다. 마침 인터넷과 컴퓨터의 보급으로 기존 산업의 패러다임을 뒤바꾼 IT 혁명이 일어나고 있었는데, 이 또한 미국이 선도했다. 새천년에도 미국의 절대적 우위와 패권은 확고할 것처럼 보였다. 1992년 미국의 국제정치학자 프란시스 후쿠야마는 '역사의 종말'이란 저서를 통해 자유민주주의가 공산주의에 승리한 냉전을 끝으로, 여러 정치사상 간에 진화적 갈등은 종말을 맞이했으며 앞으로 모든 국가가 (미국식) 자유민주주의만을 추구하게 될 것이라고 주장하기까지 했다.[16] 20세기 말 할리우드가 찍어낸 수많은 영화는 약속이라도 한 듯 미국과 미국식 자유주의를 찬양하고, 미국이 외계인이나 운석, 파멸적인 자연 재난, 세계를 위협하는 테러리스트들로부터 세상을 지켜내는 모습을 다양한 방식으로 그려냈다.

패권국은 역내 질서를 훼손하는 행위를 용납하지 않는다. 강대국 간의 분쟁은 조용히 사라졌다. '세계 경찰'로서의 미국의 군사 개입은 주로 비강대국을 대상으로 이뤄졌다. 탈냉전기 미국의 군사 개입은 많은 경우 UN 체제를 수호하거나 인도주의적 목적을 달성하기 위해 이뤄졌다. 1990년 쿠웨이트를 침공한 사담 후세인의 이라크를 상대로 벌인 걸프전을 시작으로 1990년대 초 소말리아 군벌 간의 무력 충돌을 제어하기 위해 벌인 군사작전(속칭 '블랙호크다운'), 1990년대 중반 아이티 군부 쿠데타에 대응하기 위한 군사작전, 1990년대 중반 보스니아에서 UN 평화유지활동을 지원하기 위한 군사작전, 1990년대 후반 코소보에서 알바니아계 민족에 대한 집단살해 및 인종청소를 막기 위한 군사작전 등이 대표적인 사례였다. 많은 경우 미국은 UN 안보리의 적법한 결의에 따라 국제법적 정당성을 확보한 뒤에야 군사력을 동원했다. 다만 코소보 전쟁과 같이 인도주의적 명분이 확실한 경우에는 설사 UN을 등에 업지 못하더라도 (당시 중국과 러시아는 UN군 동원에 반대하였다) 일방적인 군사작전을 강행하기도 하였다. 미국은 무력이나 외교력을 동원해 각지의 분쟁을 종결시킨 뒤에는 UN에 평화유지를 담당하는 역할을 맡겼다.

미국이 세계 패권을 차지한 1991년을 기점으로 전쟁은 극명하게 줄어들기 시작했다. 패권국 미국이 스스로 일으킨 '테러와의 전쟁'을 제외하면 2010년경까지의 약 20년간 국가 간의 전쟁은 지극히 축소됐다. 미국이 '테러와의 전쟁'을 빌미로 아프가니스탄과 이라크에서 벌인 전쟁을 포함하더라도, 이 시기에 무력 분쟁의 숫자나 무력 분쟁으로 인한 피해의 규모는 역사상 짝을 찾기 힘들 정도로 적었다. 대규모 전쟁이 없으니 무력 충돌로 인한 피해는 주로 내전內戰으로 인해 발생했다. 내전과 내전으로 인한 피해도 냉전 종식 시점부터 꾸준하게 하락했다. 내전으로 인한 피해는 1990년대 초반에 정점을 찍은 뒤 2000년대에 들어서는 3분의 1 이하로 줄었다.

'테러와의 전쟁' 등 미국이 일방적으로 일으킨 전쟁들에 대한 여러 정당한 비판과 별개로, 팍스 아메리카나가 무력 충돌로 인한 인명피해를 기념비적으로 줄였다는 사실은 여러 실증적 증거로 뒷받침된다. 1900년부터 2008년 사이에 전쟁과 내전에 휘말린 나라의 숫자를 계산한 세계은행 통계에 따르면 '팍스 아메리카나' 시대의 글로벌 안보 상황과 비견될 만한 수준의 평화 기간은 전 세계가 폐허가 되어 더는 전쟁을 벌일 여력이 없었던 제1차 세계

대전 직후와 제2차 세계대전 직후밖에 없었다.[17]

미국 일방주의와 자유주의 국제질서의 패권성

숭고한 이상에도 불구하고 자유주의 국제질서는 많은 비판을 받기도 한다. 개인의 자유와 권리, 평등 의식과 독립성을 강조하는 자유주의적 사상은 각국의 고유한 문화와 관습에 근본적인 변화를 가져다줬다. 대한민국도 수백 년 동안 한민족의 사고와 관습을 지배하던 유교 문화가 지난 30여 년 동안 상당 부분 해체되는 경험을 겪었다. 자유주의 사상과 문화의 전파는 종교나 민족주의적 문화가 사회의 기본 질서나 체제를 구성하는 나라일수록 특히 위협이 됐다.

자유주의 국제질서에 내포된 미국 일방주의가 베스트팔렌 체제로 정립된 주권국 존중 원칙에 위반된다는 주장도 있다. 미국의 국제 개입이 가장 활발하게 이뤄지던 시기에는 내정 불간섭주의non-intervention와 자유주의가 대립했기 때문이다. 원래 내전과 같은 국내 문제에는 외세가 개입하여서는 안 된다는 것이 국제법의 기본원칙이었다. 그러나 2005년에 개최된 세계정상회의World Summit에서는 급기야 '보호의 의무'"R2P," Responsibility to Protect라는 원칙이 UN 총회 결의로 채택되기에 이른다. 이때 세계 각국의 정부는 집단살해나 전쟁범죄, 인종청소 기타 인류에 대한 범죄crimes against humanity로부터 자국민을 보호할 의무를 부담한다는 원칙이 선포되었고, 특정 국가가 자국민에 대한 보호 의무를 다하지 못하는 경우 국제사회가 UN 안보리를 통해 개입할 수 있다는 점 또한 확인되었다.[18] R2P 원칙이 등장함으로써 인도주의적 위기 상황이 존재할 시에는 외려 국제사회가 개입해야 할 의무가 발생하게 된 것이다.[19]

R2P 원칙이 적용된 대표적인 사례는 2011년에 있었던 리비아 내전이었다.

시민군과 교전하던 카다피 정권이 공군력을 동원해 벵가지 등지에서 민간인을 학살하자 2011년 3월 19일 미국은 R2P 원칙을 근거로 리비아에 비행금지구역no-fly zone을 선포하는 UN 안보리 결의안 1973호를 상정한다. 미국의 세계 패권에 도전할 세력이 없던 시절이라, 러시아나 중국도 반대표를 던지지 못했고(기권하였다), 결의 1973호는 채택되었다. 리비아 공군이 결의 1973호를 위반하고 폭격을 이어가자 미국을 중심으로 한 국제사회는 리비아 내전에 개입한 뒤 무력으로 비행금지구역을 강제하였다. 제공권을 잃어버린 카다피 정권은 시민군에 패배하여 무너진다. UN 안보리 결의 1973호는 많은 논란의 대상이 됐다. 내전은 말 그대로 리비아인들의 주권적 문제이므로 외세가 무력으로 개입하여서는 안 되고, 리비아인끼리 해결하도록 내버려 두었어야 한다는 비판이 이어졌다. R2P 원칙이 베스트팔렌 체제 이래 국제법의 근간이 되는 '주권 존중 원칙'에 위배된다는, 주권적 국제주의sovereign internationalism에 입각한 주장이었다.

주권적 국제주의에 따르면 인권이란 문화·사회적 배경에 따라 다를 수 있는, 상대적인 개념이다. 따라서 민간인 보호와 같은 인도적 개입은 주권 존중 원칙을 넘어서는 명분이 될 수 없다. 많은 주권적 국제주의자는 자유주의가 주창하는 인권이나 자유민주주의, 포용성 같은 가치마저도 인류 보편적 가치라기보다는 자유주의적 패권 확장을 위한 장기 전략long game의 일부에 불과하다고 본다.[20] 패권국 미국이 인권 보호나 자유민주주의 확산을 타국의 내정에 간섭하기 위한 빌미로 삼는다는 것이다. 이러한 시각을 공유하는 이들은 신新제국주의에 불과한 미국의 일극체제가 붕괴하여 다극체제가 재림하길 바라는 경우가 많다. 반면 자유주의자들은 주권적 국제주의자들의 논리가 항상 권위주의 정권에 정당성을 부여하기 위해 사용된다는 점을 지적한다.[21]

역사상 가장 풍요로운 시기

팍스 아메리카나와 자유주의 국제질서가 지배하던 지난 30여 년간은 적어도 절대적인 관점에서는 인류 역사상 짝을 찾아볼 수 없을 정도로 풍요로운 시절이기도 했다. 세계화와 자유무역으로 인해 상품과 자본, 서비스의 이동이 자유화되었고, 사람의 이동도 자유로워졌다. 새로운 기술과 생각의 전파도 빨라졌다. 자유로운 시장은 범세계적인 생산성을 극도로 향상시켰다. 높아진 생산성은 인류의 전반적 삶의 질을 개선하는 효과를 가져왔다. IMF나 세계은행 등에 따르면 이 기간에 세계 경제 규모는 3배 늘어났고, 13억 명이 빈곤에서 탈출했다.

세계은행이 지난 2천 년 동안의 세계 GDP를 분석한 자료(인플레이션을 조정한 값)에 따르면 처음 1,700여 년간 세계 단위의 GDP에는 특별한 변화가 없었다. 거의 수평에 가깝게 움직이던 세계 GDP는 산업혁명을 기점으로 유의미하게 상승하였으나, 이 또한 2천 년을 하나의 단위로 놓고 보면 매우 완만한 상승곡선을 그렸을 뿐이다. 2천 년 단위의 세계 GDP 그래프가 유의미한 상승추세를 나타내기 시작한 것은 제1차 세계대전쯤부터이다. 기술의 급격한 발전과 더불어 유럽 열강들의 식민 지배로 인해 원시적인 세계화가 발생한 시점이다. 세계 GDP는 제2차 세계대전이 종료되고 브레턴우즈 체제가 성립될 무렵부터 급격히 상승한다. 그러나 이 기간의 놀라운 세계 GDP 상승추세도 탈냉전과 WTO의 출범으로 다자무역체제가 본격적으로 발족한 이후의 기하급수적 상승추세에 비하면 완만한 수준에 불과하다.

요컨대 지난 2천 년에 대한 세계 GDP 성장추세를 그래프로 그릴 경우, 처음 1700년 동안은 사실상 수평에 가까운 추세가 이어지고, 산업혁명 시기부터 제1차 세계대전쯤까지는 식별이 가능한 수준으로 완만하게 성장하다가,

이후 제2차 세계대전까지 급격한 상승 곡선을 보여준 뒤, 남은 70여 년간 문자 그대로 '수직상승'하는 모습을 보여준다.[22] 이 수직상승의 추세 속에서도 1990년대 이전과 이후의 추세는 구분된다. 여기에는 많은 변수가 개입되었을 것이고(다만 지엽적인 변수 요인은 2천 년이란 압도적인 시간의 흐름 속에서 자연 통제되었을 것이다) 그중에서도 가장 직접적인 요인은 아마도 '기술의 발전'이겠지만, 세계화가 촉진될수록 전체 '파이'의 크기가 커진다는 원론을 부인하기는 어려워 보인다.

세계화로 인해 지구상의 거의 모든 나라가 보유한 부가 절대적으로 증가하였다는 점을 보여주는 연구 결과도 많다.[23] 특히 개도국의 경제 규모는 세계화를 기점으로 놀랍게 성장했고, 많은 경우 선진국에 비해 훨씬 높은 '비율'로 성장했다. 20세기 세계 경제와 21세기 세계 경제에서 개도국이 차지한 비중을 비교해 보면 개도국의 비중이 몇 배나 뛰어올랐다는 점을 쉽게 확인할 수 있다.

탈냉전기에 인류가 경험한 기술의 발전과 부의 절대적 증가는 여태껏 겪어보지 못한 수준의 경제적 성장을 가져왔다. 신자유주의neoliberalism[24]와 세계화는 인류사에 등장한 모든 종교, 성군의 치세, 혁명, 정치사상 등이 하나같이 추구하였으되 모조리 실패하였던 원대한 목표를 이루었다. 지구상에서 모든 기아와 빈곤을 없애는데 충분할 만큼 거대한 부의 창출과 생산력의 증대 말이다. 많은 활동가activist가 지적한 바와 같이 신자유주의를 통해 창출된 거대한 부와 자원은 소위 '정의롭고 공정하게 분배'되지 못하였다. 지구의 한편에서 수많은 사람이 기아와 빈곤에 시달리는 사이, 지구의 다른 한편에서는 시장가격을 유지하기 위해 막대한 분량의 잉여자원을 폐기하는 일이 반복됐다. 하지만 전 인류를 기아와 빈곤에서 건져 내기에 충분한 수준의 '부의 창출'이, 포퓰리스트의 정치적 구호를 벗어나 현실 세계에서 실현된 것은 분명 인류사에 길이 남을 기념비적인 업적이었다.

세계화와 신자유주의의 그림자

많은 학자와 전문가들은 세계화와 신자유주의가 범세계적인 기아와 빈곤을 퇴치하고 소득 불평등을 완화하는 데 이바지할 것이라고 주장해왔다. 단순히 전체 '파이'를 키운다는 문제에만 국한하여 봤을 때, 세계화와 신자유주의는 실제로 획기적인 기술 발전과 생산력 증대를 이룩해냈다. 그러나 자본주의와 시장경제는 거의 필연적으로 부의 편중을 초래한다. 많은 나라가 부의 편중으로 인한 문제를 교정하기 위해 조세 및 경쟁 규범을 운용하고, 기업의 ESG(환경·사회·지배구조) 책임을 강조하지만, 그러한 장치가 제대로 작동하지 않는 나라도 많다. 무엇보다 국제사회에는 애초에 그러한 장치가 없다.

탈냉전 시대 또는 세계화 시대라고 불리던 지난 30여 년간, 미국은 자유민주주의 체제를 전 세계에 전파하는 한편 미국식 경제 제도를 다른 나라에 주입하려는 노력도 병행했다. 이러한 노력은 소위 '워싱턴 컨센서스Washington Consensus'라 불린 개념을 통해 실체화되었다. 워싱턴 컨센서스란 미국의 수도 워싱턴 D.C.에 소재한 3대 금융기관, 즉 미美 재무부, IMF, 그리고 세계은행 간에 묵시적으로 공유되었던 합의를 의미한다. 이들 3대 금융기관은 개도국에 차관 등을 제공할 때 워싱턴 컨센서스에 따른 경제정책을 채택하도록 요구하였다.

워싱턴 컨센서스에 따르면 개도국의 경제정책은 자유시장경제의 도입과 시장개방을 통한 외국인 투자 촉진, 공기업의 민영화, 사업의 자율성을 제약하는 각종 규제의 완화 또는 철폐, 사유재산 보호 강화 및 근로조건 자유화(고용조건 유연화) 등을 통해 자유주의적 시장경제를 목표로 해야만 한다.[25] 3

대 금융기관이 워싱턴 컨센서스를 채택한 것은 1950년대 이후 개도국들이 채택한 국가 주도 경제 성장 모델이 한계에 봉착했다는 점이 명확해진 상황에서, 가장 선진적인 자유주의적 시장경제를 도입하도록 유도하기 위한 것이었다. 워싱턴 컨센서스는 주로 중남미 국가를 대상으로 적용됐지만 동유럽 재건사업에도 적용되었고, 대한민국도 1997년 금융위기로 인해 IMF로부터 차관을 받을 때 사실상 워싱턴 컨센서스에 따른 조건을 수용하여야 했다. WTO를 통해 세계 경제질서를 자유무역질서로 재편하는 노력도 병행됐다. 워싱턴 컨센서스가 자금제공 조건으로 시장개방과 경제정책 개혁을 요구했다면 WTO는 다자무역체제에 참여하는 조건으로 범세계적인 시장개방과 경제정책의 개혁을 요구했다. 자본의 흐름과 금융에 관한 워싱턴 컨센서스와 재화의 교역에 관한 WTO 규범은 상호보완적으로 신자유주의와 경제 세계화economic globalization를 촉진했다.

세계화의 거대한 혜택을 무시하여서는 안 되지만, 세계화로 인한 부작용도 분명 존재했다. 개별 국가가 처한 다양한 상황이나 배경을 고려하지 않은 일률적인 처방책이 긍정적인 결과만을 가져다줄 수는 없는 것은 당연하다. 워싱턴 컨센서스에 따른 처방을 도입한 국가가 경제적 체질 개선에 성공한 예도 있었지만,[26] 준비되지 않은 개혁개방이 큰 혼란을 초래하기도 했다. 외국 자본이나 외국 기업과의 경쟁에 갑자기 노출된 토종 산업이 피폐해지고, 노동권보다 사업권을 우선시하는 개혁으로 인해 실업자가 양산되는 부작용도 생겼다. 무엇보다 워싱턴 컨센서스와 WTO 다자무역체제가 구축한 자유무역질서는 선진국과 개도국 사이에 구조적 불평등을 고착시켰다.

앞서 살펴본 바와 같이 탈냉전기 개도국의 경제 규모는 선진국보다 빠른 속도로 증가했다. 따라서 세계화와 신자유주의가 선진국과 개도국 간의 불평등을 절대적인 관점에서 심화시켰다고 보기는 어렵다. 그러나 세계화와 신자유주의로 통합된 세계시장에서 비교우위를 극대화하자면 산업을 특화하여야만 한다. 가진 기술과 산업기반이 없는 개도국이 글로벌 자유경쟁시장에서 선택할 수 있는 '특화'란 결국 선진국이 짜놓은 글로벌 공급망의 하단부에 속박되는 결과로 귀결됐다. 부존자원이 풍족한 나라의 경우에는 선진국의 원재료 공급처로 전락했고, 인건비가 저렴한 나라는 선진국의 생산기지가 됐다. 부가가치가 높은 산업이나 기술 집약적인 산업을 자체적으로 발전시킬 기회는 주어지지 않았다. 그나마 세계화 시대가 오기 전 산업화에 성공한 대한민국이나 대만 등은 첨단기술을 개발할 기회를 붙잡을 수 있었으나 이미 구조적 차별이 자리 잡은 통합시장에 신흥 산업국이 등장하기란 지극히 어려웠다. 개도국의 산업은 하청下請으로서 원청原請인 선진국의 산업에 종속되었다.

WTO 다자무역체제는 개도국이 유치산업infant industry을 육성하고 보호하는 데도 장애로 작용했다. 개도국의 유치산업은 외국 산업과의 직접 경쟁에 노출되었고, 유치산업에 대한 보조금 공여도 제한되었다. 서구 선진국은 과거에 자국의 유치산업을 보호하여 산업화를 이룩함으로써 지금의 지위까지 왔으면서, 막상 개도국이 같은 방식으로 산업을 키우려 하자 인제 와서 "사다리를 걷어찬다"라는 비판도 나왔다.[27] 활동가들 사이에서는 미국이 IMF, 세계은행, WTO 등을 통해 개도국에 신자유주의 정책을 일률적으로 강요한 것은 개도국을 미국의 자본에 종속시키기 위한 거대한 음모의 일환이라는 주장마저 나올 지경이었다.

세계화로 인해 피해를 본 것은 개도국뿐이 아니었다. 자유무역은 국가의 경제력을 전반적으로 상승시키지만, 국제적인 경쟁력이 없는 산업 부문을 도태시키기도 한다. 애덤 스미스가 주창한, '자유무역을 통한 총생산량 증가'와 존 메이너드 케인스가 강조한 '완전고용'을 동시에 달성하기란 사실상 불가능하다. 자유무역으로 인한 도태 산업의 피해는 선진국과 개도국을 가리지 않았다. 세계화로 국제시장이 통합되자 선진국의 다국적기업은 인건비가 더 저렴한 국가로 공장과 일자리를 속속들이 이전했다. 세계화로 인해 개도국 노동자에게 일자리가 생긴 만큼 선진국의 노동자들은 일자리를 빼앗겼다. 개도국의 저렴한 노동력 앞에 선진국은 경공업은 물론이고 중공업 산업도 황폐해졌다.[28] 제조업에 종사하는 노동자들의 생활 수준은 악화됐다. 생산기지를 해외로 이전할 수 있게 된 다국적기업 앞에서 본국의 노동자나 노동조합은 협상력을 잃었다. 다국적기업이 오로지 경제적 효용에 따라 국외로 생산시설을 이전함으로써 국내 산업기반을 좌지우지할 수 있었던 것이 불과 몇 년 전까지의 현실이었다. 세계화 시대에 자본의 힘으로 수월하게 국경을 초월할 수 있는 자본가에 비해 그러지 못하는 노동자의 입지는 좁아질 수밖에 없었다. 결과는 노동 조건의 악화였다. 특히 미국의 경우, 세계화를 통해 금융자본과 다국적기업이 유례없이 비대해지는 와중에 미국의 노동자와 중산층은 점차 빈곤해졌다. 보호무역주의를 공공연히 주창했던 도널드 트럼프가 2017년 제45대 미국 대통령에 당선된 배경에 자유무역으로 인한 피해의 직격탄을 맞은 미국의 제조업 산업 중심지, 소위 '러스트 벨트Rust Belt'의 유권자들의 표심이 있었다는 사실은 널리 알려진 바와 같다.

신자유주의에 대한 또 다른 비판은 국가의 주권을 침해한다는 주장이다. 고도화된 자유무역질서가 수립되기 위해서는 각국의 주권과 정책 재량이 일정 부분 제한될 수밖에 없지만,[29] 그 부작용도 무시할 수 없다. 워싱턴 컨센서스나 WTO 협정은 각국의 정책 재량을 부당하게 제한한다는 비판을 받았다. 자유무역주의의 첨병이자 최대 수혜자인 다국적기업이 세계화를 악용해 세계 각지에서 벌인 횡포도 문제가 됐다. 외국인 투자자가 투자유치국의 법원이 아닌 독립된 중재판정부 앞에서 투자유치국과 동등한 위치에서 제기하는 투자자–국가 분쟁"ISDS," Investor-State Dispute Settlement은 투자유치국의 부당한 처우나 차별로부터 외국인 투자자를 보호하는 방패 역할을 하기도 했지만, 투자유치국의 정당한 국가정책에 제동을 거는 무기로 활용되기도 했다. ISDS를 통해 피소된 투자유치국 대다수가 개도국이었기에 다국적기업에 의한 주권 침해 논란은 더욱 커졌다. 이중과세방지협약과 관련하여서도 조세 회피처tax haven를 통한 다국적기업들의 조세회피 논란이 뜨거웠다. 최근 들어 기업의 사회적 책임Corporate Social Responsibility'이 중요해지고 있지만, 그 이전에 다국적기업들은 오랜 기간 세계 방방곡곡에서 지역경제나 지역사회를 착취한다는 비난의 대상이 됐다.

세계화에 대한 비판은 신자유주의에 대한 비판과 궤를 같이하는 경우가 많다. 또한 세계화에 대한 비판은 범세계적으로 확산 · 전개되던 자본주의에 대한 문제 제기로도 볼 수도 있다. 자본주의와 자유주의가 동전의 양면인 것처럼, 자본주의와 세계화도 동전의 양면이다. 국경에 따른 여러 장벽이 소거되면 자본주의는 자연히 국경을 넘어 확장하기 마련이고, 이 과정에서 세계화가 더욱 가속된다. 또한 세계화에 따른 시장 통합은 필연적으로 자본주의를 강화한다. 문제는 국내 시장과 달리 국제사회에는 자본주의의 근본적인 문제점들을 규제하고 제재할 단일기관이 존재하지 않는다는 점이다. 각국 정부가 규제 기능을 어느 정도 수행할 수 있겠지만, 개별 국가의 규제당국이 할 수 있는 일에는 구조적인 한계가 존재한다.

04 팍스 아메리카나의 황혼

열흘 붉은 꽃이 없고 달도 차면 기우는 법. 바야흐로 미국의 세계 패권이 기울기 시작하면서 미국이 주도하던 자유주의 국제질서도 흔들리고 있다. 미국의 세계 패권이 쇠퇴하기 시작한 분수령이 무엇이었는지에 대해서는 의견이 분분하다. 어떤 이들은 뉴욕 월드트레이드센터에 대한 9·11 항공기 테러와 그에 따른 '테러와의 전쟁'이 그 분기점이었다고 보고, 어떤 이들은 2008년에 있었던 금융위기를 꼽는다. 2010년부터 가속화된 중국의 부상을 꼽는 이들도 있고, 또 다른 이들은 트럼프 행정부 들어 대두되기 시작한 미국 우선주의를 지적한다. 어떤 사람들은 2022년 러시아의 침공으로 개시된 우크라이나 전쟁이 미국 패권 해체의 기점이 될 것이라 예언한다.

이 글을 쓰고 있는 2023년 현재 미국의 세계 패권은 아직 완전히 무너지지 않았다. 미국이 구축한 자유주의 국제질서는 비록 온전하진 못할지언정 여전히 작동하고 있다. 다만 앞서 언급된 일련의 사건들이, 그리고 각 사건을 초래한 여러 원인이 누적되면서 미국의 국력과 패권적 지위가 약화 되었다는 점은 분명한 사실이다.

9·11 테러와 테러와의 전쟁

2001년 9월 11일 극단주의 테러리스트 집단 '알카에다'는 복수의 민간 항공기를 납치하여 이 중 2대를 뉴욕 월드트레이드센터에, 다른 1대를 미 국방부 건물에 충돌시킨다. 이 무차별적 테러로 3천여 명의 무고한 생명이 한순간에 희생됐다. 알카에다의 수장인 오사마 빈라덴은 미국이 이슬람교도를 탄압하는 이스라엘을 지원하고, 중동 곳곳에서 이슬람교도를 박해하였으며, 이슬람의 성지聖地인 아라비아반도에 미군을 주둔시킨 데다, 자유주의에 바탕을 둔 서방의 문화적 침략이 이슬람 근본 가치를 훼손한다는 점 등을 테러의 이유로 꼽았다. 팍스 아메리카나의 절정을 구가하던 미국이 탈냉전 이후 최초로 심각한 외부의 도전에 직면하게 된 것이다.

1812년 영미전쟁 이래 처음으로 본토의 주요 도시가 공격당한 미국은 분노하여 보복에 나섰다. "우리 편이 아니면 모조리 적"으로 간주하겠다고 공언한 미국 앞에서 중국과 러시아도 숨을 죽였다. 북한조차도 곧바로 테러 규탄 및 애도 성명을 발표하였고, 9·11 테러와 무관함을 증명하기 위해 두 달 뒤인 2001년 11월에는 반테러 국제협약에 가입하기까지 했다. 우선 알카에다를 보호하던 아프가니스탄의 탈레반 정권을 공격하기로 한 미국은 2001년 10월 아프가니스탄에 대한 공격을 개시했고, 개전 1달여 만에 아프간 정규군을 격멸하고 수도 카불을 점령한다. 2003년 3월에는 이라크를 침공하여 20여 일 만에 사담 후세인 정권을 무너뜨렸다. 아프가니스탄과 이라크의 정규군을 단숨에 격멸한 미군은 그러나, 이후 20여 년간 '테러와의 전쟁'이라는 수렁에 빠져들었다. 정규군과의 전쟁에서는 단숨에 승리한 미군이었으나 점조직으로 구성된 저항군과 테러리스트와의 싸움은 다른 차원의 이야기였다. 미국은 냉전 시대 치욕의 패전을 겪었던 베트남 전쟁에서 맛보았던 괴로움을 더욱 넓은 지역에서, 더욱 오랫동안 겪어야만 했다. 점령지에 친미 정권을 수립하여 상황을 정리하고자 했지만, 중동의 문화를 제대로 이해하지 못한 미국의 노력은 실패로 끝났다. 20여 년의 세월 동안 약 2조 달러의 비용을 치른 '테러와의 전쟁'은 결국 2021년 8월 아프가니스탄에서의 일방적인 철군과 개전 1달여 만에 축출됐던 탈레반 정권의 귀환으로 막을 내렸다.

실패 또는 패배로 끝난 '테러와의 전쟁'이 진행된 20년여간 미국은 엄청난 국력을 소비했다. 군사력과 경제력뿐이 아니다. 2001년부터 2021년 사이에 아프가니스탄과 이라크에 파병되거나 파견된 미군과 군무원의 숫자는 거의 3백만에 이르는 것으로 추산된다. 그중 180만 이상이 직간접적인 신체적·정신적 후유증을 겪었다고 한다. 그런 희생의 끝에 돌아온 것은 세계대전 때와 같은 영광은커녕 실패한 전쟁, 잘못된 전쟁이라는 딱지뿐이었다. 현세대의 미국인이 해외에서 벌어지는 분쟁에 개입하지 않으려 들기 시작한 것도 당연한 일이다.

지정학적으로는 잠재적 경쟁국들의 부상에 적시 대응할 기회를 실기하였다는 점이 뼈 아팠다. 테러와의 끝없는 전쟁에 빠져 있는 사이 중국이 초강대국으로 부상했고, 러시아가 부활했다. 미국은 아시아와 중동에서 중국의 일대일로를 제대로 견제하지 못했을 뿐 아니라 중국의 중남미 진출에도 효과적으로 대응하지 못했다. 러시아가 2008년에 조지아를 침공했을 때도, 2014년에 우크라이나를 침공했을 때도 미국의 대응은 효과적이지 않았다. 미국의 맥 빠진 대응은 2022년 우크라이나 전쟁이 발발하는 데도 상당한 영향을 주었을 것이다.

'테러와의 전쟁'은 자유주의 국제질서에도 큰 흠집을 남겼다. 알카에다를 비호하던 탈레반 정부를 축출하기 위한 미국의 2001년 아프가니스탄 공격은 UN 안보리 결의 제1368호 및 제1373호에 의해 승인된 전쟁이었다. 그러나

2003년 이라크에 대한 침공은 달랐다. 9·11 테러로부터 거의 1년 반이 흐른 2003년 3월에 이루어진 이라크 침공은 사담 후세인 정권이 WMD를 개발하고 있다는 첩보에 따른 것이었지만, 미국은 이를 입증할 만한 증거를 제시하지 못했다. 그렇게 국제사회의 지지를 얻지 못했음에도 미국은 이라크 침공을 감행하였다. 미국은 1990년 걸프전 당시 채택된 UN 안보리 결의 제678호 및 제687호에 따라 허용된 대(對)이라크 무력 사용 권한이 여전히 유효하다는 주장에 더해, 이라크가 WMD 사찰과 관련된 UN 안보리의 결의를 준수하지 않으면 필요한 조처를 할 수 있다고 경고한 안보리 결의 제1441호를 근거로 당시 이라크 침공을 정당화하였다. 그러나 제1441호는 말미에 안보리가 해당 사안에 대해 계속 주시할 것이라고 기재하고 있어, 별도의 추가 결의 없이는 무력 사용의 직접적인 근거가 될 수 없다는 의견이 지배적이었다. 국제사회는 반발했다. 코피 아난 당시 UN 사무총장은 미국의 이라크 침공을 "국제법상 불법"이라 선언하기도 했다.

미국이 후세인 정권을 무너뜨리고 이라크를 점령한 뒤, UN 안보리는 결의 제1483호를 채택하여 이라크인들에 대한 인도주의적 지원과 국가 재건을 위해 필요한 지원을 제공할 것을 결정하였다. 미국은 UN 안보리가 이 결의 제1483호를 통해 이라크 침공을 추인한 것이라는 논리를 펴기도 했다. 만약 이라크에서 WMD가 실제로 발견되었더라면, 안보리 제1441호 또는 제1483호가 이라크 침공을 정당화한다는 미국의 주장도 정치적으로는 인정될 수 있었을지 모른다. 그러나 WMD는 끝내 발견되지 않았다. 그 결과 미국의 2003년 이라크 침공은, 사담 후세인 개인이 끔찍한 독재자이자 잔혹한 학살자라는 객관적 사실과는 별개로, 미국이 주장하는 자유주의 국제질서와 자유주의적 가치가 신형 제국주의의 다른 모습에 지나지 않는다는 반미세력의 주장에 힘을 실어주었다.

자유주의 국제질서의 가치와 명분이 훼손된 계기는 더 있었다. 9·11 테러는 미국에서 암암리에 공유되던 '미국 우월주의American primacy'를 좋지 않은 방향으로 기폭시켰다. 미국식 자유민주주의와 미국식 자유시장경제를 외국에 전파하여 '계몽'해야 한다는 시각이 미국의 대외정책에 적극 반영되기 시작한 것이다. 조지 W. 부시 대통령은 "세계에서 독재를 없애는 것은 우리 시대의 소명"이라고 발언했다. 부시가 9·11 테러 직후 북한, 이라크, 이란을 '악의 축axis of evil'이라고 정의함으로써 국제정세에 관해 선악 이분법적 접근법을 채택한 것도 같은 맥락에서 이해할 수 있다. 이 시기 미국의 대외정책은 이라크와 아프가니스탄과 같이 독재정권이 철거된 나라에 '민주주의 국가건설'을 시도하는 것으로 발현되었다. 새로이 건설된 국가가 미국식 자유민주주의와 미국식 자유시장경제를 모델로 삼게 될 것은 당연했다. 부시 대통령은 이라크에 자유민주주의 국가를 건설하면 도미노 효과로 인해 시리아, 이란, 사우디아라비아, 이집트도 자유민주주의 국가가 될 것으로 기대했다고 한다.[30] 이러한 시도는 테러와의 전쟁을 수행한다는 차원에서도 정당화됐다. 자유민주주의 국가에서는 테러리스트가 될 가능성이 높은 극단적 민족주의자가 탄생할 가능성이 작을 거라 본 것이다. 미국이 '테러와의 전쟁'을 선포하며 내걸었던 작전명이 '항구적 자유 작전Operation Enduring Freedom'이었다는 점은 의미심장하다.

군사력을 동원해 현지 정권을 붕괴시킨 뒤 '국가건설 프로젝트'를 개시하는 일방주의는 미국식 자유주의를 신형 제국주의로 보는 반미세력의 시각을 더욱 강화했다.[31] 그러나 중동과 같이 오랜 문명을 가진 민족과 문화권에 자유주의적 가치관과 체제를 일방적으로 주입하려는 시도는 무모한 것이었다. 20여 년에 걸친 미국의 노력은 결국 실패로 돌아간다.

2008년 금융위기

9·11 테러와 '테러와의 전쟁'이 미국식 자유주의의 가치를 훼손하고 미국의 국력을 장기적으로 손상시켰다면, 2008년 금융위기는 자유주의 국제질서의 일익을 담당하는 자유시장경제의 한계와 위험성이 드러난 계기였다. 미국식 자본주의의 약점이 만천하에 공개되고, 기축통화로서의 달러화의 위상에도 큰 흠집이 났다.

금융위기의 단초는 기실 1990년대에 시작됐다. 20세기 초의 대공황 이래 미국의 경제정책은 소위 '내재적 자유주의embedded liberalism'로 정의될 수 있었다. 미국은 시장 중심적인 자유무역을 주창하면서도 대공황을 초래한 자유방임주의를 경계했다. 시장에는 적당한 고삐를 채워야 했다. 1933년 미국은 대공황의 원인 중 하나가 은행의 방만한 경영과 무분별한 투자에 있다고 보고, 예금과 자기자본을 기초로 대출업을 영위하는 상업은행과, 유가증권 투자와 같은 고위험 거래를 취급하는 투자은행을 분리하는 글래스-스티걸법Glass-Steagall Act을 제정하기도 했다. 그런데 동서냉전에서 승리하고 팍스 아메리카나의 기치 아래 세계화를 주도하게 된 미국의 경제정책은 신자유주의의 영향을 받아 변화했다. IT산업의 혁신이 만들어낸 새로운 산업혁명 시기. 고리타분한 규제가 발목을 잡아서는 발전을 극대화할 수 없었다. 완전히 자유로운 시장이야말로 효과적인 방식으로 경제와 기술의 발전을 이룩해낼 터였다. 클린턴 행정부는 소위 시장 근본주의market fundamentalism라 불린 새로운 지침에 따라 대공황 시대의 교훈이 반영된 구시대의 경제정책을 폐기하기 시작했다.[32] 1999년, 미국은 첨단 글로벌 금융경쟁에서 앞서가야 한다는 명목으로 글래스-스티걸법을 폐기함으로써 상업은행과 투자은행 간의 칸막이를 허물었다.

1930년대와 1990년대 이후의 금융시장을 비교할 때 가장 큰 차이는 파생상품의 존재였다. 20세기 말에는 자산과 부채를 증권화하여 유동성을 높이고 신용파생상품을 통해 금융 리스크를 관리하는 기법이 첨단 금융으로 인식되고 있었다. 파생상품이 불러온 새로운 금융위기의 전조는 2000년대 초부터 고조되기 시작했다. 당시 미국은 주택시장이 활황기였다. 주택가격이 빠르게 상승하고 있었기에 금융기관은 주택을 담보로 잡을 수만 있다면 쉽사리 대출을 내어주었다. 차주^{借主}가 대출을 갚지 못하더라도 그사이 오른 집값만으로도 원금과 이자 회수가 가능하다는 판단이 서자, 금융기관들은 고소득·고신용자뿐만 아니라 그간 대출 대상조차 되지 못하던 저소득·저신용자에게도 담보로 잡을 주택만 있다면 대출을 내어주기 시작했다. 여기서 끝났다면 훗날 주택가격이 폭락하고 저소득·저신용자가 대출을 상환하지 못하였더라도 그 여파는 거대하지 않았을 수 있다. 부채 더미에 앉은 저소득·저신용자와 대출을 내어준 은행만 손해를 봤을 테니까. 그러나 상업은행과 투자은행 사이의 칸막이가 허물어진 상황에서 주택 담보부 대출 시장이 커지자, 파생상품을 기반으로 한 금융 기법이 적극적으로 도입되기 시작한다. 그 선봉에 선 것이 소위 구조화 금융structured financing이었다.

구조화 금융의 핵심은 'ABS'라 불리는 자산담보부증권asset-backed securities이다. 쉽게 말해 자산을 담보로 잡은 대출에서 발생한 채권을 기초로, 다시 유통할 수 있는 증권(주택 담보부 증권의 경우 주택에 대한 '모기지mortgage'에 기초하므로 'MBS'라고 불렸다)을 발행하는 것이다. 일단 증권화가 되어 고삐가 풀리자 그다음에는 거칠 게 없었다. 증권의 상품성을 높이기 위해 갖은 금융 기법들이 총동원됐다. 이번에는 MBS 등을 기초로 한 2차 파생상품(특히 부채담보부증권CDO, Collateralized Debt Obligation)이 발행될 차례였다. 다양한 채권과 증권을 뒤섞어 하나의 증권으로 발행하기 시작한 것이 대표적이다. 예컨대 고

신용자에 대한 대출채권과 저신용자에 대한 대출채권을 각각 일부씩 도려낸 뒤 서로 합친 대출채권을 기초로 증권을 발행하면 저신용자 대출채권의 상품성을 크게 제고할 수 있다. 필요하다면 더욱 많은 채권과 증권의 풀pool을 형성한 뒤, 복잡다기한 금융수학을 통해 수치상의 채권 미회수 위험도를 희석하여 신용도를 제고할 수 있다. 그래도 부족하다면 증권에 대한 신용평가를 의뢰해 신용평가기관으로부터 높은 신용 등급을 부여받을 수도 있다. 이 단계가 되면 이미 증권의 가장 밑바닥에 깔린 담보자산의 가치나 최초 채무자의 대출 변제능력은 중요하지 않다. 곧바로 확인할 수 있는, 공신력 있는 신용 등급을 믿게 되는 것이다. 만일 그걸로도 부족하다면 명망 있는 보험회사로부터 보증보험을 받아 증권을 부보cover해 버리면 완벽하다. 세계적인 보험회사의 신용 등급이 곧 증권의 신용도가 되는 것이다. 설사 그 증권의 제일 밑단에 담보로 잡힌 집 한 채 말고는 가진 게 없는 저소득·저신용자가 있다고 해도 말이다. 엄청난 물량의 CDO가 시장에서 유통되기 시작했고, 세계 유수의 금융기관들은 앞다투어 이 '최첨단 금융상품'을 사들이기 시작했다. 거품이 잔뜩 낀 주택을 담보로 한 증권과 그 증권에 기초한 파생상품은 수없이 이합집산과 변형을 거듭하는 자가 복제의 괴물이 되어 전 세계로 팔려나갔다.

금융의 핵심 가치와 기능 중 하나는 실물 시장에 유동성을 공급하는 것이다. 그렇기에 금융은 본질상 어느 정도는 실물을 앞질러 나갈 수밖에 없다. 그러나 실물과 동떨어진 것을 넘어 실물의 가치를 완전히 왜곡하는 금융상품을, 시장이 마치 실체인 양 받아들이기 시작한 이상 파멸적 결과는 예정된 것이나 다름없었다. 실물과 상관없이 금융이 금융을 낳고, 또 금융을 낳는 광기 어린 행진은 미국의 금리정책이 저금리에서 고금리로 전환되자[33] 허무하게 무너졌다. 금리가 높아지면 주택과 같은 실물의 가치는 떨어지기 마련이다.[34] 가중되는 금리 부담을 이기지 못한 채무자, 특히 변제능력을 상실한 저소득·저신용자가 파산하기 시작했다. 이럴 때를 대비한 것이 담보이지만, 주택가격이 무서운 기세로 폭락하고 있었다. 거품이 꺼져버린 주택의 가치로는 주택시장이 호황일 때 호쾌한 조건으로 실행된 대출금을 회수할 수 없었다. 주택 담보부 대출채권을 기초로 만들어진 증권과 파생상품들이 연달아 디폴트^{default}를 내기 시작했다. 그러자 대출을 제공하거나 구조화 금융에 투자한 금융기관들이 연쇄적으로 파산했다. 베어스턴스, 리먼브러더스, 메릴린치, 씨티그룹과 같이 미국의 자본주의 시장과 역사를 같이 하며 전 세계를 주름잡던 월스트리트의 쟁쟁한 투자은행이 도미노처럼 무너졌다. 증권과 파생상품에 보증보험을 제공하던 AIG도 파산했다. 금융시장이 무너지자 실물 시장도 무너지기 시작했다. 가장 큰 타격을 본 것은 자동차산업이었지만(미국의 3대 자동차 회사 중 하나였던 GM은 이 여파로 2009년 파산한다) 산업계 전 영역에 걸쳐 피해가 확산했다. 2008년 금융위기는 그렇지 않아도 테러와의 전쟁으로 천문학적인 돈을 쏟아붓고 있던 미국의 경제에 큰 타격을 안겼다.

금융위기는 긴밀하게 통합된 글로벌 금융시장을 통해 전 세계로 전파되어 범세계적인 금융위기를 초래했다. MBS나 CDO와 같은 파생상품을 매입한 것은 미국 금융기관뿐이 아니었던 것이다. 미국 금융기관 및 기업과 긴밀한 거래관계를 맺고 있던 외국 금융기관과 기업도 연쇄적으로 타격을 입었다. 전 세계 금융기관이 한꺼번에 타격을 입자 유동성을 제때 공급받지 못한 세계 각국의 실물경제가 급격히 위축되었다. 그 결과 세계 경기 전체가 침체했다.

미국의 버락 오바마 당시 대통령은 미국발 글로벌 금융위기를 극복하기 위해 국제사회의 힘을 빌렸다. 1971년에 있었던 브레턴우즈 체제의 해체와 1973년에 벌어진 오일쇼크로 세계 경제가 혼란에 빠졌을 당시 미국은

G7$^{\text{Group of 7}}$[35]을 결성해 세계 경제 현안에 대응했었다. 그러나 2008년 금융위기로 인한 혼란은 G7의 힘만으로 해결하기엔 힘에 부쳤다. 미국은 그때까지 재무장관급 회의로 개최하던 G20$^{\text{Group of 20}}$[36]을 정상급 회의로 격상한 뒤, G20에 포함된 20개 회원국 간에 긴밀한 공조를 통해 정부 지출 확대 및 금리 인하를 골자로 하는 대규모 글로벌 경기부양책을 공동으로 도입했고, 회원국 간 자유무역을 확대하였다. G20 단위에서 전방위적으로 이루어진 다자적 노력 덕분에 2008년 금융위기는 20세기 초 대공황보다는 비교적 신속히 극복될 수 있었다.

국제질서적인 관점에서 2008년 금융위기는 크게 세 가지 함의를 갖는다. 첫째는 냉전 이후 진리처럼 받아들여진 자유주의 시장경제의 한계와 약점이 만천하에 드러났다는 점이다. 사적인 욕망과 이익을 자유롭게 추구하길 권장하는 자본주의가 가진 한계와 약점이기도 했다. 2008년 금융위기 시점 당시 미국은 상위 10%가 모든 금융자산의 90% 이상을 소유하는 기형적인 상태에 놓여 있었다. 절대적 진리처럼 통용되던 자유무역주의와 신자유주의에 대한 의심이 커지기 시작한 것도 이즈음이었다. 세계은행에 따르면 전 세계 GDP에서 상품무역이 차지하는 비중은 2008년 51%에서 2020년 42%로 줄어들었다. 2008년 금융위기가 적어도 경제 분야에서는 탈세계화의 시발점이었다는 뜻이다.

둘째는 2008년 금융위기가 테러와의 전쟁으로 피폐해진 미국의 쇠퇴를 드러냈다는 점이다. 미국이 자체적인 힘만으로 금융위기를 신속히 진화하지 못하고 G7, 나아가 G20의 도움을 빌려야만 했다는 점은 무한할 것만 같았던 미국의 국력에도 한계가 있음을 보여주었다.

마지막 세 번째는 미국의 쇠퇴와 대비되어 더욱 도드라진, 중국의 변화한 위상이다. 2008년 금융위기 극복을 위해 노력한 G20 국가 가운데 가장 큰 역할을 한 나라는 중국이었다. 금융위기 속에서도 계속된 중국의 가공할 경제 성장과 대규모 경기부양책은 글로벌 경기침체 극복에 강력한 동력원 역할을 했다. 또한 중국은 위기에 빠진 외국의 국채나 회사채 등을 대량으로 구매하고 저평가된 해외 기업에 대한 대규모 투자를 단행하는 등 그간 축적된 자본력을 유감없이 과시했는데, 이 또한 여러 나라와 기업에 큰 도움이 됐다. 그리고 2008년 금융위기 극복과정을 통해 미국의 선명한 쇠퇴와 자국의 강성해진 힘을 확인한 중국은 슬슬 국제사회의 초강대국으로서 행세할 채비를 하기 시작한다.

도널드 트럼프의 등장과 미국 우선주의

2017년 1월 20일 많은 사람의 예상을 뒤엎고 도널드 트럼프가 미국의 제45대 대통령으로 취임했다. 트럼프의 당선은 국제관계에 대격변을 불러왔다. 트럼프 행정부 시절 미국의 대외정책은 한마디로 '미국 우선주의America First'였다. 트럼프의 미국은 오랜 동맹 관계와 스스로 구축한 국제질서를 훼손하면서까지 노골적으로 자국의 이익을 추구했다.

트럼프는 재임 시절 국제관계의 거의 모든 영역에서 다자주의 대신 일방주의를 추구했다. 대외정책을 전형적인 '제로섬'의 거래로 취급하며 단기적 이익 추구에 전념했다. 트럼프에게 있어 미국의 직접적인 이해관계에 배치되는 국제협력은 어리석은 짓에 지나지 않았다. 2017년 6월 트럼프는 인류 공동의 기후변화 대응을 위한 다자체제인 '기후변화에 관한 UN 기본협약"UNFCCC", UN Framework Convention on Climate Change'에서 탈퇴하겠다고 선언하였다.[37] 트럼프 행정부는 유네스코United Nations Educational, Scientific and Cultural Organization와 UN 인권이사회United Nations Human Rights Council에서도 탈퇴했으며, 2020년 5월에는 세계보건기구"WHO", World Health Organization에서도 탈퇴할 거라 선언했다. 후임으로 당선된 조 바이든 대통령은 트럼프 시절 미국이 탈퇴한 모든 다자체제에 재가입했으나, 미국이 스스로 설계한 다자체제를 헌신짝처럼 버리는 모습에 국제사회는 큰 충격을 받았다. 미국의 지도력은 심각한 손상을 입을 수밖에 없었다.

트럼프는 다자체제 전반에 대해 부정적이었지만, 그가 특별히 불만을 품었던 대상은 WTO와 WTO가 관리하는 다자무역체제였다. 국제무역에 관한 트럼프의 인식은 미국이 세계에서 가장 큰 미국 내수시장을 외국에 너무도 안일하고 쉽게 내준 탓에 미국 노동자의 고통이 가중되었고, 그 결과 다른 나라들 - 특히 중국이 - 미국인의 고혈을 빨도록 허용했다는 것이었다. 트럼프는 대선 캠페인 중에도 여러 차례에 걸쳐 미국이 WTO에서 탈퇴해야 한다는 의견을 강하게 피력했다. WTO 탈퇴로 인한 다자무역체제에서의 고립을 선택하기엔 제아무리 트럼프라도 부담됐는지 임기 중 WTO 탈퇴가 실현되진 않았지만,[38] 트럼프가 재선에 성공했더라면 미국이 WTO에서 실제로 탈퇴하는 모습을 보게 되었을지도 모른다.

백악관 입성 3일 뒤인 2017년 1월 23일, 트럼프는 첫 번째 행정명령Executive Order에 서명했다. 그야말로 취임 일성이라 할 수 있는 첫 번째 행정명령을 통해 트럼프가 한 일은 미국이 2013년부터 드라이브를 걸어온 복수 간 FTA인 환태평양동반자협정"TPP," Trans-Pacific Partnership Agreement에서 탈퇴하는 것이었다. 트럼프식 미국 일방주의의 신호탄이었다. 2017년 2월에는 북미자유무역협정"NAFTA", North American Free Trade Agreement의 재협상을 선언했고, 5개월 뒤인 7월에는 한·미 FTA의 재협상을 요구했다. 트럼프 행정부는 2018년부터 2020년 사이에 총 183건의 반덤핑 및 상계관세 조사를 개시하였고, 다양한 수입품에 대해 고율의 관세를 부과하였으며, 철강과 알루미늄에 대해서는 국가안보를 이유로 한 보호조치를 채택했다. 국제사회는 트럼프가 취한 일련의 보호무역조치를 일제히 WTO에 제소했다. 그러나 트럼프에게는 계획이 있었다.

WTO의 분쟁해결절차는 국제공법분쟁으로서는 드물게 2심제를 채택하고 있다. 임의의 전문가 풀pool 가운데 3인의 재판관을 선임하여 설치하는 1심 재판부와 달리 WTO의 상소기구는 7명의 상임 재판관으로 구성된 상설기구이고, 이 중 3명의 재판관을 사건별로 배정해 재판부를 설치하는 구조이다. 재판부당 3인의 재판관을 배정하는 것은 WTO 협정상의 정족수quorum 요건인바, 최소 3인의 재판관이 배정되지 않으면 유효하게 재판부를 구성할 수가 없다. 마침 미국은 2016년부터 몇 가지 기술적인 문제를 이유로 신규 재판관 선임에 반대하고 있었다. 다른 회원국들은 미국이 지적한 문제점들을 개선하기 위해 여러 대안을 제시했지만, 트럼프 행정부는 요지부동이었다. 시간이 흐르며 상소기구 재판관들의 임기가 하나하나 종료됐다. 결국 2019년 12월 10일 잔여 재판관의 숫자가 재판부 구성을 위해 필요한 최소인원인 3명 미만으로 줄어듦에 따라 다음날인 11일부터 WTO 상소기구의 기능이 정지되었다. 이후 2020년 한 해 동안 미국은 자국이 1심에서 패소한 거의 모든 분쟁을 상소하여 기능이 마비된 상소기구로 올려보냄으로써 판정의 확정을 저지했다. 이로써 다자무역체제의 안정성을 담보하는 '왕관의 보석Crown Jewel'이라고까지 불리던 WTO의 분쟁해결절차가 공식적으로 마비되었다.

미국이 WTO의 분쟁해결제도를 형해화시킨 데에는 많은 이유가 있다. 그러나 이 문제에 있어서 만큼은 다자주의에 대한 트럼프 대통령 개인의 불신 때문이라고 평가절하하기는 어렵다. 후임인 바이든 대통령은 취임 직후부터 트럼프 행정부 시절 채택된 반反다자주의적 조치들을 대부분 복원했지만, WTO 분쟁해결제도를 되살리는 데 있어서 만큼은 소극적이다. 그 이유는 WTO 분쟁해결제도에 대한 미국의 체계적systemic 불만 때문이다. 미·중 패권 경쟁의 도화선이 된, WTO 다자무역체제에 대한 미국의 불만에 대해서는 다음 장에서 좀 더 자세히 소개하기로 한다.

트럼프는 안보 정책에서도 오랫동안 미국이 면면히 계승해온 기조에서 탈피했다. 미국의 세계 패권을 지탱하는 중요한 축 가운데 하나인 동맹과의 관계를 '비용'으로 취급한 것이 대표적이다. 미국은 주요 동맹국을 비롯하여 전 세계 곳곳에 수십만의 대군을 주둔시키고 있다. 해외에 주둔하는 미군은 미국의 세계 패권을 유지·관리하기 위한 전략적 자산이다. 그러나 트럼프에게 있어 해외 주둔 미군은 그저 "미국민의 세금으로 다른 나라를 지켜주는 어리석은 짓"에 불과했다. 주한미군을 철수하겠다고 엄포를 놓으며 대한민국의 방위비 분담금을 대폭 인상하기도 한 트럼프는 유럽의 NATO 동맹국들에 대해서도 주둔비를 더 많이 부담하고, 미군 의존도를 줄이고 자체적인 국방비를 증대할 것을 요구했다. 고작 몇 년 전의 일이지만 당시에는 아직 미·중 패권 경쟁도, 우크라이나 전쟁도 벌어지지 않은 상황이었다. 자유주의 국제질서가 무너질 것으로 생각하는 사람이 많지 않던 시기였다. 유럽에 주둔하는 미군으로 인한 안보 효과를 크게 체감하지 못하던 NATO 동맹국의 반응은 냉소적이었다. 이에 트럼프는 약 1만 2천 명가량의 주독일 미군을 실제로 철수할 계획을 세웠으나, 재선에 실패하면서 무산된다.[39]

트럼프 행정부 시절 미국의 국제적 지도력과 위상에 의구심을 표하는 목소리가 곳곳에서 표출되기 시작한 것은 당연한 결과였다. 독일의 앙겔라 메르켈 총리는 유럽이 더 이상 미국에 의존할 수 없다고 대놓고 언급하였고, 프랑스의 에마뉘엘 마크롱 대통령도 현재의 국제질서로는 새로 대두되는 국제문제를 다룰 수 없다고 선언하기도 하였다. 중국과 러시아, EU는 각자 변화하는 국제질서 하에서 자신이 더욱 큰 역할을 하겠다고 공공연히 주장했다. 2017년 다보스에서 개최된 세계경제포럼에 참석한 중국의 시진핑 주석은 앞으로는 중국이 세계화와 자유무역주의를 수호하겠다고 선언하였는데, 이는 참으로 상징적인 광경이었다.

2021년 트럼프를 꺾고 미국의 제46대 대통령으로 취임한 조 바이든은 '미국의 귀환America is Back'을 외치며 트럼프 행정부 4년 동안 심각하게 훼손된 국제사회에서의 지도력과 위상을 되찾기 위해 다양한 노력을 했다. 그러나 미국에 대한 국제사회의 신뢰와 신용은 예전과 같지 않다. 국제사회는 미국이 자유주의 국제질서를 저버리는 모습을 이미 한번 목격한 것이다.

정치 양극화와 민주주의의 위기

도널드 트럼프의 등장과 함께 불거진 또 하나의 문제는 미국 민주주의의 위기였다. 트럼프 대통령은 전통적인 미국 정치인과는 달랐다. 그는 경선에서 공화당의 주류와 겨루어 이겼고, 대선에서는 민주당 대선후보였던 힐러리 클린턴과 겨루어 이겼다. 그 모든 과정에서 미국 엘리트 사회와 학계를 사실상 지배하던 '정치적 올바름"PC", political correctness'이란 기조에 정면으로 맞섰다. 그리고 이들 3개의 주류 세력을 연파하고 대선에서 승리했다. 트럼프가 대선 과정에서, 그리고 이후 대통령직을 수행하면서 인종·성별 혐오를 조장할 수 있는 발언을 빈번히 하였다거나 그러한 정책을 채택하였다는 점은 분명하다. 그러나 미국인의 거의 절반이 그런 트럼프를 지지했다는 점 또한 부정할 수 없는 사실이다. 트럼프라는 정치적 주변인의 대선 승리는 미국 내 정치 지형의 변화를 보여주는 거대한 현상이었다. 그러나 많은 주류 언론과 트럼프의 반대 세력은 트럼프 현상의 저변에 있는 정치적 지각변동을 엄밀히 분석하고 민주주의적 대비책을 세우기 위해 노력하지 않았다. 대신 트럼프를 단순히 반反 PC적 백래시backlash의 선봉에 선 포퓰리스트로 평가절하하고 인구의 절반 가까이 되는 그의 지지자들을 악마화하는 게으른 길을 택했다. 이러한 '정치적' 접근방식은 근원적으로 문제를 키웠고, 그로 인해 증폭된 갈등은 자칫 21세기의 남은 기간 내내 미국과 자유민주주의 진영에 족쇄로 작용할지도 모르는 위험 요소가 되었다.

'자유의 나라'라 불리는 미국과 미국의 정치체계는 오랫동안 현대 자유민주주의의 정화精華로 인식되었다. 몽테스키외의 법질서 이론에 따라 인류 역사상 최초로 삼권분립의 국가 시스템을 설계한 미국의 연방헌법은 현대 민주주의의 시발점으로 흔히 인식되는 프랑스 대혁명(1789)이 일어나기도 전에 제정(1788)됐다. 이후 200여 년의 세월이 흐르는 동안 미국은 자유민주주의 전통을 안정적으로 이어왔다. 미국의 제도가 인간과 인간 사회가 갖는 선천적 한계를 초월한 이상향이라고는 할 수 없다. 다양한 인종과 문화가 뒤섞인 미국의 인구구성과 무한경쟁을 부추기는 미국식 자유시장경제, 그리고 개개인의 개성과 신념을 중시하는 자유주의 사회체제의 특성상 미국에는 빈부격차나 인종차별, 다양한 이념 대립 등과 같은 무수한 갈등 요인이 언제나 존재했다. 그러나 이 모든 갈등 요인에도 불구하고 자유와 질서가 공존하는 미국의 국가 시스템은 높은 수준의 안정성과 신뢰성을 보여주었다. 안정적인 국가 시스템이 미국이란 나라의 국내 정책은 물론이고 대외정책을 수립하고 실행하는 데에도 큰 도움이 되었다는 점은 굳이 강조할 필요가 없을 것이다. 그러나 최근 들어 극단적인 정치적 양극화 현상이 심화하면서 미국이 세계만방에 자랑하던 국가 시스템의 근간이 뿌리째 뒤흔들리고 있다.

다양한 갈등 요인에도 불구하고 미국의 국가 시스템이 오랜 세월 비교적 안정적으로 유지될 수 있었던 데는 적어도 두 가지 근본적인 이유가 있었다. 첫째는 신생 미국의 국왕으로 등극하라는 지지자들의 권고를 뿌리치고 초대 대통령으로서의 직분에만 충실했던 국부國父 조지 워싱턴이래 전해져 내려온, '명예로움'이란 외관적 형식에 가치를 부여하는 미국 정치권의 전통이다. 미국의 정치와 정치인들도 다른 모든 나라와 마찬가지로 인간의 욕망과 두려움에 터 잡아 작동하는 정치 역학에 구속된다. 그러나 적어도 '명예로움'이란 외관을 중시하는 정치 문화는 분명히 존재했다. 명예로움을 중시하는 정치 문화는 '정치'를 상대방을 죽여야만 내가 사는 원시적 투쟁이 아닌, 공화정이라는 문명적 무대에서의 이견 조율 절차로 만들어준다. 승자는 패자를 모욕하지 않고, 패자는 패배에 승복하는 명예로움이 관행이 되면 승자독식에 제동이 걸리고 정권교체도 평화로워진다. '명예로움'은 정치 문화의 매우 세밀한 곳까지 영향을 준다. 민주 공화정에서의 정치란 결국 일반 지지자들의 민의民意를 지배체제에 반영하는 과정이란 점을 고려할 때, 정치체제의 최상단에서 벌어지는 분쟁이 명예롭게 해결되면 지지자들 간의 갈등 조율에도 긍정적인 영향을 미치기 마련이다.

버락 오바마와 존 매케인 간에 치러진 2008년 대선에서 두 후보는 정책에 관한 한 상호 비방에 가까운 격론을 벌였지만, 보수 공화당의 대표적 매파 정치인인 매케인은 한 유세에서 오바마가 이슬람교도라 주장하는 자신의 지지자로부터 마이크를 빼앗은 뒤 군중의 야유를 무릅쓰고 오바마는 공화당의 지지자라 해도 미국 대통령으로서 두려워할 필요가 없는 품위 있는 사람이라고 감쌌다. 대선 과정에서 매케인 캠프에 소속된 한 참모가 반이슬람 정서에 편승하기 위해 대선 홍보물에 기재할 오바마의 이름에서 그의 중간 이름middle name인 '후세인Hussein'을 강조하자는 전략을 제시했을 때도, 매케인은 일언지하에 거절하고 해당 참모를 질책했다. 존 매케인은 대선 패배 후에는 승복 연설에서 "오바마의 당선은 미국의 흑인들에게 자랑스러운 날이고, 미국이 얼마나 위대한 나라가 되었는지를 세계에 증명하는 것"이라고 선언하는 '명예로움'을 보였다. 그러나 그로부터 12년 후, 2020년 대선에서 바이든

에게 패배한 트럼프가 선거 결과에 사실상 불복하는 모습을 보임으로써 미국 정치의 '명예로움 전통'에도 황혼이 드리워졌음을 알렸다. 2024년 대선 가도의 전초전이 개시된 2023년 초, 트럼프 전 대통령이 대선 출마를 선언하며 지지자들에게 낸 첫 번째 메시지는 "나는 그대들의 복수다"였다. 즉, 지지자들에게 자신을 뽑아 2020년의 잘못된 대선 결과를 앙갚음하고, 그간의 설움을 보상받으라는 분열적 메시지를 낸 것이다.

미국의 국가 시스템을 탄탄하게 유지한 두 번째 요인은 '법질서'를 존중하는 문화였다. 미국은 여러 역사적인 판결을 탄생시킨 연방대법원을 정점으로 철저한 법치주의 전통을 자랑했던 나라다. 민주주의적 삼권분립에 따른 정부 삼부 가운데 가장 나약한 기관은 단연 사법부다. 제대로 된 자유민주주의가 구현되는 시점이 사법부 독립의 완성과 겹치는 경우가 많은 것은 우연이 아니다. 사법부에는 행정부와 같은 공권력이나 군사력은 물론이고, 다수의 지지자를 거느린 정치인들로 구성된 입법부와 같은 세력도 없다. 사법부의 힘은 일차적으로는 국가 시스템에서 나온다. 하지만 사법부가 시스템보다 약한 개개인이 아닌, 시스템에 영향을 미칠 정도로 민감한 정치적 사안이나 강대한 세력을 상대로도 힘을 발휘하기 위해서는, 사법부의 판결에 당사자들의 승복을 요구하는 권위가 부여되어야 한다. 이러한 권위는 사법부 판결 그 자체에 당연히 존재하는 것이 아니라 그 사회의 법질서 전통에서 나온다. 미국은 초창기부터 이러한 법질서 전통이 존재하던 나라였다.

건국 초기, 연방대법원과 연방의회의 권한 관계가 명확하지 않던 시기에 연방대법원은 판결을 통해 의회가 제정한 법률의 위헌성을 심사할 권한을 스스로 부여했고,[40] 연방의회는 이에 승복했다. 연방대법원과 주州 대법원의 권한 간에 관계가 명확하지 않던 시기에도 연방대법원은 주 대법원에 대해 자신이 우위에 있음을 판결하였고,[41] 이 또한 승복 됐다. 흑인 민권운동civil rights movement이 들불처럼 일어나던 1950~1960년대에도 연방대법원을 정점으로 한 법질서의 전통은 이어졌다. 당시까지 미국의 주류 문화였던 인종차별을 정면에서 타파하게 된 결정적인 계기는 대부분 연방대법원 판결이 제공했다. 연방대법원은 공립학교에서 인종에 따라 학생들을 분리하는 것을 금지했고,[42] 교통시설에서 인종에 따라 승객을 분리하는 것과[43] 인종 간에 결혼을 금지하는 것[44] 역시 금지했다. 연방대법원의 차별금지 판결은 흑백 갈등에만 미치지 않았다. 여성의 낙태권을 인정한 것도 연방대법원의 Roe v. Wade 판결이었다.[45] 이후에도 연방대법원은 동성애자를 특정해 차별하는 것을 금지하고,[46] 동성 간에 성행위를 불법화하는 법을 폐기하고,[47] 동성결혼을 합법화하였다.[48] 이 모든 판결은 많은 논란을 불러일으켰지만, 결과적으로 미국 사회는 법질서의 전통에 따라 연방대법원의 권위에 승복하였다. 이러한 전통에 명백한 균열이 드러난 것은 2022년에 있었던 Dobbs 판결[49]에 대한 미국 사회의 반응이었다.

Dobbs 사건에서 연방대법원은 반세기 동안 연방 차원에서 미국 여성의 낙태권을 보장했던 Roe v. Wade 판결을 뒤집고 낙태권에 대한 규제 권한을 각 주에 되돌려주는 판결을 내린다. 이 판결은 나오기 전부터 엄청난 논란을 초래했다. 판결문 초안이 아마도 결정을 뒤집고 싶었던 누군가에 의해 외부로 유출되었던 것이다. 판결문 초안이 유출되자마자 전국적인 불복 운동이 일어났다. 보수성향으로 분류되는 대법관들의 저택과 연방대법원 앞에서 연일 강력한 반대 집회가 열려 보안을 위한 바리케이드까지 설치됐다. 사회 각층의 압력에도 불구하고 연방대법원이 초안과 같은 내용의 판결을 내리자 견고했던 미국의 법질서 전통이 뒤흔들리기 시작했다. 진보성향의 뉴욕주는 여성의 낙태권을 주 헌법에 명시하기 위한 절차에 돌입했고, 조 바이든 대통령은 진보성향의 주지사들과의 연합회동을 통해 연방의회와 각 주가 연합하여 연방대법원 판결을 무력화할 대책을 논의하기도 했다. 2022년 9월 9일, 존 로버츠 대법원장은 "민감한 사안에 대한 연방대법원 판결을 비판하는 것은 (민주주의 사회에서) 전적으로 적절하지만, 대법원 결정에 동의하지 않는다는 이유만으로 법원의 정통성 그 자체를 부정하여서는 안 된다"라며 "대법원 판단의 적법성이 정치권과 여론에 의해 결정되어 연방대법원이 헌법상 기능을 수행할 수 없는 문화가 정착되면 그 결과는 아무도 책임일 수 없을 것"이라며 우려를 표했다. 그러나 진보성향의 브루킹스 연구소는 "연방대법원이 미국인의 신뢰를 잃고 있다"라며 "반드시 조처해야 한다"라고 강조했다. 트럼프 행정부 시절 임명된 보수성향 대법관들 때문에 Dobbs 판결이 채택될 수 있었다고 진단한 브루킹스 연구소는, 문제를 해결하기 위한 대안으로 그간 연방대법원의 독립성을 보장하기 위한 장치였던 대법관 종신 임기제를 폐기할 것을 제안하기도 하였다.[50] 뉴욕타임스를 비롯한 진보성향의 여러 권위 있는 매체들도 일제히 연방대법원의 정통성 위기는 스스로 불러온 것이라며, 로버츠 대법원장의 우려가 표리부동하다 평가절하했다.[51]

Dobbs 판결로 촉발된 미국 법질서의 위기는 그 후에도 계속됐다. 2023년 4월에는 보수성향의 텍사스주 연방법원이 미국에서 시판되는 거의 유일한 경구용 임신중절약인 미페프리스톤에 대한 식품의약국FDA 승인을 취소하는 결정을 내렸다. 미페프리스톤은 23년간 미국 전역에서 사용되어왔고, 안정성에도 문제가 없다는 것이 FDA의 입장이었기에 진보 세력은 일제히 연방법원의 판단을 비난했다. Dobbs 판결이 격발시킨 사법 불신이 더욱 커진 것은 물론이다. 2023년 6월에도 연방대법원은 3건의 보수적 판결을 내렸다. 사업자가 종교적 신념을 이유로 동성 커플에게 서비스를 제공하지 않는 것이 표현의 자유에 의해 보호된다는 판결과, 60년간 지속된 대학 입시에서의 '적극적 우대정책affirmative action'이 흑인 합격자를 늘리는 대신 아시아계 합격자의 숫자를 줄여 역차별에 해당한다는 판결, 그리고 바이든 행정부의 저소득층 학자금 지원이 의회의 승인을 얻지 않아 위법하다는 판결이 연달아 내려졌다. 이 모든 판결에서 6명의 보수성향 대법관과 3명의 진보성향 대법관이 6대 3으로 첨예하게 대립했다. 특히 적극적 우대정책은 고작 7년 전인 2016년에 연방대법원이 합헌이라 판결한 바 있었다.[52] 7년간 달라진 것은 트럼프 대통령 시절 임명된 3명의 보수성향 대법관의 존재뿐이었다. 연방대법원의 결정이 더 이상 사법적 결정이 아닌, 정치적 결정인 것으로 치부되기 시작한 것도 어찌 보면 자연스러운 일이었다. 바이든 대통령은 현재의 연방대법원이 "정상적인 법원이 아니다"라고 원색적으로 비난했으며, 민주당은 종신직인 연방대법관을 임기제로 바꿔야 한다고 주장하기 시작했다. 연방대법원의 판결을 정치적으로 무력화하기 위한 노력도 개시됐다. 반면 공화당과 보수 진영은 연방대법원의 판결을 열렬히 환영하고, 극단적인 좌파·PC로부터 미국 사회를 보호하는 상식의 방파제라고 치켜세웠다.

"법원이 정치에 관여하기 시작하면 정치인은 모든 것을 얻고, 법원은 모든 것을 잃을 것이다"라는 경구警句가 있다. 권위와 독립성이 생명인 사법은 정치화하는 순간 바로 그 권위와 독립성을 상실하기 때문이다. 미국 사회에서 고조되는 사법부에 대한 불신은 법원의 지나친 정치화가 스스로 초래했다고 볼 여지도 있다. 특히 보수 대 진보의 6대 3 구도가 반복되는 상황에서는 연방대법원의 판결이 온전히 법리에만 근거한 것이라는 주장이 무색해진다. 연방대법원에 대한 비판이 부당하다고 항변하기에 앞서 법관 개개인의 정치적 성향이 법리에 우선하였는지를 반성하는 것은 마땅히 필요할 것이다. 하지만 행정부의 처분이나 의회 입법사항의 위헌 여부를 다루는 사건은 태생적으로 정치적 논란에서 자유로울 수 없기 마련이다. Roe v. Wade 판결은 물론 1960년대 민권운동 시절 내려진 여러 연방대법원 판결도 정치적으로는 엄청난 반향이 있었으나, 결국 사회적으로는 존중되었다. 연방대법원의 과거 판결은 정의롭기에 존중해야 하지만 최근 판결은 불의하기에 존중할 수 없다는 편의적인 접근방식은 문제를 악화시킬 뿐만 아니라 그 또한 정치적인 주장에 불과하다.

법관도 인간에 불과한바, 판결문의 결론이 실체적 진실과 다르거나 판결문에 법리적인 오류가 포함되어 있거나, 개인의 예단과 정치적 성향이 판단에 반영될 가능성은 항상 존재한다. 미국뿐 아니라 어느 나라에서든 분쟁해결절차를 개선하기 위한 제도적인 노력은 항시 이루어져야 한다. 사법의 독립이 사법부의 불가침성을 의미하지 않는 것은 상식이다. 재판이나 판결에 따른 명백한 문제를 해소하기 위한 다양한 제도적 구제를 열린 자세로 보완·보강하여야 하고, 법관의 임기나 임용방식을 개혁하는 방안도 고려할 수 있다. 행위규범을 왜곡하는 재판규범들을 시정하거나, 증거법을 구체화하고 사실인정에 이르게 된 근거와 논리를 반드시 판결문에 (객관적인 검증이 가능한 수준으로 자세히) 기술하도록 요구함으로써 법관이 자유심증주의를 남용하지 못하도록 제한하는 노력도 필요할 것이다. 그러나 사법절차 밖에서 개별 사건의 결론에 영향을 미치려는 모든 시도는 사법의 독립성을 짓뭉개는 행위이다. 여러 불완전성에도 불구하고 법원의 판결을 존중해야 하는 가장 큰 이유는, 제도적으로 마련된 분쟁해결절차를 통해 확정된 판결을 수용하자는 사회적 합의를 유지하기 위해서다. 이러한 합의를 준수하고 존중하는 것은 민주적인 사회질서를 유지하기 위해 필수 불가결하다. 재판부가 외부 압력에 영향을 받기 시작하면 모든 판결은 존중받을 수 없고, 판결이 무시되어 법원이 제 기능을 다하지 못하면 사회적 분쟁을 평화적으로 해결할 방법이 없으며, 분쟁을 평화적으로 해결하지 못하면 그 어떠한 사회적 갈등도 봉합되지 못하고 그저 증폭될 뿐이다. 그 경우 법질서는 붕괴하고, 정치와 자력구제가 갈등을 해결하는 주된 수단이 될 것이다. 그러한 사회질서는 더 이상 자유민주주의적 사회질서라고 부를 수 없다.

현재 미국의 국가 시스템을 뿌리째 뒤흔들고 있는 정치적 양극화 현상의 저변에는 빈부격차와 인종차별, 이념 갈등과 같은 해묵은 요인이 존재할 것이다. 그러나 이러한 갈등 요인들은 항상 미국 사회의 문제로 지적되었던 반면, 국가 시스템을 뒤흔들기 시작한 정치적 양극화는 비교적 최근부터 극단화하기 시작했다. 미국의 빈부격차는 언제나 심했고, 중산층 비율이 꾸준히 축소되는 현상은 분명 불길한 징조이지만[53] 최근의 극단적 양극화[54]를 초래할 정도라고 보긴 어렵다. 잊을 만하면 촉발되는 흑백 갈등 역시 미국 사회의 오래된 잠재적 불씨이긴 하지만, 이 또한 민권운동이 한창 불타오르던 1950~1960년대 당시보다 심하다고 보긴 어렵다. 그럼에도 불구하고 오늘날 미국의 정치와 사회는 남북전쟁 이후 가장 심각하단 평가가 나올 정도로 비정상적인 갈등 수준을 보여주고 있다. 주州의 정치적 성향에 따라 정책의 양극화가 두드러지는 현상도 관측된다. 보수적인 주는 더욱 보수적인 정책을, 진보적인 주는 더욱 진보적인 정책을 채택하면서 분열이 가속화하고 있다. 이러한 정치적 갈등이 어느 순간 주들 사이의 지역갈등으로 번지게 되면 미합중국에는 다시 한번 근본적인 위기가 찾아오게 될지도 모른다.

최근 10~20년간 미국에서는 제도적 평등을 넘어 사회·문화적 평등을 요구하는 PC 주의와 정체성 정치identity politics가 대두되면서, 이념 갈등의 양상이 훨씬 복잡다기해지고 치열해졌다. 거기에 사용자의 취향을 분석하여 유사한 콘텐츠를 지속 제공하는 SNS 알고리즘의 영향으로 유권자들의 이념적 양극화가 가속하고 있기도 하다. 진보층과 보수층이 상대방을 단순히 정치적 의견이 다른 사람으로 보는 것을 넘어, 아예 악마화하는 성향을 보인다는 점도 심각하다. 개인의 정치적 입장을 그저 의견이나 이해관계의 차이가 아닌, 선악善惡의 개념으로 재단하는 모습은 정치에 과잉 몰입하는 사람이나 지지하는 정치인을 우상처럼 숭배하는 사람에게서 흔히 찾아볼 수 있는 현상이지만, 지난 몇 년 새 이러한 현상이 더욱 심화하였다는 증거가 다수 발견되고 있다. 이러한 갈등의 근원적인 원인 중에는 자유주의의 확대로 인해 미국을 포함한 서방 자유민주주의 사회의 고전적 근본 가치fundamental value가 해체되었기 때문도 있을 것이다.[55] 상대방을 악으로, 자신을 선으로 규정짓는 행태는 피아식별의 편 가르기에 관한 부족주의tribalism적 본능에 기인한 것일 수도 있으나, 선호하는 정치적 이념 따위를 자신의 근본 가치로 삼는 데서 기인할 수도 있는 것이다. 그렇다면 현재 양 진영의 주장이 교조적이고 타협 불가능한 모습을 보이는 것도 설명된다. 만일 오늘날 자유민주주의 사회들이 겪고 있는 정치적 갈등현상이 도그마dogma가 걸린 보편적 근본 가치에 관한 싸움이라면, 본인은 선이고 상대방은 악이라 규정하는 것은 놀랍지 않다. 상대방은 타협이나 협의의 대상이 아니고, 계몽되지 않으면 그저 구축되어야 할 대상일 뿐이다. 자신이 지지하는 정치적 입장과 다르면 '명예로움'과 '법질서'에 관한 기준조차 손쉽게 뒤바꾸는 모습도 자연히 설명된다. 근본 가치에 반하는 명예로움이나 법질서 따위는 악일 수밖에 없기 때문이다. 이 가설에 따르면 자유민주주의 지수가 높은 나라일수록 이념적 양극화가 심화한 현실도 설명이 된다. 자유주의가 고조되어 고전적 근본 가치를 철저히 해체하고 배척한 나라일수록, 근본 가치의 빈자리를 채울 새로운 도그마를 찾기 위한 싸움이 치열하게 전개될 수밖에 없을 것이기 때문이다.

미국 사회가 겪고 있는 정치·사회적 갈등이 진테제synthese를 찾기 위한 정반합正反合의 과정일지, 아니면 영영 조율 불가능한 갈등 요인일지는 아직 알 수 없다. 다만 국제사회에서 자유민주주의 국가와 대립하는 대다수 권위주의 국가는 근본 가치의 상실에 따른 혼란에 휩싸여 있지 않다. 자유주의가 뿌리내릴 시간이 짧았던 권위주의 국가일수록 전통적인 근본 가치와 도그마를 비교적 온전히 유지하고 있기 때문이다. 사회적 근본 가치와 도그마를 놓고 벌어지는 정치적 내분과 갈등은, 권위주의 국가와의 경쟁에서 자유민주주의 국가가 갖는 내적 불안 요소로 작용하게 될 수 있을 것이다. 자유민주주의 사회의 전통적 도그마 해체와 상실은 현재 진행 중인 패권 경쟁에서는 물론이고 종교와 민족주의를 도그마로 삼는 세력과의 중장기적 사상전思想戰에서도 소위 '자유 진영'에 열세 요인으로 작용할 가능성이 있다.

2021년 아프가니스탄 철수

2021년 8월 미국은 아프가니스탄에서 전면적으로 철수했다. 미군 철수 후에도 최대 6개월은 버틸 수 있을 것으로 예상됐던 아프가니스탄의 친미 정권은 미군의 철수가 채 종료되기도 전에 붕괴했다. 이로써 미국의 '민주주의 국가 건설'이란 거대한 실험은 완벽한 실패로 귀결됐다. 미군의 아프가니스탄 철수는 미국의 세계 패권 쇠퇴를 보여주는 가장 상징적인 사건이었다. 또한 아프가니스탄에서의 무책임하고 전격적인 철수는 미국의 고립주의 회귀를 알리는 하나의 신호탄이기도 했다.

2021년 아프가니스탄 철수는 미국이 야심 차게 수립했던 중앙아시아 대전략을 포기했다는 사실 또한 의미할 것이다. 아프가니스탄은 '팍스 아메리카나'가 절정에 달한 시기에도 미국의 패권적 영향력이 가장 적게 미치던, 중앙아시아 지역의 요충지이다. 아프가니스탄의 서쪽에는 중동에서 미국에 대항하는 가장 큰 세력인 이란이 있고, 남쪽에는 중국의 피후견국인 파키스탄이 있으며, 북쪽에는 러시아의 세력권에 속한 CIS 국가(투르크메니스탄, 우즈베키스탄, 타지키스탄)들이 있다. 동쪽으로는 타지키스탄과 파키스탄 간 국경 사이로 회랑回廊 형태로 뻗은 아프가니스탄의 땅이 중국의 신장·위구르 자치구와 맞닿아 있다. 미국이 최초에 아프가니스탄을 침공한 동기야 어떻든, 상식적으로 미국은 이 땅을 유라시아에서 권위주의 세력을 견제하기 위한 자유민주주의의 전진 요새로 삼고 싶었을 것이다.

중국과 러시아, 이란을 한꺼번에 견제할 수 있는 최상의 포석인 아프가니스탄을 끝끝내 포기할 수밖에 없었다는 것은 미국의 세계 패권이 한계에 달했다는 점과 미국의 세계 대전략에 큰 변화가 발생했다는 점을 보여줬다.

1 그만큼의 국력 우위를 갖추지 못한다면 경쟁국들이 연합하여 세력균형을 도모할 수 있기 때문이다.

2 따라서 존 미어샤이머는 미국도 세계패권국이 아닌 미주대륙의 지역 패권국에 불과하다고 보았다. 미어샤이머는 현대 미국은 미주대륙에 소재한 다른 모든 국가를 완벽하게 압도하여 자국의 목적을 관철할 수 있기에 미주대륙에서의 지역 패권국(regional hegemon)으로는 인정받을 수 있을 것이나, 다른 대륙에 소재한 경쟁국(예컨대 러시아, 중국 등)들을 상대로도 자국의 의지를 완벽히 관철할 수 있는 것은 아니기에 세계패권국이라 볼 수 없다고 본다. 미어샤이머에 따르면 진정한 의미에서의 세계패권국은 인류 역사상 존재한 적이 없다.

3 John Ikenberry, "The End of liberal international order?", International Affairs, Issue 94, Volume 1 (2018), pp. 7-23 등 참조.

4 Jeffrey Frankel, "Globalization of the Economy," in International Politics: Enduring Concepts and Contemporary Issues (12th ed), Robert Art & Robert Jervis (eds.), (Pearson, 2015), pp. 243-244.

5 당시 이란의 민주화를 주도했던 모하메드 모사데크 총리는 서방에서 교육받은 인물이었지만 미국과 영국은 팔레비 2세의 쿠데타를 지원해 모사데크 총리를 축출하고, 왕정을 복원했다. 그 결과 이란 내에 반미감정이 기폭 되었고, 결국 호메이니가 이슬람 혁명을 통해 팔레비 2세를 축출하고 현재의 이슬람 원리주의 정권을 수립하게 된다.

6 애덤 스미스는 국제무역을 승자와 패자가 나뉘는 제로섬 게임으로 본 중상주의를 비판하며 자유로운 국제경쟁을 통해 참여국 모두의 총생산을 확대할 수 있다고 보았다. 모든 참여국이 각자가 경쟁 우위를 받는 분야에 '특화'하면 전체 생산력의 극대화가 이뤄진다는 것이 절대우위(absolute advantage) 이론의 요체이다. 또한 데이비드 리카도에 따르면 참여국 가운데 일방이 모든 영역에서 경쟁 우위를 갖더라도 여전히 모든 참여국은 각자가 가장 경쟁력을 갖는 분야에 특화함으로써 전반적인 생산 효율성을 끌어올려 생산력을 극대화할 수 있다. 이것을 비교우위(comparative advantage) 이론이라 한다. 리카도가 비교우위론을 주장한 것은 1815년에 영국에서 시행된 곡물법 때문이었다. 당시 영국은 밀에 관세를 부과하여 수입을 차단하고 있었는데, 리카도는 값싼 외국산 밀의 수입을 늘리고, 영국은 밀의 생산 대신 모직의 생산에 집중해야 한다고 주장했다. 실제로 영국은 이후 곡물법을 폐지하고 산업화에 집중하여 대영제국의 기틀을 마련한다.

7 United Nations Tourism Organization - World Tourism Barometer (2019).

8 국내에서는 어느 순간부터 '지식재산권'이란 용어를 쓰고 있지만, 'intellectual property'를 지식재산권으로 번역하는 것은 어색하다. 영어 단어 'intellectual property right'을 문자 그대로 번역하면 '지적재산권'이 맞고, 우리나라에서도 오랫동안 '지적재산권'이란 용어를 사용했었다. 그러다 2011년 '지식재산 기본법'이 제정되면서부터 국립국어원에서 '지식재산권'을 표준용어로 사용하기 시작한 것으로 보인다. 그러나 '지식(knowledge)'과 '지적(intellectual)'은 서로 다른 의미와 개념을 가진 단어임이 분명하고, 바야흐로 인공지능(artificial intelligent)의 시대에 들어선 현재 '지식'이 집합된 재산권이 아닌 '지적 능력'이 구현된 재산까지 포섭하는 정의로써 '지적재산권'이 더욱 어울리는 용어라고 본다(다만 아직까지 각국의 저작권법은 인간이 아닌 존재의 지적재산권을 인정한 사례는 없는 것으로 알려져 있다). 따라서 이 책에서는 '지적재산권'이란 단어를 사용하기로 한다.

9 국제물품매매거래의 경우에는 당사자들이 명시적으로 '적용 배제(opt-out)'하지 않는 한 CISG라는 다자조약이 실체적 준거법이 되는 경우가 많다. 2022년 현재 거의 100여 개 국가들이 CISG에 가입한 상태이다.

10 Thomas Friedman, The Lexus and the Olive Tree, (Farrar, Straus, Giroux, 1999), p. 373.

11 Robert Burnett Hall, "American Raw-Material Deficiencies and Regional Dependence",

Geographical Review, Volume 30, Number 2 (1940), pp. 177 ("The United States is peculiarly favored. It is both an industrial and agricultural country. It raises practically all of the foodstuffs it requires and produces most of the raw materials essential to its needs. It is self-sustaining to a degree beyond that of any other country"). 다만 엄청난 부존자원과 생산력에도 불구하고 예나 지금이나 미국은 엄청난 양의 에너지와 자원, 식량을 수입하고 있다. 그 이유는 미국은 자급자족(self-sustainability)을 넘어 자급 충족(self-sufficiency)을 항상 추구하기 때문인데, 이는 미국이 세계에서 가장 많은 자원을 소모하는 국가이기 때문이다.

12 다만 2023년 현재 함정의 숫자로는 중국 해군이 미 해군을 넘어섰다.

13 OECD Website, *Ocean shipping and shipbuilding* ("The main transport mode for global trade is ocean shipping: around 90% of traded goods are carried over the waves").

14 군사훈련 등을 위한 일시적 항행금지구역에 대해서는 적용되지 않는다.

15 브레턴우즈 체제와 함께 출범되어 현대 세계 경제질서를 정립한 GATT(WTO), IMF, 세계은행으로 대표되는 대부분 국제경제기구는 "1국 1표"가 아니라 분담금을 기준으로 한 비례적 의결권을 갖거나(IMF), 의사결정에 사실상의 만장일치가 요구(WTO)되어 미국이 원치 않는 결정에 구속될 가능성이 희박하다.

16 프란시스 후쿠야마는 1992년 저서 'The End of History and the Last Man'에서 플라톤, 홉스, 로크, 칸트, 헤겔, 마르크스, 니체 등 다양한 정치 사상가의 철학을 분석한 뒤, 하나의 결론을 내놓는다. 서구식 자유민주주의야말로 '정부'의 궁극적 형태이고, 자유민주주의가 공산주의에 승리한 이상 더 이상 정치적 역사의 진보는 없을 것이란 진단이 그것이다. 후쿠야마는 서로 다른 사상 간의 진화적 갈등이 종언을 고했음을 선언하며, 앞으로 모든 국가는 서구식 자유민주주의만을 선호할 것이라고 봤다. 인간이 추구할 수 있는 궁극적인 정치구조인 자유민주주의가 공산주의에 승리한 이상 정치 사상적인 진보는 막을 내렸고, 앞으로는 경제적인 이전투구가 시대를 이끌어갈 것으로 전망했던 것이다.

17 International Bank for Reconstruction and Development (The World Bank): "The 2011 World Development Report."

18 Resolution adopted by the General Assembly on 16 September 2005 (2005 World Summit Outcome), A/RES/60/1 (24 October 2005), paras 138-139.

19 on Western & Joshua Goldstein, "Humanitarian Intervention Comes of Age, Lessons From Somalia to Libya," *Foreign Affairs*, FRNA, 48, Volume 90 (2011).

20 반면 코피 아난 전 UN 사무총장은 주권에는 '권력'만이 포함된 것이 아니라 '책임' 또한 따른다며, 주권이 UN 헌장에 따라 인간의 생명을 지키기 위해 승인된 인도적 개입을 저지하지 못한다고 강조했다. Kofi Annan, "Reflections on Intervention," *The Question of Intervention: Statements by the Secretary-General* (United Nations, 1999).

21 Robert Art & Robert Jervis (eds.), *International Politics: Enduring Concepts and Contemporary Issues* (12th ed)(Pearson, 2015), pp. 371-372.

22 "World GDP over the last two millennia," World GDP - Our World in Data based on World Bank & Maddison (2017).

23 Douglas Irwin, "Globalization enabled nearly all countries to grow richer in recent decades," *Peterson Institute for International Economics* (16 June 2022).

24 신자유주의란 19세기에 자유시장주의자들이 사용했던 용어이지만 냉전 이후 세계화가 대두되면서부터 반세계화 진영에서 부정적인 의미로 많이 사용한 탓에 일종의 부정적인 표어(slogan)로써 사용되는 경우가 많다. 정확한 개념이라기보다는 일종의 정치적 의미를 갖는 경우가 많다. 신자유주의란 개념을 정확히 식별하기 위해서는 오히려 신자유주의란 단어의 부정적 용례를 반대해석하는 쪽이 이해에 도움이 될 수도 있다. 이때 경제학적인 관점에서의 신자유주의란 '워싱턴 컨센서스'와 WTO 협정이 주창하는 자유경제 및 시장통합을 추구한다고 볼 수 있을 것이고, 정치적으로는 작은 정부와 민영화, 기업·투자 친화적 정책을 의미한다고 볼 수 있을 것이다.

25 '워싱턴 컨센서스'는 피터슨 연구소(Peterson Institute for International Economics) 출신의 경제학자 존 윌리엄슨이 1980년대 중반 중남미에 적용됐던 정책 조건을 1989년에 개념화한 데서 시작한다. 원래 윌리엄슨은 '워싱턴 컨센서스'라는 정의를 기존에 존재하던 개념을 정리하는 차원에서 도입했다. 그러나 일단 성문화된 워싱컨 컨센서스는 워싱턴 D.C.에 소재한 3대 기관 간에 사실상의 규범처럼 활용되기 시작하였다고 한다. 워싱턴 컨센서스에 따른 10대 정책개혁 권고사항은 다음과 같다. (1) 국가 부채규모의 축소, (2) 정치적으로 대중영합적인 분야에서 빈부격차 해소 및 경제 성장에 직접적인 도움이 되는 분야로의 재원 이동(즉, 보조금 지급 대신 교육·보건복지·인프라 투자로 전환), (3) 조세제도 개혁, (4) 시장이 금리를 결정할 수 있도록 금융시장 자유화, (5) 환율 자유화, (6) 무역장벽(trade restriction)의 제거, (7) 외국인 직접투자를 제한하는 장벽의 철폐, (8) 국영기업의 민영화, (9) 경쟁을 제한하는 정책 철폐, (10) 개인의 재산권을 강화하고 근로(고용) 형태를 자유화. Douglas Irwin and Oliver Ward, "What is the Washington Consensus?", *Peterson Institute for International Economics* (2021).

26 대한민국이 대표적인 사례일 것이다. 그러나 대한민국도 무리한 개혁·개방으로 인한 사회적 후유증을 피할 수 없었다. IMF 사태 이후 대한민국은 물질주의적인 무한 경쟁 사회로 진입하게 된다.

27 장하준, 『사다리 걷어차기』, (형성백 옮김) 도서출판 부키 (2011).

28 Robert Gilpin, U.S. Power and the Multinational Corporation (Basic Books, 1975), pp. 20–44; Robert Art & Robert Jervis (eds.), *International Politics: Enduring Concepts and Contemporary Issues* (12th ed)(Pearson, 2015), p. 210.

29 Pankaj Ghemawat, "Why the World Isn't Flat," *Foreign Policy*, Number 159 (March/April 2007), pp. 54–60.

30 Isaac Chotiner, "Why John Mearsheimer Blames the U.S. for the Crisis in Ukraine," *The New Yorker* (1 March 2022).

31 Ted Galen Garpenter, "The Imperial Lure: National Building as a US Response to Terrorism" *Mediterranean Quarterly* (Winter 2006), pp. 34–47; Brian Katulis & Peter Juul, "The Lessons Learned for U.S. National Security Policy in the 20 Years Since 9/11," CAP Article (10 September 2021) 등.

32 Jonathan Kirshner, "Bring Them All Back Home? Dollar Diminution and U.S. Power," *The Washington Quarterly*, Volume 36, Issue 3 (Summer 2013), pp. 27–45.

33 미국은 연간 평균 금리는 2001년 3.88%에서 2002년 1.67%, 2003년 1.13%, 2004년 1.35%로 1%대를 유지하다가, 2005년 3.22%로 오르더니 2006년 4.97%, 2007년 5.02%로 상승했다. 물론 2008년 금융위기로 경기침체가 시작되자 2008년에는 1.92%로 곧바로 다시 1%대로 떨어졌으며, 2009년에는 0.16%, 2010년에는 0.18%, 2011년 0.10%로 0.1%로 낮아지게 된다(심지어 2014년에는 0.09%로 평균 금리가 1% 미만으로 떨어졌다). 미국은 연간 평균 금리는 2019년(2.16%)에 2%대로 올라갔으나 2020년 발발한 코로나19 팬데믹 사태에 대응하기 위해 다시 낮아졌다(2020년 0.36%, 2021년 0.08%, 2022년 1.68%). 이후 인플레이션이 시작되면서 2023년 8월 현재 미국의 2023년 평균 금리(현재까지의 상한과 하한의 평균)는 5.12%로 급격히 오른 상태다. Federal Funds Rate – Historical Annual Yield Data.

34 여러 이유가 있을 수 있지만 단순하게 설명하자면 다음과 같다. 금리가 높아지면 대출이 어려워지고, 그만큼 신규 자산취득이 줄어든다. 자산취득 수요가 줄어들면 자산 가격은 하락하게 된다. 또한 금리가 높아지면 이미 대출을 일으켜 자산을 취득한 자들이 이를 감당하기 어려워져서 자산을 처분하게 되는데, 이 경우 공급이 늘어나 자산 가격은 더욱 내려간다. 또한 금리가 높아지면 투자자금은 불안정해진 자산시장에서 금융상품으로 몰리는 경향이 있다. 자산시장에서 돈이 빠져나가면 자산 가격은 더욱 내려가게 된다.

35 미국, 영국, 프랑스, 독일, 일본, 캐나다, 이탈리아의 7개국.

36 기존 G7에 한국, 중국, 인도, 인도네시아, 사우디아라비아, 호주, 아르헨티나, 브라질, 멕시코, 러시아, 터키, EU, 남아프리카 공화국을 포함.

37 실제로 트럼프 행정부는 2020년 11월 4일 UNFCCC에서 탈퇴한다. 다만 후임이자 제46대 대통령으로 당선된 조 바이든의 취임 직후 미국은 UNFCCC에 재가입한다.

38 WTO에서 탈퇴하면 미국은 164개국을 상대로 누리던 관세양허를 일거에 잃게 된다. 거기다 미국의 지적재산권과 서비스 산업이 누리던 국제적 보호도 일시에 사라지게 된다. 미국이 세계 최대 시장이란 점을 고려할 때 대부분의 국가는 설사 미국이 WTO에서 탈퇴하더라도 미국과의 FTA 체결을 통한 일대일 양허협상을 앞다투어 개시하게 될 가능성이 있을 것이나(경우에 따라선 양자협상을 통해 양자 관세라는 측면에서는 오히려 이익을 볼 수도 있을 것이다), 이 정도로 거대한 결정은 제아무리 트럼프라도 쉽사리 내릴 수 없었을 것이다(특히 원산지 규정 등을 통해 WTO 회원국 간에 다양한 평면에서 유기적으로 누리는 규범적 이익을 고려하면 제아무리 미국이라도 WTO 탈퇴는 쉽사리 결정할 수 있는 사안이 아니다).

39 후임인 조 바이든 대통령은 이 계획을 보류하였고, 2022년 러시아가 우크라이나를 침공하면서 주독일 미군의 철수는 없던 일이 됐다.

40 *Marbury v. Madison*, 5 U.S. 137 (1803).

41 *United States v. Shipp*, 203 U.S. 563 (1906).

42 *Brown v. Board of Education of Topeka*, 347 U.S. 483 (1954)

43 *Bailey v. Patterson*, 368 U.S. 346 (1961)

44 *Loving v. Virginia*, 388 U.S. 1 (1967)

45 *Roe v. Wade*, 410 U.S. 113 (1973)

46 *Romer v. Evans*, 517 U.S. 620 (1996). 이 사건은 각 주가 동성애자를 차별하는 법을 제정할 수 없다고 판결한 것이다. 그러나 연방대법원은 주 정부가 아닌 민간 단체의 차별적 강령에는 개입할 수 없다고 봤다. Boy Scouts of America v. Dale, 530 U.S. 640 (2000).

47 *Lawrence v. Texas*, 539 U.S. 558 (2003)

48 *United States v. Windsor*, 570 U.S. 744 (2013); Obergefell v. Hodges, 576 U.S. 644 (2015)

49 *Dobbs v. Jackson Women's Health Organization*, 597 U.S. (2022).

50 Norman Eisen & Sasha Matsuki, "Term limits – a way to tackle the Supreme Court's crisis of

legitimacy" *Brookings* (26 September 2002).

51 The Editorial Board Opinion, "The Supreme Court Isn't Listening and It's No Secret Why", *The New York Times*; Douglas Keith, "A Legitimacy Crisis of the Supreme Court's Own Making", *Brennan Center for Justice* (15 September 2022).

52 *Fisher v. University of Texas at Austin*, 579 U.S. 365 (2016).

53 2021년에도 중산층은 미국 인구의 약 50%를 차지하고 있었고, 1971년 61%, 1981년 59%, 2001년 54%에서 꾸준히 하락하는 추세다. 또한 미국 전체 소득에서 중산층이 차지하는 비율은 1970년의 62%에서 2014년의 43%로 축소되었다. 다만 이러한 부(富)의 양극화는 정치적 양극화에 비하면 점진적으로 이뤄지고 있다. Rakesh Kochhar, Richard Fry, and Molly Rohal, "The American Middle Class is Losing Ground", *Pew Research Center* (9 December 2015); Rakesh Kochhar & Stella Sechopoulos, "How the American middle class has changed in the past five decades", *Pew Research Center* (20 April 2022).

54 예를 들어 진보성향 개인과 보수성향 개인 간 결혼율은 급격히 곤두박질치고 있다. 1958년에 이뤄진 설문조사에서는 "당신의 딸이 공화당과 민주당 중 어느 쪽 성향의 남자와 결혼하길 원합니까?"란 질문에 대해 18%가 민주당, 10%가 공화당이라고 응답했지만, 나머지 대다수 미국인은 "상관없다"라고 응답했다. 그러나 2016년도 조사에 따르면 지지하는 정당이 다른 미국인 부부는 전체의 30%에 지나지 않았고, 2020년에는 이 수치가 21%로 뚝 떨어졌다. 정치적 양극화는 연애 단계에도 많은 영향을 미쳐, 2017년 트럼프 당선 직후 미국인 10명 중 1명이 정치적 관점 차이로 결별한 적이 있다고 응답했다. Wendy Wang, "The partisan marriage gap is bigger than ever", *The Hill* (27 October 2020).

55 문화권마다 조금씩 차이가 날 수는 있으나 보통 종교나 관습, 관례, 도덕규범이 한 사회의 근본 가치에 토대를 제공한다. 종교와 같은 가치의 근본이 사라진 빈자리에도 일반적인 관례와 도덕규범은 여전히 남지만, 그들만으로는 복잡다기한 현대 사회에서 체계적인 사고의 틀을 세우기 위한 토대를 온전히 제공하기 어렵다. 그리고 어느 순간부터 자유주의적 사상과 여기서 파생된 진보적 정치 이념이 미국을 포함한 서구 사회에서 기독교 정신의 빈자리(즉, 근본적 도덕률의 자리)를 대체하기 위한 근본 가치로 대두하기 위해 투쟁하는 듯한 모습이 관찰된다.

제4장

미·중
패권 경쟁의
시대

같은 종種의 품종들과
같은 속屬의 종種들이야말로,
거의 동일한 구조, 체질, 습성을 가졌기에
보통 서로 간에 가장 극렬히 경쟁하는 모습을 보였다.

And we have seen ... that
it is the ... varieties of the same species,
and species of the same genus ... which,
from having nearly the same structure,
constitution, and habits, generally come into the
severest competition with each other.

—

찰스 다윈
(Charles Darwin, 1809~1882)

01 미·중 패권 경쟁의 올바른 이해

미국의 세계 패권이 흔들리고 있다. 흔히 중국의 부상이 원인이라고들 하고, 실제로도 그것이 가장 직접적인 원인이다. 다만 중국이 미국에 필적하는 종합 국력을 갖추려면 아직도 꽤 오랜 시간이 필요하다. 이번 세기 중에 중국이 미국을 추월하기 위해서는 아마도 중국의 지속적 성공과 미국의 지속적 실패라는 두 가지 조건이 동시에 충족되어야 할 것이다. 미국은 21세기의 남은 기간에도 세계 최강대국의 지위를 유지할 가능성이 높다는 뜻이다.

그렇다면 왜 다들 중국이 미국을 위협한다고 얘기하는 걸까? 미국의 최강대국 지위를 위협할 잠재력을 가진 유일한 국가의 부상에 따른, 일종의 설레발일까? 그렇지는 않다. 중국은 미국을 실제로 위협하고 있다. 다만 중국이 위협하는 것은 미국의 세계 최강대국 지위가 아니라 세계패권국 지위이다. 중국은 미국의 세계 패권을 위협하기 위해 미국을 능가하거나 대체할 필요가 없다. 그저 독자적인 세력권을 구축한 지역 패권국^{regional hegemon}에 등극하는 것만으로도 충분하다. 한 산에 두 마리 호랑이가 살 수 없다는 옛 속담처럼, 두 개의 패권이 같은 역내에 공존하는 것은 불가능하다. 전 세계를 역내로 삼는 세계패권국이 있는 세상에 지역 패권국이 존재할 수 없는 이유다. 반대로 지역 패권국이 존재하는 세상에는 세계패권국이 존재할 수 없다. 지구상에 미국의 패권적 영향력이 미치지 않는 지역이 충분히 넓게 형성되면 어느 순간 일극적 세계 패권은 해체되고, 미국은 가장 큰 지역 패권국으로 격하될 것이다.

미국은 2021년 국가안보전략National Security Strategy 보고서에서 중국을 최대의 지정학적 도전이라 규정했다. 이듬해인 2022년에 발간된 국가안보전략 보고서에서는 중국을 현행 국제질서를 자국의 이익에 복무하도록 재가공reshape할 수 있는 능력과 의지를 가진 유일한 경쟁국이라 규정했다. 중국은 미국의 세계 패권, 더 나아가 미국의 세계 패권에 기반한 자유주의 국제질서에 진정한 의미에서의 위협이 되고 있다.

02 중국의 굴기崛起

중국 속담에 "물잔은 주전자보다 낮은 곳에 있어야 물을 받는다"란 말이 있다. 소련과 공산권이 붕괴한 후 중국은 세계를 일초다강一超多强의 일극체제로 정의하고 자유주의 국제질서를 순순히 받아들였다. 하루라도 빨리 미국이 주도하는 다자무역체제에 편입되어야 한다고 절감하던 중국은 늦어도 1980년대 말부터는 WTO의 전신인 GATT 가입을 지속 신청하고 있었다. 하지만 중국의 GATT 가입은 번번이 좌절됐다. 냉전기에 소련을 견제하기 위해 중국의 UN 가입과 UN 안보리 상임이사국 등극을 지지했던 미국이었지만, 중국의 GATT/WTO 가입 지원에는 미온적이었기 때문이다. 중국의 장쩌민 주석은 미국의 경계심을 없애기 위해 갖은 노력을 했다. 1997년 이루어진 방미 기간 중 영국식 삼각모를 쓰기도 한 장쩌민은 미국 대학을 방문해 티베트·대만·천안문 등 민감한 주제를 놓고 대학생들과 거침없이 토론했으며, 춤과 노래로 친근한 이미지를 구축하려 애썼다. 덩샤오핑 이래 중국의 모든 주석이 치밀한 전략 외교를 몸소 펼쳤지만 가장 큰 외교 업적은 단연 장쩌민의 몫이었다.

중화中華 백 년의 기연이 된 WTO 가입

2001년, 중국은 마침내 WTO에 가입했다. 2000년 빌 클린턴 대통령과 2001년 조지 부시 대통령은 중국의 WTO 가입을 지지하며 중국이 민주주의의 가장 중요한 가치인 경제적 자유를 받아들일 것이라고 선언했다. 모든 이념 전쟁에서 자유민주주의의 최종승리를 선포한 '역사의 종말'과 같은 저서가 나오던 시기. 한 나라의 경제개방과 경제성장이 곧 자유민주주의의 발전으로 귀결된다는 기대는 정설로 받아들여지고 있었다. 그러나 미국은 수천 년을 이어져 내려온 중화사상을 제대로 이해하지 못하고 있었다.

중국은 미국이 최강대국이자 세계패권국이란 현실을 객관적으로 인정하였을 뿐, 많은 중국인의 심리 깊숙한 곳에는 제대로 된 세상의 중심은 중국이라는 기재가 존재한다. 이는 20세기 초 서구열강의 침탈로 겪은 치욕을, 위대한 중화의 힘을 세계만방에 떨침으로써 갚고 싶다는 정념과 뒤섞여 강렬한 민족주의적 정서로 발현된다. 민족주의 정서는 1당 체제를 유지하려는 중국공산당에 있어 그 무엇보다도 유용한 도구다. 의식주가 해결되면 으레 자유를 갈구하기 마련인 인민들에게 "아직은 때가 아니다"라고 설득하기에는 이보다 좋은 명분이 없다. 중화의 재래란 중국공산당과 중국 인민 사이에 묵시적으로 맺어진 사회계약에서 가장 중요한 부분을 차지하고 있다고 봐도 과언이 아니다.[1]

1991년 소련 붕괴 당시 중국의 적극적 역할을 주문하는 자들에게, 덩샤오핑은 '도광양회韜光養晦. 칼날 빛을 감추고 어둠 속에서 힘을 기른다'를 주문했다. 덩샤오핑은 생전에 향후 100년간은 미국과의 정면 대결을 피해야 한다고 조언했다 한다. 그로부터 고작 20여 년이 지난 시진핑 시대에 들어 중국이 중국몽中國夢과 대국굴기大國崛起를 주창하기 시작한 것은, 비록 시기상으로는 시진핑 주석의 성향과 중국의 국내 정치가 작용했을지 몰라도 결국은 예정된 순서였다고 할 수 있다. 20년이든, 100년이든, 미국식 국제질서에 대한 중국의 순응은 처음부터 충분한 힘을 기를 때까지의 한시적 순응이었을 것이다. 그저 덩샤오핑을 비롯한 그 누구도 WTO 가입이 중국에 가져올 비현실적인 결과를 예측하지 못했을 뿐이다.[2] 오늘날 G2의 위상을 자랑하는 중국의 1993년 1인당 GDP는 미화 377달러에 불과했다. 1990년대 초반 중국의 GDP는 미국의 5% 정도에 지나지 않았다. 타임지는 1992년, 21세기에 대한 예측을 담은 특별호를 발간하면서 중국은 "21세기에 산업 거인으로 성장하기에는 인구가 너무 많고 GDP가 너무 적다"라고 단언했다.

그랬던 중국이 WTO에 가입함으로써 사실상 전 세계를 새로운 시장으로 얻게 되었다. 모든 WTO 회원국은 중국산 상품에 대한 관세를 철폐하거나 철폐에 가까운 수준으로 낮추어야 했고, 예외적인 경우를 제외하면 중국산 상품을 자국산 또는 제3국 산 상품에 비해 차별하지 않을 의무를 부담하게 됐다. 저렴한 노동력과 풍부한 자원을 통해 생산된 저가의 중국산 상품은 곧 세계시장을 석권했다. 중국의 WTO 가입은 단순히 상품시장을 개방하는 효과에 그치지 않았다.[3] WTO 가입은 중국의 수출시장을 더욱 늘리고, 수출장벽을 더욱 낮추고, 중국산에 대한 차별대우를 원칙적으로 금지하는 것 외에도 다른 거대한 혜택을 제공했다. 막대한 규모의 외국인 투자가 그것이었다. 중국의 상품시장과 주요 서비스 시장이 중국의 WTO 가입의정서Accession Protocol에 따라 외국인 투자자에게 개방되자 거대한 내수시장을 노리고 전 세계에서 외국인 투자가 쏟아져 들어왔다. WTO에 가입한 중국은 가입 원년인 2001년을 기점으로 문자 그대로 폭발적으로 성장했다. 불과 10여 년 뒤인 2010년에는 일본을 제치고 세계 제2의 경제 대국에 등극하면서 1인당 GDP가 4,500달러를 돌파했다. 다시 10년 뒤인 2020년에는 1인당 GDP 10,000달러를 돌파했다. 2022년 현재 중국의 연간 GDP는 약 18조 달러에 이르러 미국(2022년 연간 GDP 약 25조 달러)을 70% 가까이 따라잡았다. 최전성기의 소련이나 일본조차 넘어서는 위업이다. 청조淸朝 말기부터 백 년 이상 세계무대의 변방으로 밀려났던 '잠자는 거인'이 잠에서 깨어난 지 불과 20여 년 만에 인류 역사상 가장 강대한 제국과 경쟁 관계를 이루는 데 성공한 것이다.

새롭게 창출된 거대한 부富가 세계 1위의 인구, 세계 3~4위의 영토, 그리고 풍부한 천연자원과 결합하자 놀라운 시너지가 발생했다. 가공할 경제성장을 바탕으로 군사력 등 다른 국력이 동시다발적으로 성장한 것은 당연한 순서였다. 국력이 종합적으로 신장하자, 중국은 국제정세에 대해서도 적극적인 목소리를 내기 시작했다. 중화 제국의 화려한 귀환이었다.

기지개를 켜기 시작한 거인

중국의 대외정책이 뚜렷하게 패권적인 행보를 보이기 시작한 시기는 대략 2010년경이다. 여기에는 복잡한 배경이 얽혀 있으나, 크게 세 가지 이유를 꼽을 수 있다.

첫 번째는 2008년 글로벌 금융위기다.[4] 금융위기를 통해 미국의 쇠락을 확인하고, 또 세계가 중국에 손을 벌리는 모습을 보며 중국인과 중국 정부는 자신감을 가지게 됐다. 후진타오 당시 주석은 중국 대사들과의 회의에서 "국제적인 힘의 균형에 큰 변화가 생겼다"라며 드디어 중국이 나설 때가 되었다고 역설했다고 한다. 매년 10%에 가까운 고공 성장을 이어가며 세계 경제를 침체로부터 구해내고 자신의 실력을 확인한 중국 내에서는, 대략 2008년경부터 패권을 도모하자는 목소리가 힘을 얻게 된다. 'NO라고 말할 수 있는 중국'이란 책이 베스트셀러에 오르고, 멀지 않아 중국이 다시 세계의 중심이 될 것이란 기대가 인민들 사이에 퍼져나갔다. 문화대혁명 시절 공자의 무덤을 스스로 파괴했던 중국은 2008년 베이징 올림픽을 기점으로 공자와 유교 사상을 본격적으로 홍보하기 시작한다.[5] 유교적 천하 질서, 즉 중국이 유일 대국으로서 중원에 자리 잡고 변방의 소국들이 이를 지지하는, 중국을 정점으로 한 위계적 국제질서를 자유주의 국제질서의 대안으로 내세우기 시작한 시점도 대략 이 무렵이다.

두 번째는 중국이 일본을 제치고 세계 2위의 경제 대국이 된 해가 바로 2010년이란 점이다. G2로 올라선 직후에도 중국의 경제 규모는 미국의 40%를 밑도는 수준이었지만, 대다수 전문가는 중국이 미국을 추월하는 것은 시간문제에 불과하다고 보았다. WTO 체제는 여전히 굳건했고, 중국은 다자무역체제 최대의 수혜자로 계속 남을 예정이었기 때문이다. 2010년을 기점으로 중국이 미국을 제치고 미래의 세계 최강대국이 될 것이란 전망이 모두에게 인정받기 시작한 것이다.

마지막 세 번째는 남중국해를 둘러싼 군사적 균형이 2010년을 기점으로 결정적인 전환을 맞이했다는 점이다. 마오쩌둥이 이끄는 공산당에 패배한 장제스의 국민당이 타이완섬에 정착해 중화민국을 건립한 1949년 이래, 중국공산당은 대만 통일을 국시로 삼았다. 중국은 1980년대 초반 중국 근해의 도서島嶼를 기반으로 한 세력 경계선인 도련선island chain을 설정했다. 이중 제1 도련선은 타이완섬을 포함하여 동중국해와 남중국해에 대한 해상통제권을 확보하겠다는 목표를 보여준다. 중국 본토와 타이완섬 사이에는 너비가 130킬로미터 남짓한 대만해협이 있을 뿐이지만, 대만해협은 미 해군의 아시아·오세아니아 작전구역을 담당하는 제7함대가 지키고 있다. 중국은 1955년과 1958년, 그리고 1996년에 대만을 상대로 무력시위를 벌였지만, 그때마다 제7함대의 위력에 밀려 물러서야만 했다. 중국은 1996년에도 대만해협에서 미사일을 발사하는 무력시위를 벌였다가 미국이 급파한 항모전단의 압박에 도발을 중단할 수밖에 없었다. 굴욕을 삼킨 중국은 군사력 강화에 박차를 가했다. 중국은 해군력 강화와 더불어 도련선을 점차 확장하여 2020년까지는 제7함대의 영향력을 필리핀과 일본 열도 너머(제2 도련선)로 밀어낼 계획을 수립했다. 그러나 실제로는 2010년도까지도 본토의 코앞에 있는 대만해협에서 중국 인민해방군의 육해공 전력을 쏟아 제7함대와 단독 격돌하는 상황에조차 중국이 패배한다는 게 대세적인 관측이었다. 북한의 연평도 포격 도발에 대한 대응으로 미국이 조지 워싱턴 항공모함을 중심으로 한 항모전단을 서해에 파견했을 때도 중국은 격렬히 항의하는 수밖에 없었다. 중국의 총 군사력이 불과 2010년경까지도 미 제7함대 하나에 눌려 앞마당인 대만해협을 넘을 수 없었다는 뜻이다.

그러던 2010년, 드디어 대함탄두미사일^{anti-ship ballistic missile} 둥펑东风 21D^{"DF-21"}가 실전 배치되었다. 2010년 12월 로버트 윌러드 당시 미 태평양 함대 사령관은 중국의 DF-21이 "초기 운용 능력을 갖추었다"고 인정했다. 상황은 근본적으로 뒤바뀌었다. 중국은 DF-21을 중심으로 미 항모전단의 중국 근해 접근을 차단하는 소위 '반反접근 · 지역 거부 전략'^{"A2/AD", anti-access, area denial}을 수립했다. A2/AD 전략의 골자는 전역戰域 내에서 미 해군과의 무력 충돌 발생 시 대함탄도미사일을 쏟아부어 항모전단을 일제히 타격함과 동시에 인민해방군의 해군력과 공군력을 전력 전개하는 것이다. A2/AD 우산 아래서 중국 인민해방군과 미 제7함대가 총력으로 격돌할 때의 결과는 예측이 어렵지만, 적어도 미 항모전단의 일방적인 공격 앞에 중국이 속수무책 당할 수밖에 없었던 시절은 끝났다고 보아도 좋다. A2/AD가 미치는 범위 안에서만큼은 미국이 자랑하는 항모전단은 더 이상 무적이 아니게 된 것이다.

중국은 A2/AD의 작전 범위 내에서 미 제7함대에 맞설 수 있게 된 2010년경부터 역내 패권 행보를 강화한다. 2010년, 동중국해 남서쪽에 있는 센카쿠 열도(중국명 댜오위다오)에서 불법조업을 하던 중국인 어선을 일본 해양 순시선이 나포하는 사건이 발생했다. 평소 센카쿠 열도에 대한 영유권을 주장하던 중국은 일본에 대한 관광을 금지하고 각종 첨단장비 제조에 필수적인 광물인 희토류의 수출을 금지함으로써 대응했다. 세계 최대의 희토류 생산국인 중국발 희토류가 끊길 위기에 처하자 일본은 체포한 중국인 어부를 무조건 석방할 수밖에 없었다. 남중국해에서의 행보는 더 공격적이었다. 중국은 남중국해의 90%에 달하는 수역에 대해 자국의 역사적 종주권을 주장하는 소위 구단선九段線, Nine Dash Line이란 해상경계선을 선포한 상태다. 구단선은 대만을 통째로 포함하고 있을 뿐만 아니라 필리핀, 베트남, 말레이시아, 브루나이가 주장하는 배타적 경제수역"EEZ," Exclusive Economic Zone을 대부분 잠식한다. 구단선이 인정되면 남중국해에서 필리핀, 베트남, 말레이시아, 브루나이는 EEZ를 사실상 전부 박탈당하게 된다. 동남아시아 국가들은 중국의 구단선 주장에 강하게 반발했다. 2013년 필리핀은 유엔해양법협약에 근거하여 네덜란드 헤이그의 상설중재재판소Permanent Court of Arbitration 규정에 따라 설치된 중재판정부에 중국 구단선의 국제법적 효력을 판단해 달라고 제소하기에 이른다. 그러나 중국은 재판을 전적으로 무시하고 심리 과정에 불참했다. 대신 남중국해에 대한 영유권 주장을 강화하기 위해 2014년부터 인공섬을 만들고 석유 시추장비를 설치하여 주변국과의 긴장 수위를 더욱 높였다. 유엔해양법협약 중재판정부는 2016년 중국 구단선에 국제법적 효력이 없다고 판정했다. 하지만 중국은 이 판정의 효력을 전면 부인했고, 판정 직전과 직후 분쟁해역에서 대규모 무력시위를 벌이는 것으로 응답했다.

패권을 향한 선전포고

이제 중국의 굴기는 관성에 따라 움직이고 있었다. 2012년 미국을 방문한 시진핑 주석은 "미국과 중국은 태평양을 사이에 둔 양안 대국"이고, "태평양은 두 대국을 모두 수용할 수 있을 만큼 넓다"라고 말했다. 양국 간에 태평양을 중심으로 한 대등한 '신형대국관계'를 구축하자는 중국의 요구를 미국은 도전으로 받아들였다. 태평양은 대서양과 함께 미국의 세계 패권을 지탱하는 두 개의 기둥 중 하나이기 때문이다. 이미 1945년에 미국 태평양관계연구소는 태평양을 '미국의 호수'로 삼을 전략적 필요에 대해 다룬 극동 보고서를 발간하였고,[6] 1954년에도 아이젠하워 대통령은 "태평양이 '미국의 호수'로 남도록 해야 한다"고 강조한 바 있다.[7] 태평양을 양분하자는 시진핑의 요구에 미국은 2011년부터 '아시아 회귀pivot to Asia' 전략을 채택하고 '테러와의 전쟁'으로 그간 신경 쓰지 못했던 아시아에 다시 관심을 기울이기 시작했다. 그러나 시진핑은 이후에도 기회가 있을 때마다 같은 메시지를 전달했다. 2013년 존 케리 당시 미국 국무장관을 접견할 때도, 2014년 미·중 전략대화에서도, 2015년 버락 오바마 대통령과의 비공식 회담에서도 동일한 메시지를 전달했다. 다만 2015년 정상회담에서는 중국이 현행 국제질서를 대체하거나 중국 주도의 국제질서를 구축하려는 목표를 갖고 있지 않다는 점을 강조했고, 오바마는 중국의 "평화로운 굴기"를 환영한다며 호응했다. 그러나 중국의 굴기는 시작일 뿐이었다.

2014년, 중국은 일대일로一帶一路 정책을 발표한다. '일대일로'는 중국몽의 상징과도 같은 대외 국책사업으로 중국 산시성의 시안에서부터 티베트, 중앙아시아, 중동을 경유해 독일까지 이어지는 육상 실크로드一帶, One Belt와, 베이징에서 시작해 남중국해와 동남아, 인도양을 경유하여 아프리카, 홍해를 지나 수에즈 운하 너머 지중해와 이탈리아까지 이어지는 해상 실크로드—路, One Road를 통칭한다. 일대일로는 전 세계 70여 국가 및 국제기구를 대상으로 수십 년에 걸쳐 실행될 계획으로, 21세기형 대운하나 만리장성 프로젝트라 해도 과언이 아니다. 지정학적 관점에서 단순하게 설명하자면, 일대일로는 내륙국에 의해 가로막힌 유라시아와 미국의 해군력에 눌려 있는 바다를 육로와 해로를 개척해 각각 뚫어냄으로써 중국의 세력이 전 세계로 뻗어나갈 길을 트기 위한 시도로도 볼 수 있다.

일대일로의 주요 표적은 동남아시아와 아프리카다. 동남아의 경우 남중국해 등에서 중국과 지정학적 이해관계가 상충하는 경우가 많아 중국과 '협력과 견제' 관계에 있다면, 지정학적 이해 상충이 적은 아프리카 국가들과 중국의 경제협력은 꺼릴 것 없이 증가하고 있다. 이 순간에도 아프리카 전역에 중국의 자본이 뿌려지고 있는데, 특히 자원개발·금융·섬유 등의 산업과 댐·철도·고속도로·다리·항만 등 기반 시설에 집중적인 투자가 이뤄지고 있다. 중국과의 무역 규모가 늘어나면서 아프리카 국가 다수가 위안화를 미국 달러화와 함께 준비자산통화reserve currency로 사용할 채비를 갖추고 있다. 중국은 전 세계 주요 광물자원 매장량의 3분의 1을 차지하고 있는 아프리카의 막대한 광물자원을 확보하기 위한 경쟁에서도 선두를 달리고 있다. 중국과 독점계약을 체결한 국가들만 해도 부지기수다. 또한 아프리카의 방대한 연안 지역은 중국이 해양 세력으로 변모하기 위한 해외 해군 거점이 되어가고 있다. 이미 아프리카 서부 대서양 연안과 동부 인도양 연안, 그리고 홍해 지역에 십여 개의 중국 해군기지가 건설되었거나 건설 중인 상황이다. 중국과 아프리카 국가 간 군사 교류도 점점 더 심화하고 있다.

중국의 영향력 확대 노력은 일대일로의 직접 경유지에 위치한 국가들로 한정되지 않는다. 미·중 갈등이 심화하기 시작한 2020년대 들어서는 미국의 전통적인 뒷마당backyard이라 할 수 있는 중남미에 대한 영향력 확대에도 박차를 가했다. 중국의 중남미 전략은 처음에는 무역 관계 개선과 같은 양태로 나타났지만, 경제 협력관계가 어느 정도 궤도에 오르자 개발 협력을 위한 금융지원의 형태로 가속화되었다. 마침 테러와의 전쟁으로 중남미에 대한 미국의 관심과 영향력이 감소한 상황이었다. 중남미에 좌파 정권이 들어서기 시작하면서 중국과의 정치·문화적 교류가 확대되는 추세이기도 했다. 트럼프 대통령의 미국 우선주의 정책으로 인해 미국의 글로벌리더십이 약화한 것도 중국의 세력 확장에 큰 몫을 했다. 트럼프가 재임 중 코앞의 중남미를 1번 방문하는 동안 시진핑은 중남미를 순방하기 위해 태평양을 5번이나 건넜다. 2018년, 중국과 '라틴아메리카·카리브 국가공동체'Community of Latin American & Caribbean States'는 일대일로의 영향력을 중남미까지 확대하는 것을 골자로 하는 공동성명을 발표하기에 이른다. 중남미 20여 개 국가가 일대일로에 참여하겠다는 양해각서를 체결했고, 직접 양해각서를 체결하지 않은 브라질·멕시코·콜롬비아·아르헨티나도 일대일로에 대해 지지를 선언하였다. 중남미 국가들의 친중 행보는 바이든 정부 들어서도 크게 달라지지 않고 있다. 특히 미국이 중국과의 패권 경쟁을 민주주의 국가와 권위주의 국가 간의 가치경쟁value competition으로 정의하고, 중남미 대다수 국가에 좌파 정권이 들어서는 핑크타이드Pink Tide 현상이 대두된 이후 중남미 권위주의 국가들과 중국의 관계는 급속도로 긴밀해지고 있다. 2021년 말에는 미국이 대만을 지지하고 중국을 견제하기 위해 거창하게 개최한 '민주주의 정상회의'가 진행 중인 와중에 중남미의 니카라과가 대만과 단교하고 중국과 수교하는 상징적인 사태가 벌어지기도 했다.

중국이 일대일로의 경유지에 건설하는 다양한 인프라 가운데는 군사기지로의 전용이 가능한 항만 등, 중국이 전략적 거점으로 삼을 수 있는 설비가 대거 포함되어 있다. 이러한 인프라의 상당수는 중국의 지정학적 이익을 우선하여 건설된 탓에 투자유치국의 다른 경제 부문과 시너지를 발휘하지 못하는 경우가 많다. 일대일로에 따른 인프라 건설 프로젝트에 중국 건설사와 중국인 인부만을 사용해 현지에 경제적 혜택이 돌아가지 않는 경우도 허다하였다. 투자유치국이 중국의 차관을 갚지 못할 시 해당 인프라에 대한 장기 운영권을 중국이 가져간 사례도 있다. 중국이 99년간 운영권을 접수한 스리랑카의 함반토타 항구가 대표적인 예다. 일대일로에 참여한 국가 다수가 부채 더미에 앉게 되면서 일대일로에 대한 국제적인 비판이 커지는 가운데, 중국은 2017년 개정 헌법에서 중국이 일대일로를 지속 추구할 것임을 명문화하였다. 2020년 말에는 일대일로 등 중국의 해외 경제활동이 타국으로부터 위협받을 시 인민해방군을 동원하여 무력 대응을 할 수 있도록 국방법을 개정하기도 했다. 일대일로 정책은 2049년 완성을 목표로 진행 중이다. 공교롭게도 2049년은 중국공산당 창건 100주년이자, 미군을 따라잡기 위한 중국군의 현대화 작업이 완료되는 시점이기도 하다. 일대일로란 결국 이 상징적인 시점까지 중국식 패권 질서를 위한 토대를 구축하겠다는 시진핑식 선언으로도 해석할 수 있다.

중국은 국제체제에 대한 영향력도 확대하고 있다. 이미 지난 10년 이상 중국은 대다수 UN 산하 국제기구에서 자국의 영향력 확대에 집중해왔다. 그 결과 중국은 2020년 기준 15개의 UN 산하 전문기구 중 4개 기구[8]의 사무총장을 배출하는 데 성공했다. 서방 출신이 사무총장을 맡은 전문기구가 2020년 기준 총 4곳(미국, 영국, 프랑스, 호주 각 1명)에 불과했었다는 점에 비추어 보면 국제기구에서 확대된 중국의 위상을 실감할 수 있다. 중국은 막강한 자금력을 바탕으로 국제기구에 대한 분담금도 확대하고 있다. 가장 많은 분담금을 납부하는 국가는 여전히 미국이지만, 중국은 아프리카와 중남미의 우호 국가들을 규합해 "1국 1표" 제도가 도입된 국제기구에서 강한 영향력을 행사하고 있다.

중국이 영향력 확대 노력을 집중하는 국제기구를 살펴보면 중국의 장기 전략을 개략적으로 파악할 수 있다. 가장 특기할 사항은 중국이 국제표준화 관련 국제기구에 대한 영향력 확대에 특별히 주력하고 있다는 점이다. 특정 산업 분야에서의 국제표준을 선점하면 관련 상품이 해당 표준/규격에 맞추어 생산되도록 사실상 범세계적으로 강제하는 효과가 있다. 자국 산업의 생리에 맞게 설정된 표준이 국제규격으로 채택되는 경우의 무형적 이익에 대해서는 굳이 설명할 필요가 없을 것이다. 지금까지 국제표준은 미국이 선도해왔으나 오늘날 중국은 장차 4차 산업혁명 시대에 맞추어 도래할 미래 산업의 국제표준을 선점하기 위해 막대한 역량을 쏟아붓고 있다. 특히 이동통신(데이터, 사물인터넷 등 포함), 인공지능 등 미래 산업에 관한 중국식 표준정립에 역량을 집중하고 있다. 기술적인 선도에 더해 ISO, 국제전기통신연합"ITU," International Telecommunication Union, 국제전기기술위원회"IEC," International Electrotechnical Commission 등으로 대표되는 국제기구에서의 영향력 확대가 연계되면 중국이 미국 대신 미래 산업의 '표준국'이 될 가능성도 완전히 배제할 수 없을 것이다.

중국이 미국을 제외한 그 어떤 나라도 넘보지 못할 만큼 강력해지고, G2라는 이름으로 미·중 양강 체제가 곧 도래할 거란 예상이 당연시되던 2017년경 중국의 행보는 더욱 과감해졌다. 시진핑 주석이 2017년 해외공관장 회의에서 "세계가 100년간 보지 못한 대변화를 직면하고 있다"라고 발언한 뒤 중국은 21세기가 '대변화의 세기'가 될 것이라 공공연히 설파하기 시작했다. '세기의 대변화론'이란 100년 주기의 패권 질서 교체 흐름에 따라 중국을 비롯한 개발도상국이 부상하고 서구 선진국이 쇠락하여 국제질서의 대변화가 발생하는 것을 뜻한다.[9] 이러한 대변화는 21세기 중반(특히 2049년경)에 중국이 미국을 추월하고 세계 제1의 강대국이 됨으로써 완성되는 것이다. 2021년 막 당선된 바이든 대통령과의 정상회담에서 시진핑 주석은 2012년부터 요구했던 소위 "태평양에서의 신흥대국 관계"를 재강조하는 대신 "지구는 중국과 미국이 각자 발전할 수 있을 만큼 충분히 크다"라고 선포했다. 바야흐로 중국이 미국에 맞설 수 있는 초강대국이 되었음을 선명하게 강조한 것이다.

03 미·중 무역분쟁

본격적인 미·중 패권 경쟁은 트럼프 행정부에 의해 2017년도에 개시됐다. 트럼프 대통령이 중국과의 무역전쟁trade war을 선포했을 때 많은 사람은 이를 미국의 만성적인 대중對中 무역적자가 지나치게 누적된 데 대한 반작용 정도로 치부했다. 미국이 WTO 상소기구 재판관의 신규 선임에 반대하고 나섰을 때도, 많은 전문가는 미국이 오랫동안 불만을 표시해온 WTO 상소기구를 길들이기 위한 조치 정도로 생각했다. '비정상적'인 트럼프 대통령의 임기가 끝나고 '정상적인' 미국 대통령이 당선되면 상황이 달라지리라는 기대가 널리 퍼져 있었다. 그러나 조 바이든 대통령이 당선된 이후에도 상황은 바뀌지 않았다. 오히려 미국의 대對중국 무역분쟁은 더욱 치밀하고 정교하게 진행 중이다. 그제야 세계는 미국과 중국이라는 초강대국 간의 패권 경쟁이 2017년경부터 이미 시작되었고, 무역분쟁은 그 신호탄에 불과하였다는 사실을 깨달았다.

분쟁의 배경[10]

무역·경제 분쟁은 군사·안보 분쟁에 비해 직관적이지 않아 맥락을 이해하기가 쉽지 않다. 그러나 국공내전에서 패배한 국민당 정부가 타이완섬으로 소재지를 옮긴 1949년부터 시작된 대만해협에서의 갈등이 글로벌 질서의 향방을 좌우하는 거대한 대결로 비화한 배경에는 어느새 G2로 성장한 중국의 굴기가 있고, 그 중국의 굴기는 전무후무한 경제성장 덕분에 가능했다. 그리고 중국의 눈부신 경제성장의 배경에는 WTO가 존재한다. 이 지점을 이해해야만 트럼프 시절 미국이 보였던 행보와, 뒤이은 바이든 대통령이 트럼프의 무역정책을 상당 부분 계승할 수밖에 없었던 이유를 알 수 있다.

사실 중국이 WTO에 가입하기 이전부터 미국에는 WTO 다자무역체제에 대한 우려와 불만이 존재했다. 다자무역체제가 중국 굴기의 밑바탕이 되었고, 때마침 중국과의 무역 갈등이 심화한 것은 그러한 우려가 현실화한 것으로 이해할 수 있다. 미국은 오랜 기간 최대의 상품 수출국이자 최대의 상품 수입국, 최대의 서비스 수출국의 지위를 동시에 누렸다. 그러나 자유무역질서가 자리 잡은 이후로는 순수입국net importing country 입장에서 좀처럼 벗어나지 못하였다. 상품무역에서 발생한 거대한 적자를 비교우위에 있는 서비스무역에서의 흑자로 어느 정도 상쇄하고는 있다. 그러나 상품과 서비스를 막론하고 미국이 전체적으로 무역흑자를 기록한 마지막 해는 거의 반세기 전인 1975년이다. 또한 서비스무역에서 이득을 보는 산업과 상품무역에서 피해를 보는 산업은 구분되고, 제조업 종사자와 서비스업 종사자는 서로 다르다. 서비스업 종사자들이 혜택을 입는다는 이유만으로 제조업 종사자들이 입는 피해를 무시할 수는 없다. 미국이 매년 거대한 적자를 감수하면서까지 다자무역체제를 유지해왔던 것은, 자유무역주의야말로 자유주의 국제질서를 지탱하는 가장 큰 기둥이라는 신념이 있었기 때문이다. 20세기 초반에 세계를 휩쓸 쓴 경제 대공황이 보호무역주의로 인해 악화되었다는 자성도 있었다.[11] 무엇보다 미국은 자유시장경제와 자유무역주의를 통해 계획경제를 채택한 공산권과의 냉전을 승리로 이끌 수 있었다.

그러나 순수입국인 미국으로서는 자국 상품시장과 제조 산업을 보호하기 위한 최소한의 안전장치가 필요했다. 예나 지금이나 미국 시장에 진출하는 많은 외제 상품은 덤핑이나 보조금을 통해 가격경쟁력을 확보한다. GATT 시절 미국이 자국 시장과 산업 보호를 위해 활용한 안전장치는 반덤핑관세anti-dumping duty, 상계관세countervailing duty, 세이프가드 조치safeguard measure로 대표되는 무역구제조치trade remedy measure와 수출자율규제"VER," voluntary export restraint였다. 반덤핑관세나 상계관세는 부당한 덤핑이나 보조금의 혜택을 받아 저가로 수입되는 외국 상품으로 인해 관련 국내 산업이 피해를 봤을 때 부과하는 보호관세이고, 세이프가드 조치는 국내 산업에 특히 심각한 피해가 발생했을 때만 사용할 수 있는 보호조치다. 이러한 무역구제조치는 저가 수입품으로부터 국내 산업을 보호하는 데 유용한 방어 수단이다. 한편 VER은 수출국이 특정 상품의 수출물량을 스스로 제한하는 것이다. 다만 '자율'이란 명칭이 무색하게 물량 제한은 수출국과 수입국 간에 양자 협상을 통해 합의된 물량으로 정해지는 게 보통이었다. 수출국이 VER에 동의하지 않거나 합의된 물량 제한을 위반하는 경우 수입국으로부터 추가 관세나 쿼터quota 등과 같은 불이익에 직면할 수 있었다.[12] VER은 미국이 자국 시장을 보호하기 위해 활용할 수 있는 최강의 도구였다. 세계 최강대국일 뿐 아니라 거대한 내수시장을 가진 미국은 모든 나라를 상대로 자국에 유리한 VER 합의를 얻어낼 수 있었기 때문이었다.

1980년대에 들어 미국의 주력 산업이 제조업에서 서비스업으로 진화하고,

IT산업의 발전으로 해외시장에서 자국의 지적재산권을 보호할 유인이 커지면서 미국은 한층 진보된 다자무역체제의 필요성을 느끼기 시작한다. 1940년대에 만들어진 GATT로는 나날이 발전하는 기술과 진화하는 국제경제 관계를 규율하는 데 한계가 있었다. 그런데 서비스무역 자유화와 범세계적인 지적재산권 보호, 기술 장벽 철폐 등을 얻어내기 위해서는 미국도 무언가를 내놓아야만 했다. 미국의 상품시장을 지키는 안전장치였던 무역구제조치와 VER이 대표적인 협상 대상이 됐다. 그렇게 미국과 개도국 간에 이루어진 타협의 결과물이 신생 WTO 협정의 주요 뼈대를 구성했다. 반덤핑관세 및 상계관세 부과와 관련해 GATT보다 훨씬 빡빡한 요건들을 부과한 반덤핑협정 및 보조금협정이 채택됐다. 또한 세이프가드 협정의 채택으로 VER이 원천적으로 금지됐다. 미국으로선 위급할 때마다 전가의 보도로 사용하던 VER을 빼앗긴 셈이다.

WTO 체제가 출범하고 한동안은 예상대로 흘러갔다. 미국은 서비스무역과 지적재산권이 중요한 첨단 산업 분야에서 많은 이득을 보았지만, 제조업 산업의 쇠락은 가속되었다. 19세기부터 미국의 성장을 견인해왔고 1970년대 이전까지도 미국 전체 고용인원 및 총생산의 45%를 담당했던, 소위 '러스트벨트'라 불리는 제조업 집약지역의 황폐화는 심각한 사회적 문제로 대두될 정도였다. 1980년대에 미국 GDP의 21%를 차지했던 제조업 분야의 비중은 2002년도에 14%로 떨어졌고, 반대로 금융업의 비중은 같은 기간 14%에서 21%로 껑충 뛰어올랐다.[13] WTO 체제 아래서 제조업과 금융업의 비중이 교체된 셈이다. 자연히 미국은 WTO 체제에서 적법하게 보장받은 안전장치라고 여겼던 무역구제제도를 활용해 자국 제조 산업의 보호에 나섰다. 여기서 문제가 생겼다. 미국이 수입 상품에 적용한 각종 무역구제 조치에 대해 WTO 재판부가 판판히 위법하단 판정을 내리기 시작한 것이다. GATT와 WTO의 차이는 단순히 규범의 종류와 범위에만 있는 것이 아니었다. 실효성 있는 분쟁 해결 수단이 부재했던 GATT와 달리 WTO의 분쟁해결절차는 국제공법 관계에서 가장 강력한 집행력을 담보하고 있었다. 그런데 WTO 재판부가 내린 일련의 판정들은 미국이 WTO 협정을 체결하면서 무역구제제도와 관련해 가졌던 기대를 근본적으로 저버렸다. 미국은 반덤핑과 상계관세와 관련된 피소된 WTO 분쟁에서 높은 확률로 패소했고, 특히 세이프가드와 관련해 피소된 WTO 분쟁에서는 2021년 이전까지 모든 사건에서 패소했다.[14]

WTO가 미국에 대해 특별히 차별적이었던 것은 아니다. 그보다는 순수입국으로서 무역 제한 조치를 채택할 일이 많았던 미국이 피소되는 경우가 많았다고 보는 것이 맞을 것이다. 자유무역을 촉진할 사명을 가진 WTO는 모든 수입제한 조치를 엄격한 기준에 따라 심사했기에 많은 경우 제소국이 승소하고 피소국이 패소했다. 미국도 제소 사건에서는 대부분 승소했다. 하지만 그런 사정은 큰 의미가 없었다. 일반적인 WTO 회원국과 달리 미국은 순수입국이었기 때문이다. WTO 판정이 내려질 때마다 미국이 자국 시장과 산업을 보호하기 위해 취할 수 있는 수단이 하나씩 사라지고 있었다. 미국이 WTO와 WTO 분쟁해결제도에 불만을 품은 것은 자연스러운 일이었다. 더욱 큰 문제는 20년이 지나도록 이 불만이 해소되지 않았다는 점이다. 국내법과 제도를 예로 들자면, 특정한 법이 있고 그 법에 따라 내려진 일련의 사법부 판결이 주요 이해당사자의 이익을 오랜 시간 침해하며, 또 그에 대한 불만에 타당한 이유가 있다면 어떠한 형태로든 관련법이 개정되는 것이 순리일 것이다. 그러나 WTO 협정은 1995년 출범한 이래 단 한 차례도 개정이 이루어지지 않았다. 이해관계가 첨예하게 대립하는 164개 회원국이 협정문의 개정을 거부하는 동안 WTO의 사법기능을 책임지는 WTO 상소기구는 다양한 법리 개발을 통해 WTO 협정의 안정성을 유지하고자 나름 노력했다. 하지만 WTO

판정이 협정 체결 당시 합의된 것과는 다른 결론을 도출하고 있다고 믿는 미국에 있어 그러한 노력은 용납할 수 없는 사법 적극주의judicial activism에 지나지 않았다. 그래도 2017년도에 트럼프 행정부가 출범하기 이전까지는 WTO 협정은 '글로벌 경제헌법'으로서의 권위를 확고히 인정받고 있었다. 미국의 연방 법률Byrd Amendment도 WTO 협정에 위배 된다는 판정이 내려지면 폐지됐고, 중국이 일본과 센카쿠 열도의 영유권을 놓고 다투다 취한 희토류 수출금지 조치도 WTO 협정을 위반한다는 판정이 나오자 폐기됐다. 이즈음 방영되던 '하우스 오브 카드'라는 미국 드라마에서는 미·중 간에 진행되던 중요한 협상에서 WTO 제소를 취하하는 것이 핵심 협상 조건으로 제시되기도 했다. WTO의 권능 아래, 약육강식이라 여겨졌던 국제사회에서 역사상 처음으로 법치주의가 효과적으로 기능하는 것처럼 보였다. 그러나 수면 아래에서는 황폐화하는 자국 제조 산업과 부상하는 중국을 지켜보는 미국의 인내심이 말라가고 있었다.

주권 국가를 규율하는 상위의 지배체제가 없는 국제사회에서, 최강대국이자 패권국인 미국의 인내심에 한계가 달했을 때 격변이 발생하는 것은 필연적인 일이었다. 일반적인 인식과 달리 미국의 보호무역주의는 트럼프 대통령의 등장으로 시작되지 않았다. 미국인의 정서는 이미 2010년대 중반에 보호무역주의로 전환되었고, 여기에 트럼프가 적극적으로 편승했다고 보는 것이 타당할 것이다. 2016년 대선에서 트럼프를 후보로 내세운 공화당의 정강정책이 무역정책에서의 'America First'를 선언한 것은 널리 알려진 사실이다. 그런데 당시 힐러리 클린턴 후보를 내세운 민주당의 정강정책도 보호무역주의를 선언하고 있었다. 그즈음 워싱턴 DC에서는 힐러리가 당선되어도 소위 '무역 검사trade prosecutor'를 임명하여 외국의 불공정 무역행위를 단속할 것이란 설說이 분분하고 있었다. WTO의 최종심을 담당하는 상소기구가 공식적으로 마비된 것은 트럼프 행정부 들어서였지만, 미국이 상소기구에 새로운 재판관이 임명되는 것을 저지하기 시작한 것은 오바마 행정부 시절인 2016년부터였다.

WTO 체제의 한계

선진국과 개발도상국의 경제체제는 서로 다른 것이 보통이다. 자유시장경제 free market economy 체제인 경우가 많은 선진국에 비해 개발도상국은 시장경제 market economy를 갖추지 못한 경우가 많다. 또한 많은 개도국은 수출진흥정책에 따라 자국의 산업을 통제한다. 이를 통해 선진시장에 저가의 상품을 체계적으로 수출하고 시장개방을 제한하여 자국의 유치산업을 보호하거나 외화 유출을 방지하곤 한다. GATT나 WTO 체제에서 비시장경제non-market economy 회원은 중국 이외에도 다수 존재했다. 헝가리나 폴란드 같은 동유럽 국가들은 물론이고 대한민국도 오랜 기간 완전한 시장경제라고는 볼 수 없었다. 비시장경제 개도국들은 GATT와 그 뒤를 이은 WTO의 다자무역체제 아래에서 미국 등 경제 선진국에 상품을 수출하고 자국 경제발전의 기틀이 되는 외화를 벌어들일 수 있었다. 미국은 개도국이 자국을 상대로 무역흑자를 실현하는 것에 대해 기본적으로는 관대했다. 그 정도는 자유주의 국제질서를 정립하고 유지하기 위한 부대비용으로 감수할 수 있었다. 중국이 등장하기 전까지는 말이다. 만일 중국이 없었더라도 미국은 WTO 다자무역체제를 자기 손으로 훼손하는 길을 택했을까? 아마도 답은 '아니오'일 것이다. 중국의 급격한 부상과, 막대한 대중對中 무역수지 적자 누적, 미국 제조 산업의 황폐화가 아니었더라면 미국은 지금까지도 WTO 체제의 핵심 설계자로서 동 체제를 수호하는 책임 있는 역할을 다하고 있을 가능성이 크다.

중국의 거대한 잠재력과 중앙통제에 구속된 비시장경제는 WTO 가입 이전부터 요주의 대상이었다. WTO 회원국들은 중국에 다양한 추가 의무를 규정한 가입의정서를 가입조건으로 요구하였다. 중국은 다른 WTO 회원국들에 비해 훨씬 많은 의무를 수용했다. 그러나 그것조차 충분치 않았다. 중국은 장장 20년 이상 압도적인 물량의 초저가超低價 상품을 세계시장에 밀어냈다. 미·중 무역분쟁이 본격화된 2018년, 미국의 대중국 상품무역 적자는 4,182억 달러에 이르렀다. 미국은 중국 단 한 나라를 상대로 대한민국의 국가 총예산에 육박하는 무역적자를 매년 감수하고 있었다. 그 비용은 고스란히 미국 내 제조 산업의 피해로 돌아갔다. 그 와중에도 미국을 포함한 전 세계를 상대로 벌어들인 넘쳐나는 무역흑자와, 거대한 중국 시장을 탐낸 외국인 투자를 바탕으로 중국의 굴기는 가속화되고 있었다. 통합된 시장에선 기술과 인력의 이동이 자유로운바, 중국은 막대한 자금력을 바탕으로 외국의 첨단기술도 블랙홀처럼 흡수했다. 더구나 중국은 WTO에 가입한 뒤에도 외국 기업에 중국인과의 합작 의무(비록 합작 비율은 기존에 비해 낮추었으나)를 부과했고, 많은 경우 기술이전도 사실상 강제했다. 중국기업들은 손쉽게 자본을 확보했을 뿐 아니라 외국의 기술과 노하우도 쉽사리 습득할 수 있었다. 그 결과 중국이 다양한 산업에서 괄목할 만한 기술 발전을 이뤄내 가치사슬의 상류로 이동하는 속도 또한 타의 추종을 불허했다. 미국이 자유무역주의라는 이름의 족쇄에 묶여 있는 사이 중국은 자유무역주의를 이용해 미국의 패권에 도전하기 위한 국력을 공공연히 키워나갔던 것이다.

WTO 체제에서 중국이 급격히 부상할 수 있었던 일차적인 이유는 중국과 중국인의 잠재력이 그만큼 거대했기 때문이다. 그러나 지난 20여 년간 중국이 공정하게 경쟁하지 않았다는 비판에도 일리가 있다. 2023년 9월 국제전략문제연구소가 개최한 포럼에 참석한 미美 연방무역대표부"USTR", United States

Trade Representative의 캐서린 타이 대표는 중국의 불공정무역행위를 다음과 같이 정의한 바 있다.

"국영기업을 통해 전략적이고 체계적으로 경기장을 왜곡한다. 핵심 산업 분야를 장악하고, 외국 경쟁업체를 차별하여 국가 선도기업을 육성하며, 핵심 분야에 대규모 보조금을 공여해 비용구조를 조작한다. 중요 상품과 기술의 지배적 공급자가 된 뒤에는 공급망을 집중시켜 [상대국에] 취약점을 만들어내고, 이를 경제적 강압 수단으로 사용한다."

실제로 많은 중국기업은 상업적 고려가 아닌 국가 주도의 산업 전략에 따라 사업 목표를 설정한다. 그로 인해 발생하는 상업적 손실은 대규모 정부 보조금으로 보전된다. 다량의 보조금이 정부가 아닌 국영기업을 통해 공여되는바, WTO 협정의 투명성transparency 조항에도 불구하고 중국의 보조금 공여 현황과 실체를 구체적으로 파악하기란 어렵다. 중국 정부의 비시장적 산업통제에 따른 결과는 특정 산업군에서 나타나는 대규모 '유휴 생산능력excess capacity'을 통해 간접 확인할 수 있다. 중국 정부가 전략적 육성 대상으로 지정한 산업은 정상적인 시장 조건에 따르면 도저히 유지할 수 없는 대규모 생산능력을 갖추게 되고, 대규모 생산능력은 관련 상품의 초저가 수출로 이어지며, 초저가로 생산·수출된 중국산 상품은 교역상대국의 관련 국내 산업을 초토화한다. 이러한 양태가 가장 쉽사리 확인되는 분야는 희토류 산업과 철강 산업이다. 특히 2008년 금융위기 이후 중국은 자국의 철강회사에 집중적으로 보조금을 공여했고 그 결과 중국 철강회사들은 전 세계 철강 과잉 생산능력의 50% 이상을 차지하기에 이르렀다. 중국 회사가 생산한 철강 물량은 내수용으로도 많이 사용됐으나, 중국이 해외에 수출한 연간 철강 물량만 해도 2019년 기준 세계 5위의 철강 생산국인 러시아의 총 철강 생산량을 훨씬 초과했다. 넘쳐나는 유휴 생산능력을 이용해 과잉 생산된 철강 제품의 가격은 초저가로 책정될 수밖에 없었고, 그중 상당량이 미국으로 수출되어 미국 철강 산업을 초토화시켰다.[15] 트럼프 행정부 시절 미국의 국가 안보를 위해 철강·알루미늄 산업을 보호해야 한다는 주장이 나왔던 배경이기도 하다.

중국이 외국의 기술을 신속히 흡수하기 위해 사용한 방법도 문제가 됐다. 처음에는 중국 시장에 진출하려는 외국 기업에 중국기업과의 합작을 강요하면서 사실상의 기술이전을 요구하였고, 중국기업에 자본력이 생긴 뒤에는 공격적인 해외 인수합병을 통해 외국 기술을 확보했다. 심한 경우 외국 기업의 기술을 불법적으로 탈취하기도 했다. 중국기업에 의한 산업기밀 탈취는 우리나라는 물론이고 전 세계적으로도 심각한 문제가 된 지 오래다. 역시나 문제는 이러한 행위들이 국가 차원에서 이루어진 것인지 아니면 민간 기업 차원에서 이루어진 것인지가 모호하다는 점이다.

미국이 WTO 체제가 제공하는 사법절차를 통해 중국과의 불균형한 무역 관계를 개선하려는 노력을 하지 않았던 것은 아니다. 중국은 사실상 모든 WTO 판정을 준수한 국가다. 그러나 중국의 불공정무역관행을 효과적으로 견제하기에 WTO 협정은 본질적으로 미진한 부분이 있었다. 우선, 앞서 설명한 바와 같이 WTO는 미국이 중국산 철강의 초저가 수입에 대응하기 위해 채택한 다양한 상계관세 조치에 대해 대부분 위법 판정을 내렸다. 중국 정부가 문제의 보조금을 공여하였다고 볼 증거가 없다는 게 주된 이유였다. 미국이 보기에 이것은 WTO가 중국의 국가 주도 보조금 정책에 면죄부를 준 것과도 하등 다를 것이 없었다. 지적재산권 침탈의 경우에도 비슷했다. 중국이 국가 차원에서 외국의 지적재산권을 침해하였다는 점이 증명되면 WTO 협정 중 TRIPS 협정에 따른 제소 대상이 될 수 있다. 그러나 지적재산권 침해가 순수하게 민간 차원에서 이뤄졌다면 중국 정부를 대상으로 한 WTO 제소는 불가능하다. 그리고 중국의 기술 탈취 관행은 적어도 표면적으로는 기업 차원에서 이뤄지는 것이 보통이다. 기술이전이 제도적으로 사실상 강제되기도 하지만 대부분은 중국 당국이 깔아놓은 체계와 판 위에서 민간 기업이 사업적 이익을 위해 협상력을 남용한 것에 지나지 않는다는 평가다.[16] WTO 협정에는 민간 주체들에 의한 불공정거래행위를 제재할 수 있는 근거가 마련되어 있지 않고, 실제로도 WTO 분쟁은 중국의 지적재산권 탈취 관행에 대해 실효적인 구제를 제공하지 못했다. 이러한 불공정거래행위에 대해서는 중국의 경쟁법 등이 일차적으로 적용되어야 하겠지만 중국과 거래하는 사업가들 가운데 중국 당국이나 법원이 관련법을 공정하고 중립적으로 집행할 걸로 믿는 이들은 찾아보기 어렵다. 오히려 중국은 법원까지 동원하여 자국 기업의 기술 도용을 적극적으로 보호하고 있다.[17]

결국 트럼프 행정부는 자유주의 국제정치학자 존 아이켄베리가 "자유주의 국제질서에서 가장 공식적이고 발전된 기관"이라 칭송한[18] WTO를 마비시킨 뒤 스스로 문제를 해결하기로 결심한다.

트럼프 행정부의 대중對中 무역분쟁

트럼프 대통령은 취임 원년인 2017년부터 중국의 불공정 무역행위에 대한 대응을 개시했다. 초창기 트럼프 행정부의 대응은 WTO 체제에서 허용되는 반덤핑관세와 상계관세를 훨씬 더 과감하고 투박하게 부과하는 것이었다. 중국산 수입품에 대대적인 반덤핑관세와 상계관세를 부과해 높은 무역장벽을 쌓았다. 그러나 트럼프는 그 정도로 만족하지 않았다.

2018년 7월, 미국은 818종의 품목, 약 340억 달러 규모의 중국산 상품에 대해 25%의 관세를 일방적으로 부과하면서 본격적인 포문을 열었다. 중국도 즉시 340억 달러 규모의 미국산 농수산품 및 자동차에 대해 25% 관세를 부과하며 맞불을 놓았다. 같은 해 10월에는 미국산 원유 수입을 전면 중단했다. 그러나 미국의 경제보복은 시작에 불과했다. 2019년 5월, 미국은 3천억 달러 규모의 중국산 컴퓨터와 휴대전화 등의 품목에 대해 추가 관세를 부과했고, 2019년에는 두 차례에 걸쳐 화웨이와 ZTE 등 중국 전자 기업의 부품사용을 금지하는 법안을 내놓았다. 중국도 미국산 돼지고기 수입을 제한하며 맞불을 놓았지만, 순수입국인 미국을 상대로 순수출국인 중국이 사용할 수 있는 총알은 한계를 드러내고 있었다. 동년 8월 미국은 다시 3천억 달러 규모의 중국 상품에 대해 10%의 추가 관세를 부과한 뒤, 중국을 환율조작국으로 지정했다. 중국도 미국산 농산물의 수입을 추가 제한하는 것으로 대항했지만, 바로 1달 뒤 미국은 1천억 달러 규모의 중국산 상품에 대해 재차 추가 관세를 부과하였다.

　미·중 무역분쟁이 중국 경제에 미친 정확한 영향은 2020년 초부터 전 세계를 휩쓴 코로나19 팬데믹으로 인해 명확히 집계하기 어렵다. 트럼프가 무역분쟁을 개시한 2017년쯤부터 중국의 대미對美수출이 감소세로 전환되었다는 점만이 확인될 뿐이다. 다만 트럼프식 무역분쟁은 세계시장이 긴밀하게 통합된 상황에서는 크게 효과적이지는 않았다. 중국은 미국으로부터 수입하지 못하는 품목을 다른 나라에서 수입할 수 있었다. 세계 최대의 시장인 미국으로의 수출이 제한되는 것은 손실이었지만, 그 정도로는 중국의 부상을 막기는커녕 미국의 대중국 무역수지가 개선되는 효과조차 거의 기대하기 어려웠다. 코로나19가 끝난 2022년에는 미·중 교역액이 반등하여 2018년 이후 최대치를 기록하기도 했다.[19] 무역분쟁은 미국 경제에도 부정적인 영향을 미쳤다. 우선 저가의 중국산 물품을 대체하는 것이 쉽지 않았다. 미국 기업들의 비용 증가, 소비자 후생 저하 등의 부작용도 뒤따랐다. 2022년 미국에서 인플레이션에 대한 우려가 고조되자 중국산 수입품에 부과한 관세가 여러 원인 중 하나로 지목되기도 했다. 고무된 중국 관영매체는 미국과의 무역분쟁을 초강대국으로 굴기하기 위한 마지막 관문이라 칭하며 인민의 결속을 독려하기도 했다.

하지만 중국과 미국 간에 디커플링^{decoupling}이 심화하고 중국의 경기 침체가 뚜렷해지자 미·중 무역분쟁으로 인한 피해가 가시화되기 시작했다. 2023년 상반기 중국의 대미^{對美}수출은 WTO 가입 이후 최저수준으로 떨어졌다. 글로벌 경기둔화에 따른 수요 부족에 대미수출 감소까지 겹치자 중국의 눈부신 경제성장을 견인하는 최대 동력이었던 제조 산업과 수출의 부진이 시작됐다.

무엇보다 트럼프 행정부가 개시한 미·중 무역분쟁은 중대한 전환점이었다. 트럼프가 중국을 상대로 오랫동안 쌓였던 미국의 불만을 무역분쟁의 형태로 터뜨리자, 암암리에 고조되던 중국에 대한 경계와 불만이 봇물 터지듯 터져 나오기 시작한 것이다. 미국은 2020년에 공개한 '대중국 전략보고서'에서 미국이 중국을 국제제도와 글로벌 무역체제에 편입시킨 것은 신뢰할 수 있는 파트너의 역할을 기대하였기 때문이었으나, 중국은 WTO 다자무역체제에 편승하여 이득만을 취하는 한편 미국의 국익과 전 세계 국가들의 주권과 존엄성, 그리고 자유롭고 개방적인 세계질서를 훼손하고 있다고 비난하였다. 트럼프 대통령은 취임 기간 많은 정적으로부터 공격을 받았지만, 적어도 대중 강경정책에 있어서 만큼은 초당적인 지지를 받았다. 미·중 무역분쟁을 계기로 미·중 패권 경쟁이 이미 본격화되었다는 점을 미국의 정계가 기정사실로 받아들이게 되었기에 가능한 일이었다. 이로써 미국은 1930년대의 대공황 이후 일관된 기조로 삼아오던 자유무역주의를 버리고 중국과의 패권 경쟁에 진지하게 임하기 시작한다.

바이든 행정부가 계승한 미·중 무역분쟁

2021년 미국의 제46대 대선에서 조 바이든이 우여곡절 끝에 트럼프를 꺾고 미합중국 대통령으로 당선되었다. 자유주의 정부로 분류되는 오바마 행정부에서 부통령을 지냈던 바이든 대통령은 미국 일방주의를 내세우던 트럼트 대통령과의 차별성을 강조하고 미국의 글로벌 리더십을 회복하기 위해 '미국의 귀환'을 선언했다. 바이든 대통령이 당선 직후 최초의 행정명령으로 트럼프 시절 탈퇴한 UNFCCC에 복귀하기로 하자, 다자협력을 중시하는 바이든 정부라면 WTO 상소기구를 복원하지 않을까 하는 희망이 대두되었다. 그러나 USTR은 2022년 의회 제출 보고서에서 중국이 WTO 체제에 가입할 당시 기대되었던 시장경제로의 전환 대신 국가 주도의 비시장적 정책을 지속 채택하고 있다는 점과, 자국의 산업정책을 달성하기 위해 WTO 규범을 지속 회피하거나 위반하고 있다고 설명한 뒤, 현재의 WTO 체제와 규범만으로는 중국의 약탈적 산업정책을 적절히 규제할 수 없다고 결론지었다. 이후 바이든 행정부는 국제무역 문제에 있어서 만큼은 트럼프 행정부의 정책을 큰 틀에서 계승했다.

물론 다른 점도 있었다. WTO에 대한 트럼프 대통령의 불만은 자국 산업 보호에 장애가 되고 만성적인 대중 무역적자를 초래한 책임이 있는, 잘못된 국제경제 체제라는 인식 수준에 머물렀다. 트럼프는 중국과의 양자 관계에서 경제적 손해를 보지 않는 것을 주요 목표로 삼았다. 바이든은 여기서 한 발 더 나아갔다. 바이든 행정부의 국제무역 정책은 중국의 부상을 견제하기 위한 다양한 글로벌 전략과 연계되기 시작했다.

글로벌 가치사슬의 단절과 글로벌 공급망의 분절

미국이 중국을 평화 시대의 경쟁국이 아닌 잠재적 적성국으로 인식하면서부터 미·중 패권 경쟁은 안보와 경제 영역에서의 갈등이 혼재된 양상으로 비화하고 있다. WTO는 2023년 9월에 공개된 '2023년도 세계무역보고서'에서 지정학적 노선을 따라 국제무역이 재편되면서 범세계적인 분절화fragmentation 현상이 진행되고 있다고 경고했다. 통합시장의 분절화는 공급망supply chain의 분절을 불러왔다.

공급망이란 특정 제품을 생산하여 최종 고객에게 공급(유통)하는 과정에 동원되는 모든 비즈니스 네트워크를 통칭하는 개념이다.[20] 자유무역질서가 확고하던 시기, 공급망을 설명하는 가장 인기 있는 용어는 '글로벌 가치사슬"GVC", Global Value Chain'이었다. GVC가 일반적인 공급망과 다른 점은 가치사슬을 구성하는 여러 프로세스를 세밀하게 분업해 경제적 효율성을 기초로 세계 각국에 배분한다는 점이다. 예컨대 전자제품의 경우 원재료를 동남아에서 값싸게 조달하여 가공비가 저렴한 중국에서 가공하고, 이를 일본에서 소재로 만든 뒤 한국에서 부품과 반도체 등 중간재로 만들어 멕시코로 운반, 최종 조립하여 미국 시장에 내다 파는 식이다. 이렇게 생산, 유통의 전 과정에서 경제적 효율성을 극대화하는 GVC를 통해 각 과정에 수반되는 부가가치 또한 극대화할 수 있었다. GVC가 활성화되면 물품의 생산에 드는 비용이 절감되어 생산자나 판매자는 물론이고 소비자의 효용도 증가한다. 국제적 분업으로 인해 GVC가 경유하는 여러 국가에 경제적 혜택이 배분되는 효과도 있었다. 개도국이나 후진국의 입장에서도 당장 큰 기술이 없더라도 저렴한 인건비만으로도 GVC에 편입되어 경제적 혜택을 얻을 수 있었다. GVC는 물품의 생산에 필요한 공급망을 국제적으로 배분하는 것이 가능해진 비교적 최근에야 논의의 실익이 생긴 개념이었다.[21] 세계화의 긍정적인 부산물이었던 GVC란 용어는 그러나, 어느 순간부터 사용되지 않고 있다.

세계화 시절 기업들이 공급망 구축 시 미시적 효율성에만 집중해 GVC를 형성할 수 있었던 것은 국제관계에서 거의 모든 경제적 이슈가 경제적 영역에서만 다뤄졌기 때문이다. 다자무역체제를 중심으로 한 자유주의 국제질서가 공고했기 때문이기도 하다. 그러나 자유주의 국제질서가 흔들리면서 경제적 효율성 이외에도 국가 안보를 고려하지 않으면 안 되는 시대가 도래했다. 부가가치를 늘리거나 비용을 절감하는 것보다 안보적 고려가 우선시되기 시작한 것이다. 2017년부터 시작된 미·중 무역분쟁이 5년째를 맞은 2022년은 무역분쟁이 본격적인 안보 분쟁으로 격상된 해였다. 대중국 무역적자 폭을 감소하는 데 주로 집중했던 트럼프와 달리 바이든 대통령은 중국의 패권 굴기에 필수적인 첨단 품목과 기술이 중국에 넘어가는 것을 전방위적으로 차단하기 시작했다. 현재 미국은 첨단기술이 집약된 제품의 생산에 있어서 만큼은 중국에 대한 의존도를 줄이는 것을 넘어 중국을 사실상 배제하는 공급망을 구축하려 시도하고 있다.

자유주의 국제질서에서는 자유무역을 통한 상호 경제의존이 전쟁을 방지하는 데 효과가 있을 거란 믿음이 존재했다. 그러나 우크라이나 전쟁으로 상호 경제의존의 전쟁 방지 효과가 절대적이지 않다는 것이 드러났고, 일단 전쟁이 발생한 뒤에는 오히려 양날의 검으로 작용할 수 있다는 점 또한 확인됐다. 제이크 설리번 미국 국가안보보좌관은 이를 두고 "자유무역이 진행되던 수십 년간 묵과했던 경제의존이 큰 위험을 불렀다"라고 표현했다. 더 이상 경제적 효율이 우선시될 수 없다면, GVC의 의미는 크게 퇴색될 수밖에 없다. 지정학적 리스크가 언제 발현될지 알 수 없는 시대에 기존의 GVC를 유지하는 것은 경제학적으로도 현명하지 않다. 세계화 시대에 신자유주의와 자유무역주의의 첨병 노릇을 해온 GVC가 탈세계화 시대를 맞아 분절을 피할 수 없는 상황에 놓인 것이다.

경제제재의 시대와 자유무역질서의 종말

자유주의 국제질서가 확고하던 시기에는 안보와 경제가 명확히 분리될 수 있었다. 국가 간의 경제 관계는 다자무역체제의 틀 내에서 경제적 효율성과 상업적 효용의 극대화를 위해 맺어졌다. WTO 회원국 간에 무역 갈등이 발생하더라도 이는 안보와 구분되는 평면에서 진행됐다.

GATT와 WTO 협정에는 소위 '안보 예외Security Exception'란 조항이 있다. 조치국이 자국의 중요한 안보적 이익을 지키기 위해 스스로 필요하다고 판단하여 취하는 조치에 대해서는 WTO 협정상의 의무가 적용되지 않도록 한 예외 조항이다. 자국의 중요한 안보적 이익이 무엇인지, 그리고 그러한 이익이 정당한지에 대한 판단은 사법심사의 대상이 되지 않도록 규정되어 있다. 이것은 무역과 안보를 질적으로 구분하기 위한 장치(그리고 양측의 이해가 대립할 때 안보적 이해가 우선한다는 점을 규명하는)였다. 하지만 WTO 회원국들이 안보예외를 남용하여 WTO 협정에 따른 정당한 책임을 회피하기 시작하면 WTO 체제가 형해화될 수도 있다. 그래서 GATT가 출범한 1945년 이래 회원국들은 안보 예외를 원용하는 것을 자제해왔다. 특히 WTO가 출범한 이후에는 조치국이 안보 예외를 이유로 자국의 WTO 협정 위반을 정당화한 사례는 2016년 이전까지 단 한 건도 등장하지 않았다.[22]

국제무역에서 안보와 경제의 구분이 모호해지기 시작한 것은 2017년도에 트럼프 행정부가 철강·알루미늄 산업에 대한 안보 예외 보호조치를 채택하면서부터였다. 이때 트럼프 행정부는 미국 무역확장법 제232조에 따른 보호

조치를 채택하였는데, 소위 '제232조'라 불리는 이 조치 역시 WTO 출범 이전까지는 활발히 사용됐었으나 WTO 출범 이후 약 20년간은 (국가 안보에 실제로 부정적 영향이 있을 수 있는 것으로 판명된 상황에조차) 사용되지 않았던 조치였다.[23] 그러나 트럼프 행정부는 미국의 철강·알루미늄 산업을 보호하기 위해 '제232조'를 사용하였을 뿐 아니라 WTO 협정 위반을 정당화하기 위해 안보 예외 조항도 원용함으로써 안보와 경제의 경계를 허물어버렸다. 그리고 바이든 행정부에 들어서는 안보 예외가 거의 모든 주요 국제무역 정책의 근저에 깔리기 시작했다. 현재 바이든 행정부는 중국으로 수출되는 각종 첨단기술 및 장비·품목에 대해 다양한 종류의 수출통제export control를 적용하고 있는데, 이러한 조치의 근거 또한 안보 예외이다. 미국이 중국을 대상으로 전방위적으로 적용 중인 반도체 수출통제도 안보 예외에 따라 정당화될 수 있다는 것이 미국의 입장이다.

일각에서는 공급망을 곧장 단절하는 안보 예외 조치에도 불구하고 수출통제의 적용 대상을 핵심 품목으로 제한하면 진영 간에 본격적인 디커플링에는 이르지 않을 수 있을 것이라 본다. 그러나 수출통제와 같은 경제제재 economic sanction[24]를 주고받는 국가 간의 갈등이, 당장 상호 제재하고 있는 품목에 그친다는 보장은 어디에도 없다. 지난 수십 년간 인류 전체의 생산력을 획기적으로 증대하고 참여한 모든 국가에 경제적 혜택을 안긴 자유무역질서는 참여국에 몇 가지 조건을 부과한다. 가장 결정적인 조건은 특화specialization를 통해 국제 분업체계에 편입되는 것이다. 자유무역을 통해 최대한의 이득을 얻기 위해서는 자국에 유리한 산업 분야에 특화하여 강화된 생산력을 바탕으로 국제시장에서 경쟁해야 한다. 자국에 불리한 산업 부문은 과감히 포기하거나 축소한 뒤, 남는 자원을 유리한 분야에 투자해야 한다. 포기하거나 축소된 산업 부문이 생산하던 상품은 해당 산업 분야에 경쟁력이 있는 다른 국가로부터 저가에 수입하면 된다. 같은 자원으로 더 높은 수익을 올리고, 더 적은 비용을 들일 수 있는, 이른바 'Win-Win'이다. 그런데 모든 나라가 비교우위 효과를 노리고 각자 잘하는 분야에 '특화'함으로써 시너지를 극대화하는 세계화와 자유시장경제가 유지되기 위해서는 중요한 전제조건이 있다. 바로 "내가 의존하는 상대방이 내 약점을 무기화하지 않을 것"이라는 신뢰가 그것이다. 비교우위를 극대화하기 위해 특정 산업에 특화하느라 생긴 나의 취약점을, 교역상대국이 의도적으로 공격하거나 약탈하지 않을 거란 믿음이 전제되지 않으면 완전한 자유무역은 유지될 수 없다.

일상화된 수출통제 등으로 상호신뢰가 사라진 세상에서 자유무역에 종사하던 국가들이 어떻게 행동할지를 예측하기란 어렵지 않다. 국가들은 자국의 자원을 재분배하여 취약한 산업을 보강하려 할 것이다. 그 결과 비교우위를 갖는 상품의 생산은 축소될 것이고, 국제경제 전반에 걸쳐 비효율이 발생할 것이다. '상호신뢰'를 상실시키는 가장 큰 단초는 전쟁이다. 2022년 러시아가 우크라이나를 침공한 뒤 러시아와 우크라이나의 경제 관계는 단절되었고, 우크라이나를 지원하는 국가들과 러시아와의 경제 관계도 크게 훼손되었다. 경제제재 역시 전쟁만큼은 아니지만, 상호신뢰를 심각하게 훼손한다. 신뢰를 잃은 국가들은 취약 분야로 판단되는 부문의 대외 의존도를 줄이고 자급자족 체제[self-sustainability]로 전환하고자 노력할 것이다. 신뢰 상실에 따른 디커플링 준비가 진행될수록 상호 의존도는 줄어들 것이고, 줄어드는 상호 의존도는 다시 신뢰 상실을 가속할 것이다.

날로 증대하는 안보 리스크는 세계화와 다자무역체제 아래 절정을 맞았던, 효율지상주의에 입각한 GVC 시대에 종말을 가져왔다. 세계는 더 이상 자유무역질서가 지배한다고 볼 수 없는 상태에 돌입했다. 아직 WTO 협정은 살아있지만, 공급망을 지정학적 리스크에서 자유로운 국가로 이전하는 다국적기업이 속속 늘어나면서 공급망 재편도 가속되고 있다. 이러한 추세는 앞으로도 한동안 이어질 걸로 보인다. 왜냐하면 미·중 패권 경쟁의 향방은 4차 산업혁명 시대의 패러다임을 좌우할 중추 기술을 둘러싼 경쟁을 통해 결정될 가능성이 큰데, 현재 미국의 경제제재는 바로 그 분야에서 중국을 정조준하고 있기 때문이다.

04 미·중 기술 경쟁

무역분쟁으로 시작된 미·중 패권 경쟁은 2018년 말 중국 화웨이에 대한 제재를 계기로 기술 분쟁으로 확산되었다. 당시 미국은 화웨이가 미국을 포함한 세계 각국 사용자들의 정보를 불법적으로 수집하여 중국 정부에 제공하고 있다는 이유로 대대적인 제재를 부과했다. 중국은 미국의 제재가 반도체·정보통신 분야에서 중국의 약진을 견제하려는 조치라며 반발했다. 화웨이 사태로 시작된 양국의 기술 분쟁은 오래되지 않아 인공지능과 반도체 등 다른 첨단 산업으로 확대되었다. 현재 미국은 미래 기술과 관련된 핵심 글로벌 공급망에서 중국을 배제하기 위해, 기존 자유무역질서에서 일원화되었던 공급망을 분절시켜 중국을 포위하는 거대한 경제블록을 구축하기 위한 작업을 진행 중이다.

과거 동서냉전은 소련이라는 대제국이 고사 직전에 내몰릴 때까지 지속됐다. 소련이 유지 불가능할 정도가 되기까지는 거의 반세기에 가까운 세월이 소요됐다. 미국과 중국은 구소련에 못지않거나 그 이상의 잠재력을 가진 대국인바, 이번 패권 경쟁이 얼마나 오래 지속될지는 아무도 알 수 없다. 하지만 만약 양국 간에 패권 경쟁이 장기화하면 기술 경쟁에서의 승자가 최종적인 승자가 될 가능성이 높을 것이다.

중국의 기술 굴기

지정학적 우열이나 경제 논리만을 놓고 봤을 때 미·중 패권 경쟁의 궁극적인 승자는 어렵지 않게 예측할 수 있다. 미국은 인구와 영토를 제외한 대부분의 국력 지표에서 중국을 크게 상회한다. 표면적인 국력 지표뿐 아니라 잠재력이란 측면에서도 마찬가지다. 설사 중국이 인구 우위를 바탕으로 명목 GDP에서 미국을 일시적으로 추월해도 그것만으로는 중국이 미국의 경제력을 넘어섰다고 볼 수 없고, 장기적으로는 근원적 역량 차이로 인해 중국이 먼저 한계를 맞을 가능성이 높다. 즉, 미국이 세계 패권을 상실하는 것은 기정사실이라고 해도 미국은 미래에도 세계 최강대국으로 남을 가능성이 높다. 중국의 목표가 동아시아에서 미국의 패권적 영향력을 배제하고 지역 패권국으로 거듭나는 것이라면 그것은 상당히 현실적인 목표일 것이다. 하지만 중국의 목표가 미국을 제치고 세계 최강대국이 되는 것이라거나 나아가 현재의 미국을 대신하여 세계의 패권국이 되는 것이라면, 그 목표가 이뤄질 가능성은 그다지 높지 않다. 그러나 이 모든 추정은 어디까지나 현상 유지 *status quo*를 가정했을 때의 이야기이다. 현존하는 모든 국력 지표를 뒤엎고 현재 예정된 것과는 다른 결과를 도출해낼 수 있는, 확실한 요인이 하나 존재한다. 그것이 바로 기술이다.

미국이 본격적인 산업화에 돌입하기 이전까지 중국은 세계 최고의 경제 대국이었다. 19세기 초까지만 해도 중국은 세계 제조업 생산점유율 1위를 유지했다. 그러나 유럽 열강들의 기술력은 수천 년간 대세였던 국력 지표들을 모조리 뒤엎었다. 유럽 열강들은 전 세계에서 식민지 경쟁을 치열하게 벌이는 와중에 대서양과 인도양을 돌고 돌아 중국에 투사한 일부 군사력만으로도 대제국 청나라를 완벽하게 굴복시켰다. 기술로 모든 지경학·지정학적 장벽을 초월한 것이다. 반면 청나라에 비해 모든 면에서 열세였던 일본은 서구 문물과 기술을 받아들이고 메이지 유신을 거쳐 제도를 재정비한 뒤 열강으로 거듭날 수 있었다. 동북아시아의 근대사는 기술의 중요성을 선명하게 보여주는 방증이었고, 기술 발전 실패로 인한 후유증에 20세기 내내 시달린 중국은 그 어느 나라보다도 기술의 중요성을 뼈저리게 인지하고 있다. 시진핑 주석은 2013년 중국인민정치협상회의에서 "한 국가가 다른 국가에 지속적으로 뒤처지고 있다면 기술이 뒤처지는 것이 근본적인 이유"라며 "중국은 자립적 혁신의 길을 택하는 수밖에 없다"라고 강조했다. 실제로 중국은 WTO 가입과 함께 다자무역체제에 편입되었지만, 비교적 최근까지도 '세계의 공장'이라 불리며 하청의 입장에서 미국 등 서구 선진국이라는 원청의 경제에 종속되어 있었다. 그랬던 중국의 경제력이 짧은 시간 동안 정량적인 측면뿐 아니라 정성적인 측면에서도 미국을 위협할 수준까지 성장한 것은 그저 '규모의 경제'만으로는 설명할 수 없다. 그 비밀 속에 미·중 패권 경쟁의 본질이 숨겨져 있다.

지정학도, 그리고 당장 눈앞의 경제력이나 군사력도 모두 중요하지만, 장기적으로 볼 때 세계는 결국 기술 패권을 가진 국가가 지배하게 될 것이다. 정보의 비대칭성과 초연결성이 두드러진 4차 산업혁명 시대에는 기술적 플랫폼과 네트워크를 선점하는 자가 필수 자원(정보·데이터 등)을 독점함으로써 후발 주자와의 격차를 압도적으로 벌려, 경쟁자의 부상을 원천 차단할 수 있다고 한다. 특히 인공지능 시대에는 기술 혁신이 산업의 전 영역에 걸쳐 연속적으로 발생할 수 있어, 과거처럼 한두 번의 혁신 이후 이를 따라잡은 후발 주자와 동일선상에서 경쟁하는 개념이 적용되지 않을 수도 있다고 한다.[25] 따라서 4차 산업혁명 시대에는 기술 가치사슬에서의 핵심 위치를 선점하는 것이 무엇보다 중요하다. 향후 국가의 위상은 지리적 위치에 따른 지정학을 넘어선 기술 지정학적 관점에서 결정될 수도 있다. 바야흐로 기술을 지배하는 국가가 새로운 지정학 질서의 규범을 정하는 시대가 도래한 것이다. 21세기 중반까지 미국을 추월하겠다는 목표를 국가시책으로 삼는 중국의 국가전략에서, 4차 산업혁명에 따른 첨단기술 발전이 핵심적 위치를 차지하는 이유이기도 하다.

그렇다면 오늘날 중국의 기술력은 어디까지 와 있을까? 중국산 제품이라 하면 여전히 많은 사람이 소위 '짝퉁'의 이미지를 떠올린다. 그러나 중국은 4차 산업혁명 시대의 핵심 기술 분야에서 미국에 대적할 만한 기술 강국으로 떠오르고 있다. WTO 가입 이후 급성장한 중국의 경제력은 강력한 추진력을 바탕으로 첨단기술 개발에 집중적으로 투자되었다. 이미 중국은 미국에 이은 세계 2위의 R&D 강국이다. 전 세계의 R&D 지출이 2000년 7,220억 달러에서 2017년 2조 2,000억 달러로 3배 증가하는 동안 중국의 R&D 지출은 331억 달러에서 4,960억 달러로 15배 가까이 증가했다. 저가상품 제조에 치중한 산업 구조를 혁신해 첨단 산업을 육성하기 위한 노력도 전방위적으로 이뤄졌다. 2015년에 중국은 '중국제조 2025'라는 계획을 발표한다. 차세대 IT 산업, 고정밀 로봇, 항공우주장비, 첨단기술 선박 및 해양 장비, 신에너지 자동차, 신소재, 바이오의약 등 10개의 첨단 고부가가치 산업의 경쟁력을 전략적으로 육성해 진정한 선진 산업 강국으로 발돋움하겠다는 원대한 계획이었다. 기술력의 발전은 성과로 나타났다. 2018년에 이르러 중국은 전 세계 첨단기술 제품 수출의 31.4%를 차지하는 기술 강국으로 자리매김했다.

'중국제조 2025' 계획에 따르면 중국은 로봇, 항공우주, 신에너지, 신소재,

바이오, 농업기계 등 첨단 산업에서의 국산화율을 2025년까지 70%로 늘려 기존 미국 중심의 GVC 하에서 담당했던 '세계 공장'으로서의 역할에서도 탈피하려 한다. 중국이 집중육성 대상으로 지정한 소위 10대 핵심 산업의 면면을 살펴보면, 중국이 단순히 경제적인 패권을 노리는 것을 넘어 군사적 패권 또한 추구하고 있음을 알 수 있다. 4차 산업혁명에서 중추적 위치를 차지한 대다수 기술은 '범용목적general purpose'으로 사용될 수 있기 때문이다. 특정 기술이 민간 목적뿐 아니라 군사적 목적으로도 곧바로 전용될 수 있다는 뜻이다. 즉, 중국의 '중국제조 2025' 선언은 단순히 중국이 '세계의 하청'에서 벗어나겠다는 경제적 자립의 선언일 뿐 아니라 중국 굴기의 관점에서 미국의 패권에 도전하겠다는 선언으로도 해석될 수 있었다. USTR은 중국의 무역·산업정책이 미국에 미치는 영향을 분석한 2021년 의회 보고서에서 중국의 '중국제조 2025' 계획을 "광범위하고 해로운 산업 계획"이라고 정의하였다. 트럼프 대통령은 '중국 제조2025'가 "미국을 모욕"하는 것이라면서, 결단코 그러한 일이 벌어지도록 좌시하지 않겠다고 공공연히 선언하였다.

타이밍은 중국의 편이다. 산업의 근본적 패러다임을 뒤바꾸는 4차 산업혁명이 다가오고 있기 때문이다. 4차 산업혁명으로 인해 기존의 기술들이 대거 사장되고 신기술로 대체되는 시점에서, 중국은 열세에 놓인 구시대의 기술에 집착하기보다는 새로운 패러다임에 신속히 적응해 선두 주자로 거듭나는 것이 가능해졌다. 기존 트랙 위에서 저 멀리 앞서가는 선두 주자들을 따라잡기 위해 노력하는 대신, 새로운 트랙 위에서 비교적 동등한 조건으로 다시 경주를 시작할 수 있기 때문이다. 실제로 중국은 4차 산업혁명이란 변곡점이 만들어낸 곡선 주로에서 선두 주자를 추월하겠다는 만도초차彎道超車 전략에 따라 신산업 분야의 기술 개발에 집중하고 있다.

가장 대표적인 분야는 전기자동차일 것이다. 자동차의 경우 후발 주자가 선두 주자를 따라잡는 데 있어 내연기관에 관한 기술력 격차가 가장 큰 장벽이 된다. 내연기관 개발에는 오랜 노하우와 기술 축적이 필요하다고 알려져 있기 때문이다. 그러나 내연기관인 엔진 대신 전기모터를 사용하는 전기자동차 시장에서는 모든 업체가 새롭게 다시 시작할 수밖에 없다. 내연 자동차 시장에서 저가의 이미지를 벗지 못했던 중국의 자동차 회사들은 절호의 기회를 얻었다. 전기자동차 시장에서 중국은 기술적 우위를 이미 확보한 상황이고, 가장 중요한 배터리에서도 기술적 우위를 확보했다. 미국의 테슬라를 제외하면 중국 토종 전기차 메이커를 앞서는 회사가 없다고 할 정도다. 중국이 전기차 시대에 자동차 강국으로 부상하는 것은 더 이상 가정이 아닌 현실이다. 중국은 이미 글로벌 전기차 판매의 50% 이상을 차지하고 있다.

2023년 3월 호주전략정책연구소는 중국이 4차 산업혁명의 핵심 기술 44개 중 37개에서 가장 선도적인 기술력을 보유했으며, 그중 8개 부문에서는 독점적인 지위를 확보했다고 평가했다.[26] 미국이 선도적인 기술력을 확보한 분야는 고작 7개에 불과했다. 2023년 6월 네이처Nature지가 공개한 '자연과학 연구력' 순위에서도 중국은 미국을 제치고 1위에 올랐다.

4차 산업혁명과 기술 패러다임의 전환

강대국의 국력을 결정짓는 핵심 기술은 그간 몇 차례의 산업혁명을 거치며 자연동력(인력人力, 우마牛馬, 풍력 등) → 증기기관 → 내연기관 → 전기·전자 → 정보통신의 순서로 진화해왔다. 각 시대의 핵심이 되는 기술력에서 우위를 확보한 국가는 – 증기기관 시대 이후 기술 패권은 거의 항상 미국이 갖고 있었지만 – 어김없이 패권을 장악했다. 그리고 막 시작한 4차 산업혁명 시대의 핵심 기술은 인공지능, 빅데이터, 사물인터넷(정보통신), 바이오 기술, 우주기술, 양자 과학기술, 로봇 기술 등으로 대표될 것이라고들 말한다. 실제로 미·중 기술 경쟁을 포함하여 국제질서의 중요한 변화·조정은 이들 기술을 중심으로 이뤄지고 있다.

현시점에서 4차 산업혁명 시대를 선도할 중추 기술의 구체적인 모습을 예측하긴 어려울 것이다. 2016년 이세돌 9단과 알파고의 바둑 대국이 대한민국을 뒤흔들고, 한동안 인공지능에 관한 연구와 논의가 세간을 시끄럽게 했다. 이에 대한민국 고용정보원은 2016년에 내놓은 예측에서 인공지능이 대체 불가능할 직업 1위로 화가와 조각가를 꼽았다. 대체 불가능한 직업의 상위권에는 창의력이 중요한 예술가, 하위권으로는 전문성이 필요한 화이트칼라 직군이 꼽혔다. 반면 인공지능에 금방 대체되어 사라질 직군으로는 주로 블루칼라 직종이나 단순 노동직업을 꼽았다. 그러나 2022년 8월 인공지능 미드저니가 '스페이스 오페라 극장'이란 작품으로 미국 미술 박람회에서 우승함으로써 위 예측은 보기 좋게 빗나갔다. 이제 인공지능을 사용해 삽화나 그림을 만들어내는 것은 일상이 됐다. 그리고 2022년 말에는 생성형 인공지능 ChatGPT가 등장해 모두를 경악하게 했다. ChatGPT를 사용해본 사람이라면 대부분의 다른 화이트칼라 직종도 멀지 않아 인공지능에 밀려나게 될 거란 전망을 무겁게 받아들일 수밖에 없을 것이다. ChatGPT가 등장한 지 몇 개월 지나지 않아 IBM은 향후 5년 안에 8천 명에 가까운 인력을 인공지능으로 대체하겠다고 발표했다. 업무 대부분을 서류나 전산으로 처리하여 인공지능이 곧바로 대체할 수 있는 화이트칼라 직종과 달리, 작업의 결과물을 물리적인 세상에 구현해야만 하는 블루칼라 직종은 오히려 로봇 기술이 발전하기 전까지는 안전할 것이란 게 현시점에서의 예측이다. 그러나 인공지능의 무서운 발전 속도를 볼 때 이 또한 속단할 수는 없을 것 같다. 인공지능은 결코 인간을 초월할 수 없다는 얘기가 상식처럼 통용되던 시기가 고작 10

여 년 전이다. 4차 산업혁명이 가져다줄 미래를 예측하기는 더욱 어려워질 것이다. 앞으로의 미래는 인간 이외에 다른 지적 존재(인공지능)의 역할로 얼마든지 바뀔 수 있기 때문이다. 그저 한 가지 확실한 것은 4차 산업혁명의 중추에 해당하는 기술 분야에서의 경쟁이 미·중 패권 경쟁의 향방도 좌우하게 될 수 있다는 점이다.

4차 산업혁명의 중추 기술들 가운데 가장 핵심적인 기술은 단연 인공지능이다. 지적 영역에서 인간을 대체할 수 있는 유일한 기술이기 때문이다. 인공지능은 게임, 안면인식, 번역 등과 같은 특정 분야에만 적용되는 약인공지능Narrow Artificial Intelligence과 인간과 마찬가지로 스스로 배우고 생각하고, 계획을 수립·실시하여 새로운 문제에 대한 해결 능력을 갖출 수 있는 범용 인공지능General Artificial Intelligence으로 구분된다고 한다. 완전한 범용 인공지능은 아직 등장하지 않았지만,[27] 인공지능이 좁은 영역에서 스스로 학습하여 자체 역량을 배양하는 딥러닝 기술과 이를 통해 구현되는 생성형 인공지능Generative Artificial Intelligence은 이미 널리 활용되고 있다. 인공지능은 4차 산업혁명 시대 인류의 삶이나 경제발전, 안보 영역은 물론, 의학, 식량 확보, 신에너지 개발 등 사실상 모든 영역에서 전인미답의 기술 발전을 이룩할 것으로 기대되고 있다.

4차 산업혁명의 중추가 될 기술은 인공지능 외에도 여럿이 있지만, 다른 기술들은 인공지능과의 관계에 따라 분류하는 것이 가능하다. 다른 기술은 인공지능이 진정한 능력을 발휘하기 위한 구성적 기술 또는 보조적 기술로 취급할 수 있기 때문이다. 논의의 편의를 위해 4차 산업혁명의 중추 기술을 한편으론 인공지능을 구현하고 사이버 공간에서 활약할 수 있도록 해주는 기술("사이버 기술")과, 또 다른 한편으론 인공지능이 현실 세계에서 활약할 수 있도록 해주는 기술("현실 기술")로 구분해보자. 사이버 기술에는 빅데이터, 양자 과학기술이 있을 것이고, 현실 기술에는 사물인터넷(정보통신), 로봇이나 우주기술 등을 포함한 무인장비 기술 등이 있을 것으로 보인다. 데이터와 양자 과학기술은 인공지능의 역량을 더욱 증강한다. 인공지능을 고도화하는 데 가장 중요한 자원은 인공지능을 학습시키기 위한 데이터이고, 그렇기에 데이터는 4차 산업혁명 시대의 핵심 '자원'이라 불린다. 여기에 양자 컴퓨터로 대표되는 양자 과학기술이 접목되면 인공지능은 고도의 복잡한 연산을 지금과는 비교도 안 되는 속도로 빠르게 해낼 수 있게 될 것이다. 한편 인공지능의 능력이 현실 세계에 구현되기 위해서는 물리적인 매개체가 필요하다. SF 속 세상이 오기 전까지, 인공지능과 곧바로 연동될 수 있는 매개체는 기계일 걸로 짐작할 수 있다. 그리고 인공지능과 기계를 이어주는 것은 정보통신 기술일 것이다. 정보통신 기술이 발전할수록 인공지능은 매개체를 더욱 멀리서, 더욱 정교하게 통제할 수 있을 것이다. 그러나 아무리 인공지능이 우수하고 정보통신 기술이 뛰어나도 통제되는 매개체의 물리적 역량이 따라주지 않으면 의미가 없다. 따라서 우주기술이나 로봇 기술이 중요하다. 인공지능에 의해 조종되는 무인 매개체는 크게는 지구 밖에서, 작게는 사람의 몸속에서 위험하거나 정교한 임무를 수행할 수 있을 것이다.

2017년, 중국은 인공지능을 국가핵심전략기술로 지정하면서 2030년까지 인공지능 분야에서 세계 최고가 되겠다는 목표를 제시했다. 2017년 10월 중국공산당 제19차 당 대회에서도 시진핑 주석은 인공지능, 정보통신, 빅데이터가 중국의 미래 성장의 핵심 동력이라고 강조하였다. 지난 10년간 중국에서 출원된 인공지능 관련 특허 건수는 전 세계 관련 특허 출원의 약 75%를 차지하고, 특히 인공지능의 발전 능력을 좌우하는 딥러닝deep learning 영역에서 미국에 비해 6배나 많은 특허가 중국에서 출원됐다. 개인정보보호가 취약한 탓에 14억의 사용자를 기반으로 한 빅데이터 구축이 자유롭다는 점도 중국의 특장점이다. 매년 미국의 몇 배에 달하는 컴퓨터공학 전공자들이 배출되는 점도 엄청난 강점이다.

그런데 빅데이터를 저장·연산하고, 인공지능의 알고리즘을 구현하고, 양자 컴퓨터를 구동하는 데 있어 꼭 필요한 품목들이 있다. 이들은 다가올 6G 정보통신 기술 구현을 위해서도 필요하고, 로봇이나 우주기술을 현실 세계에서 물리적으로 구현하는 데도 필수적이다. 그중 대표적인 품목은 반도체다. 반도체는 4차 산업혁명의 모든 중추 기술을 구현하는 데 있어 가장 핵심적인 부품이다. 다른 하나는 배터리다. 화석연료가 사용되는 지금은 전기자동차 등 제한적인 영역에서만 필수적인 위상을 갖고 있지만, 조만간 기후변화 대응에 발맞춰 화석연료의 사용이 제한되면 배터리가 인류 에너지 기술의 주된 동력이 될 것이다. 배터리는 인공지능의 역량이 현실 세계에 어디까지 구현될지를 결정하는 핵심 품목으로서 장차 반도체와 입지를 나란히 하게 될 것이다.[28] 미국과 중국의 기술 패권 경쟁이 이 두 가지 품목을 두고 치열하게 벌어지는 것은 전혀 놀라운 일이 아니다.

중국의 반도체 산업을 정조준한 미국의 수출통제

반도체半導體, semiconductor란 전기를 항상 흐르게 하는 도체導體와 전기가 흐르지 않는 절연체絶緣體의 중간semi적 성격을 갖는 품목이다. 반도체는 전기가 흐르거나 흐르지 않도록 조정함으로써 '0' 또는 '1'의 신호를 발신하고, 이러한 신호를 무수히 중첩하여 복잡한 연산이 가능하게 한다. 반도체 속에서 이런 신호를 조정·발신하는 반도체 소자transistor를 얼마나 작게 만들 수 있는지, 그리고 이를 얼마나 많이 하나의 칩chip에 중첩할 수 있는지에 따라 반도체의 능력이 결정된다고 한다. 최초의 반도체가 등장한 이래 반도체 소자 및 반도체

칩의 크기와 능력은 기하급수적으로 발전했다. 과거 같으면 TV, 비디오, 컴퓨터(수많은 하드디스크 드라이브 포함), 카메라, 캠코더, 전화기, 계산기, 수신기 등등 수많은 전자기기를 한 방을 가득 채울 정도로 동원하여야만 흉내 낼 수 있었던 각종 기능을, 이제는 손바닥 안에 들어가는 작은 스마트폰에 집약할 수 있게 된 것도 반도체의 발전에 따른 것이라고 이해할 수 있다.

2023년 미국 상무부의 지나 러몬도 장관은 "모든 첨단기술의 기반"인 반도체보다 중요한 것은 없다고 역설했다. 반도체 산업은 모든 산업과 과학기술 발전의 핵심 요소이기 때문이다. 당장 반도체는 미·중 간에 벌어지는 무역분쟁의 승패를 결정하게 될 수 있다. 경공업과 중공업을 거쳐 가치사슬의 상류까지 올라온 중국이 기껏 일궈낸 고부가가치 산업을 유지하려면 반도체 수급이 필수적이기 때문이다. 반도체는 4차 산업혁명 시대의 첨단기술 경쟁에서의 승패를 결정할 수 있는 요소이기도 하다. 안보, 경제, 기술이 모두 만나는 접점에 있는 반도체의 성공적인 조달 여부는 산업, 경제, 과학, 군사 등 국가의 모든 역량지표에 곧바로 영향을 미치기 때문이다.

전자산업은 다른 산업에 비해 훨씬 복잡하고 지리적으로 분산된 가치사슬과 공급망을 타고 흐르는데, 반도체 또한 전자제품의 조립 초기부터 부속품으로 포함되어 (국제분업이 절정에 달한 시기에는) 제품 생산 과정 중 평균 약 70차례에 걸쳐 국경을 넘나들었다. 반도체 가치사슬은 미국, 유럽, 한국, 일본, 대만에 주로 흩어져 있고, 그중 미국이 공급망 전체 가치의 약 40%, 기타 국가들이 전체 가치의 약 50%를 차지하고 있다. 반도체의 설계를 주도하는 미국은 소재·부품·장비에 특화된 일본·유럽이나 제조 등에 특화된 한국·대만에 비해 생태계적 우위를 점하고 있다. 반면 중국은 엄청난 투자에도 불구하고 최첨단 반도체 기술을 아직 확보하지 못하고 있다. 중국의 첨단기술 개발이 미국과 미국이 지배하는 반도체 공급망에 종속되어 있다는 의

미이다. 반도체 생산과 반도체 생산설비의 설계 관련 원천기술을 미국이 보유한 이상, 미국은 중국에 대한 반도체나 반도체 기기, 반도체의 기술 수출을 통제함으로써 목줄을 죌 수 있다. 이렇게 중요한 반도체에서 자립을 이루지 않고는 중국이 미국에 대항할 수 없음은 자명했다. 중국은 '중국제조 2025' 계획을 통해 2025년까지 자국 반도체 수요의 70%를 국내 생산으로 충족하겠다는 목표를 세운 이래 반도체 자립을 위해 각고의 노력을 기울이고 있지만, 미국은 반도체 수출통제를 통해 중국의 반도체 굴기를 꺾으려 노력하고 있다.

2021년 4월 12일 바이든 대통령은 인텔, 구글, 삼성전자, TSMC 등 반도체 산업의 핵심 기업 대표들과 소위 '반도체 및 공급망 회복 CEO 회의'를 개최한 뒤, 중국을 견제하기 위한 바이든 정부의 핵심 전략으로서 반도체 공급망의 전면적인 재편을 예고했다. 당시 회의에서 바이든 대통령은 반도체 웨이퍼를 직접 손에 들고 흔들어 보임으로써 미국의 의지를 강조했다. 곧이어 미국은 국제 반도체 공급망에서 중요한 위치를 차지하는 4개국(미국, 한국, 일본, 대만) 간에 대중국 반도체 협의체인 소위 '칩4'를 결성하자고 제안한 뒤, 미국 내 반도체 산업을 육성하고 중국 반도체 산업을 견제하기 위한 '반도체 과학법CHIPS and Science Act'을 제정했다.

트럼프 시절부터 적용되던 대중국 반도체 수출통제도 더욱 확대됐다. 이미 중국 최대의 반도체 업체인 SMIC와 반도체 설계업체 하이실리콘 등을 수출금지 대상으로 지정하였던 미국은 2022년 10월부터 반도체 장비 수출금지 범위를 더욱 확대하였다. 미국 정보기관 보고서들은 중국이 최신예 극초음속 미사일과 같은 차세대 무기 개발과 미국 암호 통신을 해킹하는 데 사용하는 인공지능과 슈퍼컴퓨터가 사실상 미국의 기술로 만들어진 것이란 점을 일제히 지적했다. 이에 미 상무부와 그 산하에서 수출통제 실무를 총괄하는 산업안보국"BIS," Bureau of Industry and Security은 미국산 소프트웨어나 장비, 기술을 사용한 반도체에 대해서는 미국에서의 직접 수출은 물론이고 제3국을 경유한 중국 수출도 금지하였다. 또한 대중국 반도체 봉쇄의 성공을 위해 세계 반도체 공급망에서 중요한 위치를 차지한 동맹국인 일본, 대만, 네덜란드, 대한민국에도 중국을 겨냥한 전방위적 수출통제에 참여하라고 압박했다. 네덜란드와 일본은 미국의 요청에 따라 이미 반도체 제조 장비에 대한 수출통제 대열에 참여한 상태다.

미국의 전방위적인 수출통제에 중국의 반도체 자립 계획은 직격타를 맞았다. 제재 직후인 2022년 10월 중국의 반도체 장비 수입 규모는 전년 대비 27% 하락했고, 11월에는 전년도 대비 40%나 급감했다. 미국의 반도체 제재가 개시된 2021년에 이미 중국 반도체기업 중 3천 4백여 곳이 폐업했으나 이듬해인 2022년에는 5천 7백여 곳이 추가로 폐업했다. 중국은 미국의 이러한 조치를 "적나라한 기술 패권" 남용으로 규정한 뒤 반도체 자립을 위한 노력에 더욱 박차를 가했다. 월스트리트저널과 로이터 통신에 따르면 중국은 2024년까지 최대 31개의 신규 반도체 생산공장을 건설할 계획을 수립했고, 자국 반도체 산업을 지원하기 위해 1조 위안 상당의 재원을 추가로 마련 중이라고 한다. 또한 중국은 당면한 반도체 공급 부족의 위기를 극복하기 위해 차량용 반도체 등 저급 반도체 생산을 확대하고, 고급 반도체 부족은 장기적으로 기술 개발의 기회로 삼되 우선은 중국에 강점이 있는 패키징 기술 등을 통해 현재 생산할 수 있는 반도체의 성능을 제고하는 방안을 연구하고 있다. 특히 세계화 시절 철강 등의 산업 분야에서 효과를 봤던 보조금 정책을 시장 비중이 높은 구형 반도체에 적용하여 저가의 구형 반도체를 대량 생산·판매하는 정책을 채택하고 있다.

중국 반도체기업이 일단 구형 반도체 시장에서라도 탄탄하게 자리를 잡는 데 성공한다면 중국의 반도체 굴기는 결국 시간과의 싸움이 될 가능성이 있다.[29] 즉, 미국 반도체 제재의 성패는 중국이 기술 자립에 성공하느냐가 아닌, 미국이 중국과의 기술격차를 얼마나 벌릴 수 있느냐에 따라 결정될 것으로 판단된다. 반대로 미국이 대중국 수출통제를 통해 중국과의 반도체 초격차를 유지할 수 있을지는 향후 미·중 패권 경쟁의 향방을 좌우하는 분수령이 될 가능성이 크다.

05 미·중 안보,
군사 경쟁

미국은 2022년 말에 공개된 국가안보전략 보고서에서 중국과의 경쟁이 향후 10년 안에 결정될 것으로 전망했다. 경쟁의 결과가 중국의 패배로 귀결된다는 보장은 없다. 중국이 내부 모순을 이겨내지 못하고 붕괴하면 당연히 그렇게 될 것이나, 그 이전에 미·중 간에 군사적 충돌이 발생하면 상황은 전혀 다른 전개로 진행될 수 있기 때문이다.

아직은 절대적인 격차

미국과 중국 간에 격차가 가장 큰 분야는 군사력이다. 현재 두 나라의 군사력은 엄밀히 말해 같은 세대generation에 있다고 보기 어렵다. 예컨대 같은 5세대 전투기라도 중국의 J-20은 세계최강 F-22 랩터는 물론 양산형 격인 F-35에도 미치지 못하고, 그나마도 J-20이 2017년에 실전 배치된 데 비해 F-22는 2005년에 최초 실전 배치되었다. 미국은 이미 6세대 전투기와 전략 폭격기의 실전 배치를 눈앞에 두고 있는바, 세대를 넘어선 양국 간 군사력의 격차는 앞으로도 상당 기간 유지될 전망이다.

중국은 걸프전 이후 박차를 가해온 '군 현대화'를 2027년까지 1차 달성하고 2035년까지 인민해방군의 전투력을 미국의 태평양 전력에 필적하는 수준까지 끌어올릴 계획이다. 미군 전체와 동등한 전력을 키울 계획은 아직 구체화되지 않았다. 중국의 국방비는 2010년대 들어 매년 6~7%대의 성장률을 보였지만, 전체 국방예산에서는 아직 미국에 크게 뒤떨어진다.[30] 그간 축적되어 온 군사력이 현격히 뒤떨어지는 상황에서, 국방예산까지 적은 중국이 미국의 군사력을 따라잡는 데는 오랜 시간이 걸릴 것이다. 현실적으로는 시진핑 주석이 '중화민족의 위대한 부흥'을 달성하겠다고 선언한 2049년까지 미군을 따라잡기 위한 계획일 것으로 추정된다. 시진핑이 2049년까지 소위 '세계 수준'의 군사력을 갖추도록 주문한 것도 이러한 예상을 뒷받침한다. 즉, 중국 인민해방군이 미국과 동등한 조건에서 군사력을 겨룰 수 있는 것은 아무리 빨라야 2050년경이다.

전 세계에 군사력을 투사할 수 있는 역량을 비교하는 것 또한 아직까진 무의미하다. 중국 인민해방군이 남중국해와 대만해협에서 미 제7함대에 대항할 수 있게 해준 DF-21/DF-26과 같은 대함탄도미사일은 미 항모전단의 전략적 우위를 뒤흔들었다는 점에서 '게임 체인저'로 불리기에 부족함이 없다. 그러나 대함탄도미사일에 기초한 A2/AD 체제는 미 항모전단이 남중국해에서 함부로 무력시위를 할 수 없도록 억제한다는 (굉장한) 국지적 전략목표를 달성하였을 뿐이다. 중국해군은 여전히 동등한 조건에서는 미 해군과 격돌하여 승리를 기대할 수 없다. 특히 2023년 현재 총 11개의 항모전단을 운용하는 미국에 맞설만한 대규모 항모전단을 운용할 역량을, 중국은 아직 갖추지 못했다. 중국은 2012년에야 옛 소련제 항공모함을 개조하여 만든 최초의 항모전단을 진수하였고, 여기서 얻은 노하우를 반영해 2019년 자체 건조한 항공모함을 진수하였다. 2022년에는 더욱 발전된 3번째 항공모함을 진수함으로써 미국을 제외하면 유일하게 3개의 항모전단을 보유한 국가가 됐다. 그러나 양국의 항모전단 간에는 11개와 3개라는 양적 차이를 제외하고도 질적으로도 상당한 차이가 있다.[31] 현재 중국의 항모전단은 미국에 맞서기보다는 다른 나라들에 대한 무력 투사용, 그리고 향후 제대로 된 항모전단을 운용할 때를 대비한 훈련용 또는 노하우 축적용으로 보는 것이 타당하다.

미국의 세계 패권을 지탱하는 데는 항공모함 외에 해외 군사기지의 역할도 중요하다. 미국은 제2차 세계대전 직후 영국이 대영제국 시절 세계 각국의 요충지에 건설한 수많은 항만을 인계받은 이래 꾸준히 해외 거점을 늘려, 오늘날 800여 개에 달하는 해외 군사기지를 운용하고 있다. 중국도 일대일로를 통해 아프리카와 동남아 등지에 해군기지를 확보하기 위한 노력을 전개하고는 있다. 그러나 미국에 비하면 해외기지의 숫자는 물론 지리적 요충지로서의 가치에도 상당한 차이가 있다. 중국의 해외 군사기지는 다른 나라를 상대로는 압박 효과가 있을지언정 미국을 상대로는 심각한 위협이 되지못한다.

현실주의 이론가들이 패권 경쟁에서 가장 중요한 요소로 꼽는 군사력에서의 압도적인 격차는 양국이 아직 진정한 의미에서의 패권 경쟁국은 아니라는 주장에 힘을 싣는다. 일대일로 등을 통한 중국의 세력 확장이 미국의 세계 패권적 질서에 요소요소 구멍을 내는 것은 사실이지만, 중국이 종합적인 국력에서 미국에 필적하기 위해서는 아직도 많은 시간이 소요될 것이다. 그러나 중국 위협론의 본질을 중국의 지역 패권이 미국의 세계 패권을 어디까지 잠식할 수 있을지, 즉 현재 미국이 누리고 있는 '세계 패권'을 '거대한 지역 패권'으로 격하시키는 데 성공할 수 있을지에 관한 것으로 이해한다면, 이야기는 조금 달라진다. 그 경우 중국은 태평양과 대서양, 인도양, 북극해와 남극에서 미국과 정면으로 맞겨룰 수 있을 만한 군사력을 키울 때까지 기다릴 필요가 없다. 쟁점은 A2/AD의 우산 아래에 있는 대만해협과 남중국해에서 중국 인민해방군이 미국의 서태평양 지역 군사력을 압도할 수 있는지의 단순한 문제로 전환된다.

미·중 핵무기 경쟁

DF-21의 위협이 처음 가시화된 2010년 미국은 중국이 미 항모전단을 대함 탄도미사일로 타격하면 핵 보복을 가할 수 있다고 으름장을 놓았다. 당시 중국도 묵시적으로 인정했듯이, 그리고 가장 공격적인 중국 평론지들조차 부인하지 못하는 바와 같이, 중국과 미국의 핵전력 간에는 아직 넘을 수 없는 벽이 존재한다. 무력 충돌은 종종 당사국들의 통제를 넘어 격화되기 마련이고, 많은 경우 끝까지 갔을 때 패배할 수밖에 없는 쪽이 먼저 물러서기 마련이다. 핵보유국 간의 전쟁에서 "끝까지 간다"라는 것은 핵전쟁까지 고려하는 것인데, 중국은 아직 미국을 상대로 완벽한 MAD 능력을 갖추었다고 보기 어렵다. 수십 년에 걸친 꾸준한 핵무기 감축에도 불구하고 2023년 현재 미국은 여전히 5천 기가 넘는 핵탄두를 보유하고 있지만, 중국은 아직 4백~5백 기 정도의 핵탄두만을 보유하고 있다. 냉전기에 3백 기 정도의 핵탄두를 보유했던 영국과 프랑스가 소련을 상대로 MAD 능력을 갖추었다고 볼 수 없었던 것처럼, 현시점에서 중국이 미국을 상대로 MAD 능력을 갖추었다고 보기도 어려울 것이다. 핵무장과 투발 수단을 갖추는 것만으로도 적성국에 대한 대량 파괴 능력을 갖추어 일차적인 억지력을 얻게 되지만, 적성국과 완전히 동등한 위치에 서기 위해서는 결국 MAD 역량을 갖출 필요가 있다. 북한처럼 체제수호가 지상 과제일 경우 핵무장을 통한 일차적 억지력을 갖추는 것으로도 충분할 수 있으나, 중국이 미국과 진정한 의미에서 패권 경쟁을 벌이고자 한다면 대미對美 MAD 역량확보를 추구하는 것이 긴요하기 때문이다.

현재 중국은 남중국해에 전개된 미 해군 전력을 격퇴할 수 있는 전력을 갖추는 데 집중하고 있지만, 궁극적으로는 국가 총력전에서 미국에 맞설 수 있는 역량을 배양하기 위한 노력을 계속할 것이다. 2020년에 미 국방부가 내놓은 보고서에 따르면 중국은 2030년대까지 핵 보유량을 4배로 늘려 최소한 1천 5백 기 이상의 핵탄두를 보유할 계획을 수립한 상태다. 마하 10 이상의 속도로 핵탄두를 운반할 수 있는 극초음속 미사일의 고도화에도 박차를 가하고 있다. 중국은 투발 수단을 고도화·다양화하고 1천 5백여 기 수준의 핵탄두를 갖출 시 미국과 핵 균형을 이룰 수 있다고 판단하는 것으로 보인다. 일정 수준을 넘어가면 핵탄두의 숫자보다는 투발 수단의 다양화가 더욱 중요해지기 때문이다. 미국은 독보적인 미사일 방어"MD," Missile Defense 능력도 갖추고 있지만, 신형 극초음속 미사일로 미국의 MD를 극복할 수만 있다면 1천 5백여 기의 핵탄두를 보유한 중국은 미국에 대한 MAD 역량을 갖추게 될 것이다.

중국의 핵무장 강화는 미국-러시아의 양강 체제였던 핵 무력 판도를 뒤흔들어 불확실성을 증대시킬 것이다. 국제관계에서 주요 행위자가 양자에서 삼자로 바뀌면 수리적數理的으로도 불확실성이 훨씬 커질 수밖에 없다. 또한 행위자의 숫자가 늘어나면 그만큼 협의를 통한 문제 해결 가능성은 줄어들고, 합의 파기 가능성도 커진다. 행위자가 늘어날수록 합의를 파기한 주체에 대한 제재의 실효성도 떨어지게 된다.[32] 행위자의 숫자가 늘어날수록 협상 비용과 정보 부족으로 인한 변수 가능성 역시 자연히 커지기 마련이다. 중국의 핵 초강대국 부상은 냉전기 이후 아슬아슬하게 이어져 내려온 핵 평화를 근본적으로 뒤흔들게 될 위험이 있다.

무엇보다 특정 국가에 의한 핵무기 증가는 거의 언제나 확산의 효과를 수반한다는 점에서 전 인류에 대한 위협이 된다. 2023년 6월 스톡홀름 국제평화연구소SIPRI는 2022년 한 해 동안 인류가 보유한 핵탄두의 숫자가 86개 더 늘어났다고 밝혔다. 이중 중국이 신규 제조한 것이 60기였고, 러시아가 12기, 파키스탄과 북한이 각 5기를 추가했다. 이에 맞서 인도도 4기의 핵탄두를 추가하였고 영국은 향후 25기의 핵탄두를 추가하겠다고 밝혔으며, 프랑스도 심상치 않은 움직임을 보인다. 냉전 종식 이후 처음으로 범세계적인 핵 위기가 고조되고 있다는 점은 매우 우려스럽다.[33]

인도·태평양에서 벌어지는 지정학적 경쟁

인도 · 태평양Indo-Pacific이란 신조 아베 일본 총리가 2016년 아프리카 개발 회의에서 언급한 개념이다. 이를 트럼프 대통령이 2017년 11월 아시아 순방 중 강조하면서 미국의 핵심 전략개념으로 승격되었다. 기존의 '아태 지역(아시아 · 태평양)'에서 지역 개념이 확대된 것인데, 중국을 견제하기 위한 미국의 전선이 태평양에서 인도양까지 확장되었음을 의미한다. 중국과 맞설만한 잠재력을 가진 인도를 대중국 전선에 끌어들이고자 하는 미국의 의사가 반영된 것으로도 볼 수 있다. 인도 · 태평양 지역에는 유럽을 제외한 모든 선진국과 잠재력 높은 신흥국들이 몰려 있고, 가장 많은 인구가 밀집해있다. 말라카, 바브엘만데브, 호르무즈 해협을 통해 해상 교역의 60%가 인도 · 태평양에서 이루어지기도 한다. 해양 세력으로 발돋움하려는 중국을 대륙에 꽁꽁 묶어둘 수 있는 이 지역의 경제적·전략적 가치는 엄청나다. 미국의 수성守城에 있어서도, 중국의 공성攻城에서도 핵심 요지에 해당하는 인도·태평양 지역에서의 전략적 승패는 중장기적으로 미 · 중 패권 경쟁의 미래를 결정짓게 될 수도 있다.

2018년 5월, 미국은 태평양사령부의 명칭을 '인도·태평양 사령부'로 변경했다. 바이든 행정부는 '인도·태평양 전략보고서'에서 "미국은 인도·태평양 국가"라고 선언하기도 하였다. 새로운 인·태 전략에 따라 미국은 인도를 주요 안보 파트너로 지정하였고, 여기에 동맹인 일본과 호주를 더해 '쿼드Quad'라는 전략적 관계를 구축하기도 하였다. 쿼드의 구성국 중 인도와 일본은 각각 인도양과 서태평양에서, 그리고 호주는 남태평양에서 중국에 맞설만한 세력이다. 이들 세 나라는 중국을 견제할 전략적 필요가 있는 지역 강대국이라는 공통점도 있다. 일본과 호주, 인도의 이해관계는 각자 다르지만, 이들은 중국의 일대일로 정책으로 인해 태평양과 인도양의 연결성connectivity이 훼손되는 것을 막아야 한다는 공통의 목표를 공유한다. 다만 인·태 지역의 국가들은 미국과 전략적인 보조를 맞추면서도 역내 안보 갈등이 지나치게 격화하는 것은 경계하고 있다. 쿼드의 일원이자 중국과 여러 차례 군사 충돌을 겪은 인도조차 '쿼드'가 중국 봉쇄를 위한 군사협력 관계로 비화하지 않도록 애쓰고 있다.

인·태 지역의 안보 갈등이 심화하는 것을 경계하는 또 다른 세력은 동남아시아 주요국 간의 연합체인 동남아시아 국가 연합"ASEAN," Association of Southeast Asian Nations이다. ASEAN은 역내 세력균형 차원에서 미국의 인·태 전략을 내심 환영하고 있다.[34] 그러나 인·태 지역에서 미·중 간 갈등이 심화하여 본격적인 강대국 경쟁의 장이 된다면 지금껏 ASEAN이 누려온 영향력과 전략적 자율성이 축소될 것이다. 또한 ASEAN 내에서도 베트남, 인도네시아 등과 같이 중국과 영토 분쟁상태에 있는 국가들과, 캄보디아·라오스와 같은 친중 국가들의 입장은 다르다. 그런 상황에서 미·중 갈등은 ASEAN 내에 분열을 초래할 수도 있다.

지역국은 아니지만 유럽의 움직임도 주시할 필요가 있다. 유럽 각국도 인·태 지역이 갖는 지정학적 가치를 인식하고 이 지역에서의 영향력 확대를 꾀하고 있기 때문이다. 특히 인·태 지역에 제국주의 시대 때 확보한 영토를 일부 유지하고 있는 프랑스와, 미국·호주와 오커스^{AUKUS}를 결성했으며 CPTPP 가입도 추진하고 있는 영국은 인·태 지역에서의 영향력을 지속 확대해갈 것으로 예상된다.

한편 중국으로서는 자국에 필요한 해상 수출입의 대부분이 이뤄지고, 원유 수입의 80%가 이뤄지는 인·태 지역에서 군사력을 상시 전개할 수 있는 역량을 확보하지 않고는 미국에 맞설 패권을 논할 수가 없다. 현재 중국은 하이난섬에서 시작해 말레이시아의 코타키나발루 및 캄보디아의 시아누크빌로 이어지는 해군 거점을 동남아에 마련한 상태고, 말라카해협을 지나 인도양에서는 미얀마의 시트웨, 스리랑카의 콜롬보, 몰디브, 파키스탄의 과다르, 그리고 지부티 오보크에 해군 거점을 마련함으로써 일대일로 중 해상 실크로드를 거의 포괄할 수 있는 군사 네트워크를 구축하고 있다.

특히 중국은 미국의 해양봉쇄를 돌파하기 위해 탈냉전 시기 30년간 방치됐던 남태평양의 14개 섬나라와의 협력을 강화하려 노력 중이다. 중국이 태평양으로 향하는 길목은 일본의 난세이 제도, 대만, 동남아시아, 괌 등으로 포위되어 있지만 남태평양 도서국가를 발판 삼으면 뚫고 나갈 교두보를 마련할 수 있다. 남태평양은 미국이 1942년 과달카날 전투에서 일본제국을 격파하며 태평양전쟁의 승기를 잡은 이래 미국의 영향권 아래 있었으나, 냉전 종식 이후 미국은 남태평양 도서 국가에 대한 관리책임을 동맹국 호주에 맡기고 물러났다. 남태평양의 주요 섬나라인 솔로몬제도에 세워진 대사관을 영사관으로 격하하기도 했다. 탈냉전기 호주는 사실상 남태평양의 맹주 노릇을 해왔으나 기후변화에 따른 해수면 상승으로 고통을 받는 남태평양 섬나라들에 큰 도움을 주지는 못했다. 반면 중국은 2009년경부터 남태평양 섬나라에 대한 경제협력을 강화하며 이들의 기후변화 대응 노력을 지원했다. 그러던 중 미·중 패권 경쟁이 심화하자 본격적으로 남태평양으로 세력을 확장하기 시작한 것이다.

중국은 먼저 마가레 소가바레 총리가 장기 집권 중이던 솔로몬제도와의 협력을 강화하기 시작했다. 2019년 4월에 4선에 성공한 소가바레 총리는 30년 동안이나 수교했던 대만과 일방적으로 단교하고 중국과 전격 수교한 뒤, 그해 10월 베이징을 방문하여 일대일로 사업에 참여하기 위한 양해각서를 체결한다. 2022년 4월에는 중국과 솔로몬제도 간에 안보 협정이 체결된다. 이 안보 협정에는 중국 함정과 공안이 솔로몬제도에 파견되어 물류 보급을 받거나 현지에서 활동할 수 있다는 내용이 포함된 것으로 알려졌다. 가장 먼저 반응한 것은 지역 맹주를 자처하는 호주였다. 중국이 인도양에 군사력을 투사할 발판을 마련했던 것처럼, 솔로몬제도 등지에도 군사기지를 건설하려는 것으로 의심할 수밖에 없었기 때문이다. 소가바레 총리는 솔로몬제도에 중국의 군사기지가 들어설 위험은 없을 거라고 호주를 안심시키면서도 중국과의 안보협정 전문을 공개하는 것은 거부하였다. 리처드 말스 호주 국방장관은 인도·태평양 지역의 질서가 위협받고 있다며 "중국이 전에 보지 못한 방식으로 세계를 바꾸려 하고 있다"라고 경고했다. 호주는 솔로몬제도에 고위급 인사를 파견해 중국과의 안보 협정을 철회하라고 압박했지만 거부당했다. 호주만으로는 중국의 세력 확장에 대응할 수 없다는 점을 깨달은 미국이 남태평양 세력전에 직접 개입하기 시작한 시점도 이즈음이었다. 2022년 5월, 미국은 중국이 남태평양의 도서 10개국과 추진하던, 포괄적 안보 협정을 불발시켰다.[35]

첫 합에서는 미국이 판정승을 거두었으나 남태평양을 둘러싼 미·중의 영향력 경쟁은 이제 시작일 뿐이었다. 중국의 왕이 외교부장이 2022년 5월 남태평양 도서국을 연쇄 방문하며 FTA 체결 구상 및 안보협력 강화 방안을 담은 '포괄적 개발 비전'을 논의하자, 미국의 카멀라 해리스 부통령은 7월에 '태평양제도포럼'을 개최하고 남태평양 국가에 대한 지원예산을 3배 증액하겠다고 선언했다. 2022년 9월에는 미국의 주도로 남태평양 도서국의 경제발전 및 기후변화 대응 역량강화를 지원하고 태평양 지역의 안보·무역 협력을 증진하기 위한 '태평양 도서국 포럼 정상회의'가 출범하였다. 이어 2022년 10월, 미국이 솔로몬제도에 설치된 영사관을 대사관으로 승격하기로 하자 소가바레 총리는 호주를 찾아 "솔로몬제도가 외국의 군사시설로 이용되는 일이 없을 것"이라고 약속했다. 미국은 2023년 1월에는 마셜제도에 기후변화 대응 및 경제지원조로 4년간 약 7억 달러를 지원하는 대가로 다른 나라와 군사협정을 맺지 않겠다는 약조를 얻어냈다. 중국도 부지런히 대응했다. 2023년 5월 중국의 강습상륙함 장백산함이 남태평양 도서국 바누아투에 태풍피해를 지원한다는 명목으로 입항했다. 얼마 뒤인 2023년 6월, 솔로몬제도의 소가바레 총리는 자국을 방문한 리처드 말스 호주 국방부 장관에게 "변화하는 안보 문제를 고려할 때" 호주와 솔로몬제도 간에 체결되었던 안보 조약을 유지할 필요가 있을지를 검토 중이라며, 변경할 부분이 있다고 판단되면 적절한 채널을 통해 결과를 통보하겠다고 알렸다. 소가바레 총리는 2023년 7월에는 시진핑 주석과의 회담을 가진 뒤 솔로몬제도와 중국 간에 '전면적 전략동반자' 관계가 수립되었다고 선포했다. 소가바레는 바이든이 2023년 9월에 개최한 2차 태평양 도서국 포럼 정상회의에도 불참했다.

미·중 간의 영향력 다툼은 앞으로도 남태평양의 작은 섬나라들을 놓고 숨가쁘게 벌어질 것으로 보인다.

06 미·중 패권 경쟁의 결과

미·중 패권 경쟁이란 표어가 등장한 지도 상당한 시간이 흘렀다. 그러나 이것이 구체적으로 무엇에 관한 경쟁인지를 명확히 정의한 내용을 찾아보기란 쉽지 않다. 그러다 보니 경쟁의 성격이나 양상, 현황에 대한 진단도 중구난방이다. 그러나 경쟁의 목표를 알지 못하는 상태에서 경쟁의 승패를 예측한다는 것은 언어도단이다. 중국이 미·중 패권 경쟁에서 승리하기 위해서는 어떠한 목표를 달성해야 할까? 미국의 세계 패권을 빼앗고 일극적 패권국에 등극하여야 할까? 아니면 미국과 중국이 각 진영을 대표하는 초강대국으로서 첨예하게 맞서는 양극체제를 형성하는 것일까? 그도 아니라면 중국이 종합적인 국력에서 미국을 넘어서서 세계 최강대국으로 거듭나면 되는 것일까?

중국은 세계패권국이 될 수 있을까?

오늘날의 중국이 미국을 대신해 세계패권국이 될 수 있느냐는 질문에 대해서는 비교적 쉽게 답할 수 있다. 정답은 아마 '아니오'일 것이다. 중국이 세계 패권국이 된다는 것은 첫째로 세계의 모든 경쟁국을 확실히 압도할 수 있을 정도로 절대적인 힘의 우위를 확보하고, 둘째로 세계 모든 나라로부터 패권국으로 인정받으며, 셋째로는 중국 주도의 국제질서를 세운다는 것을 의미한다. 이와 같은 기준에 따르면 중국이 미국을 대신하여 세계패권국이 될 가능성은 매우 낮다.

첫째로 중국이 세계 패권을 차지하기 위해서는 현 패권국인 미국을 상대로도 확실한 힘의 우위를 점해야만 한다. 여기에는 중국이 그저 미국을 제치고 세계 최강대국이 되는 것과는 전혀 다른 차원의, 말 그대로 압도적인 국력 격차가 요구된다. 냉전이 끝난 1991년경부터 중국이 G2로 떠오른 2010년경까지, 약 20년간 미국이 누렸던 것과 비견될만한 절대적인 국력 우위가 필요하다는 뜻이다. 현시점에 미국과 중국의 국력과 잠재력, 그리고 소프트파워를 비교할 때 두 나라 간에 국력이 단지 역전되는 것을 넘어 1990년대~2000년대 중국과 미국의 국력 차와 같이 훌쩍 벌어지는 모습은 상상하기 어렵다.

중국이 모든 나라로부터 세계패권국으로 인정받는 상황 역시 상정하기 어렵다. 패권도 결국은 관계다. 역내 다른 나라들을 개개 사안마다 힘으로 굴복시키는 부담과 비용을 감수하지 않으려면, 다른 나라들로부터 패권적 권위를 인정받아야 한다. 미국은 두 차례의 세계대전을 모두 승리로 이끌고, 제2차 세계대전 직후 전 세계 GDP의 절반에 육박했던 압도적인 국력을 기초로 자유 진영 전체를 세계대전의 폐허에서 구해냈으며, 수많은 국제제도를 설계·설립한 뒤, 반세기에 걸친 동서냉전에서조차 궁극적으로 승리한 뒤에야 세계패권국으로서의 권위를 인정받았다. 설사 중국이 세계 최강대국이 된다 해도 이 정도의 권위를 인정받자면 갈 길이 멀다. 당장 미국이 중국의 패권적 권위를 인정하지 않는다는 점 하나만으로도 중국은 세계패권국이 될 수 없다. 그뿐이 아니다. 인도와 일본도 인정하지 않을 것이고, 아마 유럽도 인정하지 않을 것이다. 우크라이나 전쟁으로 중국에 경제적으로 많이 종속됐을지언정 러시아도 인정할 리가 없다.

중국 주도의 국제질서를 세우는 것 역시 만만하지 않다. 우선 그 어떠한 상황에서도 최소한 중국에 필적할 국력과 세력을 유지할 것이 분명한 미국의 저항과 방해에도 불구하고 현행 국제질서를 무너뜨리거나 자국 중심적인 개혁을 단행할 수 있어야 한다. 이것만 해도 쉬운 일은 아니다. 거기에 현행 국제질서를 지지하는 다른 나라들의 저항도 함께 극복해내야 한다. 대부분 미국의 동맹국인 서방세계 국가들은 하나하나가 경시할 수 없는 강대국이고, 서유럽 국가의 상당수는 자유주의 국제질서를 미국보다도 더욱 선호한다. 미국과 미국의 동맹들은 경제·군사적으로도 긴밀하게 엮여 있지만, 자유민주주의라는 정치사상과 자본주의(시장자유주의)라는 경제체제로 대변되는 핵심 가치core value를 미국과 공유하고 있는 경우가 많다. 가치를 공유한 동맹국 간의 결속은 그렇지 않은 국가를 상대로 연합전선을 펼칠 때 더욱 공고해지기 마련이다.

중국의 의지에 관한 문제도 있다. 중국이 범세계적인 국제질서를 세우고 유지하려면 미국이 그랬던 것처럼 막대한 관리 비용을 감내해야 한다. 과거 중국에 통일왕조가 들어설 때마다 동아시아에서는 천하天下 또는 조공朝貢 질서로 대변되는 중화中華의 지역 패권이 확립됐는데, 이때도 중국이 대국으로서 제후국의 사대事大를 요구하기 위해서는 자소字小라 불린 패권적 책임[36]을 부담할 수밖에 없었다.[37] 동아시아라는 한정된 공간에서의 '자소'도 역대 중국 왕조에 종종 큰 부담을 주곤 했는데, 전 세계를 상대로 그러한 부담을 지려는 (그럴 역량이 있는지는 차치하고서라도) 의지가 과연 지금의 중국과 중국 인민에게 있을지는 의문이다.

중국이 세계 패권을 차지하기 어려운 또 하나의 이유는 오늘날 미국이 누리고 있는 세계 패권의 성격과도 관계가 있다. 미국의 세계 패권은 일극적인 국력 이외에도 자유주의라는 가치와 다양한 국제적 규범·제도 등 여러 연성적 요소 위에 세워진 것이다. 미국이 누리는 연성적 패권은 중국의 종합 국력이 미국을 추월한다고 하여 빼앗을 수 있는 것이 아니다. 중국 스스로가 세계를 선도할 수 있을 만한 가치와 규범, 제도를 창출해내지 않으면 안 된다. 그러나 중국은 지금까지 국제적 가치와 규범, 제도와 관련하여 보여준 모범이 사실상 전무全無하다. 오히려 중국은 G2에 등극한 2010년 이후 소위 전랑외교戰狼外交로 대표되는 강압적 행보를 보이고 있는데, 이러한 방식으로는 힘으로 상대방을 굴복시킬 수 있을지언정 선도할 수는 없다. 미국이 주도해온 자유주의 국제질서는 법치주의와 다자주의, 자유무역주의를 제도화한 뒤 국제사회가 그 규범에 스스로 구속되도록 유도하는 데 성공함으로써 세계질서로 자리매김할 수 있었다. 세계대전과 동서냉전을 계기로 자유주의 국제질서가 적어도 이론적인 측면에서는 국제사회의 이상향이라는 보편적 인식이 국제사회에 공유되었기에 가능했던 업적이기도 하다. 반면 중국의 국제전략은 소위 '굴욕의 1세기'라 불리는 근현대사에 대한 피해의식이 보복적 민족주의revanchist nationalism의 형태로 발현되는 수준에서 크게 벗어나지 못하고 있다.[38] 가치경쟁 또는 이념 경쟁이란 측면에서 중국은 자유주의 국제질서에 비견될 만큼 보편성 있는 모델을 전혀 보여주지 못하고 있다.

중국은 미국과 양극체제를 형성할 수 있을까?

대국굴기를 향한 끝없는 열망에도 불구하고, 중국은 세계 패권에 대한 야망을 직접적으로 드러낸 적이 없다. 중국이 세계 패권에 대한 기대를 간접적으로나마 드러냈던 것은 2017~2018년 정도였다. 트럼프 발發 미국 우선주의가 대두되면서 다자무역체제를 포함한 각종 국제제도를 미국이 앞장서서 망가뜨리는 상황이 되자 시진핑 주석은 여러 계기를 통해 (미국 대신) 중국이 자유무역주의의 수호자가 되겠다고 선언했었다. 하지만 트럼프가 미·중 무역분쟁을 개시한 이후에는 미국에 도전하거나 미국을 대체하려는 시도를 하지 않겠단 입장을 일관되게 밝히고 있다. 다만 중국은 미국과 양극체제를 구축하고자 하는 열망은 늦어도 2022년부터는 공공연히 드러냈다. 중국이 미국과 양극체제를 형성할 수 있을지에 대한 질문은, 중국이 세계패권국이 될 수 있을지에 대한 질문보다는 답하기 어렵다. 중국은 어쩌면 양극체제를 구축할 만한 역량을 갖추고 있을지 모른다. 그러나 굳이 답을 해야만 한다면 지금의 중국으로서는 양극체제를 형성할 수 없을 것이라는데 걸게 될 것 같다.

역사상 미국과 양극체제를 구축하는 데 성공한 유일한 제국은 소련이다. 따라서 중국이 미국과 양극체제를 형성할 수 있을지에 대한 해답은, 중국이 과거의 소련과 같은 국력과 위상, 그리고 권위를 확보할 수 있을지에 대한 질문을 통해 고민해볼 수 있을 것이다. 그리고 과거의 소련에 비할 때 오늘날 중국의 국력과 위상, 권위는 불완전해 보인다.

우선 패권 경쟁에서 가장 중요한 요소인 군사력을 비교할 때, 적어도 2023년 현재의 중국은 구소련에 상대적으로 미치지 못한다. 냉전기 소련은 실제로 미국에 근접한 군사력을 보유하고 있었지만, 중국은 아직 미국에 비해 군사력이 많이 뒤떨어진다. 특히 중국이 구소련에 비해 가장 뒤떨어지는 분야는 관점에 따라선 패권의 가장 중요한 척도일 수 있는 핵무기 전력이다. 패권 경쟁의 맥락에서 중국이 아직 미국에 대한 MAD 역량을 확보하지 못하였다는 점은 크다. 재래식 전력의 상황도 별로 다르지 않다. 중국이 진정으로 미국과 양극체제를 형성하고 싶다면 A2/AD 우산이 미치는 남중국해에서 미국의 국지적 군사력을 넘어서는 것만으로는 부족하다. 지구 전체를 작전구역 삼아 미국과 자웅을 겨룰 만한 군사적 역량을 키울 필요가 있다. 이 시기는 빨라도 2050년경인바, 중국이 양극체제를 구축할 수 있을지에 대한 질문은 때 이른 감이 있다.

지리적인 제한도 무시할 수 없다. 과거 소련은 유라시아 대륙 전역에 걸친 광대한 영토를 바탕으로 아시아와 중동, 유럽에 걸쳐 영향력을 직접 투사할 수 있었다. 광대한 지리적 판도를 바탕으로 전 세계 바다를 제패한 미국에 오랜 시간 맞설 수 있었다. 그러나 중국은 북쪽으로는 러시아에, 동쪽으로는 일본에, 동남쪽으로는 동남아시아 국가와 호주·뉴질랜드에, 남쪽으로는 인도에, 서쪽으로는 중앙아시아·중동에 막혀 있는 형국이다. 중국의 사방에는 중국을 위협하거나 최소한 견제할 수 있는 강대국들이 대거 포진하고 있다. 북쪽의 러시아는 우크라이나 전쟁을 계기로 당장은 중국의 하위 파트너 junior partner가 된 처지지만, 중국에 의존할 필요가 없어지면 언제든 중국과 대립하게 될 수 있다. 동쪽의 일본은 1980년대에 비해서는 많이 약화 됐지만 여전히 손꼽히는 강대국이고, 현재 중국에 가장 강경하게 맞서고 있다. 남쪽의 인도는 멀지 않은 시기에 중국과 정면 대결할 수 있을 만큼 강성해질 것으로 예상되며, 중국과는 오랜 경쟁 관계다. 서쪽의 중앙아시아는 러시아가 자국의 세력권으로 취급하는 지역이기에 중국이 영향력을 확장하는데 제약이 따를 것이고, 그 너머 중동의 자존심 강한 국가들이 중국에 굴종하길 기대할 수도 없다. 중동을 넘어 더욱 서쪽으로 진출하면 유럽과 아프리카가 있다. 반면 미국은 해당 지역의 강대국과 협력하는 것만으로도 이들 지역에서 중국을 견제할 수 있다. 이미 일본은 미국과의 전폭적 협력을 통해 중국과 맞서고 있고, 인도도 중국과 대립할 때마다 미국에 기대고 있다. 중국은 지리적 한계를 극복하기 위해 일대일로 사업을 추진하고 있지만 이를 막기 위한 각국(특히 미국)의 견제 노력도 가열차게 전개되고 있다.

또한 공산주의의 맹주였던 소련은 자유주의의 수호자 미국에 맞서 공산권을 규합할 수 있는 이념적 자산을 보유하고 있었다. 그러나 공산주의의 유효 기간은 냉전의 종식과 함께 끝났다. 현재 중국이 대외적으로 내세울 수 있는, 그나마 소구력 있는 이념 자산은 소위 반패권주의밖에 없다. 반패권주의를 이념적으로 도식화하면 미국과 서구의 자유주의에 대항한 주권주의 – 즉 미국이 패권국으로서 휘두르는 신자유주의적 강압에 맞서 자국의 주권을 지키고자 하는 국가의 모임이라고 정의할 수 있다. 그러나 반패권주의에 동조하는 나라라도 미·중 패권 경쟁에서 중국의 편에 설 이유는 없다. 이들은 미국에 동조하여 중국을 포위하는데 가담하지는 않을 것이나, 반대로 중국과 손잡고 미국에 대항하지도 않을 것이다. 현재 미국의 대중국 압박에 맞서 긴밀한 연합전선을 구축하려는 모습을 보이는 국가는 중국, 러시아, 이란, 북한 정도인데,[39] 이들을 묶어주는 연대는 냉정히 말해 그저 반미주의에 불과하다. 반미주의도 미국의 패권 질서 아래 억눌렸던 일부 권위주의 국가와 협력하는 데는 도움이 될 것이다. 하지만 그것만으로는 다극체제라면 모를까, 양극체제를 형성하기에는 역부족이다.

중국은 반미연대 내에서도 패권적 지위를 차지하기 어려울 것이다. 같은 진영에 속한 다른 국가를 모두 압도하고 자신의 패권적 질서 아래 편입시키려면 단순히 진영의 선봉장 역할을 넘어선, 맹주로서의 지위와 역할을 확보해야 한다. 중국에 있어 이러한 위계를 정당화할 수 있는 이념적 자산은 중화주의뿐이다. 그러나 과거 중국의 천하 질서에 복속됐었던 동아시아 국가들조차 자유주의가 득세한 20세기와 21세기를 겪고 난 오늘날에는 '소국'을 자청하고 '대국'을 사대할 마음이 없는 실정이다. 하물며 중국의 천하 질서에 복속된 역사 자체가 없는 나라들은 말할 것도 없다. 더구나 국제사회는 2010년을 기점으로 대두되기 시작한 중국의 전랑戰狼 행보를 이미 목격했다. 이

제 와 중국식 국제질서가 평화롭고 관대할 거라고 진지하게 믿을 나라는 없을 것이다. 반면 미국은 중국이 도전하는 것은 미국의 패권뿐만이 아니라 자유주의 국제질서 그 자체라는 점을 설득함으로써 여러 자유주의 국가와 공동전선을 펼 수 있다. 바이든 행정부가 대중국 포위 전선을 구축하면서 이를 단순한 군사·경제적 패권 경쟁으로 정의하는 대신 자유주의와 권위주의 간의 '가치의 대결'로 정의한 것은, 미·중 패권 경쟁에 단독으로 나섰던 트럼프 행정부와 달리 미국의 동맹자산을 적극 활용하려는 의지를 보여준 것으로 해석할 수 있다.

오늘날의 중국이 냉전기 소련보다 앞서는 것은 경제력이다. 중국은 미국과 양강구도를 형성하기에 충분할 경제 규모를 갖추고 있다. 철저한 계획경제였던 소련에 비해 중국의 산업과 경제는 훨씬 다변화되어 있고, 건실하다. 그러나 GDP와 경제력 지표만으로는 양극체제를 형성할 수 없다. 제조업이 극도로 발달한 중국의 경제·산업 구조가 농업과 에너지·자원 비중이 높았던 구소련에 비해 양극적 패권 경쟁에서 유리할지도 의문이다. 양극적 패권 경쟁에 본격적으로 돌입하게 되면 중국은 지금까지 미국이 보장해온, 자유무역질서에 입각한 혜택을 대거 상실하게 될 것이다. 해외시장이 축소되고, 금융 조달에도 어려움을 겪을 것이며, 외국인 투자를 유치하거나 기술을 도입하는데도 큰 제약을 겪게 될 것이다. 이 모든 것이 제조업 중심 경제·산업 구조에는 치명적이다. 수출 실적이 떨어지면 중국 인민들의 생활을 위해 필요한 식량이나 에너지를 수입하는데도 애로가 따를 것이다. 반면 구소련의 경제·산업 구조는 서방세계와 단절된 상황에서도 자생하기에 적합했다. 인민 생활을 위한 에너지나 식량, 각종 원자재를 자급자족할 수 있다는 점은 패권 경쟁을 수행하기에 적합했다. 덕분에 소련은 미국의 봉쇄정책에도 불구하고 인민들의 기초 생활 수준을 장기간 유지할 수 있었다. 우크라이나 전쟁 이후 쏟아지는 서방의 경제제재에도 불구하고 러시아가 어떻게든 버틸 수 있는 것도 러시아의 경제·산업이 자생에 유리한 구조이기 때문이다. 즉, 미국과 본격적인 체제경쟁에 돌입하게 된다면, 중국의 경제·산업이 현재와 같은 모습은커녕 과거 냉전기 소련이 보여줬던 수준의 끈질김을 보여줄 수 있을지조차 장담할 수 없다는 뜻이다.

물론 중국이 냉전기 소련보다 막강한 상대라고 보는 시각에도 근거가 없는 것은 아니다. 현재 중국의 경제 규모는 최전성기의 소련을 웃돈다. 그 막강한 경제력이 군사력 증강에 투입되면 과거의 소련보다도 무서운 무력을 갖출 수 있을 것이다. IT산업이 뒤처졌던 소련과 달리 중국은 다가올 4차 산업혁명의 중추가 될 첨단기술 분야에서 미국을 위협하고 있다는 점도 중요하다. 성장한 경제력과 기술력은 군사력으로 치환될 때 기존 국제질서를 가장 크게 위협하기 마련이다. 그러나 중국의 막강한 경제력은 아직 군사력으로 전부 전환되지 않았고, 4차 산업혁명에서의 선도적 기술력을 실제로 확보한 상황도 아직은 아니다. 중국에 구소련을 능가할 잠재력이 있는 것은 분명하지만, 실현되지 않은 가능성일 뿐이다.

중국은 미국을 제치고 세계 최강대국이 될 수 있을까?

좀 더 어려운 질문이지만, 근원적인 잠재력이 더 깊고 강한 국가가 중장기적으로 우위를 점할 수밖에 없다는 일반론에 따르면, 특별한 변수가 없는 한 이 질문에 대한 대답도 '아니오'일 가능성이 커 보인다.

우선 현재 중국이 심각한 문제에 직면해 있다는 점을 지적하지 않을 수 없다. 중국이 21세기 전반부에 세계 최강대국 지위를 노리기 위해서는 무엇보다 반도체 굴기를 이루지 않으면 안 된다. 미국의 반도체 봉쇄를 뚫어내거나 미국에 비견될 수준의 반도체 기술 자립을 이루지 못한다면, 중국은 다가올 4차 산업혁명 시대에 미국과 경쟁할 수 없을 것이다.

미국과의 무역분쟁 및 그간 고도성장을 유지하는 과정에서 누적된 여러 문제점도 중국의 발목을 잡을 수 있다. 트럼프 행정부가 시작한 무역분쟁은 바이든 행정부 시대 들어 가속되는 공급망 통제와 결합해 효과를 나타내고 있다. 2023년 상반기 중국의 대미 상품 수출 규모는 25% 감소했다. 중국의 생산자물가지수는 2023년 8월 기준 10개월 연속 하락세를 보였다. 중국 경제는 이미 디플레이션에 돌입했다. 성장률도 수십 년 내 최저수준이다. 여기서 자칫 대응에 실패하면 중국도 일본의 '잃어버린 30년'과 유사한 길을 걷게 될 수 있다. 이미 십수 년 전에 중국이 일본과 같은 장기 불황을 겪을 운명이라고 예견한 미국의 지정학자 조지 프리드먼은 중국이 반등에 실패할 것이라고도 예언했었다.[40]

미·중 갈등이 중국 경제에 미치는 영향을 예의주시하던 투자자들은 중국이 경기 침체에 돌입할 가능성을 확인하자마자 중국 시장에서 발을 빼기 시작했다. 블랙홀처럼 전 세계의 자금을 빨아들이던 중국에서 '차이나런China Run'이 발생한 것이다. 2022년 한 해 동안 거의 8천억 위안에 달하는 자금이 중국 채권시장에서 빠져나갔다. 2023년에도 외국 자본의 중국탈출은 계속됐다. 중국 당국이 체제 안정을 위해 자국 빅테크 회사에 대한 규제 및 외국인 투자기업에 대한 감시를 강화하면서 투자 심리는 더욱 얼어붙었다. 2023년 1분기 대중국 외국인 투자는 2022년 1분기 대비 5분의 1 규모로 추락했다. 워낙 거대한 중국의 내수시장에 미련을 가진 외국 기업은 여전히 많지만, 분리주의적 흐름을 뒤집기에는 역부족이다. 중국이 21세기의 남은 기간에도 세계의 공장으로 남는 시나리오는 그다지 현실적이지 않다. 2023년 7월 1일 중국은 소위 '반反간첩법'을 발효시켰다. 동법은 중국에 관한 각종 통계자료를 수집하고 보관하는 행위조차 간첩행위로 처벌될 수 있도록 폭넓은 처벌 규정을 두어 이목을 끌었다. 자국에 관한 정보를 철저히 관리한다는 것은 중국의 경제전망이 그리 밝지 않다는 점을 암시한다. 중국 당국은 2023년 7월 경제 지표를 공개하면서 청년 실업률을 아예 공개 대상에서 제외하기도 했다. 현재 중국은 불황을 타개하기 위해 민간 부문을 활성화하려 노력하고 있지만 체제 안정성을 위한 시장통제를 강화하는 동시에 민간 기업에 얼마만큼의 자율성을 부여할 수 있을지는 미지수다.

경제 분야에서 중국은 구소련과 비슷한 문제점을 몇 가지 보인다. 그중 하나는 경제 지표 등 관련 자료의 투명성 부족이고, 다른 하나는 중앙에서 지방정부의 경제 실적 목표치를 하달하는 방식이다. 투명성 부족은 중국 내부적으로 어떠한 문제점이 있는지를 아무도 파악할 수 없게 만든다. 구소련 시절에는 중앙에서 하달된 경제 목표를 달성하기 위해 허위 보고나 자료 조작이 판을 쳤는데, 중국의 상황이 얼마나 다를지도 의문이다. 리커창 전 중국 총리조차 2007년 미국 대사와의 회담에서 자신은 중국이 발표한 GDP를 신뢰하지 않는다며 전기사용량 등 다른 수치를 통해 실제 생산 규모를 추정한다고 말했다 한다. 그렇다면 중국의 진정한 '펀더멘탈'이 현재 알려진 것보다도 훨씬 취약할 가능성도 존재한다. 이렇게 숨겨진 문제점들이 누적되면 언젠가 감당할 수 없는 파국으로 되돌아올 수 있다. 경제가 활황일 때는 괜찮더라도 불황이 닥쳤을 때 총체적 위기를 불러오는 뇌관이 될 수 있다.

예컨대 중국에서는 중앙정부가 하달한 경제 목표치를 지방정부가 달성하는 과정에서 어떠한 문제점이 발생했는지를 제대로 알 수가 없다. 현재까지 알려진 것은 중국 지방정부의 부채 수준이 이미 오래전에 한도를 초과했고, GDP 대비 부채비율이 수백%에서 많게는 1천%가 넘는 경우가 있으며, 그간 지방정부가 직접 자금을 조달하는 대신 주로 특수법인을 세워 자금을 조달했다는 점을 고려할 때 실제로 존재하는 부채 규모는 알려진 것보다도 훨씬 클 가능성이 높다는 점 정도다. 중국의 지방정부는 '지방정부 융자기구"LGFV," local government financing vehicles'라 불리는 특수법인을 통해 자금을 조달한 뒤, 그 자금으로 인프라 건설 사업 등을 벌여 내수를 견인해왔다. LGFV가 선도한 부동산시장은 중국 GDP의 20~30%를 책임졌다. LGFV가 경제를 활성화하기 위해서는 끝없는 자금 조달과 신규 사업을 벌여야 한다. 이 과정에서 수익성은 핵심 고려사항이 아니었다. 기존 대출은 사업에서 벌어들인 수익으로 갚는 것이 시장의 원칙이나, LGFV의 사업 수익성이 떨어진 탓에 신규 대출이나 회사채 발행 등 부채를 늘리는 방식으로 추가 자금을 확보했던 것으로 알려져 있다. 그러나 부채로 쌓아 올린 거품은 시간폭탄과도 같다.

2020년 하반기부터 중국 당국은 양극화와 빈부격차를 해소함으로써 체제의 정당성을 확보하고 권력의 민영화를 막기 위한 노력에 돌입했다. 사태가 더 악화하기 전에 부동산 시장에 대한 국가 경제의 의존도를 낮추기 위한 목적도 있었을 것이다. 이렇게 채택된 것이 공동부유共動富裕 정책이다. 당국은 부동산개발업체의 무분별한 투기를 통제하기 위해 신규 자금 조달을 제한하고 부동산 구매도 억제했다. 그러자 부동산 경기가 급격히 위축되면서 외려 뇌관에 불이 붙었다. 초대형 부동산개발업체인 '헝다'를 포함해 무수한 부동산개발업체가 유동성 위기에 내몰렸다. 2023년 4월에는 구이저우성의 지방정부가 디폴트 위기에 몰리기도 했다. 현재 중국 내 인프라·부동산 시장은 한계를 넘어 붕괴하기 직전이다. 2023년, 중국 지방정부는 만기가 도래한 기존 채권을 상환하기 위한 자금을 조달하기 위해 사상 최대 규모의 채권을 발행했다. 그렇다고 중앙정부가 나서 시장을 되살리기도 쉽지 않다. 중국의 한 신용평가사는 LGFV의 부채가 2021년 말에 이미 중국의 연간 총 GDP의 절반에 육박하는 52조에서 58조 위안 사이에 달했을 것으로 추정했다. 또한 미국의 투자은행 골드만삭스가 추산한 중국 지방정부의 총부채 규모는 약 23조 달러 수준으로써 중국의 2022년도 연간 총 GDP인 18조 달러보다도 훨씬 큰 규모다. 자칫 부동산 시장이 붕괴하면 이미 한계까지 내몰린 지방정부가 연쇄적으로 디폴트에 처하고 중앙정부까지 위협하는 사태가 발생할 가능성이 있다. 이 거대한 부채는 중국이 디플레이션 극복을 위해 재정 확대 정책을 사용하지 못하도록 발목을 잡을 것이다. 2023년 8월 들어 중국 최대 부동산개발업체인 '비구이위안'마저 디폴트 위기에 몰리며 부동산 시장 붕괴 위험이 가시화되자, 중국 당국은 얼마 남지 않은 대응 수단 중 하나인 금리 인하 카드를 동원했다. 금리를 인하하여 민간 자금이 시장에 풀리도록 유도하려는 것이다. 그러나 미국이 고금리 정책을 펴는 상황에서 중국의 저금리정책은 금리 차익을 노린 대규모 외화 유출로 이어질 수 있다. 그렇지 않아도 외국인 투자 유치에 목마른 중국으로선 상상하기 싫은 시나리오일 것이다. 시진핑 주석은 목전까지 차오른 부동산발 부채 위기를 두고 "공동부유 달성을 위해 인내를 가져야 한다"라고 주문했다. 앞으로 오랫동안 "예전만큼 활기차지 않은 경제"와 함께 살아야 할지 모른다고도 했다. 강력한 통제력으로 경제 상황을 철저히 관리하면서 버릴 것은 버리고 살릴 것만 살리는, 엄혹한 시기가 올 것이니 대비하라는 예고처럼 들린다.

트럼프 발發 무역분쟁으로 시작해 광범위한 디리스킹de-risking과 첨단기술 분야에서의 디커플링decoupling으로 이어진 미국의 전방위적 압박에 중국은 수출 동력을 상실했다. 부동산과 자산 거품이 꺼지고 한계치까지 쌓인 거대한 부채가 불거지며 내수를 활성화하던 엔진도 멈췄다. 국제무역에서의 입지 약화와 날로 증강되는 미국의 경제제재, 경제불황 등에 직면한 중국은 더 이상 매력적인 투자처가 아니게 됐다. 경제불황은 소비 위축과 실업자 증가로 이어지고 있고, 실업률 증가는 그렇지 않아도 위축된 소비를 더욱 얼어붙게

만들고 있다. 중국 경제가 그야말로 '퍼펙트 스톰'을 맞은 셈이다.[41]

설령 중국이 여러 당면한 경제위기를 성공적으로 해결하는 데 성공하더라도 중장기적으로 미국이 우위에 서 있는 여러 요인을 극복하지 않고서는 최강대국이 될 수 없을 것이다. 우선은 빨라도 2050년경까지는 바뀌지 않을 미국의 군사력 우세를 꼽지 않을 수 없다. 세계 최강대국을 평가하는 가장 중요한 척도인 군사력에서 열세를 벗어나지 못하는 이상 중국이 진정한 의미에서 미국을 제치고 세계 최강대국이 되었다고 보긴 어렵다. 더구나 미국은 그 어느 나라보다도 군사력 강화에 진심인 나라이다. 인민해방군의 현대화가 계획대로 이뤄지더라도 중국이 미국의 군사력을 능가할 수 있다는 보장은 없다. 오히려 중국이 미국을 경제력에서 추월하더라도 군사력에 있어서만큼은 그러지 못할 가능성이 상당하다.

미국에 유리하고 중국에 불리한 여러 지리적·지정학적 요인들도 고려해야 한다. 미국은 동쪽과 서쪽의 긴 해안선을 따라 뻥 뚫린 대서양과 태평양을 각각 마주하고 있고, 북쪽과 남쪽에는 캐나다와 멕시코라는 '안전한' 영토 대국이 완충지로 자리 잡고 있다. 캐나다는 영미계 혈맹국이고, 멕시코는 미국에 위협이 될만한 국력을 갖추지 못하였을뿐더러 반미감정이 지금보다 훨씬 강하던 제1차 세계대전 당시에도 미국을 상대로 참전해달라는 독일 제국의 요청을 거절한 전력이 있다. 동쪽으로 대서양을 넘으면 미국과 '대서양동맹'이라고까지 불리는 영국과 서유럽이 강력한 방파제가 되어 주고, 서쪽으로는 하와이나 괌을 위시하여 미국이 지배하는 태평양 섬들 너머 일본과 호주라는 만만치 않은 나라가 미국의 동맹국이다. 총 2만 2천 킬로미터에 달하는 국경선을 놓고 14개 국가와 직접 마주한, 그리고 사방팔방이 러시아, 일본, 대만, 동남아, 인도, 중앙아, 중동에 에워싸인 중국과는 전략적 입지가 완전히 다르다. 이러한 지리적 차이는 미국에 유리하고 중국에 불리한 항구적 요인으로서 작용할 것이다.

양국의 국력 지표를 일반적으로 비교해봐도 질적 차이는 선명하다. 중원中原도 고대로부터 동아시아 지역의 패권국을 담을 만큼 비옥하고 넓은 그릇이었지만 기후적으로나, 토양의 상태로나, 부존자원의 다양성과 규모에서나, 운송과 교통에 영향을 미치는 지형의 상태로나, 자연적인 수로水路 상태로나,[42] 그야말로 '천혜'라는 단어로밖에 설명할 수 없는 미국에는 미치지 못한다. 나라의 크기는 양국이 서로 3, 4위를 다툴 만큼 비등하나,[43] 국민 기본 생활과 안보에 직결되는 식량·에너지 자급자족 능력에 있어 미국의 우위는 명백하다. 중국도 농업 대국이지만 워낙 거대한 인구를 지탱하는 데 애를 먹고 있고 농지 오염도 심각하다. 농촌 인구도 감소하고 있다.[44] 화북과 화남 지방은 근대 이전 중국이 동아시아 패권국으로 자리매김하는 데는 충분한 경작지를 제공하였을지 모르나 현대 중국이 자급자족하기엔 부족하고, 나머지 지역은 산악과 사막, 황무지로 이루어져 대규모 농업이 어렵다. 만주 일대는 대평원이지만 자연 상태에서는 흑룡강 유역 등 일부 지역을 제외하면 토질 문제로 대규모 농업에 적합하지 않다. 반면 미국의 대평원은 중국과는 규모로도 비교가 되지 않고, 토질 역시 세계 최고다. 단순히 세계에서 가장 비옥한 수준을 넘어, 지구상의 1등급 토양의 절반 정도가 미국의 대평원에 깔려 있다. 에너지도 마찬가지다. 적어도 화석원료 시대에 중국은 에너지 자립국이 아니다. 반면 미국은 셰일 혁명 이후 사우디아라비아를 제치고 세계 최대의 에너지 생산국이 되었다. 산업에 필요한 자원의 차이도 크다. 중국도 넓은 국토에 다양한 부존자원을 확보한 대국이지만, 미국의 부존자원 현황은 완벽에 가깝다.

중국의 14억 인구는 미국을 넘어서기 위한 필요 조건인 '규모의 경제'를 담보하지만, 양날의 검이기도 하다. 식량과 에너지 자원이 풍부한 중국이 식량과 에너지 안보 문제로 고민할 수밖에 없는 것은 중국의 거대한 인구 때문이다. 시진핑 주석의 말대로 "14억 인구를 먹여 살리는 것만으로도 상당한 도전"인 것이다. 더구나 중국은 1970년대 후반부터 2015년까지 이어진 '한 자녀 정책'으로 인구구조의 허리를 이루는 청장년층의 비중이 매우 부실하다. 수십 년에 걸친 산아제한정책으로 고착된 저출산 문화와 경제발전에 따른 개인주의 확산으로 중국은 이미 저출산·고령화 시대에 진입했다. 2023년 1월 17일 중국의 국가통계국은 2022년부터 중국의 인구 감소가 시작되었다고 공식 확인하였다. 시간이 흐를수록 중국 14억 인구의 상당 부분을 차지하는 중장년층은 노령화할 것이고, 전체 인구 대비 비중도 커져만 갈 것이다. 중국의 위와 인구연구소에 따르면 중국의 생산가능인구(15~64세)는 2020년 68.6%에서 2037년 64.5%로, 2047에는 59.6%로 하락할 예정이라고 한다.[45] 반면 미국은 세계 3위의 인구 대국(3억 3천만)이기도 하지만 선진국 가운데 가장 안정적인 인구구조를 자랑하는 나라 중 하나이다. 2056년경에는 중국의 출생 인구가 미국보다 적어질 것이란 진단도 있을 정도다. 미국 역시 출산율 저하라는 선진국형 위기로부터 자유롭지는 않지만, 이민에 대한 거부감이 세계에서 가장 적은 나라이기 때문에 인구문제는 실존적 위기가 아니다. 그렇다면 설사 중국이 규모의 경제를 앞세워 미국의 GDP를 추월한다고 해도 일시적인 현상에 불과할 가능성이 있다. IMF는 2023년도 중국의 경제성장률을 5.2%로 예측하면서도 2027년부터는 3%대 성장률을 보이기 시작할 거라면서, 전성기가 끝났다고 진단했다. 중국의 GDP가 일시적으로나마 미국을 추월하는 상황조차 영영 오지 않을 수도 있다는 뜻이다.

경제 구조적인 문제도 있다. 미국의 빈부격차에 대해 많은 이들이 우려를 표하지만, 중국의 빈부격차는 훨씬 심하다. 중국의 빈부격차는 내륙지방에 비해 해안지방에 부가 집중됨으로써 발생한, 지역 편중 문제까지 있어 국가 근간을 유지하는데 더욱 해로울 수 있다. 때마침 중국은 '중진국 함정middle-income trap' 구간에 돌입할 시점이다.[46] 2008년에 노벨 경제학상을 수상한 폴 크루그먼은 2022년 12월 뉴욕타임스에 기고한 칼럼에서 빠른 생산성 향상이 뒤따르지 않으면 중국은 곧 중진국 함정에 진입할 것이라고 진단했다.[47] 그러나 중국의 인건비는 이미 동남아 국가들에 비해 비교우위를 갖지 못할 만큼 높아졌다. 중국은 내륙지방으로 제조업 중심지를 이전하여 내륙의 저개발 문제와 인건비 상승 문제를 동시에 해결하고자 노력하는 등, 나름의 대응책을 강구하고 있다. 하지만 인구 감소와 젊은 층의 제조업 기피 현상, 외국인 투자 유출 현상과 같은 근본적인 문제를 해결할 수 있을지는 미지수다. 거기에 중국이 채택하고 있는 국가 주도 경제정책은 경제발전 초기에는 유용하나 경제가 발전함에 따라서는 부작용이 많은 모델이다.[48] 4차 산업혁명 시대의 첨단기술 경쟁에서도 지금까지와 같은 국가 주도 경제정책이 통용될지는 의문이다.

중국 당국은 2020년 알리바바의 창업자인 마윈이 당국의 규제를 비판한 뒤로 체제에 위협이 된다는 이유로 알리바바나 텐센트 같은 중국 IT 기업에 대한 규제를 강화해왔다. 그러다 경제불황 위기가 목전까지 다가오자 위기 타파와 실업률 제고를 위해 IT 기업을 우대하는 쪽으로 방향을 전환했다. 그러나 "새장보다 큰 새를 용납하지 않는다"라는 중국의 시장통제 정책이 변화하였다고 볼 수는 없다. 모든 권위주의 국가의 지상 과제는 체제 유지다. 중국 당국에 있어 가장 중요한 것은 중국몽의 달성 그 자체가 아니라 체제의 유지와 발전일 것이다. 민간이 부富를 통해서든 기술을 통해서든 당국의 통제를 넘어서면 인민에 대해 독자적인 영향력을 갖게 된다. 프랑스 대혁명 시절 부르주아 계급이 그러했듯이, 강력한 영향력을 가진 집단은 체제를 위협할 수 있다. 민간의 역량이 관을 넘어서는 것을 중국공산당이 용납할 수 없는 이유다. 중국은 앞으로도 민간 기업에 대한 국가 통제력을 은밀하게 발휘할 것이다. 그렇기에 중국기업의 혁신에는 한계가 따를 가능성이 높다.

중국 경제와 산업의 높은 수출 의존성도 미·중 경쟁의 시대에는 약점으로 작용할 수 있다. 근래에 중국 당국은 소위 '쌍순환'을 기치로 내걸고 내수경제 진작을 위해 노력하고 있지만, 중국의 경제는 여전히 수출에 상당히 의존하고 있다. 미국의 갈등이 고조되면 수출 의존도가 높은 중국 경제는 큰 타격을 입을 수밖에 없다. 대만해협에서의 무력 충돌 등으로 인해 미국이 본격적인 경제제재라도 부과하기 시작하면 상황은 더욱 어려워질 것이다. 중국과 완전한 디커플링에 돌입하면 미국도 인플레이션과 같은 여러 경제 문제를 겪겠지만, 중국이 입을 피해는 훨씬 클 것이다.

미국도 심각한 정치적 분열에 직면해 있지만, 중국도 억누르고 있을 뿐 정치적으로 안정적인 환경이라고 볼 수는 없다. 1당 지배와 같은 권위주의 체제는 자유를 갈망하는 인간 본성과 상충하기 마련이다. 체제의 성공이 이어지는 상황에서는 불만을 품은 인민을 비교적 수월하게 통제할 수 있겠지만, 체제에 어려움이 닥쳐 공산당에 대한 불만이 누적되면 인민의 분노를 통제하는 데 애를 먹을 것이다. 중국에는 소수민족 문제도 있다. 중국의 여러 소수민족 중엔 중국공산당의 지배에 불만이 없는 집단도 있지만 신장이나 위구르, 티베트 지역과 같이 독립을 원하는 집단도 상당히 많다. 지금까지 중국은 이들의 독립 요구를 효과적으로 억눌러왔지만, 공산당의 지배가 약화하는 순간 민족 갈등이 표면화될 수 있다.

국제관계에서 활용할 수 있는 전략 자산에도 큰 차이가 있다. 동맹은 중국은 갖지 못한 미국의 핵심 자산이다. 서유럽과 일본, 대한민국과 같은 강대국도 미국의 동맹국이고, 같은 앵글로·색슨의 문화를 공유하는 영미동맹(미국, 영국, 캐나다, 호주, 뉴질랜드)은 더욱 긴밀한 전략적 동맹 세력이다. 중국도 러시아, 이란, 북한 등과 연대하고 있지만, 반미 권위주의 국가라는 동질성을 제외하면 이들 간의 결속이 미국의 동맹 관계만큼 깊거나 같은 방향성을 추구한다고 볼 수는 없다.

중국이 현시점에서 미국을 위협할만한 잠재력을 갖춘 유일한 나라라는 점은 분명하다. 그러나 위와 같은 여러 요인을 종합적으로 고려할 때, 남은 21세기에도 미국이 세계 최강대국으로 남을 확률이 높아 보인다.

중국은 미국의 세계 패권을 해체할 수 있을까?

아마 이것이야말로 미·중 패권 경쟁의 결과에 관한 가장 올바른 질문일 것이다. 그리고 미국의 세계 패권은 이미 해체되는 과정에 있다.

미국이 약해져도 미국에 대항할 구심점이 없는 한 자유주의 국제질서와 상호보완적으로 유지되는 미국의 세계 패권은 쉽사리 해체되지 않는다. 중국을 제외하면 미국에 대항할만한 강대국은 러시아 정도지만, 경제력이 세계 10위권에 지나지 않는 러시아는 군사력과 핵무기를 제외하면 지역 강대국에 불과하다. G2로써 미국의 입지를 위협하는 수준까지 성장한 중국이 없었다면 미국의 세계 패권은 여전히 공고했을 것이다. WTO 가입을 통해 세계 무대에 화려하게 등장한 중국은 그 존재만으로도 미국의 절대적 위상을 훼손하였고, 대국굴기와 중화주의를 주창하며 미국에 도전함으로써 반미연대의 선봉장을 자임한 셈이다. 미국에 대항마가 될 수 있는 중국이 부상하면서 미국의 절대성이 도전받자 중국을 중심으로 여러 권위주의 국가가 응집하였고, 그 결과 미국을 중심으로 한 일극위계一極位階가 흔들리기 시작한 것이다.

세계 패권을 인정받기 위해서는 전 세계 모든 나라가 패권국에 순응해야 한다. 요구되는 '순응'의 수준은 패권의 성격에 따라 다를 수 있지만, 아무리 연성적인 패권이라도 패권국과 대놓고 경쟁하는 역내 국가를 놔두고는 존속할 수 없다. 그 경쟁이 패권국이 수립한 규칙의 틀 안에서 이뤄지는 것이라면 무방할 수 있다. 그러나 패권국이 수립한 규칙을 위반하거나, 경쟁을 넘어 아예 대결하려 든다면 그것은 패권에 대한 도전이나 다를 게 없다. 그런데 트럼프 행정부 시절 미국과 중국이 무역분쟁을 시작하고, 아프가니스탄에서 패퇴한 미국의 모습에 자신감을 얻은 러시아가 자유주의 국제질서에 정면으로 도전하면서 미국과 중·러 간의 관계는 대결 구도로 치달았다. 도전자가 존재한다는 사실만으로도 미국의 세계 패권은 더 이상 공고하다고 볼 수 없다. 여기서 현상 변경 세력인 중국과 러시아가 승리하면 미국의 패권은 해체되고 세계는 자연히 다극체제로 전환될 것이다. 하지만 반대로 미국이 승리한다고 해서 패권이 유지될 것이라고는 장담할 수 없다.

　G2로 성장한 중국의 굴기는 미국이 깔아놓은 자유무역질서가 있었기에 가능했던바, 현재 미국은 중국을 꺾기 위해 WTO 다자무역체제를 비롯해 스스로 설계한 여러 국제체제와 국제제도를 변경하거나 훼손하고 있다. 이러한 대응은 미국의 연성적 세계 패권의 근간이 되던 자유주의 국제질서를 훼손함으로써 세계 패권의 약화 또는 해체를 가속할 것이다. 그러나 정작 미국은 세계 패권 유지에 집착하지 않을 가능성이 높다. 탈냉전기 미국이 누린 세계 패권이란 처음부터 여러 가지 조건이 갖추어진 상황에서의 한시적 현상에 가깝기 때문이다. 아무리 미국이 강해도 언제까지고 세상의 모든 강대국을 모조리 압도·굴복시킬 정도로 강할 수는 없다. 산업혁명 직후 한때 차원이 달랐던 영국의 기술력을 독일이 따라잡으면서 힘의 균형이 흔들린 것처럼, 미국과 다른 나라 간에 한때 현격했던 기술격차도 계속 유지될 수는 없다. 시간이 지나면서 기술의 평준화가 이뤄지면, 거대한 잠재력을 지닌 강

대국들이 사방에서 준동하기 시작할 것이다. 당장은 동아시아에서 지역 패권 구축을 노리는 중국과 유라시아에서 지역 패권 구축을 노리는 러시아가 문제지만, 머지않아 인도가 인도양에서 지역 패권 구축을 시도할 것이다. 팍스 아메리카나가 절정에 이르렀던 시절에도 미국의 국제정치학자들은 미국의 절대적 우위가 영원할 수 없다는 점에 주목했다. 자유민주주의를 전 세계에 전파하려던 노력도 미국의 세계 패권이 유지되는 동안 인류의 진보를 이뤄내야 한다는 자유주의 이론가들과 네오콘Neocon[49]의 의지가 맞아떨어진 결과였다. 그러나 미국이 무리하게 시도한 '민주주의 국가 건설'이 실패로 돌아갔다는 점은 이제 누구도 부정할 수 없다. 그사이 미국의 쇠락은 가시화되기 시작했다.

때마침 미국의 국내 정치 상황도 세계 패권의 포기를 종용하고 있다. 미국이 자유무역질서를 유지하는 동안 금융자본과 다국적기업은 국경을 초월해 성장하였으나 국내 제조 산업은 황폐해졌다. 중산층이 줄어들고 부의 편중이 심화했다. 세계화로 큰 피해를 본 미국 내 제조업 노동자의 불만은 임계점을 넘은 지 오래다. 중국과의 패권 경쟁이 도래함에 따라 해외로 이전했던 공급망을 미국으로 리쇼어링할 정책적 필요성까지 인정되고 있다. 이러한 배경에서 전통적인 고립주의가 다시 힘을 얻으면서 '세계의 경찰' 노릇을 중단하라는 정치적 요구가 대두되고 있다. 이제는 자유주의 국제질서와 함께 유지하던 세계 패권을 내려놓고, 현실주의적 세계관에 따라 세계 최강대국으로서 행세하는 것이야말로 미국과 미국인의 이익에 가장 부합한다는 관점이 워싱턴 D.C. 일각에 뿌리내린 것이다.

오랫동안 미국의 정계를 움직여온 금융자본과 다국적기업은 세계화와 신자유주의적 시장경제를 여전히 선호한다. 그러나 미국 정계를 움직이는 여론의 흐름은 자본에서 제조 산업의 노동자에게로 넘어간 상태다. 거기에 미국인은 20여 년에 걸친 해외에서의 전쟁으로 지쳐있다. 테러와의 전쟁, 2008년 금융위기, 코로나19 팬데믹, 우크라이나 전쟁 등이 이어지며 누적된 연방정부의 부채도 2023년 기준 미국의 연간 총 GDP의 120%를 넘은 사상 최대규모로 불어났다. 제아무리 기축통화국이라도 재정 건전성을 되찾기 위한 노력을 시작하지 않으면 언제 어떤 문제가 터질지 모르는 상태가 됐다. 미국의 국력은 모든 영역에서 소진됐고 영향력은 쇠퇴했다. 어차피 대세를 거스를 수 없다면 허망한 세계 패권과 자유주의 국제질서를 지키느라 국력을 소모하는 것은 미국에 있어 현명한 선택지가 아닐 수 있다. 미국은 현재 진행 중인 패권 경쟁에서 승리하더라도 팍스 아메리카나를 복원하려 들지 않을 가능성이 크다. 패권 경쟁의 승패와 상관없이 미국이 스스로 세계 패권을 내려놓을 확률이 높다는 뜻이다.

이것이야말로 현재 진행 중인 미·중 패권 경쟁이 패권 질서의 전환기 transition period에 해당하는 이유이다. 패권 경쟁의 승자가 누가 되든 전환기 이후에는 세계화 시절과는 다른 국제질서가 펼쳐질 가능성이 높기 때문이다.

07 해체되는 미국의 세계 패권

미국은 주요 국제 문제에 대한 국제사회의 컨센서스를 상시 끌어낼 수 있었던 유일한 나라였다. 탈냉전기 미국이 주도하여 끌어낸 국제사회의 컨센서스는 무역자유화나 분쟁지역의 평화유지, WMD 확산 방지, 기후변화 대응, 인권신장과 같은 거시적이고 고전적인 담론은 물론이고 지적재산권 보호, 인터넷 DNS의 민영화, 사이버안보 등과 같은 기술적 영역까지 촘촘히 흩어져 있다. 국제사회의 컨센서스를 일상적으로 끌어내는 능력은 미국이 세계 패권국이라는 증표이기도 했다. 그러나 미국의 국력이 쇠락하고 중국을 중심으로 한 경쟁 세력이 부상하면서 이러한 구도에 균열이 발생하고 있다.

제도적 패권의 약화

오늘날 미국의 세계 패권이 해체되고 있다는 가장 명징한 증거는 UN 안보리가 더 이상 제 기능을 하지 못하고 있다는 점에서 찾을 수 있다. 일극체제가 확고하던 시기, UN 안보리는 활발하고 효과적인 집단안보체제였다. 냉전기에 미·소 갈등으로 인해 제 역할을 하지 못한다는 비판을 받았던 UN 안보리는 탈냉전기에 들어 존재감을 본격적으로 드러냈다. 전 세계에서 벌어지는 각종 분쟁에 개입해 평화유지를 위해 노력했고, 테러리즘의 단속과 WMD 확산 방지와 같은 국제협력에서도 선봉에 섰다. 탈냉전기에 채택된 UN 안보리 결의 가운데는 중국이나 러시아의 이해관계와 상충하는 결의도 많이 있었다. 그러나 중국과 러시아는 미국이 주도하는 결의에 대해서는 거부권 행사를 자제했다. 우려를 표시하고 반대의견을 제시하기도 했지만, 대개는 미국의 의지에 순응했다. 탈냉전기에 채택된, 중국과 러시아의 이해관계에 부합하지 않는 수많은 UN 안보리 결의는 미국이 진정한 세계패권국임을 보여주는 증표였다.

냉전이 사실상 미국의 승리로 끝난 1980년대 중반부터 냉전이 완전히 종식된 1991년까지 중국과 러시아는 UN 안보리에서 단 한 번도 거부권을 행사하지 못했다. 1992년부터 2008년 사이의 17년 동안에는 미국이 본격적으로 세계의 경찰 노릇을 하고 있었는데, 이 기간 미국이 13번 거부권을 행사한 데 비해 중국과 러시아는 이라크 침공 등 '테러와의 전쟁'이 관련된 결의안까지 모두 포함하여도 '도합' 7번만 거부권을 행사했다. 전환점은 2008년 금융위기였다. 2009년부터 트럼프 대통령의 임기가 시작되기 직전인 2016년 12월까지의 8년간, 중국과 러시아는 총 11번 거부권을 행사했다. 다만 그때도 중국과 러시아는 내전 중인 리비아에 비행금지구역을 설정하는 문제와 같이, 미국의 핵심 관심 사항에 대해서는 거부권을 행사하기보다는 의결에서 기권하길 택했다. 확실한 변곡점이 확인된 시점은 2017년이다. 2017년 2월부터 2022년 9월까지의 5년 반이란 기간에 중국과 러시아는 17번 거부권을 행사했고, 특히 2020년~2022년의 2년 동안에만도 7번이나 거부권을 행사했다. 그러다 우크라이나 전쟁으로 미국과 러시아·중국 간의 대립이 본격화되기 시작한 2022년부터는 상황이 완전히 바뀌었다. 중국과 러시아는 마치 냉전기 소련처럼 미국에 정면으로 반기를 들며 적극적으로 거부권을 행사하기 시작했다.

미국이 UN 안보리에 대해 갖는 지배력을 상실하였음을 보여주는 가장 확실한 증거는 북한에 대한 UN 제재가 더 이상 도출되지 못하는 현실에 있다. 현재 UN은 2006년 북한의 미사일 시험과 1차 핵실험에 대응해 채택된 UN 안보리 결의 1695호 및 1718호를 시작으로, 10여 개의 주요 안보리 결의를 통해 북한을 제재하고 있다. 2013년에도 결의 2094호를 통해 북한에 대한 항공유 수출을 금지하였고, 북한이 6차 핵실험을 감행한 2017년에 채택된 결의 2375호 및 2397호는 석유 및 정유에까지 제재 범위를 확대했다. 2017년까지만 해도 중국이나 러시아는 북한과의 관계 악화에도 불구하고 미국의 대북對北 제재 요구에 순응하는 것이 보통이었고, 북한을 제재하는 안보리 결의가 채택된 이후에는 적어도 공식적으로는 북한에 대한 석유·정유 수출을 공식적으로 중지하는 등, 형식적인 노력을 경주해왔다. 그러나 북한의 핵·미사일 개발로 인한 위협이 그 어느 때보다 심각해진 2022년과 2023년에는 단 한 건의 대북 제재도 채택되지 못했다. 반미연대를 결성한 중국과 러시아가 똘똘 뭉쳐 연거푸 거부권을 행사했기 때문이었다. 북한은 2022년 한 해동안 ICBM급 미사일만도 최소 5회 이상 발사했으나, 중국과 러시아는 UN 안보리 회의에서 북한에 대한 추가 제재가 채택되는 것을 막았다. 고조되는 북한의 핵 위협에도 불구하고 안보리가 추가적인 대북 제재를 내놓지 못하면서 미국이 더 이상 국제사회의 컨센서스를 지배하지 못한다는 점이 만천하에 드러났다. UN 안보리는 2023년 10월에 벌어진 팔레스타인 무장 정파 하마스의 대對이스라엘 공격과 그에 대응한 이스라엘군의 보복 작전에 대해서도 유의미한 결의를 채택하지 못했다.

주도적인 국가가 사라지고 분열된 UN 안보리는 민감성이 떨어지는 안보 문제에 대한 대응에도 실패하기 시작했다. 2022년 10월 아이티에서는 국내 석유 비축량의 70%를 보관 중인 연료창고를 대규모 갱단이 무력으로 점거한 뒤 국민 전체를 볼모로 잡고 부당이득을 누리고 있었다. 갱단을 통제할 무력을 갖추지 못했던 아이티 정부가 10월 7일 UN에 군사 개입을 요청했으나 중국과 러시아의 거부권 행사로 대응에 실패했다. 안토니오 구테흐스 UN 사무총장까지 나서서 정치적인 문제와 별개로 인도주의적인 관점에서라도 아이티 국민을 위한 무력 동원이 필요하다고 UN 안보리에 호소한 끝에야 10월 21일 갱단 두목에 대한 자산 동결, 여행금지, 무기 거래금지 조치 등을 담은 결의 제2653호가 가까스로 채택되었다. 그러나 석유도 물도 부족한데다 콜레라까지 창궐하고 있는 아이티 국민을 위한 군사개입은 끝내 합의되지 않았다. 인도주의적 군사 개입이 너무 빈번해 문제가 되었던, 미국의 자유주의 패권이 절정에 달했던 2000년대를 생각하면 격세지감이 아닐 수 없다. 갱단이 아이티를 석권한 지 1년여가 지난 2023년 10월에야 UN 안보리는 케냐의 주도로 아이티에 다국적 경찰을 파견해 치안을 확보하기로 결의할 수 있었다. 갱단에 의해 이미 5천에 가까운 민간인 사상자와 납치 피해자가 발생한 다음이었다.

반미연대와 글로벌 사우스의 발호

어떤 부류의 국제정치학자primacist들은 21세기에 들어서도 미국의 패권이 상당 기간 유지될 것으로 전망했다. 미국의 압도적인 힘과 관대함이 미국에 대항하는 반패권 연합의 구축을 저지하여 다극체제의 도래가 지연될 것이란 취지였다. 요컨대 UN이라는 집단안보체제를 통해 힘을 행사하는 이상 전통적인 세력균형이론에서 말하는, 단일 패권국에 대항한 강대국들의 연합전선이 미국을 상대로는 구축되지 않을 수도 있다는 기대가 있었다. 패권국에 대항한 반패권 연합은 세력균형 그 자체를 위해서가 아니라 강대국들의 생존과 번영이 패권국에 의해 위협받을 때 구성되는 것인바, 민주적 패권국인 미국의 치세에서는 그러한 문제가 발생하지 않으리라는 논리였다. 이러한 예상은 중국과 러시아를 중심으로 미국에 대항하는 연합전선이 구축됨에 따라 보기 좋게 빗나가고 말았다.

탈냉전기 중국과 러시아는 너무나도 막강한 미국에 맞서 상호 연대를 기본 전략으로 채택했지만, 지정학적으로 경쟁 관계에 있는 양국 간의 협력에는 제한이 따랐다. 그러나 우크라이나 전쟁으로 서방의 전방위적 제재에 직면한 러시아는 중국에 의존할 수밖에 없는 처지가 되었고, 중국도 미국의 봉쇄와 압박에 저항하기 위해 러시아의 자원이 필요한 처지가 됐다. 중국과 러시아의 대미對美 연대가 강화되자 그간 미국의 패권 아래 고립됐던 이란도 러시아·중국과 긴밀히 협력하기 시작했다. 북한이나 군부 독재정권이 쿠데타로 집권한 미얀마와 같은 권위주의 정권도 중국-러시아-이란이 편성한 반미연대에 줄을 서고 있다. 미국에 맞서는 반미연대가 발호했다는 것 자체가 미국의 세계 패권이 해체되고 있음을 보여주는 징조인 셈이다. 미국과 중국의 전략경쟁이 치열해질수록, 그리고 우크라이나 전쟁이 심화할수록 이들 반미연대는 진영화陣營化할 가능성이 있다.

반미연대의 발호는 더 많은 나라들이 미국의 그늘에서 벗어나는 계기가 될 것이다. 원래 진영 간에 패권 경쟁이 시작되면 각 진영은 중간지대에 속한 국가에 유화책을 쓸 가능성이 커진다. 탈냉전 시대 미국의 눈치를 볼 수밖에 없었던 많은 나라들이 미국과 반미연대 사이에서 등거리 외교를 하면서 이득을 꾀할 것이다. 균형 외교를 하는 국가가 늘어나는 현상은 미국의 패권에 영향을 받지 않거나 영향을 덜 받는 나라가 늘어난다는 뜻이기도 하다. 이 또한 미국의 세계 패권 해체를 가속하게 될 것이다.

달러 패권의 약화

미국의 세계 패권을 유지하는데 기여한 또 하나의 굳건한 기둥은 미국이란 나라가 가진 '신뢰' 또는 '신용'이었다. 미국의 신뢰 자산은 지배적 기축통화로 통용되는 달러화의 위상으로 대표된다.

1944년에 출범한 브레턴우즈 체제는 GATT, IMF, 세계은행을 창설하기도 했지만 본질적으로는 금본위제도gold standard를 도입한 것이 핵심이었다. 미국의 달러화를 일정량의 금金과 교환할 수 있도록 정한 뒤 다시 다른 나라의 화폐 가치를 달러화와 연동하여 환율을 정한 것이다. 당시 미국이 전 세계 금괴의 무려 70%를 보유하고 있었기 때문에 가능했던 것인데, 이후 미국이 마셜플랜 등 대외 지원정책에 엄청난 달러를 쏟아붓고 베트남 전쟁에 천문학적인 자금을 투여하면서 달러 통화량이 급격히 늘어났다. 시중에 풀린 달러화와 미국이 보유한 금괴 물량 간에 비대칭도 심화되었다. 결국 1971년, 리처드 닉슨 당시 미국 대통령은 금태환 정책을 전격 폐기함으로써 브레턴우즈 체제에 따른 금본위제도를 종료시켰다. 그러나 금태환을 폐기한 뒤에도 달러화의 지배적 지위는 손상되지 않았다. 여기에는 1974년 미국이 사우디아라비아에 군사적 보호를 제공하는 대가로 오직 미국 달러화로만 석유 대금을 오직 결제할 수 있도록 합의함으로써 발족한 '페트로 달러 체계petro dollar system'가 큰 역할을 했다. 금과 연동되던 달러가 사실상 석유와 연동되기 시작한 것이다.

지배적 기축통화인 달러화에 대한 통제력을 바탕으로 미국이 국제 통화시장에서 누리는 각종 영향력과 이득은 엄청나다. 미국의 위상에 대한 신뢰가 기축통화 지위를 보장하고 기축통화 지위가 미국에 대한 신뢰를 보장하는 선순환이 발생하는 것이다. 불가침의 신용도[50]는 국제투자를 포함한 모든 국제 거래에서 다양한 유무형의 이익으로 되돌아온다. 덕택에 미국은 2008년 금융위기나 2022년 인플레이션 위기를 맞아 자국 통화의 가치에 미치게 될 영향을 크게 고려하지 않고 다양한 통화정책을 거침없이 채택할 수 있었다. 지배적 기축통화로서의 달러화의 지위 덕분이다. 일방적인 통화정책을 통해 타국의 환율을 조정하거나 타국의 수출입에 영향을 미칠 수 있는 능력을 행사하는 것은 일종의 덤이다.

그런데 최근 들어 미국의 달러 패권이 위협받고 있다는 진단이 대두되고 있다. 우크라이나 전쟁으로 SWIFT에서 퇴출된 러시아가 중국과의 거래에서 별도 국제결제망을 사용해 위안화와 루블화로 에너지 거래대금을 결제한 것을 시작으로, 중국과 사우디아라비아와의 원유 거래에서도 위안화를 결제 통화로 사용하기로 합의하였기 때문이다. 브라질 등 브릭스 회원국들도 중국이 설립한 '위안화 국제결제시스템"CIPS," Cross-Border Interbank Payment System을 포함한 비非달러화 결제 사용을 늘려나가기로 합의하였다. 특히 2023년 8월에 개최된 제15차 브릭스 정상회의를 계기로 브릭스 회원국들은 EU의 유로화와 비슷한, 브릭스만의 수출 결제 통화를 만들기 위한 논의에 박차를 가하고 있다. 달러화가 아닌 다른 통화가 석유 대금 결제에 사용되고 유력 국가 간에 비非달러 결제망의 사용 비중이 늘어나는 현상은 달러화의 패권이 흔들리는 현실을 보여준다.

사실 달러 패권의 약화는 2008년 금융위기 때부터 시작됐다. 미 연준이 금융위기를 극복하기 위해 장기간에 걸쳐 채택한 양적완화quantitative easing 정책은 각국의 경제 기반을 뒤흔들었다. 연준이 2008~2012년 사이에 대량의 국채를 사들이며 시중에 달러화를 풀자 넘쳐나는 통화량에 미국뿐 아니라 세계 각국의 금리가 떨어지고 달러화 대비 각국 통화의 환율이 격상하였으며, 자산 가격이 폭등했다. 금리 인하로 경기가 활성화되기도 하였으나 수출 경쟁력이 훼손되고 자산 거품이 발생하기도 했다. 반대로 연준이 2022년부터 채택한 급작스러운 고금리 정책은 달러화 강세를 초래했다. 미국이 전 세계로부터 달러화를 빨아들이자 각국은 외환보유고 사수에 난리가 났다. 그 바람에 수입이 어려워지며 중동과 아프리카의 일부 지역에서는 생필품이 동나는 사태까지 발생했다. 미국의 인플레이션을 잡기 위한 강달러 정책이 다른 나라에 인플레이션을 초래한 것이다. 미국의 일방적인 통화정책에 호되게 당한 나라들 사이에 탈달러화 필요성에 대한 공감대가 형성되는 것은 자연스러운 일이었다.[51]

2022년 초 우크라이나를 침공한 러시아를 SWIFT 결제망에서 퇴출하고 달러화를 기초로 한 경제제재를 부과한 것도 달러 패권의 약화를 가져왔다. 미·중 패권 경쟁과 함께 세력 간 진영화 현상이 심화하는 상황에서, 미국이 달러화와 SWIFT를 무기로 사용하는 모습을 목격한 반미연대는 물론이고 글로벌 사우스도 달러화에 대한 의존도를 줄여야겠다는 경각심을 갖게 된 것이다. 이러한 기조에 힘입어 2022년 4분기 기준 세계 각국 중앙은행의 외화보유액 중 달러화의 비중이 20여 년 만에 최저인 58% 수준으로 떨어지기도 했다.

다만 이를 두고 위안화나 CIPS가 달러화 또는 SWIFT의 '패권적 지위'를 대체할 가능성이 있는 것처럼 호도하는 것은 부정확하다. 달러화는 여전히 유일한 지배적 기축통화이고 앞으로도 한동안 그 지위에는 변함이 없을 것으로 사료된다. 이유는 간단하다. 미국만큼 세계적인 신용과 신뢰를 인정받는 나라가 없기 때문이다. 그 어떤 이념적 반감과 지정학적 갈등도 시장을 속이기는 어렵다. 금과 연동되지 않게 되었음에도, 그리고 석유 대금을 결제할 수 있는 유일한 통화가 아니게 될 수 있어도, 달러화는 미국과 미국의 국력에 대한 신뢰와 신용에 힘입어 패권적 지위를 유지하고 있다. 반면 중국이 세계 경제에서 차지하는 거대한 비중에도 불구하고, 중국 위안화가 2022년 10월 기준 전 세계 외환보유고에서 차지하는 비중은 2.88%에 불과했다.[52] 지난 10여 년간 중국이 일대일로 프로젝트를 통해 위안화 대출을 급격히 늘려왔다는 점을 고려할 때 기대 이하의 수치다.[53] 가장 큰 이유는 중국에 대한 신뢰 부족이다. 세계 외환보유고의 약 60%를 차지하는 미국 달러화와 비교할 것까지도 없다. 2010년도에 경제 규모에서 중국에 추월당한 이후 모든 국력 지표에서 중국보다 열세인 일본의 엔화가 차지하는 비중이 5.26%라는 점만 보아도, 국제적 신용은 중국의 주요 약점 중 하나임이 분명하다.[54] 2023년 상반기에는 위안화의 결제 비중이 갑자기 4%대 이상으로 치솟았지만, 이는 우크라이나 전쟁으로 원유와 가스를 수출할 길이 막힌 러시아가 중국과의 거래에서 위안화를 수령하기 시작하였기 때문이다. 중국이 중동 산유국이나 브릭스 등 글로벌 사우스 국가와의 거래에서 위안화 결제량을 늘려나가면 위안화의 위상이 더욱 제고되겠지만, 그 또한 한계는 있을 것이다.

위안화의 신용에는 중국 당국의 시장통제, 부패, 투명성 부재, 대외정책 등에 대한 시장의 불신이 반영된다. 중국 당국의 빈번한 환율개입도 위안화의 신뢰성에 부정적인 영향을 미칠 수밖에 없다. 중국은 2005년까지 미국 달러화에 위안화의 가치를 고정한 고정환율제를 유지해왔다. 미국은 중국의 고정환율제가 위안화의 평가절하 효과를 가져와 자국의 대중국 적자를 악화시킨다고 보고, 오랜 세월 평가절상을 강력히 요구하였다. 이에 중국은 몇 차례의 개정을 통해 관리변동환율제를 유지하고 있다. 그러나 위안화의 가치는 여전히 저평가되었다는 의견이 많고, 무엇보다 중국 당국이 필요시 언제든 환율에 개입하리란 점에는 의문의 여지가 없다.

그럼에도 불구하고, 위안화 및 위안화를 사용하는 국제결제망의 부상은 중국이 미국의 세계 패권을 위협하는 것과도 유사한, 구조적인 이유로 달러 패권을 위협하고 있다. 위안화가 달러를 대체하는 것은 요원하더라도 달러의 유일무이한 지위는 훼손하고 있기 때문이다. 지배적 기축통화로서의 달러화는 그동안 대체재는커녕 진정한 의미에서의 대안재조차 존재하지 않았다는 점에서 문자 그대로 패권적 위상을 유지할 수 있었다. 그런데 최근 들어 대두되기 시작한 대안 통화 및 대안 결제망은 중국-러시아-이란으로 구성된 반미연대 간에 확실한 수요가 있고, 평소 달러화의 독점적인 지위에 불만이 많던 글로벌 사우스의 지지도 받고 있다. 중국의 일대일로 사업에 위안화와 CIPS가 주로 사용되므로, 글로벌 사우스와의 거래에서도 위안화 및 CIPS의 기본 수요는 상당하다. 반미연대가 위안화와 CIPS를 띄웠다면 글로벌 사우스가 여기에 힘을 실어주고 있는 격이다. 물론 국제통화시장에서 위안화가 갖는 위상이나 중국 통화정책에 대한 국제사회의 신뢰성 등을 고려할 때, 위안화와 CIPS가 달러화의 대안재조차 되지 못하고 위축될 가능성도 있다. 그러나 달러 패권의 신화에는 이미 균열이 발생했고, 굳이 위안화가 아니더라도 외환보유고와 결재통화의 다변화를 시도하는 나라들은 늘어나고 있다.[55]

08 전환기의 평화를
위협하는 변수

사실상의 반미연대를 구성한 중국과 러시아, 그리고 이란은 권위주의 체제로 분류할 수 있다. 권위주의 정권의 특성상 반미연대 소속국의 최우선적 목표는 체제 유지일 것이다. 그러나 중국과 러시아, 이란의 체제적 문제는 만만하지 않다. 체제 위기에 놓인 권위주의 정권은 민족주의 정서로부터 활로를 찾는 경우가 많다. 자국민의 민족주의적 자존심을 충족시켜줄 수 있을 만한 업적을 세워 체제의 수명을 연장하는 것이다. 오늘날 중국은 동아시아에서, 러시아는 유라시아에서, 이란은 중동 지역에서 패권을 구축할 수만 있다면 현재의 체제에 장기적인 정당성을 부여하는 것이 가능해진다. 그러자면 군사적 업적이 필요하다.

군사·안보 영역에서의 패권 경쟁은 단 하나의 상징적인 사건만으로도 기존 국제질서를 붕괴시키거나 변화시킬 수 있다는 점에서 경제나 기술 영역에서의 경쟁과는 차원이 다른 파급력을 갖는다. 현재 미·중 간의, 또는 미국과 반미연대 간의 패권 경쟁은 전쟁으로 비화할 가능성이 크다는 점에서 특별히 위험하다. 국제정치학자 로버트 아트에 따르면 신흥 강대국이 지배적 강대국에 비용을 발생시키며 부상한 상황에서는 역사적으로 거의 모든 경우에 양국 간에 갈등과 대결이 발생했고, 대부분 대규모 전쟁으로 비화됐다고 한다.[56] 굳이 '투키디데스의 함정'까지 가지 않아도 미국의 무역적자를 무역흑자로 흡수하며 성장한 중국과, 그런 중국에 패권을 위협받게 된 미국의 관계가 예외일 것이라고 안심할 근거는 없다.

2022년 2월에 우크라이나 전쟁이 발발하고 8월에 낸시 펠로시 하원의장이 대만을 방문하면서 미국과 반미연대 간의 관계는 급속도로 냉각됐다. 미국의 대중국 반도체 수출통제는 날이 갈수록 강하고 촘촘해졌고, 대만해협에서의 군사적 긴장감도 날로 고조됐다. 미·중 양국은 2023년에 들어서는 상황을 관리하기 위해 유화적인 제스처를 취하기 시작했다. 그러나 앤서니 블링컨 미 국무장관의 중국 방문이 초읽기에 들어가던 2023년 1월, 중국의 감시 풍선이 미국의 영공을 지나다 발각되는 사건이 발생했다. 미국은 중국을 격렬히 비난하고 감시 풍선을 격추했다. 블링컨 장관의 중국 방문은 무기한 연기됐고, 양국의 관계는 다시 얼어붙었다. 먼저 손을 내민 것은 미국이었다.

때마침 EU가 "디커플링 대신 디리스킹"을 주창하고 있었는데, 디리스킹이란 디커플링과 달리 특정 국가와의 교류 단절 가능성을 배제한 채 단지 과도한 의존도만을 줄여 공급망 위기를 관리하는 정책목표를 뜻한다. 2023년 4월 제이크 설리번 미국 국가안보보좌관은 미국 브루킹스연구소 강연에서 "미국은 디리스킹을 지지한다"라고 밝혔다. 사실 같은 달 재닛 옐런 미 재무장관이 중국과의 디커플링은 "양 국가에 재앙적일 것"이라고 말했을 때부터 바이든 행정부가 완전한 디커플링을 추구할 가능성은 사라졌었다고 볼 수 있다.[57] 2023년 5월에도 미국은 G7 정상회의 공동선언에서 미국의 대중 접근법이 '디커플링'이 아닌 '디리스킹'이라고 못 박았다. 유화적인 외양이 갖춰지자 미국은 "이젠 외교의 시간"이라고 선언했다. 중국도 호응했다. 2023년

6월, 마침내 중국을 방문한 블링컨 장관과의 회동에서 시진핑 주석은 "미국의 이익을 존중하고, 미국에 도전하거나 미국을 대체하지 않을 것"이라면서, 대신 "미국도 중국을 존중하고 중국의 정당한 권익을 해치지 말아야 한다"라고 강조했다. 블링컨도 "미국은 중국의 체제 변화를 추구하지 않고, 대만 독립을 지지하지 않으며, 중국과 충돌할 의사가 없다"라고 밝힘으로써 양국 간 갈등은 일응 수습 국면에 들어가는 모양새가 됐다. 2023년 8월에는 지나 러몬도 미 상무장관의 방중을 계기로 미·중 양국은 수출통제 관련 문제를 협의하기 위한 실무그룹을 구성하고, 수출통제와 관련된 정보를 상호 공유하기로 합의했다. 오해와 불통으로 인해 발생할 수 있는 위험성을 관리하려는 노력에 돌입한 것이다. 중국 또한 상황관리를 위한 노력에 힘을 기울이기 시작했다. 2023년 10월 척 슈머 미국 민주당 상원 원내대표 일행을 만난 시진핑 주석은 "투키디데스 함정은 필연이 아니"라며 "중·미 관계를 개선해야 할 이유는 1천 가지 이상이 있고, 양국 관계를 망칠 이유는 한 가지도 없다"라고 강조하기도 했다.

그러나 중국은 대중국 수출통제가 유지되는 한 '디리스킹'이란 허울을 씌워봤자 본질적으로는 '디커플링'과 달라지는 것이 없다고 본다. 핵심 분야에서의 디커플링 기조는 바뀌지 않고 있기 때문이다. 중국의 CIA라 할 수 있는 중국 국가안전부는 2023년 10월 "미국은 패권 유지를 위해 중국과의 디커플링을 계속할 것"이라며 미국의 제재가 계속될 것이라고 단정하였다. 실제로 블링컨 국무장관은 미·중 간에 상황관리를 위해 이루어진 시진핑 주석과의 회동 직후 개최된 기자회견에서도 "미국의 국가 안전을 지키는데 필요한 특정 표적에 대한 맞춤형 조치를 계속할 것임을 분명히 했다"라고 강조했다. 미 BIS가 부과하는 반도체 및 기술 분야에서의 대중국 수출통제가 연일 헤드라인을 장식하는 가운데, 재무부와 그 산하 OFAC이 부과하는 금융제재도 점점 더 중국의 목을 옥죄고 있다. 2023년 5월, 옐런 재무장관은 중국을 상대로 취해진 미국의 여러 안보 관련 조치와 관련해 "설사 우리의 경제적 이익과 맞바꾸어야만 하더라도 타협하지 않을 것"이라고 단언했다. 러몬드 상무장관도 2023년 8월 방중을 앞두고 개최한 기자회견에서 "국가 안보를 보호하기 위해 가능한 최대한의 수출통제 조치를 할 것"이라고 강조했다. 그런 만큼 미국의 수출통제는 반도체에 머물지 않고, 향후 4차 산업혁명의 중추를 이루는 다른 첨단기술이나 핵심 품목으로 계속 확산될 가능성이 매우 크다.

미·중 패권 경쟁의 향방을 좌우할 수 있는 민감 품목·기술 분야에서의 디커플링이 심화하는 상황에서는 양국 간에 긴장 관계도 계속될 수밖에 없다. 여론을 보아도 양국 간의 관계가 개선될 여지는 보이지 않는다. 2023년을 기준으로 미국인의 거의 50%가 중국을 경쟁국으로 인식하고 있으며, 나머지 절반의 대부분인 전체의 40% 이상은 중국을 적국으로 인식하고 있다.[58] 누가 미국의 차기 대통령이 되더라도 미-중 간의 경쟁과 갈등이 극적으로 해소될 가능성은 작아 보인다. 오히려 여론에 편승해 더욱 강경한 대중국 정책을 채택할 가능성이 크다. 미국의 차기 대통령으로 고립주의자가 당선된다면 중국과의 디커플링은 더욱 가속될 것이다.[59] 악화하는 양국 간의 관계는 대만 해협을 둘러싼 군사적 대치 상황을 더욱 위험하게 몰아갈 것이다.

참고 사항

1 중국 공산당과 중국인에 있어서는 '경제발전'보다 '국가적 치욕의 세기'를 갚아 '위대한 중화의 재래'를 구현하는 것이 더 중요한 과제라는 평가가 많다. Peter hays Gries, China's New Nationalism: *Pride, Politics, and Diplomacy*, University of California Press (2004) 등 참고.

2 중국은 WTO에 가입하기 이전인 1990년대에 이미 무역 규모가 급성장하고 있었고, 외국인 투자도 날로 증가하고 있었다. 따라서 WTO 가입이 비록 중요할지언정 결정적이지는 않을 것이란 취지로 분석한 보고서도 있었다. Nicholas R. Lardy, "Issues in China's WTO Accession", *Brookings Testimony* (9 May 2001). 다만 2001년도에 쓰인 이 보고서는 중국이 WTO 가입 이후 보여준 경이로운 성장을 예측하지 못했다.

3 WTO 가입 이전에도 미국 등 서방세계는 중국에 대한 관세를 그다지 많이 부과하고 있지 않았다. 따라서 WTO 가입으로 인하된 관세 폭은 서방보다는 중국 쪽이 훨씬 크기는 했다. 그러나 제조업의 낮은 영업 이윤을 고려할 때 그렇지 않아도 가격경쟁력이 높은 중국산 제품에 있어 추가적인 관세 인하는 호랑이 등에 날개를 달아준 격이었다. 또한 WTO 가입이 상품무역 분야에 불러온 가장 큰 효과는 각국이 중국산 제품에 대해 차별 조치를 취할 수 없게 됨으로써, 중국의 무역구조가 안정화되었다는 점일 것이다. 중국의 WTO 가입 이후 각국이 중국산 저가 상품에 대해 취할 수 있는 조치는 (극히 제한적으로 인정되는 몇몇 예외적인 경우를 제외하면) 반덤핑 · 상계관세 · 세이프가드와 같은 무역구제 조치로 좁혀졌다.

4 그 전해인 2007년에는 러시아의 푸틴 대통령도 뮌헨 안보 회의에서 미국의 일극체제를 처음으로 비판하는 발언을 했다. 푸틴과 러시아가 2007년 이전까지는 미국에 확실히 양보하면서 서방과 공조하는 데 중점을 두어왔다는 점을 고려할 때, 2007년 즈음부터는 미국 패권의 파열이 가시화되고 있었을 수 있다.

5 이문기, 송홍근, "중국이 재해석한 천하질서는 조공체계와 어떻게 다른가 (조영란 연세대 국학연구원 교수 인터뷰)," 「신동아」 (2018.10.28.).

6 Eleanor Lattimore, "Pacific Ocean or American Lake?" *Far Eastern Survey* Volume, 14, Number 22 (7 November 1945), pp. 313–316.

7 *Pacific Historical Review*, Volume 55, Number 1 (February 1986).

8 유엔식량농업기구(FAO), 국제민간항공기구(ICAO), 유엔산업개발기구(UNIDO), 국제전기통신연합(ITU)이다. 현재는 변경되었다.

9 세계강대국의 상대적 지위는 계속 변화하며, 이는 지난 500년간 포르투갈, 스페인, 네덜란드, 영국, 프랑스, 독일, 일본, 러시아, 미국 등 강대국의 흥망을 통해 증명된다는 주장이었다.

10 WTO에 대한 미국의 불만에 대해서는 Chad Bown & Soumaya Keynes, "Why Trump Shot the Sheriffs: The End of WTO Dispute Settlement 1.0," *Peterson Institute for International Economics* (March 2020)을 전반적으로 참고하였다.

11 프랭클린 루스벨트 대통령과 그의 참모들은 수입품에 대해 무차별적 고관세를 부과한 세계 각국의 보호무역주의(미국의 경우 Smoot–Hawley 관세)가 경제대공황을 촉발했다는 확신을 가졌고, 이 확신은 미국의 많은 정책 입안자에게 직간접적으로 계승되었다.

12 형식적으로는 어디까지나 수출국과 수입국 쌍방이 합의한 바에 따른 '자발적' 수출제한이기 때문에 GATT 제11조에 따른 수량제한 규정의 적용을 피해 갈 수 있었다.

13 Jonathan Kirshner, "Bring Them All Back Home? Dollar Diminution and U.S. Power," *The Washington Quarterly*, Volume 36, Issue 3 (Summer 2013), pp. 27–45.

14 다만 이 추세는 미국발(發) WTO 개혁 요구가 극에 달한 2021년부터 반전한다. 2021년에 판정이 내려진 미·중 태양광 패널 세이프가드 분쟁(DS562)의 경우에는 반대로 패널이 새로운 심사기준(standard of review)을 적용하여 미국에 전부 승소 판정을 내린다.

15 Sherzod Shadikhodjaev, "Steel Overcapacity and the Global Trading System", *Asian Journal of WTO & International Health Law and Policy*, Vol. 16, No. 2 (Sep 2021), pp. 179–218.

16 USTR의 제301조 조사(Section 301 investigation) 결과에 따르면 중국 정부는 합작회사의 외국인 지분율과 관련된 규정을 레버리지로 활용해 외국 기업의 지적재산권을 중국기업에 이전하도록 압력을 가하는 경우가 많았다고 한다.

17 2022년 EU는 중국 법원에서 표준특허("SEP", Standard Essential Patent)와 관련된 소송이 제기될 경우 해외 법원에서 동일 사안에 대한 소를 제기하거나 유지하는 것을 금지하는 일련의 중국 법원 명령("소송금지명령", anti-suit injunction)들을 TRIPS 협정 위반으로 WTO에 제소하였다. (DS611) China – IPRs Enforcement (EU). 표준특허란 ISO, ITU 등 국제 표준화기구에서 국제표준규격으로 선언된 특허로서, 해당 표준규격에 맞추어 제품을 생산하기 위해서는 반드시 사용될 수밖에 없는 특허를 의미한다. 일반특허와 달리 표준특허의 경우 자체 기술 등을 이용한 특허 회피가 불가능한 대신, 특허 보유자는 FRAND 원칙에 따라 타인에게 합리적인 로열티 지급을 대가로 공평하고 합리적이며 비차별적인("FRAND", fair, reasonable, and non-discriminatory) 특허 사용을 허가해야만 한다. 이 사건에서 EU는 소송금지명령으로 인해 중국 법원이 표준특허와 관련된 국제소송을 사실상 독점하는 결과가 초래되고 있다고 주장하는 걸로 보인다. 또한 EU 등은 중국 법원의 소송금지명령으로 인해 특허권자가 시장가격보다 낮은 특허사용료를 수용할 수밖에 없는 결과를 초래한다고 비판하고 있다. 여기에는 특허 사용자에게 친화적인 중국 내 규범을 국제적으로 관철함으로써 자국 산업에 유리한 환경을 조성하려는 의도가 있는 것으로도 평가된다.

18 John Ikenberry, "The Future of the Liberal World Order", Foreign Affairs, May/June (2011), pp. 56–68.

19 Clark Packard & Alfred Carrillo Obregon, "2022 U.S.-China Trade Data Shows No Signs of Widespread Decoupling" *CATO Institute* (9 February 2023).

20 즉, 특정 제품을 만들어 판매할 때 원재료의 수급부터 가공을 통한 소재·부품, 중간재, 최종재의 생산과 유통·판매에 이르는 전 과정이 이루어지는 네트워크를 통칭한다.

21 GVC는 21세기에 들어서야 등장하기 시작한 개념이다. 21세기 들어 자유무역질서로 인해 관세 및 비관세장벽이 범세계적으로 철폐되거나 완화되고, 서비스무역도 원활해진 데다 대다수 국가가 외국인 투자를 허용하여 다국적기업이 세계 곳곳에 자회사를 설립해 공급망을 직접 공급할 수 있게 됐다. 무역자유화로 통관과 수출입도 활성화됐고, 기술의 발전으로 물류비 절감과 생산 표준화도 가능해졌다.

22 GATT 체제가 유지되던 50여 년 동안 안보예외가 문제된 사건은 총 7번 있었고, 실제 분쟁까지 진행되지 않은 사건을 합치면 4건 정도가 추가된다. WTO 체제에서도 2016년 이전까지 총 3건의 분쟁에서 안보예외가 논의되었다. 그러나 이들 GATT/WTO 사건에서는 사법적인 심리가 제대로 진행되지 않고 사안이 종결되었다. 안보예외와 관련된 사법 판단이 실제로 내려진 것은 우크라이나가 2014년 크림반도 합병 전후 러시아가 우크라이나로 향하는 육로 운송을 제한했던 조치를 2016년 WTO에 제소하자 러시아는 GATT 제21조상의 안보예외를 원용하여 발생한 *Russia – Traffic in Transit* 사건이 처음이었다. 그 이전까지 회원국들은 국가 안보로 위장된 산업보호 정책을 정당화하기 위해 안보예외가 남용되는 것에 주로 우려를 표시하였다. 대표적인 사례로, 1975년에 스웨덴이 채택한 신발수입쿼터제에 대해 GATT 체약국들이 안보예외 남용을 비판하며 조치철폐를 권고한 바 있다.

23 1962년에 무역확장법 제232조가 제정된 이래 WTO가 출범한 1994~1995년까지 총 23건의 국가안보 조사가 이루어졌고, 그중 5건의 사안에서 조사결과 국가 안보에 부정적 영향이 발생할 수 있는 것으로 판명되어 대응조치가 취해진 바 있었다. 그러나 WTO 협정이 거의 타결되던 무렵인 1988년 및 1994년 석유산업에 대한 안보위협이 주장되어 제232조에 따른 조사가 각각 개시되었고, 그 결과 안보위협이 존재한다는 결과가 나왔으나 미국은 특별한 조치를 취하지 않았다. 2017년 이전까지 무역확장법 제232조에 따른 조사가 이뤄진 마지막 사례는 2001년 철강산업과 관련된 조사신청에 따른 것이었는데, 동 조사에서 안보위협이 존재하지 않는다는 판정이 내려진 이후 트럼프 대통령이 직권으로 철강 및 알루미늄 산업에 대한 안보위협을 조사하기 전까지 제232조 관련 조사는 이뤄지지 않았다.

24 경제제재란 특정 국가를 상대로 상품의 수출입 제한, 금융거래 제한, 자산 동결 등 종류를 막론하고 경제적 손해를 입히는 다양한 조치를 통칭한다. 즉, 수출통제는 경제제재의 일종이다.

25 Eric Schmidt, "Innovation Power – Why Technology Will Define the Future of Geopolitics," *Foreign Affairs* (28 February 2023).

26 특히 나노물질 제조, 수소 전력, 합성 생물학 등 8개 부문에서는 독점적 위상을 차지했다고 밝혔다. 미국이 선도적 지위를 차지한 분야는 백신, 양자컴퓨터, 우주발사시스템 등이었다. Jamie Gaida, Jennifer Wong Leung, Stephan Robin & Danielle Cave, "ASPI's Critical Technology Tracker – The global race for future power," *Australian Strategic Policy Institute* (2 March 2023).

27 2023년 5월, '구글 딥마인드'의 최고경영자 데미스 하사비스는 범용 인공지능이 앞으로 몇 년 내에 개발될 수 있을 것으로 내다봤다. 손정의 소프트뱅크 회장도 2023년 10월 범용 인공지능이 향후 10년 안에 개발될 것으로 예상했다.

28 배터리의 경량화와 소형화는 인공지능을 현실에 구현하는 매개체의 크기를 좌우할 수 있고, 배터리의 용량은 매개체의 가동시간과 가능 능력을 좌우할 수 있을 것이다.

29 2023년 8월 말 화웨이가 출시한 신형 스마트폰 '메이트 60 프로'에 중국이 자체 생산한 7나노미터 공정의 반도체 (2018년산 애플 아이폰에 사용된 칩 수준)가 사용되어 세계를 놀라게 했다. 며칠 뒤에는 중국이 세계 최고 수준의 레이더 반도체 제조에 성공했다는 발표가 나왔다. 2023년 9월 사우스차이나모닝포스트는 칭화대 연구진이 입자 가속기를 활용한 첨단반도체용 노광 기술을 개발하였다고 보도하기도 했다. 중국은 뒤떨어져 있지만 발전은 꾸준하고, 그 와중에 모든 영역에서 높은 국산화율을 달성하고 있다.

30 2021년 기준 미국의 국방예산은 약 8천억 달러로, 3천억 달러에 약간 못 미치는 중국 국방예산의 2.5배가 넘는다. Stockholm International Peace Research Institute 2022 Fact Sheet 참조.

31 현재 중국의 항공모함들은 디젤엔진을 사용하고 있어 몇 주 단위로 보급을 받아야 하기에 작전 지속 시간에서 미국의 핵 추진 항공모함과 큰 차이가 있다. 동시에 전개할 수 있는 항모전력이 제한된다는 뜻이다. 또한 함재기의 이륙 가능 중량에서도 미 항공모함과 차이가 있어 항공모함에 탑재할 수 있는 항공기의 숫자나 종류, 무장, 연료의 탑재량에서도 뒤떨어진다. 다만 중국이 현재 동시에 건조 중인 4번째 및 5번째 항공모함 중 최소 1척은 핵추진 항공모함이 될 것이라는 전망이 있다.

32 Kenneth Oye, "Explaining Cooperation under Anarchy: Hyopthesis and Strategies," World Politics Volume 38, Issue 1 (1985), pp. 1–24.

33 "States invest in nuclear arsenals as geopolitical relations deteriorate – New SIPRI Yearbook out now," Stockholm International Peace Research Institute (12 June 2023).

34 중국의 일대일로는 물론이고 미국도 그에 맞서 인·태 지역에 40조 달러 규모의 인프라 투자를 골자로 하는 'Build Back Better World' ("3BW") 계획을 발표하는 등 역내 영향력 확대에 주력하고 있다. 일대일로와 3BW를 통해 쏟

아지는 막대한 투자금이 싫을 리 없다.

35 포괄적 안보 협정이 불발된 데에는 미국의 영향력 외에 남태평양 도서국인 미크로네시아의 데이비드 파누엘로 대통령도 큰 역할을 했다. 원래 친중 성향이던 파누엘로 대통령은 중국의 세력이 날로 강화되는 데 불안을 느끼고 포괄적 안보 협정 체결이 지역 안정을 위협할 거란 내용을 담은 서한을 남태평양 도서국 정상들에게 회람했다 한다. 파누엘로 대통령은 2023년 3월에도 중국이 자국 정치인을 포섭하기 위해 전방위적인 간첩 활동과 뇌물 살포를 자행하고 있다고 폭로하면서, 중국과의 안보협력은 태평양 도서국을 중국에 종속시키게 될 것이라 경고하기도 했다.

36 여기서 사대란 소국이 대국이 요구하는 것을 공급하는 걸 의미하며, 자소란 대국이 소국이 없는 것을 구휼하는 것을 말한다. 자소에는 대국이 소국을 보호할 의무 또한 포함된다. 강정인, 이상익 "유교적 국제질서의 이념과 그 현대적 함의," 『한국철학논집』 제47집 (2015), pp. 171-206. 임진왜란 당시 명나라의 만력제가 조선에 구원병을 보내고 구휼미를 보냈던 사례가 대표적인 예시라 할 수 있을 것이다.

37 David Kang, *East Asia Before the West: Five Centuries of Trade and Tribute* (Columbia University Press, 2010), pp. 1-4, 8-9.

38 이지용, 「21세기 세계질서와 미중 관계」, 『KINU 통일+』, (2015 여름호) pp. 99-109, 105.

39 한편 2021년 6월 베네수엘라의 주도로 20개국이 모여 '유엔헌장을 수호하는 동지국 모임(Group of Friends in Defense of the Charter of the United Nations)'을 창설하였다. 이들은 중국, 러시아, 이란, 북한 외에도 알제리, 앙골라, 벨라루스, 볼리비아, 캄보디아, 쿠바, 적도 기니, 에리트레아, 라오스, 말리, 니카라과, 팔레스타인, 세인트빈센트 그레나딘, 시리아, 베네수엘라, 짐바브웨로 구성되어 있다. 여기에 참여한 나라들이 반미연대에 합류하는 것은 가능할 것으로 보인다.

40 George Friedman, *The Next 100 Years: A Forecast for the 21st Century*, Knopf Doubleday Publishing Group (2010).

41 반면 중국의 경제위기가 보이는 것보다는 심하지 않을 거라는 진단도 존재한다. 2023년도 2분기 중국의 경제성장률이 2022년도에 비해 상승했고, 디플레이션에도 불구하고 중국 도외지의 가처분소득이 증가하는 와중에 저축률이 낮아지고 있어 경제 활성 효과를 기대할 수 있으며, 중국 당국의 경제 활성화 노력도 상당하다는 것이다. Nicholas Lardy, "How serious is China's economic slowdown?" Peterson Institute (17 August 2023).

42 미국은 동부로부터 로키산맥에 이르기까지 온후한 기후대의 평원이 펼쳐지고, 미시시피강 유역은 전 세계의 모든 운송 가능한 민물 수로를 합친 것보다 더 길고 촘촘한 운송로를 제공한다. 미시시피강 유역은 멕시코만까지 미국을 남북으로 촘촘하게 가로지르기 때문에 그야말로 천혜의 교통망을 제공한다. 거기에 미국을 동서남북으로 복잡하게 가로지르는 철도가 있고, 거미줄처럼 촘촘한 고속도로에 더해 다차원적인 항공운송이 미국의 내부 운송과 교통망을 형성한다. 중국도 고속도로와 철도망을 바둑판처럼 깔아 운송의 제한을 극복했으나, 자연환경 면에서는 미국이 월등히 유리하다.

43 실효 지배하는 영역만 놓고 볼 때 육지 면적만 놓고 보면 중국이 조금 더 크고, 수역까지 포함하면 미국이 상당히 더 크다.

44 중국의 식량 자급자족률은 2000년 93.6%에서 2020년 65.8%로 떨어졌다. Zongyuan Zoe Liu, "China Increasingly Relies on Imported Food. That's a Problem," Council on Foreign Relations (25 January 2023). 중국의 2019년 식량안보 백서를 보면 중국의 식량 자급률이 95%를 초과한다고 하지만 신뢰하기 어렵다. 2017년 중국은 수출한 식량의 거의 2배에 달하는 식량을 수입했는데, 중국의 인구가 세계인구의 22%인데 중국이 전 세계 농경지의 9% 이하만을 보유하고 있다(그나마도 환경오염으로 제대로 농사를 지을 수 없는 땅이 많다). 한편 2017년 기준으로 중국은 수입한 식량의 거의 30%를 미국, 캐나다, 호주 등 소위 '파이브아이즈'라 불리는 미국의 핵

심 동맹국으로부터 수입했다.

45 이귀전, "뒷북 정책이 부른 중 인구 감소 … 'G2경쟁' 미 추월 물거품 되나", 「세계일보」 (2023.1.29.).

46 일반적으로 중진국 함정이란 경제성장의 결과 저렴했던 인건비를 통한 비용적 우위를 상실한 중진국이, 선진국과 경쟁할 만한 기술력을 갖추는 데는 실패하면서 성장을 유지할 동력을 잃고 좌초하는 것을 의미한다.

47 Paul Krugman, "China's Future Isn't What It Used to Be," *The New York Times* (22 December 2022).

48 경제발전 초기에는 국가가 한정된 자원에 우선순위를 부여해 배분하고, 국력을 집중해 핵심 산업을 일으키는 데 유리한 국가 주도 경제정책이 우월하다. 세계 경제 상황과 자원 상황 등을 고려해 전략적인 산업정책을 수립할 수 있고, 이를 위한 인프라 건설 등도 차질 없이 병행할 수 있기 때문이다. 그러나 정부의 개입은 비효율을 낳고 경쟁을 저해한다. 경제가 일정 수준 이상 발전하면 인건비가 올라가면서 더 이상 저가의 상품으로 세계시장에서 경쟁하기가 어려워지는 점도 있다. 시간이 지날수록 혁신이 중요해지기에 시장 경쟁을 활성화하고 정부 개입으로 인한 비효율을 줄일 필요가 있다. 정부의 개입이 계속되면 혁신은 저해되고 비효율은 가중되어 경제발전에도 한계를 맞게 된다.

49 네오콘이란 '신보수주의(neoconservativism)' 또는 '신보수주의자(neoconservativist)'를 뜻한다. 신보수주의자는 통상 1960년대부터 대두된 강성 자유주의자를 의미한다. 네오콘의 기원은 극단주의 좌파였다. 이들 중에서도 특별히 '네오콘'이라는 약어로 지칭되는 이들은 레이건 행정부를 거치며 주류 정치세력으로 부상했고, 특히 조지 W. 부시(아들 부시) 행정부에서 핵심 요직을 차지했다. 네오콘은 자유민주주의와 자유시장경제 확산이 인류 보편적 선(善)을 위한 일이라 믿으며, 특히 미국에 그 사명이 부여되었다고 믿는다. 네오콘은 자유민주주의와 자유시장경제를 확산시키기 위해서는 외국의 권위주의 정권을 적극적으로 제재하고 필요하다면 군사적 개입도 사용해야 한다고 봤다.

50 달러화의 기축통화 지위를 유지하는 미국의 신용도는 피치나 무디스, 스탠다드앤드푸어스(S&P) 등의 국제신용평가기관이 책정하는 신용도와도 큰 상관이 없는, 미국의 국력 그 자체에서 나온다. 테러와의 전쟁 이후 미국의 재정적자가 기하급수적으로 증가하고, 연방정부의 채권 발행 규모를 제한하는 부채한도 인상 여부가 수시로 정쟁의 대상이 되어 미국 정부의 디폴트 가능성이 커지자 2011년과 2023년 미국의 신용등급이 강등당했던 전례가 있다. 2011년에는 S&P가 미국의 신용등급을 강등했으나, 그로 인해 시장이 불안정해지자 오히려 안전자산을 찾으려던 투자금이 미국 국채로 몰리면서 국채 수익률이 늘어나기도 했다. 2023년에도 피치가 미국의 신용등급을 낮추었음에도 미국 국채의 가치에는 유의미한 변화가 발생하지 않았다. 미국의 신용도가 AA+로 바뀌었다고 해도 미국의 부채 상환 능력이 최상위 등급인 AAA를 받은 캐나다 등의 국가보다 월등하다는 점은 모두가 알고 있기 때문이다. 노벨 경제학상 수상자인 폴 크루그먼은 피치의 결정이 "비웃음을 살만한 결정"이라고 조롱했고, 워런 버핏은 오히려 미국 국채를 확대 매수했다.

51 달러화의 통화가치는 전 세계 증시는 물론 다른 나라의 기준금리 나아가 가계대출금리에까지 영향을 준다. 예컨대 미국 연준이 기준금리를 급격히 인상하면 금리 혜택을 노리고 각국의 자금이 미국으로 쏠리게 된다. 이 경우 달러 강세가 발생하고, 반대로 다른 나라의 통화가치는 하락하게 된다. 이것은 다시 달러로 결제하는 수입 물가의 상승으로 이어져 다른 나라에 무역수지 적자를 강요한다. 미국은 더 많은 달러를 찍어냄으로써 재정적자와 무역수지 적자를 극복할 수 있지만 다른 나라는 고스란히 피해를 보게 된다.

52 IMF의 발표 내용에 따른 것이고, 중국의 대외 관영지인 글로벌타임스는 당시 이를 매우 고무적으로 홍보하였다. "Chinese yuan accounts for 2.88% of global foreign currency reserves in Q2: IMF reports," *Global Times* (3 October 2022).

53 중국은 일대일로 경유지 국가에 대출을 제공할 때, 주로 위안화로 대출을 실행함으로써 해당국이 자국의 건설업자 등을 고용하지 않을 수 없도록 하고 있다.

54 World – Allocated Reserves by Currency for 2022Q3, IMF. 미국 달러화의 비중은 59.79%다.

55 참고로 지배적 기축통화로서 달러화가 갖는 위상이 계속 훼손된다면 범세계적 관점에서는 득보다 실이 더 클 수 있다. 가치저장 수단으로서의 지배적 기축통화 없이 국제 거래의 안전성을 유지하는 것이 가능할지 의문이기 때문이다. 지배적 기축통화는 통화 간에 순위 다툼으로 정해지는 것이 아니다. 쌀이나 석유처럼 그 자체로 기능적 가치를 내재한 품목이 아니라면, 모든 화폐는 얼마나 보편적으로 가치를 인정받느냐에 따라 통화로서의 가치가 결정된다. 금이나 은과 같은 귀금속은 인간의 본능적인 욕심을 자극하기에 보편적 가치를 인정받는다. 반면 어찌 보면 종이 쪼가리에 불과할 수도 있는 통화의 가치는, 그 가치를 보장하는 국가에 대한 신뢰가 '아우라(aura)'를 부여한다. 그런데 금이나 은과 비견될 만큼 보편적 가치를 인정받아온 달러화의 '아우라'가 깨졌을 때 그에 버금가는 신뢰성을 가진 통화가 없다면, 제2의 지배적 기축통화가 등장하는 대신 달러화가 제공하던 국제거래에서의 통화 안정성만 깨지는 결과로 귀결될 가능성이 크다. 저하된 통화 안정성은 국제거래와 국제무역에 장벽으로 작용해 자유무역질서를 더욱 훼손할 것이다.

56 Robert Art, "The United States and the Rise of China: Implications for the Long Haul," in *China's Ascent: Power, Security, and the Future of International Politics*, Robert Ross and Zhu Feng (eds.), (Cornell University, 2008), pp. 260~273.

57 과거 동서냉전 시절에는 미국과 소련 간에는 무역이 거의 없었기 때문에 양국 경제는 거의 완전한 디커플링 상태였다. 하지만 오늘날 미국은 중국으로부터 수많은 품목을 수입하고 있고, 당장 중국보다 저가의 수입처를 구하기는 어려운 상황이다. 코로나19 경기부양책에 따른 소비 급증의 영향이 컸다고는 하나, 트럼프 행정부 시절의 무역분쟁과 관세부과에도 불구하고 2022년 미국의 중국산 상품 수입이 거의 60% 증가한 사실은 양국 간의 무역의존도를 잘 보여준다. 일방적인 관세부과를 통해 이뤄진 트럼프 행정부 시절의 무역분쟁은 중국을 압박하는데 큰 효과를 보지 못했고 오히려 인플레이션을 조장하는 데 한몫했다는 평가가 대두했다.

58 Pew Research Center의 설문조사 결과를 Bloomberg가 2023년 4월 13일 인용하여 보도하였다.

59 트럼프는 물론이고, 공화당의 다른 대선후보인 론 디샌티스도 2023년 6월 폭스뉴스와의 인터뷰에서 바이든 행정부의 대중 정책은 나약했다며, 자신이 대통령이 되면 관세부과를 지렛대 삼아 중국을 더욱 압박할 것이라고 공언했다. 또 다른 대선후보인 비벡 라마스와미는 미국 기업이 중국에서 사업을 확장하는 것을 금지하여야 한다고 촉구했고, 공화당 경선에 참여한 니키 헤일리 전 유엔 대사도 사실상 여기에 동의하고 있다.

제5장

우크라이나와
대만해협

그러므로 평화를 원하는 자들은
전쟁을 준비하게 하라.

Igitur quī dēsīderat pācem,
præparet bellum.

—

푸블리우스 플라비우스 베게티우스 레나투스
(Publius Flavious Vegetius Renatus, 서기 4세기)

01 불길한 변수

2022년 2월, 러시아가 우크라이나를 무력 침공했다. 그로 인해 미국과 러시아, 또는 미국과 중국 간에 직접적인 무력 충돌이 발생할 가능성이 생겼다. 현재 진행 중인 우크라이나 전쟁의 향방은 대만해협에서의 전쟁 가능성은 물론이고 한반도에서의 전쟁 가능성에도 영향을 미칠 수 있다. 미국과 중국 또는 반미연대 간에 전면전이 벌어지게 된다면 시시한 패권 경쟁 따위는 더 이상 문제가 아닐 것이다. 인류의 존망이 걸린 제3차 세계대전이 발발할 수도 있기 때문이다. 운 좋게 확전 방지에 성공해 전면전을 회피하더라도, 양측의 무력 충돌은 현재 진행 중인 패권 경쟁의 기간과 성격을 완전히 뒤바꾸어 놓을 것이다.

강대국 간의 무력 충돌은 참혹한 결과를 불러온다. 초강대국 간의 전쟁은 말할 필요도 없다. 무력 충돌을 최대한 피해야 한다는 점은 분명하다. 그런데 "평화를 원한다면 전쟁을 준비하라"는 오래된 격언이 알려주는 바와 같이[1] 전쟁을 막는데 가장 효과적인 방안은 강한 군사력을 갖춤으로써 전쟁이 발생할 가능성을 원천적으로 억지^{deter}하는 것이다. 문제는 강력한 군사력을 확보하기 위한 노력은 경쟁국의 불안과 오해를 조장해 전쟁이 발생할 가능성을 높이기도 한다는 점이다.

중국과 러시아의 야심 때문이든, 미국의 봉쇄전략 때문이든, 상호 불신과 오해 때문이든, 아니면 양측의 자기실현적 예언self-fulfilling prophecy 때문이든, 현재 진행 중인 미·중 패권 경쟁이 냉전에서 열전으로 비화할 가능성은 분명히 존재한다.

02 우크라이나 전쟁과 도미노 효과

2022년 초 러시아의 지정학적, 그리고 지경학적 사정은 나쁘지 않았다. 패권 경쟁에 돌입한 미국과 중국을 상대로 양수겸장의 외교를 펼칠 수 있었고, 2022년 1월 카자흐스탄에서 벌어진 반정부 시위를 통해 오랜 세력권인 중앙아시아에서의 독보적 위상을 다시 한번 확인하였으며,[2] 인도 등 전통적인 우방국과의 관계도 탄탄했다. 인접한 중국이 부담스러울 정도로 커지긴 했지만, 핵무기까지 포함하면 러시아의 군사적 우위는 상당 기간 유지될 것으로 예상됐다. 러시아의 근본적인 약점은 시시각각 고령화하는 인구구조였지만, 때마침 중국도 인구구조 붕괴가 눈앞까지 다가온 상황. 제조업 의존도가 높은 중국과 달리 천연자원에 의존하는 러시아의 경제는 빠르게 성장하기는 어려웠지만, 일정 수준 이상의 경제 규모는 항상 담보해주었다. 발트해의 해저를 통해 유럽까지 이어지는 노르드스트림Nord Stream 파이프라인은 끊임없이 유럽에 천연가스를 공급하면서 매 순간 외화를 벌어들이고 있었다. 유럽은 러시아산 가스 없이는 겨울을 나기 어렵다는 말이 나올 정도로 러시아에 의존하고 있었다.

2022년 1월부터 러시아는 우크라이나와의 국경지대에서 무력시위를 벌이고 있었다. 당시 미국은 러시아가 이미 우크라이나 침공을 결정했다는 첩보를 입수했다며 국제사회에 경고하고 있었지만, 러시아가 실제로 우크라이나를 침공할 것이라 믿는 사람은 많지 않았다. 러시아는 무력을 사용하지 않고도 서방으로부터 많은 양보를 얻어내고 있었기 때문이다. 불과 몇 달 전에야 가까스로 아프가니스탄에서 발을 빼는 데 성공한 바이든 대통령은 러시아와의 군사적 충돌을 감수할 수 없다며 미군의 파병은 없다고 단호하게 선을 그었다. 미국의 그런 무력한 모습은 러시아가 여전히 최대·최강의 반서방 세력임을 만천하에 알렸고, 냉전 이후 미국이 누려온 일극의 시대가 사실상 끝났다는 점을 보여줬다. 한동안 미국과 중국의 종속변수처럼 여겨지던 러시아가 단숨에 국제사회의 핵심 행위자로 떠오른 것이다.

러시아가 평범한 강대국이었다면 여기서 현상 유지를 기본으로 다가올 패권 전환기에 유리한 입지를 확보하는 데 집중했을 것이다. 그러나 러시아는 반세기에 걸쳐 미국과 세계를 양분했던 패권국이었고, 그 이전에는 대영제국과 1세기에 걸친 '그레이트 게임'을 벌였던 대제국이었다. 그리고 푸틴 대통령의 롤모델은 러시아 제국을 건국한 표트르 대제였다.

전쟁의 배경

러시아와 우크라이나는 슬라브족의 역사와 문화를 공유하는, 소위 슬라브 공동체에 속하는 국가다. 2000년대까지만 해도 러시아와 우크라이나의 관계는 나쁘지 않았다. 강대한 러시아는 우크라이나를 종속국으로 여겼으나, 문화적·역사적 동질감을 공유하는 우크라이나인을 같은 민족으로 대우하기도 했다. 반면 러시아에 대한 우크라이나인의 감정은 지역에 따라 크게 달랐다.

키이우를 중심으로 한 우크라이나 서부지방에는 스스로 고유 정체성을 가진 우크라이나 민족집단의 후손으로 간주하는 주민이 대거 거주하고 있다. 우크라이나의 서부지방은 소련으로부터 모진 탄압을 당했다. 1932~1933년에는 스탈린에게 식량을 대대적으로 수탈당하여 최소 3백만 이상의 아사자가 발생했던 끔찍한 기억도 가지고 있다. 자연히 키이우 지방의 우크라이나인 중엔 소련과 그 후계자격인 러시아 연방에 대한 적개심을 가진 이들이 많다. 반면 1922년 레닌이 우크라이나령에 포섭시킨 동쪽 돈바스 지역과 1954년에 흐루쇼프가 우크라이나령에 편입시킨 크림반도에는 친러시아계 주민이 많이 거주하고 있다.

1991년 소련이 해체되었을 때, 우크라이나에는 어마어마한 물량의 핵탄두와 대륙간탄도탄이 보관되어 있었다. 다만 우크라이나 역시 혼란에 빠져 있었기 때문에 대량의 핵무기를 제대로 통제할 수 있는 상태가 아니었다. 어차피 핵탄두를 탑재한 대륙간탄도탄을 발사하기 위한 제어장치는 러시아의 수중에 있었고, 미국의 일극 패권 시대가 열린 상황에서 유지보관 비용만 잡아먹는 핵무기의 효용은 크지 않아 보였다. 미국은 핵무기를 보유 중이던 구소련 구성국들에 경제적 지원과 안전보장 약속을 대가로 핵무기 포기를 종용했다. 1994년, 우크라이나는 미국과 영국, 러시아와 '부다페스트 안전보장 양해각서'를 체결해 핵무기를 포기하는 대신 우크라이나의 영토적 존엄성과 정치적 독립성을 약속받는다.[3]

신생 우크라이나에서는 건국 초기부터 친서방파와 친러시아파 간에 치열한 정쟁이 벌어졌다. 그러나 2010년대에 들어서면서는 EU에 가입하려는 움직임이 강해지고 있었다. 그러던 2013년, 친러시아파였던 빅토르 야누코비치 당시 우크라이나 대통령은 경제 위기 타개를 위해 러시아의 지원을 받는 대가로 EU 가입 논의를 중단하고 대신 러시아가 주도하는 유라시아 경제연합^{Eurasian Economic Union}에 가입하기로 한다. 우크라이나 내 친서방 세력은 이 결정으로 우크라이나가 러시아에 복속될 것을 우려했다. 대대적인 시위가 발발했고, 야누코비치 정부가 반시위법을 제정해 시위대를 억누르자 불에 기름을 부은 꼴이 되었다. 2014년 초순에는 시위대와 경찰의 충돌이 임계점을 넘어 격화하였고, 경찰이 시위대를 조준 사격하면서 우크라이나는 사실상 내전에 준하는 상태에 돌입했다. 야누코비치는 러시아로 망명하였고 2014년 2월 25일, 차기 대통령을 뽑기 위한 대선 준비가 시작됐다. 이로써 훗날 '유로마이단 혁명'이라 불린 유혈사태가 일단락되는 듯 보였다. 그러나 같은 날 크림반도 최대 도시인 세바스토폴에서 친러시아계 주민들이 들고일어났다. 친러시아 세력은 우크라이나 정부로부터 독립된 크림 자치 공화국의 설립을 선언한 뒤 러시아의 푸틴 대통령에게 지원요청을 했다. 러시아는 거의 곧바로 크림반도에 진군하였고, 얼마 지나지 않아 우크라이나 본토를 침공했다.

당시 우크라이나군은 러시아군 앞에 무력했다. 크림 자치 공화국이 러시아에 귀속되기로 하고, 러시아 의회가 크림 자치 공화국을 합병하는 법률을 비준하는 데까지 걸린 시간은 한 달도 채 되지 않았다. 미국과 서방은 러시아를 비난하고 우크라이나 침공에 대한 책임을 물어 다양한 경제제재를 부과했다. 그러나 경제제재는 러시아에 큰 타격을 주지 못했다. 7년 후인 2022년 우크라이나 전쟁을 계기로 부과된 서방의 전방위적 경제제재에도 버티는 러시아다. 2014년의 경제제재는 러시아 경제가 제재에 잘 버틸 수 있는 체질로 적응할 기회를 주었을 뿐이었다.

러시아가 2022년에 우크라이나를 침공하기로 결심한 데는 여러 이유가 있을 것이다. 표면적인 이유는 우크라이나의 NATO 가입 노력이었다. 러시아가 소련 붕괴의 타격에서 벗어나지 못하는 동안 NATO의 세력권은 동진^{東晉}

을 계속했다. 1999년 한때 바르샤바 조약기구의 소속국이었던 체코(체코슬로바키아)와 폴란드, 그리고 헝가리가 NATO에 가입했다. 2004년에는 역시나 바르샤바 조약기구의 소속국이었던 불가리아, 루마니아, 슬로바키아(체코슬로바키아)를 위시하여, 구소련에 소속됐었던 리투아니아, 라트비아, 에스토니아까지 NATO에 가입했다. 소련 시절 NATO와의 대결에서 완충지 역할을 했던 동유럽 위성국가뿐 아니라 소비에트 연방에 소속되었던 국가들까지 NATO에 가입한 것이다. NATO의 가입은 개별 국가가 자발적으로 가입을 신청하면 NATO 회원국의 만장일치 동의를 통해 승인되는 구조다. 구소련의 위성국과 구성국이 NATO에 가입 신청을 한 것은 그들의 주권적 동기에서 비롯됐다. 러시아가 유라시아 지역의 진정한 맹주가 되고자 한다면 구소련의 구성국과 위성국이 왜 러시아의 세력권에서 벗어나 서방세계에 속하고자 필사적으로 노력하였는지를 자문해볼 필요가 있을 것이다. 그러나 유럽이 오랫동안 러시아를 위협으로 여겨온 만큼, 러시아 역시 유럽과 서방을 오랜 세월에 걸쳐 위협으로 여겨왔던 것 역시 사실이다.

러시아는 미국과는 반세기에 걸친 냉전을 치렀고, 히틀러와 나폴레옹에 의해 망국의 위기에 처한 적도 있었으며, 그전에도 유럽 열강들과 끊임없이 대립한 역사가 있다. 하물며 우크라이나의 수도 키이우에서 러시아 수도 모스크바까지의 거리는 900킬로미터가 채 되지 않고, 러시아-우크라이나 국경에서부터 모스크바까지의 거리도 500킬로미터 미만이다. 러시아가 우크라이나의 NATO 가입을 실존적 위협으로 여겼다고 해도 놀라운 일은 아니다. 공격적 현실주의 이론의 창시자인 존 미어샤이머를 비롯한 다수의 현실주의 이론가는 NATO 세력권의 동진과 우크라이나의 NATO 가입 노력이 러시아의 전면적 침공을 유발할 거라고 꾸준히 경고해왔다. 영국의 외교 전문가인 팀 마셜도 2015년에 출판된 저서 '지리의 수인ੁ人'에서 우크라이나의 NATO

가입 시도가 전쟁을 불러올 수 있다고 예측하며 "실존적 위협을 느낀 강대국은 반드시 무력을 사용한다"라며 경고했다. 그러나 크림반도를 빼앗긴 2014년 이후 우크라이나 국민의 반러 감정과 러시아에 대한 두려움은 극에 달해 있었다. 2019년 2월에 개정된 우크라이나 헌법은 NATO 및 EU에 가입하기 위해 국가적 노력을 기울이도록 규정하고 있을 정도였다. 그러던 중인 2019년, 친서방 성향의 볼로디미르 젤렌스키가 우크라이나의 대통령으로 당선되자 러시아의 불안이 커졌다.

젤렌스키 치하의 우크라이나가 NATO 가입에 대한 논의를 본격적으로 개시하자 러시아는 실제로 전쟁을 준비하기 시작했다. 미국이나 서유럽도 여기까지는 이해했다. 프랑스의 마크롱 대통령은 전쟁의 위기가 고조되던 2022년 2월 크렘린궁을 찾아가 푸틴 대통령과 면담했고, NATO나 미국도 여러 차례 성명을 발표하며 러시아의 우려를 불식하기 위해 노력했다. 결국 젤렌스키 대통령은 NATO 가입이 사실상 어려운 상황으로 보인다는 취지의 발언을 하기에 이르렀다. 여러 정황을 고려할 때 2022년 2월 중순 우크라이나의 NATO 가입 가능성은 희박해진 상태였다. 만일 러시아의 우크라이나 침공이 단순히 NATO의 동진을 막기 위함이었다면, 소기의 목적을 이미 달성한 뒤에도 침공을 감행한 점이 설명되지 않는다. 로이터 통신에 따르면 2022년 2월 우크라이나가 NATO에 가입하지 않을 거란 합의 문안까지 도출되었으나 푸틴이 이를 거절했다고 한다. 또한 2022년 8월 워싱턴포스트가 미국의 첩보 자료에 근거해 보도한 바에 따르면 러시아는 늦어도 2021년 10월 경에는 우크라이나를 침공하기 위한 확정적인 계획을 수립한 상태였다고 한다. 그렇다면 우크라이나의 NATO 가입 시도가 전쟁의 여러 동기 중 하나였을지는 몰라도 2022년 2월의 침공을 감행하게 된 결정적인 이유는 아닐 것이다.

여기서 푸틴이 정말로 원했던 것은 러시아가 유라시아 지역의 패권국으로 부활하는 것이었다고 가정하면 많은 의문이 해소된다. 우크라이나 전쟁은 물론이고 그 시기 러시아가 보여준 전방위적인 팽창 행보가 모두 설명되는 것이다. 2021년 말에는 러시아가 우크라이나뿐 아니라 몰도바까지 노리고 있다는 이야기도 공공연히 떠돌고 있었는데, 몰도바의 마이아 산두 대통령은 러시아가 몰도바 정부를 전복하기 위한 공작을 실제로 진행했다고 공식 확인한 바 있다. 또한 2023년 초에 유출된 미국의 첩보 자료에 따르면 러시아는 2030년을 목표로 벨라루스까지 합병할 계획을 세우고 있었다고 한다. 미국의 세계 패권이 종장終章에 접어들었음을 보여준 상징적 사건인 아프가니스탄에서의 전면 철수는 2021년 8월 30일에 이뤄졌다. 러시아의 우크라이나 침공은 2021년 10월경에 결정되었다고 한다. 그렇다면 2021년의 아프가니스탄 철군으로 철옹성 같던 미국의 세계 패권과 자유주의 국제질서가 흔들리는 모습을 목격한 푸틴이 동유럽-중앙아시아-서남아시아 지역을 러시아의 세력권 아래 오롯이 포섭함으로써, 유라시아의 지역 패권국으로 부활하려는 계획에 시동을 걸었다고도 추측해볼 수 있다.

2022년 2월 21일 푸틴은 러시아군의 우크라이나 침공을 명령하기 직전 대국민 연설을 통해 우크라이나가 "항상 러시아의 일부"였다고 강조하며, 우크라이나에는 주권 국가로서의 정체성이 없다고 단언했다. 러시아나 푸틴은 카자흐스탄이나 다른 중앙아시아, 서남아시아 국가들에 대해서도 유사한 주장을 빈번히 제기한 바 있다. 이러한 시각은 유라시아 지역의 맹주인 러시아가 유라시아 지역⁴의 패권을 되찾아 미국 중심의 일극체제를 끝내고 국제질서의 다극화를 가져와야 한다는, 소위 '유라시아 주의Eurasianism'에 기인한다.⁵ 푸틴의 우크라이나 침공 결심의 이면에는 현행 국제질서 그 자체에 대한 현상 변경 노력이 있었다고 보는 것이 합리적이다. 이러한 해석은 푸틴 대통령의 여러 공식 발언과도 합치한다. 푸틴은 2022년 6월 상트페테르부르크에서 열린 국제경제포럼이나 8월 모스크바에서 개최된 국제안보회의 등 무수한 계기를 통해 바야흐로 미국 주도 일극체제의 종말이 다가오고 있다면서, 러시아가 우호국과 함께 다가오는 다극적 국제질서를 주도하겠다고 천명한 바 있다. 2023년에도 푸틴은 8월 아프리카 정상들과 가진 회의나 9월의 동방경제포럼을 통해 미국의 일극체제를 해체하고 다극적 국제질서를 구현해야 한다고 강조하였다. 또한 10월 소치에서 개최된 '발다이 포럼'의 기조연설에서는 우크라이나 전쟁은 영토에 관한 문제가 아니라 국제질서에 관한 문제라며, 러시아의 목표는 "새로운 세계"를 창조하는 것이라고 강조하기도 했다.

만약 푸틴이 우크라이나 침공에 따른 전략적 목표를 신속히 달성하고, 곧이어 몰도바까지 석권함으로써 NATO의 무력함을 만천하에 드러냈다면 러시아는 구소련이 중앙아시아-서남아시아-동유럽에서 누렸던 위상을 되찾는 데 성공할 수 있었을 것이다. 아니, 러시아가 우크라이나 정부를 전복하고 친러 정권을 수립한다는 최소한의 목표라도 달성했더라면 동유럽과 서남아시아에서 세력을 확장함은 물론, 중앙아시아에서도 더욱 배타적인 영향력을 행사할 수 있었을 것이다. 어쩌면 유라시아 지역의 패권국으로 발돋움할 수 있었을지도 모른다. 러시아라는 지역 패권국의 부활은 미국의 세계 패권이 해체되었음을 확증하는 신호가 되었을 것이다. 외교적 목표를 달성하기 위해 전쟁을 수단으로 삼는 것을 금지하는 UN 헌장을 위반하고도 러시아가 군사적 승리를 넘어 지정학적 승리까지 거머쥐었다면, 현행 자유주의 국제질서 역시 치명상을 입었을 것이다. 자신감을 얻은 중국이 대만을 침공했을 가능성도 커졌을 것이고, 북한의 대남도발도 그 수위나 양상에 있어 지금과는 차원이 달라졌을 가능성이 높다. 그러나 러시아가 우크라이나 전쟁에서 고전하며 장기전의 수렁에 빠져들게 되면서 푸틴의 계획은 수포가 되었다.

전쟁의 경과

2022년 2월 24일 러시아는 우크라이나를 전면 침공했다. 그와 함께 소위 '경제적 상호의존' 또는 '비용편익분석' 등을 이유로 통합된 자유시장의 일원 간에는 전면전이 벌어지지 않을 거란 세계화 시대의 희망과 믿음은 산산조각이 나 버렸다.

러시아는 우크라이나 전쟁에 돌입하면서 2014년 크림반도 합병 당시 무기력했던 우크라이나군만을 기억하고 있었다. 미국이나 서방도 크게 다르지 않았다. 러시아는 전쟁 초기 기갑전력을 동원한 전격적인 진격으로 우크라이나의 수도 키이우를 삽시간에 점령하여 우크라이나 정부를 붕괴시킬 작전을 세웠다. 개전 72시간 안에 수도 키이우가 함락될 걸로 예상한 미국은 우크라이나의 젤렌스키 대통령에게 피난을 권유하였다. 그러나 젤렌스키가 피난을 거부하고 결사 항전의 태세로 수도를 사수하면서 분위기가 바뀌었다. 러시아군의 전위대가 키이우를 함락하는 데 실패하자 제대로 된 보급 없이 진창으로 변한 도로에 발이 묶인 러시아의 기갑전력은 각개격파의 손쉬운 먹이가 되었다. 2014년 이후 칼을 갈아온 우크라이나군과 '특별군사작전'이란 미명으로 끌려 나온 러시아군은 정신력이나 사기에서도 차이가 컸다. 더구나 미국의 전략정보자산이 러시아군의 움직임을 훤히 파악하여 우크라이나군에 전달하자, 우크라이나군은 열세의 화력으로도 정밀타격을 통해 러시아군에 큰 피해를 줄 수 있었다. 우크라이나의 결사 항전에 고무된 미국과 유럽은 초기의 소극적인 자세에서 벗어나 어마어마한 물량의 군수물자를 우크라이나에 제공하기 시작했다. 특히 미국은 제2차 세계대전 당시 소련과 연합군을 지원하기 위해 제정했던 무기대여법lend-lease을 발동해 우크라이나를 지원했다.

물론 세계 2위의 군사 대국인 러시아와 우크라이나의 전력 차이는 현격했다. 러시아는 2022년 중반부터 전세를 정비하여 물량전과 포격전으로 우크라이나군을 강하게 압박하기 시작했다. 2022년 7월, 침공 6개월 차를 맞아 러시아가 승기를 잡자 세르게이 라브로프 러시아 외무장관은 아랍연맹 회원국 대표와의 만남에서 우크라이나 전쟁의 목표가 정권 교체라며 "러시아와 우크라이나 국민은 미래에 함께 살 것"이라고 전쟁의 의도를 공공연히 밝혔다. 그러나 미국과 유럽의 무기·군수물자가 우크라이나에 도착하기 시작하고, 특히 미국이 다연장로켓 시스템 하이마스^{HIMARS}를 우크라이나에 제공하자 다시 전황이 뒤바뀌었다. 하이마스는 미국의 전략정보자산에 힘입어 러시아군의 탄약고나 지휘관, 주요 지역을 핀포인트로 타격함으로써 러시아군에 막대한 피해를 주었다. 전열을 정비한 우크라이나는 2022년 하반기에 하르키우와 헤르손 지역에서 기념비적인 해방전을 펼친다. 공세종말점에 도달한 러시아가 무리하게 전선을 유지하는 대신 전력 보존을 위해 후퇴하길 선택했기 때문이기도 하다. 덕분에 우크라이나는 전쟁 초기 빼앗겼던 영토를 상당 부분 수복할 수 있었다. 후퇴한 러시아군은 우크라이나 동부와 남부 지역에 재집결한 뒤 방어선을 구축해 우크라이나의 진격을 막아섰다. 제1차 세계대전 때나 볼 수 있었던 참호가 다시 등장했다. 20세기나 21세기나 참호전은 참혹했다. 동부전선에서 너무나도 많은 인명이 희생되자 '고기 분쇄기^{meat grinder}'란 끔찍한 별명까지 붙었다. 2022년 9월, 푸틴은 동원령을 내려 30만 명의 병사를 추가 징집했다. 또한 2014년 크림반도 합병 때와 마찬가지로 돈바스 지역에서 러시아와의 합병에 대한 주민투표를 강행해 점령지를 합병했다. 전력을 보강한 러시아는 대대적인 겨울 대공세를 펼쳤으나 우크라이나군은 러시아군에 출혈을 강요하며 잘 막아냈다.

그사이 나폴레옹과 히틀러를 좌절시키고 2022년 초 러시아군의 발목을 잡앗던 라스푸티차(비나 눈이 녹아 땅이 거대한 진창으로 바뀌는 현상) 시즌이 끝났다. 2023년 6월, 우크라이나는 대반격에 돌입했다. 많은 희생이 예상됐지만 대반격은 정치적 필요에 따라 개시되었다. 전쟁이 1년을 훌쩍 넘기자 서방의 지원 의지가 더욱 흔들리고 있었고, 특히 2024년 미국 대선에서 우크라이나 전쟁에 비판적이었던 공화당 후보가 당선될 가능성이 있었다. 우크라이나로선 전장에서의 성과를 보여줘야만 하는 상황이었다. 설사 소모전이 이어져 휴전이나 종전을 받아들일 수밖에 없게 된다고 해도 최대한 유리한 조건으로 전쟁을 끝내자면 가급적 많은 군사적 성과가 필요했다. 그러나 러시아는 이미 우크라이나 동부 전역에 수많은 참호를 펼쳐놓고 지뢰밭과 견고한 방어진지를 구축한 상태였다. 우크라이나는 장기간에 걸친 반격 작전에도 불구하고 큰 성과를 얻지 못했다. 방어전에 돌입한 상대를 뚫는 것은 2022년도의 러시아군에게도 어려운 일이었지만 2023년도의 우크라이나군에게도 힘든 일이었다. 우크라이나는 많은 물자와 인명을 소모하면서 느리게 진격하고 있지만 라스푸티차의 시간도 돌아오고 있다. 뚜렷한 전략적 성과를 거두지 못한 사이 날씨가 우크라이나의 발목을 잡으면 러시아는 전열을 정비할 시간을 벌 수 있을 것이다. 그러다 우크라이나가 공세종말점을 맞이하고 예봉이 꺾인 뒤에는 러시아가 대대적 재반격에 나서게 될 수도 있다. 2023년 현재, 러시아는 2024년도 국방예산을 무려 70% 가까이 증액하며 반격 역량을 가다듬고 있다.

우크라이나 전쟁의 함의

러시아의 우크라이나 침공은 제2차 세계대전의 종식과 함께 시작된 '전후 질서post-War Order'의 시대에 종언을 고한 상징적인 사건으로 이해할 수 있다. 제2

차 세계대전의 참화를 통해 탄생한 UN 헌장은 원칙적으로 모든 종류의 전쟁을 금지하고, 천부적 자위권의 행사를 위해 필요한 경우를 제외하면 UN 안보리가 승인한 전쟁만을 허용하고 있다. 그런데 UN 안보리 상임이사국인 러시아가 우크라이나를 침공하면서 UN 헌장을 정면으로 위배하는 사태가 벌어졌다. 러시아는 우크라이나를 침공하면서 탄압받는 돈바스 주민들을 보호하기 위해 집단적자위권collective self-defense을 행사한 것이라 주장했으나 국제사회의 동조를 얻지 못했다.[6] 2022년 UN 총회에서는 거의 모든 UN 회원국이 러시아를 규탄했다. 러시아의 오랜 우방이자, 서방의 전면적인 제재에도 불구하고 러시아산 가스를 대거 수입하며 러시아를 지원한 인도의 나렌드라 모디 총리조차 2022년 9월 푸틴 대통령과의 정상회담에서 "지금은 전쟁의 시대가 아니다"라며 전쟁을 신속히 종료하라고 촉구했다. 2023년 2월 우크라이나 침공 1주년을 맞아 개최된 UN 긴급 특별총회에서도 141개 회원국이 러시아의 철군을 촉구하는 결의를 채택했다. 북한, 시리아, 벨라루스 등 7개 나라만이 반대표를 던졌다. 중국과 이란도 반대하지 못하고 기권표를 던졌다.

　UN 체제에서 가장 중요한 책임을 부담하는 안보리 상임이사국인 러시아가 UN 집단안보체제의 근간이라 할 수 있는 전쟁 금지 원칙을 위반한 것은 오늘날 자유주의 국제질서가 처한 위기의 현실을 적나라하게 보여준다. 우크라이나 전쟁 직후부터 러시아는 상임이사국이 갖는 거부권을 적극적으로 활용하여 UN 차원의 대응을 모조리 좌절시키고 있다. 우크라이나 전쟁과 관련된 사항뿐 아니라 북한의 핵과 미사일 도발에 대한 UN 안보리 차원의 조치도 전부 거부했다. 러시아가 형식적인 국제협력마저 거부하고 나서자 UN 안보리를 중심으로 한 집단안보체제의 시대가 사실상 종식됐다는 평가도 대두되고 있다.

우크라이나 전쟁은 탈냉전 시대의 국제경제질서에도 치명적인 타격을 입혔다. 전쟁 직후 미국과 EU는 러시아에 대한 WTO 최혜국대우를 박탈하고, 무수히 많은 경제제재를 부과하였다. 러시아를 SWIFT에서 퇴출하고 다양한 금융제재도 부과하였다. 캐나다, 호주, 뉴질랜드, 일본, 한국 등의 국가도 러시아에 여러 제재를 부과하였고, 러시아도 이에 맞서 자국을 제재한 나라를 비우호국으로 지정하고 해당 국가로부터의 수입을 금지하였다. 비우호국으로 지정된 나라의 국적 비행기의 자국 영공의 통과도 금지하였다. 러시아산 가스에 대한 의존도를 한 번에 줄일 수 없었던 유럽과 일본은 여전히 가스 거래를 이어가고 있으나, 거래 비중은 계속 줄어들고 있고 사실상 중단 수순에 들어섰다. 교역의 분리는 금융의 분리 또한 초래했다. SWIFT 배제 및 달러화 기반 제재에 노출된 러시아는 중국과 급속히 긴밀해졌고, 중-러 간에는 위안화를 기반으로 한 CIPS 결제의 비중이 나날이 늘어나고 있다.

한편 현재까지의 전개 과정만 놓고 볼 때 우크라이나 전쟁은 러시아에 있어 지정학적 재앙이나 다름이 없다. 러시아가 우크라이나 전쟁에서 궁극적으로 승리한다면 결괏값이 달라질 수도 있겠으나, 전쟁이 불러온 부작용 중에는 러시아가 설사 전략적 승리를 얻어낼지라도 오랫동안 발목을 잡힐 수밖에 없는 것들도 상당하다.

첫 번째 문제로는 우크라이나가 러시아와 문자 그대로 철천지원수가 되었다는 점을 꼽을 수 있다. 2014년 크림반도 합병 이전까지만 해도 우크라이나 내에서는 친서방 세력과 친러시아 세력의 정치적 영향력이 거의 비등했다. 그러나 두 차례에 걸친 침공, 특히 2022년의 전쟁으로 우크라이나 내의 친러시아 정서는 말살되었다고 봐도 과언이 아니다. 우크라이나와 러시아를 엮어주던 것은 슬라브 민족으로서 공유하는 공동체 의식이었다. 그러나 민족이란 대체 불가능한 서사가 아니다. 역사학자 유발 하라리는 우크라이나 전쟁 발발 직후 가디언지에 기고한 글을 통해 우크라이나에는 이제 '반러시아'라는 국가 정체성이 생겼다고 지적했다. 러시아에 대항한 우크라이나인의 항전 기록이 하나하나 쌓일 때마다 그것이 곧 우크라이나라는 나라의 역사가 되며 우크라이나인이 공유하고 유대감을 느낄 국가적 세계관으로 승화될 것이란 취지였다.[7] 하라리의 예견대로 앞으로 상당 기간 우크라이나의 국가 정체성은 반러시아주의가 될 가능성이 크다. 이래서는 설사 러시아가 완승하여 우크라이나를 완전히 점령하는 데 성공한다고 해도 우크라이나를 통치하기는 어려울 것이고, 우크라이나가 별개의 국민 국가로 거듭나는 것도 막기 어려울 것이다.

두 번째 문제는 유럽을 적으로 돌렸다는 점이다. 탈냉전기 내내 쌓았던 경제적 우호 관계와 여러 중재 노력에도 불구하고 끝내 우크라이나 전쟁을 막지 못한 유럽은 러시아를 다시금 실존적 위협으로 바라보기 시작했다. '팍스 아메리카나' 시대에 유럽은 미국의 군사적 그늘에서 안주하며 자유주의와 시장경제를 추구했었다. 특히 에너지 수급에 있어서는 러시아에 크게 의존하고 있었다. 푸틴은 러시아의 가스에 의존하는 유럽이 러시아와의 전면적인 디커플링에 돌입할 수 없을 것으로 봤지만 안보는 경제보다 중요하기 마련이다. 모든 국가는 생존과 번영을 함께 추구하지만, 가장 중요한 것은 누가 뭐래도 생존이기 때문이다. 생존에 대한 위협이 발생하면 경제협력은 빛이 바랜다. 우크라이나 전쟁 발발 직후인 2022년 3월, EU는 WTO 회원국으로서 러시아에 적용하던 최혜국대우를 박탈하겠다고 발표했다. 유럽은 값싼 러시아산 가스에서 미국산 가스로 눈을 돌렸고, 그간 줄기차게 추진하던 탈원전 정책도 에너지 수급을 위해 중단했다. 유럽 각국은 또한 향후 최소한 GDP의 2% 이상을 군사력 증강을 위해 사용하겠다고 결정했는데, 서유럽 국가 가운데 러시아보다 경제력이 낮은 나라가 별로 없다는 점을 고려할 때 유럽과의 군비경쟁은 러시아에 부담이 될 수밖에 없다. 미·중 패권 경쟁에서 중간자 역할을 할 수 있을 것으로 기대되던 EU가 미국을 적극적으로 지원하기 시작한 것도, 우크라이나 전쟁의 영향이 컸다.

세 번째는 러시아가 자국의 세력권 내에 있던 유라시아 지역 국가들에 대한 영향력을 크게 상실했다는 점이다. 우크라이나 전쟁 발발 1달 전만 해도 카자흐스탄에서의 소요 사태를 진압하며 중앙아시아에서 중국보다 우위에 있음을 보여줬던 러시아였지만, 전쟁 이후 상황이 바뀌었다. 중앙아시아 국가들이 러시아에 대놓고 반발하는 모습을 보이기 시작한 것이다. 2022년 10월, 카자흐스탄에서 개최된 CIS 정상회의에서 에모말리 라흐몬 타지키스탄 대통령은 푸틴 대통령의 면전에서 "우리를 존중하라"면서 이례적으로 강한 발언을 했고, 카심-조마르트 토카예프 카자흐스탄 대통령은 아예 푸틴 대통령과 양자 회담도 갖지 않았다. 같은 달 키르기스스탄은 러시아 주도의 CSTO 합동군사훈련을 실행 하루 전날에 일방적으로 취소했다. 서남아시아의 아제르바이잔은 2022년 9월 러시아가 후원국으로 있는 아르메니아를 공격하기도 했다. 이때 아르메니아가 러시아에 CSTO를 통한 군사적 지원을 요청했으나 우크라이나 전쟁으로 여력이 없었던 러시아는 응하지 못했다. 아르메니아의 니콜 파시냔 총리는 CSTO가 외부 위협에서 회원국을 보호하는데 실패했다며 푸틴 대통령을 비난했고, 급기야 2023년 9월에는 미국과 합동군사훈련을 개최하며 안보 노선을 변경할 수 있음을 시사했다. 10월에는 푸틴 대통령에 대한 체포영장을 발부한 국제형사재판소"ICC," International Criminal Court에 가입하기까지 했다. 아제르바이잔의 전쟁 범죄에 대응하기 위함이란 명분을 내세웠지만, 러시아의 경고를 무시하고 결행된 ICC 가입은 아르메니아의 노선 변경을 노골적으로 보여준다.

러시아가 중앙아시아와 서남아시아 등지에서 힘을 잃자 대번에 중국이 침투하기 시작했다. 2022년 9월 중국의 시진핑 주석은 2020년 코로나19 사태 이후 중단했던 해외 순방을 재개하면서, 그 첫 방문지로 중앙아시아를 선택했다. 시진핑은 중앙아시아 국가들과 차례로 정상회담을 가지며 "독립과 주권"을 강조했고, 일대일로에 더욱 적극적으로 참여할 것을 제안했다. 푸틴을 홀대했던 중앙아시아 정상들은 최상의 예우를 갖춰 시진핑을 환영했다. 중국은 중앙아시아 국가들과의 협력 범위를 경제협력에서 안보협력까지 확대하며 광폭 행보를 벌이고 있지만 우크라이나에 발이 묶인 러시아는 2022년 1월과는 달리 이에 제대로 대응하지 못했다. 고작 1년 만에 중앙아시아와 서남아시아를 아우르던 러시아의 세력권이 해체되기 시작한 것이다. 중앙아시아 국가들은 우크라이나 전쟁에서도 러시아와 거리를 두고 있다. 2022년 11월 중앙아시아를 순방한 호세프 보렐 EU 외교안보 고위대표는 중앙아시아 국가에 "러시아의 우크라이나 침략을 지지하지 않아 감사하다"라고 밝혔다. 특히 카자흐스탄은 2023년 7월 러시아로 운송되던 중국제 T-30 드론을 통관 서류 미비를 이유로 압수하였고, 9월에는 서방의 대對러시아 제재에 사실상 동참하기로 하는 등 노골적으로 러시아의 영향력에서 벗어나기 위한 움직임을 보인다. 중앙아시아에서 러시아의 영향력이 줄어들고 중국의 영향력이 확대될 기미를 보이자 미국도 재빨리 뛰어들었다. 2023년 2월 미국의 앤서니 블링컨 국무장관은 카자흐스탄·키르기스스탄·타지키스탄·투르크메니스탄·우즈베키스탄을 차례로 방문했다. 중앙아시아 순방의 주요 목표에 대해 미국 국무부는 "미국이 신뢰할 수 있는 파트너라는 것을 보여주는 것"이라고 밝혔다. 바이든 대통령은 중앙아시아 5개국과 정상회의를 갖고 광물 공급망과 관련된 협력을 강화하자고 제안하기도 했다.

네 번째는 우크라이나 전쟁으로 NATO의 세력이 더욱 확장된 것이다.

NATO의 동진이 러시아에 실존적 위협이 되었던 것이 사실이라면, 우크라이나 전쟁은 지정학적 자승자박으로 현대사에 기록될 것이다. 북해의 요충지를 차지한 핀란드와 스웨덴이 수백 년의 중립을 깨고 NATO에 가입하도록 만들었기 때문이다. 특히 소련과의 겨울전쟁에서 멸망의 위기를 겪었던 핀란드는 냉전기에도 NATO에 가입하지 않았을뿐더러 미국의 마셜플랜도 거부하였고, "핀란드 영토가 소련에 대한 공격기지로 사용되지 않게 하겠다"라는 약속까지 할 정도로 중립적 행보를 보였던 나라다. 그런 핀란드와 스웨덴이 우크라이나 침공으로 실존적인 위협을 느낀 나머지 NATO 가입을 결정한 것은 러시아로선 패착이 아닐 수 없다. 우크라이나에서 발이 묶인 러시아는 두 나라가 NATO에 가입하는 것을 막을 명분도 여력도 없었다.

겨울에 얼지 않는 항구가 부족해 항상 곤란을 겪는 러시아로서는 지중해를 경유해 대서양으로 나갈 수 있는 흑해와, 북해를 경유해 대서양으로 나갈 수 있는 핀란드 해 및 발트해를 확보하는 것이 매우 중요하다. 상트페테르부르크에서 북해로 나가려면 핀란드 해의 남쪽 연안을 형성하는 에스토니아와 북쪽 연안을 형성하는 핀란드, 그리고 발트해를 면하고 있는 스웨덴과의 관계를 잘 관리할 필요가 있다. 그러나 에스토니아에 이어 핀란드와 스웨덴마저 NATO에 가입한 이상, 핀란드 해에서 발트해를 거쳐 북해로 이어지는 항로는 완전히 NATO의 세력권에 놓이게 됐다. 때마침 지구온난화로 북극해가 녹고 있어 러시아에 있어 핀란드 해와 발트해의 중요성이 예전만 못할 수는 있다. 그러나 스웨덴과 핀란드의 NATO 가입은 러시아를 제외한 모든 북극권 국가가 NATO 회원국이 되는 상황 또한 초래했다. 두 나라의 NATO 가입은 장차 북극해에서의 지정학적 경쟁에도 러시아에 불리하게 작용할 것이다.

다섯 번째는 중국과의 관계에서 러시아가 하위 파트너로 전락해버렸다는 점이다. 뜻하지 않게 우크라이나에서 장기전의 수렁에 빠지고 서방의 경제

제재로 고립된 러시아는 중국에 손을 벌릴 수밖에 없는 처지가 되었다. 중국으로서도 미국의 세계 패권이 건재한 상황에서 러시아가 먼저 붕괴하는 것은 감당할 수가 없다. 중국은 러시아로부터 천연가스, 석탄, 석유 등의 천연자원을 대거 구매했을 뿐만 아니라 반도체, 항공우주 부품 등 전쟁 수행에 필요한 품목을 러시아에 수출하며 전쟁 수행을 간접 지원하고 있다. 그 결과 전쟁 직후 서방 기업들이 러시아에서 탈출한 빈자리를 중국 기업들이 채웠고, 자동차와 가전·전자제품, 기계제품 등의 러시아 상품시장은 대부분 중국 기업이 장악하게 됐다. 중국과 러시아가 경제적으로 동화되고 있다는 증거는 각종 무역지표를 통해 쉽사리 확인할 수 있다. 아직 중국은 서방의 제재를 의식해 러시아에 직접 무기를 수출하지는 않고 있지만, 제3국을 경유하여 소총과 같은 소형 병기를 수출하거나 군사용으로 전용이 가능한 이중용도 품목을 지속 수출하고 있다. 그런데 이러한 지원은 공짜가 아니다. 중국은 러시아와의 관계에서 확실한 우위를 굳히고 있다. 당장 외교적인 태도와 수사가 바뀌었다.

원래 푸틴 대통령은 타국 정상과의 회담에 지각하는 것으로 유명했다. 2014년 독일의 앙겔라 메르켈 총리와의 정상회담에는 무려 4시간이나 지각했다. 그러나 2023년 초, 시진핑 주석의 방문에 앞서 먼저 러시아를 방문한 왕이 부장을 맞이한 푸틴의 표정과 제스처는 그 자체로 변화한 중국과 러시아의 관계를 보여주는 것과 다름이 없었다. 이어서 2023년 3월 러시아를 방문한 시진핑 주석이 공식 발언에서 우크라이나를 언급하지 않았음에도 푸틴은 중국이 제시한 전쟁 중재안을 언급하며 "존경을 담아" 동 중재안을 검토하겠다고 밝혔다.[8] 그사이 중국은 변화한 중·러 관계에 따른 실익을 확실히 챙기고 있다. 러시아는 오랫동안 중국과 중국인이 인구밀도가 낮은 러시아의 극동지방에 진출하는 것을 경계해왔는데, 2022년 말에는 사실상 극동

지방 전역을 중국인 투자에 개방하기로 했다. 이로써 러시아 전체 영토의 약 40%에 해당하는 광활한 지역과 막대한 부존자원에 대한 개발권이 중국에 넘어갈 수 있는 상황에 놓이게 됐다. 중국은 미국에 맞서 핵탄두를 1,500개까지 늘릴 계획인데, 이때 필요한 고농축 우라늄도 러시아로부터 확보하였다고 한다.

여섯 번째 문제는 러시아의 인구구조 위기가 가속화되었다는 점이다. '특별군사작전'이라 부를 만큼 쉽게 생각했던 전쟁이 소모전으로 변모하면서 러시아는 수많은 젊은 남성들을 잃고 있다. 그렇지 않아도 인구구조가 위태로웠던 러시아에 있어 이는 치명적일 수밖에 없다. 서방측 추정에 따르면 러시아군의 사상자는 이미 수십만에 달할 거라고 한다.[9] 전쟁이 길어지면 이 숫자는 더욱 늘어날 것이다. 20여 년 전인 2000년대 초 러시아에서 태어난 신생아 숫자는 연간 120만 명 정도였는데,[10] 이중 남자의 숫자가 절반인 60만 정도라고 가정하면 우크라이나 전쟁으로 인해 러시아는 장기적으로 국력에 큰 타격을 입게 되었다.

일곱 번째는 다가오는 신재생에너지 시대에 대응하기 위한 산업 전환의 기회를 놓쳐버렸단 점이다. 매년 심해지는 기후변화는 화석연료를 사용하는 기존 산업에서 신재생에너지 또는 청정에너지 산업으로의 전환을 재촉하고 있다. 오늘날 세계 각국은 변화가 불가피한 신산업 패러다임에 선제적으로 대응하기 위해 총력을 기울이고 있다. 에너지 산업 전환이 완료되면 가장 큰 피해를 보게 될 것은 화석연료 체재에서 수혜를 본 화석연료 부국들이다. 중동 최대의 산유국인 사우디아라비아가 '네옴시티' 건설이나 태양광 발전 등에 막대한 투자를 하는 것도 석유 산업의 활황기가 끝난 다음을 대비하기 위해서이다. 석유·가스 수출에 대한 의존도가 높은 러시아 역시 여느 산유국 못지않게 치열하게 산업 전환에 대비해야 하는 나라다. 그러나 우크라이나 전쟁으로 러시아는 미래에 대비할 기회의 창을 스스로 닫아 버렸다. 화석연료 시대가 끝난 뒤 적어도 상당 기간 러시아의 경제와 산업은 매우 어려운 시기를 맞이하게 될 것이다.

마지막은 러시아가 우크라이나 전쟁에서 발이 묶이게 되면서 급속히 기울던 미국의 세계 패권과 자유주의 국제질서가 생기를 되찾았다는 점이다. 아프가니스탄 철군 이후 러시아의 우크라이나 침공이 임박했을 때만 해도 무기력해 보였던 미국은 우크라이나가 항전에 나서자 전략정보자산 등을 전개해 우크라이나를 지원하면서 서서히 위력을 발휘하기 시작했다. 미국의 정보력과 결합하자 1990년대 말에 등장한 구형 보병 병기인 재블린 미사일과 상대적으로 속도가 느린 터키산 바이락타르 드론으로도 러시아의 기갑전력에 막대한 피해를 줄 수 있었다. 거기에 미국이 러시아를 SWIFT에서 퇴출하는 등 강경한 경제제재를 부과하고, 핵전쟁의 위협에도 불구하고 우크라이나에 엄청난 규모의 군사적 지원을 지속하자 트럼프 대통령 이후 추락했던 미국의 국제적 위상이 치솟기 시작했다. 2022년 6월, AFP 통신에 따르면 우크라이나 전쟁 이후 미국의 주요 동맹국 대부분에서 미국을 "신뢰할 수 있는 파트너"로 여기는 여론 비중이 급격히 상승했다. 대한민국에서도 전쟁 이전 58%에 불과했던 대미對美 긍정 여론이 전쟁 후 83%까지 치솟았다. 거기에 유럽과 호주, 캐나다, 일본 등 자유주의 진영에 속하는 국가가 우크라이나 전쟁을 계기로 반反권위주의의 기치에 아래 결집하기 시작했다.

또한 오랫동안 세계 2위의 군사 대국으로 여겨졌던 러시아가 우크라이나에 고전을 면치 못하면서 역설적으로 미국의 군사력이 다시 조명받기 시작했다. 동서냉전이 사실상 끝나가던 1991년 초, 미국은 다국적군을 이끌고 쿠웨이트를 침공한 이라크를 격퇴해 전 세계에 강렬한 메시지를 던졌다. 미국은 당시 집계방식에 따라서는 세계 4위의 전력으로까지 평가받던 이라크군을 일방적으로 격파하고 사실상 1개월여 만에 이라크를 점령하는 위력(지상군 투입 시점을 기준으로는 100시간 만에 전쟁이 종결됐다)을 보여줌으로써 베트남 전쟁 패배로 훼손된 이미지를 회복하고 '현대전'이란 개념을 정립하는 데 성공했다. 2000년대에 있었던 아프가니스탄 침공에서도 미군은 20여 년에 걸친 게릴라전에 끝내 패배하였을지언정, 개전 초기 아프가니스탄의 정규군을 일방적으로 섬멸하는 위력을 선보였었다. 많은 전문가는 세계 2위의 군사력을 자랑하는 러시아 또한 우크라이나를 상대로 비슷한 위력을 보여줄 수 있을 걸로 예상했었다. 그러나 러시아가 의외로 고전을 면치 못하면서, 세대가 다른 무기로 상대를 일방적으로 파괴하는 '현대전'이란 개념이 사실상 미군에만 적용되는 것이 아니냐는 인식이 퍼지기 시작했다. 특히 우크라이나 전쟁의 전황이 러시아에 유리하게 전개되기 시작한 2022년 중순, 미국이 2000년대 초에 생산한 하이마스가 고작 16문 지원됐음에도 불구하고 전체 전황을 뒤바꾸는 데 성공하자 러시아군은 물론 중국군과 미군 사이에도 상당한 전력 격차가 있을 거란 인식이 퍼졌다.

우크라이나 전쟁의 향방

현재 우크라이나는 호랑이 등에 올라탄 상태다. 2023년 2월에 이루어진 여론조사에서는 우크라이나 국민의 95%가 러시아와의 전쟁에서 승리할 때까지 싸워야 한다고 답변했고, 심지어 러시아가 전술핵을 투하해도 굴복하지 않고 전쟁을 계속해야 한다는 의견이 무려 89%에 달했다. 반격 작전이 지지부진하던 2023년 9월 여론조사에서도 국민의 90%가 러시아에 빼앗긴 영토를 전부 되찾을 수 있다고 답했고, NATO 가입 조건으로 러시아에 점령지를 넘겨주는 방안에 대해서도 86%가 반대했다. 우크라이나 국민의 전의는 여전히 드높고, 심지어 2014년에 러시아로부터 빼앗긴 영토까지 되찾아야 한다는 주장도 있다. 우크라이나 정부로서는 국민 여론에 따라 승패와 상관없이 한동안 전쟁을 이어갈 수밖에 없는 상황이다.

하지만 러시아와의 소모전으로 더 이상 견딜 수 없을 만큼 피해가 누적되거나, 미국 및 서방이 군사 지원의 감축을 압박하며 휴전을 종용하게 되면 상황은 바뀔 것이다. 미국과 서방의 피로도는 이미 상당히 높아졌다. 전쟁 발발 1년이 지난 2023년 2월에 실시된 설문조사에서는 미국 성인의 20%만이 우크라이나에 대한 지원이 부족하다고 답했다. 2022년 3월에 42%가 지원이 부족하다고 답했던 것에 비할 때 1년 사이 절반이나 줄어든 것이다. 반면 전체 설문 응답자의 26%는 우크라이나에 대한 지원이 과도하다고 응답했다. 2022년에 미국을 방문한 젤렌스키 대통령은 미 의회에서 영웅 대접을 받았지만 2023년 9월 방문 시에는 의회 연설도 거부당했다. 분위기가 바뀐 것은 유럽도 마찬가지다. 2023년 2월, 독일 뮌헨에서 열린 뮌헨안보컨퍼런스에 참석한 올라프 슐츠 독일 총리와 에마뉘엘 마크롱 프랑스 대통령은 우크라이나에 대한 지속적인 지원을 약속하면서도 외교적 해법을 강조했다. 마크롱 대통령은 "아직 평화를 모색할 시기는 아니고 러시아가 전쟁에 승리해서도 안 된다"라고 못 박으면서도, 협상을 통한 합의가 필요하다고 강조했다. 슐츠 총리 역시 "오랜 전쟁을 준비하는 것이 현명할 것"이라면서도 출구 전략을 모색할 필요가 있다고 강조했다. 옌스 스톨텐베르크 NATO 사무총장의 비서실장인 스티안 옌센은 2023년 8월 한 언론사와의 인터뷰에서 우크라이나가 러시아에 점령된 영토를 포기하는 대신 NATO에 가입하는 방안이 논의되고 있다고 발언했다. 격분한 우크라이나는 "절대 받아들일 수 없는 제안"이라고 일축한 뒤 전쟁을 끝내길 원한다면 러시아에 놀아나는 대신 더욱 많은 무기를 공급해달라고 반발했다. 옌센 비서실장은 하루 만에 실언이었다며 사과했지만, 많은 군사 전문가들은 러시아와 우크라이나 중 어느 한쪽도 상대를 결정적으로 제압하지 못하고 소모전을 이어가다가 한국전쟁에서 남 북한이 휴전한 것과 유사한 방식으로 전쟁이 종결될 가능성이 높다고 보고 있다.[11]

무엇보다 2024년은 미국에 대선이 예정된 해다. 공화당의 대선후보인 트 럼프와 디샌티스는 대통령으로 당선되면 우크라이나 전쟁을 신속히 종결하 겠단 입장을 이미 밝힌 바 있다. 공화당 후보가 대통령으로 당선되면 미국은 전후 국가재건을 위한 경제지원을 당근으로, 군사적 지원 중단을 채찍으로 사용하며 우크라이나에 휴전이나 종전을 강요할 가능성이 있다. 경제적 지 원이야 그렇다 쳐도 미국의 군사적 지원이 중단되면 우크라이나는 러시아를 상대로 전쟁을 지속할 능력이 없다. 유럽은 미국이 우크라이나에 대한 군사 지원을 중단한 뒤에도 EU 차원에서 군사 지원을 계속할 태세를 보이고 있지 만, 호세프 보렐 EU 외교안보 고위 대표의 말처럼 미국을 대체하는 것은 불 가능하다. 헝가리나 슬로바키아와 같이 대對우크라이나 지원 자체에 불만을 품은 국가도 포함된 유럽이 언제까지 단일대오를 갖추고 지원을 계속할 수 있을지도 미지수다.

반면 러시아는 2024년 미국 대선에서 공화당 후보가 당선되면 우크라이나 전쟁을 유리한 조건으로 종결할 기회를 얻게 될 것이라 기대하고 있을 것이 다. 설사 2024년 미국 대선에서 민주당 후보가 당선되더라도 러시아로서는 태도를 바꿀 이유가 없다. 우크라이나가 전쟁에서 승리할 길이 없다는 점을 미국과 유럽에 납득시키는 것만으로 충분하다. 이길 수 없는 전쟁에 서방이 무한정 지원을 쏟아붓지는 않을 것이기 때문이다. 러시아는 수천만 명의 희 생을 치른 끝에 독·소 전쟁에서 승리한 소련이 초강대국으로 부상했던 역사 를 기억한다. 지금까지 입은 엄청난 피해에도 불구하고 만일 현재의 판도대로 전쟁이 종결된다면, 러시아는 궁극적인 승리를 주장할 수도 있을 것이다. 2023년 10월 현재 러시아가 점령한 우크라이나 영토는 대한민국의 총 영토보다도 50% 가까이 크다. 그중 우크라이나 최대의 석탄 지대인 돈바스 지역만 해도 대한민국의 절반 크기에 해당하고, 여기에 마리우폴 지역의 철강 산업과 수백만에 달하는 친러시아 인구를 흡수하게 될 것이다. 아조프해와 맞닿은 해안선 확장을 통해 흑해에 대한 지배력을 강화하는 효과도 누릴 수 있다.

다만 푸틴 정권의 안정성이 위태로워지면 러시아에서도 변수가 발생할 수 있다. 러시아도 2024년 초에 대선이 예정되어 있다. 현재의 체제가 유지되는 이상 푸틴은 특별한 군사적 성과를 얻어내지 않고도 재선에 성공할 수 있을 것이다. 때문에 재선에 성공하기 전까지는 군사적 도박을 자제하면서 민심을 관리하는 쪽이 상책일 수도 있다. 이미 전시戰時 경제로 전환한 러시아가 확장적인 재정정책을 통해 경기부양을 무리하게 이어가는 것도, 추가 징집을 자제하는 것도 모두가 2024년 대선을 염두한 포석일 수 있다. 그런 러시아가 2024년 이후 병력을 증강하여 재반격에 투입하면 우크라이나는 매우 어려운 상황에 놓이게 될 것이다. 그러나 푸틴 대통령의 위상도 예상치 못한 소모전이 되어버린 우크라이나 전쟁으로 인해 상당한 타격을 입었고, 푸틴이 이미 70대의 고령이란 점을 고려할 때 가까운 장래 러시아에 체제적 변화가 발생할 가능성을 완전히 배제할 수 없다. 다만 푸틴의 후임이 더 나은 사람이리라는 보장은 없다. 오히려 푸틴 체제가 해체되며 러시아가 다시 혼란에 빠질 가능성도 있다. 국제사회는 시리아와 이라크에서 발생한 체제 붕괴가 중동에 얼마나 거대한 혼란을 초래했는지를 이미 보았다. 거대한 러시아 연방의 붕괴는 헨리 키신저의 경고대로 범지구적 재앙이 될 수도 있다.

궁지에 올린 러시아가 핵무기를 사용할 가능성도 문제다. 푸틴의 최측근이자 2008년부터 2012년까지 대통령직을 수행하기도 했던 드미트리 메드베

데프 러시아 국가안보회의 부의장은 2022년 11월, 우크라이나 전쟁에서 서방이 러시아를 궁지로 몰면 핵전쟁이 발발할 수 있으며 "러시아의 완전하고 최종적인 승리만이 세계대전을 예방"할 수 있다고 주장했다. 러시아는 2023년 2월에는 미국과의 핵 군축 협정 참여를 중단하겠다고 선언했고, 핵어뢰 '포세이돈'과 핵추진 순항미사일 '부레베스트닉'과 같은 최신형 핵전력을 공개하는 등, 서방에 대한 핵 위협도 강화했다. 메드베데프를 필두로 러시아 내에서는 우크라이나 전쟁에서 패배할 위험이 커지면 핵을 사용해야 한다는 목소리도 점차 커지고 있다. 벨라루스를 동원해 NATO 회원국인 폴란드와 리투아니아 사이의 수바우키 회랑에 대한 무력도발을 할 가능성도 상당하다.[12] 러시아가 승리해도 문제지만 패배하는 것도 위험천만한 상황인 셈이다.

우크라이나 전쟁이 언제, 어떠한 형식으로 종결될지를 예측하는 것은 쉽지 않다. 다만 우크라이나가 기적 같은 승리를 거두거나 러시아에 정권 교체와 같은 돌발 변수가 발생하지 않는 이상 잔혹한 소모전 끝에 종전 또는 휴전의 형식으로 전쟁이 종결될 가능성이 현재로선 가장 높아 보인다. 젤렌스키와 우크라이나는 휴전의 대가로 미국과 서방에 최소한 우크라이나의 NATO 가입이나 NATO 군의 우크라이나 주둔을 요구하려 할 것이다. 그런데 우크라이나의 NATO 가입에 대해서는 미국과 유럽의 입장이 엇갈린다. 유럽에서는 전후 우크라이나가 NATO에 가입하여 안전보장을 약속받아야 한다는 주장이 힘을 얻고 있으나, NATO 회원국의 안보를 실질적으로 책임지고 있는 미국은 미온적이다. 바이든 대통령은 전쟁이 진행되는 상황에서 우크라이나가 NATO에 가입하면 러시아와 NATO 간의 전쟁이 될 수 있기에 우선은 전쟁을 끝내야 한다고 밝혔다. 젤렌스키는 2023년 7월 NATO 정상회담에서 NATO에 가입하기 위한 구체적인 조건과 일정을 얻기를 원했으나, 추가적인 군사 지원을 확보하는 것으로 만족해야 했다.[13]

한편 미국은 NATO에 가입하기 위해서는 우크라이나의 민주화 수준이 먼저 제고되어야 한다며 과도기에는 미국이 양해각서 형식으로 우크라이나의 안보를 보장해주는 소위 '이스라엘 모델'을 제시했다. 부다페스트 양해각서가 종이 쪼가리가 되는 상황을 경험해본 우크라이나였으나, 트럼프와 같은 고립주의자가 다시 미국 대통령이 되는 상황에도 대비할 필요가 있었다. 젤렌스키 대통령은 2023년 8월 자국 언론과의 인터뷰에서 우크라이나의 NATO 가입이 조만간 이뤄질 것을 전제로 NATO 가입 시까지 '이스라엘 모델'에 따른 안전보장을 수용할 수 있다는 의사를 내비쳤다.

우크라이나 전쟁과 대만해협

모든 전쟁은 벌어져서는 안 될 참혹한 비극이지만, 우크라이나 전쟁의 순작용을 억지로라도 찾아보자면 중국이 남중국해와 대만해협에서 모험심을 발휘하는 데에 억지력으로 작용하였다는 점을 꼽을 수 있다. 러시아가 우크라이나를 단숨에 석권했다면, 그리고 미국과 서방이 속수무책인 모습을 보여주었다면, 일극체제와 자유주의 국제질서의 붕괴로 귀결될 만한 사건들이 도미노처럼 일어났을 가능성이 크다. 중국의 대만 침공도 그러한 사건 중 하나였을 수 있다. 러시아가 승리한 만큼 미국의 범세계적 억지력은 감소하였을 것이고, 이는 중국이 대만해협에서 모험적 행동에 나설 수 있는 공간이 그만큼 넓어졌음을 의미하기 때문이다. 그러나 러시아가 미국과 서방의 지원에 힘입은 우크라이나에 고전을 면치 못하면서 중국도 대만에서 모험을 감행하기 부담스러워졌다. 윌리엄 번스 미국 중앙정보국CIA 국장은 2022년 3월에 있었던 의회 보고에서 "중국은 서방의 강력한 대응과 우크라이나 국민의 맹렬한 저항에 놀라 불안해하고 있다"라고 증언했다. 2022년 4월 우크라이나의 맹렬한 저항으로 전선이 교착 상태에 빠지자 자신감을 얻은 미국은 우크라이나 전쟁의 전략적 목표는 "러시아가 타국을 추가 침략하지 못할 정도로 약화시키는 것"이라고 선포하기도 했다. 여기에는 중국에 경종을 울리려는 의도도 있었을 것이다.

03 미·중 패권 경쟁의
잠재적 승부처가 된 대만해협

현재 진행 중인 미·중 패권 경쟁은 어느 일방이 다른 한쪽을 확정적으로 압도하거나, 어떤 상징적인 사건으로 인해 패권의 무게추가 한쪽으로 급격히 쏠려야만 결말이 날 가능성이 높다. 전자의 경우에는 둘 중 하나가 패권 경쟁을 포기하지 않는 한 오랜 세월이 걸릴 것이다. 반면 후자의 경우에는 단 하나의 사건이 발생하는 것으로도 승패가 결정되기에 충분할 것이다. 그 사건이란 바로 대만해협을 놓고 벌어진 미·중 간의 무력 충돌에서 확실한 승패가 갈리는 경우를 의미한다.

1949년 국공내전에서 패배한 장제스의 국민당은 공산당에 중국 본토를 내주고 타이완섬으로 이주하였다. 이후 중국은 호시탐탐 대만 통일을 노렸다. 중국은 1954년과 1958년, 1995년에 무력을 동원해 대만을 위협했으나 미 제7함대의 위력에 분루를 삼키고 물러나야 했다. 팍스 아메리카나가 이어지고 중국이 WTO 다자무역체제에 편입된 이후에는 중국과 대만의 양안관계兩岸關係가 한동안 평화로웠다. 특히 2008년에 친중파로 분류되는 국민당의 마잉주 총통이 당선된 이후 대만과 중국 사이에는 훈풍이 불었다. 양안 간에 인적·

무역 교류가 활성화되면서 관계가 발전했다. 홍콩과 마찬가지로 본토의 공산주의와 대만의 자본주의가 공존하는, 일국양제一國兩制를 근간으로 하는 통일 가능성도 긍정적으로 논의됐다.

그러다 2010년을 전후하여 중국이 노골적으로 대국굴기를 좇기 시작하자 대만인의 불안이 커지기 시작했다. 자유민주주의 대만과 공산주의 중국 간에 일국양제가 가능한지, 그리고 일국양제를 전제로 통일하더라도 중국이 그 약속을 지킬지에 대한 불안이 커졌다. 대만인의 불안은 2016년 총통선거에서 대만 독립을 지향하는 민주진보당 소속의 차이잉원을 당선시키는 것으로 발현됐다. 차이잉원 총통이 당선된 이래 중국과 대만의 관계는 악화 일로를 걸었다. 2019년 홍콩에서 민주화 운동이 벌어지고, 중국이 이를 가혹하게 탄압하자 대만인들의 반중감정은 더욱 타올랐다. 홍콩의 전철을 밟을 수 없다는 의식이 대만인 사이에 확산하면서, 일국양제를 기반으로 한 양안 통일은 사실상 요원해졌다. 2019년 치러진 재선에서도 대만인은 차이잉원과 민주진보당을 선택했다.

우크라이나 전쟁이 한창이던 2022년 7월, 젊은 시절부터 중국의 인권 문제를 저격해온 미국의 낸시 펠로시 연방하원의장은 바이든 행정부의 우려에도 불구하고 대만을 방문할 계획을 발표했다. 미국 내 의전 서열 3위인 하원의장이 마지막으로 대만에 방문한 것은 제3차 대만해협 위기가 끝난 이듬해인 1997년이었다. 그렇지 않아도 미·중 간에 갈등이 날로 격화되던 상황. 중국은 즉각 미국이 '하나의 중국 원칙'에 도전한다며 "불장난하면 반드시 불에 타 죽을 것"이라고 강력히 반발했다. 이에 아랑곳하지 않고 펠로시 의장이 2022년 8월 초 대만을 방문하자, 중국은 대만 인근 6개 해역에 대한 선박과 항공기 통행을 금지하고 대규모 군사훈련을 실시했다. 사실상 대만 주변 해역을 포위·봉쇄하는 무력시위를 한 것이다.

2022년 8월에 있었던 포위 훈련이 끝난 뒤에도 대만해협에서의 군사적 긴장은 날로 높아져 가고 있다. 중국이 펠로시 방문을 계기로 대만해협에서 중국과 대만 사이의 완충지대 역할을 하던 '중간선'을 무력화하기 위한 행보를 시작했기 때문이다. 중국 인민해방군의 함정과 항공기가 수시로 중간선을 침범하며 대만에 위협을 가하자, 2022년 9월 바이든 대통령은 중국이 대만을 침공한다면 미국이 방어할 것이라고 확인했다. 2021년 8월에 처음 대만 방위 의지를 확인한 뒤 4번째 확약이었다. 그러나 대만의 방공식별구역^{ADIZ}을 침범하는 중국 전투기의 종류 및 횟수는 시간이 흐를수록 늘어나고 있다. 2022년 12월에는 핵무기를 탑재할 수 있는 중국의 H-6 폭격기가 대만의 방공식별구역에 진입하기도 했다. 윌리엄 번스 CIA 국장은 시진핑 주석이 인민해방군에 건군建軍 100주년이자 시진핑의 3연임 임기가 끝나는 2027년 이전에 대만을 침공할 수 있는 준비를 갖추도록 지시했다고 밝혔다.

2023년 3월 전국인민대표대회에 참석한 시진핑 주석은 "조국의 완전한 통일은 중화민족의 위대한 부흥을 위한 필연적 요구"라고 강조했다. 다음 달인 2023년 4월에도 시진핑은 인민해방군 남부전구 해군을 시찰하면서 "전투 개념과 방법에 있어 혁신적"이어야 한다며 "실전을 위한 군사훈련을 강화"할 것을 지시했고, 5월에 개최된 중앙국가안전위원회 회의에서는 중국이 "최악의 극단적인 시나리오에 대비해야 한다"라고 강조했다. 2023년 홍콩 사우스차이나모닝포스트가 보도한 바에 따르면 중국 본토인 1천 8백여 명을 대상으로 한 설문조사에서 응답자의 55%가 중국이 타이완섬을 완전 석권하기 위한 통일전쟁을 개시하는 것을 지지한다고 답했다.

대만해협에서의 미·중 군사 대치 상황

중국은 아무리 빨라도 2049년 이전에는 미국의 군사적 패권에 정면 도전할 수 없다는 점을 잘 알고 있다. 2035년 이전까지는 태평양 한가운데서 미 해군과 함대전을 벌여 승리할 가망도 없다. 그러나 전역戰域을 대만해협이나 남중국해로 한정한다면 이야기가 달라진다. 미국의 군사력은 전 세계에 흩어져 있지만 중국은 대만 전역에 모든 전력을 집중할 수 있고, A2/AD의 우산 아래서 싸울 수 있기 때문이다. 중국의 최우선적 목표는 대만해협에서 벌어지는 국지전에서 미국에 승리할 수 있는 역량을 갖추는 것이다.

중국이 대만해협과 남중국해에서 A2/AD를 통해 구현한 소위 '미사일 중심 전략projectile-centric strategy'은 제2차 세계대전 이후 미 해군이 직면한 최대의 도전이다. DF-21이 첫 실전배치 된 2010년으로부터 5년여가 지난 2015년까지만 해도 러시아의 한 군사전문잡지는 A2/AD의 우산 아래에서 인민해방군이 미 해군과 격돌할 시에도 미국의 대형 항공모함 1대를 격침하는 과정에서 중국해군 총 전력의 약 40%가 희생될 것이라고 분석한 바 있다. 그러나 이후로도 중국은 신형 미사일을 연거푸 실전 배치하면서 A2/AD 역량을 꾸준히 끌어올렸다. 2017년에는 미국의 괌 군사 기지까지 타격 범위에 두는 신형 DF-26 미사일이 공개됐다. 2020년경에 이르자 중국의 A2/AD 역량으로 동시에 최대 2개의 항모전단을 대만해협에서 압도할 수 있고, 미국이 이를 다시 압도하기 위해서는 총 4개의 항모전단을 투입하여야 한다는 분석이 나왔다. 그리고 2020년 말에 실시된 '워게임'에서는 드디어 A2/AD 우산 아래에서 싸울 시 중국의 해·공군이 미군을 격퇴하고 대만 전역을 석권할 수 있다는 결과가 도출됐다. 충격을 받은 미군은 전략·전술을 보완하고 반反 A2/AD 체계의 보강에 나섰다. 이듬해인 2021년 초에 실시된 워게임에서는 미국이 무인 드론 등 당시까지 실전배치 되지 않았던 첨단무기들을 동원한 끝에야 간신히 중국을 격퇴하고 대만을 방어하는 결과가 도출됐다. 그사이에도 대만해협과 남중국해에서 중국의 군사력 강화는 끊임없이, 그리고 무서운 속도로 이뤄지고 있었다.

2022년 4월 미 연방하원 군사위원회의 국방예산 청문회에 참석한 마크 밀리 미 합동참모의장은 중국이 2027년까지 대만을 장악하기 위한 군사 역량을 개발하는 데 집중하고 있다고 진술했다. 로이드 오스틴 국방부 장관도 중국군의 우주, 사이버, 전자, 정보적 역량이 빠르게 현대화되고 있으며, 중국군의 모든 군사 역량은 미군이 갖는 이점을 상쇄하는 데 초점을 두고 증강되고 있다고 발언하였다. 2022년 말에는 중국이 최신 극초음속 미사일 개발에 성공했다. 극초음속 미사일은 속도도 속도지만 목표까지 저고도로 비행하여 요격이 어렵다. 발사 후 거대한 포물선을 그리며 날아가 목표지에 떨어지는 기존 탄도미사일을 상대로 설계된 미국의 현행 MD 체제로는 효과적인 요격이 어려울 가능성이 상당하다.[14] 2023년 1월, 미국의 전략국제연구센터CSIS는 그때까지 업데이트된 자료를 바탕으로 총 24차례의 워게임을 실시했다. 그 결과 대부분의 시나리오에서 미국과 대만, 일본의 연합군은 항공모함 2척과 대형 전투함 20여 척, 전투기 100여 대를 잃는 등 엄청난 손실을 보고서야 중국해군을 괴멸시키고 승리를 거둘 수 있다는 결과가 도출됐다. 큰 손실을 봤다는 점 외에도, 미군과 대만군에 더해 일본군까지 참전하고서야 위와 같은 결과를 얻어냈다는 점이 중요하다. 실제 전쟁에서 일본 자위대가 참전한다는 보장은 없기 때문이다. 반면 2023년 5월 중국이 실시한 워게임에서는 인민해방군이 총 24발의 극초음속 미사일을 사용해 미국의 제럴드 포드 항모전단을 격침하는 결과가 나오기도 했다. 중국의 극초음속 미사일은 미 해군의 대공 방위시스템을 상대로 80%에 달하는 돌파 · 명중률을 보였고, 항모와 대형군함을 3발 이내의 명중 타격으로 침몰시켰다고 한다. 동 시뮬레이션에 대해서는 중국 내에서도 사용 데이터의 신뢰성에 의문이 제기되긴 했지만, 중국의 극초음속 미사일이 미 항모전단에 심각한 위협이 된다는 점 자체에 대해서는 의문의 여지가 없다. A2/AD 우산 아래서 중국이 쏟아부을 수 있는 미사일 물량이 미국의 방공망을 정량적으로 압도하기에 충분하다는 점 역시 고려해야 한다. 지금 이 순간에도 중국은 미 항모전단을 겨냥한 극초음속 미사일의 성능을 제고하고 있고, 고비사막에 설치한 미국 조기 경보기와 항공모함 모형에 대한 타격 훈련을 통해 미사일 전투역량을 고도화시키고 있다.

미국의 워게임은 미군의 취약점을 찾아내 개선·보완하는 것을 목표로 하기에, 상정할 수 있는 가장 비관적인 상황에서 진행되는 것이 보통이다. 전략국제연구센터가 2023년 1월에 진행한 워게임들도 주로 미국이 중국의 기습적인 미사일 선제공격에 대응하는 데 실패하여 괌과 일본에 있는 미 공군 기지에 배치된 항공 자산의 상당수가 미처 이륙하지도 못하고 파괴되는, 가장 비관적인 시나리오에서 진행된 것이다. 그러나 최악으로 상정한 상황이 실제 발생할 가능성은 분명 존재한다. 공산당 정권의 존립이 걸린 대만해협에서의 전쟁이 벌어진다면 중국도 가용한 모든 수단을 동원할 것이 분명하기 때문이다.[15]

미국의 전략

만일 미국이 대만해협을 포기하면 중국의 세력권은 제1 도련선을 따라 남중국해 전역으로 확대될 것이다. 그 경우 중국은 남중국해에 선포한 구단선 내 해역 전체에 대해 통제력을 행사하게 될 것이다. 그리고 구단선의 지적에는 말라카해협이 있다. 전 세계 해상 운송물량의 20%가 통과하는 말라카해협은 파나마 운하, 수에즈 운하와 함께 세계 3대 해상 운송로로 손꼽힌다. 말라카해협까지 통제하게 된다면 중국은 동북아와 중동·아프리카, 유럽을 잇는 최적의 항로를 틀어쥐게 될 것이다. 중동·아프리카·유럽으로의 수출과, 중동·아프리카·유럽으로부터의 수입(특히 각종 에너지·자원)의 대부분을 말라카해협에 의존하는 대한민국으로서도 가볍게 넘길 문제가 아니다. 그다음 차례는 제2 도련선이다. 제2 도련선의 궤적을 따라 일본과 필리핀을 넘어 괌에까지 중국의 세력권이 팽창하면 서태평양 전역이 중국의 수중에 들어가게 될 것이다. 그다음 목표는 남태평양이 될 것이다. 만약 중국의 해양 패권이 제3 도련선까지 확장된다면, 중국은 하와이 앞바다까지 세력권을 넓힘으로써 미국과 진정으로 태평양을 양분하는 거대 제국이 될 수 있다. 이때부터는 A2/AD 우산을 강화하기보다는 대양에서 미 해군과 맞겨룰 만한 해군력이 필요하다. 중국이 꾸준히 구축함과 항모전단을 진수하며 운용 능력을 끌어올리는 것은 이때를 위함이다.

반대로 미국으로선 중국의 세력권이 아예 제1 도련선까지도 확장되지 못하도록 틀어막는 것이 최선이다. 중국의 해군력이 남중국해를 벗어나지 못하도록 억누르기 위한 가장 효과적인 방법은 무엇일까? 그 해답은 다름 아닌 중국이 알려주었다. 대함미사일을 주축으로 한 중국의 A2/AD는 인류 역사상 가장 강력한 미 해군의 항모전단도 위협할 수 있다는 점을 보여주지 않았던가. 그렇다면 미국도 남중국해를 포위한 미사일망을 구축할 수 있다면, 앞으로 중국해군이 더욱 많은 항모전단을 꾸리게 되더라도 남중국해를 벗어나지 못하도록 억누를 수 있을 것이다. 남중국해를 포위한 미사일망은 유사시 중국 본토에 설치된 미사일 전력을 타격하여 A2/AD 우산을 훼손하는 역할도 할 수 있을 것이다. 미국은 사정거리가 1만 킬로미터가 넘어가는 대륙간탄도미사일 부문에서는 최고의 기술력을 가지고 있지만, 수천 킬로미터 단위의 중거리 미사일 기술력은 현재 중국과 비슷하거나 뒤지는 상태다. 1987년에 구소련과 체결한 중거리핵전력조약"INF 조약", Intermediate-Range Nuclear Forces Treaty에 따라 사정거리 500킬로미터에서 5,500킬로미터 사이의 모든 지상 발사 탄도·순항미사일의 보유·생산·시험을 제한하고 있었기 때문이다. 중국이 극초음속 미사일 기술에서 미국을 앞섰다는 평가가 나오게 된 배경이기도 하다. 결국 2019년, 미국은 INF 조약에서 탈퇴했다. 미국의 INF 조약 탈퇴는 중국을 상대로 신형 미사일 개발 경쟁에 본격적으로 나서겠다는 신호탄으로 해석되었다.

미국은 중국의 A2/AD 등에 수세적으로 대응하는 대신 압도적인 미사일 전력을 확보하여 공세적으로 대응할 계획을 수립했다.[16] 향후 강대국 간 전쟁의 포문을 여는 역할을 하게 될 '일제타격 경쟁salvo competition'에서 확고한 우위를 점하기 위한 계획이다. '일제타격 경쟁'이란 개전 초기 집중적인 미사일 화력전을 통해 신속히 적성국 사령부·통신체계·지휘체계·군사시설·보급체계에 괴멸적인 타격을 입히는 전술을 의미한다. 상대방의 미사일 발사체계도 타격 대상에 포함되기 때문에 일제타격 경쟁은 개전 직후 한순간에 전쟁의 승패를 좌우할 수도 있다. 그런데 미국이 남중국해에 전개할 수 있는 최신예 미사일 역량은 전략 폭격기나 차세대 전투함정DDG 등에서 발사하는 이동식 극초음속 미사일이다. 이동식 극초음속 미사일은 추적이 어렵고 전세계 어디에서든 투사할 수 있다는 장점이 있다. 그러나 이동식 미사일로 중국이 A2/AD 체제에 따라 대만해협-남중국해를 대상으로 치밀하게 구축해둔 미사일 물량에 대한 정량적 대적이 가능할지는 의문이다. 결국 남중국해를 둘러싼 일제타격 경쟁에서 중국을 확실히 압도하기 위해서는 미국도 육상에 기반을 둔 대량의 극초음속 미사일을 동원할 수 있어야 할 것이다. 이를 위해서는 남중국해 인근에 육상 미사일 발사 기지를 충분히 확보할 수 있느냐가 관건이 된다. 요컨대 남중국해 인근 국가들을 얼마나 미국 편으로 끌어들이느냐가 핵심이다.

현재 미국과 미국의 동맹 세력은 남중국해에서 중국과의 무력 충돌이 발생할 시 동원할 수 있는 육상 미사일 전력을 차근차근 확보하고 있다. 특히 일본은 2020년 오키나와 본섬에 미사일 전력을 배치할 계획을 발표한 이래 규슈九州와 대만 사이에 펼쳐진 난세이南西 제도에 미사일 기지를 대거 설치·확장하고 있다. 난세이 제도는 오키나와 남서쪽 300킬로미터로부터 대만 북동쪽 150킬로미터 지점까지 늘어선 약 2천 5백여 개의 섬으로 이뤄져 있다. 그야말로 중국의 동중국해 진출을 막아서는 천연 해상요새이다. 중국의 제1 도련선과 사실상 겹치는 이 난세이 제도를 군사 시설화하면 중국의 태평양 진출을 막아서는 봉쇄선이 될 것이다. 그리고 2022년 현재, 일본의 난세이 제도 미사일 기지는 이미 대만에서 230킬로미터 떨어진 섬에까지 진출한 상황이다. 난세이 제도의 일본 미사일 기지를 미국이 활용하거나, 나아가 미국의 미사일이 난세이 제도에 설치될 가능성이 있는 것은 당연지사. 중국은 냉전기 미국과 소련 간에 핵전쟁 위기까지 갔던 쿠바 미사일 사태까지 언급하며 미국의 극초음속 미사일이 일본 미사일 기지에 설치되면 파국이 발생할 것이라고 경고했다. 그러나 미국은 이미 제1 도련선을 따라 '정밀타격 미사일 네트워크precision-strike missile network'의 구축을 예고한 상태이고, 서태평양에서 중국과 맞서야 할 지정학적 운명을 가진 일본이 미국과의 핵심 군사협력을 마다할 리 없다. 일본은 2025~2026년까지 사정거리 1천 킬로미터 이상의 유도미사일 1천 발 이상을 난세이 제도에 배치하는 한편, 2026~2027년까지 미국으로부터 토마호크 미사일을 최소 500발 이상 구매해 해상 자위대의 대함對艦 전력을 보강할 계획을 수립한 상태다.

중국의 제1 도련선과 구단선은 동남아시아 국가들의 해양주권 역시 심각하게 침해하는바, 미국은 필리핀을 포함한 동남아 국가들도 남중국해의 대중국 미사일 체계에 포섭하고자 시도할 가능성이 높다. 만약 미국이 괌, 오키나와, 필리핀, 난세이 제도 등에 소재한 여러 기지에 대함미사일들을 대거 배치하면 설령 중국이 계획대로 2035년까지 6척의 항공모함을 확보하더라도 남중국해 제해권을 장악하게 될 가능성은 희박해질 것이다. 대중국 미사일 전력 체계가 남중국해에 확실하게 자리잡는 순간부터 중국은 기껏 A2/AD를 통해 얻은 군사적 우위를 상당 부분 상실하게 될 것이고, 이를 다시 뒤집을 신개념의 전력 체계가 개발될 때까지 얼마만큼의 시간이 또 걸릴지는 아무도 알 수 없다. 결국 중국이 대만에 대한 무력 통일을 시도할 수 있는 시한은 남중국해에 미국과 동맹국의 미사일 체계가 완성되기 이전까지일 가능성이 높다.

　한편 미국은 그 외에도 다양한 대중국 봉쇄계획을 수립하여 착실히 실행하고 있다. 2020년 말 미국은 1973년도에 해산했던 제1함대를 부활시켜 대만해협과 남중국해를 전담토록 하겠다는 계획을 발표했다. 신설될 제1함대의 규모와 전력은 아직 알 수 없다. 하지만 서태평양에 제7함대와 신설 제1함대가 동시 전개되면 해상 전력만으로도 남중국해에서의 군사력의 추는 다시금 미국 쪽으로 기울게 될 것이다. 물론 항모전단에 대항하기 위해 고안된 A2/AD 체제에 항모전단의 규모를 늘려 대항하는 것은 비효율적인 방법이다. 따라서 제1함대를 신설하는 것과 별개로, 미국은 항모전단에 의존한 전술 체계에서 탈피할 노력도 병행 중이다. 오늘날 미군은 항모전단 일변도의 전투 수행 방식에서 탈피해 해군과 공군, 각종 육상 무기체계와 사이버 전력, 드론 등 모든 전략자산을 유기적으로 운용해 적을 격퇴하는 소위 다중영역작전multi-domain operation 역량을 실시간으로 함양하고 있다. 날이 갈수록 진화하는 인공지능을 활용하여 육·해·공을 망라하는 대규모 무인 드론 군단을 건설해 중국군을 정량적으로 압도할 계획도 세우고 있다. 레이더에 잡히지 않는 최첨단 스텔스 전투함이 기함으로서 다수의 무인 드론 함정들을 통솔하는 속칭 '유령 함대'의 도입도 가속화하고 있다. A2/AD에 맞서 미 해군이 생존할 수 있는 역량을 강화하는 것도 중요하다. 미 항모전단이 갖춘 현재의 대응체계로도 중국의 최첨단 극초음속 미사일을 종말 단계에서 요격할 수 있다는 평가가 존재하지만, 여하튼 미군은 MD 능력을 더욱 강화할 계획이다.

미국은 남중국해의 남쪽에 펼쳐진 남태평양의 동맹국, 호주의 군사력 강화 노력도 지원하고 있다. 2021년 미국은 호주·영국과 함께 태평양지역 안보동맹인 AUKUS를 창설하였고, 호주에 순항미사일 200여 기를 판매하는가 하면 다수의 핵 추진 잠수함을 판매할 계획도 수립했다. 2022년에는 B-52 전략 폭격기를 호주에 배치하기도 했다. 호주에 배치된 순항미사일과 핵잠수함, 그리고 전략 폭격기는 유사시 중국해군의 작전 반경을 크게 제한할 것이다.

대만의 대응

대만은 미국의 서태평양 대중국 봉쇄망의 시작점이다. 대만해협을 기점으로 남쪽으로는 남중국해, 북쪽으로는 동중국해가 펼쳐진다. 대만이 무너지면 남중국해에선 괌과 필리핀에 있는 미군 기지가 최전선에 서게 된다. 동중국해에선 주한미군과 주일미군이 최전선에 선다. 그런 만큼 미국으로선 현재의 최전선인 대만해협에서 중국의 도전을 억누르는 것이 최상의 선택지이다. 대만해협에서 벌어질 전투의 주역은 지상군이 아닌 해·공군이 될 것이고, 필리핀과 괌에 주둔한 미군을 곧장 동원할 수 있으며, 상황에 따라서는 일본과 호주가 참전해줄 수도 있기 때문이다.

대만은 섬이다. 이 사실은 대만 방어에 유리하게 작용하기도 하고, 불리하게 작용하기도 한다. 유리한 점은 상륙전이야말로 모든 전투 유형 가운데 가장 어려운 종류에 속한다는 것이다. 대만을 점령하려면 대군을 수송하여 대만에 상륙시켜야 한다. 중국해군은 바다를 건너는 도중에 대만과 미국의 공격으로 큰 손실을 보게 될 것이 분명하다. 하늘에서는 전투기가, 해상에서는 전투함이, 해저에는 잠수함이 중국해군을 공격할 것이고, 육지로부터는 포격과 미사일 공격이 쏟아질 것이다. 대만은 동부가 절벽이라 서쪽의 일부 해안을 통해서만 상륙할 수 있는데, 대군의 상륙이 가능한 지점에는 엄청난 양의 기뢰가 깔릴 것이다. 포격을 견디며 기뢰를 처리하더라도 해안선을 따라 대만이 70년간 준비한 방어선을 뚫고서야 상륙할 수 있다. 반면 대만에 불리한 점도 많다. 전쟁이 개시되면 중국은 대만의 주요 군사시설과 미사일·해상 전력을 파괴하고 사이버공격과 간첩, 특작 부대 침투를 병행해 후방을 교란함과 동시에 대만 인근의 해상과 공역을 봉쇄해 외부의 지원을 차단한 뒤, 대규모 상륙작전을 감행할 가능성이 높다. 전쟁 개시와 함께 대만 전역은 미사일과 공습으로 불바다가 될 것이다. 주요 시설과 군사 기지는 개전과 동시에 파괴될 것이라 보는 게 현실적이다. 이미 대만에 대거 침입해 있을 중국 간첩·공작원의 대규모 파괴 공작 외에도, 공수부대가 투입되어 후방을 교란할 것이다. 미국이 대만 지원에 나설 것 같으면 괌이나 일본, 한국에 있는 미군 기지를 선제 타격하는 방안도 고려할 것이다. 대만의 영토 규모는 대한민국의 절반도 되지 않기에, 일단 상륙을 허용한 뒤로는 전열을 재정비해 항전을 수행하기란 어려울 것이다. 상륙에 성공한 중국군이 대만의 주요 도시에 도달하지 못하고 공세종말점을 맞이할 가능성도 거의 없다. 타이완섬은 우크라이나와 달리 깊은 종심을 제공하지 않기 때문이다. 대만군의 일부 부대가 동부 산악지대에서 항전을 펼칠 수는 있겠지만, 중국해군이 대만을 봉쇄하는 데 성공하면 외부로부터 지원을 얻을 길이 없다. 이 또한 폴란드에서 육로를 통해 군수물자를 지속 공급받을 수 있는 우크라이나와는 다른 점이다.

대만해협 급변사태에서 미국이 우크라이나 전쟁과 같이 물자만 지원하는 것은 사실상 불가능하다. 해상봉쇄를 뚫고 대만에 물자를 보급하기 위해서는 중국과의 무력 충돌이 불가피하기 때문이다. 중국이 대만을 침공하면 미국의 선택지는 둘 중 하나다. 아무것도 하지 않거나, 아니면 중국과의 충돌을 감수하거나. 미국의 워게임 시나리오처럼 중국이 괌 기지 등에 선제폭격을 가하면 미국은 곧바로 참전할 것이다. 미국이 선제공격을 당하지 않더라도, 우크라이나가 그랬던 것처럼 대만이 치열하게 항전을 이어가면 미국과 서방에서는 참전을 요구하는 목소리가 높아질 것이다. 이에 2023년 2월 대만의 추궈정 국방장관은 전쟁 발발 시 첫 2주를 버티는 것이 핵심이라고 발언했다. 2주면 미국의 전력이 대만에 전개되는데 충분한 시간이란 것이다. 이 과정은 어렵고 고통스러울 것이다. 2023년에 유출된 미국의 비밀문건은 대만이 개전 초기 중국의 압도적 공습에 취약할 것으로 분석했다. 미국의 군사전문 씽크탱크인 랜드연구소가 2023년 6월에 발간한 보고서에서는 미국의 전면적 지원 없는 대만은 중국의 침공 앞에 90일을 채 버티지 못할 것이라고 평가했다. 미군이 참전하게 되면 상황은 반전된다. 미국이 직접 참전하는 경우는 물론이고, 대규모 군수물자를 지원하는 것만으로도 대만 점령의 난이도는 기하급수적으로 상승할 것이다. 미 태평양함대의 새뮤얼 파파로 사령관은 2022년 10월 미 해군이 중국의 대만 해상봉쇄를 돌파할 능력이 있느냐는 의회 질문에 "그에 대한 대답은 확실한 '예스'"라고 답변하였다. 결국 전투의 향방은 대만이 개전 초기에 얼마나 분전하는지에 따라 결정될 가능성이 높다.

우크라이나 전쟁 이전까지 중국은 미 제7함대를 격퇴할 역량을 함양하는 데 모든 노력을 집중했다. 대만 자체의 군사력은 크게 고려하지 않았던 것으로 보인다. 러시아나 중국군도 약소국을 상대로는 미국이 걸프전과 아프가니스탄·이라크 침공전을 통해 보여준 일방적인 '현대전' 수행 능력을 보여줄 수 있을 거란 묵시적 기대가 있었기 때문이다. 그러나 우크라이나 전쟁은 전투의 주력이 될 대만군의 전투역량을 무시하여서는 안 된다는 교훈을 주었다. 가장 중요한 것은 대만 국민의 전투의지다.[17] 우크라이나 전쟁에서 확인된 바와 같이, 중견국 이상의 국가가 정부와 국민이 혼연일체가 되어 저항할 때의 위력은 제아무리 강대국이라도 경시할 수 없기 때문이다. 건국 이후 대만의 모든 군사적 노력이 본토로부터의 침공을 격퇴하는 데 투입되었다는 점도 고려해야 한다. 그렇게 특화된 전력의 특화된 대응 역량을 정확히 예측하기란 어렵다. 더구나 대만은 중국의 위협이 높아진 2020년대 들어 군사력을 더욱 증강하고 있다.

대만의 기본 전략은 소위 '고슴도치 전략'인데, 중국의 공격에 맞서 최대한의 타격을 줄 수 있는 전력을 확충하는 것을 골자로 한다. 이를 위해 대만은 전통적인 재래식 무기는 물론이고 비대칭 무기도 대거 개발·확보하고 있다. 대만은 우크라이나 전쟁에서 위력을 과시한 무인 드론에 집중하여 2023년부터 대형 공격용 드론인 '텅윈-2형'을 양산하고 있고, 무인 자폭용 공격보트나 스텔스 초계함도 개발하여 실전 배치하고 있다. 대만 국방부는 2023년 9월 대만 국회에 제출한 2024년도 예산보고서에서 2천여 기의 군용 드론을 구매할 예정임을 밝혔고, 국방백서에서는 2028년까지 드론을 8천여 기로 늘리겠다 밝혔다. 2023년에는 중국 본토를 타격할 수 있는 사거리 1,200킬로미터급 중거리 미사일의 발사에도 성공하였는데, 이로써 대만은 싼샤댐[18] 등 중국 본토의 민감 표적을 타격할 능력을 갖추게 됐다. 2022년부터는 200만에 달하는 예비군 전력을 고도화하기 위해 훈련을 강화하고 여성도 예비군 훈련을 받도록 했으며, 2024년부터는 현역병의 의무복무기간을 현행 4개월에서 1년으로 늘릴 예정이다. 남중국해의 타이핑다오 섬에 군사 기지를 건설하는 등 전략적 포석을 확대하는 작업도 병행 중이다.

대만과 미국의 군사협력도 날로 심화하고 있다. 미국은 대만의 방어 능력을 강화하기 위해 하푼 대함미사일, 하이마스, 팔라딘 자주포, 어뢰 등 해협 방어를 위한 핵심 무기를 대거 공급하고 있고, 대만이 비축한 물자만으로는 전쟁 수행이 어려워질 때를 대비해 아예 미국의 방산기업과 대만이 타이완 섬에서 무기를 현지 생산하는 체계를 갖추기 위한 작업을 진행하고 있다. 중국은 대만 현지 무기 생산은 레드라인을 넘는 것이라고 위협했지만 2023년 5월, 미국의 방위기업들은 대만을 방문해 드론·탄약의 공동생산을 위한 협의를 개시했다. 미국은 2023년 4월에는 현역 교관 100여 명을 대만에 파견하여 대만군을 훈련하기 시작하였고, 2023년 7월에는 약 3억 5천만 달러 규모의 군사 지원 방안을 발표하기도 했다.

침공 가능성과 침공 가능 시점

현재 중국은 건군 100주년인 2027년까지 군사력을 현대화한다는 목표로 무서운 속도로 해군력을 증강 중이다. 2021년 한 해에만도 29척의 최신예 전투함을 취역시켰다. 비록 총배수량으로는 미 해군에 미치지 못하지만, 함정의 숫자만으로는 이미 미 해군을 능가한 상태다. 중국의 전투함 숫자는 2025년까지 420척, 2030년까지 460척으로 늘어날 것이다. 반면 미 해군은 노후화된 기존 함정을 순차적으로 교체하는 작업을 진행 중인데, 이 일정에 따르면

2027년까지는 함선의 숫자가 오히려 감소할 가능성이 있다. 대신 2027년 이후에는 남중국해에서 미국과 동맹국의 전력이 강화되기 시작할 것이다. 우선 미국과 일본의 남중국해 미사일 전력 체계가 실전 능력을 갖추게 될 것이다. 2027년 이후 미 해군의 첨단화가 궤도에 올라 최신형 전투함이 실전 배치되기 시작할 것이란 점도 중요하다. 무인 함정과 공중·수상·수중 드론도 고도화된 전력을 갖출 것이고, 6세대 전투기와 전략 폭격기도 실전 배치될 예정이다. 따라서 만일 중국이 승부수를 던진다면 그 시점은 중국 인민해방군의 현대화와 대만 통일 준비가 갖춰지는 시점과, 미국과 일본의 남중국해 대중국 대응 전력이 완성될 시점 사이의 매우 짧은 기간이 될 가능성이 높다. 그 기회의 창은 2027년을 전후하여 몇 년 동안만 열리게 될 것으로 보인다.

2027년이 시진핑 주석의 3번째 임기가 끝나는 시점이란 점도 중요하다. 미·중 패권 경쟁에 더해 그간 누적됐던 경제·사회 문제가 심화함에 따라 중국은 지난 20여 년간과 같은 성장을 더 이상 기대하기 어려워진 상황이다. 이런 상황에서 시진핑이 2027년에 연임하거나 나아가 종신 집권을 원한다면 마오쩌둥에 비견될만한 업적을 세울 필요가 있다. 그만한 업적은 대만 통일밖에 없을 것이다. 설사 시진핑에게 종신 집권을 추구할 맘이 없더라도 중국의 경제·사회 문제로 인해 정권 유지가 위태로워지면 인민의 관심을 외부로 돌리기 위해서라도 대만 침공을 감행할 가능성이 있다. 미·중 간에 무력 충돌 위기는 쇠퇴하는 기존 패권국이 신흥 강대국을 두려워한 나머지 전쟁을 벌이는 소위 '투키디데스의 함정'이 아닌, 패권국을 추격할 가망이 없어진 신흥 강대국이 도전을 위한 '기회의 창'이 닫히기 전에 다급히 승부수를 띄우는, 소위 '전성기 함정'에 의해 발생할 거라는 전망이 지난 2021년에 나온 바 있다.[19] 중국이 정점을 찍고 내리막길을 걷기 시작하였다는 분석이 사실이라면, 승산이 남아 있을 때 대만을 도모하려들 가능성도 완전히 배제할 수 없다는 뜻이다.

물론 2027년경까지 무력 충돌을 회피하는 데 성공한다고 해서 전쟁의 위험이 완전히 사라지는 것은 아니다. 정도의 차이가 있을 뿐, 미국과 중국의 관계가 유화적으로 돌아서기 전까지 무력 충돌의 가능성은 상존할 것이다. 다만 2027년 전후로 발생할 수 있는 무력 충돌을 회피하는 데 성공한다면, 발등의 급한 불은 끌 수 있을 것이다. 이후에는 상황관리를 위한 노력을 계속해야 할 것이다.

전쟁을 피하기 위한 노력

오늘날의 중국은 시진핑 주석에 권력이 집중된 권위주의 국가다. 인간이라면 누구나 가진 확증편향이 절대권력자의 결정에 영향을 미칠 때, 견제 장치가 없다는 점은 치명적일 수 있다. 독재체제나 권위주의 체제의 또 다른 문제점은 절대권력을 쥔 자에게 균형 잡힌 정보가 전달되지 않을 가능성이 높다는 점이다. 불완전한 정보에 의존해 내린 결정 역시 치명적일 수 있다. 이런 상황에서 대만해협에 전화戰火의 비극이 닥치는 것을 막기 위해서는 몇 가지 노력이 병행될 필요가 있을 것이다.

하나는 합리적인 위기관리 노력이다. 인류 역사상 수많은 전쟁이 양측의 오해로 인해 유발됐지만, 마지막 순간 위기관리에 성공하여 전쟁을 회피할 수 있었던 사례도 많다. 경쟁과 대립을 이어가는 와중에도 소통과 상황관리 노력은 반드시 이루어져야 한다. 그러한 노력이 없었다면 인류는 지난 1962년 쿠바 미사일 위기 때 이미 멸종되었을지도 모른다. 이번에도 마찬가지다. 미국과 대만, 그리고 중국은 상시적 의사소통이 가능한 채널을 유지하고 최대한 활성화해야 한다.

중국을 불필요하게 자극하지 않는 것도 중요하다. 대만이 중국으로부터의 분리·독립을 진지하게 추구하면 중국의 무력 사용 가능성이 높아질 수밖에 없기 때문이다. 특히 2024년 초에 예정된 대만 총통선거에서 독립을 추구하는 후보가 당선되어 반중 정책에 드라이브를 걸면 위기는 더욱 고조될 것이다.[20] 친중 성향의 후보가 당선되면 당장은 유화 국면으로 접어들 수 있겠지만, 우크라이나의 유로마이단 혁명에서 목격했던 것처럼 중국의 영향력이 강화되는 데 따른 대만 국민의 반발로 역효과가 날 가능성도 있다. 물론 친미·반중 성향의 민주진보당과 친중 성향의 국민당 간의 양자택일 상황에 불안감을 느낀 대만 국민이 대만민중당 등 제3당을 지지할 가능성도 존재한다. 다만 대만의 정치적 지형이 어떻게 변하든, 중국의 '레드라인'을 넘지 않기 위한 노력은 초당적으로 경주할 필요가 있다. 대만의 운명은 대만인이 결정한다는 결기는 존중해 마땅하지만, 현실주의적인 역학을 무시할 수는 없기 때문이다.

중국공산당은 고도성장기의 경제적 혜택을 입고 해외문물에 눈을 뜬 수많은 인민을 통제하기 위해, 중국인이 보편적으로 공유하는 민족주의적 근본 가치인 중화주의에 근간을 둔 '중국몽'을 제시하였다. 그런 중국공산당이 '하나의 중국'이라는 원칙이 정면으로 도전받는 상황에서 아무런 대응도 하지 않는다면 체제의 존립 자체가 위기에 처하게 될 것이다. 그렇기에 공산당으로서는 대만이 분리·독립을 선언하거나 분리·독립을 선언하기 위한 절차에 들어서면 무력 대응이 불가피해진다. 반면 중국의 '레드라인'을 넘지 않으면 시진핑과 공산당에게도 운신의 폭이 생긴다. 프로이센의 군사학자 카를 폰 클라우제비츠는 "무력이란 정치적 목표를 달성하기 위한 도구에 불과하다"라고 말한 바 있다. 정치적 목표 달성을 위해 무력을 사용할 필요가 없어진다면 전쟁의 위험도 그만큼 줄어들기 마련이다. 요컨대 대만해협에서의 위기를 관리하기 위해서는 시진핑에게 정치적 여유를 제공할 필요가 있다.

또 다른 노력은 억지력deterrence의 강화이다. 2023년 마크 밀리 미국 합동참모의장은 전쟁을 피하기 위해서는 중국을 확실히 압도하는 무력을 갖춰야만 한다고 강조했다. 대만이 먼저 중국의 레드라인을 침범하지 않더라도, 중국의 국내 정치 상황이나 시진핑 주석 개인의 야심으로 인해 대만을 침공하게 될 가능성은 상존한다. 하지만 대만해협 전쟁에서 중국이 패배하면 공산당 정권은 종말을 맞을 수 있다. 따라서 중국은 승리를 확신하지 못하는 이상 어지간해선 대만을 공격할 수 없다. 미국과 대만으로선 대만해협과 남중국해에서의 군사적 대응 태세를 최대한 강화하여 중국의 모험심을 억제해야 할 것이다.

억지력에는 군사적인 요소만 있는 것은 아니다. 우크라이나 전쟁은 중국의 대만 침공을 억제하는 효과가 있었던 것으로 평가된다. 여기엔 우크라이나의 예상 밖 선전과 서방의 일치단결된 군사지원 못지않게, 서방의 대對러시아 경제 디커플링도 상당한 영향을 준 것으로 알려져 있다. 우크라이나 전쟁 직후 러시아는 신속히 국제결제망에서 퇴출됐고, 서방으로부터 WTO 최혜국대우를 박탈당했으며, 서방의 기업들은 속속들이 러시아를 떠났다. WTO 다자무역체제 아래에서 보장된 국제무역과 외국인 투자를 통해 오늘날의 경제를 일군 중국으로선 대만 침공 시 예상되는 서방의 제재와 다국적 기업의 중국 이탈 현상이 부담스러울 수밖에 없다. 중국의 대만 침공 가능성이 거론되는 것만으로도 이미 여러 다국적기업이 중국 의존도 줄이기에 나서고 있다. 중국이 세계 선두를 달리고 있는 배터리 산업도 예외가 아니다. 2023년 6월 독일의 폭스바겐은 월스트리트저널과의 인터뷰에서 전기자동차용 배터리에 대한 중국 의존도를 낮추기 위해 캐나다나 인도네시아 등지에 새 공급처를 마련하기 위해 노력하고 있다고 설명했다. 월스트리트저널은 폭스바겐 외에도 다수의 자동차회사가 탈중국을 고려하고 있다며, 우크라이나 전쟁으로 러시아가 고립된 것과 같은 상황이 발생하는 것에 대비하는 차원이라고 분석했다.[21] 마찬가지로 중국이 대만 침공을 감행할 시엔 감당하기 어려운 결과가 발생할 수 있다는 점을 지속해서 주지시킬 필요가 있다.

　마지막으로 2024년에 예정된 미국 대선도 중요하다. 바이든 대통령이 재선에 성공하거나 다른 민주당 후보가 당선되면 현재의 대중국 전략이 유지되어, 중국에 대한 억지력은 유지될 것이다. 그러나 공화당 후보가 당선되면 셈법이 복잡해진다. 우크라이나 전쟁을 신속히 종결짓고 싶어 하는 고립주의자 대통령이라도 패권 경쟁국인 중국에 대해선 강경한 태도를 견지하겠지만, 현재의 전략이 어떻게 바뀔지 예측하기가 어렵다.[22] 동맹과의 연대를 얼마나 중시할지도 미지수다. 실제로 트럼프는 NBC 뉴스와의 인터뷰에서 미국이 대만을 방어하겠다고 미리 약속하는 것은 "거저 주는 바보 같은 짓"이라며 미군의 무조건적 개입은 없을 것이라 밝혔다. 트럼프가 당선되면 대만에 대한 미국의 방위약속이 희석되거나 모종의 거래 대상으로 전락할 가능성을 완전히 배제할 수 없다. 그러한 불확실성은 억지력의 약화로 해석될 수 있다. 대만해협에서의 억지력이 줄어드는 만큼 2027년을 전후하여 전쟁이 발발할 가능성은 그만큼 커질 것이다.

04 우크라이나와 대만,
그리고 한반도

2023년 9월 대만의 우자오셰 외교부장은 미국의 외교 전문지인 '포린폴리시'
와의 인터뷰에서 러시아의 우크라이나 침략에 대해 국제사회가 대응하지 않
으면 중국도 대만에 비슷한 조치를 취할 수 있고, 대만이 무너지면 그다음
차례는 일본과 필리핀이 될 것이라 주장했다. 같은 맥락에서 대만해협의 위
기는 한반도의 평화와도 매우 밀접한 관계가 있다.

단기적 영향

중국 인민해방군은 중국의 동서남북 4개 지방에 중부지방을 더한 5개 지역
을 각각 담당하는 소위 오대전구五大戰區와, 미사일·전자·사이버·우주전을
담당하는 차세대 군종軍種으로 구성되어 있다. 공군과 차세대 군종은 지역과
상관없이 대만해협에 투입될 수 있으나, 해군력을 보유한 것은 바다를 담당
하는 동·남·북부의 3개 전구뿐이다. 대만해협에서 전쟁이 터지면 대만해협
을 담당하는 동부전구의 동해함대와 남중국해를 담당하는 남부전구의 남해

함대가 해상전의 주축이 될 것이다. 그리고 필요시 산둥반도의 칭다오시를 거점으로 황해(대한민국의 서해)와 발해만을 담당하는 북부전구의 북해함대도 투입될 수 있을 것이다. 북해함대는 대만해협에 직접 투입되거나, 주일·주한 미군이 대만해협으로 향하는 것을 저지하는 임무를 맡게 될 수 있다. 이 과정에서 한반도가 전화戰火에 휘말릴 가능성이 있다. 그래도 여기까지는 대한민국이 직접적인 교전 당사자가 되는 상황은 아니다. 더욱 큰 문제는 북한이 개입하는 경우다.

　대만해협에서 벌어질 전쟁은 미국에는 국가의 존망存亡에 관한 실존적 위기existential crisis가 아니다. 그러나 중국에 있어 대만해협 전쟁은 공산당 정권의 존망이 걸린 실존적 위기인바, 수단과 방법을 가리지 않을 가능성이 있다. 대만해협에서 전쟁이 터지면 중국은 미국의 전력을 분산시키기 위해 당연히 북한의 힘을 빌리고자 할 것이다. 중국이 직접 주한미군과 주일미군을 타격할 가능성도 있지만, 그 경우 한국과 일본의 참전을 부르게 될 수 있기에 상책은 아니다. 그런 만큼 중국이 북한에 대한민국과 일본을 상대로 한 무력도발을 요청할 가능성은 매우 높다. 북한으로서도 중국 공산당이 무너지면 김정은 정권의 생존을 보장할 수 없게 된다. 따라서 중국의 승산을 따져 비례적인 도움을 주려고 할 것이다. 중국이 패배할 가능성이 높다고 판단한다면 도발의 강도가 비교적 약할 것이나, 중국이 승리할 가능성이 높다고 판단되면 적극적으로 나설 가능성이 있다. 아니, 중국이 승리할 가능성이 높다고 판단되면 북한은 승리의 지분을 최대한 요구하기 위해 매우 중요한 역할을 자청하게 될 수도 있다. 그 경우 북한은 대한민국과 일본에 대해 적극적인 무력도발을 감행할 가능성이 아주 높고, 그만큼 확전 가능성도 커질 것이다.

중장기적 영향

대만해협에서 미·중 간에 전면적인 무력 충돌이 벌어지고, 뚜렷한 승자나 패자 없이 양측이 큰 피해를 보게 되면 그때야말로 세계화는 끝나고 자유 진영과 반미연대는 본격적인 신냉전에 돌입하게 될 것이다. 우크라이나 전쟁이 러시아라는 거대한 나라와 서방의 교류를 단절시킨 것처럼, 대만해협 전쟁도 중국과 서방 간의 관계를 일거에 단절시킬 것이다. 그 경우 중국을 중심으로 한 반미연대의 결속은 동맹의 수준으로 승격될 것이고, 현행 자유주의 국제질서와 구분되는 별도의 질서가 반미연대를 중심으로 구축될 것이다.

한편 대만해협에서의 무력 충돌에서 중국이 확정적으로 패배한다면 중국 공산당은 중국몽 달성에 실패했다는 점을 중국 인민에게 설명할 부담을 지게 될 것이다. 경제·외교적 어려움이 가중되는 상황에서 중국 인민들은 중국몽이란 사회계약을 위반한 데 따른 책임을 정권에 묻고자 할 것이다. 중국은 대혼란의 시기를 겪게 될 것이다.

반면 중국이 승리하면 다양한 평면에서 현상 변경이 이뤄질 것이다. 우선 미국의 해상패권이 남중국해 밖으로 밀려날 것이다. 미국의 해군력이 남중국해에서 밀려나면 동남아시아 국가들만으로는 중국해군의 팽창을 저지할 수 없다. 말라카해협이 중국의 세력권에 편입되는 것도 시간문제일 것이다. 말라카해협을 석권한 이후에도 기세를 더한 중국의 패권 확장 노력은 제2, 제3 도련선과 일대일로의 궤적을 따라 확대될 가능성이 높다. 중국의 결심에 따라 인도양과 태평양을 잇는 항로 구간에서의 '바다의 자유'가 언제든 침해될 수 있게 된다는 의미이다. 미국의 로이드 오스틴 국방부 장관이 2023년 6월 "상업 항로와 글로벌 공급망의 안전"이 대만해협에 달려 있다고 강조한 이유이기도 하다. 패전의 충격에 휩싸인 미국은 서태평양의 지역국들을 지원하여 중국을 봉쇄하기 위한 노력을 계속할지, 아니면 중국의 동아시아·서태평양 패권을 인정하고 동태평양과 대서양에서의 패권만을 유지한 채 고립주의로 회귀할지를 두고 고민하게 될 것이다. 일본이나 호주, 동남아시아의 지역국들은 중국의 지역 패권에 순응할지, 아니면 미국의 지원을 등에 업고 중국에 직접 맞설지를 고민하게 될 것이다. 역내국들이 중국의 패권에 순응하기로 하면 동아시아에는 중화 중심의 질서가 들어설 것이다. 그러나 중국의 지역 패권국 등극에 저항하기로 한다면, 최일선에 나설 가능성이 가장 높은 나라는 아무래도 일본과 호주이다. 패배한 미국은 더 이상 남중국해에서 중국과 직접 맞서려 들지 않겠지만 역외 균형자로서 일본과 호주의 대항 노력을 지원할 가능성이 크다. 최전선에서 중국과 직접 맞서게 된 일본과 호주로서는 중국에 굴복하지 않기 위해 핵무장을 선택할 수밖에 없을 것이다.

선택을 강요받게 될 것은 대한민국도 마찬가지다. 현재 남중국해에 일방적으로 선포한 구단선을 놓고 동남아 국가들과 분쟁을 벌이고 있는 중국은 우리 서해에도 동경 124도를 기점으로 소위 '작전경계선'을 선포한 뒤 대한민국 해군의 진입을 일방적으로 차단하려 들고 있다. 중국의 해양 치세가 평화로울 거라고 기대할 만한 근거는 불행히도 찾아볼 수 없다. 우리 역시 미국의 해양 패권이 해체된 이후에는 지금까지와는 전혀 다른 세상에 적응해야 할 것이다.

참고 사항

1 라틴어로 "Igitur quī dēsīderat pācem, præparet bellum" 또는 "Si vis pacem, para bellum"이라 한다. 로마의 전략가 플라비우스 베게티우스 레나투스가 저술한 '군사학'에서 명시되었으나, 그보다 훨씬 이전부터 사용되던 경구다. 고대 로마에서는 팍스 로마나를 위협할 만한 세력을 선제적으로 구축하는 것을 정당화하는 구문으로 많이 사용됐지만, UN 헌장에 따라 침략전쟁이 원천적으로 금지된 현대 국제사회에서는 강력한 무력을 통해 억지력을 확보하는 것을 의미한다.

2 탈냉전기에 패권적 영향력을 행사했던 미국이지만, 그런 미국의 영향력조차 제한되었던 지역이 몇 군데 있었다. 그중 하나는 중앙아시아였다. 중앙아시아는 러시아와 가깝고 중국의 일대일로 경유지에 해당하는바, 대부분 친러 · 친중 국가로 구성되어 있다. 중앙아시아 국가 간에 개최되는 국제회의에서는 사실상의 세계 공통어로 쓰이는 영어 대신 러시아어 또는 중국어가 공용어로 사용될 정도다. 실제로 중국, 러시아와 중앙아시아 국가들이 주축이 되어 설립한 안보협력체인 상하이협력기구("SCO," Shanghai Cooperation Organization)의 공용어는 러시아어와 중국어이고, 구소련을 구성하던 중앙아시아의 여섯 개 회원국이 결성한 집단안보조약기구("CSTO," Collective Security Treaty Organization)의 공용어는 러시아어이다. 2022년 이전까지 이 지역의 맹주는 누가 뭐래도 러시아였다. 러시아의 텃밭인 중앙아시아와 서남아시아에 중국이 일대일로 등을 통해 뒤늦게 문을 두드리는 형국이었다. 2022년 1월 카자흐스탄에서 반정부 시위가 발생했을 때 중국은 SCO를 통한 지원 의사를 적극적으로 밝혔다. 그러나 카자흐스탄은 중국이 아닌 러시아에 도움을 요청했고, 러시아는 중국 본위의 SCO가 아닌 자국이 주도하는 CSTO의 일원으로서 질서유지군을 파병해 카자흐스탄 정권을 지원했다. 일대일로로 막대한 자금을 쏟아부어도 중앙아시아, 아니 유라시아에서 중국은 아직 러시아에 미치지 못한다는 것을 보여준 상징적인 사건이었다.

3 Budapest Memorandum on Security Assurances 제2조("The Russian Federation, the United Kingdom of Great Britain and Northern Ireland and the United States of America reaffirm their obligation to refrain from the threat or use of force against the territorial integrity or political independence of Ukraine, and that none of their weapons will ever be used against Ukraine except in self-defense or otherwise in accordance with the Charter of the United Nations").

4 '유라시아'란 개념은 매킨더가 유럽과 아시아를 묶어 하나의 대륙인 '유로-아시아(Euro-Asia)'라고 명명한 데서 유래하였다고 한다. 김동기, 『지정학의 힘: 시파워와 랜드파워의 세계사』, 아카넷 (2020), p. 46. 다만 지정학적 개념으로서의 '유라시아'라는 두 대륙을 단순히 합산한 영역을 의미하는 것을 넘어, 학자별로 다르게 정의할 수 있는 정치 · 사회적 지역을 의미한다. 브리타니카(Britannica) 사전의 'Eurasia' 정의 참고. 지리적 의미에서의 유라시아에는 동북아시아뿐 아니라 동남아시아, 남아시아 등도 모두 포함될 것이나, 이 책에서는 중국과 인도, 한반도, 동남아시아 등과의 구분을 위해 '유라시아'를 지정학적으로 과거 구소련의 영역에 포함되었던 러시아와 중앙아시아, 서남아시아, 동유럽 지역을 아우르는 용어로 정의한다.

5 유라시아 주의는 알렉산드르 두긴의 1997년 저서 '지정학의 기초(The Foundations of Geopolitics)'를 통해 소개되었다. 유라시아 주의는 19세기 제국주의시대에 러시아가 발칸반도로 진출하기 위한 당위성을 확보하기 위해 주창하였던 범슬라브주의(Pan-Slavism)와도 비견될 수 있으나, 슬라브 민족의 '민족적 단합'을 주창한 범슬라브주의와 달리 유라시아 주의는 좀 더 지역적 결속을 강조하는 차이가 있다. 푸틴 대통령 집권 이후 러시아는 유라시아 주의가 제시하는 여러 전략적 목표를 답습하는 모습을 보인다. 조지아 침공, 우크라이나 병합 등은 알렉산드르 두긴이 유라시아 주의의 실현을 위해 대표적으로 강조한 부분이다. 그 외에도 영국을 유럽에서 분리시키고, 미국의 사회적 분열을 부추기고 고립주의 성향을 촉진할 것 등도 유라시아 주의에 따른 구체적인 전략 목표에 해당한다. 마침 2010년대 후반 들어 영국이 EU에서 탈퇴하고 미국 내 사회 분열의 가속화와 고립주의 성향이 강화된 데다. 2020년대 이후 미국이 '인도-태평양'을 중국과의 패권 경쟁의 주된 전장으로 선포한 사실들은 푸틴에게 유라시아 주의의 실현 가능성에 대해 긍정적인 신호를 주었을 수 있다. 우크라이나 전쟁과 관련해 푸틴이 제시한 여러 침공의 명분들도 유라시아 주의와 큰 틀에서 맥을 같이 한다.

6 우크라이나와 러시아의 접경지대인 돈바스 지역에서는 러시아의 크림반도 합병 직후인 2014년 4월부터 2022년 2월의 우크라이나 침공 시점까지도 친러시아 성향의 도네츠크, 루간스크의 분리주의 반군과 우크라이나 군 간의 내전이 벌어지고 있었다. 러시아가 2022년 2월 우크라이나를 전면적으로 침공하면서 제시했던 공식적인 이유는 돈바스 지역의 친러시아 주민을 네오나치에 의해 지배되는 우크라이나가 학살하고 있어, 탄압받는 주민을 보호하기 위해 '특별군사작전'을 펼칠 필요가 있었다는 것이다. 실제로 러시아는 우크라이나 침공을 정당화하기 위해 UN 헌장 제51조에 따른 '집단적 자위권(collective self-defense)'을 원용하였다. 돈바스 내전에 투입된 우크라이나 군대 중 아조프 연대에 나치를 추종하는 세력이 포함되어 있었다는 주장에는 상당한 근거가 있다. 러시아의 우크라이나 침공을 두둔하는 이들은 이것을 근거로 러시아가 네오나치에게 지배되는 우크라이나를 해방시키기 위해 전쟁을 개시한 거란 주장을 펼친다. 그러나 우크라이나가 돈바스 주민을 상대로 조직적인 집단학살을 자행했다는 러시아의 주장은 근거가 빈약하다. 특히 우크라이나와 러시아는 모두가 '집단살해죄의 방지와 처벌에 관한 협약("제노사이드 협약," Convention on the Prevention and Punishment of the Crime of Genocide)의 당사국이기 때문에, 만일 돈바스 지역에서 친러시아계 주민에 대한 조직적인 학살이 있었다면 러시아는 제노사이드 협약에 근거한 조사를 개시하거나, 우크라이나를 제노사이드 협약 위반으로 국제사법재판소에 제소할 수도 있었다. 그러나 러시아는 제노사이드 협약상 보장된 여러 법적 조치를 전혀 취하지 않았고, 그저 '집단적 자위권'을 원용하여 일방적인 군사작전을 개시하였을 뿐이다. 그러자 2022년 2월 27일에 오히려 우크라이나가 러시아를 국제사법재판소에 제소하였다. 우크라이나는 자국이 제노사이드 협약을 전혀 위반하지 않았으므로 러시아의 우크라이나 침공에는 제노사이드 협약상의 근거가 없으며, 나아가 러시아에 제노사이드 협약을 근거로 한 어떠한 조치도 취할 권리가 없다는 점을 확인해달라고 국제사법재판소에 청구했다. 이에 대해 러시아는 우크라이나가 제노사이드 협약을 위반했다고 주장하거나 입증하는 대신, 러시아 특별군사작전의 법적 근거는 제노사이드 협약이 아니기 때문에 국제사법재판소가 이 사건을 심리해서는 안 된다는 법리적인 주장을 펼쳤다. 우크라이나가 돈바스 지역 주민을 상대로 탄압행위를 자행하지 않았다는 우크라이나 주장을 회피한 것은 물론이다. 그렇다면 돈바스 지역에서 우크라이나가 친러시아계 주민을 조직적으로 탄압하였기 때문에 군사작전을 펼쳤다는 러시아 주장에는 신빙성이 없다는 일응의 추정이 성립한다고 할 것이다. 2023년 6월 23일, 바흐무트 전역에서 활약한 뒤 사실상의 반란을 일으킨 용병단인 바그너 그룹의 수장 예브게니 프리고진은 자신의 텔레그램을 통해 공개한 영상에서 NATO가 러시아를 위협한다거나 우크라이나를 비나치화하기 위해 특별군사작전이 필요하다는 등의 명분들은 전부 거짓이라고 주장하기도 했다.

7 Yubal Harari, "Why Vladmir Putin has already lost this war," *The Guardian* (28 February 2022).

8 Anton Troianovski, "Xi refrains from mentioning Ukraine in Moscow, instead focusing on generalities," The New York Times (2023. 3. 20).

9 2023년 초 기준으로 전사자만 추려도 이미 6만 명에 이르렀을 거라는 것이 서방의 통계였다. Jake Epstein, "Russia's death toll in Ukraine could be as high as 60,000. Western intel says its forces are being ripped apart by artillery and not getting proper care," Business Insider (2023. 2. 17). 2023년 8월 뉴욕타임스는 러시아군의 사망자 수가 12만 명, 부상자수는 약 20만 명에 달할 것으로 추산했다.

10 Federal State Statistics Service of the Russian Federation 자료 참고. 2002년 러시아 내 신생아 숫자는 122만 명이었고, 2003년 120만, 2004년 117만, 2005년 115만 명으로 지속 감소하였다. 이후 증가와 감소를 거듭하였지만 대략 115만 명 선을 유지하고 있는 것으로 보인다.

11 Carter Malkasian, "The Korea Model: Why an Armistice Offers the Best Hope for Peace in Ukraine," *Foreign Affairs* (July/August 2023).

12 러시아는 발트해에 인접한 칼리닌그라드에 역외 영토를 보유하고 있는데, 이 영토와 대표적인 친러국가인 벨라루스 사이에는 수바우키 회랑이라는 길이 100킬로미터가량의 육상 통로가 있다. 이 육상 통로는 NATO 국가인 폴란드와 리투아니아 사이의 국경지대에 해당한다. 만일 벨라루스가 수바우키 회랑을 확보하면 리투아니아, 라트비아, 에스토니아라는 발트 3국은 폴란드로부터 차단되게 된다. 원래대로라면 벨라루스가 NATO 회원국이자 동유럽의 군사 강국인 폴란드를 상대로 도발할 가능성은 높지 않을 것이다. 그러나 러시아는 2023년 3월 벨라루스에 전술핵을 배치하

겠다고 발표한 뒤, 예상을 뛰어넘는 신속한 속도로 불과 두어 달 사이에 재배치를 완료했다. 이로써 벨라루스에 대한 군사 공격은 매우 어렵게 되었다. 또한 2023년 6월 푸리고진의 망명과 함께 벨라루스로 재배치된 바그너그룹이 수바우키 회랑 지역에서 무력도발을 감행할 가능성도 높아졌다. 우크라이나 전쟁의 향방에 따라서는 벨라루스와 바그너그룹이 수바우키 회랑을 도모함으로써 NATO를 압박하는 것도 가능한 시나리오가 됐다. 2023년 8월 모스크바에서 개최된 국제안보회의에 참석한 빅토르 크레닌 벨라루스 국방장관은 현 상황에서는 러시아와 벨라루스가 NATO와 직접적으로 충돌할 가능성이 상당하다고 주장하기도 했다.

13 NATO는 우크라이나가 추후 NATO에 가입할 때 회원국에 요구되는 정치·국방·경제 개혁 절차(Membership Action Plan)를 면제하기로 하면서도 구체적인 시점을 제시하는 것은 거부했다. 젤렌스키 대통령은 2023년 7월 11일 자신의 트위터를 통해 NATO의 이런 제안이 "터무니없다"라고 항의했으나 별다른 수가 없었다.

14 우크라이나 전쟁에서 미국의 패트리엇 미사일이 푸틴 대통령이 "현존하는 어떤 미사일 방어체계도 무력화"시킬 것으로 자신하던 러시아제 최신 극초음속 미사일 '킨잘'을 비교적 수월히 격추하긴 했지만, 중국이 보유한 극초음속 미사일은 킨잘보다 거의 모든 면에서 월등하다. 중국의 극초음속 미사일이 미국의 MD 체계를 뚫어낼 가능성은 매우 높다.

15 미국의 씽크탱크 신미국안보센터(CNAS)는 중국이 괌에 전술핵을 선제 투하하여 미군의 태평양 전력을 마비시킬 가능성을 제시하기도 했다.

16 이전까지 미국은 주로 대공방어 능력을 강화하는데 역량을 쏟았다. 이는 대공방어 능력을 개발하는 데는 많은 비용이 들어 국방부가 예산 확보 목적상 선호하였기 때문이기도 하지만, 오랫동안 미 해군 함정을 장거리에서 타격할 만한 적수가 없었기도 하다. 그러나 중국의 A2/AD가 미 해군에 본격적인 위협으로 대두되자 미국도 미사일 경쟁에 뛰어들게 된 것이다. Mark Gunzinger & Bryan Clark, "Winning The Salvo Competition: Rebalancing America's Air and Missile Defenses", Center for Strategic and Budgetary Assessments (20 May 2016).

17 2021년과 2022년 대만인을 상대로 실시된 설문조사에서 중국이 침공할 경우 맞서 싸우겠다는 대답은 대략 70% 정도였다. 이는 2022년 설문조사에서 자신이 "중국인이 아니라 대만인"이라 답변한 응답자 숫자의 변화(1992년 25.5% → 2022년 63.3%)에도 상당한 영향을 받을 것이다.

18 양쯔강에 건설된 싼샤댐은 거의 400억 톤에 달하는 저수량을 자랑하는 세계 최대 규모의 댐이다. 유사시 싼샤댐을 타격해 붕괴시킬 경우 대만은 양쯔강 하류와 지류에 가공할 피해를 입힐 수 있다.

19 Hal Brands and Michael Beckley, "China is a Declining Power – and That's the Problem," *Foreign Policy* (24 September 2021). 저자들은 제1차 세계대전 당시의 독일 제국과 제2차 세계대전 당시의 일본제국이 '전성기 함정(peaking power trap)'에 빠져 전쟁을 일으킨 사례라고 주장했다.

20 다만 친미·반중 성향의 민주진보당의 라이칭더 후보도 2023년 10월 일본 NHK와의 인터뷰에서 자신의 목표는 전쟁을 피하고 대만해협을 안정시키는 것이라 밝혔다.

21 William Boston, "VW is on a Hunt for Resources to Remove China From Its EV Batteries," The Wall Street Journal (4 June 2023).

22 예컨대 공화당의 대선후보 중 하나인 비벡 라마스와미는 미국이 반도체 자립을 이룰 때까지는 대만을 확고히 방어해야 한다고 주장하여 논란을 불렀다.

제6장

패권국이 없는
세계

인간은 영생하므로
내세에 구원받을 수 있으나,
영생할 수 없는 국가는
지금이 아니면 영원히 구원받지 못한다.

L'homme est immortel,
son salut est dans l'au-delà.
L'État n'a pas d'immortalité,
son salut est maintenant ou jamais

—

리슐리외 추기경
(Cardinal Richelieu, 1585~1642)

01 불안정한 세상

탈냉전기의 전면적 자유 무역은 끝났다. WTO 분쟁해결절차가 담보하던 WTO 협정의 강제력은 마비됐다. 전 세계를 아우르던 GVC와 공급망은 분절되고 있다. 다만 전쟁과 같은 파국으로 치닫지 않는 이상 진영 간의 디커플링은 4차 산업혁명에서 중추적인 기술 영역으로 제한될 가능성이 높다. 첨단 기술이나 기술 집약 품목에 대해서는 무역·투자의 디커플링이 이미 진행되고 있지만, 비민감 기술과 품목의 수출입은 여전히 WTO 협정의 일반원칙에 따라 이뤄지고 있다. 자유 무역은 모두에게 이익을 가져다주기 때문이다. 따라서 '탈세계화de-globalization'라 불리기 시작한 패권 전환기에도 WTO 다자무역 체제는 느슨한 상태로나마 존속할 것이다. 아직 '신냉전'이 개시되었다고 볼 수는 없는 이유이기도 하다.

그러나 패권 전환기가 지속되는 한 국제사회에는 불확실성이 존재한다. 불확실성은 불안정을 부르고, 불안정은 비용과 리스크가 된다. 이 불안정한 패권 전환기는 언제까지, 또 어떠한 모습으로 이어질까? 그리고 패권 전환기 이후의 세상은 어떤 모습일까?

잠재적 지역 패권국의 발호

미국의 세계 패권이 해체되면 지구상에는 새로운 패권국이 등장할 공간이 생기게 된다. 각지의 강대국들은 현실주의적 중력에 따라 지역 패권을 추구하게 될 것이다. 역사적으로 해당 지역에서 맹주로 행세해온 유서 깊은 나라들은 잠재적 지역 패권국으로서 발호하려 들 것이다.

국가의 근원적 잠재력은 지리와 위치로 인해 결정되는 경우가 많다. 17세기 네덜란드와 같이 시류에 편승하여 반짝 떠오른 강대국과 달리, 해당 지역을 지배할 지정학적 운명을 타고 태어난 나라들이 여기에 해당한다. 러시아가 유라시아 대륙에서 소위 '심장부heartland'를 확보한 이래 강대국으로 남았던 것도, 중국이 청조 말기를 제외하면 항상 세계적인 강대국이었던 것도, 인도가 장기적으로 인도양의 패권을 차지하게 될 가능성이 높은 것도, 중동의 주도권이 언젠가 터키와 이란 중 하나에게 넘어갈 가능성이 높은 것도, 미국이 초강대국일 수밖에 없는 것도, 모두 지정학적 숙명에 가깝다. 그들은 수백 또는 수천 년 전에도 강대국이었고, 앞으로도 강대국으로 남을 가능성이 높다. 지난 수 세기에 걸쳐 '강대국 경쟁'의 핵심 주체들이 거의 변하지 않았다는 사실은 그들이 갖는 지정학적 입지와 그에 따른 잠재력을 대변한다.

그런데 전통적인 강대국들이 역내에서 패권을 확보하여 지역 패권국으로 등극하면 세상은 그만큼 위험해진다. 과거에는 각 지역의 패권국들이 서로 충돌할 기회가 드물었다. 유럽의 로마 제국과 동아시아의 한나라는 교류할 기회 자체가 희소했다. 오스만 제국과 청나라, 무굴제국도 마찬가지였다. 이들은 각자의 지역에서 자국 중심의 패권 질서를 구축했다. 그러나 패권국 간에 어쩌다 지리적 접점이 생기면 어김없이 충돌은 발생했다. 패권국 사이에 벌어진 충돌은 간간이 찾아오는 예외적인 평화기를 제외하면 한쪽의 힘이 쇠할 때까지 장기간 이어지는 경우가 많았다. 로마 제국과 파르티아 제국, 사산조 페르시아 제국은 수백 년에 걸친 전쟁을 벌였고, 한나라와 흉노 제국도 1세기 이상 크고 작은 전쟁을 치렀으며, 신성로마제국과 오스만 제국도 거의 300년에 걸쳐 전쟁을 벌였다. 그런데 지구상의 모든 지역은 이제 지척지간咫尺之間이라 해도 과언이 아니다. 기술의 발전은 19세기에 이미 무굴제국과 청나라가 대영제국의 침략을 피할 수 없도록 만들었다. 오늘날에는 말할 필요도 없다. 지역 패권국들이 서로의 영역을 존중하여 소위 '패권의 균형'이 이뤄진다면 다행이겠으나, 역사가 증명하는 현실은 희망적이지 않다. 지역 패권국들의 등장은 또 다른 차원의 강대국 경쟁 시대의 개막으로 이어질 가능성이 농후하다.

지역 패권국이 등장한 이후는 물론이고, 잠재적 지역 패권국들이 발호하는 과정조차 평화롭게 이뤄질 것이라 기대하기는 어렵다. 잠재적 패권국은 역내에서 지배적인 지위를 확보하지 않고서는 패권국으로 등극할 수 없다. 따라서 잠재적 패권국은 역내 모든 대항 세력을 굴복시키려 들 것이다. 지역 강대국들은 합종연횡을 통해 잠재적 패권국에 대항할 것이다.

결론적으로 미국의 세계 패권이 해체되면 세계 각지에서는 강대국 간 세력 경쟁이 본격화될 것이고, 지역별로 잠재적 패권국과 그에 대항하는 지역 강대국 간에 대립이 심화할 것이다.

'힘의 균형'을 맞추기 위한 노력

일극체제 이후 세계는 잠재적 지역 패권국과 대항 세력 간에 힘의 균형을 달성할 수 있느냐는 숙제에 직면하게 될 것이다. 힘의 균형이 달성되면 지역 패권국의 등장은 저지되거나 지연될 것이다. 지역 패권국이 등장할 가능성이 가장 높은 곳에서 힘의 균형을 맞추기 위한 강대국들의 노력과 그에 따른 갈등이 가장 심화할 수밖에 없는 이유다. 이 논리에 따르면 가장 위험한 지역은 동아시아일 것이다.

중국은 동아시아에서 지역 패권을 노릴 수밖에 없는 지정학적 숙명을 타고났다. 특히 오늘날의 중국이 노리는 지역 패권의 범위에는 동아시아 대륙뿐 아니라 남태평양과 서태평양에서의 해양 패권도 포함될 것이다. 서태평양에서 중국에 맞서는 대표적인 대항 세력은 일본이다. 남태평양에서는 호주가 동남아시아 국가들을 사이에 두고 중국에 맞서고 있다. 중국으로부터 구단선을 강요받는 동남아시아의 여러 나라는 중국과 경제협력을 하면서도 안보적으로는 대립하고 있다. 그러나 동남아는 물론이고 호주나 일본조차 중국에 홀로 맞설 수는 없다. 하지만 미국의 영향력이 날로 줄어드는 상황에서 과거와 같이 미국의 세계 패권에 무임 승차하는 것은 어려워졌다.

미국의 일극적 패권이 공고할 당시 일본과 호주는 굳이 중국에 맞설 노력을 하지 않았다. 2010년경부터 일본이, 그리고 2020년경부터 호주가 중국과 대립각을 세우기 시작한 것은 미국을 위해서가 아니다. 미국의 패권이 위축되면서 가까운 장래 중국에 복속되는 상황을 피하기 위한 자구책에 가깝다. 같은 목적을 공유하는 두 나라가 연대하는 것은 자연스럽다. 2022년 10월 22일 일본의 기시다 후미오 총리와 호주의 앤서니 앨버니지 총리는 '안전보장협력에 관한 일-호 공동선언'에 서명했다. 이 공동선언에서 두 정상은 중국을 "공통의 가치관 및 상호 전략적 이익에 대해 증대한 위험"으로 규정하고, 향후 10년에 걸쳐 중국과의 긴급사태에 공동으로 대응할 수 있는 능력을 함양하기 위해 협력하기로 했다. 미국은 다양한 군사적 지원을 통해 두 나라의 대중對中 대항 노력에 적극적으로 힘을 실어주고 있다.

비슷한 동향은 유럽에서도 찾아볼 수 있다. 탈냉전기 서유럽은 형식적인 수준의 군사력만 유지했다. 서유럽의 주된 안보 전략은 유럽에 주둔한 미군에 편승하는 것이었다. 영국·프랑스·독일 등의 서유럽 강대국은 최신무기의 연구개발에는 예산을 쏟았으나 대군大軍을 유지하지는 않았다. 비등한 세력 간의 전면전은 소모전을 수행할 수 있는 국가적 역량으로 승패가 정해지는 게 보통인바, 아무리 강력한 무기를 보유했더라도 물량이 부족하다면 제대로 된 전비 태세를 갖추었다 보기 어렵다. 그러다 미국의 패권이 위축되고 러시아의 위협이 증대하던 와중에 우크라이나 전쟁까지 터지자, 유럽 각국은 이제야 하나같이 군사력 증강에 힘을 쏟고 있다.

가장 우려스러운 것은 잠재적 지역 패권국과 지역 강대국의 대립이 핵무기의 확산으로 이어질 가능성이 높다는 점이다. 오늘날의 잠재적 지역 패권국은 대부분 핵보유국인바, 지역 강대국이 합종연횡만으로 맞서는 데는 한계가 있기 때문이다. 잠재적 지역 패권국과 맞서는 지역 강대국들은 자연히 핵무장을 고려하기 시작할 것이다. 20세기 들어 반세기 남짓한 기간 동안 이어진 동서냉전은, 역설적으로 핵무기의 위협 덕분에 비교적 짧고 평화롭게 끝날 수 있었다. 그러나 핵전쟁을 피한 냉전기의 행운이 앞으로도 이어지리라는 보장은 어디에도 없다. 불안정한 미래에 핵무기의 확산을 방지하기 위한 열쇠는 미국이 쥐고 있다. 세계패권국의 지위에서 물러난 뒤에도 지배적인 최강대국으로 남을 미국은 남은 21세기에도 세계 각지에서 잠재적 지역 패권국들을 견제할 수 있는 유일한 세력일 것이다. 미국이 역외 균형자로서 잠재적 패권국에 대항하는 지역 강대국들에 힘을 실어주며 핵 균형을 도모하여야만 핵확산을 저지할 수 있다.

날로 심화하는 군비경쟁

미국의 세계 패권이 약화하자 가장 먼저 발생한 것은 범세계적인 안보 불안이다. 트럼프 전 대통령은 재임 시절 미국이 더 이상 '세계경찰' 노릇을 할 수 없다고 입버릇처럼 말했다. 정도의 차이가 있을 뿐 바이든 정부나 그 후임 정부 역시 더 이상 국제사회의 공권력을 책임지는 역할을 자청하지는 않을 것이다. 국제사회에 치안 공백이 생기면 각국이 재무장에 돌입할 것은 당연지사. 그나마 우크라이나 전쟁과 대만해협 위기가 고조되기 전까지는 미·중 패권 경쟁이 현실적인 안보 위기로 다가오지는 않았다. 자유주의 국제질서의 울타리 안에서 벌어지는 미·중 간의 경쟁은 어디까지나 경제와 기술 영역으로 한정된 것처럼 보였다. 그때까지의 '안보 문제'란 저가 수입품의 범람으로 인한 국내 산업기반 훼손과 같은, 비군사적 쟁점을 의미했다. 초강대국 간에 직접적인 무력 충돌이 발생할 수 있다는 가정에는 현실성이 없어 보였다. 미·중 무역분쟁이 한창 진행되던 2019년에도 남중국해를 둘러싼 극초음속 미사일 개발 경쟁이 본격화하자 그 트럼프 대통령조차 미·중·러 3국 간에 군축 협의를 개시하자고 제안했었다. 냉전기 미국과 소련이 꾸준한 군축 협상을 통해 위기를 관리했듯이, 소통을 통한 상황관리 제안한 것이다. 그러나 우크라이나 전쟁의 발발은 패권 경쟁의 평면을 뒤바꾸기 시작했다.

2022년 8월 낸시 펠로시 미 연방하원의장이 대만에 방문한 시점 전후로는 남중국해에도 전화戰火의 기운이 감돌기 시작했다. 아프리카에서는 다수의 내전과 쿠데타가 연달아 발생했고, 캅카스 지역에서 아제르바이잔과 아르메니아 간에 무력 충돌이 터지기도 했다. 2023년 10월에는 팔레스타인 무장 정파 하마스에 공격받은 이스라엘이 전쟁을 선포하면서 중동 전체가 전란의 위협에 노출됐다. 이미 지정학의 시대가 반쯤 도래했고, 여기서 국제사회가 관리에 실패하면 전란의 시대에 돌입하는 것도 불가능하지 않은 상황이 됐다. 변화하는 국제질서에 강대국들은 기민하게 반응하고 있다. 세계 각국은 전면적인 군비 증강에 돌입했다.

패권 경쟁의 당사국인 미국과 중국의 군비 증강은 어마어마하다. 2022년 바이든 행정부는 2023년 회계연도 국방예산으로 7,730억 달러를 요구하였으나, 의회의 요구에 따라 외려 예산 증액이 이루어졌다. 중국과의 경쟁에서 압도적인 무력 우위를 유지하여야 한다는 인식이 정파를 초월해 공유되고 있었던 것이다. 2024 회계연도 예산에서는 2023년 대비 2.3% 늘어난 8,350억 달러 규모의 국방예산이 편성됐다. 평시 국방예산으로는 사상 최대의 규모였다. 중국도 2024년도 국방예산으로 전년 대비 무려 7.2%나 늘어난, 사상 최대인 1조 5,537억 위안(약 293조 원)을 책정했다. 절대적인 규모 면에서는 미국에 뒤떨어지는 중국의 국방예산이지만 실질적으로는 보기보다 많은 차이가 나지 않는다. 미국 국방예산의 상당 부분은 높은 인건비를 충당하기 위해 사용되기 때문이다. 또한 중국은 민간의 역량과 군의 역량을 융합하는 전력 강화 방침을 채택하고 있다. 민간에 공여된 각종 보조금 중 사실상 군사력 강화에 기여하는 금액도 많기에, 순수한 국방예산만 봐서는 중국의 군사력 강화 동향을 정확히 파악하기가 어렵다. 또한 중국의 자료는 공식자료라고 해도 투명성을 보장할 수 없으므로, 비공개 군사 예산도 상당히 존재할 것이다. 따라서 실제 무기 개발·구매에 사용되는 금액을 기준으로 따진, 미·중 양국 간의 군비 격차는 표면적으로 드러나는 것보다 훨씬 작을 것이다.

전면적 군비경쟁에 돌입한 것은 미국과 중국뿐이 아니다. 트럼프로부터 미군에 무임승차 한다고 비판받던 유럽과 일본도 국방전략을 수정했다. 우크라이나 전쟁을 계기로 러시아의 직접적인 위협에 노출된 동유럽 국가는 물론이고, 그간 국방을 도외시하고 경제발전에만 집중하던 서유럽 국가들도 군사력 강화 일로를 걷고 있다. NATO는 회원국에 2024년까지 국방예산을 최소한 GDP의 2% 이상으로 증액하라고 권고했다. 주요 유럽 국가들은 대부분 국방예산을 최소 2배 이상 증액할 계획이다. 일본 역시 제2차 세계대전 이후 한 번도 국방예산이 GDP의 1%를 넘은 적이 없었지만, 2027년까지 최소한 GDP의 2% 이상을 국방예산으로 사용하겠다는 계획을 수립했다. 중간지대에 속한 국가라도 군비경쟁에서 예외는 될 수 없다. 대표적인 글로벌 사우스 국가인 인도는 2023년 회계연도 국방예산을 전년 대비 무려 13%나 증액했고, 동남아시아 국가들도 잠수함과 미사일 전력을 급속히 강화하고 있다. 중동 등 다른 지역 국가들의 사정도 별반 다르지 않다. 스웨덴의 스톡홀름 국제평화연구소에 따르면 2022년 전 세계의 군비 지출은 사상 최대규모였다.

세계 각국의 군사력 강화는 불안정한 시대에 자국을 지키고 타국에 대한 억지력을 강화하기 위한 노력에서 비롯됐다. 그러나 서로의 의도를 알 수 없고 상대방의 행동을 예측할 수 없는 국제사회의 특성상, 일단 불붙은 군비 증강은 상호 간의 불신을 부추겨 더욱 긴장을 키울 수 있다. 이러한 상황에서 파국을 피하기 위해서는 국제사회의 긴밀한 소통과 협력, 그리고 많은 행운이 필요할 것이다.

산업정책, 새 시대를 관통하는 키워드

18세기 영국에서 1차 산업혁명이 발생한 이래 국가들은 자국의 산업을 육성하기 위해 다각적인 노력을 기울였다. 선두 주자는 격차를 벌리기 위해, 후발 주자는 선두를 따라잡기 위해 앞다투어 산업정책industrial policy을 펼쳤다. 대한민국처럼 빈곤에서 벗어나기 위해 산업정책에 목숨을 건 나라들도 있었다. 세금 감면이나 재정 지원, 규제 완화 등 다양한 방법을 통해 국가의 유치산업infant industry을 보호하고 신산업을 육성하였으며, 사양斜陽 산업의 고용employment을 유지했다. 하지만 특정 산업에 과도한 지원을 하면 시장이 왜곡될 수 있다. 또 세계의 시장이 통합된 상황에서는 한 나라가 자국 기업을 보호하기 위해 펼친 산업정책은 다른 나라와 다른 나라 기업에 대한 불공정 무역관행이 될 수 있다. 산업정책의 혜택을 입은 기업은 그렇지 못한 기업에 비해 경쟁우위를 누릴 수 있기 때문이다. 자유무역주의가 지배한 탈냉전기에는 대부분의 산업정책이 불공정 무역행위로 취급받았다. 워싱턴 컨센서스가 조성한 신자유주의적 기류까지 더해져 산업정책을 '구닥다리' 내지 '적폐'로 보는 시각도 없지 않아 있었다. 그러나 모든 국가는 타국에 대한 국력 우위를 확보하기 위해 노력하는 법. 산업 분야에서의 경쟁우위도 마찬가지다.

WTO 체제가 확고할 때도 국가들은 다양한 산업정책을 채택함으로써 자국 산업의 경쟁력을 지원했다. 다만 자유무역주의와 시장통합이 대승적 정의로 취급받던 세계화 시대에는 지나치게 눈에 띄는 산업정책은 자칫 WTO에 제소될 수 있었다. WTO 협정에 불합치할 가능성이 높은 산업정책을 국내적 필요에 따라 강행할 때도 왕왕 있었으나 그러한 노력은 다양한 안전장치를 두고 암암리에 진행됐다. 그러나 트럼프 행정부가 WTO의 분쟁 해결 기능을 마비시키고 바이든 행정부 들어 기술 경쟁이 미·중 패권 경쟁의 장기적 향방을 결정할 핵심 분야로 떠오르자 산업정책이 화려하게 귀환했다.

2018년경부터 심상치 않았던 미국의 산업정책 드라이브는 2021년부터 본격화됐다. 미국은 혁신경쟁법Innovation and Competition Act 등을 근거로 반도체, 배터리, 핵심 전략 원료, 의약품 등 다양한 전략산업에 대해 전방위적인 보조금을 지원하기 시작했다. 보조금에는 세제·재정 지원은 물론이고 인프라 확충 지원까지 포함됐다. 2022년에는 기후변화 및 인플레이션 대응의 일환으로 전기차 세액공제에 관한 사항을 규정한 인플레이션 감축법^{Inflation Reduction}
^{Act}과 반도체 제조·생산 능력을 부활시키기 위한 반도체과학법이 초당적 지지로 의회를 통과했다. 인플레이션 감축법은 북미에서 조립된 전기차 구매 시 1대당 최대 7천 5백 달러의 세액공제 혜택 등을 제공함으로써 미국 전기차 산업을 지원했다. 전기차에 포함되는 배터리에 대해서도 부품과 원재료를 주로 북미지역에서 조달하도록 규정함으로써 배터리 산업에 대한 보호도 추가했다. 반도체과학법은 대중국 반도체 봉쇄전략의 일환이기도 하지만, 미국의 반도체 제조 산업을 부활시키기 위한 전략의 일환이기도 하다. 반도체과학법에 따라 미국이 공여하는 총보조금은 대한민국의 2023년도 국가 예산의 60%에 육박하는, 무려 2,800억 달러에 달한다. 여기에는 미국 내 반도체 공장 건설을 위한 보조금은 물론이고 반도체 R&D 등에 대한 보조금, 반도체 공장에서 일할 노동자·기술자를 육성하기 위한 보조금도 포함되어 있다. 반도체과학법에 따른 보조금은 삼성이나 TSMC와 같은 해외 반도체 생산업체가 미국에 공장을 건설할 때도 적용되지만,[1] 보조금을 받는 회사는 중국에서 반도체 관련 생산 능력을 확장하거나 기술 개발 또는 기술제휴 등을 할 수 없다. 2023년 5월, 제이크 설리번 국가안보보좌관은 미국이 계속 "당당하게 산업정책을 추구할 것"이라고 선언했다. 같은 달 미국은 '핵심 및 신흥 기술에 대한 국가 표준전략'을 발표하고, 그간 민간이 주도하던 첨단기술의 표준 개발에도 정부가 나서 국제적인 규범 확립을 주도하겠다고 선언했다. 냉전 종식 이후 민간 자율에 맡기고 사실상 손을 뗀 기술 연구개발^{"R&D"} 지원도 늘리기로 했다.[2] 2023년 7월에는 신규 발명품을 상품화할 때 미국 내에서 제조하는 경우 각종 지원을 제공하는 행정명령이 발효됐다. 2023년 9월에는 미 국방부마저 군수용 반도체의 자립을 위해 5년간 20억 달러의 보조금을 지원하겠다 발표했다. 미국은 앞으로도 4차 산업혁명의 중추가 될 기

술력 분야에서 중국을 포함한 경쟁국들과의 초격차를 유지하고 제조 산업을 부활시키기 위한 다양한 산업정책을 채택할 것으로 예상된다.

미국이 앞장서서 산업정책을 펼치자 다른 나라들도 질세라 산업정책 경주에 뛰어들었다. EU는 '유럽 공동의 이익'이란 기치 아래 반도체, 배터리, 의약품, 원자재 등의 생산 확대를 위한 대규모 보조금을 공여하기 시작했다. 2022년 우르줄라 폰데어라이엔 EU 집행위원장은 미래 신기술을 유럽 내에서 육성하기 위한 소위 EU 주권 기금EU Sovereignty Fund의 결성을 제안했다. 2023년 3월에는 전기차 배터리 등 친환경 산업의 해외 이전을 막기 위한 탄소중립산업법Net-Zero Industry Act과 EU산 원자재의 조달 비율을 늘리기 위한 핵심원자재법Critical Raw Materials Act이 발의됐다. 인허가 절차 간소화와 유럽국부펀드를 통한 청정기술 투자금 조성, 그리고 대규모 보조금이 약속됐다. 2023년 9월에는 역내 반도체 산업 육성을 위해 총 430억 유로 규모의 자금을 투입하는 'EU 반도체법'이 발효됐다. EU 개별 회원국 차원의 산업정책도 활발히 진행되고 있다. 프랑스, 독일, 이탈리아, 아일랜드 등이 인텔이나 TSMC와 같은 반도체 기업을 유치하기 위해 수조에서 수십조 규모의 막대한 보조금을 무차별 살포 중이다.

일본도 반도체와 배터리, 신재생에너지 등에 대규모 보조금을 지원하고 나섰다. 2021년 일본은 자국 내에 반도체 공장을 신설하는 기업을 위해 6천 2백억엔 규모의 반도체 보조금을 조성하기로 하고, 대만의 TSMC 공장을 유치하는 데 성공했다. 2022년에는 반도체를 중요 물자로 지정했고, 차세대 반도체를 개발하는 연구센터 건설에 3천 5백억엔, 첨단 반도체 생산공장 유치에 4천 5백억엔, 희토류 등 반도체 소재 확보에 3천 7백억 엔을 배정하는 등, 공격적인 산업정책을 이어가고 있다. 2023년 2월에는 일본에서 반도체를 10년 이상 생산한 기업 중 수급 차질 시 일본에 우선 공급하기로 약속하는 기업에 대해서는 설비투자의 최대 3분의 1, 반도체 원료의 최대 2분의 1을 지원하겠다고 발표했다.

세계화 시대부터 산업정책의 선봉장이었던 중국은 그간 자국의 산업정책을 비판하던 미국과 EU, 일본이 앞다투어 산업정책을 채택하자 더욱 거리낌 없이 전방위적인 산업정책에 박차를 가하고 있다. 특히 미국의 제재로 반도체 굴기가 좌초될 위기에 처하자 "국가 주도 돌파"를 선언하고 막대한 보조금을 쏟아붓고 있다. 중국은 자국 내에서 생산되는 반도체 제조 장비를 구매하기 위한 보조금으로 1천 4백억 달러를 추가로 책정했고, 반도체 제조 산업의 자생을 위해 3천억 위안 규모의 '중국직접회로산업투자기금'도 조성 중이다. 전략적 가치가 높은 신흥 산업을 포괄적으로 지원하기 위한 1천억 위안 규모의 기금 조성도 결정했다.

세계화 시절 구시대의 유물이자 적폐적 보호무역주의로 취급받던 산업정책이 탈세계화와 함께 귀환했다. 불안정한 패권 전환기는 산업정책을 앞세운 경제 총력전의 시대가 될 것이다.

02 미국의 선택과 미래

남은 21세기에도 미국은 지구상의 여러 패권 공백지空白地에서 지역 강대국 간의 패권 경쟁을 제어하고 상황이 파국으로 치닫지 않도록 관리할 능력이 있다. 그렇게 패권 전환기 이후에도 가장 강력한 영향력을 행사하는 국가로 남게 될 미국이지만, 세계 패권을 내려놓은 뒤로는 자국의 이익과 관련되지 않은 지역의 안보는 부담하지 않으려 들 것이다. 우크라이나나 대만과 같이 미국의 주요 이익과 직결된 지역이라 해도, 얻을 수 있는 이익과 상황관리를 위해 필요한 비용을 비교 형량했을 때 수지가 맞지 않으면 개입 수준을 비례적으로 조정하려 들 것이다.

고립주의의 대두

미국에는 오랜 세월 당파를 막론하고 면면부절綿綿不絶 이어진 국제전략들이 있다. 냉전기에 소련을 상대로 펼친 봉쇄전략이나, 탈냉전기에 미국의 핵심 대외정책이었던 다자주의와 자유무역주의 등이 그 대표적 예시일 것이다.

트럼프 행정부 시절 들어 미국은 다자주의와 자유무역주의로부터 탈피하기 시작했으나, 트럼프 대통령의 전매특허인 '미치광이 전략Madman Strategy'의 인상이 워낙 강했던 탓에 많은 사람이 미국의 탈선은 트럼프라는 비주류 대통령에 한정될 것이라 보았다. 주류 정치인들과 달리 사업가 출신인 트럼프 대통령이 국가 간의 관계를 사인 간의 거래인양 치환하여 근시안적으로 득실을 따졌다는 시각이었다. 그러나 트럼프 행정부의 본질적 성격을 정의함에 있어서는 봉쇄전략이나 다자주의, 자유주의보다 훨씬 오랫동안 미국의 대외정책이었던 고립주의isolationism에 입각한 시각이 가장 설득력 있는 설명을 제공한다. 트럼프 행정부의 각종 행보는 자유주의적 관점에서는 그저 자기파괴 행위에 불과했지만, 고립주의적인 관점에서는 합리성을 찾아볼 수 있기 때문이다.

일반적으로 고립주의 정책이란 가능한 모든 국제문제로부터 거리를 두고, 국제기구나 동맹과의 관계 또한 최대한 느슨하게 가져가며, 관세와 같은 보호무역주의를 채택해 외부에 대한 경제 의존도 또한 가급적 낮추는 대외정책을 의미한다고 정의할 수 있다. 보라. 트럼프 행정부 시절 미국의 여러 대외정책 기조와 매우 유사하지 않은가? 트럼프는 세계대전 이후 미국에 처음으로 등장한 고립주의자 대통령이었다. 그러나 세계대전 이전에는 미국의 거의 모든 대통령이 고립주의자였다.

미국의 초대 대통령 조지 워싱턴은 퇴임사에서 미국이 "외국과 가능한 한 정치적 관계를 '적게' 맺는데" 주력해야 한다고 강조했다.[3] 미국의 5대 대통령 제임스 먼로는 고립주의를 대외적으로 천명하면서 그 유명한 '먼로주의 Monroe Doctrine'를 주창하였다. 먼로주의의 골자는 미국도 유럽의 문제에 간섭하지 않을 테니 유럽 열강들도 미주대륙에 간섭하지 말라는 것이다. 19세기 말에 이르러 현재와 같은 판도를 확정한 미국은[4] 이후 거의 반세기 동안 사전적 의미에서의 고립주의를 고수했다. 유럽 대륙에 버금갈 만큼 큰 미국은 해외 식민지를 늘리지 않아도 영토가 충분했고, 세계에서 가장 비옥하고 자원이 풍부한데다, 지정학적 입지는 문명이 시작된 이래 가장 우월했다. 불필요한 확장을 통해 국력을 낭비할 이유가 없었다. 현대에도 산업에 필요한 거의 모든 자원을 풍족하게 갖춘 미국이다. 20세기 초반까지는 국제무역에 종사할 필요조차 없었다. 세계은행에 따르면 팍스 브리타니카가 촉진한 세계화의 물결에도 불구하고 1913년 미국의 총 GDP에서 국제무역이 차지한 비중은 고작 8%였다. 제2차 세계대전 직전인 1940년에도 국제무역의 비중은 10%에 불과했다. 미국의 뒷마당이자 고립주의를 고수하는 와중에도 지역 패권국으로서 관리했던 미주대륙과의 교역량을 제외하면 국제무역의 비중은 더욱 적었다.

세계대전이 아니었다면 미국은 국제무대로 나올 이유가 없었다. 두 차례의 세계대전에서도 미국 정부는 국내 여론이 주전론으로 돌아서기 전까지는 참전하지 않았다. 제1차 세계대전에서 독일이 무제한 잠수함 작전을 펼치지 않았거나 제2차 세계대전에서 일본의 진주만 공습이 없었다면, 미국은 끝까지 참전하지 않았을 가능성이 높다. 레벤스라움을 꿈꾼 나치 독일도, 대동아 공영권을 부르짖은 일본제국도 미국의 뒷마당인 미주대륙을 도모할 생각은 감히 하지 못했기 때문이다. 미국을 유일하게 긴장시킨 것은 전후 공산주의 이념의 확산이었다. 사상적 맞수인 소련과 전 세계를 놓고 체스 게임을 벌일 수밖에 없는 상황이 오자, 미국은 건국 이후 최초로 적극적인 대외 개입주의 interventionism를 채택했다. 미국은 냉전 승리 후에는 한동안 현실주의적 개입정책이 아닌 자유주의적인 개입정책을 채택한다. 하지만 탈냉전기를 수놓았던 미국의 자유주의적 개입 실험은 실패로 끝났다. 미국식 자유민주주의의 세계 보편성에 대한 환상이 깨진 이상, 미국이 자유주의적 개입정책을 고수할 유인은 얼마 남지 않았다.

지구상 거의 모든 나라에 있어 고립주의는 현명한 정책이 될 수 없다. 그러나 미국은, 그리고 오로지 미국만이, 전폭적인 고립주의를 채택하고도 초강대국의 지위를 유지할 수 있다. 고립주의란 "신의 편애를 받는" 미국에만 합리적으로 허용되는 선택지인 셈이다. 지금까지와는 달리 4차 산업혁명 시대에는 일부 희토류 등 미국도 부족한 원재료가 있을 수 있다. 그러나 모든 나라들이 세계 최대의 시장을 가진 미국과 교역하고 싶어 한다. 꼭 수입해야 하는 품목이 있다면 미국이 필요한 품목을 가진 나라와의 양자 교역을 통해 조달하면 된다. 다자적 해결책을 버리고 양자 문제로 가져가면 세계 최강대국인 미국은 거의 항상 이득을 볼 수 있다. 다자주의가 근간이 된 현행 자유주의 국제질서를 유지하고 운영해야 할 실익은 없다. 그런데도 196개국(UN 회원국의 경우) 또는 164개국(WTO 회원국의 경우)이 모두 수혜를 입는 다자체제를 미국의 비용으로 유지하는 것은 터무니없다는 게 고립주의자들의 생각이다. 옛말에 "곳간에서 인심 난다"라고 했다. 여유가 있을 때만 비용을 부담하려 드는 것은 섭리에 가깝다. 미국의 국력이 기울수록, 일극체제를 유지하기 위한 비용을 더 이상 부담하지 않고 다자주의의 허울을 챙기느라 자제했던 최강의 철권도 마음껏 휘두를 수 있는 쪽이 더욱 이득이란 시각이 미국인들 사이에 점차 득세하게 될 것이다. 트럼프가 보여준 '미국 우선주의'가 더욱 횡행하는 세상이 다가오고 있다는 뜻이기도 하다. 그렇기에 트럼프 행정부 시절 미국이 보여준 여러 행보를 트럼프 개인의 일탈로 간단히 취급하는 것은 온당하지 않다. 그보다는 고립주의가 미국의 주류 정치세력으로 떠오를 때 국제사회가 마주하게 될 미국이 어떠한 모습일지를 고민하는 것이 생산적일 것이다.

'미국 우선주의'가 기초가 될 21세기형 미국의 고립주의는 과거와 같은 폐쇄주의로 회귀하기보다는 탈냉전기 미국의 대외정책을 수놓았던 자유주의적 개입주의에서 완전히 탈피하는 형태로 발현될 가능성이 높다. 그 결과는 그간 미국이 추종해온 세계 패권과 글로벌 리더십을 스스로 저버리는 것이리라. 이미 미국 내에서는 자유주의를 추종하는 정치인이나 정치세력조차 고립주의를 요구하는 대중의 목소리를 무시하기 어려운 상황이 됐다. 트럼프의 뒤를 이은 바이든 행정부가 적어도 무역과 산업정책에 있어서 만큼은 미국 우선주의를 사실상 계승한 것도 이러한 요구에 부응해야 할 정치적 필요가 있었기 때문이다. 트럼프나 고립주의를 주창하는 또 다른 인물이 대통령이 되면 미국은 더욱 일방적인 강대국으로 변모할 것이다.[5] 미·중 패권 경쟁의 승패와 상관없이, 21세기형 고립주의로 회귀한 미국은 더 이상 국제질서를 책임지는 세계패권국이 아니게 될 것이다. 세계 최강대국에 불과해지는 것이다.

패권국의 퇴장과 최강대국의 귀환

동서냉전이 종식된 이후부터 2017년 도널드 트럼프가 등장하기 이전까지 미국은 적어도 큰 틀에서는 자유주의적인 대외정책을 채택해왔다. 다른 모든 나라와 마찬가지로 미국도 자국의 이익을 최우선시했으나, 동시에 "책임감 있는 패권국으로서의 행동"을 하여야 한다는 부담감을 가졌던 것도 사실이다. 그러나 패권 전환기에 미국이 채택할 대외정책은 점점 더 자유주의보다 현실주의를 근간으로 삼게 될 것이다. 세계패권국의 셈법과 세계 최강대국의 셈법은 다를 수밖에 없기 때문이다.

미국이 최강대국으로서 보일 수 있는 행보에 대해서는 냉전기에 취했던 행태를 일부 참고할 수 있을 것이다. 동서냉전 시절 미국은 소련과의 진영

대결을 이어가는 한편 자유 진영 내에서 GATT를 통한 제한적 자유무역질서를 구축했다. 그러나 그 시절 미국은 자국의 이익을 과도하게 훼손하는 다른 GATT 회원국에 대해서는 일방적인 위력을 행사했다. 1970년대 들어 일본 경제가 급성장하며 미국을 위협하자 1981년 자동차 VER을 통해 WTO 출범 직전인 1994년까지 일본의 대미對美 자동차 수출을 크게 제한하였고, 1985년에는 '플라자 합의'를 통해 일본과 독일의 화폐 가치를 절상시켜 두 나라의 수출 경쟁력을 크게 훼손시켰으며, 1986년과 1991년에는 2차례에 걸친 '반도체 합의'를 통해 일본의 반도체 산업에 치명상을 입혔다. 그 결과 일본의 반도체 산업은 추락하여 한국과 대만에 산업 우위를 빼앗기게 된다. 또한 '엔고'로 수출 경쟁력을 상당 부분 상실한 데다 내부적으로는 부동산 거품이 터진 일본은 1990년부터 '잃어버린 30년'이라 불리는 기나긴 경제불황의 수렁에 빠져들었다.

WTO 체제가 출범한 뒤 미국은 GATT 시절과 같은 일방주의를 자제했다. 트럼프 행정부의 USTR을 역임한 로버트 라이트하이저는 자신의 저서 '공짜free, 자유 무역은 없다'에서 이를 비판하면서 WTO 체제가 미국의 손발을 묶었기 때문이라 진단했다. 하지만 WTO가 미국의 손발을 묶을 수 있었던 건, 미국이 패권국으로서 그것을 수용했기 때문이었다. 최강대국 미국이라면 허용하지 않았을 일이다. '미국을 다시 위대하게Make America Great Again, "MAGA"'란 트럼프 대통령이 지난 2016년 대선 선거 과정에서 사용한 유명한 구호다. 미국을 과거와 같이 위대한 나라로 되돌리겠다는 MAGA는 매사에 미국의 이익을 우선하고, 다른 나라들이 미국의 노력과 비용에 편승하지 못하도록 하며, 미국의 기술과 군사력을 세계 최강의 수준으로 유지하는 한편, 미국의 제조 산업을 되살리겠다는 취지로 요약할 수 있다. 다시 말해 국제질서를 책임지는 세계패권국 노릇을 끝내고 세계 최강대국으로서의 미국을 부활시키겠다는 선언이다. 철저한 비주류였던 도널드 트럼프를 대통령으로까지 만들었던 MAGA의 저변에는 미국이 자유주의 국제질서를 유지하느라 소모한 비용에 대한 미국인의 반감, 쇠퇴하는 국력에 대한 불안감, 황폐화한 제조 산업에 대한 회한 등이 복합적으로 깔려 있다.

2020년 바이든 대통령의 당선과 함께 미 행정부의 정강에서 공식적으로는 MAGA가 빠졌지만, 형태와 양상만 바뀌었을 뿐 MAGA의 큰 줄기는 유지되고 있다. 바이든은 2022년 3월의 국정연설에서 "미국에 맞서는 것은 좋은 베팅이 아니다"라고 중국에 경고하기도 했지만, 그보다는 트럼프의 바이아메리칸Buy American 정책을 사실상 계승하였음을 홍보하는데 더 많은 시간을 할애했다. "항공모함 갑판부터 고속도로 강철 가드레일까지 모든 것이 미국산이 되도록 하겠다"라며 미국 우선주의를 주창했다.

앞으로의 미국은 정파나 정권에 따른 정도의 차이만 있을 뿐, 성공적인 세계 경영이 곧 자국의 이익에도 부합한다고 보던 세계패권국의 시각에서 탈피하여 미국에 직접적인 이익이 되는 사안만을 챙기는 최강대국의 모습으로 점차 전환하게 될 것이다.

미국의 대외 균형 전략과 억지력

미국은 과거 다른 대륙에서 태동한 잠재적 패권국을 제때 견제하지 못해 심각한 안보 위기를 겪었던 경험이 있다. 미국이 적시에 개입했다면 제1차 세계대전과 제2차 세계대전은 피할 수 있었을지도 모른다. 반대로 미국이 냉전기에 고립주의를 고수했다면 공산주의가 세계를 석권했을 수도 있다. 따라서 고립주의로 전환한다고 해서 미국이 제1차 세계대전 이전처럼 외국의 사정에 마냥 무관심해지지는 않을 것이다. 특히 바다를 면한 지역 패권국이 등장하면 제2차 세계대전 이래 미국이 보장해온 항행의 자유가 훼손될 수 있기에,[6] 세계 패권을 내려놓은 다음에라도 미국은 자국의 안보를 위협할 수 있는 패권국이 다른 지역에서 등장하지 못하도록 노력할 것이다. 다만 미국은 잠재적 지역 패권국과 직접 맞서기보다는 해당 지역의 다른 강대국에 힘을 실어주는 균형 전략balancing을 통해 지역 패권국의 등장을 억누르려 할 가능성이 높다. 잠재적 패권국과 같은 지역에 소재한 국가들은 자국의 안보를 위해서라도 잠재적 패권국과 대립할 수밖에 없다. 러시아에 대해서는 유럽이 그러한 역할을 하고 있고, 중국에 대해서는 일본, 대만, 인도 등이 그 역할을 하고 있다. 이란에 대해서는 이스라엘과 사우디아라비아가 그러한 역할을 한다. 이들은 역내 패권국의 등장을 막기 위해 미국의 균형 전략에 기꺼이 협력할 것이다. 문제는 잠재적 패권국이 너무나 강해져서 간접적인 개입만으로는 지역 패권국으로의 부상을 견제할 수 없는 경우다. 잠재적 지역 패권국을 억누르기 위해 미국이 직접 나서 경합해야만 하는 상황이 왔을 때, 세계 패권을 내려놓은 미국은 과연 어디까지 개입하려 들 것인가?

국가의 존립이나 존망에 영향을 미치는 객관적인 위협을 '실존적 위협'이라고 한다. 실존적 위협에 노출된 국가는 설사 전쟁을 치르는 한이 있어도 위협에 대응하지 않을 수가 없다. 한편 실존적 위협인지와 무관하게 전쟁 가능성을 감수하고서라도 지켜야 할 만큼 중요한 국가적 이익들을 공식적으로 천명한 강대국도 있다. 실존적인 위협이 아님에도 무력을 사용하겠다고 공언할 수 있는 것은 강대국의 특권이기도 하다. 예컨대 중국은 2000년대 이후 소위 '핵심 이익core interest'이란 것을 주창하기 시작했다. 중국의 핵심 이익은 초기에는 상당히 구체적이어서 이를 침해하면 중국에 대한 실존적 위협이 응당 발생하는 것으로도 볼 수 있었다. 그러나 중국의 국력이 신장함에 따라 핵심 이익은 점차 추상적이고 확장적으로 변모하고 있다.[7] 반면 미국에는 '사활적 이해vital interest'라는 개념이 있다. 중국의 핵심 이익이 국력의 신장에 따라 확장됐듯이, 미국의 사활적 이해 역시 국력과 국제질서의 변화에 따라 변모해왔다.

냉전기에는 미국의 사활적 이해에 '동맹국의 수호'가 포함되어 있었다. 당시 세계는 이념 전쟁 중이었기 때문이다. 공산주의 확산을 막는 것은 미국의 안보를 위해 필요했다. 소련 패망 이후 미국의 대외 개입정책은 독특한 양상을 띠기 시작한다. 역사상 최초의 세계패권국이 된 미국이 자신의 지위와 위력을 '적절히' 행사해야 한다는 일종의 책임감 또는 강박에 사로잡힌 시기이기도 했다. '강대국 경쟁'을 할 맞수가 없어진 세상에서 미국은 인권, 민주주의, 환경 문제 등과 같이, 당시 미국 내 진보 진영에서 주요 국내 의제로 다루던 가치들을 해외로 전파하는 데 집중했다. 클린턴 행정부 시절 미국은 르완다, 소말리아, 아이티, 보스니아 등에서 전통적인 '강대국 경쟁'과는 상관없는 군사 활동을 적극적으로 수행했는데, 이러한 활동의 주된 목적 중 하나는 해당 국가에 자유주의적인 가치를 심고 민주주의적 체제를 구축하기 위한 것이었다. 당시 미국의 대외구호법안foreign aid bill들은 외국에서 다양한 인종·민족·종교 간 조화를 촉진하고, 외국과의 경제협력 모델을 평가할 때 현지 여성의 경제적 지위 향상 효과를 고려하며, 외국 정부가 장애인에 대한 차별을 금지하도록 노력할 의무를 미 행정부에 부과했다. 이러한 시대상을 반영하듯 헤리티지 재단의 창립자 에드윈 풀너는 이 시기 미국의 사활적 이해를 "미국과 미국 시민의 안보 및 경제적 '미래'에 확고한 영향을 미칠 수 있는" 사안으로 정의했다.[8] 여기서 "안보 및 경제적 미래"란 자유주의적인 이상이 범세계적으로 구현된, 평화롭게 번영할 수 있는 미래를 의미했다. 미국식 또는 서구식 자유주의를 역외 적용extraterritorial application하려는 시도는 팍스 아메리카가 지속되는 내내 이어졌다. 1998년 미국의 '국익 보고서'[9]는 막 21세기에 들어서는 미국에 다섯 가지의 사활적 이해가 있다고 규정했다. 첫째는 미국 본토 및 해외 파병군대에 대한 WMD 공격 또는 위협을 차단하는 것. 둘째는 미국의 동맹국들의 생존을 담보하고 모두가 번영할 수 있는 국제체제를 구축하기 위해 협력하는 것. 셋째는 미국의 국경에서 적성 세력이 발호하는 것을 방지하는 것. 넷째는 주요 글로벌 체제의 효용을 담보하는 것. 마지막 다섯째는 적대 관계가 될 수 있는 국가들과 건설적 관계를 구축하는 것이었다. 이들을 달성하기 위한 구체적인 방법으로는 핵탄두에 대한 통제를 상실하지 않는 것과 같은 영구적 목표 외에도, 중국이 국제사회에 적절히 데뷔할 수 있도록 안배하는 것과, 러시아가 권위주의 또는 혼돈으로 회귀하는 것을 방지할 것 등도 포함되어 있었다. 세계무대에서 미국이 유일무이한 지도력을 유지할 수 있도록 담보하는 것도 포함되어 있었다.

2000년대에 들어서도 미국의 사활적 이해가 무엇인지에 대한 논의는 계속됐다. 클린턴의 뒤를 이어 들어선 조지 부시 정권의 요직을 차지한 네오콘은 때마침 터진 9·11 테러를 기화로 자유주의적인 색채가 더욱 강화된 대외정책을 채택했다. 미국은 WMD 확산 방지를 이유로 대외 군사개입 활동을 강화하는 한편, 인권 보호와 민주주의 정권 수립, 그리고 자유무역주의 전파에 국력을 쏟았다. 특히 네오콘은 자유민주주의적 가치를 전 세계에 반강제적으로라도 전파하는 것이 미국의 사활적 이해에 해당한다고 보았다. 이에 따르면 보편적인 (인종·종교·성별 간 비차별을 포함한) 인권 보호, (서구식) 민주주의 제도의 범세계적 확산, 다양한 환경 문제 해결 등은 미국의 사활적 이해가 걸린 사안이었다. 이에 대해 현실주의자들은 자유주의자들이 '자아상 치장self-image preening'에 몰두하고 있다고 신랄하게 비판했다. 현실주의자들은 미국의 사활적 이해가 실존적 문제에서 크게 벗어나서는 안 된다고 보았다. 비현실적인 이상향을 위해 외국의 복잡한 문제에 일일이 개입했다가 손해를 자초할 필요가 없다는 취지였다.

그리고 오늘날의 패권 전환기에 미국의 세계전략은 근본적으로 수정되고 있다. 미국이 탈냉전기에 가졌던 사활적 이해 중 상당수는 2023년 현재 더 이상 적용되지 않는 것으로 보인다. 2022년도 미국 국가안보전략 보고서는 중국과 러시아 등의 도발 행위를 억제하는 것이 미국의 사활적 이해에 해당한다고 적시했다. 인도·태평양 지역의 자유와 안전을 보장하는 것 또한 미국의 사활적 이해에 해당한다고 적시했다. 요컨대 중국과 러시아의 부상을 막는 것이 미국의 사활적 이해에 해당함을 밝힌 셈이다. 그런데 중·러를 억제하여 현상 유지를 달성하는 것이 사활적 이해라고 강조하면서도, 무력 충돌에까지는 이르지 않도록 해야 한다는 명시적인 단서를 달아 모호함을 남겼다.[10] 즉, 2022년도 국가안보전략 보고서에 따르면 미국의 사활적 이해에 대한 위협이 반드시 무력 개입을 담보한다고 볼 수는 없는 것이다. 그렇다면 중국과 러시아 등의 도발 행위나 인도·태평양 지역의 자유와 안전을 해치는 행위 등은 오늘날 미국에 있어 실존적 위협에는 해당하지 않는다는 해석이 가능하다.

미국은 자국의 본토가 위협받는 것과 같은 실존적 위기에 대해서는 그 어떤 권위주의 정권보다도 호전적으로 대응할 나라이다. 그러나 러시아는 기껏해야 유라시아 지역의 맹주 지위를 되찾는 것을, 중국은 동아시아와 서태평양에서 패권적 지위를 얻어내는 정도를 현실적인 목표로 삼고 있을 가능성이 크다. 어차피 세계 패권을 내려놓을 결심을 한 이상, 미국에 있어 그 정도는 실존적 위협까지는 아니다. 그러나 러시아와 중국의 권위주의 정권에게 있어 우크라이나 전쟁이나 대만해협에서의 무력 충돌은 실존적 문제에 해당한다. 러시아가 우크라이나 전쟁에서 패배하거나 크림반도를 빼앗기면 푸틴 정권은 존속하기 어렵다. 대만해협 전쟁에서 패배하거나, 대만이 독립을 선언하였는데도 아무런 조치도 취하지 않으면 중국공산당도 존립하기 어려울 수 있다. 우크라이나 전쟁의 패배나 대만의 독립이 러시아나 중국이란 국가 그 자체에 실존적 위기는 아닐지언정, 두 나라를 통치하는 정권과 체제에 있어서는 실존적 위기일 것이다. 그리고 두 나라 모두 정권의 위기를 곧 나라의 위기로 간주한다. 진정한 실존적 위기 앞에서, 이들이 감수할 수 있는 피해는 실존적 위협에 노출되지 않은 미국이 감수할 수 있는 피해와는 차원이 다를 것이다.

반면 오늘날의 미국은 타국에서의 전쟁에 염증을 느끼고 있다. 미국의 국력이 절정을 지났고, 경제 사정 또한 좋다고는 할 수 없는 상황에서 개입주의에 대한 반감도 높다. 2008년경부터 이어진 '확장적 통화정책'은 코로나19 사태로 정점을 찍어 더 이상 지속이 어렵다. 내부적으로도 인종 갈등이나 계층 갈등, 이념 갈등 등으로 정치적 분열이 심각한 수준이다. 전쟁의 상대방이 될 수 있는 나라들도 만만치가 않다. 러시아나 중국은 물론이고, 북한 또한 어느덧 핵탄두와 대륙간탄도탄을 갖춘 사실상의 핵보유국이 됐다. 반면 대만은, 그리고 한반도는, 미국 본토로부터 멀리 떨어져 있다. 미국 본토에 대한 위협과 직접적인 상관이 없는 먼 땅에서 벌어지는 전쟁에서, 미국은 과연 어느 정도의 희생을 치를 준비와 각오가 되어 있을까? 이에 대한 대답은 실제 결단이 필요한 상황이 도래하기 전까지는 미국인을 포함한 그 누구도 확신할 수 없을 것이다. 즉, 한때 절대적이었던 미국의 억지력이 의심받는 상황이 도래한 것이다.

미국의 억지력에 대한 신뢰 상실은 곧 미국의 패권적 권위에 대한 신뢰 상실을 뜻한다. 패권국으로서의 권위마저 상실하게 되면 미국의 세계 패권은 비로소 해체될 것이다. 그러나 이건 탈냉전기와 세계화 시절 팍스 아메리카나의 그늘에서 번영을 누린 나라들의 문제일 뿐, 미국의 문제는 사실 아니다. 오히려 미국은 패권적 강대국^{hegemonic power}에서 지배적 강대국^{dominant power}으로 변신하기 위한 작업에 자발적으로 돌입한 상태인 것으로 보인다.

03 중국에 맞서는
미국의 동맹들

현재 진행 중인 패권 경쟁의 행위주체는 미국과 중국만이 아니다. 미국은 다양한 동맹 세력을 규합하여 중국을 다각적으로 봉쇄하고 있고, 중국도 우방국과 연대하여 미국의 봉쇄에 대항하고 있다.

미국의 가장 긴밀한 동맹 세력: 파이브 아이즈/영미동맹

미국은 여러 나라와 동맹 관계를 맺고 있다. 동북아시아에는 일본과 대한민국을, 동남아시아에는 필리핀과 태국을, 중동에는 이스라엘을 동맹으로 두고 있다. 유럽에는 30여 개 국가가 NATO 회원국으로서 미국과 군사동맹을 맺고 있다. 다만 미국과 더욱 직접적인 이해를 공유하며 진정한 신뢰를 바탕으로 미·중 패권 경쟁에서 연합전선을 구축할 나라들은 따로 있다. 앵글로·색슨계의 역사적 뿌리를 공유하고, 영어를 모국어로 하며, 영미권의 사회·법질서 전통을 공유하는 영연방 소속 주요 국가들 말이다. '영미동맹'이라고 정의하여도 어색하지 않을 이들 국가는 영국, 캐나다, 호주, 뉴질랜드이다.

여기에 미국을 포함한 다섯 개 나라는 정보기관 간에 첩보 동맹을 맺고 가장 민감한 정보까지 상호 공유하고 있다. 이 첩보 동맹을 일컬어 다섯 개의 눈, '파이브 아이즈Five Eyes'라 부르기도 한다. 트럼프 행정부의 국가안보보좌관이었던 존 볼턴은 2019년 호주 ABC 방송에서 "미국에 있어 파이브 아이즈보다 중요한 동맹은 없다"라고 단언한 바 있다.

영미동맹 중에서도 미국과 가장 긴밀한 관계에 있는 나라는 영국이다. 미국무부는 영국과의 관계에 대해 "미국에 있어 영국보다 가까운 동맹은 없다"라고 공언한다.[11] 한때 식민지와 지배국의 관계였던 두 나라는 두 차례의 세계대전을 겪으며 혈맹으로 거듭났다. 이후에도 미국과 영국은 어깨를 나란히 하고 동서냉전, 걸프전, 아프가니스탄 전쟁, 이라크 전쟁을 치러냈다. 영국은 표면적으로도 세계 6위의 경제 대국이자 세계 5위의 군사 강국이지만 한때 세계를 지배했던 영국의 지정학적 역량은 그 이상이다. 영국은 유럽의 중추 국가이자 56개 영연방 국가에 영향력을 행사하는 세계적 강국으로써 미국을 지원하고, 미국은 영국의 제일 동맹인 패권국으로서 안보, 경제, 외교, 기술 개발 분야에서 각종 혜택을 제공하고 있다. 특히 브렉시트 이후 유럽의 일원이라기보다는 영미동맹의 일원으로서의 행보에 집중하는 영국은 현재 미국의 글로벌 전략에 전방위적으로 호흡을 맞추고 있다.

2022년 우크라이나 전쟁이 발발하자 유럽에서 가장 강경하게 러시아를 규탄한 영국은 러시아의 반발에도 불구하고 전차와 다양한 종류의 미사일, 방공무기 등을 우크라이나에 지원했다. 영국은 중국에 대해서도 미국과 발을 맞추고 있다. 2021년 영국은 미국과 호주와 함께 인도·태평양 지역의 안보 파트너십인 'AUKUS'를 결성하여 중국 견제에 나섰다. 리시 수낵 총리는 2022년 취임 첫 외교정책 연설에서 자유 무역을 통해 중국의 사회·정치적 개혁을 유도할 수 있을 거란 과거의 기대는 순진한 것이었다고 복기한 뒤 "중국과의 '황금시대'는 끝났다"라고 선언하며 중국을 영국에 대한 "체계적 도전"이라고 규정했다. 곧이어 영국은 중국기업의 영국 반도체 회사 인수 시도에 대해 국가 안보를 이유로 철회 명령을 내렸고, 중국 국영기업의 원자력발전소 투자도 차단했다. 초당파적 지지를 보이기 위해 '대중국연합Inter-Parliamentary Alliance on China'을 결성한 영국 의회는 2022년 말 대만을 방문하여 중국과의 긴장을 키우기도 했다. 미국의 대중국 투자 제한 조치와 보조를 맞춰 반도체, 인공지능, 양자 컴퓨터 기술과 관련된 대중국 투자를 제한하는 추가 규정도 도입할 예정이다.[12]

영미동맹 가운데 미국과 두 번째로 가까운 나라는 캐나다. 미국 국무부는 캐나다를 "충직한 동맹"이라고 설명한다.[13] 캐나다는 미국과 함께 북미대륙에 소재한 나라로, 미국의 북쪽 국경을 전부 마주하고 있다. 캐나다는 세계 9위의 경제 대국이지만 군사력은 세계 27위밖에 되지 않는다. 그러나 캐나다는 러시아에 이은 세계 제2의 영토 대국이자 거대한 자원 부국이다. 캐나다의 지정학적 가치는 과거에도 중요했지만, 지구온난화로 북극해가 녹기 시작하면서 더욱 중요해지고 있다. 캐나다 역시 미국의 대중국 봉쇄전략에 긴밀히 협조하고 있다.

캐나다와 중국의 관계는 2018년경을 기점으로 악화하기 시작했다. 미국의 요청으로 대이란 제재를 위반했다는 혐의를 받던 화웨이의 멍완저우 부회장을 체포한 것이 시작이었다. 중국은 보복 조치로 중국에 거주하던 캐나다인 두 명을 간첩 혐의로 체포하였다. 2019년과 2021년에 치러진 캐나다 총선에서는 중국이 친중 후보에 선거자금을 지원하였다가 발각되었다. 이후 캐나다와 중국의 관계는 급속도로 악화됐다. 2022년 10월 캐나다의 멜라니 졸리 외무장관은 캐나다 기업에 중국과 협력관계를 강화하지 말라고 권고했다. 캐나다는 리튬 광산 등 자국의 핵심 광물 공급망에 투자하는 중국기업에 철수하라고 명령하는가 하면, 중국과의 FTA 협상도 중단했고, 대대적인 조사를 통해 중국 스파이를 색출했다. 2022년 11월 캐나다는 미국과 유사한 내용의 인도 · 태평양 전략을 발표하였다. 중국을 50회 이상 언급한 이 전략보고서는 "점점 파괴적인 글로벌 강국이 되어가는" 중국을 반드시 억제하여야 한다고 강조했다. 동 전략에는 향후 2년간 인도 · 태평양 지역에 23억 캐나다 달러를 투자해 해군력과 사이버안보 역량을 강화하고, 남중국해에서 중국에 맞서 ASEAN 국가들과 연대하겠다는 내용도 담겼다. 2023년 5월에는 캐나다 정치인을 사찰한 의혹에 휩싸인 중국 외교관을 추방했다. 중국도 상하이 주재 캐나다 총영사관의 외교관을 추방한 뒤, "중국은 진일보한 대응을 할 권리가 있다"라며 추가 보복을 예고했지만, 캐나다의 대응은 계속되고 있다. 2023년 6월, 캐나다의 크리스티아 프리랜드 재무장관은 일대일로 경유 지역에 융자를 제공할 목적으로 설립된 국제금융기구인 아시아 인프라 투자은행"AIIB," Asian Infrastructure Investment Bank을 중국 공산당이 사실상 지배하고 있다는 의혹을 제시한 뒤, 조사 결과에 따라 캐나다가 AIIB에서 탈퇴할 수도 있다고 밝혔다.

영미동맹 가운데 미국과 세 번째로 가까운 나라는 호주다. 미 국무부는 호주와의 관계를 "핵심 동맹국이자 파트너, 그리고 우방국"이라고 설명한다.[14] 호주의 경제력은 세계 13위, 군사력은 16위이지만 지정학적 가치는 훨씬 높다. 호주는 세계 제6위의 영토 대국으로써 남태평양에서 가장 중요한 입지를 차지한 나라다. 호주 대륙의 거대한 땅은 막대한 부존자원도 품고 있다. 현재 호주는 남태평양에서 벌어지는 중국과의 대립에서 최전선에 서 있다.

호주는 2010년대 중반까지만 해도 중국과 긴밀한 관계를 구축했고, 중국도 호주에 대한 영향력을 확대하기 위해 각별한 공을 들였다. 그러나 호주 내에서 중국의 영향력이 확대됨에 따라 반중감정도 커지기 시작했다. 2017

년 ABC 방송이 지난 10여 년간 중국 공산당이 호주의 주요 정당에 670만 호주달러에 달하는 후원금을 전달했다는 보도를 한 뒤로 반중감정은 위기감으로 바뀌기 시작했다. 2018년 호주 의회는 안보법을 개정해 외국 정부의 정치후원금과 로비 활동을 전면 금지했다. 2019년 호주 정보 당국은 중국이 호주 의회에 '스파이 의원'을 만들려고 시도한 사안에 대한 조사를 진행 중이라고 밝혔다. 악화일로를 걷던 양국 간 관계는 2020년 호주가 코로나19 팬데믹에 대한 중국 정부의 대처를 비난하며 중국을 대상으로 독립적인 조사를 진행해야 한다고 요구하면서 폭발했다. 중국 관영지인 환구시보의 후시진 총편집인은 "호주는 중국의 신발 바닥에 붙어 있는 씹던 껌"과 같은 존재라며 "가끔 돌을 찾아 비벼줘야 한다"라고 적나라하게 조롱했다. 중국은 호주산 수입품에 대해 각종 수입 규제를 부과함으로써 경제적인 압박을 가했다. 전랑외교가 극에 달하던 시기였다. 감히 코로나19처럼 민감한 문제를 건드린 호주를 '징벌'하겠다는 생각이었겠지만, 자원 부국을 상대로 무역분쟁을 시작한 것은 현명한 선택이 아니었다. 호주의 최대 수출 품목 중 하나인 철광석에 대해서는 금수조치를 취할 엄두조차 낼 수 없었을 때부터, 중국이 원하는 결과를 얻어낼 수 없음은 자명했다. 호주도 중국에 수출이 제한되면서 피해를 봤지만, 중국은 호주산 석탄 등을 수입하지 못해 큰 피해를 봤다. 2021년 중국을 덮친 전력부족 사태는 호주산 석탄을 수입하였다면 피할 수 있었다는 게 중론이다. 2021년, 호주는 한발 더 나아가 빅토리아주와 중국 간에 체결된 일대일로 관련 사업계약을 취소했다. 중국은 "상응 조치를 할 것"이라며 노발대발했지만 자원 부국을 상대로 취할 수 있는 조치는 많지 않았다. 중국은 슬며시 호주산 석탄 및 목재 등의 수입을 재개했고, 호주도 2022년 친중 성향의 노동당 정부가 들어서면서부터는 중국과 경제 관계를 개선하기 위한 노력을 진행하고 있다. 그러나 노동당 정부조차 안보적으로는 중국과의 대립 노선을 유지하고 있다. 2023년 호주 정부는 민감 정보를 중국에 노출할 가능성이 있다는 이유로 자국의 정부 청사 건물에 설치된 중국산 CCTV와 잠금장치, 영상기록장치 등을 철거했다.

한편 중국은 미국에 대응하기 위해 솔로몬제도와 같은 남태평양의 여러 도서국을 상대로 영향력을 확대하고 있는데, 남태평양을 앞마당으로 삼고 있는 호주에게 있어 이는 결코 좌시할 수 없는 행보이다. 2023년 4월 앤서니 앨버니지 호주 총리는 "어떠한 잠재적 침략자도 호주를 침략해 얻는 이익이 위험보다 크다고 생각하지 못하도록 하겠다"라며 "제2차 세계대전 이후 유지해온 호주의 국방 체계를 전면 개편"하는 작업에 착수하겠다고 밝혔다. 호주는 2030년까지 약 2,700억 호주 달러를 투입하여 자체 군사력을 더욱 강화할 계획을 세우는 한편, 일본이나 필리핀 등 동남아시아 국가들과의 안보 협력을 통해 중국의 남중국해 세력 확장에 공동 대응하고 있다. 남중국해에서 중국을 상대로 여러 각축전을 벌이는 호주가 미국과의 군사협력을 강화하는 것은 당연한 수순이다. 호주는 미국으로부터 핵 추진 잠수함을 수입하고, 최북단 틴달 공군기지를 미국 전략 폭격기 운용을 위한 기지로 활용하기로 했다.

영미동맹 가운데 미국과 상대적으로 가장 덜 친밀한 국가는 뉴질랜드다. 미 국무부는 뉴질랜드를 "미국의 견고하고 한결같은 파트너이자 우방국"이라고 설명하고 있다.[15] 뉴질랜드와 미국은 긴밀하지만, 다른 파이브 아이즈 국가에 비할 때는 거리가 있다. 뉴질랜드는 1980년대부터 비핵화 정책에 따라 미국의 핵 추진 잠수함이나 항공모함의 뉴질랜드 정박을 금지했고, 2003년에는 이라크 전쟁을 강력히 비난하기도 했다. 중국과의 관계에서도 비교적 중립적인 입장을 택했다.

파이브아이즈의 '약한 고리'로도 여겨지는 뉴질랜드는 그간 홍콩 민주화 시위 탄압이나 신장위구르 지역의 인권 탄압 등과 같은 중국의 인권 문제에 대해서는 우려를 표명한 바 있으나, 중국과 본격적으로 대립하는 것은 회피해왔다. 그러다 2017년 뉴질랜드 캔터베리 대학교의 중국 전문가인 앤-마리 브래디 교수가 '마법의 무기, 뉴질랜드에 침투한 중국 공산당'이란 논문을 발표하면서 조금씩 분위기가 변하기 시작했다.[16] 브래디 교수는 동 논문을 통해 중국이 레닌이나 마오쩌둥 시절부터 사용된 공산당 특유의 통일전선전술 united front tactics에 따라 뉴질랜드의 각계각층을 분열시켜 통제하기 위해 노력해왔고, 정치권과 학계의 많은 인사가 이미 중국 공산당의 영향력 아래에 놓여 있다고 폭로했다. 2018년 뉴질랜드 정부는 안보 문제가 있다는 자국 정보기관의 권고에 따라 화웨이의 무선통신 설비를 5G 네트워크에 사용하는 것을 금지했다. 다만 뉴질랜드의 크리스 힙킨스 총리는 지나친 중국 의존도를 줄이려 하면서도 중국의 인권 침해를 규탄하는 파이브 아이즈 성명서에 서명하지 않는 등, 중국을 자극하지 않기 위해 노력했다. 힙킨스 총리는 2023년 6월 중국을 방문하여 무역, 과학기술, 농업 등 다양한 분야에서 중국과 협력하기로 합의하면서, 중국과의 대결 구도를 회피하고자 노력하는 모습을 보이기도 했다. 그러나 뉴질랜드도 날로 첨예해지는 서남태평양의 지정학적 대립에서 벗어날 수는 없다. 2023년 8월 뉴질랜드는 '뉴질랜드의 안보 위협 환경' 보고서를 발표하고 중국 정보기관이 뉴질랜드 내 중국인 사회를 표적으로 뉴질랜드의 국익에 부정적인 영향을 미치려는 공작을 전개하고 있다고 확인했다. 중국은 모함이라며 강하게 반발했지만, 그간 미온적인 태도를 고수해온 뉴질랜드의 태도 변화에는 시사점이 있다.

영미동맹은 현존하는 가장 강대한 동맹 세력이다. 영미동맹의 다섯 개 국가가 차지한 영토는 전 세계 육지 전체 면적의 20%에 육박하고, 경제 규모도 전 세계 GDP의 30%를 훌쩍 넘는다. 미국이 포함된 영미동맹의 군사력은 단연 세계 최강이고, 세계에서 가장 거대한 농업목축 생산력을 보유하고 있으며, 세계 최대·최다 규모의 부존자원을 보유하고 있다. 리튬·니켈·코발트·구리 등 4차 산업혁명에 필요한 핵심 광물도 풍부하다. 대륙 규모의 국가가 셋이나 포함된 영미동맹은 지리적으로는 흩어져 있는 것처럼 보이지만 바다로 연결되어 있고, 바로 그 바다를 지배하고 있다.

영미동맹은 미·중 패권 경쟁에서 미국이 활용할 수 있는 최강의 동맹자산이다. 특별한 변수가 없는 한 영미동맹은 미·중 패권 경쟁이 본격적인 신냉전으로 비화하더라도 확고하게 미국의 편에 설 것이고, 설사 미국이 완전한 고립주의로 돌아서더라도 마지막까지 동맹 세력으로 남을 것이다. 2023년 6월 미국의 수출통제 제도를 감독하는 연방상무부 산하 BIS는 파이브 아이즈 5개국이 기존의 정보공유 네트워크를 기반으로 수출통제에 관한 협력을 강화할 것이라고 발표했다. BIS에 따르면 파이브 아이즈 국가 간의 '수출통제 파트너십'을 통해 수출통제 분야에서의 공동 조사는 물론이고 수출통제 체제와 집행 과정에서의 동질성도 강화할 수 있을 것이라 한다. 미국이 패권 전환기에 도입하려는 신규 수출통제제도가 파이브 아이즈 국가를 중심으로 먼저 시행될 가능성도 있어 보인다.

동상이몽에서 깨어난 필리핀

남중국해 안보 문제로 중국과 대립하는 동남아시아 국가들 가운데 가장 앞장서서 총대를 메는 나라는 필리핀이다. 미국은 1898년부터 1946년까지 필리핀을 식민 지배했고, 제2차 세계대전에서 승리한 뒤에는 필리핀에 독립을 부여했다. 1947년부터는 군사동맹으로서 필리핀에 미군이 주둔했으며, 두 나라는 1951년에 상호방위조약을 체결한다. 냉전에서의 승리가 확실해진 이후에는 주필리핀 미군의 존재가치에 의문을 품는 목소리가 대두됐다. 1991년 필리핀 의회는 주필리핀 미군의 주둔 연장 승인을 거부했다. 이에 따라 1992년 말, 미군은 필리핀에서 철수했다. 그리고 얼마 뒤인 1995년, 중국은 본토로부터 1천 1백 킬로미터 이상 떨어진 스프래틀리 군도의 미스치프 리프 암초에 군사기지를 건설했다. 미스치프 리프는 필리핀과 대만, 베트남이 각자의 배타적경제수역에 속한다고 주장하던 암초였지만, 가장 가까운 것은 필리핀이었다. 필리핀은 1997년 미스치프 리프에서 40여 킬로미터 떨어진 세컨드 토마스 숄 모래톱에 시에라 마드레라는 이름의 낡은 군함을 좌초시킨 뒤, 수비대를 주둔시켜 중국의 확장을 막는 전진기지로 삼았다.

사실 중국은 1952년에 이미 남중국해 전체의 약 90%를 자국의 수역으로 정한 구단선을 선포한 상태였지만 이 사실은 널리 알려지지 않았다. 오랫동안 국제사회의 관심을 받지 못했던 구단선이 남중국해의 균형을 본격적으로 뒤흔들기 시작한 것은 역시나 2010년경이었다. 2009년 5월, 말레이시아와 베트남이 UN 대륙붕한계위원회에 자국의 대륙붕을 확장하기 위한 신청서를 제출하자 중국이 구단선을 표시한 반박 서면을 제출하면서 남중국해 대부분 수역에 대한 영유권을 주장하기 시작한 것이다. 중국해군이 구단선 내에서 동남아 국가들의 선박을 단속하고 관련국 함정들과 빈번히 충돌하기 시작하자 필리핀은 2013년 UN 해양법협약에 따라 설치된 중재재판소에 구단선의 국제법적 효력을 심사해달라는 소송을 제기했다. 그러나 필리핀으로서도 중국과의 경제협력은 중요했다. 2016년, 중재재판에서 패소한 중국이 외려 무력시위의 수위를 높이는 것으로 대응하였음에도 로드리고 두테르테 당시 필리핀 대통령은 중국을 방문해 "필리핀은 미국과 분리된 나라"라며 유화책을 썼다.

2022년경 대만해협에서 군사위기가 고조되자 중국해군의 남중국해 활동도 덩달아 강경해지기 시작했다. 두테르테의 뒤를 이은 페르디난드 마르코스 주니어 대통령은 중국과의 경제협력과 남중국해 안보라는 두 마리 토끼를 잡기 위해 전형적인 안미경중安美經中 정책을 시도했다. 2022년 9월 미국을 방문한 마르코스 대통령은 "필리핀은 위기에 처할 때면 언제나 미국을 바라본다"라며 "미국이 동반되지 않는 필리핀의 미래는 상상할 수 없다"라고 발언한 뒤, UN 총회 연설이나 조 바이든 대통령과의 정상회담에서 남중국해에서 발생하는 모든 논란은 국제법에 따라 해결되어야 한다고 강조했다. 다음 달인 2022년 10월에는 필리핀군과 미군이 남중국해 인근에서 합동 해상 훈련을 실시했고, 11월에는 카멀라 해리스 부통령이 남중국해에서 필리핀이 공격받으면 상호방위조약에 따라 미군이 개입할 것이라고 공식 확인했다.

필리핀과 미국이 가까워지자 중국도 얼른 관계 개선에 나섰다. 2023년 1월 중국의 시진핑 주석은 마르코스 대통령과 정상회담을 갖고 "중국과 필리핀은 천년의 교류로 서로 돕는 가까운 이웃"이라며 호의를 보였다. 마르코스 대통령도 양국 간 우정이 천년을 넘어섰다고 화답했고, 두 정상은 일대일로, 농어업, 인프라 건설, 금융, 통관, 전자상거래, 관광 등 다양한 분야에 대한 전방위적 협력에 합의했다. 중국의 관영매체인 글로벌타임스는 "미국과 같은 외부 세력이 남중국해 상황에 개입할 여지가 없음이 증명"됐다며, 중국과 필리핀 사이에 '신황금시대'가 개막됐다고 평가하기도 했다. 그런데 시진핑 주석과 마르코스 대통령이 '천년 우정'과 '신황금시대'를 선포한 바로 다음 달인 2023년 2월, 중국해군 함정은 시에라 마드레 수비대에 보급품을 전달하던 필리핀 해경 선박에 퇴거를 명령한 뒤 불복하는 필리핀 해경에게 군용 레이저를 발사해 승선원을 일시적으로 실명시킨다. 마르코스 대통령은 항의했으나 중국의 답변은 필리핀이 "앞으로 같은 행동을 되풀이하지 않기를 요구한다"라는 것이었다. 2023년 8월에도 중국해군은 세컨드 토마스 솔 수비대에 보급품을 전달하려던 필리핀 해경선에 물대포를 발사한 뒤, 시에라 마드레 함을 즉시 예인하라고 요구했다. 필리핀에 남겨진 선택지는 미국과의 안보협력을 강화하는 것뿐이었다.

중국해군이 필리핀 해경선에 레이저를 발사한 직후인 2023년 2월, 필리핀은 대만으로부터 4백 킬로미터 떨어진 산타아나 섬의 해군기지를 포함한 필리핀 내 군기지 4곳에 대한 사용권을 미군에 제공한다. 친강 중국 외교부장은 2023년 4월 필리핀을 방문하여 사태를 봉합하기 위해 노력했으나, 필리핀은 이미 미국 및 일본과 안보 협의체를 창설하며 중국의 구단선 강제에 맞설 태세를 갖추고 있었다. 2023년 4월 29일 미국 국무부는 성명을 통해 "필리핀 해양경비대와 군, 공공 선박이나 항공기에 대한 무력 공격은 1951년 체결된 미·필리핀 상호방위 조약을 발동시킨다는 점을 재확인한다"라며, 중국이 필리핀의 해군 또는 해경을 공격하면 미 해군이 대응하겠다고 경고했다. 같은 해 5월에는 바이든 대통령과 마르코스 대통령 간에 정상회담이 열렸다. 회담 직후 발표된 공동성명은 "필리핀을 지킨다는 미국의 공약은 철통같다"라고 강조했다. 2023년 8월에는 타이완섬에서 남쪽으로 고작 200킬로미터 떨어진 필리핀 북부 바타네스 제도에 새로운 항구를 건설하기 위한 협의가 진행 중이라는 보도가 나왔다. 이 항구가 사실상 미군의 군사기지 역할을 할 수도 있다는 추측도 나온다. 바타네스 제도에 미군 기지가 들어서면 대만 남부 해역은 사실상 미군의 영역에 포섭된다.

2023년 9월, 중국은 필리핀에서 200킬로미터, 중국에서 900킬로미터 떨어진 스카버러 암초 인근에 필리핀 선박의 통행을 막기 위한 '부유식 장벽'을 설치한 뒤 중국의 영해에서 이뤄진 적법한 조치라고 주장했다. 하지만 미국의 안전보장을 등에 업은 마르코스 대통령은 이를 즉각 철거하는 것으로 대응했다. 중국은 필리핀에 불순한 의도를 가진 역외 세력을 배제하고 양자 협의로 문제를 해결하자고 지속 제안하고 있지만, 남중국해에 구단선을 강제할 의지를 버리지 않는 한 필리핀이 미국과의 안보협력을 강화하는 것은 불가피해 보인다.

서태평양의 대항마 일본

제2차 세계대전에서 승리한 미국은 패전국 일본의 재무장을 금지했다. 1947년 일본을 군정軍政 통치하던 더글러스 맥아더 장군은 일본의 교전권right of belligerency을 원천적으로 박탈하는 헌법 제9조를 일본의 전후 '평화헌법'에 반영했다. 일본은 이를 기회로 살렸다. 국방비 지출을 최소화하고, 국가의 모든 역량을 경제개발에 쏟은 것이다. 1950년에 발발한 한국전쟁에서 UN군의 최전방 군수기지 역할을 하면서 전후 재건에 필요한 자본도 확보할 수 있었다. 한국전쟁으로 동북아에 군사적 균형이 필요하다고 느낀 미국은 군정의 종료와 함께 일본이 재무장하고 미국의 군사 동맹국이 되길 바랐다. 하지만 일본은 헌법 제9조를 이유로 재무장을 거부하고 대신 7만 5천 명 규모의 경찰예비대만을 창설했다. 경찰예비대는 1954년에 자위대로 개편됐지만, 하토야마 이치로 당시 일본 총리는 자위대의 기능은 말 그대로 "자위를 위한 최소한의 무력행사"라고 밝혔다.[17]

집중적인 경제개발에 힘입어 일본은 1968년 서독을 제치고 자유 진영 내에서 2위의 경제 대국으로 떠올랐고, 1985년에는 쇠락하던 소련을 제치고 전 세계 2위의 경제 대국이 됐다. 다시 세계적인 강대국이 된 일본에서는 우익을 중심으로 교전권을 빼앗긴 상태에 대한 불만의 목소리가 높아지기 시작했다. 그러나 냉전의 한복판에서 소련과 중국, 그리고 북한을 눈앞에 둔 일본이 국방비 부담에서 벗어날 수 있다는 점은 엄청난 메리트였다. 우익의 줄기찬 요구에도 불구하고 일본은 평화헌법을 개정하는 대신 간간이 불평등한 안보 조약을 개정하는 정도에 머물렀다. 그러던 일본은 대략 1990년대 초부터 눈에 띄게 우경화되기 시작했다. 여러 국내 정치적인 이유가 있었으나, 1990년대부터 일본 경제가 침체하기 시작한 것이나 북한이 1993년 NPT에서 탈퇴한 것도 원인이 됐다. 소련과 동구권이 붕괴한 상황에서 일본에 남은 위협은 북한 정도였다. 북한의 핵 개발은 일본이 '정상 국가'가 되어 전쟁 능력을 갖추어야 한다고 주장하기에 딱 좋은 이유였다.

한편 일본과 중국과의 관계는 2000년대 중반까지 나쁘지 않았다. 두 나라는 2008년에 동중국해를 공동 개발하기로 합의하기도 했다. 일본이 중국에 대해 본격적인 경계심을 보이기 시작한 것은 세계 2위의 경제 대국 자리를 중국에 내준 2010년경이었다. 2009년부터 2011년 사이에는 센카쿠 열도(중국명 댜오위다오) 인근 일본 영해를 단 1회만 침범했던 중국은 2012년에는 23회, 2013년에는 53회나 침범했고, 이후 침범을 일상화했다. 중국의 해양 패권 확장은 단순히 난세이 제도에 대한 일본의 영유권을 위협하는 데 그치지 않았다. 일본은 해상무역에 의존하는 나라다. 중국이 남중국해를 석권하도록 놓아두는 것은 곧 일본의 목줄을 쥐도록 놓아두는 것과 다를 바 없었다. 그것이 아니더라도 미국의 세계 패권이 약화되는 상황에서 서태평양의 강대국인 일본은 잠재적 역내 패권국인 중국의 팽창을 견제할 수밖에 없다. 일본은 2010년대 중반부터 서태평양에서 중국을 봉쇄하기 위한 적극적인 노력을 개시한다. 중국과 맞서기 위해 미국과의 군사협력을 강화하는 것은 당연한 선택지였다. 나아가 일본 스스로가 중국에 맞서기 위한 무력을 갖출 필요성도 절감했다. 2015년 신조 아베 총리는 일본이 직접 침공당했을 때뿐 아니라 동맹국이 침공당했을 때도 무력행사를 할 수 있는 '집단적자위권'이 평화헌법 제9조에 따라 허용된다고 정한 법안을 통과시켰다. 집단적자위권의 행사가 평화헌법 제9조에 허용된 범위를 넘어선다고 확인했던 1981년 스즈키 젠코 당시 총리의 해석을 30여 년 만에 뒤집은 것이었다.[18] 이후 일본은 중국이 태평양 패권 확보를 위해 선포한 3단계의 도련선 가운데 제1 도련선을 놓고 중국과 본격적인 힘 싸움을 시작한다. 규슈에서 시작해 오키나와를 거쳐 대만 북동쪽 앞바다까지 이어지는 난세이 제도를 천연의 방벽으로 삼아, 중국의 해양 패권 확장을 억누를 계획을 세운 것이다.

2020년경부터 북한이 다양한 종류의 미사일을 발사하면서 도발 수위를 높여 나가고, 중국의 팽창이 더욱 공격적으로 변하면서 일본에 재무장의 빌미를 주었다. 일본 전역을 사정권으로 한 미사일을 2천 발 이상 보유한 중국에 정성·정량적으로 대항할 수단과 능력을 갖추어야 한다는 주장이 힘을 얻기 시작했다. 일본이 난세이 제도의 군사기지화에 속도를 내기 시작한 것도 이 무렵이다. 중국에 대한 '반격 능력'을 확보하기 위한 3단계 계획도 발표됐다. 중국 근해의 난세이 제도와 일본 본토, 그리고 북단의 홋카이도에 다양한 중장거리 미사일을 대량 배치해 중국을 삼중으로 압박하는 '미사일 고슴도치'가 되려는 전략이었다. 거기에 2025년까지 자폭형 드론 수백 기를 실전 배치하기로 했으며 최강의 군용 드론이라 불리는 MQ-9 리퍼를 미국으로부터 지원받고 500발 이상의 토마호크 순항미사일을 구매해 해군 전투함의 해상전 능력도 제고하기로 했다. 이 모든 작업이 2025년에서 2030년 사이에 완료될 계획이다.

현재 일본의 난세이 제도 무장 계획은 미국은 물론이고 호주나 인도와 같은 쿼드 회원국, 필리핀 등과의 협력 속에서 톱니바퀴처럼 돌아가고 있다. 2022년 1월 일본은 인도와 연합 전투기 훈련을 실시했다. 같은 달 호주와는 상호군사접근협정Reciprocal Access Agreement을 체결하여 군인, 군수물자의 상호 간 반입·협력 절차를 간소화하기로 했다. 2022년 7월에는 자체 개발한 극초음속 미사일의 엔진을 실험했고, 잠수함·이지스함 등 해군 전력도 지속 강화하겠다고 예고했다. 2022년 12월에는 '국가안보전략'을 개정해 필요시 적 기지에 대해 반격을 가할 수 있는 능력을 갖추겠다고 선언했다. 국가안보전략의 '적 기지에 대한 반격 능력' 부분에는 적 기지에 대한 선제타격 능력을 갖추는 것이 포함되었다.[19] 이 2022년도 국가안보전략 개정을 통해 일본은 사실상 '전쟁을 할 수 있는 국가'가 되었다고 보아도 무방하다. 2022년 설문조사에 따르면 일본인의 약 70%가 군사력 강화에 찬성하고 있는 상황. 일본의 군사 대국화는 이제 불가피하다. 2023년에 들어서도 중국에 대항하기 위한 일본의 노력은 계속됐다. 2023년 1월에 있었던 미일 정상회담 직후 바이든 대통령은 센카쿠 열도를 포함한 일본 영토가 침공받을 시 미일 상호방위조약에 따라 핵무기를 포함한 모든 능력으로 일본을 방위하겠다고 약속했다. 같은 달 일본은 AUKUS의 일원인 영국과도 상호군사접근협정을 체결했다.

2023년 3월, 일본은 외교청서를 통해 중국을 "지금까지 없었던 최대의 전략적 도전"이라고 규정한다. 2023년 4월에는 일본과 '가치를 공유하는 나라'의 국방 능력 향상을 지원하기 위해 군수물자를 무상 지원하는 국제협력 제도를 마련하겠다고 밝혔다. 이 제도의 대표적인 수혜국은 남중국해에서 중국과 맞서는 필리핀이 될 예정이다. 또한 일본은 매년 큰 폭으로 국방예산을 증가할 계획이다. 이 추세대로라면 2027년경 일본은 전 세계에서 미국과 중국 다음으로 많은 예산을 군사력 강화에 쏟는 국가가 될 것으로 보인다. 일본은 NATO의 아시아·태평양 지역 연락사무소도 유치하기로 했다. 2023년 7월에는 EU와 반도체는 물론이고 안보 분야에서의 공조도 강화하는 협력 틀을 구성하기로 합의했다. 중국이 가장 경계하는 '서태평양 군사동맹'이 일본의 주도로 탄생할 가능성도 있다.

일본은 서태평양과 남중국해, 그리고 남태평양에 중국의 해양 패권이 건설되는 상황을 좌시하지 않을 것이다. 러일전쟁에서 승리한 1905년부터 미드웨이 해전에서 패배한 1942년까지 서태평양의 해양 패권을 실질적으로 장악했던 일본은 동아시아에서 중국의 팽창을 저지할 의지와 역량을 가진 유일한 나라다. 일본은 역사적으로 중국의 조공 체계에 진정으로 복속된 적이 없는 나라이기도 하다. 동아시아의 주요국 가운데 한반도나 베트남은 국경을 마주한 중국에 맞서 오랫동안 항쟁과 협력을 반복했지만, 국력의 격차가 압도적으로 벌어지기 시작한 명나라 시대부터는 제후국으로 복속될 수밖에 없었다. 반면 일본은 중국으로부터 상대적으로 멀리 떨어진 데다, 바다까지 사이에 두고 있어 중국의 직접 세력권 밖에 있었다. 서기 607년 일본의 쇼토쿠 태자는 수나라 양제에게 보낸 서신에서 "해가 뜨는 나라의 천자가 해가 지는 나라의 천자에게 글을 보낸다"라고 적었고, 13세기에는 가미카제의 도움으로 대륙을 정복한 원나라 원정군을 물리쳤으며, 16세기 임진왜란을 일으킨 도요토미 히데요시는 명나라를 정벌할 계획까지 세웠었다. 동북아 국가이면서도 중국의 천하 질서에 복속된 적이 없었다는 점은 일본이 내심 자랑스럽게 여기는 부분이다. 근대화 이후에는 청일전쟁에서 승리한 데다 중일전쟁 중에는 중국의 연안 지역을 대부분 점령하기까지 했다. 제2차 세계대전 이후 서방을 제외한 대다수 나라가 빈곤에서 허덕이던 시절에도 일본은 세계 최상위권의 경제 대국으로 행세했었고 한때는 미국을 경제적으로 위협하기까지 했다. 오늘날에도 일본은 30년의 경제침체에도 불구하고 세계 3위급의 경제 대국이고, 대한민국의 거의 4배에 달하는 넓은 영토와 2배를 훌쩍 넘는 인구를 가진 나라다. 그런 일본은 동아시아의 다른 나라들과 달리 중국에 심리적으로 위축되지 않는다. 중국을 미국과 동급으로 보지도 않는다. 2021년 4월 중국의 왕이 외교부장은 미국과 급속도로 가까워지는 일본을 견제하고자 모테기 도시미쓰 당시 외무상에 "대국 대결에 휘말리지 말라"고 경고했지만, 2022년 11월 기시다 후미오 총리는 시진핑 주석과의 정상회담에서 "중국과 일본 양국은 모두가 국제사회의 평화와 번영에 있어 중요한 책임이 있는 대국"이라며 일본이 중국과 동등한 대국임을 강조했다.

중국이 일본을 제치고 G2로 떠오른 2010년경 미국의 지정학 전문가 조지 프리드먼은 2040년경 동아시아의 맹주는 일본이 될 것이라고 예언했었다.[20] 당시에도 이미 '잃어버린 20년'이라 불리던 오랜 경제침체를 버텨내던 일본의 잠재력에 주목한 프리드먼은 중국 역시 가까운 장래에 유사한 상황을 겪을 운명이지만 중국은 일본과 달리 그 충격을 버텨내지 못할 것이라 진단했다. 반면 장기간의 경제침체에도 불구하고 완전고용을 포기하지 않으며 버텨온 일본은 덕택에 사회 빈부격차가 크지 않고, 국민의 교육 수준이 높으며, 여전히 뛰어난 기술력을 보유하고 있기에 적당한 기회만 온다면 다시금 부상할 수 있을 것으로 전망했다. 프리드먼의 예언이 얼마나 실현될지는 알 수 없으나, 변화하는 국제질서 속에서 다시 기지개를 켜기 시작한 일본의 행보를 주목할 필요가 있음은 분명하다.

04 최후의 이상주의자, 유럽의 도전

유럽은 미국의 또 다른 거대 동맹 세력이다. 미국은 유럽에서 기원했고, 대영제국으로부터 독립하면서 국가로서의 정체성을 갖췄다. 유럽과 미국의 관계는 긴밀하다. 미국은 두 차례의 세계대전에서 유럽을 구원했고, 공산주의와 소련으로부터 서유럽을 지켰다. 유럽은 미국의 사상적 근간인 자유주의의 모태이기도 하다. 서유럽의 여러 나라는 어떤 의미에서는 미국보다도 진보적인 경우가 많다. 동시에 유럽은 자주自主를 추구한다.

미국과 소련이 조만간 세상을 양분할 것이 확실시되던 1946년, 윈스턴 처칠은 저 유명한 유럽 통합연설을 한다. 그 연설에서 처칠은 '유럽합중국United States of Europe'을 만들어야 한다고 강변했다. 유럽합중국이란 유럽의 전성기에 황혼이 드리워진 시대에, 미국과 소련이라는 신흥 초강대국의 그늘에서 벗어나 자주적인 길을 걷기 위한 일종의 이상향 같은 것이었다. 산업혁명 이후 뛰어난 기술과 무력으로 온 세상을 식민지화했던 유럽이었지만 두 차례의 세계대전으로 모든 것을 잃었다. 새로운 시대의 패권국에 종속될 수밖에 없는 현실을 눈앞에 둔 유럽은 자주를 갈망했다. 그러나 미국과 소련(러시아),

그리고 오늘날의 중국은 단독으로도 유럽 대륙 전체보다 크거나 비슷한 크기의 초강대국들이다. 초강대국의 시대에는 그 어떤 강대국도 혼자서는 제대로 된 전략적 자율성strategic autonomy을 누리기 어렵다.

그래서 유럽은 통합했다. 그렇게 탄생한 유럽연합"EU," European Union은 2009년 유로존 위기와 2016년 브렉시트를 통해 위기를 겪었고, 이후 여러 EU 회원국에 극우 정당이 득세하면서 해체설이 대두되기도 했다. 그러나 우크라이나 전쟁과 미·중 패권 경쟁을 기화로 유럽은 다시금 통합에 박차를 가하고 있다.

분열에서 통합으로

유럽은 오랫동안 전란의 대륙이었다. 수십, 수백의 유럽 민족과 국가들은 로마 제국 멸망 이후 천 년이 넘는 세월 동안 끊임없이 전쟁을 벌였다. 지리와 기후가 문명의 발달에 미친 영향을 연구한 책 '총, 균, 쇠'의 저자 재러드 다이아몬드는 근대에 이르러 유럽이 중국보다 높은 기술력을 확보할 수 있었던 원인으로 끝없는 경쟁의 역사를 꼽았을 정도다. 근대 이후에도 유럽은 글로벌 갈등의 최전선에 서 있었다. 유럽의 내분은 대항해시대와 산업혁명, 식민제국주의 시절을 거쳐 두 차례의 세계대전에서 정점에 이른다. 그러나 제2차 세계대전의 종식과 함께 유럽은 조용히 패권을 내려놓았고, 동서냉전 시대에는 미국과 소련이라는 초강대국의 틈바구니에서 정체성 혼란을 겪었다.

냉전이 점차 고조되던 1950년대, 10여 년 전까지만 해도 서로를 멸망시키기 위해 다투던 서유럽 국가들은 몇 가지 실험에 나선다. 그중 첫째는 1951년 프랑스, 서독, 이탈리아, 벨기에, 네덜란드, 룩셈부르크가 결성한 유럽석탄철강공동체"ECSC," European Coal and Steel Community였다. 제2차 세계대전 직후 폐허가 된 유럽의 재건을 위해서는 석탄과 철강이 필수재였다. ECSC는 석탄과 철강의 확보와 생산, 분배 등에 있어 효율성을 극대화하기 위해 탄생했다. ECSC는 석탄 및 철강산업과 관련된 회원국의 역량을 모으고 공동시장을 탄생시키는 것 외에도, 필수재가 되어 버린 석탄과 철강을 어느 한 회원국이 독점하여 또 다른 분란의 씨앗이 발생하는 사태를 막기 위한 목적도 가지고 있었다. 특히 여전히 독일을 경계했던 프랑스는 전쟁 준비에 필수적인 석탄과 철강 사용량을 투명하게 감시할 수 있는 체제를 구축하기를 원했다. 반대로 서독은 유럽에서 정상외교로 복귀하기 위해서는 ECSC에 가입할 필요가 있다는 걸 알았다.

ECSC 회원국들은 기구의 목적 달성을 위해 필요한 권한을 ECSC에 부여했다. ECSC 중앙기구에는 오늘날의 경쟁 당국competition authority과도 유사한, 회원국의 철강·석탄 산업 종사 기업을 규율할 권한이 주어졌다. 회원국 시장에서 철강·석탄에 관한 가격이나 생산량 등을 책정할 권한도 ECSC에 주어졌다. 주권 침해에 대한 우려가 있었지만, 결과적으로 ECSC는 대성공이었다. 자신감을 얻은 ESCS 회원국들은 1957년, 한발 더 나아가 회원국 간 상품과 서비스, 자본과 노동의 이동을 막는 장벽(예컨대 관세)을 철폐하고 시장을 통합하는 유럽경제공동체"EEC," European Economic Community를 설립했다. EEC 회원국은 농업이나 교통, 에너지 분야 등에서 공동정책을 도입함으로써 국제시장에서의 협상력을 더욱 높였다. EEC까지 성공하자 유럽은 더욱 고무됐다. 1967년, 유럽은 ECSC와 EEC에 유럽원자력공동체European Atomic Energy Community까지 통합한 유럽공동체"EC," European Community를 출범시킨다. EC의 궁극적인 목표는 회원국 간 경제적 통합을 통해 유럽의 정치와 사회적 통합을 점진적으로 이뤄내는 것이었다. 그러자면 역내 시장을 통합하고, 회원국 공통의 대외정책을 채택하는 것이 긴요했다. 미국과 소련이라는 전례 없는 초강대국이 존재하는 세상에서 유럽 각국이 힘을 합쳐 공동의 이해를 추구한다는 건 전략적으로도 바람직한 선택이었다. 유럽 대륙과 거리를 두던 영국도 1973년 EC에 가입했다.

냉전이 끝난 뒤에도 유럽의 통합은 멈추지 않았다. 아니, 오히려 불이 붙었다. 1993년, EC는 오늘날의 EU로 승격된다. 1995년에는 오스트리아와 북유럽이 EU에 가입했고, 1999년에는 화폐통합을 통해 '유로Euro'라 불리는 공용화폐와 공통의 통화정책을 도입했으며, 대외적으로 공동의 무역정책을 집행했다. EU의 회원국들은 사실상 완전한 경제 통합을 이뤄냈다. EU의 대표적인 특징은 위임된 범위 내에서 유럽의 공통규정과 공통정책을 회원국의 법과 정책 위에 두고 직접 집행이 가능하게 하였다는 점이다. EU에 위임된 주권적 사항은 무역이나 농업과 같은 경제 분야뿐 아니라 환경이나 자원, 소비자 보호, 그리고 인권과 같은 부문도 포함한다(다만 위임되지 않은 사안은 여전히 회원국의 주권 사항으로 남았다). 유럽이 EU를 통해 이뤄낸 통합은 WTO와 같은 국제기구와는 비교가 되지 않을 정도로 긴밀하다. 2023년 현재 27개국이 가입한 EU는 독자적인 행정부(유럽 집행위원회)와 입법부(유럽의회), 그리고 사법부(유럽사법재판소)를 갖춘 초국가공동체supranational organization이다. 각 회원국은 이들 기관을 통해 자국의 입장과 이해관계를 EU에 전달하여 EU가 공동체 차원에서 대응할 의제로 삼게 한다.

EU는 임마누엘 칸트가 '영구평화론'에서 주장한 '자유 공화정 국가들의 연맹'과 '국제법을 통한 국제관계 규율,' '개인의 자유로운 이동'과 '자유 무역'이란 이상향에 가장 가까이 다가선 조직이다. 칸트의 예언이 정말로 실현되기라도 한 듯, EU 회원국 간에는 전쟁의 낌새조차 보이지 않는다. 고작 30여 년 전까지만 해도 유럽 대륙이 세계에서 가장 위험한 분규 지역이었다는 사실이 믿기지 않을 정도다. 태생부터가 초국가공동체, 또는 국가연맹인 EU는 자유주의를 지향하는 게 당연하다. 거기에 EU를 주도하는 주요 회원국은 프랑스나 독일 같이 진보적 성향이 강한 서유럽 국가들이다. EU가 추구하는 의제에는 기후변화 대응이나 빈곤·기아 대응은 물론이고 성평등이나 각종 사회 문제도 포함된다. 개별 회원국 차원에서는 문화적 배경이나 국익에 대한 고려로 인해 외면받기 쉬운 진보적 담론도 EU라는 기관을 통하면 공통정책에 반영되기 수월해진다. 아마도 EU는 오늘날 전 세계에서 가장 진보적인 의제를 추구하는 기구일 것이다.

유럽의 한계

EU에도 한계와 제약은 있다. 우선 EU라는 조직의 특성상 회원국들의 공동 대응에 한계가 존재한다. 권위주의 정권이 통치하는 중국이나 러시아는 물론이고, 미국과 같은 연방제 국가도 전체의 이익을 위해 일부의 희생을 요구하는 것이 가능하다. 그러나 모든 회원국이 각자의 이익을 위해 자발적으로 가입한 초국가공동체인 EU가 공동체 전체의 의제를 좇기 위해 특정 회원국을 희생시키는 데는 한계가 있다. 2016년에 영국이 그랬듯이 EU의 정책이 자국에 해가 된다고 판단하는 회원국은 언제든 EU에서 탈퇴할 수 있다. EU 차원에서 중국에 대한 대응 수위를 높여가던 2023년 4월에 중국을 방문한 프랑스의 마크롱 대통령이 대만해협 위기는 유럽과 무관하다며 선을 그었던 것처럼, 개별 회원국이 돌발행동을 하여 연대를 훼손하는 것도 가능하다. 영국이 탈퇴한 뒤 EU에 남은 가장 강력한 회원국이자 역사적 라이벌인 프랑스와 독일 간에 주도권 다툼이 벌어지기도 한다. 두 강대국이 대립하면 EU 차원의 공동전략 수립이 어려워지기 마련이다. 유럽에서 반자유주의 정서가 커지고 있다는 점에도 주목해야 한다.

제2차 세계대전이 종식된 지도 벌써 70여 년이 흘렀다. 세계대전의 교훈은 희미해졌다. EU의 범위가 동유럽에까지 확장되면서, 서유럽 국가 위주였던 초창기에 비해 균일성도 훼손됐다. 경제구조나 경제 수준에서 차이가 있는 나라들이 EU라는 울타리 속에서 하나로 섞이자 서로 피해를 본다고 생각하는 회원국이 늘어나기 시작했다. 2009년 그리스발 재정위기로 촉발된 금융위기는 이후 아일랜드와 포르투갈에까지 확산하여 대규모 금융지원이 불가피한 상황을 초래했다. 이때 경제력이 떨어지는 회원국은 독일이나 프랑스, 영국과 같은 선진국이 공동시장 내에서 지속적인 무역흑자를 실현하느라 경제력이 떨어지는 회원국의 무역적자를 누적시켰다고 여겼다. 반면 선진 회원국은 경제적으로 뒤떨어지는 나라의 부채를 대신 떠안는 데 불만을 품었다.

설상가상으로 2010년경 이슬람권을 휩쓴 '아랍의 봄' 사태 이후 중동과 북아프리카 전역에서 발생한 대규모 난민이 유럽에 쏟아져 들어오기 시작했다. 2015년부터는 시리아 내전을 피해 유럽으로 도피한 난민이 더해져 난민 숫자가 폭발적으로 증가했다. 처음에는 자유주의 사상에 따라 난민을 포용해야 한다는 목소리가 EU 내에서 힘을 얻었다. 앙겔라 메르켈 당시 독일 총리는 이질적인 문화를 가진 난민을 수용함으로써 유럽에 여러 문제가 발생할 수 있겠지만, 이를 대승적으로 감내해낸다면 궁극적으로는 진일보하는 승리를 얻을 수 있을 거라면서 난민 포용을 독려했다. 그러나 유럽에 유입되는 난민의 숫자가 수백만에 이르자 갈등이 폭발하는 건 피할 수 없었다. 난민들을 대거 받아들인 나라일수록 급격히 악화되는 치안 문제와 씨름하게 되었고, 반이민정서가 범유럽적으로 확산하며 '하나의 유럽' 정책과 이를 지탱하는 자유주의 정서가 크게 훼손됐다. 반이민정서는 민족주의로 발현되는 것이 보통인바, 유럽 각국에서 민족주의 성향이 강한 극우 정권이 집권할 가능성도 커졌다.

원래 민족주의자들은 EU와 같은 국가공동체에 대해 반감을 갖는 경우가 많다. 극우 정권이 들어선 EU 회원국들이 많아질수록 EU의 약화로 이어질 가능성이 큰 이유다. 실제로 2016년 과도한 EU 분담금, 이민자를 포함한 EU 출신 외국인 노동자 유입 증가, EU의 공동정책이 정책 자율성을 침해한다는 이유 등을 들어 영국이 EU에서 탈퇴하는 브렉시트가 발생했다. 브렉시트가 이뤄지자 오스트리아에서도 극우 자유당의 대선후보 노르베르트 호퍼가 EU 탈퇴 여부를 국민 투표에 부쳐야 한다고 주장하기도 했다. EU에서 탈퇴한 영국이 경제적으로 어려움을 겪고, 우크라이나 전쟁이 터지면서 EU 탈퇴에 관한 목소리는 한풀 꺾였다. 하지만 2023년 7월에도 EU 탈퇴를 줄기차게 주장해온 독일의 극우 정당인 '독일을 위한 대안' 당이 지지율 2위에 오르면서 EU의 위기가 '현재 진행 중'이란 점이 분명해졌다.

유럽의 역량을 제한하는 또 하나의 중대한 요인은 사실상 성장 동력을 상실한 경제력이다. 2010년 EU의 총 GDP는 대략 14조 5천억 달러로, 미국(15조 달러)과 거의 차이가 없었고 중국(6조 달러)의 두 배가 훌쩍 넘었다. 그러나 불과 12년이 지난 2022년에 미국의 GDP가 25조 4천억 달러, 중국이 18조 달러로 성장한 데 비해 EU의 GDP는 16조 6천억 달러(물론 브렉시트로 탈퇴한 영국이 빠진 탓도 있다)로 미세한 성장만을 보였다. 2010년대에 EU가 받아 든 초라한 경제 성적표는 국제사회에서 EU의 영향력이 위축되는 현 상황을 선명하게 보여준다. 경제불황이 계속되면 유럽은 더욱 우경화할 것이다.

공동의 외적 앞에 뭉치는 유럽

난민·이민자의 급격한 증가는 자유주의와 사회민주주의를 공기처럼 받아들였던 유럽인의 정서를 뒤바꿔놓았다. 현재 유럽 정계에서는 오랫동안 군소 정당에 불과했던 극우파가 두각을 드러내고 있다. 2022년 이탈리아에서는 극우성향으로 분류되던 조르자 멜로니가 총리로 당선되었고, 2023년에는 가장 진보적이라던 핀란드와 스웨덴에서도 극우 정당이 각각 원내 제2당에 오르거나 역대 최대 득표를 얻었다. 중도우파로 분류되는 정당까지 합치면 진보좌파 정당의 위축은 더욱 두드러지고 있다.

민족주의가 강한 나라는 내부적인 단결이 이루어지기 쉬운 대신 외세에 대해서는 배타적인 태도를 보이는 게 보통이다. 반면 자유주의가 강한 나라는 개개인의 주권 의식이 높은 대신 국가주의와 민족주의가 약하다. 국민의 국가관이 약하면 국가 간의 통합을 지지할 가능성이 커진다. 자유주의적 관점이 힘을 얻기 때문이다. 요컨대 자유주의가 국가 간에 통합을 촉진한다면 민족주의는 국가 간에 분열을 초래하는 요인이 될 수 있다는 뜻이다. 극우적 민족주의가 유럽에 범람하면 결국에는 EU의 해체로 귀결될 가능성이 높은 이유다. 실제로 유럽의 극우 정당들은 대부분 EU 탈퇴를 원하고, 미국과의 대서양동맹에 반감을 보인다. 만일 미·중 패권 경쟁이 단순히 미국과 중국 간의 경쟁에 국한됐다면 유럽의 분리주의에는 제동이 걸리지 않았을지도 모른다. 민족주의 정서가 득세하던 유럽의 통합은 2022년 초 위기에 처해 있었다. 유럽의 NATO 회원국들 사이에도 분열이 커지고 있었다. 러시아의 천연가스에 깊이 의존하던 독일은 친러시아 성향이었고, 미국의 반대에도 불구하고 노르트스트림 2 가스파이프라인을 건설하는 등 러시아와 긴밀한 경제 관계를 구축하고 있었다. 프랑스는 샤를 드골 대통령 이래 전통이 된 '전략적 자율성'을 강조하며 유럽이 미국의 패권 경쟁에 휘말리지 말아야 한다고 주문하고 있었다. 중국의 일대일로 파트너 국가였던 이탈리아는 물론이고, 네덜란드 등 다수의 EU 회원국이 중국과의 경제 관계를 중시하고 있었다. 그렇게 EU의 통합력이 눈에 띄게 약해지던 2022년 2월, 우크라이나 전쟁이 발발했다.

러시아의 우크라이나 침공은 많은 것을 뒤바꾸었다. 러시아가 NATO를 등에 업은 유럽이 동진東進하는 것을 실존적 위협으로 취급할 수밖에 없다면 유럽 역시 역사적 숙적인 러시아의 서진西進을 실존적 위협으로 받아들일 수밖에 없다. 우크라이나 침공을 앞두고 이루어진 협상 과정에서 푸틴 대통령이 NATO의 영역을 1997년 이전으로 되돌리라 요구한 것도 유럽의 위기의식을 깨웠다. 푸틴의 요구는 에스토니아, 라트비아, 리투아니아, 폴란드, 루마니아, 슬로바키아 등이 우크라이나 다음 차례가 될 수 있다고 해석될 수 있었다. 실존적 위협으로 재림한 러시아 앞에서 유럽은 단결했다. 2022년 3월 12일 유럽은 미국과 공조하여 러시아를 SWIFT에서 퇴출했고, 러시아에 대한 WTO 최혜국대우를 박탈했으며, 미국과 별개로 자체적인 경제제재를 러시아에 부과하기 시작했다. 거의 2천억 유로에 달하는 러시아 자산을 동결시키기도 했다. 중립국이었던 스웨덴과 핀란드조차 우크라이나에 군사 무기를 지원하고 NATO 가입을 신청했다. 러시아는 유럽을 압박하기 위해 대對유럽 가스 수출을 줄여보았으나 유럽의 경각심을 더욱 일깨웠을 뿐이다. 유럽 각국은 미국 등 다른 나라로 에너지 수입처를 다변화하며 러시아와의 디커플링에 돌입했다.

팍스 아메리카나가 끝나자마자 맞닥뜨린 차가운 현실에 각성한 EU는 우선순위를 조정하기 시작했다. 러시아의 침공에 대응하기 위해 '통합시장'을 넘어 군사와 정치의 영역에까지 EU의 기능을 확장하려 나섰다. EU의 정서를 가장 잘 대변한 것은 제2차 세계대전 때 소련에 점령된 이후 반세기를 위성국 신세로 살아야 했던 폴란드였다. 2023년 3월 폴란드의 마르친 오치에파 국방차관은 러시아에 침공의 대가를 치르게 하지 못하면 이 전쟁의 효과가 일파만파 퍼져나갈 것이라고 단언했다. 그는 1930년대 유럽이 히틀러를 달래기 위해 수많은 양보를 했지만 소용없었다는 점을 상기하며, "독재자의 허기를 채워줄 수 있는 것은 없다"라고 경고했다. 우크라이나의 항전이 시작되자 EU는 대량의 군사 장비를 공동 구매하여 우크라이나에 전달하였다. 전쟁지역에 무기를 제공하지 않는다는 EU의 원칙이 깨진 순간이었다. 우르줄라 폰데어라이엔 EU 집행위원장은 이것이 경제공동체로 시작한 EU에 있어 "분수령이 될만한 시간"이라고 정의했다.

과거 트럼프 대통령은 NATO 동맹국들이 미국의 군사력에 편승하면서 국방비를 거의 지출하지 않는다고 비난한 바 있다. 탈냉전기 유럽 국가들은 NATO의 틀 안에서 미국의 군사력에 편승하였던 것이 사실이었다. 그러나 군사력의 약화가 러시아의 무시를 불러왔다고 여긴 유럽은[21] 앞다투어 재무장을 개시했다. 우선 2025년까지 EU 차원의 신속대응군을 창설해 공동 무력 대응 능력을 갖추기로 했다. 주요 유럽 국가들은 NATO의 제언에 따라 GDP의 2% 이상을 국방비로 사용하는 것을 목표로 대대적인 군사력 증강 작업에 돌입했다. 2022년 8월에는 독일의 숄츠 총리가 체코 프라하에서 '전환기의 유럽'이라는 주제로 연설했다. 그는 EU의 전면적인 재설계가 필요하며, 이러한 노력은 경제 분야뿐 아니라 군사·외교·사회 등 전 분야에 걸쳐 일어나야 한다고 강조했다. 숄츠 총리는 러시아에 맞서게 된 상황에서 유럽은 더욱 강하고 더욱 커져야 하며, 더욱더 독립적이어야 한다고 주장했다. 약 1달 뒤인 2022년 10월 초, 체코의 프라하성에서 유럽 각국의 정상들이 모였다. 여기에는 EU의 27개 회원국은 물론이고 EU에서 탈퇴했던 영국이나 EU에 포함되지 않는 튀르키예(터키), 세르비아 등 비회원국 17개국을 더한 총 44개국의 정상과 EU의 우르줄라 폰데어라이엔 집행위원장도 포함되어 있었다. 사실상 유럽의 모든 국가 정상이 유럽정치공동체"EPC," European Political Community의 출범을 위해 모인 것이었다. 이날 프랑스의 마크롱 대통령은 EPC가 "러시아를 배제한 유럽의 새 질서를 찾기 위한" 모임이라고 언론에 설명했다. 얼마 뒤인 2022년 10월 25일 폴란드의 마테우시 모라비에츠키 총리는 유럽이 러시아를 이기기 위해서는 정치와 경제 분야에서 새롭고 강력한 안보 틀을 구축하여야 한다고 강변했다.

EU의 대중국 정책도 급변했다. 그간 유럽은 신장·위구르 지역의 인권 탄압 문제 등으로 중국과 갈등을 빚었지만, 기본적으로는 우호적인 관계를 유지했다. 어느 나라 그렇듯이 중국에 대한 경제적 의존도도 무척 높았다. 그러나 우크라이나 침공 직전 시진핑 주석이 푸틴 대통령에게 "무제한적인 협력"을 약속하고 침공 이후에도 중국과 러시아 간에 전략적 관계가 유지되자, 유럽은 경계심 가득한 눈으로 중국을 보기 시작했다. 2022년 4월 폰데어라이엔 EU 집행위원장은 시진핑 주석과의 화상 회담에서 중국이 EU의 "러시아 제재를 지원하지 않겠다면 최소한 방해는 하지 말라"라고 당부했다. 그 때까지만 해도 전랑외교의 미몽에서 벗어나지 못했던 중국 외교부는 "중국은 역사의 옳은 편에 서 있으며 중국에 대한 비난은 스스로 무너질 것"이라며 유럽의 불만을 일축했다. 유럽은 중국과 거리를 두기 시작했다. 올라프 숄츠 독일 총리는 취임 첫 아시아 순방에서 중국이 아닌 일본을 방문했고, 샤를 미셸 EU 상임의장과 폰데어라이엔 EU 집행위원장도 취임 첫 동아시아 동반 방문에서 중국 대신 일본을 선택했다. 서태평양에서 중국에 맞서는 일본에 EU가 힘을 실어주기 시작한 것이다. 디트마르 슈마이스구크 전 주중·주일 EU 대사는 EU가 태평양에서 미국을 대체할 수는 없지만 일종의 추가 보험 역할은 할 수 있다고 자평했다. 미국은 손뼉을 쳤다. 2022년 5월, 커트 캠벨 백악관 인도·태평양 조정관은 유럽과 전례 없이 긴밀한 전략적 공조를 이루고 있다며 "인도·태평양 전략에서도 유럽과 전략적 틀을 일치시키는 것이 급선무"라고 언급했다. 우크라이나 전쟁으로 신냉전의 암운이 드리우자 미국과 유럽 간의 경제 관계가 부흥했다. 미국과 EU 모두 상대방과의 교역 및 투자 규모가 급증하고 러시아·중국과의 교역 및 투자 규모가 급감했다.

2022년 6월 스페인 마드리드에서 개최된 NATO 정상회의에서는 NATO 설립 이후 7번째로 채택된 전략개념인 마드리드 전략개념이 등장했다. 1999년에 개최된 NATO 정상회의에서는 탈냉전기 러시아와 중국에 대한 유화책을 채택한 워싱턴 전략개념이 채택됐었고, 이에 따라 미국과 유럽은 중국의 WTO 가입을 지원하여 오늘날의 중국이 될 수 있도록 했다. 2022년에 채택된 마드리드 전략개념 역시 패권 전환기에 NATO 및 NATO 회원국의 행동 강령을 결정하는 중요한 전기轉機였다. 마드리드 전략개념에서 NATO는 러시아를 "가장 중요하고 직접적인 위협"으로, 중국을 유럽과 대서양의 안보는 물론이고 NATO 동맹국의 방어와 안보에 위협이 되는 "체계적 도전systemic challenge"으로 정의했다. 특히 중국과의 경쟁을 자유·인권·민주주의·법의 지배에 도전하는 야망 및 강압적 정책과의 대결이라 규정한 뒤, 중국에 맞서 자유주의 국제질서를 수호할 것이라 결론 내렸다. 러시아의 우크라이나 침공이 쏘아 올린 공이 유럽이 자유주의 진영의 일원으로서 미·중 패권 경쟁에서 중국에 대항하게 되는 결과로 귀결된 것이다.

사태가 여기에 이르자 중국도 다급히 유럽과의 관계 봉합에 나서야만 했다. 비록 열강의 시대는 끝났어도 유럽은 여전히 강대하다. 미국이라는 버거운 상대와 경쟁하는 와중에 유럽 전체를 적으로 돌리는 건 어리석은 짓이다. 서방 전체와의 대결을 피하기 위해서는 중국도 우크라이나 전쟁이 유럽의 역린이란 것을 인정할 수밖에 없었다. 2022년 12월 시진핑 주석은 샤를 미셸 EU 정상회의 상임의장과의 회담에서 "중국은 패권을 추구하지 않을 것"이라고 약속하며 EU가 신냉전을 반대해달라고 부탁하기에 이른다. 푸충 EU 주재 중국대표부 대사는 우크라이나 전쟁 직전 중국이 러시아에 "무제한적인 우정"을 약속했던 것은 그저 "수사^{rhetoric}"에 불과하다고 해명하기도 했다. 그러나 2023년에 들어서도 EU는 중국에 대한 경계를 늦추지 않았다. 2023년 1월, NATO와 EU는 유럽과 대서양의 안보가 최대의 위협에 직면해 있다며 러시아와 중국에 대항하여 두 기구 간의 협력관계를 격상하겠다고 선언했다. 2023년 5월에 공개된 EU의 대중국 전략문서는 "중국이 러시아에 우크라이나 철수를 요구하지 않으면 EU와의 관계는 결정적인 영향을 받을 것"이라고 경고했다. 2023년 10월 중국을 방문한 호세프 보렐 EU 외교·안보 고위대표는 유럽은 우크라이나 전쟁에서 중국이 중립이라는 설명을 신뢰할 수 없다며, "중국이 러시아 편이 아니라는 것을 확신시키기 위해서는 해야 할 일이 많다"라고 압박하기도 했다.

유럽의 전략적 자율성

패권 전환기에 벌어지는 현행 국제질서의 변화는 EU 회원국에 두 가지 상반된 중력으로 작용할 수 있다. 불안정한 국제사회에서 개별 EU 회원국은 자국의 상대적 이익을 극대화하려는 유혹을 받게 될 것이다. 국제질서가 견고할 때조차 EU 회원국 간에는 이해관계의 차이로 불협화음이 불거지는 경우가 많았다. 국제질서가 불안정하면 반목이 더욱 심해질 수 있다. 반면 변화하는 국제질서에 대응하기 위해 EU 회원국 간에 연대의 필요성이 커지는 부분도 존재한다. EU는 태생 자체가 동서냉전이란 초강대국의 시대에 유럽이 자주성을 확보하기 위한 노력의 일환으로 탄생했다. 상반된 두 가지 중력 중 전자가 강해진다면 EU에는 분리주의의 바람이 불 것이고, 후자가 강해진다면 유럽의 통합은 더욱 강한 결속력을 갖게 될 것이다.

우크라이나 전쟁은 안보는 미국에, 에너지는 러시아에, 경제는 중국에 의존해온 유럽의 방만함에 찬물을 끼얹은 각성제였다. 그러나 EU는 여러 국가가 공통의 목적을 위해 결성한 초국가공동체일 뿐, 단일국가가 아니다. 같은 국가 안에서도 이해관계가 다른 세력 간에 이견과 분열이 발생할 수 있는데, 이해관계는 물론이고 민족도 문화도 다른 EU 회원국 간에 강고한 결속을 기대하기란 애당초 어렵다. 당장 폴란드는 가장 열렬히 우크라이나를 지원하고 있지만, 헝가리의 경우에는 우크라이나에 대한 EU의 대규모 지원에 반대했을 뿐 아니라 대러시아 제재에도 미온적이다. 유럽 국가 중 세계화의 최대 수혜자인 독일은 우크라이나 전쟁이 끝난 뒤에는 러시아와 경제협력을 재개해야 한다고 주장했고, 프랑스는 러시아가 우크라이나 침공 직전까지 서방에 요구했던 '안전보장 협상'을 재개해야 한다고까지 주장했다. 러시아를 궁지에 몰아서는 안 된다는 논리였다. 우크라이나 전쟁으로 국력이 크게 꺾인 러시아가 가까운 장래에 프랑스나 독일을 위협하기는 어려울 걸로 판단했을 수도 있다. 하지만 서유럽 강대국의 한가한 고려는 구소련에 속했던 폴란드, 체코, 슬로바키아, 에스토니아, 라트비아, 리투아니아의 격렬한 반발을 불렀다. 2023년 10월에는 그동안 우크라이나를 전폭적으로 지원하던 슬로바키아에서 뜻밖에 친러시아 성향의 총리가 당선되더니 우크라이나에 대한 무기 지원을 중단하기로 결정하기도 했다. 눈앞의 위협인 러시아에 대해서도 이럴 진 데, 중국에 대한 EU 입장이 통일되길 기대하기란 더욱 어려운 일이다. 프랑스의 에마뉘엘 마크롱 대통령은 2023년 4월 중국을 국빈 방문한 뒤 "유럽이 미국의 추종자가 되어선 안 된다"라며 유럽이 대만을 둘러싼 미·중 대결에 끌려 들어가선 안 된다고 언급했다. 반면 폴란드의 마테우시 모라비에츠키 총리는 "우크라이나가 정복되면 바로 다음 날 중국이 대만을 공격할 수도 있다"라며 우크라이나와 대만해협이 상호 연계되어 있다는 점을 강조했다. 유럽국제관계협의회^{ECFR}가 2023년 4월 EU 회원국 국민을 상대로 실시한 설문조사에 따르면 전체 응답자의 62%가 대만해협에서 미·중 간에 전쟁이 발생하면 중립을 지켜야 한다고 응답했다 한다.

2023년 1월 다보스 포럼에 참석한 폰데어라이엔 EU 집행위원장은 유럽은 중국으로부터 "디리스킹^{de-risking}"을 원하는 것이지 중국과의 "디커플링^{decoupling}"을 원하는 것은 아니라고 선을 그었다. '디리스킹'이란 기업, 특히 금융기관이 특정 고객에 대한 의존도가 너무 높아질 시 리스크관리를 위해 포트폴리오를 분산하는 경영기법을 의미한다. 그간 EU는 러시아산 에너지에 대한 의존도가 높았던 만큼 수출시장이나 특정 광물에 대해서는 중국 의존도가 과도하게 높았다. 전자제품이나 배터리 생산에 필수적인 광물인 희토류나 리튬의 경우 거의 전량을 중국에서 수입할 정도였다. 요컨대 신냉전은 거부하되, 우크라이나 전쟁으로 러시아와 급격하게 디커플링하면서 많은 고통을 받았던 경험을 교훈 삼아 수출선과 수입선을 사전에 다변화하겠다는 취지였다. 중국과 디커플링하지 않고 디리스킹하겠다는 선언은 안보적 위험이 되지 않는 선에서는 중국과의 경제협력을 이어가겠다는 선언이기도 했다. 폰데어라이엔 위원장은 2023년 3월에도, 그리고 4월에도 동일한 메시지를 던졌다. 중국을 배제하는 블록경제는 거부하되, 중국에 대한 의존도를 완화하는 '디리스킹' 전략을 중심으로 대중국 정책을 짜겠다는 것이었다. 다만 반도체나 인공지능, 우주기술 등 4차 산업혁명의 중추 기술이자 최첨단 군사기술로 전용될 수 있는 이중용도 기술에 대해서는 합리적인 선에서 미국이 주도하는 대중국 규제에 동참하겠다고 다짐했다.

다극화되는 국제질서 속 유럽의 이상주의적 노력

2022년 10월 폰데어라이엔 EU 집행위원장은 "중국은 우리와 체제가 근본적으로 다르고, 우리는 그 경쟁의 본질을 인지하고 있다"라고 발언했다. 미국과 반미연대 가운데 선택을 강요받는 양자택일의 순간이 온다면, 유럽의 선택은 미국이 될 수밖에 없다는 뜻이다.

중국과의 디커플링에 반대하며 디리스킹을 요구하기 시작한 2023년 상반기에도 EU 회원국들은 스파이 혐의를 받는 화웨이를 EU의 5G 네트워크에서 퇴출시켰고, 공공기관 종사자의 '틱톡' 사용도 금지했으며, EU의 5세대5G 통신망 구축에서 화웨이 부품의 사용을 금지했다. 2023년 6월에 발표한 '유럽 경제안보전략 공동통신문'에서는 민감 기술과 이중용도 기술이 민군民軍 융합전략을 적용하는 우려 국가로 넘어가게 해서는 안 된다고 강조함으로써, 사실상 중국을 안보 위협으로 식별했다. 그러나 유럽은 가급적 양 진영 간에 선택을 강요받는 상황 자체를 회피하고자 한다. 미국과 달리 부존자원이 부족한 유럽에 있어 고립주의는 선택지가 될 수 없다. 자유롭거나 최대한 자유로운 국제무역은 필수다. 자유무역으로 인해 중국이 계속 부상하게 되더라도 어쩔 수 없다. 러시아의 팽창은 위협이지만 멀리 떨어진 중국의 팽창은 적어도 당장은 유럽에 위협이 아니기 때문이다. 패권국이 아닌 유럽은 패권에는 처음부터 관심이 없다.

사상적으로나 경제적으로나, 또는 안보적 관점에서나, 유럽은 자유주의 국제질서를 선호한다. 미국의 세계 패권이 해체된 불안정한 세상은 원치 않는다. 하지만 패권 해체를 향한 역사의 흐름을 되돌릴 수 없다는 점은 분명하고, 설사 되돌릴 수 있어도 그 부담을 유럽이 감당할 이유는 없다. 만약 현행 국제질서보다도 자유롭고 민주적인 국제질서가 수립될 수만 있다면 미국의 세계 패권 해체도 나쁘지 않을 것이다. 다만 일극체제가 다극체제로 전환되면 자유주의 국제질서는 더 이상 유지되기 어렵다.

다극체제와 다자주의는 일견 유사한 듯 보이지만 본질은 전혀 다르다. 다극체제는 어디까지나 소수의 강대국을 중심으로 형성되는 역학관계 또는 세력 간 질서를 의미한다. 그에 비해 다자주의는 어떤 의미에서는 '국제사회에서의 민주주의'로도 볼 수 있다. 다극체제와 다자주의가 양립했던 시기는 인류 역사상 단 한 차례도 없었다. 힘의 균형으로 이루어진 국제질서 아래서 약소국의 목소리는 지워지거나 묻힐 뿐이다. 펠로폰네소스 전쟁에서 아테네 장군이 멜로스 대표에게 말했듯이 "강자는 할 수 있는 것을 하고 약자는 받아야 할 고통을 받는 것"이야말로 무정부상태인 국제사회의 섭리, 즉 약육강식인 것이다. 오늘날의 유럽으로선 받아들이기 힘든 미래다. EU 내에서는 미국의 세계 패권이 해체된 이후에도 다자주의를 유지하는 방안에 대한 논의가 지속해서 이루어졌다.

자유주의 국제질서는 인위적인 체제로써, 오직 세계패권국만이 강제할 수 있다는 것이 현실주의 이론가들의 주장이다. 다극체제에서는 어떠한 노력으로도 자유주의 국제질서를 유지할 수 없다는 것이다. 다극을 형성하는 강대국들은 설사 내부적으로는 자유민주주의 국가라고 해도 외부 세력과의 경쟁이 존재하는 한 현실주의자가 될 수밖에 없기 때문이다.[22] 지난 30여 년 동안 자유주의 국제질서가 유지될 수 있었던 것은 오로지 일극의 패권을 보유한 미국이 그것을 원했기 때문이라는 현실주의자들의 주장에는 분명 타당한 측면이 있다.[23] 지금껏 자유주의 국제질서가 미국의 일극적 힘으로 지탱되었다면, 앞으로는 미국의 힘이 빠져나간 빈자리를 다른 무언가가 채워야 할 것이다. 힘이 아닌 국제사회의 연대를 통해 자유주의적인 국제질서를 구축할 수 있다면 가장 이상적일 것이다. 그러나 이러한 연대는 이해관계나 이념적 동기를 공유하는 나라들 사이에만 성립할 수 있다. 대다수 글로벌 사우스 국가들은 다자주의를 원하지만 거의 모든 글로벌 사우스 국가는 개도국이고, 많은 경우 권위주의 국가다. 글로벌 사우스가 다자주의를 선호하는 동기는 그저 다자주의가 국력에 비해 많은 영향력을 행사할 수 있게 해주는 체제이기 때문인 경우가 많다. 또한 이들은 주요 세력 간에 가교역할을 하거나 국제질서의 형성을 촉진할 수는 있을지언정 별개의 '극極, pole'으로서 국제질서를 주도하기엔 아직 미력하고, 다자주의를 위해 희생과 양보를 할 준비도 되어 있지 않다.

다양한 목소리와 담론이 대두된 끝에 크게 두 가지 필요성에 대한 공감대가 EU 내에서 형성됐다. 첫 번째는 자유주의의 본산인 EU가 직접 국제질서의 방향에 영향을 미칠 만큼 강력한 세력이 되어야 한다는 것이다. 그리고 두 번째는 EU가 국제사회의 막강한 행위자로서 국제제도와 국제규범을 중심으로 한 대외정책을 적극적으로 전개하여야 한다는 것이다. 이에 따라 EU의 대외정책은 곧 도래할 것으로 예상되는 다극체제에서 다자주의를 수호하기 위해 국제사회의 중요한 '정치적 극political pole'이 되는 것을 목표로 삼았다. 또한 다극체제에서도 소국·대국과 상관없이 모든 나라가 국제법에 따른 동등한 대우를 받고 개인의 인권을 보장하는 자유주의 이념이 적용될 수 있다고 선언하며, EU의 힘을 결집해 국제사회에서 이러한 원칙과 가치를 계속 수호하겠다 천명하였다.[24]

EU의 노력은 WTO 차원에서 가장 가시적으로 이루어졌다. WTO의 미래가 불투명한 가운데 EU는 WTO 분쟁해결제도를 앞장서서 적극 활용하고 있다. EU는 2022년 한 해 동안 제기된 여덟 건의 신규 WTO 제소 가운데 다섯 건을 홀로 제기하면서 WTO 분쟁해결제도의 효용성을 유지하기 위해 노력했다. 마비된 상소기구를 대신하기 위한 대안 상소 절차인 MPIA도 고안했다.[25] 상소기구 마비 사태가 WTO 다자무역체제의 마비로 이어지지 않도록 1심 패소 후 WTO 판정을 준수하거나 MPIA 등 대안 상소를 선택하지 않는 (즉, 악의적으로 1심 판정을 상소하여 사실상 절차를 교착시키는) 상대국에 대해서는 EU 차원에서 보복함으로써 WTO 판정의 준수를 강제하려는 노력도 하고 있다.[26] 즉, EU는 중국과 러시아를 상대로는 국제규범에 따라 인권을 보호하고 우크라이나 전쟁을 신속히 종결하며, 대만해협의 평화와 안정을 유지하라고 요구하는 한편, 미국을 상대로는 WTO 협정을 준수하고 WTO 다자무역체제의 기능을 복원하라고 압박하고 있는 셈이다.[27]

그러나 급변하는 국제정세 앞에서 가치만을 내세울 수 없다는 목소리도 EU 내에서 점차 커지고 있다. 우크라이나 전쟁의 향방에 따라, 또는 대만해협에서의 급변사태 발생 시 유럽의 눈앞에 놓인 선택지는 급격히 줄어들 것이다. 난민과 이민자를 둘러싼 갈등이 '현재 진행 중'이라는 점도 심각한 문제다. 2023년 6월 프랑스에서는 나엘 메르주크라는 알제리계 소년이 경찰의 교통 검문에 불응하고 도주하다 사살되는 사건이 발생했다. 이에 알제리계 이민자를 중심으로 발생한 대규모 시위는 폭동으로 번졌고, 얼마 지나지 않아 이웃 스위스와 벨기에 등으로 확산했다. 트랜스젠더 여성을 '미스 네덜란드'로 뽑을 만큼 진보적인 네덜란드조차 난민 문제로 인해 정당 간 대립이 심화하는 바람에 연립정부의 내각이 총사퇴하여 연정이 해체됐다. 독일에서는 반X난민주의를 내세운 극우당이 지지율 2위로 올라섰다. 이민자들이 유럽 사회에서 차별받는 것은 주지의 사실이지만 이민자와 난민을 대거 수용한 이후 급격히 악화된 치안 문제도 더 이상 감출 수 없을 만큼 심각한 사회 문제가 됐다. 유럽이 이 문제를 현명하게 해결하지 못하면 각국의 민족주의 정서는 날로 고조될 것이다. 민족주의 정서의 강화는 극우 정권의 등장을 부르게 될 것이다. 극우 정권의 등장은 EU라는 국가공동체의 약화로 이어질 가능성이 높다. 난민·이민자 문제는 EU의 미래를 결정할 수 있는 중요한 문제가 됐다.

그럼에도 불구하고 유럽은 현재 지구상에서 현실주의적 요구와 자유주의적 가치를 어떻게 접목하고, 또 어떻게 조화시킬지에 대해 진지하게 고민하는 유일한 세력이다. 유럽의 지정학적 가치와 잠재력을 고려할 때, 유럽의 입장과 의지는 패권 전환기의 방향을 결정하는 데 핵심적인 역할을 할 수도 있을 것이다. 만일 불안정한 패권 전환기에 자유주의 국제질서를 지키려 드는 최후의 수호자가 존재한다면, 그것은 미국이 아닌 유럽이 될 가능성이 높다.

05 이해관계로 뭉친 반미연대

지미 카터 행정부 시절 미국의 국가안보보좌관을 역임했던 즈비그뉴 브레진스키는 저서 '거대한 체스판'에서 미국의 세계 패권이 위협받는 최악의 시나리오로 중국과 러시아, 그리고 이란이 연대하는 상황을 꼽았다. 중국-러시아-이란의 연대를 미국의 세계 패권에 저항하는 '반패권연대anti-hegemonic coalition'로 명명한 브레진스키는 이 삼각 연대가 막강한 잠재력을 가졌음은 물론, 미국의 지정학적 전선을 유럽과 중동, 아시아에 걸쳐 넓게 확산시킴으로써 세계 패권에 총체적 위협이 될 수 있다는 점에 주목했다.

예나 지금이나 중국과 러시아는 지정학적 경쟁 관계이지만, 두 나라는 탈냉전기 내내 전략적 연대를 유지해왔다. 이미 지난 1997년 중국의 장쩌민 주석과 러시아의 보리스 옐친 대통령은 모스크바에서 가진 정상회담에서 양국의 힘을 합쳐 국제사회의 다극화를 추구하기로 합의한 바 있다. 두 나라 모두 스스로 세계패권국이 될 가능성은 희박하다. 구소련과 같이 양극체제의 일익이 되는 것이 최선이겠으나, 그 또한 서로가 있어 쉽지 않다. 그렇다면 세계대전 이전과 같은 다극체제가 복원되는 것이 현실적인 최선이다. 그러나 미국의 세계 패권이 전성기를 구가하던 시절에는 두 초강대국의 연대로도 현상 변경은 감히 꿈꿀 수 없었다. 탈냉전기에 러시아는 동유럽에서 미국의 위력에 눌려있었고, 중국은 서태평양에서 미국에 눌려있었다. 우크라이나 전쟁과 대만해협 위기는 지엽적으로는 우크라이나와 러시아, 대만과 중국 사이에 발생한 지역 문제이지만, 세계적인 관점에서는 미국의 지정학적 봉쇄망을 돌파하기 위한 두 나라의 노력으로도 해석될 수 있다. 우크라이나와 대만해협이 각각 돌파되면 두 나라는 그만큼 지역 패권국 등극에 가까이 다가설 수 있기 때문이다. 두 나라가 유라시아와 동아시아의 패권국으로 각각 등극하면 미국의 세계 패권은 해체될 수밖에 없을 것이다. 그런 의미에서 우크라이나와 대만해협은 패권의 관문이라고도 볼 수 있다. 한편 반미연대의 또 다른 축인 이란은 중·러처럼 미국의 세계 패권을 직접 겨냥하지는 않지만, 중동에서 미국의 패권을 해체하고 나아가 중동의 맹주가 되길 원한다는 점에서는 같은 목표를 추구하고 있다. 이들 세 나라가 미국에 대항하기 위해 연대하는 것은 자연스러운 결과일 것이다.

다만 중국-러시아-이란의 삼각 연대를 만연히 '반패권연대'라고 부르는 것은 성실한 접근법은 아닐 것이다. 이들이 미국의 세계 패권에 대항하는 것은 패권 그 자체에 반대하기 때문이 아니라 자국이 지역 패권국이 되기 위해서다. 반패권의 기치를 드는 기수라면 무엇보다 스스로 패권주의자가 아니어야 한다. 그런데 미국이 주도해온 자유주의 국제질서를 대체하자며 중국이나 러시아가 제시하는 '천하 질서'나 '다극적 국제질서'는 애초부터 세계 패권을 노리고 만들어진 개념이 아니기에 역외 국가에 대한 불가침 원칙을 전제하고 있을 뿐, 자국의 세력권에 속한 역내 국가에 대해서는 현행 자유주의 국제질서보다 패권적인 색채를 훨씬 더 짙게 드러낸다.[28] 따라서 중국-러시아-이란의 삼각 연대는 패권에 반대하는 반패권연대가 아닌, 문자 그대로 현

세계패권국인 미국에 맞서는 반미연대라고 정의하는 것이 적확할 것이다.

반목의 역사를 공유하는 세 나라

중국과 러시아가 오랜 반목의 역사를 공유한다는 것은 공공연한 사실이다. 두 나라의 악연은 러시아가 극동지방에 진출한 17세기로 거슬러 올라간다. 러시아 극동 진출의 첨병대 역할을 맡은 하바로프 원정대가 흑룡강을 넘어 청나라가 지배하던 만주에 출연한 것이 첫 만남이었다. 몇 차례에 걸친 무력 충돌 끝에 러시아와 청나라는 네르친스크 조약을 맺어 경계선을 확정했다. 그 후 400여 년이 지나는 동안 두 나라의 관계가 우호적이었던 시기는 그리 길지 않았다.

청조 말기, 러시아는 중국을 수탈하는 서구 열강 중 하나였다. 아편전쟁에서 중국을 상대로 가장 큰 영토적 이득을 본 열강은 청나라와 인접한 러시아였다. 2차 아편전쟁이 청나라의 굴욕적인 패배로 끝난 1858년부터 1860년까지, 러시아 제국은 청나라에 아이훈 조약을 비롯한 다수의 불공정 조약을 강요해 광활한 극동지방 영토를 빼앗았다. 소련 시절에도 두 나라 사이의 반목은 이어졌다. 같은 공산주의 사상을 추종하였으나, 현실주의의 중력은 어김없이 두 나라를 경쟁 구도로 내몰았다. 1969년에는 러시아가 아이훈 조약을 통해 청나라로부터 빼앗은 우수리강 유역에서 중-소 국경분쟁이 발발했다. 소련은 핵무기는 보유하였으되 아직 모스크바를 타격하기 위한 투발 수단을 갖추지 못했던 중국을 상대로 핵 위협을 했다. 중국은 경악했으나, 뜻밖에도 핵전쟁을 우려한 미국이 나서 소련을 상대로 핵억지력을 발휘함으로써 힘의 균형을 맞추어주었다. 죽(竹)의 장막 너머에서 양극의 초강대국과 홀로 대립하는 것의 위험성을 깨달은 중국은, 이후 핑퐁외교를 통해 미국과 손을 잡는다. 미국도 소련을 견제하기 위해 기꺼이 중국의 손을 잡았다.

1991년 소련이 해체된 이후에는 중-러 간의 역학관계가 뒤집혔다. 군사력과 영토를 제외한 모든 부분에서 열세에 놓인 러시아는 중국을 몹시 경계하였다. 소련 해체 직후 어지러운 정세를 틈타서 아이훈 조약으로 빼앗은 극동지방 영토를 중국이 넘보면 핵으로 대응하겠다고 러시아가 엄포를 놨다는 '썰'이 있을 정도다. 유라시아 주의의 대부인 알렉산드르 두긴도 러시아는 중국의 관심을 남방에 돌려 러시아를 향하지 못하게 하고, 동시에 중국을 분열시키기 위해 최대한의 노력을 기울여야 한다고 주장한 바 있다.[29] 러시아나 중국에 있어 지리적인 숙명의 경쟁국은 미국이 아니라 쌍방인 셈이다. 중국이든 러시아든, 오로지 상대국을 돕기 위해 미국과 정면 대결할 의리는 없다. 그저 미국이라는 패권국에 맞서기 위해 공동전선을 구축할 수밖에 없는 상황일 뿐이다.

이란과 두 나라의 관계는 조금 다르다. 고대 이란, 즉 실크로드의 서쪽 끝단을 지배한 페르시아 제국은 동쪽 끝단을 다스린 중국 왕조와 대대로 교역관계를 맺었다. 다만 북쪽으로 국경을 맞댄 러시아와의 관계는 좋지 않았다. 19세기에는 남하하던 러시아 제국이 이란의 카자르 왕조로부터 서남아시아 영토를 대거 빼앗았고, 제국주의적 수탈도 감행했다. 20세기 들어 혁명으로 이란의 정권을 차지한 호메이니는 무신론을 주장하는 공산주의를 악으로 규정했다. 이때 이란이 소련을 '악의 세력'으로 천명하고 중국을 상대로는 위구르 지역 이슬람교도의 봉기를 선동하면서 이란과 두 나라 간의 관계가 악화하기도 했다. 호메이니 사후 이란과 중국의 관계는 회복됐지만 소련과의 관계는 쉽사리 회복되지 않았다. 이란과 러시아의 관계가 회복된 것은 비교적 최근인 2015년, 시리아 내전에서 러시아가 이란의 동맹인 바샤르 알아사드 정권을 지원하면서부터였다.

상호보완을 위한 반미연대

브레진스키는 중국-러시아-이란의 삼각 연대는 냉전기의 공산권과는 달리 이념이 아닌 '상호보완적인 고충complementary grievance'으로 뭉친 연대가 될 것이라 예언했다. 실제로 이들 세 나라 간에는 '반미'를 제외하면 공통분모가 거의 없다. 러시아와 중국은 지정학적 경쟁국이고, 중앙아시아와 서남아시아 지역에서만큼은 러시아와 이란도 지정학적 경쟁국이다. 중국과 이란 간의 협력관계도 중국이 일대일로를 어떤 방향으로 끌고 가느냐에 따라 얼마든지 달라질 수 있다. 그러나 이들은 미국의 세계 패권이 유지되는 동안에는 서로 연대할 필요와 유인이 있다. 당면한 국제정세에서는 더욱 그렇다. 오랫동안 미국의 제재에 억눌린 이란에 있어 중국·러시아와의 연대는 고립에서 탈출할 수 있는 해방구와 같다. 러시아 역시 우크라이나 전쟁으로 서방의 전면 제재에 노출된 상황에서 중국과 이란의 지원이 없으면 버티기 어렵다. 중국 또한 러시아, 이란과 연대하지 않으면 미국과의 패권 경쟁에서 승산을 기대할 수 없다. 즉, 반미연대란 순수하게 이해관계로 결속된 세 나라 간의 전략적 연대라고 이해해야 할 것이다.

친미 성향이었던 이란의 팔레비 2세가 혁명으로 축출된 1979년 이래 미국의 중동 정책은 이란을 고립시키는 데 중점을 두었다. 미국은 이란과 전통적으로 대립하던 이스라엘이나 사우디아라비아 등의 우방국은 물론이고 이란을 봉쇄하기 위해서라면 이라크의 사담 후세인 정권마저 지원했었다. 이란이 대륙간탄도탄과 핵탄두 개발을 개시한 이후에는 수많은 제재로 이란을 압박했다.

1990년대 말부터는 이란도 나름대로 개혁개방 노선을 걸으려는 노선이 감지됐지만, 9·11 테러 이후 부시 대통령의 '악의 축' 발언과 2003년 이라크 전쟁으로 인해 이란과 미국의 관계는 더욱 악화됐다. 이에 힘입어 2005년에는 보수강경파인 마무드 아마디네자드가 대통령에 당선됐다. 2013년까지 집권한 아마디네자드 대통령은 핵 개발에 박차를 가하면서 미국 및 이스라엘과 대립했다. 그동안 미국의 주도로 채택된 다양한 UN 안보리 제재로 인해 이란의 경제 사정은 계속 나빠졌다. 2013년에 집권한 하산 로하니는 온건파로 분류되는 대통령이었다. 때마침 미국도 버락 오바마 대통령이 유화적인 대외정책을 채택한 상황이었다. 특히 2010년경 셰일 혁명으로 세계 최대의 에너지 대국이 된 미국에 있어 중동의 지정학적 가치가 떨어진 상황. 미국은 중동 지역에서의 관여를 줄여나가고 있었다. 2015년, 영국 · 프랑스 · 독일 · 러시아 · 중국의 중재로 '포괄적 공동행동 계획'"JCPOA," Joint Comprehensive Plan of Action이라 불린 미국-이란 간 핵 협상이 타결됐다. JCPOA는 이란의 핵 프로그램을 평화적인 목적으로 제한하는 합의였다. 이란이 군사용 핵 개발을 중단하는 대신 미국과 EU는 이란에 대한 경제제재를 해제하고, 이란의 핵 개발 및 운용 상황을 IAEA가 상시 사찰하는 것이 JCPOA의 골자였다. 마침내 미국과 이란의 관계가 회복될 전기가 마련됐나 싶었지만 이번에는 이스라엘과 사우디아라비아가 강력히 반발했다. 오바마의 후임으로 당선된 트럼프는 이스라엘 · 사우디의 목소리를 중시했다. 트럼프 행정부는 2018년 5월 JCPOA에서 일방적으로 탈퇴하였고,[30] 미국과 이란의 관계 회복은 무산되었다.

이란은 미국의 목표가 화해가 아닌 이란의 체제 붕괴라고 의심하기 시작했다. 2019년 5월과 6월 호르무즈 해협에서 유조선이 잇달아 피격되는 사건이 발생했고, 사우디아라비아의 정유시설도 피격됐다. 미국은 이란을 사건의 배후로 지목했다. 얼마 뒤인 2020년 1월, 이란혁명수비대의 거셈 솔레이마니 총사령관이 미군의 공습으로 사망한다. 자바드 자리프 이란 외무장관은 보복을 다짐했으나, 트럼프 대통령은 이란이 보복할 시 이란 내 52개 목표물을 "매우 빠르고 매우 강력하게 타격할 것"이라고 경고했다. 2021년에 당선된 바이든은 이란과의 JCPOA를 복원하기 위해 노력했다. 하지만 이미 불신의 벽이 생긴 양자 간에 재차 합의가 이뤄지기란 쉬운 일이 아니었다. 미국의 제재 해제가 요원해 보이고 관련 논의가 공전하는 사이 이란은 중국과 급속도로 가까워졌다. 2021년 3월 이란과 중국은 '25년 협력 프로그램'이라고도 불리는 '포괄적 전략 파트너십 협정'을 체결한다. 이에 따라 중국은 향후 25년에 걸쳐 이란에 미화 4천억 달러를 투자하는 대신 이란의 원유를 저가에 수입할 수 있게 됐다. 중국으로선 안정된 원유 수입처를 확보한 셈이고, 이란으로서는 서방의 제재로 꽉 막힌 수출길에 숨통이 트인 셈이었다.

한편 러시아 연방의 초대 대통령이었던 보리스 옐친은 구소련 붕괴 후 친서방 정책을 채택했다. 후임인 블라디미르 푸틴 역시 한동안 친서방 기조를 유지했다. 당시 미국은 너무나도 강대했고, 러시아는 워낙 약해진 상태였다. 만일 이 시기에 미국과 서방이 러시아를 지정학적 잠재력에 따라 예우하면서 서방의 일원으로 끌어들이려 노력했다면 역사가 바뀌었을지도 모른다. 하지만 러시아에 대한 서방의 경계심도 뿌리 깊었다. 서방은 러시아를 딱 표면적으로 드러난 국력만큼만 대우했다. 세계패권국이 지배하는 세상에서는 러시아가 자랑하는 가공할 핵무기와 군사력도 별로 존중받지 못했다. 초강대국에서 하루아침에 일개 개도국으로 전락한 러시아 국민은 굴욕을 느꼈다. 자존심에 상처를 입은 나라는 우경화하고 민족주의적인 사회문화가 형성되는 게 보통이다.

테러와의 전쟁을 기점으로 미국의 힘이 서서히 약해지자 러시아는 기지개를 켜기 시작했다. 중앙정부를 강화하여 구소련 붕괴 이후 난장판이 되었던 국내 질서를 정립하는 데 성공한 푸틴 대통령은, 서방의 자유주의 물결에 맞서 러시아만의 정체성 구축을 위해 노력한다. 푸틴은 서방이 '보편적 인권'이란 환상 아래 성소수자 인권과 같은 '타락한 이념'을 퍼뜨리고 있다며, 러시아 정교에 기반한 슬라브 민족주의를 주창했다. 푸틴은 대외적으로도 공세적인 정책을 펼치기 시작한다. 푸틴은 평소 소련의 붕괴를 "20세기 최대의 지정학적 재앙"이라 불렀지만 공산주의의 부활을 원치는 않았다. 대신 푸틴은 러시아 제국의 부활을 위해 유라시아 지역에서의 세력 확대에 전력을 다했다. CIS·유라시아 경제연합 등을 결성하여 구소련에 소속됐던 국가를 다시 러시아의 세력권에 포섭했고, 에너지를 무기화하여 유럽과 세계시장에도 영향력을 미치기 시작했다. 러시아에도 푸틴의 철권통치에 반대하는 민주주의 인사들은 있었다. 하지만 초강대국으로서의 위상을 되찾을 것을 약속하는 푸틴은 대다수의 러시아 국민으로부터 지지받고 있었다.

우크라이나 전쟁 전까지만 해도 러시아는 중국과의 연대를 강화하면서도 미·중 간에 균형을 유지하려 노력했다. 중국 주도의 집단안보기구인 SCO에 가입하여 미국에 공동 대응할 길은 열어두었으나, 중앙아시아나 서남아시아를 관리할 필요가 있을 때는 언제나 자국이 주도하는 집단안보기구인 CSTO를 통해 행동했다. 2021년 6월 푸틴은 미국과 중국이 대만해협에서 격돌할 시 러시아의 입장을 묻는 미국 NBC의 질문에 "그런 일은 발생하지 않을 것"이라며 답변을 피했다. 안드레이 데니소프 주중국 러시아대사도 중국의 영문 관영매체인 글로벌타임스와의 인터뷰에서 같은 질문이 나오자 "그런 일은 발생하지 않아야 한다"라며 대답을 회피했다. 놀라운 일은 아니었다. 여러 지정학적 요인을 고려할 때, 장기적으로는 미국이 아닌 중국이 러시아에 최대의 위협으로 떠오를 가능성이 높다. 2021년경 중국에서는 1850년대에 러시아 제국에 빼앗긴 극동지방 영토를 회복해야 한다는 이야기가 학계나 민간 차원에서 종종 나오고 있었다. 서방도 러시아 극동지방의 인구구조를 고려할 때 극동이 중국에 넘어가는 것은 시간문제라며 논란에 불을 지폈다. 러시아와 중국은 공식적으로는 서방의 '이간질'을 배척했지만, 일리가 있는 이간질이란 점을 부정할 수는 없었다. 러시아 영토의 무려 40%에 달하는 극동 지구Far Eastern Federal District 전체에 거주하는 러시아계 주민의 숫자를 다해도 2021년 기준 8백만이 채 되지 않았기 때문이다. 반면 중국의 경우 최북단 헤이룽장성의 인구는 거의 4천만 명, 지린성의 인구는 약 2천 5백만 명, 내몽골 자치구의 인구도 약 2천 4백만 명에 달한다. 러시아의 극동 지구로 이주하는 중국인의 숫자는 해가 갈수록 늘어가고 있고, 이미 50만에 달하는 중국인이 러시아 극동 지구에 거주하고 있는 것으로 알려져 있다. 극동 지구뿐이 아니었다. 중국은 일대일로를 통해 러시아의 앞마당인 중앙아시아에서 세력을 넓히기 위한 노력을 다각적으로 전개하고 있었다. 러시아가 중국의 영향력 확대를 경계하지 않았다면 오히려 이상한 일이었을 것이다. 그래서인지 러시아는 미국에 대한 연합전선을 구축하면서도 중국과 동맹 관계를 구축하는 데는 적극적이지 않았다.

동상이몽을 했던 것은 러시아뿐이 아니다. 중국도 2021년까지는 자국의 핵심 우호국ironclad friend 14개 국가를 꼽으면서 러시아와 북한을 제외했다.[31] 그러다 미국이 본격적으로 중국과의 패권 경쟁에 나서면서부터 수세에 몰린 중국은 러시아에 적극적인 러브콜을 보내기 시작했다. 2021년 중·러 정상회담 직후 중국의 관영매체 글로벌타임스는 "초강대국을 위협하고 압박하는 것은 나쁜 선택"이라며, "두 개의 초강대국을 적으로 돌리는 것은 특히 현명하지 않다"라고 미국에 경고했다. 글로벌타임스는 "실력이 있다고 해서 중국과 러시아를 동시에 봉쇄해 승리할 수 있다고 믿는다면 오만한 생각"이라고 주장하기도 했다. 2022년 초에도 중국의 왕이 외교부장은 중국과 러시아 간에 전략·실무적 협력을 강화할 필요성을 논하며 "두 강대국이 어깨를 나란히 하고 협력하면 미국은 승리할 수 없다"라고 강조했다. 반면 러시아는 우크라이나 전쟁 이전까지는 중국과 대등한 관계를 형성하기 위해 중앙아시아와 서남아시아, 그리고 동유럽에서의 패권을 확고하게 굳히는 데 우선적인 노력을 기울이고 있었다.

중국과 러시아, 그리고 이란 간의 역학을 근본적으로 뒤바꾼 계기가 된 것은 우크라이나 전쟁이었다. 우선 우크라이나 전쟁으로 미국과 이란 간에 JCPOA 복원을 위한 협상이 지지부진해졌다. 그사이 이란과 러시아의 협력은 새로운 전기에 들어섰다. 이란은 우크라이나 전쟁에서 러시아에 군사적 지원을 아끼지 않은 유일한 나라이다. 전쟁 초기 우크라이나가 운용하는 튀르키예산 바이락타르 드론에 고전하던 러시아는 이란제 드론 수천 기를 도입했다. 처음에는 이란도 러시아가 사용한 드론이 전쟁 발발 수개월 전에 제공한 것이라 주장했었다. 그러나 전쟁이 진행되면서 중국-러시아-이란의 반미 트라이앵글이 형성되며 독자적인 경제권이 구성되기 시작하자 대놓고 러시아를 지원하기 시작했다. 어차피 서방의 전면 제재에 수십 년째 두들겨 맞고 있는 이란으로선 잃을 것이 없었다. 이란은 러시아군에 드론 운용을 위한 훈련을 제공했을 뿐 아니라 러시아 본토에 이란제 자폭 드론 공장의 건설도 추진했다. 격분한 우크라이나는 단교를 선언했으나 이란은 아랑곳하지 않았다.

2022년 7월 푸틴 대통령은 이란을 방문하여 세예드 에브라힘 라이시 이란 대통령 및 아야톨라 세예드 알리 하메네이도 최고지도자와 각각 회담했다. 푸틴은 러시아와 이란의 협력관계를 전략적 동반자 수준으로 끌어올릴 것이라고 선언했고, 하메네이 최고지도자는 러시아가 우크라이나를 침공하지 않았다면 언젠가 러시아가 침공당했을 것이라며 러시아를 두둔했다. 2022년 11월 이란은 흔히 핵무기 생산 전 단계라 불리는 농축 우라늄 생산을 개시했다. 이에 바이든 대통령은 "이란과의 핵 협상은 끝났다"고 발언하기도 했다. 같은 달 러시아 국가안보회의의 니콜라이 파트루셰프 서기는 알리 샴카니 이란 최고 국가안보회의 의장과의 안보수장 회동에서 "러시아와 이란은 다극적 세계질서 확립을 위한 투쟁의 선두에 서 있다"라고 선언했다. 중국도 이란의 국제무대 복귀를 적극 지원하고 나섰다. 이란은 중국의 지원에 힘입어 SCO와 브릭스에 가입했다.

중국-러시아-이란으로 이루어진 반미연대는 영토 규모만으로 따져도 전체 육지 면적의 20%에 육박하고, GDP도 세계 전체 GDP의 20%에 육박한다. 영미동맹에 비하면 군사력이나 GDP 규모가 떨어지기는 하지만, 서방 세계와 단절하고도 얼마든지 자급자족이 가능한 규모다. 서쪽의 이란과 동쪽의 중국이 유라시아 대륙 북부를 동서로 관통하는 러시아와 함께 형성하는 지정학적 삼각구도는 과거 맥킨더가 주창한 '하트랜드'의 완성체에 가깝다. 반미연대의 지정학적 잠재력은 과거의 소련보다도 우위에 있다. 중국과 러시아는 4천 킬로미터를 훌쩍 넘는 기나긴 국경을 통해 직접 연결되고, 러시아는 카스피해를 통해 이란과 연결되어 있다. 이란은 중국이 후원하는 파키스탄을 통해 중국과 연결되어 있다. 또한 이란과 러시아 사이에는 카자흐스탄, 우즈베키스탄, 타지키스탄, 투르크메니스탄과 같은 CIS 국가와 탈레반이 지배하는 아프가니스탄이 있다. 반미 트라이앵글에 포섭된 이 거대한 삼각지대는 거대한 땅과 인구, 부존자원을 품고 있다. 반미연대가 꾸준한 노력으로 이 삼각지대를 포섭한다면 지정학적 완전성이 더욱 높아질 것이다.

반미연대는 글로벌 사우스와도 직접적인 협력이 가능하다. 이란을 통하면 중동과 인도양으로 나아갈 수 있고, 러시아를 통하면 서남아시아와 직접 교류할 수 있다. 인접한 인도는 중국이나 파키스탄과는 경쟁국이지만, 러시아나 이란과는 협력할 것이다. 이 지역은 인프라가 매우 낙후되어 있지만 중국의 일대일로가 이미 그 틈을 상당히 메우고 있다. 특히 2023년 5월, 러시아와 이란이 이란 북서부 라슈트와 아제르바이잔 남부 아스타라를 연결하는 철도건설에 합의함으로써 한동안 지지부진하던 '남북 국제교통회랑'International North-South Transport Corridor의 건설이 급물살을 타고 있다. 길이 7천 2백 킬로미터의 남북 국제교통회랑은 모스크바에서 시작되어 아제르바이잔을 거쳐 이란을 경유하여 호르무즈 해협까지 육로 운송을 한 뒤, 해로로 인도의 뭄바이로 연결되는 국제 운송로다. 러시아-아제르바이잔-이란-인도를 잇는 남북 국제교통회랑이 완성되면 수에즈 운하를 위협하는 거대 국제 운송로가 탄생하게 될 것이다.[32]

반미연대는 하나의 지정학적 세계다. 중국은 첨단기술과 경제력, 그리고 시장이 있다. 러시아는 기초 과학력과 식량, 그리고 자원이 있다. 이란은 막대한 자원뿐 아니라 지정학적 요충지인 호르무즈 해협을 틀어쥐고 있다. 반미연대는 군사력도, 기술력도, 경제력도, 영토도, 인구도, 시장도, 자원도, 지정학적 입지도 모두 갖추고 있다. 가히 지구상에서 영미동맹에 대항할 잠재력을 보유한 유일한 세력이라 보아도 무방하다. 반미연대의 구축은 세 나라 모두에게 필수적이다. 러시아는 우크라이나 침공 이후 미국과 서방의 전면적인 제재를 받고 있다. 세계 최대의 식량 및 에너지 생산국인 러시아는 외부와 고립되어도 자급자족할 수 있지만, 전쟁 이전의 생활 수준을 유지하거나 21세기형 전쟁을 계속하는데 필요한 설비와 품목을 확보하는 것은 다른 문제다. 글로벌 사우스에 속하는 국가 대다수가 서방의 제재에도 불구하고 러시아와의 경제 관계를 유지하고 있지만, 그것만으로는 부족하다. 그런데 마침 에너지와 식량은 중국의 최대 약점이다. 중국은 세계 최대의 에너지 및 식량 수입국인바, 안정적인 에너지와 식량 공급이 확보되지 않으면 미국과 진정한 의미에서의 패권 경쟁에 나설 수 있는 상황이 아니다. 중국은 우크라이나 전쟁으로 러시아를 품음으로써 가장 큰 약점을 해결할 수 있게 된 셈이다. 러시아로서도 중국이란 큰 손을 안정적인 고객으로 확보하면 경제 문제를 해결할 수 있다. 중국은 2023년 10월 현재까지도 서방의 눈치를 보느라 군사 장비를 러시아에 직접 수출하는 것을 자제하고 있지만, 군수용으로 전환될 수 있는 민·군 이중용도 품목은 러시아에 대거 수출하고 있다. 중국과 러시아는 4차 산업혁명의 중추 기술 중 하나가 될 양자컴퓨팅 기술에서도 협력을 제고하고 있다. 미국의 전방위적인 경제제재로 서방과의 기술협력은 어려워졌지만, 기초 과학이 탄탄한 러시아와 첨단기술에서 강점이 있는 중국이 연대하면 무시할 수 없는 세력이 될 것이다.

중국과 러시아가 연합하면 서로의 약점을 극복하고 미국도 만만히 볼 수 없는 막강한 세력이 될 수 있다. 과거의 소련이 그랬듯이, 아니 그 이상으로 미국과 자유주의 진영에 맞서 세계를 양분하는 거대하고 강력한 진영을 구축할 수 있는 것이다. 이 진영은 이란의 합류를 통해 지정학적으로 완성된다. 이란의 막대한 자원을 얻을 수 있을 뿐 아니라 중동과 인도양에 진출하기 위한 지정학적 요충지를 확보하게 되는 것이다. 대신 이란은 반미연대에 합류함으로써 오랜 고립에서 벗어날 수 있게 된다.

최강대국에 맞서는 두 초강대국의 합종연횡

이란의 잠재력과 지정학적 입지가 아무리 중요해도 반미연대의 핵심은 결국 중국과 러시아다. 반미연대의 결속력을 결정하는 것 또한 이 두 나라의 연대일 것이다. 중국과 러시아의 연대는 미국을 상대로 한 패권 경쟁이 치열하게 전개되는 한은 견고하게 유지될 수 있을 것이다. 그러나 두 초강대국의 협력은 역설적으로 미국의 세계 패권이 유지되는 동안에만 상수로 남을 수 있다.

우크라이나 전쟁은 중국과 러시아의 관계를 근본적으로 뒤바꾼 계기였다.

러시아의 최대 고객이던 유럽은 우크라이나 전쟁으로 러시아와의 에너지 디커플링에 돌입했다. 러시아는 미국과 서방의 전면적인 경제제재에 노출됐다. 중국은 그런 러시아의 최대 고객이자, 반도체 등 무기 제작에 필수적인 품목을 수입하기 위한 우회로가 되어주었다. 2023년 상반기 중국의 수출 규모는 2022년 상반기 대비 5%가량 감소했지만, 대러시아 수출 규모는 70% 이상 증가했을 정도다. 러시아는 중국 없이는 전쟁을 지속하기는커녕 경제를 유지하는 것조차 어려운 상황이 됐다. 러시아의 중국 의존도가 시시각각 증가하면서 2023년 4월 윌리엄 번스 CIA 국장은 "러시아가 중국의 경제적 식민지가 될 위험"이 있다고 발언했다. 아닌 게 아니라 중국은 러시아 내에서 거침없이 영향력을 늘려가고 있다. 제재의 여파로 거의 모든 서방 기업이 러시아에서 철수하자 중국기업들이 그 자리를 차지했다. 중국은 러시아가 보유한 지정학적 요충지에도 속속 진출하고 있다. 특히 극동지방은 중국이 언젠가는 수복해야 할 땅으로 인식하고 있고, 중-러 간 인구 격차로 인해 그렇지 않아도 장기적으로는 중국의 영향권 아래 놓이게 될 가능성이 높다. 당연히 러시아는 중국의 극동지방 진출을 철저히 경계해왔다. 그러나 2022년 말, 러시아는 극동지방 전역을 중국인 투자에 개방할 수밖에 없는 신세가 됐다.

2023년 5월 러시아는 구 러시아 제국이 1858년 아이훈 조약으로 청나라에서 빼앗은 블라디보스토크 항구의 사용권을 중국에 내주었다. 중국이 발표한 표면적인 목적은 동해를 통해 태평양과 곧장 연결되는 블라디보스토크항의 사용권을 확보함으로써 지린성이나 헤이룽장성의 물류가 곧장 바다로 진출할 수 있도록 하는 것이다. 기존에는 해상운송으로 싣고 온 화물을 지린성이나 헤이룽장성에 전달하려면 서해의 다롄시에서 하적한 뒤 다시 육로로 1천 킬로미터 이상을 운송해야만 했다. 만주 내륙에 소재한 성들의 무역 효율성을 제고한다는 측면에서 블라디보스토크항의 사용권 공여는 경제적으로 큰 의미가 있는 것이 사실이다. 다른 나라의 항구를 불려 대양으로 진출하는 '차항출해借港出海'는 중국의 오랜 숙제로서, 중국은 과거 북한의 라진항과 청진항을 빌려 동해에 진출할 계획을 세우기도 했었다.[33] 시진핑과 푸틴이 2023년 3월 정상회담에서 약속한, "국경 지역 잠재력을 발굴해 중국 둥베이와 러시아 연해주 간 교류 협력을 발전"시키는데 있어 이 정도 작품은 또 찾아내기 어려울 것이다. 극동에서 중ㆍ러 간의 경제협력이 강화되면 반미연대를 통합된 경제권으로 만드는 거대한 작업에도 더욱 박차를 가할 수 있다. 하지만 블라디보스토크 항구의 사용권을 중국에 공여하였다는 것은 경제적 의의 이상으로 지정학적 상징성이 크다.

한반도와 일본, 대만, 동남아시아에 막혀 대양 진출이 제한되는 중국으로선 블라디보스토크 사용권 확보를 통해 태평양과 곧장 연결되는 항구를 손에 넣었다고 볼 수 있다. 미국의 해양 포위를 우회해 동해와 태평양으로 나아갈 수 있는 전략적 요충지를 얻은 셈이다. 한데 블라디보스토크는 중국에 있어 수복 대상의 고토故土이기도 하다. 하지만 러시아 또한 태평양함대의 거점이기도 한 블라디보스토크를 절대 포기할 수 없다. 북극해가 기후 온난화로 완전히 해빙되어 개방될 때까지, 러시아 함대가 출항할 수 있는 바다는 사실상 발트해와 흑해, 그리고 동해밖에 없기 때문이다. 이중 발트해와 흑해는 대서양동맹에 꽁꽁 묶여 자유로운 입출항이 어렵다. 러시아에 있어 전시에 가장 믿을 만한 항구는 그나마 블라디보스토크항일 수밖에 없는 이유다. 이 항구의 사용권을 중국에 공여하기로 한 결정은 장기적으로는 두 나라 간에 불화의 씨앗이 될 수도 있다.

우크라이나 전쟁 이후 중ㆍ러 간의 관계는 프랑스 마크롱 대통령의 표현을 빌리자면 러시아가 중국에 "굴종하는 관계"가 됐다. 현재 어려움에 놓인 러시아를 지원하는 대가로 중국은 중ㆍ러 간 지정학적 경쟁의 핵심이라 할 수 있는 극동지방에 진출하는 데 집중하고 있고, 러시아는 당장은 중국의 요구를 들어줄 수밖에 없는 상태로 보인다. 극동지방에서 중국의 세력이 강화될수록 중국은 과거의 영유권을 요구할 가능성이 높아질 것이다. 중국과 국경을 마주한 거의 모든 나라는 중국과 영유권 분쟁을 겪었거나 겪고 있다. 군사력에서 현격히 우세했던 구소련도 예외는 아니었다. 하물며 오늘날의 중국이 오늘날의 러시아를 상대로, 그것도 청나라 시절 일방적으로 강탈당한 영토에 대한 영유권을 주장하지 않을 것이라 보긴 어렵다. 그러나 러시아가 극동지방을 순순히 중국에 넘겨줄 리도 만무하다. 아무리 약해져도 러시아는 대국의 숙명을 타고난 국가다. 미국에도 맞서는 러시아가 중국에 영구적으로 복속되는 그림은 그려지지 않는다.

2023년 3월 중·러 정상회담에서 푸틴은 핵무기 사용을 자제해야 한다는 시진핑의 평화 중재안을 고려해 해외 핵무기 배치에 반대하며 이미 배치한 핵무기도 철수해야 한다는 취지의 공동선언문을 채택했었다. 그러나 러시아는 그로부터 며칠도 지나지 않아 벨라루스에 전술핵무기를 배치하겠다고 발표하여 중국의 체면을 구겼다. 그런가 하면 2023년 8월 중국은 러시아와의 국경분쟁 지역인 극동의 볼쇼이우수리스키섬 전체를 중국 영토로 표시한 공식 지도를 공개했다. 자존심 강한 두 대국 간에는 갈등의 불씨가 항상 존재한다. 반미연대가 보이는 것만큼 강고하다고 보기 어려운 이유이기도 하다.

언젠가 미국과의 패권 경쟁이 끝난 이후에는 연대할 목적을 상실한 중국과 러시아는 서로 대립하게 될 것이다. 이 예정된 미래는 미국과의 패권 경쟁에서 두 나라가 온전히 협력하는 데에도 장애로 작용할 것이다. 제2차 세계대전에서 미국과 소련이 나치 독일에 맞서 연합전선을 펼치면서도 막후에서는 전후 예정된 패권 경쟁에 대비했던 것처럼, 당장은 긴밀하게 협력하고 있는 두 나라 역시 미국의 세계 패권이 약해질수록 협력을 강화하기는커녕 오히려 동상이몽을 꾸게 될 수 있다.

반미연대의 아킬레스건

중국과 러시아, 이란은 모두 권위주의 정권이 다스리는 체제다. 자연히 세 나라 모두 복잡한 인권 문제를 안고 있다. 당장은 힘으로 억누르고 있지만, 민주주의를 요구하는 나라 안 목소리도 분명 존재한다. 민주화에 대한 국민의 갈망은 체제가 공고하고 정권 유지에 정당성이 인정될 때는 억누를 수 있어도, 체제가 흔들리거나 정권의 정당성이 훼손되면 존립을 위협하는 혁명의 물결이 될 수 있다. 권위주의 체제의 존립을 가장 위협하는 요인은 언제나 외부가 아닌 내부에 존재하기 마련이다.

중국은 한족漢族이 전체 인구의 약 90%를 차지하고 있지만 이들 대부분이 연안과 화북·화남 지방에 거주하고 있다. 티베트를 비롯한 내륙지방에는 소수민족이 주로 거주하고 있다. 소수민족이 터전으로 삼는 지역에서 독립의 목소리가 높아지는 상황을 방지하려면 이들에게 평등한 정치적 권력을 부여하기가 어렵다. 중국이 중앙권력을 끝없이 강화하는 이유에는 공산당 특유의 구조도 있지만 티베트·신장·위구르를 포함한 여러 지역이 분열되는 것을 막기 위한 목적도 있을 것이다. 그러나 연안 지방과 내륙지방 간의 경제적 격차 해소는 중국이 당면한 큰 숙제이기도 한바, 내륙지방의 경제력을 키우면서도 정치적 영향력이 강해지지 않도록 제한해야 한다는 딜레마가 존재한다. 이 딜레마를 타파하기 위해 중국 당국은 소수민족을 포용하기 위한 다민족주의 정책을 펼치는 한편, 전략적으로 중요한 지역에 한족의 이주를 장려하여 소수민족의 비율을 희석하는 작업도 병행하고 있다. 그러나 한족이라 하여 민주주의를 추구하지 않는다고는 볼 수 없다.

1989년 6월 4일 천안문 광장에서 벌어진 중국 민주화 운동은 군대를 앞세운 유혈 진압 앞에 무산되었고, 이후 중국은 철저한 감시사회가 되었다. 21세기 들어서는 기술의 발달에 힘입어 소위 '초고도 감시사회'가 된 중국은 보수적인 추산에 따라도 최소 6억 개가 넘는 CCTV를 전국에 깔아놓고 실시간 검열을 진행하고 있다. 인민 개개인의 얼굴·지문·목소리·홍채·DNA 등 다양한 생체데이터를 수집해 전자적 감시망을 촘촘히 하였고, 개인별 행동 기록도 빅데이터로 수집해 세밀하게 통제하고 있다. 2020년에 발생한 코로나19 이후 중국 당국의 주민 통제는 더욱 엄격해졌다. 사실상 도시 전체를 격리하는 '제로 코로나' 정책으로 인민의 일거수일투족을 통제했다. 2021년 말이나 늦어도 2022년 초부터는 전 세계가 '위드 코로나' 정책으로 전환하였는데도, 중국은 인구 2천 5백만의 대도시 상하이를 65일간 봉쇄하는 등 '제로 코로나' 정책을 고집했다. 시진핑 주석의 3연임이 확정될 때까지는 일말의 변수도 발생하지 않도록 통제하기 위해 '제로 코로나' 정책을 계속 유지할 거란 전망과 함께, 당국의 방역 정책을 비판만 해도 구류될 수 있는 살벌한 분위기가 깔려 있었다. 그러나 시진핑 주석의 3연임과 영수領袖 등극이 유력시되던 제20차 당대회 사흘 전인 2022년 10월 13일, 베이징의 한 고가도로에 두 장의 현수막이 내걸렸다. 한 장에는 "코로나 검사 대신 밥을, 봉쇄 대신 자유를, 거짓말 대신 존엄을, 문화대혁명 대신 개혁을, 영수 대신 투표를, 노예 대신 공민을"이란 구호가 적혀 있었고, 다른 한 장에는 "독재자 시진핑을 파면하라"는 구호가 적혀 있었다. 현수막은 금세 철거됐지만 이후 중국의 대도시 곳곳 화장실과 공공장소의 벽면에 "독재 반대," 천안문 시위를 상징하는 "8964"라는 숫자, "장강과 황하는 거꾸로 흐를 수 없다"라는 글귀가 우후죽순 등장하기 시작했다. 당국은 검열과 감시, 통제를 더욱 강화하는 것으로 대응했다.

그러던 중인 2022년 11월 20일에는 카타르 월드컵이 시작됐다. 2년간의 격리 생활에 지친 중국인들은 관중석의 외국인들이 마스크도 쓰지 않고 자유롭게 응원하는 모습을 중계로 보고 당국의 '제로 코로나' 정책에 더욱 의문을 품었다. 그리고 2022년 11월 24일, 신장 우루무치의 한 아파트에서 화재가 발생했다. '제로 코로나' 정책으로 인해 봉쇄되었던 이 아파트에서 10여 명이 화마를 피하지 못하고 안타깝게 숨졌다. 이 화재는 그간 억눌렸던 중국 인민들이 폭발하는 계기가 됐다.

처음에는 "코로나 검사 대신 자유를"과 같이 '제로 코로나' 정책에 반발하는 구호를 외치던 시위대는 얼마 지나지 않아 "중국에 황제는 필요 없다"와 같은 정치적 구호를 외쳤고, 이후에는 더욱 직설적으로 "시진핑 퇴진"과 "공산당 해체"를 외치기 시작했다. 당국이 강경 진압으로 대응하자 시위대는 검열과 처벌을 피하려 아무것도 적히지 않은 백지를 들고 시위했다. 그러자 당국은 외세와 결탁한 무리가 사회적 혼란을 조장하고 있다며 백지를 든 인민도 연행하기 시작했다. 11월 29일, 중국 최고인민법원을 감독·통솔하는 중국 최고 사법당국인 공산당 중앙정치법률위원회의 천원칭 서기는 "사회질서를 혼란하게 하는 위법 행위를 좌시하지 않을 것"이라면서 "법에 따라 적대세력의 침투 및 파괴 활동을 결연히 타격할 것"이라며 엄포를 놓았다. 시위 진압은 확대됐고, 장갑차까지 동원됐다.

그러나 시위는 이미 들불처럼 퍼져나가고 있었다. 히틀러와 시진핑을 비교하는 풍자물까지 등장하면서 시위가 공산당 체제 그 자체에 대한 봉기로 이어질 조짐이 보이자, 방역 당국은 그간 "지방정부가 정책을 너무 과도하게 시행했다"라면서 한발 물러섰다. 이와 발맞추어 허난성 정저우시는 '전면 봉쇄'를 해제하였고, 광저우시는 고위험군을 제외한 주민의 외출을 허용했다. 11월 30일, 때마침 중국 대국굴기의 밑바탕을 만든 장쩌민 전 주석이 사망하면서 시위가 일시 잦아들자 당국은 발 빠르게 대처했다. 애도 기간이 끝난 뒤 시위가 재발하는 상황을 막을 필요가 있었다. 중국 당국은 장쩌민 전 주석의 장례식 다음 날인 2022년 12월 7일, 2년간 중국을 통째로 봉쇄했던 '제로 코로나' 정책을 이름조차 언급하지 않고 조용히 폐기했다. 그리고 2023년 1월부터 백지 시위의 주도자들을 조용히 체포하기 시작했다. 서방 언론에서는 백지 시위와 관련해 조용히 실종된 사람이 수백 명이라는 보도가 나왔다. 어느 정도 사태가 정리되자 시진핑 주석은 2023년 신년사에서 '제로 코로나' 정책의 우수성을 강조하면서도 "중국은 대국이라 사람마다 다른 요구를 할 수 있고, 서로 다른 관점을 가지는 것은 지극히 정상적인 일이다. 그래서 소통과 협의로 공감대를 형성하는 것이 중요하다"라며 민심 달래기에 나섰다.

시진핑 주석의 3연임을 앞두고 인민 일각에서 대두된 민주화 요구나 '백지 시위' 등은 중국에 자유를 갈망하는 세력이 상당하다는 점을 보여준다. 천안문 시위 때는 무차별적인 탄압에 굴복했던 인민들이 2022년~2023년의 '백지 시위'를 통해서는 끝내 당국의 굴복을 끌어내며 고양감을 얻어내는 데도 성공했다. 다만 장쩌민 주석의 장례 기간에 시위대가 보여준 행동을 보면 대다수 인민은 공산당 체제 자체의 전복을 원하기보다는 장쩌민이나 후진타오와 같은 실용주의 공산당 정권의 재집권을 바라는 것일 가능성이 높다. 대국굴기나 전랑외교 등 중화사상에 경도된 대외정책은 중국 인민으로부터 여전히 전폭적인 지지를 받는 것으로 보인다.

러시아는 헌법상 삼권분립과 선거를 통한 국가권력 선출 등이 규정되어 있어 적어도 제도적으로는 민주주의 국가로 볼 수 있다. 하지만 국가 전체적으로 보수적인 문화와 상명하복에 우호적인 분위기가 득세하고, 푸틴 대통령이나 그를 지지하는 세력들을 제외하면 대안이 될만한 야당 세력이 없다는 점이 러시아를 '사실상의 권위주의 국가'로 분류하게 만든다. 다만 체제적으로는 1당 체제인 중국이나 이슬람 신정神政국가인 이란과는 엄연히 차이가 있다는 점도 사실이다.

이러한 차이점은 우크라이나 전쟁 초창기까지만 해도 확인될 수 있었다. 우크라이나 침공이 개시된 2022년 2월 24일, 러시아 메이예르홀트 국립극장의 엘레나 코발스카야 감독은 "살인자를 위해 일하고 그에게서 월급을 받는 것은 불가능하다"라며 사임했고, 메이예르홀트 극장 또한 "침묵할 수 없다. 우리가 할 말은 오직 '전쟁 반대'"라며 코발스카야 감독을 옹호했다. 3일 뒤인 2월 27일에는 'UN 기후변화에 관한 정부 간 협의체' 회의에 러시아 대표로 참석한 국영 상트페테르부르크 수자원연구소 소속의 올렉 아니시모프가 "누구도 러시아의 우크라이나 침공에 대한 정당성을 찾을 수 없다"라며 "모든 러시아인을 대표해 사과한다"라고 발언했다. 이들이 특별한 용기를 발휘한 것은 분명하다. 다만 중국·이란과 달리 러시아가 제도적으로는 민주주의의 형식을 갖추고 있었다는 점도 영향을 미쳤을 것이다. 우크라이나 전쟁 초기만 해도 러시아 학생들은 전쟁에 대한 찬반 토론을 하는 것이 허용됐다고 한다. 러시아 최대의 민간은행인 알파은행의 창립자 미하일 프리드먼이 전쟁에 반대하는 목소리를 내고, 세계 2위의 알루미늄 제조업체인 루살의 창립자 올렉 데리사스카가 평화 회담을 하루라도 빨리 시작하라고 요구하였으며, 핀테크 기업 틴코프 은행의 설립자 올레그 틴코프도 어서 빨리 "미친 전쟁"을 끝내라고 촉구하는 등, 전쟁 초기에만 해도 러시아에선 비교적 다양한 의견이 개진될 수 있었다. 전쟁 발발 직후 러시아의 주요 대도시에서는 반전 시위가 발생하기도 했다. 그러나 푸틴 대통령이 "국가에 대한 배신자를 청소"할 필요가 있다고 밝힌 이후 분위기가 반전됐다.

푸틴의 지령이 내려지자 러시아 당국은 반대 목소리를 적극적으로 탄압했다. 전쟁 개시 3일 만에 3천 명 이상의 시위대가 체포되었고, 탄압을 우려한 야권 지도자들과 언론인들이 대거 해외로 망명하였다. 그렇지 않아도 푸틴에 대항할 구심점이 없던 러시아의 반전 세력은 급격히 와해 됐다. 우크라이나 침공을 비판한 언론인 블라디미르 카라-무르자는 징역 25년형을 선고받았고, 국영 신문 콤보몰스카야 프라우다의 편집인 블라디미르 순고르킨은 의문사했다. 서방은 경제제재로 가장 큰 타격을 받을 러시아의 재벌집단, 올리가르히를 압박하여 푸틴에 영향력을 행사하려고 했으나 무의미했다. 2022년 2월부터 12월까지 약 10개월 동안 올리가르히나 주요 기업인의 의문사가 잇달았다.

2023년 4월 러시아의 일간지 코메르상트는 2024년 대선에서 푸틴 대통령이 역대 최다 득표수 달성을 목표로 하고 있다고 보도했다. 외부에서 진행되는 전쟁은 내부를 결집하는 효과가 있는 게 보통이다. 더구나 러시아 안에는 푸틴에게 대항할 세력이 거의 전무숲無한 상황. 우크라이나 전쟁에서 특별한 변화가 벌어지지 않는 한은 푸틴이 무난히 재선에 성공할 것이란 예상이 많다. 그러나 2023년 6월 민간군사기업 바그너그룹이 예브게니 프리고진의 주도 아래 일으킨 반란은 푸틴의 위상에 균열을 냈다. 프리고진의 인기에 위기를 느낀 푸틴은 내부 통제를 더욱 강화했다. 2023년 7월에는 2024년 대선에서 푸틴을 지지해서는 안 된다고 주장한 극우성향 군사 블로거인 이고르 그리킨을 체포하기도 했다. 8월에는 프리고진이 비행기 추락으로 의문사했다. 러시아에는 분명 체제 위기가 잠재되어 있다. 설사 2024년 대선에서 푸틴이 재선에 성공하더라도 이미 70대인 푸틴의 연령을 고려할 때 현행 체제가 언제까지 유지될지 알 수 없다. 푸틴 체제에도 푸틴의 후계자가 될만한 사람들이 있으나, 그들은 푸틴이 아니다. 다만 체제 그 자체를 전복하지 않으면 큰 변화를 꾀할 수 없는 중국·이란에 비해 정권 교체만으로도 변화를 기대할 수 있는 러시아의 상황은 약간이나마 다르다고 할 수 있다.

오늘날 시아파 이슬람의 맹주로 여겨지는 이란은 민주화 운동을 통해 팔레비 왕조를 무너뜨린 전력이 있는 국가다. 그러나 이란을 소련으로부터 중동을 지키는 친미·친서방 방파제로 만들길 원했던 영국과 미국은 공작을 통해 민주적 절차로 선출된 모하메드 모다세크 총리를 실각시켰다. 그 결과 팔레비 왕조가 복원되자 반발한 이란인들은 1979년 혁명을 일으켰다. 혁명의 구심점이었던 호메이니는 국민 투표로 정권을 잡았으나, 최고지도자가 되자마자 이란을 신정국가로 전환하였다. 현재 이란에는 직선제를 통해 선출되는 대통령제가 존재하지만 선출된 대통령 위에 '라흐바르'라 불리는 최고지도자가 존재한다. 최고지도자는 이슬람 율법가에 의해 선출되기 때문에 이란은 근본주의 이슬람 교리가 통치하는 국가라고도 볼 수 있다. 그러나 민주화에 대한 이란인의 열망은 실존한다.

1990년대에도 이란 내에서 민주화를 원하는 목소리는 작지 않았고, 2000년대나 2011년 '아랍의 봄' 이후에도 민주화 시위가 일어났다. 다만 미국과 서방에 대한 반감이 워낙 큰 이란인지라 '자유민주주의적' 목표가 수립되기가 어려운 나머지, 이란에서 발생하는 민주화 운동에는 방향성과 구심점이 결여된 것이 보통이다. 권위주의 체제에서는 어지간히 확고한 방향성과 구심점이 있어도 민주화 운동이 성공하기 어려운데, 그조차 없는 상황에서 민주화 운동이 성공하기란 불가능에 가깝다. 그럼에도 이란인들은 꾸준히 민주화 운동을 재개했다. 2019년에는 '피의 11월'이라 불린 거대한 민주화 항쟁이 발생했다. 전국적인 민주화 시위는 "미국의 개들"을 처단하라는 알리 하메네이 최고지도자의 명령으로 수백 명의 시위대가 사망하고 강제 진압되는 것으로 끝났다.

2022년에는 더욱 큰 규모의 반정부 운동이 발생했다. 2022년 9월 13일, 마흐사 아미니란 이름의 22세 여성이 이란의 수도 테헤란에서 상반신을 가리는 이슬람 전통 여성 복장인 히잡을 제대로 착용하지 않았다는 이유로 '도덕 경찰'에 체포된 뒤, 3일 후인 9월 16일에 혼수상태에 빠지고 곧 숨지는 사건이 발생했다. 도덕 경찰에 의한 가혹 행위 의혹이 제기됐고, 전국적인 시위가 벌어졌다. 시위대는 히잡을 불태우며 "우리 자매를 위한 복수"를 다짐했다. 초기에는 유화적 태도를 보이던 이란 당국이었지만, "독재자에게 죽음을" 또는 "하메네이 하야"와 같은 반체제 구호가 등장하고 급기야 신정체제 폐지를 요구하는 구호까지 등장하자 칼을 빼 들었다. 언제나 그랬듯이 당국은 히잡 시위를 미국과 서방의 제국주의자들이 조장한 반사회적 혼란으로 규정했다. 2022년 10월 30일, 호세인 살라미 이란혁명수비대 사령관은 "폭동은 오늘이 마지막이다"라고 경고했다. 사살과 공개 처형이 뒤를 이었다. 시위대는 강력히 저항했지만, 무력을 동원한 강제 진압 앞에 2023년 2월경에는 시위의 동력이 사실상 완전히 제거되었다. 신속히 상황을 정리한 이란 정부는 2023년 2월 5일부터는 시위로 구속된 수만 명을 사면하며 사태를 진정시키기에 나섰다.

중국과 러시아, 그리고 이란은 내부에 현 체제에 대한 불만을 품은 세력이 존재하고, 국민의 상당수가 자유를 갈망한다는 공통점을 갖고 있다. 다만 특별한 계기가 발생하지 않는 한, 세 나라의 체제적 불안정함은 적어도 중단기적으로는 패권 경쟁에 큰 영향을 미치지는 않을 것으로 보인다. 세 나라 모두 강력한 권위주의 체제 또는 정권이 지배하고 있기에, 어지간한 시위로는 꿈쩍도 하지 않는다. 자유민주주의 국가에서라면 국가권력을 탄핵할 수 있을 만한 수준의 대규모 시위도 무력을 동원한 무차별 강제 진압 앞에서는 큰 의미가 없는 것이 보통이다. 거기에 세 나라 모두 자유주의의 숙적이라고도 할 수 있는 민족주의 정서가 뚜렷한 나라다.

자유를 갈망하는 인간의 본성은 강력하지만, 가장 강력하지는 않다. 역사상 가장 강력하다고 입증된 정서 또는 이념은 민족주의다. '자유' 그 자체가 근본적인 동기가 되어 체제의 변혁을 끌어낸 사례는 프랑스 대혁명 등 소수에 불과하다. 반면 민족주의는 압도적으로 강한 정복자를 격퇴하거나 강고했던 체제를 전복시킨 많은 역사적 사건에서 핵심 동기로 작용했다. 오로지 자유 또는 자유민주주의만을 위해 목숨을 바치는 사람을 찾기는 어렵지만, 민족주의적 애국심에 고양되어 목숨을 바치는 사람을 찾는 것은 상대적으로 어렵지 않다. 현대에는 상상할 수 없을 정도로 잔혹한 탄압과 학살이 일상이었던 고대에도 독립운동이나 항전의 주된 동기가 된 것은 거의 언제나 민족주의였다. 외부의 압제에 대항하는데 민족주의만큼 강력한 사상은 찾기 어렵다.

중국과 러시아, 이란은 모두가 민족주의적 자긍심이 강하고, 서구에 대한 반감이 강한 나라다. 서구식 자유주의나 자유민주주의에 대해서도 비판적이기에 정치적 자유를 간절히 원하면서도 자유민주주의 사상이 보편적으로 공유되지는 못한다. 사상적 기반이 부실한 민주화 운동은 동력을 유지하기 어려울 수밖에 없다. 더구나 세 나라의 위정자들은 민족주의를 적극적으로 활용하고 있다. 중국 당국은 인민에게 서구열강의 손에 겪은 '치욕의 세기'에 대한 교육과 대국굴기의 필요성을 열렬히 전파한 끝에 중화주의라는 사상적 울타리 안에 인민을 가두는 데 성공했다.[34] 러시아 역시 강력했던 러시아 제국과 소련의 추억이 국민 대다수를 사로잡고 있으며, 우크라이나 전쟁을 계기로 완전히 민족주의적 권위주의 체제로 회귀했다. 러시아는 2022년 9월 학기부터 군국주의와 애국주의 사상을 담은 교과서를 채택하고 푸틴 대통령에 대한 우상화에도 열을 올리고 있다고 한다. 위대했던 페르시아 문명의 후예인 이란의 경우 민족주의적 정치 역학에 시아파 이슬람의 종교적 교리와 신앙까지 더해졌다.

민족주의는 순수한 만큼 위정자가 조작하기 쉽다. 미국과 같은 강력한 외세에 맞서는 데는 민족주의만 한 명분이 없다. 체제적 문제점도 어지간하면 외세에 대항하기 위한 것으로 포장해 정당화할 수 있다. 중국과 러시아, 이란의 민족주의는 체제와 정권을 유지하는 데 결정적인 역할을 한다. 특히나 우려스러운 부분은 외세가 아닌, 앞서 살펴본 내부적인 문제로 인해 세 나라의 정권이나 체제 유지가 위협받는 경우다. 내부 불만이 임계점에 도달하게 되면 권위주의 정권은 자국민의 민족주의적 정서에 어필하기 위해 더욱 공격적인 대외정책을 채택하게 될 위험성이 있다. 두 차례의 세계대전을 포함해 역사적으로도 무수히 많은 나라들이 전쟁을 개시할 때 민족주의적 이유를 명분으로 내세웠었다.

06 시대의 흐름은 '글로벌 사우스'로

'글로벌 사우스'란 원래 지경학적 개념이다. 국민소득을 기준으로 선진국을 '글로벌 노스Global North,' 개도국을 '글로벌 사우스'로 구분하던 것이 기원이다. 우연의 일치인지 오늘날 국제사회에서 글로벌 사우스에 속한다고 여겨지는 나라 대다수가 지구의 남반구南半球나 적도 인근에 있기는 하다. 시각화하자면 중남미, 아프리카, 중동, 중앙아시아, 인도양, 동남아시아, 남태평양 군도群島의 여섯 지역에 대다수 글로벌 사우스 국가가 몰려 있다. 다만 최근 들어 글로벌 사우스란 단어는 지정학적 맥락에서 주로 사용되고 있다. 이 경우 소득을 기준으로 따질 시엔 글로벌 사우스에 해당할 중국과 러시아, 이란 등이 글로벌 사우스에서 제외되기도 한다. 글로벌 사우스란 개념이 미국과 서방이 주축이 된 자유 진영이나 반미연대 중 어디에도 속하지 않고 중립 노선을 유지하는 나라를 지칭하기 위해 사용되는 경우가 많기 때문이다.

요컨대 미·중 패권 경쟁의 맥락에서 글로벌 사우스란 아직 선진국에 이르지 않은 국가들 가운데 자유 진영에도 반미연대에도 속하지 않은, 중간 지대middle ground의 국가를 의미한다고 정의하는 것이 가능할 것이다.

글로벌 사우스를 찾아온 기회

중간 지대에 속한 글로벌 사우스에 있어 오늘날의 세계는 기회의 장이다. 패권 경쟁이 심화할수록 미국과 반미연대 중 어디에도 속하지 않은 글로벌 사우스를 회유하거나 협력을 강화할 필요성은 커질 수밖에 없다.

양 진영 모두와 협력할 수 있다는 점은 패권 경쟁 시대에는 특장점이다. 안보 문제에서는 어느 한쪽에 의해 위협을 받으면 다른 쪽과 손잡고 대항하기가 수월해진다. 경제적인 측면에서도 양측 모두와 교역할 수 있기에 유리하다. 진영에 따라 공급망이 분절·재정립되는 상황에서 어느 진영에도 속하지 않는 글로벌 사우스는 선호되는 거래처이자 투자처로 떠오르고 있다. 글로벌 사우스의 경쟁력 있는 노동력도 주목받고 있다. 지난 20~30여 년간 세계의 공장은 중국이었다. 중국의 낮은 인건비와 방대한 내수시장은 중국을 매력적인 투자처로 만들었다. 그러나 경제가 성장하면서 중국의 인건비도 가파르게 상승했다. 아직 인건비가 높지 않은 글로벌 사우스는 제조업 분야에서 중국을 대체할 만한 생산공장이 될 수 있을 것으로 기대받고 있다. 그러나 글로벌 사우스의 입지를 키운 가장 중요한 요인은 누가 뭐래도 자원이다. 4차 산업혁명의 중추 산업을 위한 각종 원재료와 광물의 공급처로서 오늘날 글로벌 사우스의 입지는 절대적이다.

신재생에너지 시대에 '21세기의 석유'라고도 불리는 것은 배터리의 원료가 되는 리튬과 니켈 같은 희토류이다. 그런 희토류는 글로벌 사우스에 많이 매장된 것으로 알려져 있다. 세계화 시대에는 언제 어디서든 가장 저렴한 가격에 각종 자원을 확보할 수 있었다. 그러나 진영 간 갈등이 고조되면서 자원 확보에도 비효율이 발생하고 있다. 글로벌 사우스를 비롯한 자원 부국엔 기회인 셈이다. 이에 산업국들의 움직임도 빨라지고 있다. 중국은 일대일로를 통해 아프리카와 중남미에서 다량의 자원에 대한 독점권을 이미 확보한 상태이다. 한발 늦게 미국과 EU를 포함한 여러 선진국도 글로벌 사우스와의 자원 협력을 강화하고자 노력하고 있다.

식민제국주의 시대는 물론이고 동서냉전 시대나 팍스 아메리카나 시대에도 글로벌 사우스는 별다른 힘을 쓰지 못했다. 1960년대까지만 해도 미국이 전 세계 GDP의 40~50%를 홀로 차지하고 있었고, 냉전이 종식된 1991년에도 미국과 서구 선진의 협의체인 G7이 전 세계 GDP의 66%를 차지하고 있었다. 그러나 2022년 기준으로 미국의 GDP는 세계 GDP 대비 25% 이하로 비중이 떨어졌고, G7의 합산 GDP도 40%를 살짝 웃도는 정도로 비중이 줄었다. 대신 글로벌 사우스의 GDP 비중이 대폭 상승했다. 미래의 성장 동력과 새로운 시장의 개발은 세계 인구의 약 70%를 차지하는 글로벌 사우스로부터 찾을 수밖에 없는 시대가 다가오고 있다. 21세기의 지정학적 다툼은 글로벌 사우스와 어떠한 협력관계를 구축하느냐에 따라 유불리有不利가 정해질 가능성이 높다. 바야흐로 글로벌 사우스가 모든 진영으로부터 구애받는 시대가 온 것이다.

반미反美가 아닌 탈미脫美

글로벌 사우스의 부상은 반미연대에는 호재다. 글로벌 사우스는 냉전기에도 공산권과 경제·안보 교류를 활발히 했으나, 워낙 영향력이 떨어졌던 탓에 미국의 봉쇄를 극복하는 데는 별반 도움이 되지 않았다. 반면 오늘날의 글로벌 사우스는 반미연대에 절실한 시장과 자원, 그리고 지정학적 요충지를 제공할 수 있다. 반미연대가 미국의 봉쇄를 돌파하자면 글로벌 사우스의 도움이 필수적이다.

미국이 세계 패권을 차지한 지 30여 년이 지났고, 제2차 세계대전을 계기로 고립주의에서 벗어나 세계 곳곳에 개입하기 시작한 지도 70여 년이 지났다. 지난 30여 년간 미국이 수립한 자유주의 국제질서로 인해 혜택을 본 나라도 있고, 불이익을 당한 나라도 있다. 미국과 미국식 질서로 인해 불이익을 당한 나라는 물론이고 혜택을 본 나라 중에도 미국의 패권주의를 비난하는 나라는 많다. 민족주의 성향이 강한 이들은 패권국에 반감을 갖는 것이 자연스럽다. 글로벌 사우스에 속하는 국가 중 상당수는 민족주의적 성향이 무척 강한 나라들이다. 중국과 반미연대가 부상하면서, 세계패권국의 그동안 행보가 맘에 들지 않던 글로벌 사우스가 반미연대에 힘을 실어주기 시작한 것은 놀라운 일이 아니다. 글로벌 사우스에 속한 국가 중에 권위주의 체제를 갖춘 나라가 많다는 점도 반미연대와의 협력을 강화하는 이유일 것이다. 클린턴과 오바마 행정부에서 재무장관을 역임한 래리 서머스는 한 개발도상국의 고위인사로부터 "중국과 협력하면 우리나라에 공항이 생기고, 미국이나 EU와 협력하면 [인권에 대한] 강의를 듣게 된다"라는 불평을 들었다고 한다. 자유민주주의라는 명목으로 걸핏하면 인권 문제와 독재·억압을 지적하는 미국보다는 민족주의·권위주의 정서를 공유하는 반미연대와 협력하는 쪽이 대다수 글로벌 사우스 국가에겐 편할 수 있다. 그렇다고 글로벌 사우스가 '반미'라고 보는 일각의 시각은 과장된 평가일 것이다. 대다수 글로벌 사우스 국가가 제국주의 시대 서구 열강에 식민 지배를 받거나 침탈을 겪었던 탓에 미국과 서방을 경계하는 것은 맞다. 그러나 여전히 세계 최강대국인 미국과 막강한 서방이 내미는 손을 뿌리치고 반미연대만을 지지할 이유나 의리도 없다.

미·중 패권 경쟁의 맥락에서 글로벌 사우스에 속하는 국가의 입장을 분별하기 위해서는 우크라이나 전쟁에 대한 각국의 반응을 일응의 지표로 삼을 수 있을 것이다. 2023년 2월 우크라이나 전쟁 1주년을 맞아 UN 총회는 러시아의 우크라이나 침공을 규탄하고 러시아에 즉각적인 철군을 요구하는 결의를 채택했다. 이 결의에는 전 세계 141개 국가가 찬성했고, 32개 국가가 기권했으며, 러시아를 포함한 7개 국가가 반대표를 던졌다. 사안에 따라 조금씩 달라질 수는 있을 것이나 이때 반대표를 던진 나라[35] 정도가 미국과 서방에 확실히 적대하는 나라라고 보아도 큰 무리는 없을 것이다. 대부분 팍스 아메리카나 시절부터 이미 미국의 전방위적 제재 대상이 되었던 나라이거나, 러시아의 지원으로 정권을 유지하고 있거나, 미국과 서방이 도저히 손잡을 수 없을 만큼 압제적인 권위주의 체제를 유지하는 나라다. 반대로 확실히 미국과 서방 편에 설 나라를 분별하기 위해서는 우크라이나 전쟁을 이유로 러시아에 경제제재를 부과하고 있는 나라를 살펴볼 수 있다. 러시아에 경제제재를 부과하는 나라에는 2023년 3월을 기준으로 전 세계 45개국이 있다. 이중 EU 회원국이 27개 국가이고, EU 회원국은 아니지만 유럽에 속하는 10개 국가[36]가 포함되어 있다. 즉, 러시아를 제재하는 전체 45개 국가 중 37개 국가가 러시아의 위협에 직접 노출된 유럽 국가이고, 비유럽 국가는 8개국에 지나지 않는다. 8개 국가 중 영미동맹에 속하는 미국, 호주, 캐나다, 뉴질랜드를 제외하면 일본, 싱가포르, 대한민국, 대만만 남는다. 결국 유럽과 영미동맹을 제외하면 진영을 확실히 한 나라는 일본과 싱가포르, 대한민국, 대만 정도이다. 그 외 대부분의 국가는 어느 한 진영의 편에 서기보다는 중립을 유지하며 양 진영 모두의 구애를 즐기고 있다.

반미연대와 글로벌 사우스가 공조하면서 미국의 세계 패권과 현행 자유주의 국제질서에 균열이 발생하고 있는 것은 맞다. 러시아는 미국과 서방의 제재를 받으면서도 중국·이란 등 반미연대뿐 아니라 인도와 아프리카·중남미에 소재한 여러 글로벌 사우스 국가와의 교역을 이어가고 있다. 심지어 브릭스를 중심으로 한 주요 글로벌 사우스 국가는 달러 중심의 국제 결제구조를 바꾸고 중국의 위안화 등도 국제결제 수단으로 사용하기로 합의하는 등, 중국에 힘을 실어주는 듯한 행보를 보이기도 한다. 그러나 글로벌 사우스는 미국이 약화하면서 발생한 패권의 공백지에서 전략적 자율성을 발휘하고 있을 뿐, 미·중 패권 경쟁에서 반미연대의 편에 섰다고 보긴 어렵다. 반미연대와 협력하는 만큼, 아니 그 이상으로 미국과 서방, 자유 진영과도 협력하고 있기 때문이다.

실제로 글로벌 사우스를 대표하는 국제 협력체인 브릭스가 중국과 함께 미국에 맞설 것이라는 기대가 커지던 2023년 남아프리카 공화국의 발레리 판도르 국제관계협력부 장관은 브릭스의 확장을 "반서방 움직임으로 보는 것은 완전히 잘못된 생각"이라고 일축했고, 시릴 라마포사 남아공 대통령도 "강대국 경쟁에 휘말리지 않을 것"이라고 잘라 말했다. 중남미에서 가장 강한 탈미 행보를 보여주고 있는 브라질의 루이스 이나시우 룰라 대통령조차 "브릭스는 G7이나 G20의 대항마가 아니"라며 "미국과 경쟁 체제를 구축하지도 않을 것"이라고 선을 그었다. 하물며 브릭스의 일익 중 중국과 지정학적 경쟁 관계에 있는 인도가 중·러와 연대하여 미국에 맞설 단일대오를 구축할 것이란 기대에는 아무런 합리적 근거도 없다.

다만 미국 외에 다른 선택의 여지가 없었던 지난 30여 년을 선호하는 글로벌 사우스가 많지 않을 것이라는 점 또한 분명하다. 중국이란 패권 대항마의 등장은 글로벌 사우스에 선택지를 부여함으로써 운신의 폭을 넓혀주었다. 많은 글로벌 사우스가 이 기회를 최대한 살리려 할 것이다. 필요하다면 패권의 공백지를 넓히기 위해 노력하면서 반미연대에 반사이익을 주는 행위도 서슴지 않을지 모른다. 그러나 그들이 미국의 패권이 완전히 해체된 세계를 바란다거나, 반미연대의 승리를 지지한다고 만연히 해석할 수는 없다. 대다수 글로벌 사우스 국가는 그저 미·중 패권 경쟁을 자국에 유리한 현상 변경을 도모할 기회로 삼을 것이고, 일부만이 '탈미'의 기회로 삼으려 할 것이며, 극소수만이 '반미'의 기치를 들 것이다.

글로벌 사우스의 도전과 자원 민족주의

미·중 패권 경쟁으로 글로벌 사우스라는 국가집단에 기회가 찾아온 것은 사실이나, 이 기회를 살릴 수 있을지는 개별 국가에 달린 문제다. 글로벌 사우스에 속하는 국가라고 하여 모두가 시류의 혜택을 얻는 것은 아니다. 자원도, 노동력도, 시장도 없으며 전략적 요충지에 위치하지도 않은 나라는 해당 사항이 없을 가능성이 높다. 내전으로 혼란한 나라의 경우는 말할 필요도 없다. 이런 나라들에는 자유주의 국제질서와 미국의 일극적 패권이 무너진 상황은 최악의 시대일 수 있다. 주변 강대국의 위협으로부터 지켜줄 '세계경찰'도 없고, 내전 상황에서 치안을 관리해줄 UN 평화유지군을 파견받기도 어렵기 때문이다. 국제체제가 약화하면서 경제발전을 위한 개발 원조를 얻거나 경제위기에서 벗어나기 위한 구제금융을 조달하기도 어려워질 것이다.

설사 양 진영으로부터 구애를 얻기 위한 조건을 충족하는 나라라도 이 기회를 얼마나 살릴 수 있을지는 개별 국가에 달렸다. 노동력이 저렴하더라도 내수시장이 크지 않거나, 노동인구의 교육 수준이 부족하면 외국인 투자를 유인하기 위한 매력이 상대적으로 떨어질 수 있다. 경공업에서 중공업으로 진화하는 것도 쉽지 않지만, 더욱 어려운 것은 중공업에서 부가가치가 높은 첨단산업에 진입해 '중진국 함정'을 탈출하는 것이다. 이를 위해서는 기술의 발전이 필요한데, 첨단기술산업이 발전한 오늘날에는 한국이나 대만이 기술 발전을 이루던 시절에 비해 선두 주자를 따라잡기가 훨씬 어려워졌다. IT 시대에 산업화를 이뤄낸 중국만 해도 막대한 외국인 투자와 무역흑자에도 불구하고 선진 기술력을 따라잡기 위해 거대한 내수시장을 레버리지^{leverage} 삼아 사실상의 기술이전을 요구하는 등 여러 편법을 동원할 수밖에 없었다. 하물며 IT 시대를 넘어 4차 산업혁명을 목전에 둔 오늘날, 중국보다 경제 규모가 한참 떨어지고 레버리지가 부족한 글로벌 사우스가 넘어야 할 장벽은 훨씬 높고 험난할 것이다. 그러나 글로벌 사우스에도 기회가 찾아왔다. 패권 전환기를 맞아 자유무역질서가 해체되기 시작한 것이다.

WTO 다자무역체제가 공고하던 시절에는 몇몇 예외적인 경우를 제외하면 자원의 수출을 제한하거나 수출에 조건을 달기가 거의 불가능했다. 외국인 투자를 유치할 때도 기술이전과 같은 조건을 달기란 쉽지 않았다. 그러나 글로벌 가치사슬이 분절되고, WTO 체제가 위태로워 진데다, 주요 선진국들도 앞다투어 산업정책을 채택하고 있는 현 상황에서는 글로벌 사우스의 보호무역주의적 행보에 제동을 걸기가 어려워졌다. 이러한 상황에서 4차 산업혁명으로 희귀 광물자원의 중요성이 대두되면서 리튬이나 니켈 등 희토류 매장량이 많은 글로벌 사우스 국가는 자국의 자원을 레버리지 삼아 산업 발전 및 기술 개발을 꾀하는 것이 가능해진 것이다.

그간 글로벌 사우스 국가에 있어 자원은 양날의 검이었다. 자원 덕택에 기초적인 경제를 꾸릴 수 있었던 측면도 있지만, 자원 때문에 착취의 표적이 된 역사도 있다. 제국주의 시대에는 열강의 식민지로서 말 그대로 약탈 되었고, 세계화 시대에는 다국적기업에 헐값으로 자원을 넘기거나 값싼 노동력을 착취당하기도 했다. 자원 부국일수록 경제발전이 저조한 현상을 일컫는 소위 '자원의 저주$^{paradox\ of\ plenty}$'에는 여러 이유가 있지만, 부패한 권력층과 결탁한 외세의 착취도 중요한 요인 중 하나이다. 자원 부국이 선진국에 원자재만 수출하다가 원재료를 가공해 중간재나 최종재를 만들어낼 기술력을 끝내 함양하지 못하는 경우도 많았다. 그래서는 아무리 성장해도 '중진국 함정'을 극복할 수가 없다. 미·중 패권 경쟁이 격화하기 전에도 글로벌 사우스는 원재료 수출국에서 벗어나 기술 자립을 꾀하기 위한 노력을 거듭했으나, 큰 성과를 거두지 못했다. 기술 개발 자체가 쉽지 않은데다 선두 주자를 따라잡기란 더욱 어렵고, 그에 필요한 자본을 확보하는 것도 어려웠기 때문이다. 자원을 레버리지 삼아 기술·산업을 개발하려 시도하면 WTO 제소를 당하거나 ISDS 제소를 당하기 일쑤였다. 비교적 최근에도 비슷한 사례가 있었다.

2019년 인도네시아 정부는 니켈을 광물 상태로 수출하는 것을 금지하고 인도네시아 내에서 일정한 순도 이상으로 제련을 마친 후에야 수출할 수 있도록 조치했다. 단기적으로는 니켈 제련업 등 전방산업을 육성하기 위함이었고, 중장기적으로는 4차 산업혁명의 필수재인 니켈을 사용한 첨단 제품의 중간재를 생산할 기술력과 산업기반을 갖추기 위함이었다. 이러한 조치는 GATT 제11조가 금지한 수출제한 조치에 해당할 가능성이 상당하다. EU는 2021년 1월에 인도네시아 정부를 WTO에 제소하였고, 2022년 11월 인도네시아는 1심에서 패소했다. 그러나 인도네시아는 2022년 12월에 동 사건을 상소하여 마비된 WTO 상소기구에 계류시켜버렸다. 만일 상소기구가 정상적으로 작동해 상소심에서 패소가 확정됐다면, 인도네시아는 해당 조치를 폐기하여야만 했을 것이다. WTO 판정에 불복해 조치를 유지했다면 강력한 무역 보복에 직면했을 것이다. 이 분쟁은 WTO 분쟁해결제도가 마비된 현 상황이 적어도 일부 글로벌 사우스에 있어서는 나쁘지 않다는 점을 확인시켜준 사례였다. 조코 위도도 인도네시아 대통령은 니켈 수출제한 조치로 인해 "니켈 산업이 발전하고 있고 수출액도 20배 넘게 늘어났다"라며 "조금 미쳐야만 나라를 발전시킬 수 있다"라고 득의양양했다. 규칙을 준수하기만 해서는 앞서가는 나라들을 영영 따라잡지 못할 것이란 취지였다. 오늘날 인도네시아는 중장기적으로는 니켈의 1, 2차 가공을 넘어 '전기차 배터리 허브'가 되겠다는 목표를 공공연히 밝히고 있다. 인도네시아뿐이 아니다. 지난 3차례의 산업혁명을 거치며 선진국과 다국적기업에 호된 맛을 본 글로벌 사우스는 패권 전환기를 맞아 발 빠르게 움직이고 있다. 뇌리에 박힌 쓰라린 과거의 기억은 오늘날 '자원 민족주의'의 형태로 나타나고 있다.

중남미 국가들은 이미 니켈과 함께 배터리의 핵심 원재료로서 '신新석유'라고까지 불리는 리튬 광산을 국유화하고 민간 기업을 배제하기 위한 작업에 돌입했다. 그렇지 않아도 좌파 정권이 들어설 때마다 국유화 바람이 부는 중남미다. 볼리비아는 이미 오래전에 리튬 광산을 국유화했고, 2022년에는 칠레와 멕시코가 "경제성장의 기회"라며 리튬 광산을 국유화했다. 아르헨티나는 2023년 1월 리튬을 전략 광물로 지정하고 기업의 채굴권을 중단했다. 중남미에서도 압도적인 리튬 매장량을 레버리지 삼아 1, 2차 가공은 말할 것도 없고 배터리 생산, 나아가 전기차 생산까지 현지에서 이뤄지도록 강제해야 한다는 목소리가 높아지고 있다. 2022년 12월에는 아프리카 짐바브웨도 미가공 리튬의 수출을 금지하는 대열에 합류했다. 짐바브웨의 폴리테 캄바무라 광물차관은 리튬 원광을 계속 수출하면 "아무 성과도 없을 것"이라며 "짐바브웨 국내에서 리튬 배터리가 개발되는 모습을 보고 싶다"라고 발언했다. 이처럼 오늘날 글로벌 사우스의 자원 정책은 일차적으로 원광석原鑛石의 수출을 금지하는 것으로 나타나고 있다. 식민 제국주의 시대나 세계화 시대의 교훈을 되풀이하지 않고, "내 나라에서 난 자원은 내가 가공"하겠다는 것이다.

WTO 다자무역체제가 담보하던 자유무역질서가 훼손된 상황에서 별다른 대안이 없는 다국적기업들은 자원국에 러브콜을 보내고 있다. 석유와 달리 희토류는 비교적 골고루 분포되어 있어 공급망과 산업이 안정되면 다국적기업이 협상력을 되찾을 것이란 전망도 있지만, 그러한 사태를 막기 위한 자원국들의 연대 움직임도 만만치 않다. 중남미 국가들은 석유 시대에 사우디아라비아의 주도로 주요 산유국 간에 결성된 석유수출국기구"OPEC," Organization of Petroleum Exporting Countries를 본뜬 '리튬판 OPEC'을 만들자고 의기투합하고 있다. 인도네시아를 중심으로 '니켈판' OPEC을 만들자는 움직임도 활발하다.

글로벌 가치사슬의 분절과 다자무역체제의 훼손으로 핵심 자원을 확보한 일부 글로벌 사우스 국가의 위상이 급격히 제고되자, 산업국들은 다양한 방식으로 대응에 나서고 있다. 가장 먼저 움직인 나라는 중국이다. 중국은 오래전부터 해외 리튬 광산에 꾸준히 투자하여 중남미·호주·캐나다 각지의 광산회사를 인수하거나 사업자로 선정되는 등, 4차 산업혁명에 충실히 대비해왔다. 2025년까지 중국이 생산량 기준 세계 리튬 광산의 3분의 1을 통제하게 될 것이란 이야기도 들린다. 더욱 근본적인 해법을 찾는 게 가능한 산업국들도 있다. 캐나다·멕시코와 함께 북미대륙에 매장된 리튬의 공동탐사에 나선 미국은 2023년 9월 미국 네바다주와 오리건주 경계에서 기존에 세계 매장량 1위로 알려졌던 볼리비아 염호鹽湖의 두 배가 넘는 거대한 리튬 매장지를 발견했다고 발표했다. 이곳의 리튬은 일반적인 리튬보다 농도가 2배 이상 높아 21세기에도 미국은 '천혜의 땅'으로 남을 거란 전망이다. 여러 차례의 산업혁명을 거치며 주요 자원이 많이 고갈된 것으로 알려진 유럽에도 4차 산업혁명에 필요한 희귀 자원은 남아 있었다. 스웨덴, 독일, 프랑스, 체코, 포르투갈 등지에 상당량의 리튬이 매장되어 있는 것이 확인되었다고 한다. 현재 미국과 EU는 광물 분야의 협력에 초점을 맞춘 무역협정인 '핵심 광물 클럽'critical minerals club의 체결을 추진하고 있다. 핵심 광물의 생산 및 공급은 물론, 생산과정에서의 환경과 노동 기준도 마련해 이 분야의 국제규범을 선도할 계획이다.

그러나 대다수 산업국은 글로벌 사우스의 부존자원에 거의 전적으로 의존할 수밖에 없는 것이 현실이다. 특히 대한민국과 같이 매장자원이 거의 없는 산업국은 자원국과 어떻게든 광물 협정을 체결하거나 기업이 자체적인 투자를 하는 것 외에 획기적인 대안을 찾기 어려운 상황이다.[37]

몸값이 높아진 글로벌 사우스는 미·중 패권 경쟁과 4차 산업혁명이 가져다준 천우신조의 기회를 놓치지 않으려 한다. 2023년 7월 개최된 EU-중남미 정상회담에서 아르헨티나의 구스타보 마르티네스 판디아니 중남미·카리브해 담당 차관은 "우리는 유럽에 리튬이 아니라 리튬 배터리로 작동하는 전기차를 판매하길 원한다"라며 더욱 높아진 기대를 숨기지 않았다. 과거와 같은 자원 수탈의 대상이 되지 않겠다는 글로벌 사우스의 의지는 확고하다. 패권 전환기 속 변화하는 국제질서 아래에서 글로벌 사우스의 의지는 존중될 수밖에 없다. 오랜 암흑의 세월 끝에 마침내 시대의 흐름이 글로벌 사우스를 향한 것이다.

07 글로벌 사우스의 각자도생

패권 전환기 대다수 글로벌 사우스 국가들의 대전략은 아마도 간단명료할 것이다. 어느 한 편에 종속되지 않고 양 진영 모두로부터 최대한의 이익을 얻어내는 것이다. 도도했던 세계화의 물결이 멈추고 WTO 다자무역체제가 훼손된 덕분에 글로벌 사우스에 운신의 폭이 생겼다. 글로벌 사우스는 이 틈을 놓치지 않고 자원 민족주의와 보호무역주의를 통해 산업적인 도약을 이룩하려 할 것이다. 또한 새로운 국제질서가 도래하기 전에 중진국 함정을 돌파하거나 돌파하기 위한 기반을 마련하려 들 것이다.

미국과 서방, 반미연대 사이에서의 줄타기는 쉽지만은 않을 것이다. 글로벌 사우스란 하나의 연합된 세력이 아니라 패권 경쟁을 벌이는 양 진영 어디에도 속하지 않는 개도국을 통칭하는 개념에 불과하다. MERCOSUR[38]나 ASEAN처럼 느슨한 연합으로 볼 수 있는 집단도 있지만 대부분의 글로벌 사우스는 각자도생할 운명이다. 자칫 낙동강 오리알이 될 가능성도 상당하다. 너무나도 거대한 두 세력 중 특정 진영과의 협력이 너무 깊어지면 자기도 모르는 사이에 그 영향력에 복속될 수도 있다. 그러나 줄타기란 본디 아슬아슬하기 마련이고, 줄을 타야 할 때는 타는 수밖에 없다. 오늘날 글로벌 사우스는 어쩌면 두 번 다시 찾아오지 않을 황금 기회를 놓치지 않기 위해 치열히 각자도생하고 있다.

중남미

'미국의 뒷마당America's backyard'이란 지정학적으로 중남미를 지칭할 때 흔히 사용되는 안타까운 개념이다. 중남미는 늦어도 19세기부터는 미국의 세력권 안에 놓여 있었다. 19세기 말 멕시코의 대통령 포르피리오 디아스는 "불쌍한 멕시코! 하나님과는 너무 멀고 미국과는 너무 가깝구나"라고 자조했다. 아르뚜로 힐 삔또 주한 베네수엘라 대리대사도 2023년 초 한 국내 언론사와의 인터뷰에서 "신은 멀고 미국은 가깝다"라며 한탄한 바 있다.[39] 미국은 유럽 열강에 비해 식민지 만들기에 열을 올리지는 않았지만, 인접한 중남미를 경제적으로 수탈했다는 오명을 벗을 수는 없다. 경제적 필요에 따라, 또는 소련과의 경쟁을 위해 중남미 각국의 정권을 전복한 사례도 많다. 자연히 중남미 국가 중에는 반미정서가 강한 나라가 많다.

　중남미의 반미정서는 1990년대 초 불어닥친 민주화 열풍을 타고 좌파 정권이 대거 등장한 것으로 발현됐다. 소위 '핑크 타이드'라 불리는 현상이었다. 그러나 핑크 타이드 열풍이 분 중남미 국가 대부분은 심각한 경제적 어려움을 겪었고, 무분별한 복지와 반시장적인 정책이 경제위기의 주된 원인으로 꼽히게 된다. 이후 중남미는 우경화의 길을 걸었다. 하지만 취약계층의 빈곤이 커지고 2020년에 발생한 코로나19 팬데믹으로 인해 사회적 안전망과 보건의료 인프라의 취약점이 불거지자 다시 좌경화 바람이 불기 시작했다. 결국 2022년 10월 브라질 대선에서 '중남미 좌파 대부'라 불리는 루이스 이나시우 룰라 다시우바가 12년 만에 다시 대통령에 당선되며 중남미에 제2의 핑크 타이드가 완성됐다. 2023년 9월을 기준으로 중남미 국가 중 브라질·아르헨티나·칠레·페루·볼리비아·콜롬비아·베네수엘라·가이아나·수리남·파나마·니카라과·온두라스·쿠바·멕시코·과테말라에 좌파 정권이 집권한 상태다. 사실상 중남미 전체에 좌파 정권이 등장했다고 봐도 과언이 아니다. 중남미 좌파 정권의 확산은 크게 두 가지 모습으로 발현되고 있다. 하나는 리튬 등 국가 전략산업의 국유화다. 과거 같으면 반시장적 정책으로 비난받았을 국유·국영화 정책은 4차 산업혁명 및 미·중 패권 경쟁에 따른 전략과 맞물리면서 새롭게 주목받고 있다. 다른 하나는 일대일로를 앞세운 중국의 진출이 가속되면서 중남미 국가의 탈미 행보가 심화하고 있다는 점이다. 트럼프 시절에서는 미국이 중남미에 소홀했다가 중국에 일격을 당했다면, 바이든 시절에서는 중남미가 적극적으로 중국의 손을 잡았다는 점도 특기할 만하다.

2022년 6월 바이든 대통령은 미주정상회의를 열고 중남미 국가와의 관계 강화를 위해 '경제번영을 위한 미주 파트너십'이란 구상을 제시했으나 중남미 국가들은 시큰둥했다.[40] 반면 중국은 2022년 6월 에콰도르와의 무역협정 체결을 위한 협상을 개시했고, 우루과이와 파나마·콜롬비아·니카라과와도 협상에 속도를 내기 시작했다. 이미 2021년에 멕시코를 제외한 중남미 전역에서 중국과의 교역량이 미국과의 교역량 보다 커졌다. 중국은 중남미에 리튬 광산 외에도 수력발전소 등 인프라 건설을 위한 투자도 단행하고 있고, 2023년 1월에는 외환위기에 처한 아르헨티나를 위해 350억 위안 규모의 통화 스와프를 발동하기도 했다. 중국은 2005년부터 2023년까지 중남미 정부와 국영기업에 1천 3백억 달러 이상의 차관을 제공하기도 했다. 중국의 영향력이 커지면서 수리남은 2019년 중국어를 공식 언어로 채택했고, 2021년과

2023년에는 니카라과와 온두라스가 각각 대만과 단교하고 중국과 수교했다. 2023년 5월 30일에는 브라질 룰라 대통령의 주도로 남미 12개국의 정상이 모여 미국 달러화에 대한 의존도를 줄이고 중남미의 경제 통합을 위해 노력하겠다고 선언하기도 했다.

이렇게만 보면 미국이 중국의 공세 앞에 속수무책인 것처럼도 보이지만, 미국은 장기적인 시각으로 중남미에 접근하고 있다. 중국과의 경제협력은 시류에 따라 달라질 수 있어도 미국과 중남미 간의 지리적 거리는 바뀌지 않는다. 좌파 물결이 대두되고 있다고는 하지만, 과거에 그랬듯이 정권은 언제고 바뀌기 마련이다. 오랜 경제난에 시달리던 아르헨티나에서는 2023년 8월에 치러진 대선 예비선거에서 극우성향 후보인 하비에르 밀레이 하원의원이 1위를 차지했다. 중국에는 자유가 없다고 비판하기도 한 밀레이 의원은 미국의 달러화를 아르헨티나의 통화로 채택하겠다는, 약간은 황당한 공약을 내세우기까지 한 친미 성향 정치인이다. 아르헨티나뿐이 아니다. 모든 중남미 국가는 코앞에 있는 미국과의 관계를 우호적으로 관리하지 않을 수 없다. 2023년 5월에는 멕시코의 안드레스 마누엘 로페스 오브라도르 대통령이 중남미에서 불고 있는 탈달러화 움직임에 대해 "앞으로도 달러는 세계에서 가장 중요한 통화"로 남을 것이라고 잘라 말한 뒤, 멕시코와 미국 간에 긴밀한 경제 관계를 고려할 때 다른 통화로 이동할 이유가 없다고 선을 그었다. 지정학적으로는 중남미로 분류되나 지리적으로는 북미대륙에 속하는 멕시코에 있어 미국이 USMCA를 기초로 구축하려는 북미대륙 공급망에 속하는 것보다 더 나은 대안은 있을 수 없기 때문이다.

중국의 경제성장이 동력을 상실하거나, 중남미에 다시 우파 바람이 불거나, 일대일로의 부작용으로 반중 정서가 득세하거나, 미국이 북미대륙에 구축한 공급망을 미주대륙 전역으로 확장하려 하는 경우 등, 상황별 이해득실에 따라 중남미와 미·중 간의 관계는 언제든 뒤바뀔 수 있다. 중남미에 있어 중국은 미국의 대체제가 될 수는 없다. 다만 오랫동안 바라고 기다려온 탈미국의 기회를 가져다준, 소중한 대안임은 분명하다. 중남미 국가들이 최근 들어 보여주는 '탈미·친중' 행보에 관한 어느 외국 유튜브 영상에, 한 중남미인이 달았던 촌철살인의 댓글이 떠오른다. "우리는 누군가의 뒷마당이 되는 것에 지쳤다."

동남아시아

현재 진행되는 패권 전환기 속에서 동남아시아는 특별한 변화가 없는 한 '안미경중'의 대외정책을 노골적으로 추구할 것으로 보인다. 경제발전이 절실한 동남아시아로서는 인접한 중국의 거대시장을 포기할 수 없다. 2022년 8월 중국 신화통신이 발표한 바에 따르면 중국은 13년 연속 ASEAN의 최대 무역 상대국이었고, 2022년 7월 말까지 ASEAN 국가에 미화 3천 8백억 달러가 넘는 인프라 투자를 단행했다고 한다. 일대일로의 핵심 지역인 ASEAN/동남아는 중국의 성장과 경제·기술 고도화에 따른 직접적인 혜택을 볼 수밖에 없는 구조다.

한편 중국을 견제하기 위한 미국의 대對동남아 투자도 만만치 않다. 바이든 행정부가 중국을 주요 공급망에서 괴리시키기 위해 구상한 IPEF는 지정학적으로나 지경학적으로나 동남아 국가의 참여 없이는 유명무실해질 수 있기 때문이다. 중국에 대한 경제적 의존도를 줄이려는 세계 각국의 러브콜도 동남아를 향하고 있다. 대한민국 기업들도 인건비가 낮고 자원이 풍부하며 인구까지 많은 동남아를 중국의 대안으로 고려하고 있고, 일본·유럽의 유수 기업들도 동남아 진출에 열을 올리고 있다. 동남아는 이 기회를 놓치지 않고 양 진영 사이에서 최대한의 이득을 얻기 위해 노력할 것이다. 특히 과감한 행보를 보이는 것은 역시나 인도네시아다. 조코 위도도 대통령은 2023년 5월 미국으로부터 경제제재를 당하고 있는 이란과 무역협정을 체결함으로써 반미연대와의 교류 강화를 암시했다. 태국도 유연한 균형 외교로 미·중 양측과의 협력을 동시에 강화하고 있다. 베트남·싱가포르·말레이시아 등 동남아의 다른 주요국도 다르지 않다. 그러나 동남아시아는 중국으로부터의 안보 위협에도 노출되어 있다.

현재 동남아를 위협하는 중국발發 안보 위협은 크게 두 가지다. 첫째는 중국이 동아시아 최대의 수원水原인 티베트의 수자원을 통제하면서 발생한 문제다. 중국은 마오쩌둥 이래 남부의 풍부한 수자원을 북부로 끌어다 쓰는 소위 '남수북조南水北調' 정책을 채택하고 치수治水에 힘쓰고 있다. 티베트를 병합한 뒤로는 양쯔강과 황허뿐 아니라 그 수원인 티베트 수원 그 자체를 남수북조 사업을 위해 동원하고 있다. 1949년 건국 당시 40여 개에 불과했던 중국의 댐은 오늘날 거의 9만 개에 달한다. 티베트에서 발원해 베트남·태국·미얀마·라오스·캄보디아를 관통하는, 동남아의 젖줄이라 할 수 있는 길이 4천 8백 킬로미터의 메콩강도 예외는 아니다.

중국은 1990년 메콩강의 상류 란창강에 처음 대형 댐을 지은 후 계속해서 댐을 건설했고, 현재는 메콩강에 11개의 대형 댐을 가동 중이다. 그런데 중국이 메콩강 수원을 통제하기 시작한 이후 하류의 수위가 급격히 낮아지며 수자원에 엄청난 타격이 발생했다. 중국은 메콩강의 수위 하락은 댐 건설이 아닌, 기후변화로 인한 강수량 감소로 인한 것이라 주장하고 있다. 그러나 강의 상류 수원지 국가가 수원을 통제해 하류에 위기를 초래하는 것은 하류 국가에 있어서는 실존적 문제이다. 제아무리 초강대국이라도 그저 힘으로 억눌러 해소할 수 있을 만큼 간단한 문제가 아니다. 현재 중국은 메콩강 하류의 5개국과 함께 '란창강/메콩강 협력 외교장관 회의'를 개최하여 상황을 관리하기 위해 노력하고 있고, 베트남 등 하류 국에서 방류 요청이 들어오면 상황에 따라 수용하기도 한다. 그러나 안보 위기라고까지 불리는 중국의 위태위태한 식량 사정과 향후 기후변화로 인한 수자원 부족 가능성 등을 고려하면 남수북조 정책이 초래한 메콩강 문제는 언제든 심각한 위기로 비화할 가능성이 있다.

다른 하나의 위협은 중국의 해양 팽창주의다. 남중국해를 중국의 내해內海로 만들고자 하는 중국의 야심은 동남아에 있어 거대한 위협이다. 중국은 동남아 국가 중 친중 성향이 강한 캄보디아와 맺은 비밀 협정을 통해 베트남과 태국에 인접한 레암 해군기지를 넘겨받는 등, 남중국해 포위망을 날로 공고히 하고 있다. 중국 함대의 남중국해 순시도 해가 갈수록 강화되고 있다. 아직은 중국이 대만해협을 넘지 못하였기에 당면한 문제는 아니다. 하지만 대만해협이 무너지면 구단선은 곧바로 동남아 국가들의 실존적 위기로 부상할 것이다.[41]

중국에 대항할 만한 군사력을 갖추지 못한 동남아시아 국가들의 국방전략은 비대칭전력 강화에 맞춰져 있다. 싱가포르는 독일로부터 4척의 잠수함 구매계약을 맺었고, 총 8척의 잠수함 전력을 갖추기 위해 노력하고 있다. 인도네시아는 프랑스와 잠수함 연구개발을 진행하고 있다. 세계 4위의 인구 대국이자 세계 16위의 경제 대국으로써 동남아시아 최강국인 인도네시아는 다른 동남아 국가들과 공동으로 중국에 대항하기 위한 노력에도 박차를 가하고 있다. 2021년부터 신무기 구매에 사용되는 예산을 2배씩 증강 중인 인도네시아는 최근 초음속미사일을 도입하였고, 필리핀과 남중국해 안보 강화를 위한 방위협력협정을 체결하였으며, 말레이시아·브루나이와 합동군사훈련을 추진하는 등 다양한 대중국 견제 노력에 나서고 있다. 그러나 동남아시아 국가들만으로는 중국에 맞설 수 없다. 그것은 1995년에 이르러서야 미국과 수교한 베트남도 마찬가지다.

베트남은 중국의 남중국해 세력 확장에 매우 민감하다. 대한민국 걸그룹 블랙핑크의 콘서트 주최사 홈페이지에 구단선이 그려진 남중국해 지도가 업로드되자 블랙핑크 콘서트 불매운동을 벌였고, 마찬가지로 구단선이 그려진 지도가 등장한 할리우드 영화 '바비'의 상영을 금지하기도 했다. 그러나 중국은 남중국해뿐 아니라 베트남과 인접한 캄보디아와 라오스에 대한 영향력도 강화하고 있다. 그런 상황에서 중국에 대항하기 위해서는 베트남 역시 미국과의 협력을 강화할 수밖에 없다. 2023년 6월, 베트남 다낭에 미 항공모함인 로널드 레이건호가 기항하면서 대중국 협력 강화의 신호탄을 쐈다. 2023년 9월에는 바이든 대통령이 베트남을 국빈 방문해 양국 사이의 관계를 '포괄적 전략 동반자'로 격상시켰다. 세계 2위권의 희토류 대국인 베트남을 미국이 주도하는 반도체 공급망에 편입시킴으로써 양국 모두 'win-win'을 노릴 수 있다는 평가다. 양국 간의 군사협력도 더욱 강화될 전망이다.

베트남뿐만이 아니다. 미국은 동남아시아를 적극적으로 끌어안고 있다. 2023년 대니얼 크리튼브링크 미 국무부 차관보는 남중국해에서 동남아시아 국가의 주권을 미국이 지킬 것이라며, 국제법에 따라 모든 나라가 남중국해에서 항행의 자유와 비행의 자유를 영위할 수 있도록 보장하고, 동남아시아 국가의 해군력 강화를 지원하며, 중국이 국제법을 무시하고 영유권을 주장하는 해역에는 미 해군의 함정을 정기적으로 진입시켜 해당 해역에 대한 중국의 실효 지배 시도를 차단하겠다고 밝혔다. 중국은 남중국해 분쟁을 중국과 미국 사이의 문제라고 정의하며 동남아 국가에 "대국 간의 갈등에 휘말리지 말도록" 주문하고 있지만 이러한 우월적 태도는 역효과만 낳고 있다. 페르디난드 마르코스 필리핀 대통령이 2023년 9월에 열린 ASEAN 정상회의에서 지적한 바와 같이 남중국해 분쟁을 미·중 간의 강대국 경쟁의 일환으로만 치부하는 중국의 시각은 동남아 국가의 독립성과 주권을 무시하는 처사로 받아들여질 수밖에 없기 때문이다.

2023년 싱가포르의 유소프 이샥 동남아연구소가 ASEAN 국민을 상대로 실시한 여론 조사에 따르면 동남아시아에서 가장 영향력 있는 국가로 꼽힌 것은 중국이었지만, "ASEAN이 미국과 중국 중 한 나라만을 지지해야 한다면 미국을 지지하겠다"라고 답한 응답자가 61.1%에 달했다. 안미경중을 따르는 나라는 평화로운 시기에는 경제적으로 의존하는 중국과 가까워질 수 있으나 혼란스러운 시기에는 안보를 의지하는 미국과 가까워지는 게 자연스럽다. 그리고 안보협력이 강화되면 경제협력도 자연히 강화될 수밖에 없다.

동남아시아는 미·중 양측에서 구애받는 현 상황을 활용해 최대한의 이익을 챙기려 한다. 하지만 남중국해에 대한 패권 야심을 숨기지 못하는 중국으로 인한 안보 위협이 계속 커지면 동남아시아는 그만큼 중국과 거리를 두고 미국 쪽으로 기울 수밖에 없을 것이다.

중동

중동은 인류의 문명 발상지다. 인류 최초의 문명으로 알려진 메소포타미아 문명은 중동에서 시작됐다. 약 1만 2천여 년 전에 건축된 것으로 확인되어 고고학계를 경악시킨 불가사의한 괴베클리 테페Göbekli Tepe도 중동에 있다. 고대로부터 중동에는 이집트, 히타이트, 아시리아, 바빌로니아, 페르시아와 같은 당대의 제국들이 등장했고 이슬람의 시대가 열린 뒤에는 우마이야 왕조나 아바스 왕조, 셀주크 제국, 오스만 제국과 같이 유럽을 위협했던 대제국들이 줄줄이 등장했다. 그러나 1차 산업혁명 이후에는 기술적 우위에 선

서구 열강의 손에 유린 되는 운명을 겪었다. 제1차 세계대전이 종료될 무렵, 영국과 프랑스는 패전국이 될 오스만 제국을 해체하고 중동을 나누기로 합의한다. 칸트가 영구평화론에서 비난한 비밀조약 가운데서도 역사상 가장 해로운 축에 속할 사이크스-피코 협정Sykes-Picot Agreement이 그렇게 체결됐다. 이 협정을 기초로 전후 오스만 제국은 해체·분할되었고, 중동과 북아프리카에는 22개의 국가가 인위적으로 그어진 국경을 갖고 탄생했다. 기존의 문화나 종교, 역사나 민족과는 상관없이 일방적으로 그어진 경계는 필연적으로 다툼을 불렀다. 오늘날까지 중동에 분쟁이 끊이지 않는 배경에는 유럽 제국주의의 원죄가 있다.

중동은 에너지의 보고다. 1908년에 페르시아, 1927년에 이라크, 1938년에 사우디아라비아에서 유전이 발견되었고, 중동은 세계 최대의 석유 매장지로 떠올랐다. 내연기관의 시대에 석유는 모두가 원하는 자원이었다. 세계 최대의 에너지 소비국인 미국은 특히 중동의 석유를 탐냈다. 제2차 세계대전이 끝나자 동서냉전이 시작됐다. 미국은 소련이 중동으로 영향력을 확장하는 것을 저지하기 위해 치열한 노력을 전개했다. 19세기 러시아 제국의 중동 남하를 대영제국이 막아섰듯이, 20세기 소련의 남하는 미국이 막아냈다. 냉전 종식 이후에도 석유의 중요성은 떨어지지 않았다. 미국은 중동에 대한 통제력을 더욱 강화했다. 1995년에는 제2차 세계대전의 종식과 함께 해체했던 제5함대를 부활시켜 중동 지역을 전담시켰다. 페르시아만과 홍해, 아라비아해, 그리고 인도양의 서북부 해역을 전담하는 미 제5함대는 역내의 군사력 총량 – 즉, 중동의 모든 국가는 물론 현시점에 인도가 보유한 군사력까지도 – 을 동시에 상대해 압도하고도 남을 만큼 막강한 전력을 보유한 대함대다. 그러나 석유를 지배하기 위한 미국의 중동 개입은 부작용을 낳았다. 민족주의자와 이슬람 근본주의자 가운데 미국을 타도해야 할 대상으로 보는 세력들이 늘어나기 시작했다. 2001년 9·11 테러로 인해 테러와의 전쟁을 시작한 미국은 중동에서 알카에다 등 여러 극단주의 세력과 싸웠고, 2003년도에 벌어진 이라크 전쟁을 통해 사담 후세인 정권을 전복시켰다. 그러나 후세인 정권이 몰락한 뒤 공백 상태가 된 이라크에서는 다양한 무력 단체들이 힘을 키웠다. 그중에는 극단주의 무력 단체인 이슬람국가"IS," Islamic State의 전신前身도 포함되어 있었다.

2010년경부터 미국은 '셰일 혁명'이라 불린 에너지 대혁명의 시대를 맞이한다. 미국에 무지막지한 양이 존재하는 셰일shale 지층地層에 포함된 석유와 가스를 낮은 비용으로 추출할 수 있는 공법이 개발된 것이다. 에너지 패권을 위협당한 사우디아라비아와 OPEC은 미국의 셰일 산업을 말살하기 위해 2014년 중반부터 대대적인 원유 증산 정책을 채택했다. 국제유가를 극도로 낮춰 셰일 산업의 채산성을 말살하려 시도한 것이다. 기술의 발전을 인위적으로 막아보려던 대부분의 역사적 시도가 그랬듯이, 그러나 사우디·OPEC의 대응은 상업성이 더욱 뛰어난 셰일 시추 기술의 발전을 불러왔다. 셰일 산업이 확고히 자리를 잡자 미국은 사우디아라비아를 제치고 세계 최대의 산유국으로 뛰어올랐다. 그렇지 않아도 "기이할 정도로 신의 편애를 받았다"라고 불리던 미국의 부존자원 현황이 이로써 완전무결해진 것이다. 20세기 내내 미국은 만일을 대비해 자국에 매장된 석유는 아끼면서 중동에서 수입한 에너지를 주로 사용하는 정책을 채택했었다. 그러나 셰일 산업이 궤도에 올라선 2015년, 미국은 장장 40년 동안이나 유지해온 원유 수출금지 조치를 해제함으로써 만일을 대비해 석유를 보존할 필요조차 없어졌음을 알렸다. 에너지 패러다임이 화석연료에서 신재생에너지로 전환될 때까지, 풍족히 쓰고 마음껏 수출하고도 남을 만한 원유와 가스 매장량을 확보한 것이다. 세계 최대의 산유국이 된 미국에 있어 중동은 더 이상 필수 불가결한 존재가 아니게 되었다. 동시에 사우디로서도 미국은 지금까지와 같은 '큰 손 고객'이 아니게 됐다. 오히려 미국에 이어 두 번째로 에너지를 많이 소비하는 국가인 중국과의 경제적 관계가 중요해지면서, 사우디 역시 '안미경중'의 길을 걷기 시작한다. 그사이 중동의 여러 민족과 종파 간의 갈등과 경제적 어려움, 독재·인권 문제는 날로 심화하고 있었다.

중동의 대부분 국가는 장기간의 독재로 심각한 인권 문제를 안고 있고, 경제난도 심각하다. 복잡한 불만이 누적된 끝에 2010년경 '아랍의 봄'이라 불린 중동 민주화 운동이 시작됐다. 첫 시위는 2010년 12월 튀니지에서 발생했다. 시위는 곧 알제리·리비아·요르단·수단·예멘·이집트·시리아·모로코·이라크 등 중동 전역으로 퍼져나갔다. 안타깝게도 '아랍의 봄'은 또 다른 혼란을 초래했다. 민주화 시위로 독재 정권이 퇴진 된 사례도 있지만 참혹한 내전으로 비화하거나, 독재 정권을 타도하고 수립된 정부가 다른 독재 정부로 교체되는 등, 중동의 혼란은 계속됐다. 특히 2011년에 발발해 현재까지 이어지는 시리아 내전은 국제전으로 번지며 중동의 혼란을 키웠다. 하지만 테러와의 전쟁에 발목이 잡힌 데다 세계 최대의 에너지 부국이 된 미국은 과거와 달리 중동의 혼란에 관여하길 꺼렸다. 오바마 대통령은 시리아의 아사드 정부가 내전에서 생화학무기를 사용하면 대가를 치를 것이라 경고했으나, 생화학무기가 실제로 사용되었음에도 예고한 대로 대응하지 않아 빈축을 사기도 했다.

한편 시리아 내전을 틈타 본격적으로 발호한 IS가 혼란에 빠진 이라크와 시리아에서 거대한 지역을 점령한 뒤 이슬람 국가의 성립을 선언했다. 워낙에 잔혹한 IS를 토벌하기 위해 미국과 동맹국은 물론 러시아·이란·사우디아라비아·튀르키예와 같은 인접국, 그리고 쿠르드족 같은 지역 세력들도 연합 전선을 펼쳤다. IS의 세력은 2015년경 절정을 찍은 뒤 위축됐지만, 그사이 중동의 혼란은 더욱 크고 깊고 복잡해졌다. 하지만 지긋지긋했던 테러와의 전쟁을 끝내고 골치 아픈 지역에의 관여를 줄이고 싶었던 미국은 외려 중동에서의 영향력 축소에 나선다. 오바마 행정부가 이란과 핵 협상에 나서 JCPOA를 체결한 것도 탈脫중동 정책의 일환이라 해석하는 시각이 많다. 미국이 적성국인 이란과 화해하려고 노력하는 모습은 그간 미국을 보호국으로 여겼던 중동의 여러 우방국, 즉 이스라엘과 사우디아라비아, UAE 등을 당황하게 했다.

오늘날 중동은 크게 두 지역 또는 세 지역으로 구분해볼 수 있을 것이다. 두 지역으로 구분하는 한 가지 방법은 아랍의 봄 이후 혼란에 빠진 지역과 그렇지 않은 지역을 구별하는 것이다. 그만큼 아랍의 봄의 후유증은 컸다. 아랍의 봄에도 불구하고 나름대로 안정을 유지하는 국가들, 즉 튀르키예·이란·사우디아라비아·이스라엘 등은 아랍의 봄이 휩쓸고 간 중동의 세력 지형을 자국에 유리하도록 재편하기 위해 암약하고 있다. 중동을 두 지역으로 구분하는 또 다른 방법은 이란을 중심으로 한 이슬람 시아파와 사우디아라비아를 중심으로 한 이슬람 수니파 산유국으로 구분하는 것이다. 시아파와 수니파라는 종교적 구분도 중요하지만, 정치체제의 차이도 그 못지않게 중요하다. 시아파 종주宗主 이란은 팔레비 왕조를 혁명으로 무너뜨리고 등장한 신정국가로서, 왕정王政 국가인 사우디아라비아 등 여러 수니파 산유국에 체제적 위협이 되기 때문이다.

중동을 세 지역으로 구분하는 방법도 있다. 즉, 북아프리카의 지역국들과 메소포타미아를 둘러싼 4대 강국, 그리고 4대 강국 사이의 완충지로 구별하는 방법이다.

북아프리카의 이슬람 국가 중 리비아·알제리 등은 아직 혼란에서 회복하지 못했거나 회복하는 중이고, 가장 혼란한 메소포타미아의 정세에서 한 발

벗어나 있다. 북아프리카와 메소포타미아에 걸쳐 있는 이집트는 중동 최대의 인구 대국이자 고대로부터 강대국이며, 무엇보다 수에즈 운하를 관리하고 있다. 1956년 수에즈 운하를 도모한 영국과 프랑스, 이스라엘을 미국과 소련이 공동으로 굴복시켰던 사례에서도 알 수 있듯이, 너무나도 중요한 수에즈 운하의 전략적 가치는 대내외를 막론하고 이집트와 관련된 현상 변경을 용납하지 않는다. 시리아 내전과 같은 참혹한 소요 사태가 이집트에서 벌어져 수에즈 운하가 전면 마비되었는데도 미국을 포함한 국제사회가 적극적으로 개입하지 않는 상황은 상상하기 어렵다.

이집트를 제외한 중동의 4대 지역 강대국은 메소포타미아 북쪽의 튀르키예, 동쪽의 이란, 남쪽의 사우디아라비아, 서쪽의 이스라엘이다. 이들은 아랍의 봄으로 인한 혼란을 거의 겪지 않았다. 중동 4대 강국의 관계는 서로 좋지 않다. 유럽과 중동에 걸쳐 있는 튀르키예를 제외한 나머지 세 나라의 관계는 더욱 나쁘다. 4대 강국 간의 갈등과 대립은 미국이 중동에서 발을 빼기 시작하면서 더욱 심화했다. 4대 강국은 아랍의 봄이 초래한 혼란에서 아직 벗어나지 못하고 있는 시리아와 이라크, 레바논 등을 에워싸고 있다. 혼란에서 회복되지 못한 시리아·이라크·레바논 등은 불행히도 4대 강국 간에 대리전이 벌어지는 일종의 완충지로 전락했다. 전통적인 남하정책을 재개한 러시아까지 시리아 내전에 개입하면서 시리아는 강대국 간에 다툼의 장이 됐다.

제1차 세계대전 이전까지만 해도 오스만 제국이 지배하던 이스라엘/팔레스타인 지역은 사이크스-피코 협정에 따라 전간기戰間期에 영국령 팔레스타인이 되었다가, 제2차 세계대전 이후 무주공산이 되었다. 제1차 세계대전에서 유대계 자본의 도움을 받은 영국은 독립 국가를 세워주겠다 약속하고 영국령 팔레스타인에 유대계 이주민을 대량 받아들였으나, 제2차 세계대전이 끝나고 자국의 사정을 챙기기만도 급급해지자 UN에 뒷정리를 떠맡기고 빠져나갔다. 뒤섞여 살던 유대인과 팔레스타인인 간에 분쟁이 고조되는 가운데, UN은 1947년 영국령 팔레스타인을 이스라엘과 팔레스타인으로 분할하는 중재안을 제시하였으나 받아들여지지 않았다. 이어 1948년, 이스라엘이 선제적으로 건국을 선언하자 다수의 주변 이슬람 국가가 일제히 이스라엘을 침공하여 제1차 중동전쟁이 벌어지게 된다. 제1차 중동전쟁이 이스라엘의 승리로 돌아간 뒤에도 1956년과 1967년, 1973년에 다수의 중동 국가와 이스라엘 간에 전쟁이 벌어졌다. 일련의 전쟁 결과 1948년 당시 UN이 제안했던 것보다 훨씬 넓은 땅이 이스라엘의 영역에 포함되게 된다. 여러 차례에 걸쳐 패전을 맛본 이집트·이라크·시리아·레바논 등은 이스라엘이라면 이를 갈았고, 대부분의 다른 이슬람 국가도 오랫동안 이스라엘을 국가로 인정하지 않았다. 팔레스타인인들은 이스라엘 서부의 지중해 연안을 면한 가자^{Gaza} 지구와 동부의 서안^{Westbank, 요르단강 서안을 의미} 지구에 자치구를 건설하고 모여 살았으나, 이스라엘은 가자지구와 서안지구를 국가로 인정하지 않고 자국의 군사 관할 행정구역으로 취급한 뒤 군정을 펼쳐 분쟁의 불씨가 남게 되었다.

이스라엘은 4차 중동전쟁을 계기로 숙적 이집트와 화친[42]한 뒤로는 이란을 주적으로 삼았다. 이란은 팔레스타인 해방을 추구하는 하마스와 근본주의 이슬람 무장단체 헤즈볼라를 지원하여 이스라엘과 첨예한 갈등을 겪고 있다. 아랍의 봄 이후 중동의 정세가 혼란스러워지자 이스라엘과 이란은 시리아·레바논·예멘 등지에서 여러 차례에 걸쳐 대리전을 벌였다. 특히 이스라엘은 이란의 핵 개발을 실존적 위기로 보아 이란의 핵무기 보유가 가시화되면 선제공격을 감행하겠다고 여러 차례 경고한 바 있다.

탈냉전기 미국은 이스라엘과 팔레스타인 간 분쟁을 해결하기 위해 다각적

으로 노력했다. 현재 미국을 포함한 국제사회의 폭넓은 지지를 받는 해결책
은 3차 중동전쟁 이래 이스라엘이 실효 지배하고 있는 팔레스타인 지역이 별
개 국가로 독립하는 소위 '두 국가 해법two-state solution'이나, 이스라엘은 이를
외면하고 있다. 이스라엘은 강력한 영토 수호 의지와 미국의 전폭적인 비호
에 힘입어 중동의 한복판에서 독자노선을 고수하고 있다. 이스라엘과 이슬
람 국가들의 '강 대 강' 대치로 인해 중동은 '세계의 화약고'란 불명예스러운
별명을 얻기도 했다. 2017년에 집권한 트럼프 대통령은 오바마 행정부가 얻
어낸 JCPOA를 통해 이란과의 관계 개선을 하는 데는 관심이 없었지만, 그 역
시 중동에서 발을 빼기에 앞서 이스라엘과 이슬람 국가의 관계를 회복시킬
필요는 있다고 여겼다. 건국 이래 든든한 '뒷배'가 되어주었던 미국이 중동에
서 떠나려는 조짐을 보이는 이상, 이스라엘로서도 주변국과의 관계를 개선
할 필요가 생겼다. 2020년, 트럼프 행정부는 이스라엘과 여러 이슬람 국가
간에 속칭 '아브라함 협정Abraham Accord'이라 불린 평화협정을 주선한다. 유대
교와 이슬람교 모두 '믿음의 조상'으로 여기는 아브라함의 이름을 딴 일련의
협정을 통해 이스라엘은 UAE · 바레인 · 수단 · 모로코와 차례로 관계를 정
상화했다. 이 정책은 바이든 행정부도 군말 없이 이어받았다. 2022년에는 튀
르키예가 이스라엘과의 외교관계를 정상화하였고, 2023년에는 사우디가 이
스라엘과의 외교관계를 복원하기 위한 협상에 동의했다. 그러나 이스라엘과
이슬람 국가 간의 관계는 언제고 험악해질 수 있다.

　지리적으로 중동에 고립된 유대 국가 이스라엘은 인구가 1천만도 되지 않
고 국토의 면적이 대한민국의 4분의 1도 채 되지 않는 강소국強小國이다. 훨씬
크고 인구가 많은 이슬람 세력에 포위된 이스라엘은 어떠한 상황에서도 미
국과의 군사협력을 포기할 수 없다. 2022년 7월, 미국과 이스라엘은 양국의
모든 역량을 모아 이란의 핵무장을 방지하겠다는 협약을 체결했다. 바이든

대통령은 이를 위해 필요하다면 최후의 수단으로써 무력 사용조차 배제하지 않겠다고 강조했다. 바이든 행정부는 2023년 10월 팔레스타인 무장 정파 하마스가 이스라엘을 공격한 직후에도 제럴드 포드 항모전단을 동지중해에 급파해 이스라엘 방위 의지를 천명했다. 토니 블링컨 국무장관은 미국은 "오늘도, 내일도, 앞으로도 계속 이스라엘을 지지할 것"이라고 선언했다.

　이스라엘과 아브라함 협정을 체결한 이슬람 국가들은 동전의 양면과도 같은 특징을 가진다. 하나는 그들이 미국과 친밀하거나 미국의 직접적인 영향력 아래 있는 나라라는 점이다. 다른 하나는 그들이 주로 이란의 팽창주의에 맞서기 위해 이스라엘과의 관계를 회복할 필요가 있는 나라라는 점이다.

　이슬람 혁명으로 팔레비 왕조를 무너뜨린 이란이 시아파 이슬람 근본주의 국가로 변신한 이래 사우디아라비아를 필두로 한 UAE, 카타르, 쿠웨이트, 오만, 바레인 등의 수니파 왕정 산유국들은 이란과 상시적 긴장 관계에 놓여 있다. 중동에 이슬람 신정체제를 확산하려는 이란과 이들은 종교적으로나 체제적으로나 견원지간일 수밖에 없다. 그렇기에 수니파 왕정 산유국에 있어 미국과의 군사협력은 긴요하다. 특히 사우디아라비아는 1932년 건국 이래 줄곧 미국에 안보를 의존하고 있다. 미국은 석유를 확보하기 위해 사우디 왕가를 보호했고, 사우디 왕가는 '페트로 달러' 체제로 미국의 패권을 지지했다. 아랍의 봄 이후 사우디와 이란의 관계는 더욱 악화됐다. 이란은 이라크·시리아·레바논 등에 소재한 여러 시아파 무장세력을 지원하여 인접한 사우디의 안보를 위협했고, 양국은 내전 상태에 있는 시리아와 예멘에서 대리전을 치렀다. 그러던 중 미국이 셰일 혁명을 계기로 중동에서 멀어지기 시작하자 사우디의 맘이 급해졌다.

　중동에서 가장 부유한 국가인 사우디아라비아는 강력한 군대를 보유하고 있지만, 두 배가 넘는 인구를 가진 강대국 이란과 홀로 맞서기는 위험하다. 이란의 핵 개발 역시 큰 위협이다. 사우디가 중동에서 멀어져가는 미국을 대신할 자구책을 찾아야 한다는 위기의식을 느낀 결정적인 계기는 예멘 후티 반군의 석유 시설 공격 사건이었다. 2019년 이란이 지원하는 예멘의 후티 반군이 미사일과 드론을 사용해 사우디의 석유 시설 두 곳을 공격하였다. 그러나 미국의 대응은 미지근했다. 트럼프 대통령은 이란에 경제제재를 부과하였을 뿐 "강자가 진정으로 강함을 보여주는 길은 약간의 자제를 보여주는 것"이라며 군사적 개입은 회피하려 했다. 사우디가 격렬히 반발하자 마지못해 사우디와 UAE에 군대를 파병했으나, 파병의 목적은 이란이나 후티 반군에 보복하는 것이 아니라 사우디의 방공망 강화를 위한 것이었다. 미국과 사우디의 관계는 계속 소원해졌다. 2021년 당선된 조 바이든 대통령은 사우디아라비아의 무함마드 빈 살만 왕세자가 2018년 사우디의 반정부 언론인인 자말 카슈끄지를 암살한 것을 비난하며 빈 살만을 국제사회에서 '외톨이'로 만들겠다고 공언하기까지 했다.

사우디 왕가의 인권 탄압은 예전부터 널리 알려져 있었지만, 그동안 미국은 이를 크게 문제 삼지 않았었다. 우방이자 동업자인 사우디의 인권 탄압을 문제 삼지 않는 것은 위선이라는 비판이 미국 내부에서도 자주 대두될 정도였다. 그런 미국이 카슈끄지 암살사건에 대해 유례없이 강경한 태도를 보인 배경에는 카슈끄지가 미국의 저명한 언론인 워싱턴포스트의 칼럼니스트란 점과 인권을 중시하는 바이든 대통령 개인의 성향이 반영되었을 것이다. 그러나 셰일 혁명으로 세계 최대의 에너지 부국이 된 미국에 있어 사우디아라비아의 가치가 과거만 못한 것도 그 못지않은 이유였을 것이다. 젊은 빈 살만 왕세자는 분개했지만, 미합중국 대통령에게 맞설 수는 없었다. 바이든은 사우디에서 첨단 미사일 요격 체계까지 철수하며 빈 살만을 압박했다. 미국과 사우디 간에 생긴 균열은 복구하기 어려울 만큼 깊어졌다. 그러던 중인 2022년, 우크라이나 전쟁이 터졌다.

우크라이나 전쟁은 바이든과 빈 살만의 입장을 뒤바꾸어 놓았다. 전쟁 초기 러시아는 자국산 가스와 석유에 깊이 의존하는 유럽을 에너지로 압박하려 시도했고, 반대로 미국과 유럽은 러시아의 전쟁 자금줄을 차단하기 위해 러시아산 가스와 석유를 제재해야 하는 상황이었다. 국제유가는 급격히 치솟았다. 때마침 2008년 금융위기 이후 꾸준히 지속되어 온 통화확장정책이 2020년 코로나19를 계기로 극대화된 끝에, 더는 막을 수 없는 거대한 인플레이션의 파고波高가 되어 미국과 세계 경제를 덮치고 있었다. 여기에 국제유가 상승은 불난 집에 기름을 붓는 격이었다. 미국 소비자물가 상승률이 40여 년 만에 최고치를 경신하고 바이든 대통령의 지지율이 취임 후 최저치를 경신하자 미국은 국제사회에서 '외톨이'로 만들겠다 공언했던 빈 살만 왕세자에게 허겁지겁 구애를 보냈다. 인권 외교를 외치던 바이든 행정부가 어려운 국제정세 앞에서 원칙을 꺾은 것이다. 2022년 7월 바이든은 직접 사우디아라비아를 방문해 국제유가를 떨어뜨리기 위한 원유 증산을 요청했다. 그러나 사우디로서는 실권자이자 차기 국왕인 빈 살만을 국제적으로 망신 준 미국에 갚아줄 것이 있었다. 빈 살만은 바이든의 증산요청에 응하지 않았고, 중국과 러시아를 견제해야 한다는 요청도 거절했다. 오히려 사우디는 2022년 10월 유가 방어를 위해 필요한 조치라며 바이든의 요청과는 정반대로 원류 생산량을 감산함으로써 미국의 뒤통수를 때렸다. 이를 막기 위해 미국 행정부와 정계가 어야를 막론하고 전방위직인 압박을 펼쳤으나 소용없었다. 바이든 행정부는 울며 겨자 먹기로 자국의 셰일 회사에 증산을 요청했다. 어차피 세계 최대의 산유국은 이제 사우디가 아닌 미국이지 않은가. 미국 정계에서는 OPEC이 하루 100만 배럴을 감산해봤자 텍사스에서 하루 100만 배럴을 증산하면 그만이라는 볼멘소리가 흘러나왔다. 하지만 미국의 셰일 회사들은 주판을 두드려보고는 국제유가 상승이 영업이익 증대에 도움이 된다는 결론이 나오자 "주주에 대한 의무"를 이유로 정부의 증산요청을 단칼에 거절했다. 결국 6억 배럴 가까이 보관해둔 전략비축유 중 거의 2억 배럴을 시장에 푸는 자력구제를 감행한 끝에 간신히 유가를 잡는 데 성공한 미국은 사우디를 향해 이를 갈았다. 예전 같으면 감히 상상하기 어려운 행보였지만, 이제는 사우디도 믿는 구석이 있었다. 사우디와 미국의 관계가 불편해지자 역시나 중국이 냉큼 끼어든 것이다.

사우디와 중국은 미국에 보란 듯이 에너지 · 외무장관 회담을 잇달아 개최하며 급속도로 친밀해졌다. 하지만 2022년 11월 히잡 혁명으로 위기에 몰린 이란이 사우디아라비아를 공격하려 한다는 첩보가 입수되면서 상황이 일변하는 듯 보였다. 이란과 같은 반미연대의 일원인 중국이 사우디 편을 들 가능성은 사실상 없었다. 모종의 전략적 이유로 중국이 사우디 편에 선다고 가정하더라도, 중국해군이 미 제7함대에 맞설 만큼 강한 것은 A2/AD 우산이 펼쳐진 남중국해 내에서일 뿐이다. 머나먼 호르무즈 해협에서 미 제5함대를 가상의 적으로 상정하고 수십 년에 걸쳐 비대칭전력 강화에 집중해온 강대국 이란을 제압할만한 역량을 중국해군은 아직 갖추지 못했다. 사우디는 어쩔 수 없이 미국에 도움을 요청했다. 사우디 수호 의지를 공표한 미국은 첨단무기를 동원한 무력시위를 벌여 재빨리 사태를 관리했다. 중요한 순간에 믿을 것은 역시 미국밖에 없다는 사실을 깨달은 사우디가 미국과의 관계를 다시 강화하고 나설 것이란 예상이 대두됐다. 그러나 2022년 12월 사우디는 차세대 이동통신 사업에서 중국 화웨이의 장비를 사용하겠다고 발표했다. 분위기가 술렁였다. 화웨이는 미국의 핵심 제재 대상이 아닌가. 미국의 화웨이 제재는 안보와 기술이란 두 영역에서 동시다발적으로 진행되는 미 ·

중 패권 경쟁의 상징이나 다름없었다. 그런 미국의 제재에도 아랑곳하지 않고 이루어진 사우디의 조치는 바로 얼마 전 사우디를 위기에서 구해준 미국을 당황시켰다. 같은 달 시진핑 주석은 보란 듯이 사우디아라비아에서 개최된 걸프협력회의"GCC," Gulf Cooperation Council에 참석해 미국의 중동 우방국인 사우디·UAE·쿠웨이트·카타르·오만·바레인 정상들과 연쇄회담을 가진 뒤, 사우디와 '포괄적 전략 동반자 협정'을 체결했다. 원유 결제 시 오직 미국 달러화만 사용하는 것을 골자로 하는 페트로 달러 체제를 종식하고 위안화도 원유 결제에 사용하는 방안을 사우디에 제안하기도 했다.

미국과 사우디아라비아의 합의로 1970년대에 결성된 페트로 달러 체제는 브레턴우즈 체제 종식 이후 금이라는 실물과 더는 연동되지 않는 달러를 사실상 석유라는 실물에 연동하는 협정이었다. 대가는 미국의 군사적 보호였다. 내연기관 시대에 금보다 중요한 석유와 연동된 달러화는 미국의 금융 패권과 통화 패권을 지탱하는 데 중요한 역할을 했다. 미국이 사우디를 넘어서는 에너지 대국이 되고, 내연기관과 화석연료의 시대가 저물기 시작하면서 미국에 있어 사우디의 가치는 떨어졌다. 하지만 사우디에 있어 미국의 가치는 줄지 않았다. 사우디는 여전히 군사적 보호가 필요했기 때문이다. 그러니 사우디가 페트로 달러 협정을 파기하는 것은 불가능할 터였다. 반면 이란의 위협으로부터 GCC 국가들을 군사적으로 보호할 역량과 의지가 없는 중국이 중동에서의 영향력을 확대하는 데는 한계가 있을 수밖에 없다. 그러나 중국은 아무도 예상치 못한 카드를 들고나왔다.

2023년 2월, 시진핑 주석은 중국이 사우디·UAE 등과 협력을 강화하는 데 불만을 품고 중국대사를 초치했던 이란의 라이시 대통령을 베이징에 초대했다. 그리고 다음 달인 2023년 3월 10일, 중국이 이란과 사우디 사이를 중재해 양국 간에 국교 정상화를 끌어냈다는 놀라운 소식이 외교가를 휩쓸었다.

이란과 사우디가 국교 정상화에 합의한 다음 날 중국 외교부는 중동의 안전과 안정을 촉진하는 역할을 중국이 담당하겠다고 발표했다. 미국은 상당히 충격을 받은 기색이었으나, 오랜 숙적인 사우디와 이란 간의 관계 개선을 중재해낸 중국의 외교 성과를 폄훼할 수는 없었다. 미국은 두 나라 간의 평화가 "지속 가능하다면 환영한다"라는 애매한 코멘트를 내놓았다. 얼마 후 중국 수출입은행이 사우디와의 무역대금 결제를 위한 첫 위안화 대출을 실시하면서 '페트로 달러' 체제에 대한 중국의 도전이 본격화됐다. 그걸로 끝이 아니었다. 같은 달 사우디아라비아는 중국이 주도하는 안보 협의체인 SCO에도 가입했다. 적어도 사우디가 미국의 동맹국으로서 반미연대에 맞서지는 않겠단 입장을 명백히 밝힌 것으로 해석할 수 있는 행보였다.

중동의 양 대국이자 오랜 경쟁국인 사우디아라비아와 이란 간에 협력이 재개되자 오래된 혼란이 정리될 희망이 보이기 시작했다. 2023년 4월 사우디아라비아는 GCC 국가들과 이집트 · 이라크 · 요르단을 한자리에 모은 뒤 시리아 내전을 종결하기 위한 노력을 개시하기로 합의했다. 시리아 내전의 주요 이해당사자인 이란과의 공조가 없었다면 시도하기 어려운 도전이었다. 2023년 5월 사우디와 시리아는 관계를 복원했고, 사우디의 적극적인 지원으로 시리아의 아랍연맹Arab League 복귀도 확정됐다. 미국은 시리아의 반정부 시위대와 반군을 상대로 여러 만행을 저지른 알아사드 정권이 국제무대에 복귀하는 데 반대했지만 소용없었다. 사우디와 이란은 예멘 내전에서도 대리전을 치르고 있는 만큼, 두 나라 간의 유화 기조는 중동 전체의 안정에도 큰 도움이 될 것이다. 이란과 공조할 수 있게 된 사우디는 오랜 내전으로 시달리는 다른 중동 지역의 안정을 위해, 팔레스타인 · 예멘 · 수단 등지에서도 그간 적대적이었던 세력들과의 관계 회복에 나섰다.

반미연대로부터 미국은 줄 수 없는 종류의 이익을 얻을 수 있다는 점을 확인한 다른 GCC 국가와 미국의 관계도 눈에 띄게 어색해지기 시작했다. 이란이 호르무즈 해협을 운항하는 선박을 나포하는 사건이 빈번해지자 미국의 또 다른 우방인 UAE는 미국이 이란의 위협으로부터 UAE를 제대로 보호하지 못하고 있다며 불만을 터뜨렸다. 그렇지 않아도 2022년 초 예멘 후티 반군의 아부다비 공격에 미국이 적절한 군사적 대응을 하지 않은데 불만을 품었던 UAE였다. 결국 UAE는 2023년 초 미국이 제5함대를 중심으로 구축한 중동 지역 해상안보연합인 연합해군사령부"CMF," Combined Maritime Forces에서 철수했다. UAE는 이것이 "CMF의 안보 효율성을 재평가한 끝에 내린 결정"이라고 쏘아붙였다. UAE는 과거 미국의 경고에 중단됐던 아부다비 내 중국 군사시설 건설을 재개하며 미국 일변도의 대외정책에서 탈피하는 모습도 보이기 시작했다. 미국의 대표적 중동 우방국인 GCC 국가들과 중국과의 밀월관계는 날로 깊어지고 있다. 2023년 7월 블룸버그는 사우디와 UAE가 중국이 겪고 있는 여러 경제적 어려움에도 불구하고 전년 대비 10배에 달하는 대중국 투자를 단행했다고 보도했다. 2023년 8월에는 중국의 적극적 지지에 힘입어 브릭스가 사우디와 UAE 등의 회원 가입을 승인하기도 했다.

제2차 세계대전 이후 쭉 미국 편에 섰던 GCC 계열 중동 국가들이 미국의 동맹 대열에서 이탈하여 다른 글로벌 사우스 국가들과 기조를 같이하기 시작한 데는 복잡다기한 이유가 있을 것이다. 아무래도 가장 큰 이유는 미국이 셰일 혁명 이후 '탈중동'을 정책 방향으로 가져가고 있기 때문이다. 중동에서 발을 빼는 미국의 대전략이 바뀌지 않는 한, 불안을 느낀 중동 국가의 이탈은 커질 수밖에 없다. 이를 의식한 미국도 탈중동 행보에 제동을 걸었다. 2023년 6월 미국의 토니 블링컨 국무장관은 GCC 장관급 회의에 참석해서 "미국은 중동에 계속 존재할 것"이라며 미국이 중동에서 발을 빼지 않겠다고 공언했다. 그 증거로 IS로부터 해방된 시리아와 이라크 지역에 1억 5천만 달러 규모의 원조를 지원하겠다고 약속했다. 2023년 9월의 G20 정상회의에서는 유럽과 중동, 인도를 철도와 항로, 통신망으로 광범위하게 연결하는 5천 킬로미터 규모의 인프라 프로젝트의 출범을 주도하며 이를 통해 "더 안정되고 번영한 중동을 만들 것"이라고 선언하기도 했다. 그러나 미국에 있어 중동의 필요성이 줄어든 것은 움직일 수 없는 현실이다. 중국이 세력을 확장하는 상황을 막기 위해 미·중 패권 경쟁의 맥락에서 중동에 대한 영향력을 유지할 필요는 있다. 하지만 미국이 과거와 같은 수준으로 중동에 계속 관여할 것으로 기대할 수는 없는 시대가 됐다. 사우디와 GCC 계열 국가들은 앞으로도 중국과의 관계를 강화하는 쪽으로 움직일 가능성이 높아 보인다. 오랫동안 친미 국가였던 수니파 산유국들의 그러한 행보는 단기적으로는 반미연대에 치우친 행보로 작용할 소지가 있다. 다만 사우디아라비아나 GCC 계열 국가가 반미연대의 일원으로서 미국과 대립하게 될 가능성은 지극히 희박하다.

메소포타미아를 놓고 대치하고 있는 중동 4대 강국 간의 긴장과 균형은 항상 아슬아슬했다. 네 개의 강대국이 대치하는 상황은 일반적으로도 관리가 어려운 지정학적 난제인데, 사이크스-피코가 근본적으로 망쳐놓은 토양 위에 다양한 민족 갈등과 종교 갈등까지 겹치면서 더욱 복잡하고 위험해졌다. 미국이 이 지역에서의 갈등 상황을 훌륭히 조정해왔다고 볼 수는 없지만, 미국 외에는 조율을 시도할 만한 세력조차 달리 존재하지 않았던 것도 사실이다. 어쨌든 미 제5함대로 상징되는 압도적인 힘이 있었기에 중동의 균형과 질서가 그나마 얼기설기 존재할 수 있었다. 미국의 힘이 빠져나간 공백지에 어떠한 혼란이 생겨날지는 예측이 어렵다. 그저 미국이 적극적인 개입을 거부했던 시리아 내전과 같은 비극이 재발하지 않기만을 바랄 뿐이다. 책임감 있는 정권이나 세력 중에 미국의 완전한 탈중동을 바라는 이는 아마도 없을 것이다.

　중국이 사우디아라비아와 이란 간의 관계 회복을 중재한 것은 대단한 업적임이 분명하다. 다만 거기에는 특수한 배경이 있었다. 사우디의 실권자이자 차기 국왕인 빈 살만 왕세자가 카슈끄지 암살사건으로 국제사회에서 궁지에 몰리고, 이란 정권 또한 히잡 혁명으로 위태로워진 상황에서, 양국 모두 돌파구가 필요한 상황이었다는 점 말이다. 사우디와 이란의 밀월이 항구적인 관계 개선으로 이어지자면 아직도 넘을 벽이 많고, 상호신뢰가 구축되자면 양국 간에 평화 협력의 이력이 오랫동안 쌓여야 한다. 그사이 중동의 어렵고 복잡한 민족·세력 지형과 '수니-시아 갈등'이라는 현실적인 중력도 계속 관리해야만 할 것이다.

　더 시급한 문제도 있다. 범세계적인 기후변화 대응 요구로 내연기관의 시대가 막바지에 접어들면서, 화석연료의 가치가 빠르게 떨어질 것이다. 사우디를 비롯한 GCC 국가 대부분은 국가 경제에서 원유 의존도가 절대적으로 높다. 반면 인구·영토 대국인 이란은 농업이나 제조업의 비중이 상당하다. 전체 GDP의 절반 정도를 원유 수출에 의존하는 사우디에 비해 미국 제재에 오래 노출되었던 이란의 원유 의존도는 훨씬 낮다. 또한 세계 2위권의 리튬 매장량을 확보한 이란은 신재생에너지 시대에도 에너지 강국으로서 확실한 위상을 유지할 것으로 보인다. 사우디를 비롯한 GCC 국가도 에너지 패러다임 전환에 대응하기 위해 태양광 발전과 같은 재생에너지와 관광산업, 첨단 기술 개발 등에 필사적으로 매진하고 있지만 아무리 좋은 정책을 추진해도 화석연료 시대 때와 같은 위상을 누리기는 어려울 것이다. 에너지 패러다임의 전환은 그간 나름 비등했던 사우디와 이란 사이의 힘의 균형이 급격히 이란 쪽으로 쏠리도록 만들 가능성이 높다. 명실상부한 힘의 우위를 확보하게 된 이란이 역내에서 팽창주의적 행보를 보이기로 결심했을 때, 중국이 사우디나 GCC 국가를 보호하기 위해 이란을 저지할 수 있으리라 생각하긴 어렵다. 향후 이란과의 국력 관계가 불평등해질 수 있다는 점과, 미국이 해왔던 것과 같은 역할을 중국에 기대할 수 없다는 점 등을 고려할 때, 사우디아라비아를 위시한 GCC 국가들이 미국의 손을 완전히 놓을 가능성은 희박할 것이다.

2023년 중반부터 미국과 이란 사이에 사실상 포기했던 핵 협상이 재개된다는 소문이 들려오기 시작했다. 미국이 사우디-이스라엘 국교 정상화의 대가로 한국이나 일본과 체결한 것과 유사한 수준의 상호방위조약을 사우디와 체결하는 방안에 대해 검토하고 있다는 소식도 들려왔다. 어차피 미·중 패권 경쟁이 진행되는 동안에는 중동에서 발을 뺄 수 없게 된 상황에서, 이란의 위협을 관리하며 이스라엘과 이슬람 국가 간의 충돌을 방지하고자 복잡한 저글링을 시도한 것이다. 그러나 중동은 이번에도 미국의 예상을 벗어났다. 2023년 10월 7일, 팔레스타인 가자지구를 통치하는 무장 정파 하마스는 느닷없이 수천 발의 로켓을 이스라엘에 쏟아붓고 다수의 무장대원을 이스라엘 지역에 침투시켰다. 이스라엘과 수니파 이슬람 국가 간에 차례로 국교 정상화 합의가 이뤄지는 가운데, 팔레스타인이 소외되어 고립되는 상황을 타파하려는 하마스의 다급함과 이스라엘과 수니파 이슬람 국가의 국교 정상화를 막으려는 이란의 이해관계가 일치하였다는 분석이 대두되었다. 하마스의 가지 하마드 대변인은 BBC와의 인터뷰에서 이란의 지원으로 이뤄진 작전이라고 시인하기도 했다.[43] 그러나 하마스 대원들이 민간인에 조준사격을 가하고 어린아이를 포함한 다수의 민간인을 납치해 인간 방패로 삼으면서 국제사회의 여론이 극도로 악화하자, 이란은 하마스의 "영웅적인 전투"를 칭송하면서도 이란 배후설에 대해서는 부정했다. 반면 보복을 예고한 이스라엘은 가자지구를 전면 봉쇄한 뒤 하마스를 축출하기 위한 전면전 수준의 작전에 돌입했다. 불과 몇 달 전까지만 해도 "중동이 근 20년 내 가장 평화롭다"라고 자평했던 바이든 행정부는 중동 전략을 근본적으로 수정하지 않을 수 없게 되었다.

이스라엘과의 국교 정상화를 모색하던 빈 살만 왕세자는 10월 10일, 팔레스타인 자치정부 수반인 마흐무드 압바스에게 사우디아라비아는 "팔레스타인 편에 설 것"이라고 밝혔다. 10월 11일에는 국교 정상화 이후 처음으로 이란의 에브라힘 라이시 대통령과 통화하며 사우디아라비아가 "팔레스타인의 대의를 확고히 지지한다"라고 강조했다. 이로써 사우디와 이스라엘 간의 아브라함 협정 체결도 한동안은 요원하게 되었다. NATO 회원국인 튀르키예조차 하마스의 공격 직후 이스라엘이 팔레스타인의 독립과 주권을 인정하지 않고는 평화를 얻을 수 없을 거라고 강조하기도 했다. 이처럼 이스라엘과 이슬람 국가 간에 전쟁이 벌어지고 그 과정에서 많은 이슬람교도가 희생되는 상황에서는 범아랍권은 결국에는 이슬람의 편에 설 수밖에 없다. 이스라엘의 대對하마스 작전이 고조될수록 팔레스타인 민간인의 희생도 늘어날 것이고, 이 경우 이스라엘과 이슬람 국가 간에 새로운 분쟁이 벌어질 가능성도 있다. 이미 전 세계 이슬람교도들의 반反이스라엘 정서는 날로 높아져 가고 있다. 이스라엘과 하마스의 전쟁은 현명하게 풀지 못한다면 자칫 중동은 물론이고 향후 패권 전환기의 국제정세에도 심각한 영향을 미치는 전환점이 될 여지마저 있다.

아프리카

아프리카는 현생 인류의 기원이다. 아시아 대륙에 이어 2번째로 큰 대륙이기도 하다. 지중해 연안 북아프리카를 지정학적으로 중동이라 분류하더라도, 아프리카 대륙은 거대하다. 사하라 사막 이남에만도 거의 10억에 달하는 인구가 살고 있다. 이 거대한 땅은 생태계의 보고일뿐더러, 막대한 부존자원을 품고 있다. 특히 4차 산업혁명 시대에 아프리카의 자원적 가치는 독보적이다. 전 세계 망간의 85%, 백금과 크롬의 80%, 코발트의 47%가 아프리카에 내장되어 있으며 리튬과 니켈을 비롯한 무수한 희토류도 아프리카에 무더기로 묻혀 있다. 그러나 아프리카는 낙후되어 있다.

2014년을 기준으로 UN이 지정한 세계 최빈국 중 하위 18개 국가가 모두 아프리카 국가였다. 인류학자 재러드 다이아몬드는 아프리카가 발전하지 못했던 이유로 지나치게 척박한 자연환경을 꼽았다. 인간이 채집과 수렵 등 원시적 수단을 통한 식량 확보의 굴레에서 벗어나 문명 발전에 쏟을 수 있는 '잉여시간'을 확보하기 위해서는 체계적인 농업이나 목축업이 필요한데, 농업과 목축업이 발달하기 어려운 아프리카에서는 잉여시간 확보에 구조적인 제약이 따랐다는 것이다. 지정학자 피터 자이한과 팀 마셜은 여기에 더해 아프리카에 운송수단으로 쓸만한 수심 깊고 평탄한 강들이 부족하고, 항구로 쓰일 만한 해안가가 없다는 점 등을 이유로 꼽았다. 운송의 제약은 아프리카의 내륙지방이나 해안가에 거주하는 민족 간에 교류를 어렵게 했고, 교류와 상업을 통한 상호 발전도 불가능하게 했다는 것이다. 다만 현대에 들어서도 아프리카가 발전하지 못한 이유에는 척박한 환경 외에도 서구 열강의 잘못이 컸다.

아프리카의 지도를 펼쳐보면 반듯반듯한 국경들이 눈에 들어올 것이다. 아프리카의 국경은 산과 강을 경계로 자연스럽게 형성되거나, 전쟁이나 세력다툼의 결과로 교착된 국경에서 흔히 볼 수 있는 모양새가 아니다. 과거 한반도를 갈라놓았던 38선이나 사이크스-피코 협정이 중동에 그린 것과도 유사한, 인위적으로 그려진 국경이다. 아프리카는 19세기와 20세기 초 서구 열강의 각축장이었다. 아프리카 대륙을 동서로 식민지화하며 횡단하던 프랑스 식민제국과 남북으로 식민지화하며 종단하던 대영제국이 세력다툼을 벌였고, 독일과 스페인, 포르투갈, 이탈리아와 벨기에까지 달려들었다. 식민지 경쟁이 치열해지며 열강 간에 전쟁으로 비화할 가능성이 커지자, 당시 유럽의 균형을 책임지던 독일제국의 재상 비스마르크가 나섰다. 1878년에 유럽의 화약고라 불리던 발칸반도에서의 세력다툼을 가까스로 중재해 빈 체제를 위태롭게나마 유지하는 데 성공했던 비스마르크였다. 그는 간신히 지켜낸 유럽의 평화와 균형이 머나먼 아프리카에서의 세력다툼으로 훼손되는 상황을 원치 않았다. 1884년 11월부터 1885년 2월까지 약 3개월간 비스마르크의 베를린 집무실에서 벌어진 격렬한 회의 끝에 각국 세력권의 경계선이 아프리카 지도에 그려졌다. 베를린 회담Berlin Conference이라 불린 이 협상을 통해 비스마르크는 유럽의 평화를 몇 년 더 지켜냈지만, 대신 아프리카는 저주받았다. 수천 킬로미터 떨어진 곳에서 벌어진 협상은 현지의 지형이나 민족, 문화와 문물을 전혀 고려하지 않았다. 베를린 회담에서 합의된 경계선은 각 열강의 실효 지배 범위에 기초한 타협의 산물에 불과했다. 오늘날 아프리카 국가들의 국경선은 이때 합의된 경계선을 개략적으로 이어받았다. 그 결과 전혀 다른 민족과 부족들이 임의로 구분된 경계선 안에 한데 묶이게 되었다. 아프리카를 좀먹고 수많은 사람의 생명과 재산을 앗아가는 끈질긴 내전의 씨앗은 이렇게 심어졌다.

두 차례의 세계대전을 거치며 아프리카의 지도는 일부 변했다. 다수의 국가가 독립을 얻었다. 그러나 곧바로 시작된 동서냉전은 아프리카를 내버려 두지 않았다. 소련은 공산주의를 아프리카에 전파하기 위해 노력했고, 미국은 이를 막기 위해 노력했다. 냉전에 휘말리지 않으려 여러 아프리카 국가가 비동맹 노선을 선언했지만 두 초강대국의 세력다툼이 벌어지는 와중에 중립을 유지하기란 쉽지 않았다. 그렇지 않아도 정치적으로 불안정한 아프리카는 외세에 손쉬운 먹잇감이었다. 미국과 소련은 앙골라와 모잠비크 등지에서 대리전을 벌였다. 어쩌다 혼란을 평정하고 정권을 수립한 인물은 거의 어김없이 독재자가 됐다. 독재자의 통치는 가혹했다. 내전이나 쿠데타 등으로 그 독재자를 몰아내고 정권을 잡은 자는 또 다른 독재자가 됐다. 아프리카는 끝없이 고통받았다.

냉전이 끝나자 소련은 아프리카에서 증발해버렸다. 자연히 미국도 아프리카에 대한 흥미를 잃었다. 이제 아프리카는 지정학적 가치가 없을 뿐 아니라 골치까지 아픈 땅이었다. 그나마 탈냉전기 초기 미국은 자유주의적인 가치를 실현하기 위해 UN을 지원하여 아프리카의 여러 내전에 관여했다. 내전 중인 소말리아에서 UN 평화유지활동을 지원하고 민간인을 보호하기 위해 실시한 소규모 개입도 그중 하나였다. 그러다 할리우드 영화로도 만들어진 소위 '블랙호크다운' 사건이 벌어져 십수 명의 미국 특수부대원이 사상하게 된다. 국내 여론으로부터 엄청난 비난을 받게 된 클린턴 행정부는 얼른 소말리아에서 손을 뗐다. 미국이 떠나자 소말리아는 군벌의 각축장이 되었다. 많은 소말리아인이 생계를 위해 해적이 됐다.

미국이 이 정도였으니 다른 나라들은 말할 것도 없었다. 중국과 러시아는 오랫동안 아프리카에 개입할 역량이 부족했다. 미국과 유럽은 아프리카에 다양한 경제적 지원을 했으나 인권 탄압 등을 이유로 아프리카 권위주의 정권의 독재를 비난하고, 부패나 빈부격차를 지적했다. 세계은행이나 IMF도 경제적 지원의 대가로 독재 정권이 받아들일 수 없는 개혁을 요구했다. 그러다 보니 아프리카와 바깥세상 간에는 최소한도의 협력만 이루어졌다. 미국의 전략분석기관 '스트랫포'가 5년 단위로 출간한 지정학 보고서인 '10년 예보'는 이 시기 아프리카에 관해서는 중동에 속하는 '북아프리카'에 대한 분석에 집중했다. 사하라 이남 지역에 대한 평가는 거의 한결같았다. "변함없을 것임" 또는 "미국은 관심이 없음"이었다. 아프리카의 지역 강대국으로는 남아프리카 공화국과 나이지리아, 이집트와 에티오피아 정도가 있다. 하지만 이들만으로 유의미한 변화를 끌어내기엔 아프리카는 너무나도 거대한 땅이다. 2002년, 아프리카 대륙의 남쪽 끝에 있는 남아프리카 공화국과 북쪽 끝에 소재한 리비아의 주도로 아프리카연합"AU," African Union이 설립되었다. 그로써 마침내 역내 협력을 위한 기틀이 마련됐지만, 갈 길은 아직도 멀다. 혼란에서 벗어나지 못한 아프리카에서는 독재와 군벌들 간의 내전, 쿠데타가 오늘날에 이르기까지 끝없이 반복되고 있다. 2023년 한해에만도 수단과 니제르, 가봉에서 내전과 쿠데타가 발생했다. 2020년까지 범위를 넓히면 말리와 기니, 차드와 수단, 부르키나파소가 쿠데타 발생국에 추가된다.

한편 탈냉전기 세계화의 물결은 아프리카에도 밀려왔다. 신자유주의가 일으킨 바람은 세계 각지의 민간 자본을 아프리카로 싣고 왔다. 부존자원에 눈독을 들인 서방의 여러 다국적기업이 아프리카에 출현했다. 그러나 다국적기업과 직접 거래하는 독재자들의 배만 불렸을 뿐 국민에게 돌아가는 몫은 많지 않았다. 산업기반이 부족한 아프리카는 원재료 수출 말고는 외화를 확보할 수단이 없었다. 다국적기업은 주로 아프리카의 자원을 싼값에 확보한 뒤 다른 지역에서 가공해 판매하는 데 집중했다. 원재료의 수출가격은 국제시장에서 형성되는 자원가격에 종속되는 게 보통이다. 아프리카는 자유무역질서 아래에서도 큰 이득을 보지 못한 채 중남미나 동남아시아의 개발도상국들과 저가 경쟁을 벌여야만 했다. 원재료 수출에 중점을 둔 경제구조로는 시간이 흘러도 제대로 된 산업 발전이나 기술 개발을 이룰 수 없었다. 진퇴양난에 몰린 아프리카 국가에 그나마 가뭄의 단비가 된 것은 중국의 일대일로였다.

아프리카 대륙은 전통적으로 미국보다는 유럽의 영향권 내에 있었다. 그런데 어느 날 갑자기 부자가 되어 나타난 중국이 아프리카로부터 원재료를 대량으로 구매하기 시작하더니, 얼마 후부터는 대규모 투자를 해주기 시작했다. 중국은 미국이나 유럽과 달리 자유나 인권을 따지지도 않고, 독재에도 전혀 간섭하지 않았다. 경제구조나 부패 문제에 대해서도 일언반구 없었다. 식민 지배의 아픔을 겪은 아프리카는 서방에 비해 중국에 우호적일 수밖에 없는 역사적 배경도 갖고 있다. 서구의 '위선적인 제국주의자들'과 달리 내정불간섭 원칙을 고수하는 중국은 대부분의 나라가 권위주의 정권에 의해 지배되는 아프리카의 입맛에 꼭 맞았다. 거기에 대규모 무상원조까지 병행하니 아프리카 권위주의 정권의 입장에서 중국은 구세주나 다름이 없었다. 2023년 6월 바이든 대통령은 중국의 일대일로 사업이 "부채와 몰수 프로그램"이라고 강력히 비난했다. 근거가 있는 비판이다. 중국이 아프리카에서 경제적 영향력을 확대하는 와중에 현지인 대신 본토에서 온 중국인에게 혜택이 편중되면서 현지인의 박탈감과 반중감정을 키우고 있는 것도 사실이다. 중국이 아프리카 전역에 자국 군사기지를 세우면서 아프리카가 제2의 패권 전장이 될 위험성도 상존하게 됐다. 그러나 중국 이전까지 아프리카에 이 정도로 투자한 국가가 없었던 것 또한 부정할 수 없는 사실이다. 빈곤과 기아라는 천형天刑에 얽매인 아프리카 국가들의 입장에서 중국의 일대일로는 발전의 기회였다. 중국이 선수를 친 일대일로는 미·중 패권 경쟁이 전개되면서 아프리카 국가들에 기적 같은 기회를 제공하기 시작했다. 중국의 영향력이 커지는 것을 막기 위해 미국과 유럽, 일본도 앞다투어 아프리카에 러브콜을 보내기 시작한 것이다.

2021년, 중국은 '중국-아프리카 협력 포럼'에서 아프리카에 2015년과

2018년에 기지원한 600억 달러에 더해 400억 달러 규모의 추가 지원을 약속했다. 그러자 2022년 2월, EU는 아프리카에서 중국의 영향력 확대를 견제하기 위해 AU와 정상회의를 개최했다. EU의 목표는 AU와 경제·안보 양면에서 사실상의 동맹 관계를 구축하는 것이었다. 하지만 AU는 '동맹'이란 단어가 갖는 지정학적 함의를 우려하여 '아프리카-유럽 파트너십'을 역제안했다. 중국을 의식하는 AU의 입장을 확인한 EU는 아프리카에 대한 영향력을 전면 제고하기 위해 다각적인 노력을 기울이기 시작했다. 현재 EU는 아프리카와 대륙 간 FTA 체결을 추진하고 있으며, 아프리카의 에너지 자원을 활용하기 위한 대규모 투자도 진행 중이다.

일본도 나섰다. 2022년 8월 일본의 기시다 후미오 총리는 아프리카 개발회의 기조연설에서 "일본은 아프리카와 함께 성장하는 파트너가 되고 싶다"라며 향후 3년 동안 총 300억 달러를 투자하겠다고 약속했다. 이중 상당액은 중국의 일대일로에 따른 부채 가중으로 상환 능력이 한계에 달한 국가를 지원하는 데 쓰일 것이라 밝혀, 일본의 투자에 대중국 견제의 목적이 있음을 밝혔다.

미국도 가만히 있지 않았다. 2022년 10월 미국은 일본과 함께 가나·세네갈·케냐 등지에 최첨단 원자력발전소를 건설할 계획을 밝혔다. 원전 건설의 1순위 대상국인 가나는 중국의 일대일로 사업에 참여하는 과정에서 대규모 부채를 얻은 나라다. 2022년 12월에는 바이든 대통령이 직접 아프리카의 49개국 정상을 초청해 정상회의를 개최했다. 바이든은 미국이 "아프리카의 미래에 올인"하겠다며 향후 3년간 550억 달러 규모의 투자를 하겠다고 약속했다. 2023년 1월에는 재닛 옐런 재무장관이 남아공과 세네갈, 잠비아 등을 방문하여 "향후 글로벌 경제 판도는 아프리카가 좌우할 것"이라며 경제발전을 위한 협력 강화를 다짐했다.

미국과 유럽의 아프리카 진출이 활발해지자 중국이 다시 견제에 나섰다. 2023년 1월 중국의 친강 외교부장은 "아프리카는 국제협력의 장이 되어야지, 주요국들의 격전지로 전락해서는 안 된다"라고 강조했다. 다른 반미연대의 움직임도 분주해졌다. 2023년 1월 러시아의 세르게이 라브로프 외무장관은 아프리카를 찾아 군사·경제 협력 방안을 논의했다. 사실 러시아는 2018년경부터 용병단인 바그너그룹을 통해 중앙아프리카의 대다수 국가에서 현지 정권을 보호하기 위한 군사 활동을 전개해왔던 터였다. 아프리카의 영향력은 우크라이나 전쟁에서도 유감없이 발휘되고 있다. 러시아는 우크라이나의 곡물 수출을 차단하기 위해 몇 차례고 흑해를 봉쇄하려 했으나 그때마다 곡물 가격 상승에 일차적 고통을 받는 아프리카 국가들의 항의를 의식해 봉쇄를 펼치지 못했다. 러시아는 2023년 7월 우크라이나 곡물 수출을 보장한 흑해곡물협정을 파기한 후에도 아프리카를 달래기 위해 곡물 무상지원책을 내놓았으며, 중국도 이에 동참하며 지원책을 내놓았다.

미·중 패권 경쟁이 쏘아 올린 양 진영의 러브콜은 아프리카에 있어 어쩌면 다시 찾아오지 않을 기회가 될 것이다. 현재 양 진영이 경쟁적으로 진행 중인 대對아프리카 협력 계획은 과거 서방의 다국적기업 주도로 이뤄진 원재료 위주의 교역과도, 인프라 건설에는 도움이 됐으되 대규모 부채로 돌아온 중국의 기존 일대일로 사업과도 다르다. 다국적기업의 진출이나 중국의 일대일로 모두 시각에 따라서는 20세기형 또는 21세기형 제국주의라 비난받을 여지가 있었다. 그러나 2022년을 기점으로 양 진영이 앞다투어 아프리카에 약속하기 시작한 유인책들은 그렇지 않다. 인프라 투자는 물론 에너지 산업의 현지 육성을 위한 투자 계획이 구체적으로 제시되고 있다. 그 외에도 현지 산업의 육성에 도움을 줄 수 있는 무역협정의 청사진들이 다양하게 제시되고 있다. 특히 미국이 약속한 550억 달러 중 약 8억 달러는 아프리카에 디지털 인프라를 구축하는 데 투여될 예정인바, 아프리카 산업의 실질적 선진화에 기여할 수 있을 것으로 보인다.

때마침 WTO 다자무역체제가 훼손되어 글로벌 사우스가 자원 민족주의적 정책을 채택하는 게 그 어느 때보다도 용이해진 상황이다. 대규모 투자를 잘 활용해 인프라를 건설하고 산업기반을 마련한 뒤, 원재료 수출 대신 부가가치가 높은 상품을 직접 가공·제조하여 해외시장에 판매하는 것도 꿈이 아니게 됐다. 수 세기에 걸쳐 약탈과 착취의 대상이 된 아프리카에 마침내 행운이 찾아온 것이다. 워낙 낙후된 아프리카이기에 아직도 갈 길은 멀지만, 패권 전환기에 찾아온 이 기회를 잘 살린다면 아프리카의 미래를 결정할 중대한 변곡점이 될 수 있을 것이다.

08 패권을 꿈꾸는
과거의 제국

글로벌 사우스 중에는 양 진영으로부터 이득을 취하는 데에 만족하지 않고 독자적인 패권을 추구하는 나라도 있다. 각자가 속한 지역에서 역내 패권을 노릴 만한 잠재력을 갖춘 극소수의 나라가 여기에 해당한다.

지역 패권국이 되기 위해서는 절대적인 국력도 중요하지만 주변 국가와의 상대적인 국력도 중요하다. 중남미의 강대국인 브라질과 아르헨티나, 멕시코는 미국을 머리 위에 둔 이상 역내 패권을 노릴 수 없다. 중국을 눈앞에 둔 동남아시아의 대국 인도네시아나 베트남, 러시아의 세력권에 속한 중앙아시아의 카자흐스탄이나 우즈베키스탄도 마찬가지다. 남태평양 도서국은 호주의 영향권 안에 있을뿐더러 드넓은 대양을 아우를 만한 해군력을 키울 가능성이 없다. 그러나 인도양에는 독보적인 대국이 존재한다. 또한 비등한 국력과 잠재력을 가진 국가가 솔밭처럼 모여선 중동에는 단 하나의 패권국이 등장하기 어렵지만, 인접한 서아시아에는 과거 중동을 제패했던 역사적 강대국이 있다.

인도양의 맹주 인도와 서아시아의 맹주 튀르키예는 미국의 세계 패권이 해체되는 순간 곧바로 지역 패권국 후보가 될 수 있을 만한 나라들이다.

인도양의 패자가 될 숙명을 타고난 인도

2023년부터 중국을 제치고 세계 1위의 인구 대국이 된 인도는 세계 7위의 영토 대국이기도 하다. 2022년 식민종주국이었던 영국을 제치고 세계 5위의 경제 대국이 되기도 한 인도는 소규모 국가를 제외하면 세계에서 가장 높은 경제성장률을 매년 보여주고 있다. 넓은 영토와 풍부한 자원, 탄탄한 기초 과학, 뛰어난 인적자원을 갖춘 인도는 미래의 초강대국이 되기 위한 대부분의 조건을 갖추고 있다. 2023년 8월 인도의 무인우주선 찬드라얀 3호가 인류 역사상 최초로 달의 남극에 착륙하는 데 성공한 것은 발전한 인도의 경쟁력을 보여주는 상징적 사건이었다.

미국이 국제무대에 등장하기 이전까지 중국 통일왕조들은 거의 항상 세계 1위의 경제 규모를 자랑했다. 동시대 중국 통일왕조와 경제 규모에서 비견될 수 있었던 나라는 역사적으로도 전성기 로마 제국 정도였다. 그러나 오늘날의 인도와 파키스탄, 방글라데시 지방을 아우르는 범汎인도 지역의 통합경제력은 한나라나 송나라에 앞섰다. 원·명대元·明代부터는 범인도 지역의 통합경제력도 통일 중국에 미치지 못했다. 하지만 인도 역사상 최강의 국력을 자랑했던 무굴제국이 17세기 중반경 거의 반세기에 걸쳐 명나라와 청나라를 앞섰던 전력이 있다. 비록 명·청 교체기를 틈탄 것이긴 하지만 인도의 근본 잠재력이 중국에 비견될 만하다는 방증이다. 명·청나라나 무굴제국의 경제력은 그 시절 또 하나의 대제국이었던 오스만 제국에 비해도 4배 이상 차이가 났다.[44] 이렇듯 초강대국이 될만한 저력을 갖춘 인도이지만, 단지 그것만으로 인도가 지역 패권국이 될 운명이라는 것은 아니다.

21세기 인도의 패권 미래가 장밋빛인 가장 큰 이유는 그 지리적 위치다. 세계 3대 대양인 인도양의 정중앙을 가르고 튀어나온 인도의 지정학적 형세는 기가 막힌다. 수에즈 운하를 통한 홍해-아덴만 항로이든, 반미연대가 건설 중인 남북 국제교통회랑(페르시아만-오만만)이든 모두가 아라비아해를 통해 인도의 서쪽 바다에서 합류한다. 유럽과 아시아를 오가는 물류는 이 둘 중 하나를 거치게 되므로, 인도 앞바다를 지나지 않을 수 없다. 수에즈를 통하지 않는 아프리카 동부 지역과 아시아와의 무역 역시 인도 앞바다를 통하는 것이 보통이다. 인도의 영향력은 동쪽 벵골만과 버마해를 넘어 아시아로 통하는 관문인 말라카해협까지 뻗어있다. 인도의 영토에 속하는 약 1천 4백여 개의 섬들 가운데 거의 6백여 개의 섬이 말라카해협과 이어지는 벵골만과 안다만해에 산개해 있다. 유럽과 아프리카, 서아시아, 중앙아시아를 동남아시아 및 동아시아와 연결하는 모든 항로가 사실상 인도 앞바다를 지나는 것이다. 거기에 남아시아나 중동, 동아프리카에는 굴기하는 인도에 위협이 될 만한 세력이 존재하지 않는다.

태평양과 대서양을 거침없이 아우를 수 있는 미국이 세계 패권을 노릴 만한 나라가 되는 것이 지정학적 운명이었다면, 인도양 전역을 아우를 수 있는 인도가 인도양의 패권을 노리는 것 역시 지정학적 운명일지도 모른다. 미래에 미국의 해양 패권을 배제하는 지역 패권이 등장할 가능성이 가장 높은 곳은 어쩌면 남중국해가 아닌 인도양일 수도 있는 것이다. 미국이 일본 · 대만 · 호주 · 필리핀 등과 연대하여 중국을 봉쇄할 수 있는 서태평양과 달리, 인도양에는 인도와 맞설 만한 지역 강대국이 거의 없기 때문이다. 물론 인도의 해상전력은 아직 미 해군과 비교될 수 없다. 그러나 대만해협을 넘기 위해서는 미 제7함대를 극복하는 것 외에 다른 방법이 없는 중국과 달리, CMF의 일원인 인도와 미 제5함대는 협력관계에 있다. 냉전 시대부터 비동맹주의를 표방하며 자유 진영과 공산권 가운데 어느 한쪽 편에도 서지 않았고, 오늘날 글로벌 사우스의 핵심 국가인 인도는 미국의 구애를 받는 나라지 미국과 경쟁하는 나라가 아니다. 무리하지 않아도 시간은 인도의 편이다. 오히려 인도의 단기적 도전은 일대일로를 앞세운 중국이다.

인도양에서 인도의 유일한 지역 경쟁국이라 할만한 나라는 파키스탄이다. 중국은 그런 파키스탄을 후원하고 있다. 하지만 파키스탄에는 인도양의 패권을 놓고 인도와 자웅을 겨룰 만한 잠재력이 없다. 결국 인도양에서도 인도에 가장 큰 위협이 되는 세력은 중국이다. 인도와 중국은 국경을 마주한 경쟁국이기도 하다. 두 나라 간에는 무력 충돌도 빈번히 발생하고 있다. 1962년에는 히말라야산맥을 따라 펼쳐진 서쪽 접경을 두고 전쟁을 벌였고, 1967년에도 상당한 규모의 무력 충돌이 있었다. 비교적 최근인 2020~2022년에도 다수의 국경분쟁이 벌어져 사상자가 발생했다. 중국은 신장·티베트에서의 지배력을 공고히 하기 위해 히말라야 지역의 접경지를 따라 수백 개의 정착촌 프로그램[45]을 진행하고 있다. 이에 따라 티베트와 인도 사이의 험준한 산악지대인 중국-인도의 서쪽 접경에도 중국인이 대거 유입되고 있다. 중국의 정착촌은 2020년경부터 인도-중국의 서쪽 접경 지역뿐 아니라 동쪽 접경 지역으로까지 확대되었다. 인도-중국의 동쪽 접경 지역엔 남아시아의 소국인 부탄이 국경을 공유하고 있는데, 중국은 부탄과의 분쟁지역에도 민간인 마을을 짓고 주민을 이주시키고 있다. 이에 부탄은 인도와 상호방위조약을 맺고 중국에 맞서고 있어, 이 지역에서도 인도와 중국 간에 군사적 마찰이 발생할 수 있는 상황이다. 실제로 2017년 중국군과 인도군은 이 지역에서 73일간 무력 대치를 벌이기도 했다. 대부분의 무력 분쟁에서 중국이 우위를 점하기는 하지만, 인도는 중국에도 부담스러운 상대다. 핵보유국인 인도를 상대로 전면전을 벌일 수는 없고, 재래식 전쟁에서도 인도의 깊고 험준한 종심을 뚫고 전략적 승리를 거두는 것은 거의 불가능할 것이다. 서로가 서로에 있어 국경분쟁을 넘어선 수준의 무력 도발을 감행할 만한 상대가 아니다. 중국이 인도의 숙적인 파키스탄을 전폭적으로 후원하는 것 역시 인도라는 만만찮은 경쟁국을 차도지계借刀之計로 견제하기 위함이다.

　2014년 시진핑 주석이 일대일로 정책을 선언하면서 인도와 중국 간의 경쟁 관계도 새로운 국면에 접어들었다. 중국이 육로를 통해 인도양에 진출하기 위해선 파키스탄과 네팔에서 영향력을 확대해야 했는데, 이는 인도에 상당한 위협이 되었다. 해로로 말라카해협을 경유해 인도양에 진출하려는 계획도 문제였다. 중국은 일대일로 중 해로를 확보하기 위해 아프리카 케냐의 몸바사와 지부티, 파키스탄의 과다르·카라치, 스리랑카의 콜롬보·함반토타, 방글라데시의 차토그람, 미얀마의 시트웨 항구를 다목적으로 사용할 수 있는 권리를 획득했다. '진주목걸이'라고도 불리는 중국의 해양 포석은 아프리카의 동부부터 말라카해협까지를 아우르고, 인도에 인접한 파키스탄과 스리랑카를 포섭하는바, 인도를 에워싼 지정학적 포위망으로 볼 여지가 있었다. 인도도 순순히 당하고만 있지는 않았다. 냉전기 내내 소련과 우호적 관계를 유지함으로써 중국을 견제했던 인도다. 인도는 '진주목걸이'에 대해 '다이아몬드 목걸이'라 불리는 지정학적 포위망을 구축해 중국을 역포위하고 있다. '다이아몬드 목걸이'란 인도 해군이 세이셸의 아쏭씨옹 섬, 오만의 두쿰, 이란의 차바하르, 인도네시아의 사방, 싱가포르의 항구를 사용할 수 있는 권리를 확보하고 말라카해협에 인접한 여러 섬을 무장시켜 중국해군의 인도양 팽창을 저지하는 한편, 중국을 에워싼 베트남·일본·몽골·중앙아시아 등과 전략적 협력관계를 강화하여 중국을 견제하는 포석이다. 일대일로의 요충지 중 자국의 앞마당에 속하는 스리랑카와 네팔에서는 중국과 직접적인 영향력 다툼도 불사하고 있다. 인도는 중국이 스리랑카의 채무를 탕감해주는 대신

99년 기한으로 접수한 함반토타항이 군사기지로 사용되지 못하도록 간섭하면서, 국가부도 상황에 직면한 스리랑카에 대규모 자금을 지원해 중국의 영향력이 더 커지지 못하도록 차단하기도 했다. 네팔에서는 중국이 추진하다가 중단한 수력발전 사업을 인도가 재개하기도 했다. 인도는 아프리카에서도 2023년 기준 42개 국가에 대해 195개 프로젝트 투자, 120억 달러 규모의 대출을 실행하며 중국과 치열한 영향력 다툼을 벌이고 있다. 인도의 아프리카 대출을 담당하는 인도 수출입은행의 하르샤 반가리 상무는 중국의 대출 규모가 인도보다 크지만, 인도는 "수혜국의 결정을 존중하고 수혜국에 부담을 주는 프로젝트를 강요하지 않는다"라고 강조했다.[46]

때마침 중국을 봉쇄하기 위한 인도·태평양 전략을 전개하던 미국에 있어 이런 인도는 대중국 봉쇄전략의 핵심축이 될 수 있을 것처럼 보였다. 중국을 봉쇄하기 위해 미국-일본-인도-호주 간 일반협의체였던 '쿼드'를 전략협의체로 승격하고 IPEF의 발족을 계획하던 미국은 IPEF와 쿼드에서 인도가 중요한 역할을 해줄 수 있을 것으로 기대했다. 그러나 인도의 셈법은 미국이 바라던 것과는 달랐다. 인도는 '미국의 카드'가 아닌 '카드 플레이어'로서 독자적인 미래 패권을 추구한다. 인도양과 남아시아에서 중국을 견제하려는 목적은 미국과 공유하지만, 그저 미국의 꼭두각시가 되어 중국을 전면적으로 적대할 실익은 없다. 인도는 쿼드의 안보적 색채가 강해지는 데 거부감을 나타냈다. 러시아가 우크라이나를 침공했을 때도 인도는 UN 차원에서 이뤄진 러시아 규탄 결의에서 기권했다. 나렌드라 모디 총리가 푸틴 대통령에게 전쟁을 끝내라고 촉구하기는 했지만, 대對러시아 제재에 동참하기는커녕 러시아산 에너지를 저가에 대거 구매하면서 이득을 챙겼다. 심지어 러시아로부터 저가에 수입한 가스를 유럽에 고가로 팔아넘기는 중계무역까지 했다.

다른 한편으로는 러시아에서 지대공 미사일 시스템을 수입하는 등 군사협력을 계속했다. 동서냉전 시절부터 이어져 내려온 비동맹 전통을 유지하며 양측 모두로부터 최대한의 이익을 추구한 것이다. 그럼에도 불구하고 미국은 워낙에 전략적 가치가 높은 인도와의 협력을 포기하지 않았다. 인도 역시 중국과 경쟁할 수밖에 없는 이상 미국과의 협력은 필요했다.

2022년 11월 인도는 중국과 국경분쟁이 빈번히 발생하는 구역에서 100킬로미터도 채 떨어지지 않은 곳에서 미군과 합동군사훈련을 개최하였다. 미국의 힘을 빌려 중국을 압박한 것이다. 미국은 우크라이나 전쟁에서 실전성에 의문이 제기된 러시아제 무기에서 탈피하기 위한 인도군의 국방현대화를 지원하기로 했고, 군사용 드론의 공동 개발에도 합의했다. 2023년 2월에는 미국·인도 간에 군사와 과학기술 분야의 협력을 증진하는 소위 '핵심·신흥기술 구상'이 발표됐다. 이 구상으로 미·인 양국은 신형 제트엔진 및 다양한 군사시설, 그리고 4차 산업혁명 시대의 중추 기술 개발에 관해서도 협력하게 됐다. 쿼드를 안보 협의체로 만드는 것에 유보적이었던 인도였지만 미국이 본격적으로 군사·안보 지원을 하고 나서자 미국의 요구에 어느 정도 발맞추지 않을 수 없는 상황이 됐다. 2023년 1월 커트 캠벨 백악관 국가안보회의 인도태평양 조정관은 2023년도에는 인도와의 관계를 더욱 강화하겠다며 "우리가 추진하고 있는 모든 분야에서 인도가 더 크고 책임 있는 역할을 하길 기대한다"라고 발언했다.

미국의 전방위적인 러브콜과 그에 따른 혜택은 인도에는 큰 기회가 될 것이다. 21세기의 초강대국으로 성장하기 위한 지정학적 조건을 갖춘 인도이지만, 발목을 잡히기에 충분할 만큼 심각한 사회구조 및 문화적 문제가 산적해 있는 것도 현실이다. 국토의 대부분 지역에 아직 인프라가 제대로 깔려있지 않고, 대다수 국민에겐 의료·보건이 제대로 제공되지 않고 있으며, 실업률도 높다. 만연한 성차별과 계급 차별로 거대한 인구의 잠재력을 제대로 활용하지 못하는 점도 문제다. 빈부격차 또한 심각하다. 다음 단계로 나아가기 위해서는 양질의 일자리를 다량 창출하여야 하고, 막대한 규모의 자본을 확보해야 한다. 이를 위해서는 중국이 지난 20~30년간 누렸던 것과 같은 투자유인과 무역흑자를 창출할 기회가 허용되어야 한다. 인도와 같은 대국에 그만한 선물을 해줄 수 있는 나라는 지구상에 미국밖에 없다. 현재 인도는 특히 제조업 분야에서 중국을 대체하고 중국의 성공 공식을 따라가기로 마음을 먹은 듯 보인다. 이를 위해 인도는 각종 산업정책과 보호무역주의를 통해 문방구나 완구류와 같은 경공업에서 철강·화학 등의 중공업, 제약·의료기기·통신·제약 등의 첨단산업에 이르기까지 모든 산업 영역에 대해 전방위적인 육성 노력을 기울이고 있다. 첨단기술·품목의 글로벌 공급망에서 중국을 배제한 뒤 인도를 편입하겠다는 미국의 구상은 그런 인도에 있어 거부하기 힘든 유혹일 것이다. 2023년 4월 미국 워싱턴 DC에서 개최된 콘퍼런스에 참석한 나르말라 시타라만 인도 재무장관은 대놓고 "인도가 중국의 대안이 되겠다"라고 선언했다. 바이든 대통령과 모디 총리는 2023년 6월 정상회담 직후 채택한 공동성명을 통해 양자컴퓨터와 인공지능, 반도체, IT 등 4차 산업혁명의 중추 기술 및 핵심 광물에 대한 미국-인도 간 협력을 확대하겠다고 선언하기도 했다. 그렇지 않아도 어색하던 중국과 인도의 관계는 눈에 띄게 불편해지기 시작했다.

2023년 7월에 개최된 SCO 정상회담에 참석한 인도는 중국의 일대일로를 지지하는 공동성명에 불참했다. 그러자 중국의 관영매체인 환구시보와 글로벌타임스는 "미국이 인도를 끌어들이자 인도가 교만에 빠져 장래를 망칠 위험이 커지고 있다"라며 비난했다. 그러나 2023년 8월에 개최된 '비즈니스 20 정상회의'에서 인도의 피유시 고얄 상공장관은 중국의 왕쉬원 상무부 부부장에 "우리의 마음은 미국과 함께한다"라고 쏘아붙였다. 급기야 2023년 8월 중국이 중-인 국경의 분쟁지역을 모두 자국 영토로 표시한 공식 지도를 발표하자 블룸버그 통신은 인도가 대만해협에서 미·중 간에 무력 분쟁이 발발할 시 미국에 후방 지원을 제공하고 심지어 중-인 국경의 분쟁지역에 인도군을 진출시키는 전술 시나리오까지 검토하고 있다고 보도했다.

다만 미국과의 관계를 강화할 전략적 필요성에도 불구하고 인도의 뿌리 깊은 비동맹정책이 근본적으로 바뀔 가능성은 높지 않다. 냉전기 인도가 고수했던 소위 '비연대non-alignment' 정책은 탈냉전기와 패권 전환기에 들어서 소위 '다중연대multi-alignment' 정책으로 발전했다. 한마디로 모든 나라와 필요한 협력을 해서 이득을 얻겠다는 것이다. 미국과 다양한 협력 논의가 진행되는 와중에도 인도의 다중연대 노력은 계속됐다. 우크라이나 전쟁이 한창이던 2022년 9월 인도는 러시아가 주도한 군사훈련인 보스토크-2022 훈련에 참여했다. 2022년 11월에는 수브라마냠 자이샨카르 인도 외무장관이 모스크바를 방문해 세르게이 라브로프 러시아 외무장관과 현대식 무기의 공동 생산 방안에 대해 논의했고, 2023년 4월에는 인도-러시아 FTA 체결을 위한 사전 합의를 이뤘다고 밝혔다.

패권 전환기를 맞아 인도는 미국과 중국 사이에서 복잡한 계산을 하고 있을 것이다. 중국의 안보 위협에 맞서고 세계시장에서 중국이 차지했던 자리를 빼앗기 위해서는 미국의 힘이 필요하다. 그러나 인도가 인도양의 패권을 장악하기 위해서는 미국의 세계 패권 역시 언젠가는 극복해야 할 대상이다. 당장은 미국과 손잡고 중국에 맞서겠지만, 경제·군사적 성장이 충분히 무르익으면 인도는 인도양의 지역 패권국으로 등극하기 위한 독자적인 행보를 개시할 것이다.

인도가 중국의 맞수가 되는 것은 '저개발의 족쇄'가 풀리는 것만으로도 가능할 것이다. 하지만 언제고 미국에 도전하자면 그것만으로는 부족하다. 인도 사회는 '카스트'로 유명한 계급제는 물론이고 인종·언어·문화·종교 등에 따라 다각적으로 분열되어 있다. 분열된 사회는 인도가 국력을 종합적으로 발휘하는 데 근본적인 제약으로 작용할 수밖에 없다. 그러나 만일 인도가 완전한 사회적 통합을 이뤄낼 수만 있다면, 세상은 또 다른 초강대국의 출현을 목격하게 될 것이다. 장차 인도가 중국에 필적하는 초강대국이 되어 인도양의 지역 패권을 추구할 때가 되면 국제질서는 다시 한번 요동치게 될 것이다.

오스만 제국을 계승하려는 튀르키예

인도가 잠재적 패권국이라는 주장에는 대개 동의할 수 있을 것이다. 그러나 튀르키예가 잠재적 패권국이라 하면 의아할 수 있다. 튀르키예는 큰 나라이지만 중국이나 인도 같은 대국은 아니다. 국토 크기가 세계에서 30위권 밖이고, 인구는 8천만이 넘어 충분하지만 특별하지는 않다. GDP는 20위권, 군사력은 10위권이다. 유럽이나 동북아시아에 있었다면 중견국middle power 신세를 벗어나지 못했을 것이다. 그러나 절대적 힘의 우위가 필요한 세계 패권과 달리, 지역 패권국이 등장하는 데 가장 중요한 조건은 패권을 조성하기에 얼마나 유리한 역내 환경이 갖춰져 있는지이다. 인도가 러시아나 중국보다 강해서 유력한 잠재적 지역 패권국인 것이 아니다. 튀르키예도 마찬가지다.

튀르키예가 차지한 아나톨리아반도는 고대로부터 서방과 동방을 잇는 교두보였다. 아나톨리아반도를 중심으로 서쪽으로 조금만 전진하면 서양 문명의 요람인 그리스가 있는 발칸반도가 등장하고, 북쪽으로는 흑해를 지나 동유럽의 우크라이나와 러시아가, 북동쪽에는 캅카스 3국이, 동쪽과 남쪽으로는 중동이 펼쳐져 있다. 중동에서는 이란과 이라크, 시리아가 튀르키예와 국경을 마주하고 있다. 사통팔달이라 할 수 있는 아나톨리아반도를 터전으로 중세 이후 수백 년에 걸쳐 이슬람 세계를 지배한 대제국 오스만 제국이 탄생했고, 그 이전에도 무수한 제국이 등장했다. 이미 7세기 무렵 유럽에서 가장 큰 도시가 된 이스탄불은 오늘날까지도 유럽에서 가장 큰 도시로 남아 있다. 아나톨리아반도와 발칸반도에 걸쳐 있으며, 흑해와 지중해를 잇는 보스포루스 해협을 통째로 품은 이스탄불의 입지 덕분이다. 유럽의 공산품과 러시아·중앙아시아의 에너지, 우크라이나·러시아의 곡물은 발칸반도와 흑해, 캅카스, 중동, 지중해를 죄다 육로와 해로로 연결하는 아나톨리아반도를 거쳐 운송된다. 자유주의 국제질서가 한창일 때 대한민국이 동아시아에서 지향했던 '중심축 국가pivot state.' 그것이 튀르키예에 있어선 지리적 선물이나 다름이 없다.

패권 전환기를 맞아 튀르키예가 역내 패권을 노릴 수 있게 된 것은 주변국의 형편 덕도 크다. 사기적인 판도를 가졌던 소련이 건재하던 시절 튀르키예는 미군의 전진기지에 불과했었다. 당시에는 튀르키예와 동쪽 국경을 마주한 캅카스 3국도 소련이었고, 흑해 너머도 전부 소련이었다. 튀르키예는 패권국은커녕 중심축도 될 수 없었다. 그러나 냉전 종식과 함께 소련이 무너지고 캅카스 지역에는 약소국이 세워졌다. 흑해 너머에는 우크라이나가 등장했다. 좀 더 시간이 지나자 중동이 뒤집혔다. 튀르키예에 비해 약세였지만 그렇다고 만만히 보기는 어려웠던 시리아와 이라크는 문자 그대로 풍비박산이 났고, 강대국 이란도 장기간에 걸친 미국의 제재로 천천히 약화 되어갔다. 우크라이나 전쟁으로 마지막 남은 지역 강대국인 러시아조차 크게 약해진 상태다. 러시아가 (미국이 관여를 줄인) 중동에 다시금 강압적인 영향력을 행사할 수 있을 만큼 회복하기 전까지는 튀르키예가 중심축에서 가장 큰 영향력을 발휘할 수 있는 나라인 셈이다.

현재 튀르키예는 중동으로 세력을 확장하기에도 이상적인 환경에 놓여 있다. 중동 4대 강국 중 튀르키예에 필적하는 잠재력을 가진 이란은 사우디아라비아와 이스라엘이라는 강력한 경쟁국의 견제를 받는다. 하물며 중동의 사실상 거의 모든 나라가 경쟁국 또는 잠재적 적성국이라 할 수 있는 이스라엘은 생존의 문제를 먼저 해결하지 않고선 세력 확장을 꾀할 처지가 아니다. 사우디아라비아는 인구가 적어 근본적인 역량이 부족하고, 탈脫 화석연료 시대에 미국과의 관계가 멀어지면 이란의 위협에 맞서는 데만으로도 벅찰 것이다. 반면 튀르키예는 이슬람 국가로서 중동에 관여할 명분과 역량이 있고, 러시아와 중국이 서아시아나 유럽에 진출하는 것을 막기 위한 대항마로서 미국이나 유럽의 지원을 받을 수도 있다. 서방이나 이스라엘과의 관계도 원만하다. 러시아와 중국과의 관계도 원만하다. 미국 및 서방이 반미연대와 첨예하게 대립하는 상황에서는 모두가 튀르키예를 끌어들이길 원할 터. 그야말로 꽃놀이패다. 튀르키예가 평범한 나라였다면 그저 중심축 역할에 만족하며 국가의 발전과 번영을 추구했을지 모른다. 그러나 튀르키예는 중동의 패자로서 수백 년간 유럽 전체를 위협했던 오스만 제국의 후예이다. 그리고 제국의 의식을 가진 국가는 여건이 갖춰지면 제국의 행보를 보이기 마련이다.

  현재 튀르키예의 대통령은 '21세기 술탄'이라 불리는 레제프 타이이프 에르도안이다. 2003년에 총리직에 오른 후 20년째 권력을 놓지 않고 있는 에르도안 대통령은 "오스만 제국의 부활"을 공공연히 외치는 인물이고, 그가 주창하는 '신新오스만주의'는 많은 튀르키예 국민의 지지를 받고 있다. 에르도안 치하 튀르키예가 눈에 띄게 공격적인 대외 행보를 보이기 시작한 것은 시리아 내전에서부터였다. 2011년 이래 장기간 진행 중인 시리아 내전은, 그즈음 중동을 휩쓴 민주화 운동의 여파로 발생한 대혼란이 시리아에 원래 내재 되어 있던 복잡다기한 문제들을 기폭시켜 발생했다. 국제 안보적인 시각에서 시리아 내전은 사실상 팍스 아메리카나의 종말을 보여준 계기이기도 했다. 미국이 적극적으로 나서지 않자 시리아 내전은 장기화했다. 러시아·이란·튀르키예·이스라엘 등 주변 강대국이 각자의 목표를 갖고 대거 개입했고, 이란과 이스라엘이 시리아 땅에서 전투를 벌이는가 하면 헤즈볼라·바그너 그룹과 같은 외국 군사 조직도 시리아 땅에서 작전을 펼쳤다. 시리아의 정권 교체를 획책하는 여러 세력이 등장하여 각축전을 벌이는 와중에 IS나 알카에다도 혼란을 틈타 시리아 땅에서 발호했다. 시리아의 경제가 파탄하고 무수한 민간인 피해와 수백만 명 이상의 난민이 발생했다.

시리아 내전에 가장 적극적으로 개입한 외세는 러시아와 튀르키예였다. 러시아는 IS 퇴치를 명분으로 내세웠으나, 친러시아 성향의 아사드 정권을 비호해 시리아에 대한 영향력을 유지·확장함으로써 지중해로 나아가는 교두보를 확보하겠다는 목표가 컸다. 반면 튀르키예가 시리아 내전에 개입한 가장 큰 이유는 튀르키예와 시리아·이라크·이란의 국경지대에 걸쳐 3천만 명 이상이 거주하는 쿠르드족이 튀르키예로부터 분리·독립하는 사태를 막기 위해서였다.[47] 공백지가 된 시리아에서 쿠르드족이 국가건설을 위한 터전을 마련한 뒤 세력을 확장하는 것은 튀르키예에 있어 악몽 같은 시나리오였다. 쿠르드족이 내전에서 시리아 정부군과 손을 잡자 튀르키예는 자연히 반군과 손을 잡았다. 시리아 내전에서 러시아·이란과 동등하게 맞서며 튀르키예의 존재감을 과시한 에르도안의 행보는 이후 더욱 과감해졌다.

2020년, 캅카스 지역에서 아제르바이잔과 아르메니아 간에 전쟁이 발발하자 튀르키예는 인종적·언어적 동질성이 있는 아제르바이잔을 적극 지원했다. 튀르키예가 러시아의 앞마당에서 계속 강대국으로서의 행보를 보이자 러시아의 푸틴 대통령은 튀르키예와 에르도안이 역량에 비해 과도한 야심을 품고 있다고 경고했다. 그러나 우크라이나 전쟁으로 러시아의 국력이 축소되고 진영 간 대립이 심화하면서 중심축 국가이자 역내 강대국인 튀르키예의 입지는 더욱더 강해지고 있다. 현재 튀르키예는 유럽·중동·중앙아시아의 세력권이 교차하는 아나톨리아반도를 중심으로 독자적인 세력권을 구축한 뒤, 이를 바탕으로 시리아는 물론 북아프리카와 지중해 동부 레반트 지역으로까지 세력을 확장하려는 듯한 움직임을 보인다. 튀르키예가 패권을 구축하기 위한 '역내'로 삼으려는 이 지역은 일견 작은 공간으로 보이지만 지정학적 가치는 크다. 무엇보다 '역내'에서 튀르키예를 능가할 만한 세력이 없다는 점이 중요하다.

미국의 세계 패권이 흔들리는 오늘날 각지의 강대국들이 각자의 목표를 위해 발호하는 상황에서 튀르키예 역시 기지개를 켜고 있다. 냉전기에 소련에 맞서는 최전선이었던 튀르키예는 NATO의 가입국이기도 하다. 그러나 패권 전환기 속 튀르키예는 대서양동맹의 일원이 아닌, 오스만 제국의 후예로서 독자적인 행보를 걷고 있다. 우크라이나 전쟁에서는 바이락타르 드론을 수출하여 우크라이나군의 초기 선전에 크게 기여하면서도 러시아에 철·의류·가전제품·자동차부품 등을 공급하여 물자 부족에 시달리는 러시아를 지원했다. 스웨덴의 NATO 가입을 반대하기도 했다. 튀르키예가 테러 조직으로 지정한 쿠르드노동자당을 스웨덴이 두둔한다는 것이 이유였다. 튀르키예는 스웨덴의 NATO 가입에 동의하는 대가로 미국에 F-16 전투기의 수출을 요구하기도 했다. 그런가 하면 2022년 9월에는 EU가 러시아산 천연가스에 가격 상한제를 도입하여 러시아를 압박하려 하자 "서방의 도발적 정책"이라 비난하였고, 이에 대한 비판은 "튀르키예는 항상 중립을 지켰고 앞으로도 중립을 지킬 것"이라며 일축했다. 튀르키예는 또한 NATO 회원국이면서도 중국이 주도하는 SCO에 가입하기 위해 노력하고 있다. 2023년 5월, 에르도안 대통령의 재선 직후 튀르키예는 스웨덴의 NATO 가입 여부를 다루는 NATO

외교장관 회의에 불참하면서 이란의 라이시 대통령과는 전화 회담을 하며 서방과의 거리를 뒀다. 그러더니 2023년 6월에는 느닷없이 스웨덴의 NATO 가입에 동의하고 튀르키예에 구금되어 있던 우크라이나의 아조프연대 지휘관을 석방하는 등 반러시아·친서방 행보를 보이면서, 그 대신 유럽에 튀르키예의 EU 가입을 승인해달라고 호소하기도 했다.

이런 좌충우돌의 행보를 두고 그때마다 튀르키예가 반미연대에 합류하였다거나 서방의 편에 섰다고 갈팡질팡 평가하는 것은 온당치 않다. 튀르키예는 어디까지나 중심축을 지배하는 강대국으로서 서방과 반미연대를 사안별로 활용할 뿐이다. 튀르키예는 앞으로도 자국의 역내 영향력 극대화를 위한 독자적 행보에 나설 것으로 보인다.

패권 지향적 균형 외교

건국 이래 대외적인 국명國名으로 '터키Turkey'라는 명칭을 사용했던 튀르키예는 2022년 갑자기 국호를 '튀르키예Türkiye'로 변경한다. 표면적인 이유는 영문명 'Turkey'가 칠면조를 의미하는 뜻으로 주로 쓰이고 겁쟁이라는 은어로도 사용되기 때문이다. 하지만 2023년 대선을 앞둔 에르도안 대통령이 '터키인의 땅'이란 뜻의 튀르키예를 국호로 삼음으로써 튀르크인들의 민족주의 정서를 강화하고 쿠르드족 등 분리주의를 주창하는 내부 소수민족을 억누르고자 했었다는 분석도 있다. 이듬해인 2023년 9월에는 인도가 G20 정상회의에 참석하는 각국 정상에 대한 만찬 초청장에서 오랫동안 사용했던 'India'라는 영문 명칭 대신 '바라트Bharat'라는 힌디어 국명을 사용하여 국호 변경을 암시했다. 표면적인 이유는 'India'가 영국 식민지 시절 사용된 명칭이란 점 때문이지만, 인도 내에 거의 2억에 가까운 이슬람교도와 시크교, 소수민족의 분리주의를 억누르고 힌두인의 민족주의적 정서를 강화하려는 시도라는 지적이 있다.

인도와 튀르키예는 나약했던 근대사를 오욕의 시기로 보고, 찬란했던 과거의 영화를 그리워한다는 공통점이 있다. 그런 점에서는 두 나라 모두 중국과도 닮은 부분이 있다. 민족주의적 정서가 제국주의나 지역 패권주의로 발현될 가능성이 높은 역사적 배경이 있다는 점도 마찬가지다. 최근 인도나 튀르키예가 보여주는 독자 행보는 근미래에 자국만의 지역 패권을 구축하기 위한 포석에 해당한다고 해석할 수 있다. 따라서 인도와 튀르키예가 미국에 맞서 반미연대의 편에 선 것이라고 볼만한 근거는 없다. 굳이 따지자면 인도와 튀르키예 모두 반미연대보다는 미국과 서방과 더 친밀한 관계를 유지하고 있다. 단지 그것이 더 이득이 되기 때문이다.

그러나 오늘날 중국을 필두로 한 반미연대에 의해 도전의 대상이 된 미국의 패권은 인류 역사상 유일무이한 세계 패권이다. 인도·튀르키예의 균형 외교는 미국의 패권이 미치지 않는 그늘을 더욱 넓히게 될 것이다. 세계 단위의 패권은 패권이 미치지 않는 공백지가 일정 범위 이상 늘어나면 해체될 수밖에 없는 법. 인도나 튀르키예 같은 주요 국가가 세계패권국인 미국의 편에 서는 대신 균형 외교를 추구하는 것은 그 자체로 미국의 패권을 훼손하고 반미연대에 힘이 되는 행위다. 따라서 설사 반미연대와 연대하거나 미국의 세계 패권 해체를 직접적인 목표로 삼지 않더라도, 인도와 튀르키예가 보여주는 독자적 행보는 미국의 세계 패권 해체를 앞당긴다는 점에서 또 다른 형태의 패권 행보라고 볼 수 있다.

한편 인도와 튀르키예의 존재는 미·중 패권 경쟁의 승패와 상관없이 미국의 세계 패권이 영원할 수 없다는 점을 보여준다. 미국이 설사 이번에 중국과 러시아, 이란 등의 도전을 꺾어내더라도 중장기적으로 인도가 인도양에 지역 패권을 구축하는 주인공이 될 수도 있기 때문이다. 그날이 오면 어쩌면 미국이 중국이나 이란과 손을 잡고 인도를 견제하는 모습을 보게 될지도 모르는 일이다.

참고 사항

1 지나 러몬도 연방상무부 장관은 반도체과학법의 목표가 "최첨단 반도체를 미국에서 설계하고 미국에서 생산하는 것"이라고 천명하기도 했다.

2 Anshu Siripurapu and Noah Berman, "Is Industrial Policy Making a Comeback?" *Renewing America* (18 November 2022).

3 조지 워싱턴은 1796년 9월 19일 필라델피아의 Daily American Advertiser에 기고한 고별사(farewell speech)에서 다음과 같이 기록했다: "The great rule of conduct for us in regard to foreign nations is, in extending our commercial relations, to have with them as little political connection as possible."

4 먼로주의를 근거로 미국의 전통적 고립주의는 비팽창주의를 의미한다고 보는 시각이 있지만, 이는 사실이 아니다. 영국으로부터 갓 독립한 1776년 미국의 영토는 동부 13개 주가 전부였다. 1803년 미국은 유럽 대륙에서의 전쟁으로 여력이 없던 프랑스로부터 루이지애나를 구매하여 영토를 넓혔다. 그로부터 20년 뒤에 먼로주의를 선언한 이후에도 미국은 현재의 판도가 확정된 19세기 말까지 꾸준히 팽창주의(expansionism) 정책을 채택했다. 1845년부터 1848년까지 미국은 멕시코와 전쟁을 벌여 오늘날의 텍사스와 캘리포니아, 네바다, 유타, 콜로라도, 와이오밍 등에 해당하는 서부의 광활한 영토를 빼앗았고, 1853년에는 멕시코로부터 오늘날의 애리조나와 뉴멕시코 등에 해당하는 지역을 사들였다. 미국이 이 8년 남짓한 기간 동안 멕시코로부터 얻어낸 영토는 한반도의 약 7배에 달하는 크기다. 1867년에는 러시아로부터 알래스카를 구매했고, 1898년에는 하와이를 병합했을 뿐 아니라 스페인과 전쟁을 벌여 푸에르토리코, 괌, 그리고 필리핀을 빼앗았다. 1900년에는 독일로부터 미국령 사모아를, 1917년에는 덴마크로부터 미국령 버진아일랜드 등을 얻었다. 1776년 독립 당시 미국의 영토는 오늘날의 터키나 파키스탄보다 조금 큰 정도였다. 그러나 20세기 초 미국의 영토는 44개국으로 이루어진 유럽 대륙 전체에 버금가는 영토 대국으로 거듭났다. 대략 100년 남짓한 기간 동안 10배가 훨씬 넘는 영토 확장을 이루어낸 이 시기 미국의 행보는 단연 팽창주의적이었다.

5 2023년 7월 현재 트럼프는 America First Policy Institute라는 재선 준비기관을 창설하였는데, 이 기관은 대선 선거전략 이외에도 대통령의 의지에 저항하는 행정부의 관료들을 손쉽게 해고할 수 있는 방안을 고안하는 등 행정부를 완벽히 장악하기 위한 계획을 구상하고 있다고 한다. 트럼프의 첫 번째 임기 당시 행정부의 관료조직이 그의 일방주의에 누차 제동을 걸었던 사실은 널리 알려진바, 트럼프 대통령이 재선에 성공한다면 미 행정부에는 최소한의 견제 장치도 남지 않게 될 가능성이 있다.

6 우리가 지난 수십 년 간 당연하다는 듯이 누려온 항행의 자유란 인류 역사를 통틀어 볼 때 이질적인 개념이다. 1982년에 채택되고 1994년에 발효된 UN 해양법협약이 연안에 12해리(nautical mile)까지를 영해(territorial water)의 범위로 정하기에 앞서 수백 년간 국제사회가 인정해온 최소한도의 영해는 연안으로부터 3해리였다. 그 이유는 오랜 세월 연안국이 해안에 설치한 대포의 유효 최대 사정거리가 약 3해리(소위 'cannon shot rule')였기 때문이다. 결국 전통적인 영해의 범위를 결정하는 것은 연안국의 무력이었다. 만일 '해양의 자유'를 강제해온 미국의 해양 패권이 해체되면 세계의 바다에는 연안국의 해군력을 기반으로 한 해역 구분이 등장할 가능성이 있다. 그러한 세계에서 선박의 항로는 지금처럼 날씨와 거리만을 고려하는 것이 아닌, 기국과 연안국의 관계에 따라 재편되게 될 것이다. 불안한 바다는 수많은 갈등을 낳고, 갈등의 바다는 충돌을 낳게 될 것이다. 바다를 끼고 등장한 지역 패권국은 자국이 면한 해역에 대한 지배력을 주장하게 될 것이다. 미국이 앞으로 얼마나 오랫동안 전 세계 모든 바다의 안전을 보장할 수 있을지는 알 수 없다. 미국이 갖는 해군력의 절대적 우위는 시간이 지날수록 약화될 수밖에 없기 때문이다.

7 2003년 탕자쉬안 당시 중국 외교부장은 대만 문제를 중국의 핵심 이해가 걸린 사안으로 천명했다. 이듬해인 2004년 쩡칭훙 중국 국가부주석은 티베트 문제를 중국의 핵심 이해라고 선언했다. 이후 한동안은 대만과 티베트가 중국의 핵심 이익이었다. 그러다가 어느 순간 '인권에 대한 간섭을 배척하는 것'이 핵심 이익에 추가되었는데, 이것은 공산주의 체제에 대한 위협을 용인하지 않겠다는 뜻이었던 것으로 본다. 얼마 후인 2010년에는 다이빙궈 당시 국무위원은 공산

당이 영도하는 사회주의 노선 및 제도의 수호를 추가했다. 2013년 이래 대국굴기를 선포한 시진핑 치하 중국의 핵심이익은 간결하다. '국가 주권,' '국가 안보,' '발전이익'이 그것이다. 간접적이거나 막연한 국가적 이해를 달성하기 위해 전쟁 가능성을 상수로 두는 건 초강대국만이 할 수 있는 발상이다.

8 Edwin Feulner, "What Are America's Vital Interests?", *The Heritage Foundation* (6 February 1996).

9 America's National Interests report by the Commission on America's National Interests.

10 2022 National Security Strategy, p. 22. 관련 문구는 다음과 같다: "Integration across the spectrum of conflict to prevent competitors from altering the status quo in ways that harm our vital interests while hovering below the threshold of armed conflict."

11 U.S. Department of State 홈페이지의 "U.S. Relations With United Kingdom" 부문: "The United States has no closer ally than the United Kingdom". (2023. 3. 22. 기준).

12 다만 영국은 경제 상황이 갈수록 악화한다는 제약이 있다. 브렉시트 이후 영국은 GDP가 큰 폭으로 감소하고 외국인 투자도 축소됐다. 다른 EU 회원국으로부터 저임금 노동자가 유입되지 않자 사회 전반에 걸쳐 임금이 인상됐고, 인플레이션도 가중됐다. 2022년에는 영국 금융시장이 기록을 시작한 이래 처음으로 시가총액이 프랑스에 추월당하는 굴욕을 맛보기도 했다. 브렉시트 당시 영국은 EU 대신 세계 최대의 시장인 미국과 FTA를 신속히 체결할 수 있을 것으로 기대했으나, 미국은 영-미 FTA를 통해 자국 시장을 추가 개방하는 데 미온적이다(미국은 영-미 FTA 협상에서 추가 시장접근을 제공하지 않고 있음). 2023년 4월 영국의 제임스 클레버리 외무장관은 신냉전 선포를 반대하며 "정교하고 미묘한 접근법이 필요"하다는 것을 전제로, 중국과 밀접한 관계를 맺을 필요가 있다며 수위 조절에 나섰다. 클레버리 장관은 의회의 비판을 무릅쓰고 2023년 8월 중국을 방문해 양국 관계를 개선하고자 노력하기도 했다. 보호무역주의로 전환한 미국이 계속 영국에 시장을 개방하지 않을 경우, 영국은 다시 EU에 복귀하거나 중국과의 관계 개선에 나설 가능성을 완전히 배제할 수 없다.

13 U.S. Department of State 홈페이지의 "U.S. Relations With Canada" 부문: "The United States and Canada are stalwart allies" (2023. 3. 22. 기준).

14 U.S. Department of State 홈페이지의 "U.S. Relations With Australia" 부문: "Australia is a vital ally, partner, and friend of the United States." (2023. 3. 22. 기준).

15 U.S. Department of State 홈페이지의 "U.S. Relations With New Zealand" 부문: "New Zealand is a strong, steadfast partner and friend of the United States." (2023. 3. 22. 기준).

16 Anne-Marie Brady, "Magic Weapons: China's political influence activities under Xi Jinping," Conference paper presented at the conference on "The corrosion of democracy under China's global influence, supported by the Taiwan Foundation for Democracy," hosted in Arlington, Virginia, USA, 16-17 September 2017.

17 다만 자위대에 배정되는 국방예산은 1960년부터 매년 큰 폭으로 상승해 1980년까지 매 10년 단위로 거의 두 배씩 증가했다. 이후로도 일본의 국방예산은 지속 증가해 어느덧 '자위대'란 명칭과 어울리지 않을 막강한 전력을 갖추게 됐다.

18 오늘날의 UN 헌장 체제에서는 국가의 '일반적인 교전권'은 어차피 인정되지 않는다. UN 안보리가 허가한 경우를 제외하면 자위권 행사의 일환으로만 무력 사용이 허용되는 것이 UN 체제의 핵심이다. 그렇기에 국가의 교전권은 실질적으로 자위권의 행사범위에 따라 결정되기 마련이다. 다만 '집단적자위권'은 UN 헌정에서도 인정한 천부적 권리이다. 그럼에도 과거 스스로 부인했던 권리를 스스로 되찾음으로써 일본의 교전권이 확대되었다는 점은 분명하다.

19 도발적인 표현과 달리 이는 군사적인 관점에서는 '선제적 자위권(anticipatory self-defense)' 또는 '예방적 자위권(preemptive self-defense)'을 행사하겠다는 의미로 해석할 수 있다. 선제적 자위권 행사란 적의 무력 공격이 확실히 임박했다고 판단될 경우, 적의 공격을 실제로 받은 뒤에야 반격에 돌입하는 대신 적의 공격에 앞서 선제적으로 타격을 가해 공격 자체를 무산시키는 것을 의미한다. 최초 일격으로 상대를 괴멸시킬 수 있는 WMD를 상대로는 적의 일격을 허용한 뒤에는 이미 반격할 능력을 상실한 상태일 수 있기에 등장하게 된 개념이다. 일반적으로 핵 공격을 상정한 개념이지만, 재래식 탄두를 사용한 미사일 간 '일제타격 경쟁'에서도 적의 최초 타격을 허용한 뒤에는 아군의 피해가 너무 클 수 있기에 선제적 자위권의 행사가 허용될 여지가 있을 것이다. 여하튼 선제적 자위권 또는 예방적 자위권은 항상 국제법적으로 논란의 여지가 있는, 가장 적극적인 형태의 자위권이다.

20 George Friedman, *The Next 100 Years: A Forecast for the 21st Century*, Knopf Doubleday Publishing Group (2010).

21 Caroline de Gruyter, "Putin's War is Europe's 9/11," *FP* (28 February 2022).

22 Kenneth Waltz, *Theory of International Politics*, (Waveland Press, 2010), pp. 79–106; John Mearsheimer, "Bound to Fail: The Rise and Fall of the Liberal International Order", *International Security*, Vol. 43, No. 4 (Spring 2019), pp. 7–50, 12.

23 대표적으로 John Mearsheimer, "Bound to Fail: The Rise and Fall of the Liberal International Order", *International Security*, Vol. 43, No. 4 (Spring 2019), pp. 7–50, 7 등을 참조.

24 EU 집행위의 부위원장인 Josep Borrell이 2021년 3월 16일 The Diplomatic Service of the European Union의 블로그에 게재한 "How to revive multilateralism in a multipolar world"이란 글에서 설명한 내용이다.

25 WTO 상소기구에 재판관이 한 명도 남지 않게 된 2019년 말을 기점으로 신규 WTO 제소 사건의 숫자가 급감하기 시작했다. 신규 WTO 제소는 2018년에 38건, 2019년에 20건 이루어졌으나 2020년에는 5건으로 줄었다. EU는 거의 사문화되었던 DSU 제25조에 따른 중재절차를 활용한 대안적 상소 절차를 고안하여 2020년 4월 DSU 제25조에 근거한 복수간 협정인 '다자간 임시상소중재약정("MPIA," Multi-Party Interim Appeal Arbitration Arrangement)'을 발효시켰다. MPIA에 따라 설치된 중재판정부는 상설 상소기구와 같이 모든 WTO 회원국에 대해 보편적 강제 관할권을 갖지는 못한다. 그래도 1심 판정에 대해 이견이 있는 MPIA 회원국 간에는 마비된 상소절차 대신 임의 중재를 통한 확정판결을 받아볼 수 있게 되었다. WTO 분쟁해결제도에 산소호흡기를 달아준 셈이었다.

26 EU는 'Regulation (EU) No. 654/2014' 및 'Regulation (EU) No. 2021/167'을 통해 EU와의 WTO 분쟁 1심에서 패소한 상대국이 1심 판정을 마비된 WTO 상소기구에 상소함으로써 절차의 무력화를 시도하는 경우 자체적으로 보복하는 정책을 채택하고 있다. 2022년 11월, EU는 인도네시아의 니켈 광물 수출제한 조치를 WTO에 제소하여 패널심에서 승소(DS592)하였다. 그러나 인도네시아가 1심 판정을 마비된 상소기구로 상소해 절차 무력화를 시도하자, 2023년 7월 EU는 인도네시아가 1심 판정을 준수하거나, MPIA의 대한상소 회부해 절차를 진행하지 않을 시 EU 차원의 일방 보복을 채택하기 위한 절차에 돌입한다.

27 2023년 7월, EU의 발디스 돔브로브스키스 통상담당 수석부집행위원장은 "EU는 다자주의와 규칙 기반 국제질서를 지키기 위해 전념하고 있다"며 미국과 '글로벌 지속 가능 철강협정'(트럼프 행정부가 무역확장법 제232조를 적용해 유럽산 수입 철강에 25%, 알루미늄에 10%의 관세를 부과한 조치를 해결하기 위한 합의) 및 '핵심광물협정'(미국에서 판매되는 전기차 보조금의 공여 조건을 EU 차량에까지 확장하기 위해 인정광물대상범위를 확대하는 협정) 등 양국 경제에 중대한 영향을 미칠 수 있는 사안에 대해서도 "WTO 규범을 명백히 위반하는 협정에는 참여하지 않겠다"라고 선언하였다.

28 미국과 서방을 패권주의자로 매도할 때마다 항상 언급되는 것은 19세기에 절정에 이르렀던 식민제국주의다. 서구 식

민제국주의의 후유증으로 인해 중동과 아프리카가 오늘날까지 겪고 있는 구조적 비극을 고려할 때, 서방은 앞으로도 오랫동안 식민제국주의 시절의 부채를 부담할 수밖에 없을 것이다. 그러나 오늘날의 미국과 서방을 제국주의라 정의할 때 언급되는 여러 문제점은 전통적 의미의 제국주의라기보다는 힘의 우위에 기반한 일방주의나 자유주의 사상의 문화적 침투인 경우가 대부분이다. 그 결과 현대 제국주의는 지배적인 영향력을 확대하기 위한 정책이나 사상을 주로 의미하게 됐다. 하지만 사전적 의미로서의 제국이란 복수의 국민국가(nation)를 지배하는 절대 권력체를 의미한다. 그리고 가장 근본적인 의미에서 제국주의란 정복이나 식민 지배, 속방화(屬邦化) 등을 통해 제국의 지배영역 그 자체를 확장하는 것이다. 이때 제국과 속국의 가장 큰 차이는 주권의 유무다. 제국에 복속된 국가에는 주권이 없다. 주권은 제국에만 귀속되기 때문이다. 조선 말기에 고종이 국호를 '대한제국(大韓帝國)'으로 바꾼 것은 조선이 더 이상 청나라의 속국이 아닌 독립된 주권 국가라는 점을 선언하기 위해서였다. 이런 의미에서 오늘날의 미국이나 서방보다 더욱 제국주의, 또는 더욱 패권주의적인 행보를 보이는 것은 그 대척점에 선 러시아와 중국이다. 러시아가 우크라이나를 침공하면서 제시한 명분은 국민국가로서의 우크라이나를 그 자체로 부인하는 것이었다. 러시아가 몰도바·조지아·벨라루스·발트삼국·중앙아시아 제국(諸國) 등 구소련에 속했던 국가들을 대하는 태도도 별반 다르지 않다. 이러한 시각은 중국도 공유하고 있다. 2023년 4월, 루사예 주프랑스 중국대사는 프랑스 LCI와의 인터뷰에서 발트삼국과 같은 구소련 국가들은 국제법상 주권 국가로 볼 수 없다고 주장했다. 중국은 유관국의 강력한 항의에 루 대사의 발언이 공식 의견이 아니라고 선을 긋긴 했으나, 이런 시각은 중국이 주변국을 대하는 태도에 기본적으로 반영되는 경우가 많다. 예컨대 2017년 트럼프 대통령과의 회담에서 시진핑 주석은 북한에 대한 영향력에 대해 논의하던 중 북한뿐 아니라 한반도(Korea) 전체에 대해 "한국은 역사적으로 중국의 일부"였다고 말했다고 한다. 이에 대해 해명을 요청받은 중국 외교부 대변인은 "한국인이 걱정할 필요는 없다"라며 직접적인 답변을 회피했다. 또한 사전적 의미의 제국주의까지 가지 않더라도, 중국이나 러시아가 주변국에 영향력을 투사하기 위해 사용하는 여러 가지 접근방식은 미국을 패권주의 또는 제국주의라 비난하는 근거가 되는 일방주의나 문화적 침투와는 비교조차 되지 않을 정도로 직접적이고 강압적이다. 결국 중국과 러시아를 주축으로 형성된 연대 세력이 그저 현재의 세계패권국인 미국에 대항한다는 이유만으로 '반패권연대'라고 정의하는 것은 적절치 않고, 문자 그대로 '반미연대'라 정의하는 것이 타당할 것으로 사료된다.

29 다만 두긴은 중국의 굴기가 가속화되고 러시아의 국력적 한계가 분명해지자 중국과 러시아가 협력하여 미국에 대항해야 한다며 초기의 입장을 일부 수정하였다.

30 당시 트럼프는 JCPOA에 따라 이란의 핵농축 능력을 제한하는 제약이 최장 15년에 불과한 점을 문제 삼으면서 이란의 핵과 미사일 개발 프로그램을 영구적으로 중단시킬 수 있는 새로운 합의가 필요하다고 밝혔다.

31 유상철, "미·중 전쟁 나면 러시아는 어느 편 설까," 중앙일보 (2021.8.9.)도 참조. 또한 중국 외교 성명의 영문판에 따르면 2021년까지만 해도 중국의 소위 'ironclad friend'에는 브라질, 이집트, 에티오피아, 케냐, 말리, 몰타, 나미비아, 파키스탄, 루마니아, 세르비아, 탄자니아, 예멘, 잠비아, 짐바브웨의 14개국만 포함되어 있었다. 다만 2022년 이후부터 중국은 러시아를 명시적으로 'ironclad friend'라고 지칭하기 시작했다.

32 적어도 러시아와 인도 간의 무역은 수에즈 운하를 통한 전통적인 교역로보다 30% 이상 비용을 절감할 수 있을 것이라 한다.

33 이 계획은 2016년 북한의 핵실험 이후 UN 안보리 제재가 강화되면서 중단되었다.

34 중국 공산당은 천안문 사태 이후 중국 인민을 지배할 명분을 상당 부분 상실하였기에 민족주의에 집착할 수밖에 없는 구조가 되었다는 분석도 있다. Suisheng Zhao, *A Nation-State by Construction: Dynamics of Modern Chinese Nationalism*, Stanford University Press (2004) 참조.

35 러시아, 벨라루스, 북한, 에리트레아, 말리, 니카라과, 시리아가 반대표를 던졌다.

36 리히텐슈타인·몬테네그로·북마케도니아·모나코·알바니아·아이슬란드·노르웨이·스위스·우크라이나·영국.

526

37 희토류와 광물 공급망의 중요성이 어느 때보다 커진 상황에서 2023년 6월 미국 USTR의 캐서린 타이 대표는 워싱턴의 한 포럼 연설에서 과거의 글로벌 공급망에 개도국을 착취하는 식민주의적 성향이 있었다면, 향후 미국은 개도국과 공급망을 공유하여 영속적 착취의 순환에서 벗어날 수 있도록 도울 것이라고 선언했다. 이 선언이 구체적으로 무엇을 의미하는지는 좀 더 지켜봐야 할 것이다. Office of the United States Trade Representative, "Ambassador Katherine Tai's Remarks at the National Press Club on Supply Chain Resilience" (June 2023) 참조.

38 중남미 14개 국가(브라질, 아르헨티나, 파라과이, 우루과이, 칠레, 페루, 볼리비아, 에콰도르, 콜롬비아, 수리남, 가이아나, 멕시코(참관국), 뉴질랜드(참관국))가 결성한 '남미공동시장'을 뜻한다.

39 김태욱, "'신은 멀고 미국은 가까워' … 베네수엘라 대사의 한탄 [김태욱의 세계사터뷰]," MoneyS (2023.2.28.).

40 특히 미국이 반미 국가인 쿠바 · 니카라과 · 베네수엘라 정상을 독재자라는 이유로 초청하지 않자, 멕시코 · 과테말라 · 온두라스가 반발하여 불참하는 등 맥이 빠졌다.

41 정확히는 동남아 국가 중 베트남, 필리핀, 말레이시아, 브루나이, 인도네시아의 다섯 개 국가의 배타적경제수역이 중국의 구단선 주장과 충돌한다. 중국은 2023년 8월에는 대만 근해에 선을 하나 추가한 소위 '십단선'을 발표하기도 했다.

42 4차례에 걸친 중동전쟁에서 주역 중 하나였던 이집트와의 관계도 좋지 않았지만, 이집트는 4차 중동협정을 종결할 때 이스라엘로부터 3차 중동전쟁에서 빼앗긴 시나이반도를 돌려받는 전략적 성과를 거뒀고, 이후 미국의 지미 카터 행정부의 중재로 관계를 회복했다.

43 월스트리트저널도 이란이 늦어도 2023년 8월부터는 하마스와 다양한 작전회를 가졌다고 밝혔다. 다만 미국 정보당국은 공격 직후 이란이 개입했다는 증거를 찾지 못했다고 밝혔다.

44 반면 유럽 제국(諸國)의 GDP는 17세기 중후반까지 오스만 제국의 절반도 되지 않았다. 청나라는 미국이 부상한 19세기 말에야 실질적으로 1위에서 밀려났다. 로마 제국의 경우 한나라보다 GDP가 높았다는 연구와 한나라보다 GDP가 낮았다는 시기에 따라 달랐을 수 있을 것이다. Angus Maddison, *Development Centre Studies – The World Economy: A Millennial Perspective*, OECD (2001); Angus Maddison, *Development Centre Studies – The World Economy: Historical Statistics*, OECD (2003); Bas van Leeuwen, Jieli van Leeuwen-Li, Reinhard Pirngruber, "The standard of living in ancient societies: a comparison between the Han Empire, the Roman Empire, and Babylonia," *CGEH Working Paper* No. 45 (November 2013); Kent Eng & Patrick O'Brien, "China's GDP Per Capita from the Han Dynasty to Communist Times," *LSE Economic History Working Papers* No. 229 (January 2016); Walter Scheidel & Steven Friesen, "The Size of the Economy and the Distribution of Income in the Roman Empire," *The Journal of Roman Studies*, Volume 99 (November 2009), pp. 61–91; "India to reclaim Mughal-age economic aura," *The Times of India* (26 August 2008) 등 참조.

45 정착촌 프로그램이란 먼저 민간인을 이주시켜 해당 지역에 민간 마을을 건설한 뒤, 도로와 전기, 수도, 통신 등 인프라를 건설해 군사 용도 전환이 쉽게 되도록 하고, 필요시 한순간에 무력으로 점거하는 수법이다.

46 Sudhi Ranjan Sen, "India Increases Africa Lending in Race to Counter China," *Bloomberg* (5 July 2023).

47 '나라 없는 가장 큰 민족'이라고도 불리는 쿠르드족은 중동 전체에서도 4번째로 인구가 많은 민족으로, 십자군 전쟁의 이슬람 영웅이자 아이유브 왕조의 창건자인 살라흐 앗 딘(살라딘)도 쿠르드족 출신이다. 쿠르드족은 독립 국가를 세워준다는 영국의 제안에 따라 제1차 세계대전에서 오스만 제국에 맞서 반기를 들었다. 그러나 영국은 약속을 지키

지 않았다. 이후 쿠르드족은 중동과 캅카스 지역에 흩어져 살면서 언젠가는 쿠르드 민족의 땅, 즉 '쿠르디스탄'을 세우려는 꿈을 꾸게 된다. 오스만 제국의 후예인 튀르크인들의 나라, 튀르키예와의 관계는 당연히 좋지 않다. 더구나 쿠르드족이 거주하는 지역 중 가장 넓은 땅이 터키에 속해 있어, 만일 '쿠르디스탄'이 탄생하면 시리아와 이라크, 이란뿐 아니라 튀르키예는 동부와 남부의 광활한 영토를 잃게 된다. 튀르키예는 독립을 추구하는 쿠르드족을 오랫동안 억압했고 반면에 쿠르드족은 테러와 폭력 시위를 통해 독립을 추구했다.

제7장

남은
21세기의
국제질서

강자와 약자,
부자와 가난한 자 사이에서는
자유가 억압하고 법이 자유롭게 하리라

Entre le faible et le fort,
entre le riche et lepauvre ...
c'est la liberté qui opprime et la loi qui affranchit

—

장 바티스트 앙리 라코르데르
(Jean Baptiste Henri Lacordaire, 1802~1861)

01 현상 진단

늦어도 동서냉전이 종식된 1991년부터 세계를 규율해온 자유주의 국제질서는 힘보다는 외교가, 외교보다는 국제규범이 지배하는 국제사회를 이상향으로 삼았다. 역사상 유례없는 무역의 자유화와 인권의 신장을 촉진한 이 국제질서는 미국의 일극적 패권과 다자주의를 원동력으로 하여 유지되었다. 때마침 도래한 IT 혁명이 더해져 지난 30여 년간 세계는 빠르게 통합되었다. 세계 경제는 기하급수적으로 신장했고, 개개인의 영향력도 급격히 증대됐다. 국제기구를 통해 운영되는 다자주의 체제에서 강대국들의 일방주의는 최대한 억제되었다. 그러나 세계화의 미명으로 구조적 불평등이 고착되었고, 미국식 자유주의의 강요는 오랜 문명과 문화를 자랑하는 민족의 반발을 불렀다. 막상 미국의 세계 패권이 쇠퇴하자 부상하기 시작한 것은 그러나, 제국이 없는 평화와 화평의 시대가 아니라 지역 패권을 꿈꾸는 세력들이 발호하는 지정학의 시대이다.

자유주의 국제질서의 종언

미국의 세계 패권이 해체되는 것이 불가피해지면서 자유주의 국제질서도 변혁이 불가피해졌다. 자유주의 국제질서를 설계하고 관리해온 미국은 현행 국제질서를 유지하기 위한 막대한 비용을 지속해서 지불할 능력도, 현행 국제질서의 그늘에서 중국이 계속 부상하는 것을 용인할 마음도 없다. "America First"를 외친 트럼프 대통령은 물론이고, "America is Back"을 외친 바이든 대통령조차 "Buy America"로 대표되는 보호무역주의와 미국 우선주의를 옹호하고 있는 것이 현실이다.

　오늘날의 미국이 자유주의 국제질서에 대해 갖는 시각을 가장 명징하게 보여주는 것은 WTO 다자무역체제와 그 근간인 자유무역주의에 대한 미국의 태도다. 자유무역주의는 명실상부 자유주의 국제질서의 가장 중요한 기둥 가운데 하나다. 자유무역주의가 빠진 국제질서는 우리가 아는 자유주의 국제질서라고 할 수 없다. 그런데 2022년 초, 세계경제포럼에 참석한 캐서린 타이 USTR 대표는 세계 무역과 공급망 체계가 "코로나19 팬데믹 이전으로 만연히 돌아가는 일은 없을 것"이라며, 최근의 경험을 바탕으로 '새로운' 체제를 구축하여야 한다고 강조했다. 여기서 '최근의 경험'이란 당연히 중국과의 무역분쟁을 포함한 패권 경쟁을 일컫는 말이다. 타이 대표는 2022년 10월에는 자신의 트위터에서 자유무역의 득실을 반추하면서, 자유무역질서가 특정 경제 분야에는 이익을 가져다주었으나 부의 편중과 공급망 취약성, 제조업의 쇠퇴를 초래하였다고 비판하였다. 급기야 2023년 1월에는 이제부터 USTR은 '포용적 번영inclusive prosperity'을 창출하는 국제무역을 추구하겠다고 밝혔다. 1962년 창설된 이래 60년 동안 전 세계에 자유무역주의를 전파하는 첨병 역할을 하였던 USTR이 자유무역에 등을 돌린 것이다.[1] 급기야 2023년 5

월에는 제이크 설리번 국가안보보좌관이 기존의 '워싱턴 컨센서스'가 더 이상 유효하지 않다고 선언함으로써 신자유주의의 시대가 끝났음을 공언했다.[2]

반자유무역주의적 흐름에 저항하는 세력도 물론 존재한다. 신자유주의의 최대 수혜자인 금융자본과 다국적기업은 자유무역주의와 거대한 중국 시장을 순순히 포기할 수 없다. 미·중 갈등이 날로 첨예해지는 2023년에도 일론 머스크, 빌 게이츠, 팀 쿡, 패트릭 겔싱어(인텔 CEO)와 같은 유수의 기업인과 제이미 다이먼(JP 모건 회장) 등 금융계 거물들이 중국을 방문해 투자·협력 의사를 밝혔다. 2023년 6월에 바이든 행정부가 반도체 수출통제의 범위를 저성능 인공지능 반도체에까지 확대하자 미국 최고의 반도체 회사 중 하나인 엔비디아는 "세계 최대의 중국 시장을 잃으면 대안이 없다"라며 강력히 반발했다. 7월에는 인텔, 퀄컴, 엔비디아 등 미국 굴지의 반도체기업을 회원으로 둔 전미 반도체산업협회가 미국의 추가 대중국 반도체 제재 발표를 앞두고 "세계 최대의 반도체 시장인 중국에 대한 지속적 접근이 가능하도록 허용"해야 한다는 성명을 냈고, 미국상공회의소도 자유무역을 사실상 버리겠다는 바이든 행정부의 입장이 "역사와 경제 현실을 무시하는 것"이라고 반발했다. 2022년에도 전체 매출의 30%가량을 중국에서 벌어들인 인텔은 미 행정부의 각종 조치에도 불구하고 광둥성의 주요 도시와 홍콩·마카오를 연결하는 경제권을 구축하는 프로젝트를 위해 중국 당국과 긴밀히 협력하는 등, 중국에 다양한 투자를 지속하겠다는 의지를 밝히기도 했다. 미국 정계는 금융자본과 다국적기업의 입김에서 완전히 자유롭지 못하고, 미국으로서도 속도 조절을 통해 갈등 수위를 관리할 필요가 있는 시점인 만큼 이러한 노력이 무의미하지는 않을 것이다. 그러나 대세가 근본적으로 바뀔 가능성은 높지 않아 보인다.

미국이 중국과의 경쟁을 패권 경쟁으로 인식한 이상 경쟁에서의 승패는 안보 문제로 취급될 수밖에 없다. 안보 문제는 거의 항상 경제적 득실보다 우선시되기 마련이다. 2023년 8월 바이든 대통령은 수많은 반대와 우려의 목소리에도 불구하고 중국의 첨단기술 발전에 도움이 될 수 있는 대중국 투자를 제한하는 행정명령에 서명함으로써 경제 갈등의 전선을 무역에서 투자로 확대했다. 중국은 미국이 WTO 다자무역체제의 "파괴자"라고 비난하는 한편 외국인 투자기업에 중국기업과 동등한 대우를 보장하는 것을 골자로 한 투자 유인책을 내놓았다. 하지만 초당적 지지를 받는 미국의 대중국 옥죄기는 계속될 가능성이 높다. 4차 산업혁명의 중추 기술 분야에 있어 미국의 대중국 경제제재는 앞으로도 다양한 평면에서 전방위적으로 전개될 것으로 보인다.

자유무역주의는 모든 나라에 경제적 이득을 안겨준다. 그러므로 범세계적으로 절대적인 이익을 극대화하려면 자유무역을 지속해야 한다. 그러나 패권 경쟁에 돌입한 이상 세계 전체의 이익은 의미가 없다. 중요한 것은 경쟁국 대비 상대적 이익을 극대화하는 것이다. 현행 자유무역질서가 미국보다 중국에 유리한 경기장이라면, 미국은 설사 자유무역질서를 해체하는 한이 있더라도 경기장을 새로 만들고자 할 것이다. 패권 전환기를 맞아 미국이 선택한 국제경제정책은 실로 경제적 이유가 아닌 정치적 이유에서 비롯된 것이다.[3] 경제는 구조적으로 정치에 구속될 수밖에 없다는 에드워드 카의 금언에 따를 때,[4] 미·중 패권 경쟁이 지속되는 한 현재의 추세가 바뀔 가능성은 작아 보인다.

미국은 자유무역주의에서 이미 마음이 떠났다. 자유주의 국제질서의 또 다른 기둥인, UN을 중심으로 한 다자주의에 대한 기대도 많이 접은 것으로 보인다. 다른 나라도 아닌 미국이 자유무역주의를 포기하고, 나아가 UN 체제에 대한 신뢰를 잃었다는 것은 탈냉전기 세계를 규율해온 자유주의 국제질서에도 황혼이 드리워졌음을 뜻한다.

패권 질서의 전환기

미국의 세계 패권에 대항하는 세력이 반미연대의 기치 아래 결집하고 있고, 글로벌 사우스가 독자적인 세력으로 행보하고 있으며, 유럽은 전략적 자율성을 추구하고 있다. 미국은 더 이상 UN 안보리를 통제하지 못하고, WTO와 같은 다자체제를 통해 국제적 컨센서스를 끌어내지도 못하며, 미국의 패권적 영향력이 미치지 못하는 지역과 영역이 속속들이 늘어나고 있다. 만약 이것이 영속적인 현상이라면 미국은 이미 세계패권국이라 불릴 수 없을 것이다. 그러나 아직은 미국이 세계의 패권을 쥐고 있다고 보는 시각이 대다수다. 당장 중국과 러시아조차도 국제질서의 일극체제를 끝내고 다극체제로 전환해야 한다고 주장함으로써 미국이 여전히 세계패권국이라는 점을 전제하고 있다.

미국의 세계 패권은 비록 해체 중일지언정, 해체되지는 않았다. 탈냉전기의 '팍스 아메리카나'도 무너지기 직전일지언정, 그다음 시대는 아직 오지 않았다. 미국의 억지력은 크게 훼손되었을지언정 여전히 존재하기 때문이다. 중국을 필두로 한 반미연대의 부상은 미국의 대안은 될 수 있을지언정 미국을 대체할 수는 없기에, 미국의 뒤를 이은 새로운 세계패권국이 등장할 가능성은 희박하다. 그렇다고 패권 경쟁이 끝난 뒤 다극화된 세상이 도래한다고 확언하기에는 반미연대에 심각한 문제들이 내재되어 있고 미국이 여전히 세계 최강대국으로 남을 것이란 점을 무시할 수 없다. 패권국이 되기 위한 기본 조건은 역내 모든 나라를 압도하는 힘을 갖추고 역내 모든 나라로부터 패권적 권위를 인정받는 것이다. 미국의 절대적 국력은 예전만큼 압도적이진 않지만, 상대적 국력은 지구상의 어떤 나라에 비해도 여전히 압도적이다. 아직도 미국은 전 세계의 모든 지역 강대국을 그 나라의 앞마당에서 굴복시킬 수 있는 무력을 보유한, 유일무이한 나라다. 세계패권국으로서의 권위와 위상도 아직은 해체되지 않았다. 오늘날 국제사회는 미국의 세계 패권이 과연 붕괴할지를 지켜보는 상황이지 세계 패권이 붕괴하였다는 것을 기정사실로 받아들인 상황은 아니다.

국제정치학자 가운데 일부는 일찍부터 미국이 주도하는 일극체제 이후에는 국제질서가 무극체제nonpolarity 또는 다결절 체제poly-nodality로 전환될 거라 예상했었다. 미국을 대체할 만한 잠재적 세계패권국이 존재하지 않는 상황에서, 국가들의 힘이 결절되고 흩어져 어느 국가도 다른 국가를 힘으로 압도할 수 없는 유동적인 국제질서가 도래할 것이란 예상이었다.[5] 그들은 무극체제나 다결절체제에서는 세계화가 더욱 가속되고, 국가 간의 관계도 더 민주적이고 더 자유로워질 것이라고 기대했다. 그러한 기대는 세계화와 개인의 영향력 강화 등으로 주권 국가의 힘이 상대적으로 약화하는 가운데, 다국적기업과 국제기구, NGO 등 비국가 단체의 영향력이 강해질 것이란 예측에 기반했었다. 또 이러한 예측은 미국이 세계 패권을 내려놓은 이후에도 중국이나 러시아와 같은 현상 변경 세력이 민족주의를 내세우지 않고, 미국은 계속해서 자유주의 국제질서를 추종할 것이란 전제에서 이루어졌다. 그러나 막상 패권 경쟁이 개시되자 중국과 러시아는 강력한 민족주의를 앞세워 현상 변경을 시도하고 있고, 미국은 앞장서서 자유무역주의를 훼손하고 있다. 이런 추세가 변함없이 이어진다면 세계는 어쩔 수 없이 다극체제로 전환되겠지만, 그렇게 다극화된 세상이 어떤 모습일지는 사실상 미국의 선택에 달렸다.

미국은 패권 전환기 이후에도 세계 최강대국으로서 각 지역의 최강대국이 지역 패권국으로 등극하는 것을 막기 위해 해당 지역의 다른 강대국과 연대할 가능성이 크다. 만일 미국이 현상 변경 세력의 도전을 뿌리치는 데 성공하고, 역외 균형 정책을 통해 세계 어느 지역에서도 패권국이 등장하지 못하도록 억제하는 데까지 성공한다면, 다극체제가 도래한 다음에도 범세계적인 '힘의 균형'이 성립할 가능성이 있다. 설사 다극체제라 해도 '힘의 균형'이 성립된 국제사회에서는 빈 체제와 같은 평화 체제를 제한적으로라도 구축할 수 있게 된다. 그렇게 한시적으로나마 평화를 담보할 수 있는 체제가 구축된다면, 국제사회는 현실주의적 역학에 기반하였으되 항구적인 국제평화를 지향할 수 있는 새로운 국제질서를 수립하기 위해 노력할 것이다. 무정부상태의 현실과 약육강식의 숙명에서 어떻게든 벗어나려는 것은 인류의 본능이자 열망이기 때문이다.

만일 미국이 신형 고립주의로 회귀하는 대신 새 시대의 국제질서를 정립하고 유지하는 데에 핵심적인 역할을 한다면, 패권 전환기 이후에도 국제질서를 주도할 수 있게 될 것이다. 세계 패권을 내려놓더라도 여전히 국제사회에서 가장 중요한 행위자로서 국제적인 체제와 제도를 연성적으로 선도할 수 있을 것이기 때문이다. 다만 그러자면 미국이 완전히 현실주의 역학에 따라 움직이는 최강대국으로서만 행동하여서는 안 된다. 패권국은 아닐지라도 국제사회에 대한 체계적 책임systemic responsibility을 부담하는, 새로운 선도력을 행사하여야만 할 것이다.

다만, 미국이 미래에 과연 그러한 선택을 하려 들지는 지켜봐야 할 것이다. 2023년 9월 토니 블링컨 미 국무장관은 한 연설에서 바이든 행정부의 대외정책을 설명하면서, 미국이 외교와 국제협력에 사용하는 예산이 전체 연방 예산의 1% 미만이라며 "미국의 글로벌 리더십은 미국인에 부담이 아닌 필수"라고 강조했다. 주목해야 할 점은 미국의 외교를 총괄하는 국무장관이 대외정책의 당위성을 설명하기 위해 이러한 해명까지 할 것이 요구되는 오늘날 미국의 분위기다. 테러와의 전쟁, 2008년 금융위기, 코로나19 팬데믹, 우크라이나 전쟁 등을 통해 미국의 국가부채가 2009년 이후 3배나 증가한 초유의 상황에서, 대외정책은 미국의 우선순위에서 한참이나 밀려난 상황이 되어버린 것이다.

02 남은 21세기의 국제질서는 무엇이 될까?

규칙 기반 국제질서와 다극적 국제질서, 그리고 천하질서

패권 전환기를 맞아 많은 나라들이 남은 21세기를 재단할 새로운 국제질서에 관한 각자의 비전을 제시하고 있다. 우리는 이를 통해 그들이 바라는 세상이 과연 어떠한 모습일지를 짐작해 볼 수 있다.

현재 미국과 서방은 자유주의 국제질서라는 명칭 대신 '규칙 기반 국제질서rules-based international order'라는 명칭을 공식적으로 사용하고 있다. 규칙 기반 국제질서란 마치 자유주의 국제질서와 동의어인 양 오랫동안 사용되어온 개념이지만, '자유주의'란 구체적인 지향점을 가진 자유주의 국제질서와는 달리 막연한 정치적 표어로 기능해온 측면이 강하다. 그만큼 규칙 기반 국제질서의 성격이나 의미는 '법치주의'를 제외하면 유동적인 측면이 있었고, 따라서 유연하게 진화할 여지도 있다. 반면 자유주의 국제질서라는 명칭은 자유주의가 근본 가치임을 명백히 함의하는바, 많은 나라들이 반감을 품게 된 신자유주의를 연상케 한다. 팍스 아메리카나를 통해 구가된 자유주의 국제질서가 갖는 이념적 함의에는 자유주의뿐 아니라 '미국 예외주의American exceptionalism'도 연상된다. 자유주의 사상 강요의 부작용을 충분히 맛본 국제사회는 '자유주의 국제질서'란 명칭에서 예전과 같은 당위성이나 소구력을 찾지 못하는 상황이다. 그런 상황에서 미국과 서방이 남은 21세기를 규율할 국제질서를 제시하자면 규칙 기반 국제질서라는 명칭을 사용하는 것이 불가피했을지도 모른다.

그런데 규칙 기반 국제질서는 패권 전환기를 맞아 오랫동안 동전의 양면으로 취급받던 자유주의 국제질서와 질적으로 구분되어 분화할 조짐을 보이고 있다. 엄밀히 말해 자유주의 국제질서와 오늘날의 규칙 기반 국제질서는 같은 개념이 아니다.[6] 규칙 기반 국제질서는 국제법에 따른 '법의 지배'를 국제사회에 구현하려 한다는 점에서는 자유주의 국제질서의 한 단면이라고 볼 수 있다.[7] 다만 오늘날 미국이 주창하는 규칙 기반 국제질서에는 자유주의 국제질서의 가장 중요한 기둥인 자유무역주의가 포함되지 않는다. 자유무역주의가 빠진 국제질서는 그동안 우리가 알던 자유주의 국제질서라고 할 수 없다. 이 지점에서 미국과 유럽은 입장이 갈리고 있다. 유럽은 WTO 다자무역체제를 원래대로 복원하는 것이 규칙 기반 국제질서의 구현에 있어 필수라고 보기 때문이다. 자유무역주의의 계승에 관해서는 미국과 국제사회 간에 적당한 타협이 이뤄질 수밖에 없을 것이나 자유무역주의에 어떠한 형식으로든 제한이나 제약이 가해진 국제질서는 지금껏 우리가 알던 자유주의 국제질서와는 다른 그 무언가라 보아야 할 것이다. 또한 패권 전환기 이후 도래할 국제사회의 질서가 진정한 국제질서로서 세계를 규율하자면 글로벌 사우스는 물론 반미연대도 수용할 수 있는 종류의 질서여야 할 것인바, 그러한 관점에서도 현행 자유주의 국제질서가 온전히 유지될 가능성은 작아 보인다.

여하튼 규칙 기반 국제질서는 어떠한 경우라도 자유무역주의 못지않게 중요한 다른 한 가지 원칙만큼은 자유주의 국제질서로부터 계승할 수밖에 없다. 다자주의 말이다. 규칙 기반 국제질서가 규범에 기초하는 이상, 규범의 창설과 집행의 근간이 되는 다자주의는 전제될 수밖에 없다. 즉, 규칙 기반 국제질서하에서라면 다극체제가 도래한다고 하여 현행 국제규범과 국제제도가 해체될 필요는 없다. 자유주의 국제질서 아래서 만들어진 국제규범과 국제제도는 처음부터 국가들의 의견대립을 조율하여 협력으로 이끄는, '다자주의'라는 메커니즘을 근간으로 하기 때문이다. 서로 다른 이해관계가 대립하는 다극체제라도 다자주의를 통한다면 국제규범과 국제제도가 어떻게든 유지될 수 있다는 희망을 품어 볼 수 있다. 다만 세계패권국이 제공하던 공권력이 존재하지 않게 될 패권 전환기 이후의 세상에서는 국제질서의 기반이 되는 국제법이나 국제규범의 역할과 명분도 팍스 아메리카나 시대와는 달라질 수밖에 없을 것이다. 남은 21세기에는 국제법의 구속력binding power이나 강제력enforcing power보다 국제사회의 자발적 존중과 준수에 기초한 규범력normative power이 중요해질 것으로 예상된다.[8] 다자주의가 더욱 중요해질 이유다.

한편 반미연대는 기존의 자유주의 국제질서뿐 아니라 서방이 최근 들어 주창하는 규칙 기반 국제질서에 대해서도 강한 반감을 드러내고 있다. 특히 러시아는 규칙 기반 국제질서에서 말하는 '규칙rule'의 범위에 주권 국가 간의 합의나 법적 확신opinio juris이 수반된 관행을 통해 확립된 국제법international law을 넘어서, 미국과 서방이 일방적으로 강요하는 규범rules elaborated in private by certain nations or blocs of nations이 포함된다고 본다. 즉, 규칙 기반 국제질서라는 것도 결국 자유주의 사상을 다른 나라에 강요하기 위한, '자유주의 국제질서 2.0'에 지나지 않는다는 것이다. 대신 러시아는 '다극적 국제질서multipolar international order'를 주창한다.[9] 러시아의 푸틴 대통령은 지난 몇 년간 다양한 계기를 통해 미국의 일극체제를 종식시킨 뒤에는 러시아가 다극적 국제질서를 주도하겠다고 공공연히, 그리고 반복적으로 천명해왔다.

러시아는 자유주의 국제질서의 이념적 패권성이 국가 주권에 기초해 운용되는 UN 체제를 훼손하였다고 본다.[10] 러시아에 따르면 다극적 국제질서야말로 각국의 주권을 가장 중요시하는 국제관계이다. 소위 주권적 국제주의에 입각한 이 국제질서는 적어도 표면적으로는 자유주의의 패권성에 반대하고 각국의 주권을 존중해야 한다는 취지이다. 여기서 각국의 주권을 존중한다는 것은 각국이 자발적으로 합의한 국제법에 기초한 국제관계를 의미한다. 따라서 러시아는 다극적 국제질서의 복원이 곧 "국제법 기초 국제질서 international law based order"를 의미한다고 주장한다.[11] 러시아가 말하는 국제법에는 UN 헌장이 포함된다. UN 헌장에는 물론 다자주의를 포함한 다양한 인류 진보적 가치가 반영되어 있다. 그러니 취지만 보면 나쁘지 않아 보인다. 그러나 모든 법질서의 작동은 그 근간이 되는 정치적 구조와 정치적 역학에 필연적으로 구속된다. 현행 국제질서에서 자유주의 사상에 따라 인위적으로 설치한 제도적 장치를 전부 제거하면 무정부상태인 국제사회는 다시 약육강식의 시대로 되돌아갈 것이다. 그러한 국제질서는 현실적으로는 다자주의를 배격하고 오직 강대국만이 득세할 수 있는 순수한 다극체제를 의미하게 될 가능성이 높다. 다극체제를 구현한 뒤 UN 헌장에 기초한 국제질서를 구현하자는 구호는 듣기에는 좋지만, 결국에는 UN 헌장이 명분이 되는 강대국의 시대를 열자는 뜻으로도 해석될 수 있다.[12] 즉, 다자주의에 기초한 규칙 기반 국제질서가 연성적으로나마 법치주의에 따른 '법의 지배rule of law'를 구현한다면 다극적 국제질서는 강대국이 법을 도구로 사용하는 '법에 의한 지배rule by law'를 재소환하게 될 것이다.

사실 인류는 이러한 세계에 익숙하다. 미국과 소련이란 양극의 패권이 지배하던 냉전기 이전까지, 인류 역사의 대부분은 다극체제에 놓여 있었기 때문이다. 패권국이 없는 지역은 평화와 화평의 무대가 아니라 지역 패권을 다투는 세력들이 치열하게 경합하며 약소국을 억압하는 지정학의 무대였다. 다수의 강대국이 지역 패권을 놓고 다투는 지정학적 질서 아래서는 약소국은 물론이고 중견국의 의지나 운명조차 중요한 고려 대상이 아닌 경우가 많았다. 다극체제에서는 강대국조차 합종연횡을 통해 세력균형을 도모해야 하고, 중견국이나 약소국은 후견국 노릇을 해줄 강대국을 항상 찾아 나서야 한다. 피후견국은 언제나 후견국의 정책과 의지, 그리고 이해관계에 종속된다. 지역 패권국이 존재하는 역내의 경우는 말할 것도 없다. 현실주의적 원칙에 따라 행동하는 패권국의 세력권에 속한 나라들은 그저 종속국이 될 수밖에 없다. 그러나 이제 와 현실주의 세계관으로 복귀하자는 주장은 인류가 두 차례에 걸친 세계대전과 핵전쟁의 공포 속에 살았던 동서냉전을 통해 얻어낸 역사적 교훈을 죄다 내버리고 새로 시작하자는 말과 다를 게 없다.

중국 역시 다극체제를 선호한다. 다만 현행 자유주의 국제질서의 최대 수혜자였던 중국은 '서방의 위선'을 문제 삼으면서도 규칙 기반 국제질서라는 개념 그 자체에 대해서는 러시아만큼 적나라하게 반감을 드러내지는 않는다. 그러나 중국도 미국과 서방이 창출한 규범과 해석은 거부한다. 대신 중국이 규범과 해석을 창출할 수 있길 원한다. 현행 국제질서의 틀을 유지하되, 그 해석과 적용에 있어서는 중국식 '천하 질서'의 본성이 반영되길 바라는 것이다. 그런데 중국이 바라는 질서에는 러시아와도 다른 부분이 있다. 적어도 표면적으로는 베스트팔렌 체제에 따른 주권주의를 지향하는 러시아와 달리, 중국식 질서 아래서는 주권국 간에도 대국이냐 소국이냐에 따른 위계질서가 존재한다. 국력의 차이로 인한 묵시적 위계는 자유주의 국제질서에도 존재했다. 그러나 국가 간의 위계가 역학관계에 따라 암묵적으로 인정되는 것과 규범으로서 인정되는 것 간에는 큰 차이가 있다. 조공^{朝貢} 관계로 구성된 고대 중국의 천하 질서가 동시대 서구의 강대국 질서보다 평화롭고 관대했다는 주장은 아마도 사실이겠지만, 천하 질서가 중국을 정점으로 한 위계질서라는 본질은 변하지 않는다.[13] 이 개념이 의식을 지배하는 중국은 대국으로 인정한 나라와 소국으로 생각하는 나라를 대할 때 전혀 다른 태도를 보인다. 2010년 7월 베트남 하노이에서 열린 ASEAN 외교장관 회의에 참석한 양제츠 당시 중국 외교부장은, 동남아시아의 외교장관들로부터 중국이 남중국해에서 보이기 시작한 팽창주의적 행보를 지적당하자 공식 외교 석상임에도 "중국은 대국이고 다른 나라는 소국이다. 이것이 현실이다"라고 잘라 말했다. 현행 자유주의 국제질서의 주권 평등주의에 익숙해진 국가들이 국력에 따른 중국식 위계질서를 국제규범으로 수용하기란 사실상 불가능하다.

반미연대 외에도 자유주의 국제질서의 해체를 바라는 국가는 있다. 미국의 세계 패권이 해체된 후 지역 패권국의 지위를 노려볼 만한 강대국들은 각자의 사정에 따라 선호하는 시점이 다를 뿐, 다극체제에 대해 호의적인 것이 보통이다. 당연하다. 자국이 지역 패권국으로 군림할 수만 있다면, 자유주의 국제질서보다 자국 중심의 패권 질서를 선호하지 않을 이유가 없다. 일극체제의 해체는 잠재적 지역 패권국에만 기회가 되는 것은 아니다. 자유주의 국제질서 아래에서 고사의 위기에 처했던 특정 권위주의 정권에도 기회가 된다. 권위주의 정권을 유지하는 데는 자유주의적 세계패권국보다야 힘의 논리를 신봉하는 지역 패권국이 선호될 수밖에 없다. 이는 러시아가 우크라이나 전쟁 직후 국제질서의 다극화를 주창하자 북한이 열렬히 호응하고 나선 데서도 알 수 있다. 지난 2022년 7월 3일 북한의 조선중앙통신은 러시아의 우크라이나 침공이 "패권주의자들이 떠드는 '규칙에 기초한 세계질서'를 저지·파탄시키기 위한 정의의 조치"라고 규정한 뒤 "세계의 다극화를 실현"하는 것이 "정의의 위업"이라 강조함으로써 북한이 바라는 미래 국제질서의 모습이 무엇인지를 천명한 바 있다.

자유주의 국제질서의 유일한 대안

남은 21세기에는 어떠한 국제질서가 세계를 규율하게 될까? 이 질문은 패권 전환기 이후 국제사회를 규율할 질서의 주도권이 누구 손에 들어갈지에 관한 물음과 다를 게 없다. 현재 진행 중인 미·중 패권 전쟁이 파열이나 파국으로 치닫지 않는 한, 패권 전환기 이후 도래할 국제질서는 현행 자유주의 국제질서를 기초로 만들어질 확률이 높을 것이다. 그렇다면 현행 자유주의 국제질서에서 자유주의 사상의 색채가 '희석'된 규칙 기반 국제질서야말로 자유주의 국제질서의 현실적 대안이 될 수 있는 국제질서일 것이다.

오직 규칙 기반 국제질서만이 자유주의 국제질서가 오늘날 국제사회에 만들어 놓은 체제와 제도를 온전히 계승하는 게 가능하다. 중국이나 러시아가 주창하는 다극적 국제질서는 사실상 힘의 역학관계만을 의미하는 다극체제일 뿐, 현대적인 관점에서의 '국제질서'라고 부르기는 어려워 보인다. 다극체제 또는 다극적 국제질서에서는 진정한 의미에서의 다자주의가 더 이상 기능하지 못할 것이기 때문이다. 다극체제의 복원은 소수의 나라를 제외한 대다수 글로벌 사우스도 선호할 수 없다. 미국 및 서방이 갖는 자유 및 인권에 대한 시각을 공유하지 않는다 해도, 남은 21세기에 글로벌 사우스가 성장하기 위해서는 주권 존중 원칙과 개방된 세계시장, 그리고 다자주의에 따른 국제협력이 절실하기 때문이다. 국력과 영향력이 미약한 대다수 글로벌 사우스는 다자주의를 근간으로 삼는 규칙 기반 국제질서를 선호할 수밖에 없다. 현행 자유주의 국제질서에서 자유민주주의와 인권 보호를 강요하던 사상적 색채가 희석된다면 더더욱 마다할 이유가 없다. 유럽도 미·중 패권 경쟁의 다른 영역에서는 전략적 자율성을 추구하더라도, 차기 국제질서를 결정하는 싸움에서는 규칙 기반 국제질서가 채택되도록 하는 데 노력을 아끼지 않을 것이다. 미국 이상으로 자유주의 사상이 득세하는 유럽에 있어 규칙 기반 국제질서는 최선은 아닐지 몰라도 차선이기 때문이다.

반미연대나 일부 글로벌 사우스가 규칙 기반 국제질서를 반대하는 핵심적인 이유는 그것이 미국의 일극적 패권과 동전의 양면을 이루었던 현행 자유주의 국제질서의 또 다른 이름에 불과하다고 보기 때문이다. 그러나 자유주의 국제질서를 대체할 만큼 보편적이고 소구력 있는 국제질서 모델을 스스로 제시하지 못하는 한, 그들이 새로운 국제질서를 창설하기는 어렵다. 또한 중국이나 러시아가 주창하는 국제질서 모델도 국제법과 다자주의에 기초한 국제관계라는 개념은 기본적으로 탑재하고 있는바, 타협이 원천적으로 불가능할 것이라고는 생각되지 않는다. 미국과 서방이 주창하는 것보다 연성적인 국제규범의 적용 범위를 축소하고 경성적인 국제법의 우위가 강화되도록 요구할 수는 있을 것이다. 자유주의적인 해석과 적용을 제한할 수 있는 장치를 마련하고자 할 수도 있을 것이다. 하지만 규칙 기반 국제질서를 마냥 반대하는 데는 한계가 있을 것이다.

결론적으로 남은 21세기의 국제질서가 될 가능성이 가장 높은 것은 기존 자유주의 국제질서의 관성을 이어받을 수 있고, 가장 많은 국가의 지지를 받으며, 반대 세력의 저항에도 한계가 있는 규칙 기반 국제질서일 것으로 보인다. 규칙 기반 국제질서의 구체적인 성격과 내용은 서방과 반미연대, 글로벌 사우스가 상호 반목하고 협력하는 가운데 현행 자유주의 국제질서로부터 자유주의 사상의 색채가 희석되는 과정을 통해 정립될 수 있을 것이다.[14] 다만 규칙 기반 국제질서가 패권 전환기 이후 확고한 국제질서로서 자리매김하기 위해서는 역시나 미국의 역할이 중요하다. 미국이 역외 균형자로서 다른 지역 패권국의 등장을 막기 위해 적극적으로 노력하여 국제사회에 '힘의 균형'을 만들어낸 상태라면 규칙 기반 국제질서가 구현될 수 있겠지만, 미국이 신형 고립주의로 회귀하면 세계는 완전한 다극체제로 전환될 가능성이 커진다.

문제는 다극체제에서도 어차피 가장 강력한 '극pole'일 미국이 굳이 역외 균형자 역할을 하려 들 것인지에 관한 것이다. 여기에는 미국인의 의지 못잖게 지역 강대국들의 행보도 중요할 것이다. 더 이상 '세계경찰' 노릇을 하지 않으려는 미국은 지역 강대국이 팍스 아메리카 시절처럼 미국에 편승하려는 듯한 모습을 보이면 해당 지역에서 손을 털게 될 가능성이 높다. 반면 지역 강대국이 잠재적 지역 패권국에 적극적으로 맞서면서 미국의 지원만을 요청하는 상황이라면, 정권과 정파의 성향에 따라 지원의 수위만 달라질 뿐 미국은 어떠한 방식으로든 역외 균형자의 역할을 하려 들 가능성이 높을 것이다.

그러나 자유주의의 사상적 색채를 희석한 규칙 기반 국제질서가 현행 자유주의 국제질서를 이어받기로 합의되더라도, 가장 중요한 문제는 남아있다. 불안정한 힘의 균형 위에서 규칙 기반 국제질서는 어떠한 모습으로 구현될 수 있을 것인가? 또한 다자주의는 어떻게 운용되어야 할 것인가? 인류가 한 번도 겪어보지 못한 질문들이다.

03 다자주의의 미래

다자주의는 자유주의 국제질서와 팍스 아메리카나가 인류에 선물한 진보적 업적이다. 국제사회는 제1차 세계대전 직후 창설된 국제연맹과 제2차 세계대전 직후 창설된 UN을 통해 임마누엘 칸트가 영구적 평화를 위한 해법 중 하나로 제시한 '자유로운 국가 간에 설립된 국제연방'을 구현하려 노력했다. 강대국이 지배하던 국제사회에 이상적인 자유민주주의적 정치체제를 도입하려 시도해보았던 셈이다. 그러나 제1차 세계대전의 참혹한 기억이 선명히 남아있는 동안에는 잘 작동하는가 싶던 국제연맹은 고작 몇 년도 버티지 못하고 강대국들의 본성에 짓눌려 유명무실해졌다. 양극의 패권이 대립하던 동서냉전의 시대에는 UN도 제대로 된 다자주의를 구현하지 못했다. 냉전기 UN은 미국과 소련 사이를 중재하는 데만도 벅찼다. 진정한 의미의 다자주의가 국제사회에 구현된 것은 팍스 아메리카나가 펼쳐지고, 세계패권국에 등극한 미국이 자국식 자유민주주의 정치체제를 국제사회에 구현하고자 시도하면서부터였다.

냉전 종식 후 대략 10년간은 다자주의의 전성기였다. 압도적인 힘으로 우방국은 물론 러시아나 중국조차 자국의 리드에 따르도록 강제할 수 있었던 미국이었지만 적어도 형식상으로는 다자주의를 통해 국제사회를 선도했다. 세계패권국의 비호 아래 다자주의는 원만하게 운용됐다. 다자주의가 최초의 위기를 맞은 것은 미국이 다자주의를 무시하고 결행한 2003년도 이라크 전쟁이었다. UN 안보리의 명시적 승인 없이 이루어진 이라크 침공은 세계패권국이 다자주의를 무시하고 행동하였다는 치명적인 선례를 남겼다. 그래도 자유주의 이념을 추종하는 미국은 되도록 일방주의를 자제하는 모습을 보이고자 노력했다. 이때부터 미국은 다자주의 대신 소다자주의minilateralism를 선호하는 듯한 모습을 보이기 시작했다. 그즈음 방영된 미국의 정치 드라마 '웨스트윙'의 한 에피소드에서는 백악관이 어떠한 의제를 관철하기 위해 국제사회의 지지를 얻으려 동분서주하는 모습이 나온다. 동참하는 국가의 숫자가 생각보다 저조해서 우려하던 중, 동참국에 NATO 회원국이 전부 포함되었다는 것을 깨닫고 해당 의제가 NATO 전 회원국의 지지를 받고 있다는 식으로 프레임을 짜는 장면이 등장한다. 이렇듯 미국의 다자주의는 '눈 가리고 아웅'이라는 비판의 대상이 될 수 있었으나, 원래대로라면 남의 눈치를 볼 필요가 없는 패권국이 그러한 수고를 감수하는 모습은 그것 나름대로 고무적이었다. 패권국이 그럴 진데 다른 강대국은 말할 것도 없었기 때문이다. 다자주의라는 형식을 빌리면 약소국도 강대국을 압박하는 것이 가능하던 시대였다.

그러나 바야흐로 미국의 세계 패권이 해체 수순에 들어섰고, 그나마도 미국은 다자주의를 더 이상 절대적인 가치로 취급하지 않기 시작했다. 그렇다면 국제사회는 현실주의의 중력에 따라 다시금 강대국 본위의 세상으로 복귀하는 것이 자연스럽다.

다극화된 세상의 다자주의

대다수 국가에 있어 가장 이상적인 미래는 패권 전환기 이후에도 국제사회에 다자주의가 유지되는 것이다. 여기에는 전제조건이 따른다. 바로 미국의 세계 패권이 해체된 후에도 지역 패권국이 등장하지 않아야 한다는 것이다. 지역 패권국, 특히 권위주의 패권국은 자국의 세력범위에 속한 나라들을 복속시켜 종속국으로 만들 것이다. 다수의 종속국을 거느린 지역 패권국이 예컨대 1국 1표를 요구하며 국제체제에서 다자주의를 남용하려 할 경우, 다른 강대국들은 다자주의 자체를 인정하지 않는 것으로 대응하게 될 것이다. 그 경우 다자주의는 종언을 고하고, 국제사회는 대립과 갈등에서 벗어나기 어려워질 것이다. 또한 지역 패권국의 등장은 다른 모든 강대국에 지역 패권을 추구할 유인을 제공할 것이다.

반면 지역 패권국이 존재하지 않는 상황이라면 희망이 있다. 빈 체제와 같이, 패권국이 없는 역내에서 강대국 간의 힘의 균형에 기반한 다자적 국제질서가 공생한 전례는 소수나마 존재한다. 일단 힘의 균형이 성립한 뒤에는 다자주의가 발붙일 만한 공간을 찾아볼 수 있을 것이다.

그러나 세계패권국이 다자주의를 시스템적으로 강제하지 않는 상황에서는 정도의 차이가 있을 뿐 국제정치는 자연히 강대국 본위로 돌아갈 수밖에 없다. 독자적인 행보를 걸을 만한 국력을 갖지 못한 국가들은 비슷한 이해관계와 지정학적 입지를 공유하는 동류 국가끼리 짝지어 세력을 형성하려 시도할 것이다. 즉, 남은 21세기의 다자주의는 지금보다 훨씬 느슨해질 것이고, 이해관계를 공유하는 국가와 세력 간에 중첩적인 소다자주의가 범람하게 될 것으로 예상된다.

21세기 다자주의의 한계

다극체제로 전환된 세상에서 국제사회가 다자주의를 통해 할 수 있는 일은 제한적일 것이다. 다극화된 국제사회에서는 제로섬의 세력균형과 세력다툼이 상수가 될 것이기 때문이다. 그런 위험한 상황에서는 제아무리 이상을 좇는 나라라도 인류 공동의 이익을 위해 자국의 국력을 섣불리 소진하려 들 수 없을 것이다.

국제제도를 관리하는 것은 주로 국제기구이지만, 제도의 집행은 결국 회원국의 단합된 역량을 통해 이루어지기 마련이다. 회원국의 단합이 어려워지면 국제제도는 유효하게 작동하기 어렵다. 이미 존재하는 대형 국제기구와 국제제도는 앞으로도 다자 간 소통과 협력의 장으로서 역할을 계속할 수 있을 것이다. 다만 그 독립성과 위상, 영향력은 자유주의 국제질서가 온전하던 시절에 비해 많이 약해지는 것이 불가피해 보인다. 다극화된 국제사회는 빈번히 분열될 수밖에 없다. 분열된 국제사회는 특정 현안에 대한 공동의 대응을 그만큼 어렵게 만든다. 2020년에 코로나19 팬데믹이 터졌을 때 국제사회는 1997년의 조류독감, 2004년 SARS 때와는 달리 WHO를 중심으로 한 일사불란한 대응책을 강구하지 못했다. WHO는 미·중 갈등에 휘말려 우왕좌왕했고 세계 각국은 각자도생의 길을 걸었다. 미·중 패권 경쟁이 끝난 뒤에도 다극체제 아래서는 새로운 갈등과 다툼이 이어질 가능성이 크다. 다자주의를 통한 대타협에 이르기도 그만큼 어려워질 것이다.

다자주의를 통한 범세계적 합의가 어려워지면 이해관계와 공동의 목적을 공유하는 나라 간에만 협력이 이뤄지는 소다자체제가 범람하게 될 것이다. 다자주의가 범세계적으로 공유되는 공동의 목적을 위해 국제사회의 광범위한 협력을 도출하는 것이라면, 소다자주의란 특정 지역이나 특정 국가 사이에만 공유되는 목적을 다루기 위한 제한적 다자주의다. 특정한 지역과 국가 간에 고유 현안을 해결하기 위해 처음부터 소다자주의가 선호되기도 한다. EU나 AU가 대표적인 예시일 것이다. 반면에 다자체제를 통해 해결하는 것이 이상적이지만, 범세계적인 이견 해소가 어려운 나머지 가능한 범위 내에서라도 진전을 이루기 위해 결성되는 소다자체제도 있다. 후자의 경우에 소다자주의를 채택하는 이유는 파편적으로 이루어진 합의라도 국가들의 입장과 의견 차이를 좁히는 효과가 있기에, 소다자제체를 통한 합의가 충분히 보편화되고 일반화되면 언젠가 범세계적인 합의 도출도 가능해질 것이라 기대하기 때문이다. 남은 21세기에는 다자주의라는 포괄적 틀 대신 개별 사안과 의제별로 구축되는 소다자체제가 더욱 확산될 것인바, 그런 소다자체제가 중첩되다 보면 언젠가 다자주의도 회생할 수 있을 거란 기대를 품어볼 수 있을 것이다. 그러나 소다자제체의 확산이 반드시 다자주의를 통한 성과 도출로 이어진다는 보장은 없다.

자유무역질서가 확고하던 시절, 국제사회는 여러 필요에도 불구하고 다자무역체제인 WTO를 개혁하는 데 번번이 실패했다. 2001년부터 다년간에 걸쳐 진행된 WTO 개정 협상(도하개발어젠다)이 끝내 좌초하자 WTO 회원국들은 국제무역 분야의 소다자체제라 할 수 있는 FTA로 눈길을 돌렸다. 양자 또는 복수 간 FTA가 광범위하게 체결되면 범세계적인 무역 자유도가 높아져 언젠가 WTO 협정을 다자차원에서 자연스레 업그레이드할 수 있을 것이란 기대가 있었다. 2000년대 중반부터 FTA의 숫자는 전 세계적으로 급격히 증가했다. 그러나 FTA의 대대적인 증가가 WTO 협정의 개정으로 이어지는 일은 없었다.

소다자체제가 추후 다자체제로 발전하기는커녕 다른 세력에 맞서기 위한 배타적 동맹체제로 발전할 위험도 있다. 동일한 목적을 놓고 서로 다른 세력이 각기 소다자체제를 결성할 때, 소다자체제 간에 이해관계가 상충할 가능성은 언제든지 있기 때문이다. 다자주의가 기본인 세계에서는 이러한 마찰을 비교적 수월하게 조정할 수 있겠지만 세력균형과 세력다툼이 대세인 세계에서는 사소한 마찰이라도 세력 간 갈등으로 비화할 위험이 있다. 그 경우 소다자체제의 당사국들은 배타적인 동맹체제로 결속하게 될 가능성이 있다. 동맹체제의 등장은 갈등이 충돌로 비화할 가능성을 높여준다는 점에서도 위험하지만, 다자주의를 통한 범세계적 통합을 어렵게 만든다는 측면에서도 바람직하지 않다.

그럼에도 불구하고 소다자주의는 남은 21세기 동안 활발히 활용될 것으로 보인다. 국가 간에 협력이 그 어느 때보다도 중요한 시기다. 다자주의를 통한 문제 해결이 어려워진 상황에서는 소다자체제의 한계와 위험성에 주의하면서 가능한 범위 내에서라도 국제협력을 추구하는 것 외에는 대안이 없기 때문이다.

그래도 포기할 수 없는 다자주의

그러나 현대 국제사회가 마주한 문제 가운데는 소다자주의로는 결코 해결할 수 없는 난제가 많다. 참여국이 촘촘하게 많을수록 협력의 효과는 배가되지만 반대로 다자협력에서 빠진 국가들 하나하나가 협력 전체를 무너뜨릴 구멍이 될 수 있는 종류의 현안이 여기에 해당한다. 이러한 문제들은 대다수 국가가 참여하는 다자협력이 아니고선 대응할 수가 없다.

대표적인 예시는 WMD의 확산을 저지하는 노력이다. 동서냉전 시대에도 핵무기와 같은 인류 실존적 위기 앞에서는 미·소 간에 제한적인 협력이나마 가능했다. 그때 인류를 멸절시킬 수 있는 핵무기의 확산을 방지하기 위해 체결된 것이 NTP였다. 9·11 테러를 기화로 극단주의 테러가 확산하자 테러 조직이 WMD를 확보하는 사태를 막기 위해 전 세계 105개 국가가 참여하는 WMD 확산방지구상"PSI," Proliferation Security Initiative이 발족하기도 했다. 핵무기의 위협으로부터 인류를 보호하기 위해, 테러의 확산을 방지하기 위해, 그리고 WMD가 잘못된 세력의 손에 넘어가는 일을 막기 위해서는 여전히 범인류적 인 협력과 대응이 필요하다는 점에 이견의 여지가 없다.

기후변화 역시 인류의 미래를 위협하는 거대한 도전이다. 2009년 UN이 기 후변화의 위험성과 시급성을 선언한 이후 여러 노력이 이뤄졌음에도 불구하 고 기후변화의 속도는 점점 빨라지고 있다. UNFCCC에 기초하여 2015년 채 택된 파리 기후변화협정은 인류 멸종의 위기를 피하려면 지구 기온의 상승 폭을 산업화 이전 대비 '섭씨 1.5도 이내'로 제한해야 한다고 분석했었다. 이 를 위해서는 온실가스의 즉각적이고도 대대적인 감축이 불가피하다. 그러 나 온실가스의 급속한 감축은 화석연료를 사용하는 현대 산업에 큰 부담이 된다. 신재생에너지 체계로 전환하려면 큰 비용이 들고, 섣부른 체제 전환은 경쟁국에 추월을 허용할 빌미가 될 수도 있다. 여러 이유로 인해 국제사회 의 대응은 지지부진했다. 2021년 UNFCCC의 제27차 당사국총회에서는 전체 193개 회원국 중 24개국만 온실가스 감축 실행계획을 제출했다. 실행계획을 제출하지 않은 나라에는 온실가스 배출 1, 2위를 차지하는 중국과 미국도 포 함되어 있었다.

국제사회가 대응에 실기한 사이 기후변화는 어느덧 눈앞의 실존적 위협으 로 떠올랐다. 이제 UNFCCC의 모든 회원국이 감축 목표를 달성해도 21세기 말까지 기온 상승 폭이 '2.4도'에 이를 것으로 예상되는 가운데, 북극해의 해 빙은 2050년까지 완전히 녹아 없어질 거라고 한다. 태평양과 인도양의 여러 섬나라는 해수면 상승으로 국토의 상당한 면적이 이미 바다 아래로 잠긴 상태다. 해수면 상승은 섬나라만의 문제가 아니다. 중국과 네덜란드, 인도, 방글라데시 등도 해수면 상승의 위험으로부터 안심할 수 없다. 반면 담수의 수위는 하루가 다르게 낮아지고 있다. 전 세계의 강과 호수가 빠른 속도로 마르고, 지하수가 사라지고 있다. 과거에는 화석연료를 놓고 전쟁이 벌어졌다면 앞으로는 부족한 수자원을 놓고 전쟁이 벌어질 수도 있을 것이다. 세계 각지에는 심각한 가뭄이 이어지고 있고, 그로 인한 산불도 매년 더 자주, 더 크게 발생하고 있다. 겪어보지 못한 폭염과 한파, 홍수가 세계 각국을 엄습하고 있다. 2023년 7월 안토니오 구테흐스 UN 사무총장은 지구가 온난화warming의 시대를 넘은 비등沸騰, boiling의 시대에 접어들었다고 선언했다. 지구상의 그 어떤 나라도 기후변화의 영향에서 자유로울 수 없다. 그 어떤 나라도 홀로 이 위기를 극복할 수는 없다.

2022년 11월 개최된 제27차 UNFCCC 당사국총회에서는 기후변화에 대응하기 위한 국제협력에 따르는 비용과 책임을 배분하는 문제가 논의됐다. 그 결과 오늘날의 기후변화에 가장 큰 책임이 있는 산업 선진국이 취약국이 입은 손실과 피해를 배상하기 위한 기금을 조성하겠다는 합의가 이루어졌다. 이는 오직 UNFCCC란 다자적 공론의 장이 존재했기에 도출될 수 있었던 성과였다. 그러나 구체적인 기금 조성과 운용을 위해서는 지속적인 협력과 협의가 필요하다. 화석연료 사용 감축과 청정에너지 전환이 범세계적으로 이뤄지기 위해서도 모든 참여국 간에 합의와 신뢰가 필요하다. 탄소배출 규모가 큰 나라부터 청정에너지로 전환하기 위해 노력해야 할 것이고, 기후변화로 인한 피해에 제대로 대응하지 못하는 취약국에 대해서는 국제사회의 지원이 필요하다. 이 또한 다자협력이 아니고선 불가능하다. 다자주의에 기초한 다자협력이 멈추면 기후변화 대응도 멈춘다. 기후변화 대응이 멈추면 그 피해는 모든 나라, 아니 전 인류가 보게 될 것이다.

어느새 훌쩍 발전해버린 인공지능도 심각한 위협이다. 2016년 구글이 개발한 인공지능 바둑기사 알파고는 인간의 '직관'이 기계가 넘을 수 없는 벽이 아니라는 것을 증명했다. 무한에 가까운 경우의 수를 가진 바둑에서는 기계의 연산이 인간의 직관을 당해낼 수 없을 거라던 세간의 기대는, '딥러닝'이라는 알고리즘을 통해 자체 발전하는 인공지능 앞에서 무참히 깨졌다. 그나마 그때까지만 해도 인공지능이 인간을 앞서는 건 특화된 영역에서만 가능한 일이라고 여겨졌다. 그러나 2022년에 ChatGPT나 미드저니를 위시한 생성형 인공지능이 등장하면서 인류의 지능에 대한 환상이 깨졌다. 작문이나 미술, 음악과 같이 창의성이 필요해 인공지능이 영영 넘을 수 없을 것으로 기대되던 분야가 오히려 인공지능에는 손쉬운 먹잇감이었다는 불편한 진실도 이젠 받아들일 수밖에 없는 시대가 왔다. 어느새 인공지능은 인간이 활용할 수 있는 도구의 수준을 넘어 인간을 대체하기 시작했다.

인공지능이 가장 무서운 점은 그 가공할 성장 속도다. 인공지능에 피드 될 수 있는 데이터에는 한계가 없고, 쉬지도 않는 인공지능은 이 순간에도 끝없이 진화하고 있다. 인공지능이 새로운 일자리를 창출하기도 하겠지만, 인공지능에 의해 기존 일자리를 잃는 사람의 숫자도 기하급수적으로 늘어날 게 분명하다. 2023년 5월 한 달 동안에 인공지능으로 인해 일자리를 잃은 사람이 미국에서만 거의 4천 명에 달했다고 한다. 2023년 초, 세계경제포럼WEF은 2027년까지 AI가 전 세계적으로 8천 3백만 개의 일자리를 소멸시킬 것으로 전망했다. 이 추세는 이후로도 기하급수적으로 악화할 것이다. 수많은 실업자가 양산될 것이고 특단의 조치가 없으면 부의 양극화가 더욱 심화할 수 있다. 일론 머스크나 구글 딥마인드의 공동설립자인 무스타파 술레이만은 누차에 걸쳐 수많은 노동자가 인공지능에 일자리를 빼앗기는 것은 피할 수 없는 흐름이라며, 인공지능으로 인해 늘어난 생산을 재분배하는 기본소득

universal income 제도가 도입되어야 한다고 주장한 바 있다.

현실과 구분하기 어려운 이미지와 음성, 동영상을 쉽사리 만들어내는 인공지능을 활용한 가짜 뉴스나 사회 혼란 조장 등도 심각한 문제다. 인공지능을 활용한 범죄나 테러 가능성도 문제다. 4차 산업혁명의 도래로 인공지능은 사물인터넷 등을 통해 우리 일상에서 사용되는 수많은 기기와 더욱 밀접히 연동될 것이다. 인공지능이 우리 사회와 개개인의 삶을 통제할 능력을 보유하게 될 날은 멀지 않았다. 조만간 인간을 뛰어넘을 것으로 예상되는 인공지능이 언제까지 인간의 통제하에 놓여 있을지도 의문이다. 2023년 3월, 인공지능 분야의 대표적인 권위자 1천 명이 공동성명을 통해 ChatGPT와 같은 생성형 인공지능의 위험성을 경고하면서 인공지능 개발을 6개월간 중단하고 인공지능에 대한 안전 표준을 만들어야 한다고 촉구했다. 2023년 5월에는 비영리단체인 인공지능 안전센터CAIS가 미국의 권위 있는 과학자 350명이 참여한 성명을 통해 인공지능으로 인한 인류 멸망의 위험을 핵전쟁과 같은 우선순위로 놓고 대응해야 한다고 밝히기도 했다. 영국 왕립항공학회가 2023년 5월에 개최한 회의에 참석한 미 공군의 터커 해밀턴 대령은 한 워게임 시뮬레이션에서는 인공지능 드론이 인간 조종사가 임무 달성에 방해가 된다고 판단하자 조종사를 제거하는 선택을 하였다고 공개했다.[15]

미국과 중국을 위시한 인공지능 분야의 선도국들은 인공지능 규제를 위한 논의에 이미 착수하였고, 행동강령 성격의 초기 지침을 속속히 내놓고 있다.[16] 그러나 섣부른 규제는 현재 진행 중인 패권 경쟁에서 강력한 무기가 될[17] 자국 인공지능의 발전에 족쇄를 채우게 될 수도 있기에, 규제 논의가 난항에 부딪히고 있다. 실제로 미·중 간의 첨단기술 경쟁은 인공지능 분야에서 가장 치열하게 이뤄지고 있다. 중국은 선도적인 연구논문을 가장 많이 생산하고 있고, 미국에서는 중국에 4배에 달하는 막대한 규모의 민간 투자가 이뤄지고 있다. 인공지능을 둘러싸고 제로섬의 '치킨 게임'이 벌어지는 와중에 개별 국가 차원의 규제만으로는 대응에 한계가 있을 수밖에 없다. 상호 멸망을 부를 수 있는 핵무기나 다른 WMD의 확산을 방지하기 위해 국제사회가 다자협력으로 대응했던 것처럼, 인공지능의 규제와 표준 마련도 결국에는 다자협력을 통해 대응해야만 할 것이다.

어느덧 현실로 다가온 우주 개발 문제도 있다. 우주기술이 4차 산업혁명의 중추 기술이자 21세기 군사 경쟁의 핵심 영역으로 떠오른 이상, 우주와 달을 인류공동유산Common Heritage of Mankind으로 평화롭게 관리하기 위해서는 다자협력이 필수적이다. 멀지 않아 헬륨-3 등 달에 매장된 막대한 자원을 개발하는 것이 가능해졌고, 스페이스 X 등 민간 기업들이 우주 개발 경쟁에 뛰어든 이상 이들을 규율하기 위한 다자체제의 등장도 필요해졌다. 그러나 미·중 패권 경쟁으로 분열된 오늘날의 국제사회는 탈냉전기와 같은 다자적 대응을 통해 인류 공동의 번영을 모색하는 대신 우주 개발을 소위 '우주 경쟁'이라는 지정학적 맥락으로 끌어들여 접근하고 있다. 세계 각국은 이미 달에 먼저 기지를 세우기 위한 경쟁에 뛰어들었고, 달을 둘러싼 소다자주의도 강화하고 있다. 미국과 일본을 중심으로 한 소다자협력체와 중국과 러시아를 중심으로 한 소다자협력체가 각기 난립하며 경쟁하는 상황에서 양측 모두 상대방이 달을 군사 패권의 도구로 사용하려 한다고 비난하고 있다. 달과 우주라는 거대한 가능성이 인류에 또 다른 분쟁의 씨앗이 되려 하고 있다.

핵무기나 WMD 확산 방지, 기후변화 대응, 인공지능 규제, 우주 개발 등은 오직 다자주의를 통해서만 대응할 수 있는 문제의 예시에 지나지 않는다. 변화의 속도가 날로 빨라질 남은 21세기에 인류는 지금껏 겪어보지 못했던 종류의 도전에 수없이 직면할 것이고, 개중에는 다자주의가 아니고서는 극복할 수 없는 도전도 상당할 것이다. 다자주의에 기초한 오늘날의 국제질서는 제1차, 제2차 세계대전의 참상을 통해 얻은 교훈 위에, 냉전 시대 이후 쌓은 세계화의 이력이 더해져 만들어졌다. 이 질서에 부족한 점이 있다면 보완하고 보강하여 더욱 진보시켜야 할 일이지, 19세기 말이나 20세기 초로 되돌아가서는 결코 아니 될 것이다. 이미 인류는 근대 이전의 법칙에 따라서는 '종으로써 생존할 수 없는' 지점까지 와 있기 때문이다.

20세기의 다자주의가 미국이라는 세계패권국이 인위적으로 만들어 놓은 토양에서 뿌리 내리고 성장했다면, 21세기의 다자주의는 인류가 자초한 수많은 문제점에 대응하고 또 인류가 인류로서 생존하기 위해 필요불가결한 요소로 자리매김하게 될지도 모른다.

참고 사항

1 차기 대선의 결과에 따라 국제무역에 대한 미국의 태도는 지금보다 더욱 반자유무역주의로 변할 여지도 있다. 2023년 8월 워싱턴포스트는 트럼프 전 대통령이 2024년에 재선에 성공하면 모든 수입품에 보편적 기본관세(약 10%)를 부과하려 한다고 보도했다. WTO 관세양허를 무시하고 10% 상당의 보편적 기본관세를 일방적으로 부과한다면 미국은 더 이상 WTO 다자무역체제의 일원으로 남아있을 수가 없다. 자유무역은 미국을 제외한 국가들 사이에서만 제한적으로 이루어질 것이고, EU와 수출국을 중심으로 한 별도의 경제블록이 형성될 수 있을 것이다. 트럼프가 실제로 당선되어 이러한 선택을 한다면 미국의 전방위적 견제로 경제적 어려움에 빠진 중국엔 천우신조의 기회가 될지도 모른다.

2 설리번 보좌관은 산업정책과 동맹과의 교류·협력, 선별적인 대중 정책으로 요약될 수 있는 '신(新) 워싱턴 컨센서스'라는 개념도 소개했다. 그러나 설리번 보좌관이 밝힌 바이든 행정부의 대외정책이 기존의 워싱턴 컨센서스를 폐기할 수는 있을지언정 '새로운 워싱턴 컨센서스'를 창출하는 데까지는 아직 이르지 못하였다고 본다. 우선 기존의 워싱턴 컨센서스는 자유주의라는 사상적 기반을 근간으로 주류 경제학·정치학 이론의 지지를 받았다. 이러한 보편적 이해를 바탕으로 당시 세계금융과 개발금융을 좌지우지하던 미 재무부, 세계은행, IMF 등의 실무·정책 담당자들 사이에 자연스레 공유되던 개념이 워싱턴 컨센서스다. 반면 소위 '신 워싱턴 컨센서스'는 중국과의 패권 경쟁을 위해 필요한 전략적 목표를 먼저 수립하고, 이를 달성하는데 필요한 정책목표를 식별한 것에 가까워 보인다. 설리번 보좌관의 발표는 새로운 체계를 제안했다기보다는 미국이 공식적으로 신자유주의에서 탈피하겠다는 선언으로써 기존 워싱턴 컨센서스의 종료를 의미하는 메시지로 널리 받아들여졌다. Eric Levitz, "The Biden Administration Just Declared the Death of Neoliberalism," *New York Magazine* (3 May 2023); David Wallace-Wells, "America's 'Neoliberal' Consensus Might Finally Be Dead," *New York Times* (25 May 2023).

3 18세기의 중상주의자들은 세계의 부(富)가 한정적이라는 전제에서 출발해 제로섬의 경쟁을 옹호했다. 반면 오늘날의 중상주의자는 경제력은 국력으로 치환되고, 국력은 항상 상대적이라는 현실주의적 관점에서 제로섬의 안보 경쟁을 주장한다. Robert Gilpin, *U.S. Power and the Multinational Corporation* (Basic Books, 1975), pp. 20-44; Robert Art & Robert Jervis (eds.), International Politics: Enduring Concepts and Contemporary Issues (12th ed)(Pearson, 2015), pp. 208-209 참조. 트럼프 행정부 시절에 채택되고 바이든 행정부가 일부 계승한 미국의 국제경제정책은 자유무역을 통해 모두가 승자가 될 수 있다는 기존의 주류 국제경제학 이론을 배척하고, 사실상 제로섬을 추구한다는 점에서 현대판 중상주의(mercantilism)라고 볼 수 있다. 그리고 현대판 중상주의는 경제를 안보적 도구의 일종으로 보는 현실주의 국제정치학의 다른 명칭에 불과하다.

4 Edward Carr, *The Twenty Years' Crisis, 1919-1939* (Macmillan, 1951), p. 117.

5 Richard Hass, "The Age of Nonpolarity: What Will Follow U.S. Dominance" *Foreign Affairs* (3 May 2008). Randall Schweller, "Grand Strategy Under Nonpolarity," in Thierry Balzacq & Ronald Krebs (eds.), *The Oxford Handbook of Grand Strategy* (2021) 등 참고. 보다 최근에는 무극체제에서 한 걸음 더 나아가 다결절 체제(poly-nodality)가 도래할 거라고 예상하는 시각도 등장했다. 군사력, 경제력, 기술력이 국경을 넘어 여러 행위 주체에 분산된 상황에서, 공동의 사안이 발생할 때마다 이해당사자가 연대하여 대응하는 체제라는 것이다. 'European Parliamentary Research Service'가 유튜브에 업로드한 2019년 12월 6일자 영상 "ESPAS Global Trends to 2030, the Future of Power in a 'Poly-nodal' World, 15 October 2019" 및 곽노필, "2030년 세계는 '다극' 아닌 '다결절'을 향해 간다," 한겨레 (2019.9.16.) 참조.

6 예컨대 빈 체제나 베스트팔렌 체제 역시 규칙에 기초한 국제질서라는 측면에서 '규칙 기반'이라 볼 수는 있으나, 자유주의 국제질서라고 볼 수는 없기 때문이다. 시기적으로도 자유주의 국제질서의 경우 많은 학자가 제2차 세계대전 직후부터는 자유 진영 내에 구현되었다고 주장하는 데 비해(다만 앞서 설명한 바와 같이 저자는 진정한 자유주의 국제질서는 '팍스 아메리카나'와 함께 도래한 것으로 간주한다) 규칙 기반 국제질서란 개념은 동서냉전이 종식된 이후부터 유의미하게 등장하기 시작하여 최근 들어서야 활발하게 사용되기 시작한 용어다.

7 자유무역주의나 인권 보호와 같은, 자유주의 국제질서의 근본정신이 다양한 국제법과 국제규범을 통해 이미 성문화된 현재에는 규칙 기반 국제질서란 그저 용어 변경에 불과할 뿐이라고 보는 시각도 존재한다.

8 새로운 국제질서가 연성적인 국제규범을 배제한, 경성적인 국제법에만 기초해 이뤄져야 한다는 러시아의 주장이 현실화되기 어려운 이유이기도 하다.

9 Joint Statement of the Russian Federation and the People's Republic of China on the International Relations Entering a New Era and the Global Sustainable Development (4 February 2022) 참고.

10 강봉구, 「자유주의 국제질서의 균열과 러시아의 주권적 국제주의」, 『슬라브硏究』 제35권 4호. (2019) pp. 1–33 등을 참조.

11 Malcolm Jorgensen, "The German National Security Strategy and International Legal Order's Contested Political Framing," *European Journal of International Law Blog* (5 July 2023) 참고.

12 러시아는 다극적 국제질서가 국제법에 기초한 국제질서라고 정의한 2022년 2월 4일의 중–러 공동선언문 채택 후 약 20일 뒤에 우크라이나를 침공하면서 UN 헌장상 규정된 '집단적 자위권(collective self-defense)'에 따라 돈바스 주민을 보호하기 위한 '특별군사작전'에 불과하다고 주장했다.

13 중국의 이론가들은 중국의 '천하 질서'와 서구의 '제국/패권 질서'를 구분하면서 중국식 질서의 우위를 주장한다. 정치, 경제, 지식 및 문화적으로 타국을 종속시키는 서구식 질서에 비해 중국의 천하질서관은 글로벌 이익의 고려가 가능하고 충돌을 최소화하며 전 세계의 문화지식생태를 보장하는 데 가장 유리한 다극적 질서관이라는 것이다. 천하관의 기초는 위계적 구조에서의 '등급'에 있지만, 여기서 위계란 서구의 '권력적 위계'가 아닌 '권위적 위계'로서, 이러한 권위적 위계는 질서의 존속을 위해 필요한 관계 및 역할에 다른 차별이란 것이다. 유희복, 「국제질서의 다면성과 '자유주의 국제질서'의 미래: 중국의 시각을 예로」, 『아태연구』 제4호. (2018) pp. 129–169, pp. 153–154 참조. 그러나 서구식 권력적 위계가 힘의 우위에 따른 자연스러운 역학관계라면, 중국식 권위적 위계란 중화를 정점에 둔 태생적 차별이다. 또한 권위적 위계는 규범성을 내포한다. 이러한 위계는 결국 권력적 위계까지도 포괄하게 될 것이다.

14 바이든 대통령은 취임 초부터 유독 자유민주주의를 강조했지만, 반미연대와의 대립이 심화되자 UN 헌장을 준수하기 위해서라면 비민주주의 국가와도 얼마든지 연대할 수 있다고 태도를 바꾸기도 했다. 반미연대나 글로벌 사우스와의 조율은 가능할 수 있을 것이나 그 과정에서 규칙 기반 국제질서는 자유무역주의 이외에도 자유주의 국제질서의 여러 이념적 유산을 계승하지 못하게 될 수 있다.

15 논란이 커지자 해밀턴 대령은 해당 발언은 그저 가설일 뿐이었다는 석연찮은 해명으로 진화에 나섰다.

16 인공지능의 발전은 서구 국가에도 사회 혼란과 윤리적 문제를 초래하지만, 권위주의 국가에는 체제를 위협하는 문제가 될 수 있다. 2023년 2월 중국이 ChatGPT에 맞서기 위해 공개한 '챗위안'은 우크라이나 전쟁에 관한 질문에 대해 '침략 전쟁'이라며 중국 공산당의 공식 입장과 다른 답변을 내놓았다가 사흘 만에 운영이 정지되기도 했다.

17 예컨대 2023년 3월 중국 연구진이 개발한 한 전투기 인공지능은 미 공군을 가상의 적군으로 상정한 공중전 시뮬레이션에서 고작 8초 만에 인간이 상상하기 어려운 공격을 통해 F-35를 격추했다고 한다. 현재 개발 중인 대부분의 6세대 무기들은 인공지능을 활용하는 무인 기능 탑재가 필수다. 영화 '탑건: 매버릭'에서 한 공군장성이 톰 크루즈에게 말했던 것처럼, "조종사의 시대가 끝나고 있다."

제8장

갈림길에 선
대한민국

국내 정치는 국경에서 멈춰야 한다.

Politics stop at the water's edge.

—

아서 반덴버그
(Arthur Vandenberg, 1884~1951)

01 한반도 역사와 동북아시아 국제질서

대한민국을 일컬어 'Dynamic Korea'라고 한다. 대한민국은 역동적이다. 경제도, 문화도, 사회도, 빠르게 변화한다. 세계에는 많은 나라가 있지만 대한민국만큼 역동적인 나라는 많지 않을 것이다. 경공업에서 중공업, 중공업에서 IT산업, IT산업에서 공유경제로의 전환을 여느 나라보다 빠르게 이루어냈고, 변화하는 시대상에 발맞춰 사회와 문화도 신속히 변신한다. 그런 우리 민족이 19세기 말에는 격동의 국제정세에 제대로 대응하지 못했다. 외세의 침략을 무수히 겪은 우리 민족이 국제질서에 무관심했던 것은 아니다. 다만 한민족에 있어 국제질서란 동북아시아 질서에 불과했다. 극동의 한반도에 갇힌 한민족은 수천 년간 서쪽의 중국과 북방 민족, 그리고 동쪽의 일본만 신경쓰면 되는 협소한 세상에 살고 있었다. 그나마도 17세기 청나라에 사대하면서부터는 한반도의 서쪽과 북쪽에는 중국만이 존재했다. 경계할 대상은 동쪽의 일본뿐이었다. 한민족의 세계관은 그 정도에서 크게 벗어나지 못했다.

중화中華의 중력 속에 살았던 이천 년

한국사에 가장 많고 큰 영향을 미친 외세는 단연 중국이다. 춘추전국시대부터 중원 북방의 연나라는 한민족 최초의 국가인 고조선에 큰 위협이었다. 진나라가 중국을 최초로 통일하자 고조선은 압도적인 힘의 차이에 잠시 위축됐으나, 진시황이 사망하고 진나라가 쇠락한 틈을 타서 세력을 회복할 수 있었다. 그러나 진나라 이후 중원을 통일한 한나라는 날로 강성해졌고, 동아시아에 중국 중심의 패권 질서를 구축하기 시작했다.

한나라 무제武帝는 숙적 흉노를 원정한 뒤 베트남과 서역까지 평정하자 고조선을 다음 목표로 삼았다. 기원전 109년, 약 1년여에 걸친 저항 끝에 고조선의 도성인 왕검성이 함락됐다. 고조선을 멸망시킨 한나라는 한사군漢四郡을 설치하여 고조선 땅을 넷으로 나눠 다스렸다. 수백 년 후 한나라가 사실상 해체되고 군벌의 시대로 접어들고서야 고구려가 한사군을 몰아낼 수 있었다. 위·촉·오가 대립한 삼국시대에도 중국은 위협적인 외세였다. 위나라 관구검이 242년 고구려를 침공하여 당시 고구려의 도성이었던 환도성이 함락되기도 했다. 그래도 중국이 분열되어 있을 때는 한반도 왕조가 대항할 수 있었다. 하지만 중국에 통일왕조가 들어설 때면 한반도는 거의 항상 실존적인 위기를 겪었다.

589년, 수나라가 위진남북조시대를 끝내고 중국을 통일했다. 수나라는 9년 뒤인 598년부터 고구려를 중화의 천하 질서에 복속시키기 위해 약 20년에 걸쳐 총 4차례에 걸친 대규모 원정을 단행했으나 실패했다. 고구려-수나라 전쟁은 중국의 통일왕조를 상대로 한반도 왕조가 완승을 거둔 예외적인 사건이었다. 얼마 후 당나라가 수나라의 뒤를 이어 중원의 지배자가 됐다. 당나라 역시 당 태종 이세민 대에 이르러 중화의 질서를 세우고자 대규모 원정군을 꾸려 고구려를 침공한다. 고구려는 두 차례에 걸친 당의 침공을 성공적으로 막아냈으나, 백제를 멸망시킨 신라와 당이 연합한 3차 침공을 막아내지 못하고 멸망한다. 통일신라와 이후 등장한 발해는 형식적으로는 당나라에 사대의 예를 갖추었지만, 필요시 당나라에 적극적으로 맞섰고 때로는 전쟁도 주저하지 않았다. 다만 당나라의 치세가 안정된 8세기경부터는 두 나라모두 중화의 질서에 순응함으로써 평화와 공존을 추구했다.

신라의 뒤를 이은 고려는 상당 기간 동북아시아의 주체적인 행위자로 행세할 수 있었다. 그것이 가능했던 것은 당의 멸망 이후 중원이 다시 어지러워졌기 때문이다. 송나라가 중원의 주인이 된 뒤에도 거란족이 세운 요나라가 중원의 북쪽에 버티고 있었던 덕에 고려는 상당한 운신의 폭을 누릴 수있었다. 대신 발해를 멸망시킨 뒤 고려와 국경을 마주하게 된 요나라가 여러차례 침공해왔다. 고려는 잘 막아냈다. 요나라의 침공을 모두 격퇴한 고려는송나라에 대해서도 상당한 발언권을 행사할 수 있었다. 그러나 요나라를 멸망시키고 들어선 여진족의 금나라가 강성해지면서부터는 점차 그 세력에 눌리기 시작했고, 몽골 제국이 등장한 뒤에는 부마국으로 전락하여 원나라에복속되는 운명을 겪었다.

1368년 몽골 제국의 후예인 원나라를 멸하고 중원을 통일한 명나라는 자주성을 회복하려던 고려와 마찰을 겪었다. 그 과정에서 명나라는 오늘날의함경도 지방에 해당하는 철령위에 대한 소유권을 주장하였고, 고려는 요동정벌을 계획하기도 한다. 이때까지는 중원에 대한 한반도 왕조의 사대事大가형식에 불과했다는 방증이기도 하다. 그러나 중원에 거대 통일왕조가 들어선 이상 한반도 왕조가 정면으로 맞서는 것은 현명한 일이 아니었다. 1388년이성계의 위화도 회군으로 세워진 조선은 유교 사상에 따라 제후국으로서중국을 상국上國으로 모신다. 이때로부터 1897년 고종이 대한제국을 선포하기까지, 약 500년간 한반도 왕조는 중화의 질서에 자발적으로 편입되어 있었다. 명나라와 청나라는 때에 따라 과도한 조공을 요구하거나 무례히 굴기도 하였으나, 천하 질서에 따른 중화의 위계에 철저히 복속하고 순응하는 조선을 가장 중요한 제후국으로 대우하기도 하였다. 1592년에 발발한 임진왜란에서 조선이 전국시대를 통해 단련된 일본군을 격퇴할 수 있었던 것은, 불세출의 성웅 이순신 덕분이기도 하지만 '고려 천자'라는 별명이 붙을 만큼 조선에 전폭적인 지원을 아끼지 않은 명나라 만력제萬曆帝의 도움도 컸다.

얼마 뒤 명나라가 쇠락하면서 떠오른 여진족의 후금後金은 명나라와 자웅을 겨루기에 앞서 조선을 공략했다. 훗날 국호를 청나라로 바꾼 후금의 제2대 황제 홍타이지는 1637년, 병자호란을 통해 조선을 굴복시키고 새로운 상국으로 등극한다. 청나라를 상국으로 모신 이후 조선은 1866년에 벌어진 병인양요에 이르기까지 외세의 침략을 받지 않았다. 그사이 청나라의 요청으로 두 차례에 걸쳐 조총수를 파병하여 러시아를 상대로 한 나선정벌에 참전하기도 하였으나, 조선 본토는 200년이 넘는 긴 세월 동안 평화를 누릴 수 있었다. 청나라의 압도적인 국력을 고려하면 당시 조선이 청나라에 전폭적인 사대를 택한 것은 불가피한 선택이었다.

청조淸朝 아래 누릴 수 있었던 팍스 시니카는 그 시절 지구촌 곳곳에서 벌어진 여러 참혹한 전란에 비하면 축복이었을지도 모른다. 다만 고려 때까지만 해도 현실적인 외교 수단이었던 사대주의가 명·청 시대를 거치며 유교적 이념의 일부가 되어 종교화된 것은 우리 역사의 불편한 진실이기도 하다. 그에 비해 동아시아 질서에서 중국과의 관계에 있어 한반도와 비슷한 위치의 제후국이었던 베트남 왕조는 명·청 시대에 들어서도 내부적으로는 황제국을 자처하는, 외왕내제外王內帝 체제를 유지했었다.

팍스 시니카의 종언과 실기失期의 대가

우리 민족이 누렸던 마지막 팍스 시니카는 19세기 중반 이후 유럽 열강들이
동북아시아에까지 발을 디디면서 무너지기 시작했다. 수백 년간 동아시아를
지배했던 대제국 청나라는 1840년 대영제국과의 제1차 아편전쟁에서 고작
2만가량의 원정군에 일패도지 당하고 삽시간에 남경을 포위당했다. 1856년
의 제2차 아편전쟁에서도 2만 정도의 영국-프랑스 연합군에 수도 북경까지
내줘야만 했다. 청나라 병사 수만이 죽을 때 영국군과 프랑스군은 수백 명의
희생자만 냈을 뿐이다. 청나라의 허약함이 만천하에 알려지자 서구 열강들
은 늑대처럼 달려들어 중국을 수탈했다.

한편 일본은 1853년 미국의 매튜 페리 제독이 이끄는 해군함정에 강제 개
항을 당한 뒤, 미국·영국·러시아·프랑스·네덜란드와 연거푸 불공정 조약
을 맺게 된다. 개혁의 필요성을 느낀 일본인들은 10여 년에 걸친 내전을 통
해 수백 년간 일본을 지배하던 도쿠가와 막부幕府를 무너뜨리고, 1868년 메이
지 유신을 통해 근대적인 정부를 수립하였다. 메이지 정부는 빠르게 근대화
를 달성한다. 반면 조선은 1866년 병인양요에서 프랑스 원정함대를 격퇴하
였고, 1871년에는 미국 원정함대를 상대로 한 신미양요에서 큰 피해를 보았
지만, 일본과는 달리 불공정 조약을 통한 개항을 피할 수 있었다. 다만 일본
이 불공정 조약 체결을 계기로 근대문물의 필요성에 눈을 뜨고 메이지 유신
을 통해 신속히 근대국가로 거듭났던 반면, 조선은 신미양요 이후 외려 전국
에 척화비를 세우고 쇄국정책을 펼쳐 고립의 길을 걸었다. 그 결과는 신미양
요로부터 불과 4년 뒤인 1875년, 먼저 근대화를 달성한 일본이 보낸 소형 군
함 운요호 한 척에 의한 강제 개항과 불공정 조약의 체결이었다.

조선은 뒤늦게 근대화를 시도했으나 나라의 제도와 체제가 근본적으로 바

꿰지 않은 상태에서의 근대화란 신식 무기 몇 개를 새로 장만하는 수준에 그쳤다. 정치와 경제, 사회를 아우르는 근본적 개혁은 찾아볼 수 없었다. 조선을 속방 취급하던 청나라도 조선의 자주적 근대화를 그냥 두고 보지 않았다. 1882년 임오군란을 진압하기 위해 청나라 군대와 함께 조선에 들어온 위안스카이는 사실상 조선의 총독으로 행세하며 조선의 근대화 노력에 사사건건 훼방을 놓았다. 1894년 청일전쟁에서 패배한 청나라가 조선에 대한 지배력을 상실한 뒤에는 일본이 마수를 뻗었다. 고종은 러시아를 끌어들여 일본을 견제하는 한편 1897년에는 근대적 주권 국가로서의 대한제국을 선포한 뒤, 나라의 제도와 체제를 근본적으로 개혁하기 위한 마지막 노력으로써 광무개혁光武改革을 실시한다.

그러나 때늦은 몸부림이었다. 1904년 러일전쟁에서마저 승리한 일본은 동북아시아에서 견제할 세력이 없는 강대국이 됐다. 대한제국의 운명은 바로 그 순간 정해졌다. 이듬해인 1905년, 일본은 대한제국의 외교권을 박탈하는 을사조약을 강요하여 조선을 속국화했다. 5년 뒤인 1910년에는 한일합방이 이루어졌다. 이로써 대한제국은 멸망하고 한반도는 일본의 식민지가 된다.

일제 강점기와 반일 정체성의 대두

일본제국에 의한 한반도 강점기는 1910년 8월 29일부터 1945년 8월 15일까지의 약 36년간이다. 일본이 제국주의로 변모한 시점이 유럽 열강들에 비해 늦고, 일제가 제2차 세계대전의 패전과 함께 패망하였기에 유럽 열강에 식민 지배당한 글로벌 사우스 국가들에 비할 때 한반도의 강점 기간은 길지 않다. 그러나 현대 주권 국가로서 대한민국의 국가적 정체성을 형성하는 가장 큰 사건을 두 개만 꼽자면 하나는 일제 강점기일 것이고, 다른 하나는 한국전쟁일 것이다. 그만큼 일제 강점기는 한국인, 아니 북한 주민을 포함한 한민족 모두에게 큰 영향을 미쳤다.

강점기 초기 일본은 주로 무력에 의지해 식민지 조선을 통치했다. 일제는 헌병을 동원해 조선인의 기본권을 탄압하는 한편, 일본의 산업적 이익을 위해 조선의 인프라와 토지 제도 등을 근대화하였다. 그사이 제1차 세계대전이 벌어졌다. 전승국이었던 일본은 전쟁 결과에 큰 영향을 받지 않았으나, 제1차 세계대전 종식 후 미국의 우드로 윌슨 대통령이 자유주의 사상을 담아 발표한 '14개조 원칙'은 조선인에게 큰 영향을 미쳤다. 그중에서도 민족자결주의 원칙에 영감을 얻은 조선인들은 1919년 3월 1일, 전국적인 독립운동을 벌이기에 이른다. 3·1운동은 조선 민중이 주도하여 스스로 한반도 국가의 주인임을 선언했다는 점에서 중요한 계몽의 순간이었다. 비록 3·1운동은 일본의 무자비한 진압으로 무산되었지만, 이를 계기로 국내외에서 다양한 독립운동이 활발하게 전개되기 시작했다. 위기감을 느낀 일본은 유화책으로 전환하여 조선 땅에서 강압적인 헌병제를 일시 폐지하기도 했다. 마침 1920년대 초반에는 일본에도 '다이쇼 데모크라시'라 불리던 자유주의 붐이 일던 때라, 조선에 호의적인 지식인과 엘리트가 상당히 있었던 탓도 있다. 그러나 일본의 지식인들 사이에 자유주의가 번지는 와중에도 군부의 세력이 커지고 있었다.

1920년대 말에 터진 대공황으로 인해 경제 위기가 닥쳐오자 일본의 자유주의는 급격히 위축되었다. 1931년 만주사변을 시작으로 군부가 폭주하기 시작하고, 문민정부가 이를 제어하지 못하자 일본은 삽시간에 군국주의로 변모했다. 1937년 의회를 해산시키고 전권을 장악한 일본 군부는 급기야 중일전쟁을 일으켰고, 얼마 뒤 태평양 전쟁이 터지면서 일본은 총력전의 태세로 들어간다. 한반도는 일본이 대동아공영권 구현을 위해 중국과 동남아시아 등지에서 벌인 대전쟁을 위한 병참기지로 전락했다. 온갖 종류의 수탈과 강제징용, 위안부 차출 등이 이루어졌다. 한반도를 신속히 흡수하기 위해 일본은 한민족의 정체성과 문화를 말살하는 식민 지배 정책으로 전환했다. 한국어를 사용하지 못하게 하고, 창씨개명을 강제하였으며, 독립운동가들을 탄압하였다. 이러한 정책은 1945년 8월 15일 일본이 제2차 세계대전에서 항복할 때까지 이어졌다.

일제의 무자비한 지배는 수많은 생명과 재산을 빼앗아 갔을 뿐 아니라, 한민족의 자존심에 깊은 상처를 입혔다. 일본이 우리 민족정체성을 말살하기 위해 펼친 여러 정책은 깊은 반작용을 낳았다. 한민족의 민족정체성은 오히려 더욱 강해졌으며, 여기에 동전의 양면처럼 반일 감정이 따라붙었다. 36년의 일제 강점기 동안 형성된 반일 감정은 오늘날에도 한국인의 가치관 깊숙한 곳에 자리 잡고 있다.

반으로 쪼개진 나라의 비극

1945년 8월 6일 일본 히로시마에 원자폭탄이 투하됐다. 원자폭탄의 불가해 不可解한 위력이 불러온 참상에 일본은 공황에 빠졌다. 반면 소련은 바빠졌다. 일본이 항복하기에 앞서 최대한 세력권을 넓힐 필요가 있었던 소련은 8월 8일 곧바로 만주로 쳐들어갔다. 다음날인 8월 9일, 나가사키에 또 한 발의 원자폭탄이 떨어졌다. 더 버틸 힘이 없던 일본은 8월 15일에 무조건 항복을 선언하였다. 일본의 항복은 미국의 예상보다 빨랐다. 미군이 한반도 진출을 미처 준비하지 못한 상황에서 자칫 소련군이 한반도 전역을 석권할 가능성이 있었다. 미국은 부랴부랴 북위 38도선을 기준으로 한반도 북쪽에는 소련이, 남쪽에는 미군이 진출하여 일본군을 무장 해제시키자고 소련에 제안하였다.

이때부터 문제가 생기기 시작한다.

이미 이념 경쟁에 돌입한 미국과 소련은 한반도의 정치체제를 놓고 대립하기 시작했다. 소련은 공산주의 정권을 수립하길 원했고 미국은 자유민주주의 정권을 수립하길 원했다. 일제 패망 후 덩그러니 남겨져 혼란에 빠져있던 한민족도 둘로 나뉘어 이념 대립을 벌였다. 한반도에서 이념 갈등에 따른 분열이 가속되자 UN이 나섰다. UN은 총회 결의를 통해 한반도에 독립된 정부를 수립하기 위해 호주, 캐나다, 중국(당시의 중화민국), 엘살바도르, 프랑스, 인도, 필리핀, 시리아, 우크라이나(당시의 우크라이나 소비에트 사회주의 공화국) 대표로 구성된 'UN 한국임시위원단United Nations Temporary Commission on Korea'으로 하여금 한반도의 총선거를 주관하도록 결정했다. 그러나 소련은 총선거 참여를 거부했다. 결국 'UN 한국임시위원단'의 주관으로 1948년 5월 10일 남한 지역에서만 단독 선거가 진행되어 7월 17일에 대한민국 헌법이 공포되었고, 이승만이 당선되어 7월 24일 대한민국의 제1대 대통령으로 취임하였다. 9월 9일에는 소련의 비호를 얻은 김일성이 38도선 이북에서 조선민주주의인민공화국을 수립한다. 한반도는 남북으로 분단되었다. UN은 1948년 12월 12일 채택된 총회 결의 제195호를 통해 대한민국 정부가 한반도에서 유일하게 유권자들의 자유의지에 따라 수립된 합법적인 정부라고 선언한다.[1]

한반도 전체를 원했던 김일성은 대한민국에 대한 침공을 승인받기 위해 수십 차례에 걸쳐 스탈린을 접촉했다. 스탈린은 미국이 참전할 가능성을 우려하여 김일성의 요청을 계속 기각했다. 다만 북한에 대규모 무기를 제공해 북한군의 무장을 도왔다. 그러던 중인 1950년 1월, 딘 애치슨 당시 미 국무부 장관은 일본과 필리핀까지만 포함하고 한국과 대만이 제외된 극동 방어선을 발표한다. '애치슨 라인'이라 불린 이 선언은 소련과 북한의 오판을 불렀다. 스탈린은 애치슨 라인 발표 직후 김일성이 재차 전쟁을 승인해달라 요청하자 허락하기에 이른다. 결국 김일성은 1950년 6월 25일 새벽 4시경, 전격적인 남침을 명령했다.

당시 한국군은 병력의 숫자나 훈련은 물론 장비 면에서도 압도적 열세였다. 특히 전차와 전투기가 단 1대도 없었다는 게 치명적이었다. 수백 대의 전차와 전투기를 보유한 북한군 앞에 서울은 3일 만에 함락됐다. 그러나 국군의 분전으로 북한군의 진격을 늦추고, 이어 미군을 중심으로 한 UN군이 본격적으로 참전하면서 전황이 뒤바뀌었다. 불과 몇 년 전에 끝난 제2차 세계대전의 참상을 기억하던 국제사회는 침략전쟁을 막고 UN 체제를 수호하기 위해 적극적으로 나섰다. 1950년 6월 25일 UN 안보리는 북한의 남침을 규탄하고 대한민국에 대한 침공행위를 즉각 중단하라고 요구한 결의 제82호를 채택했고, 북한이 이 결의에 따르지 않자 이틀 뒤인 6월 27일에 북한에 대한 군사적 대응을 승인하는 결의 제83호를 채택했다. 7월 7일에는 UN군의 세부 구성 사항을 결정한 결의 제84호를 채택했다. 당시 소련은 UN 헌장에 따라 '중국'을 대표하는 상임이사국으로서 안보리 회의에 참석한 국가가 중화인민공화국이 아닌 중화민국(대만)이란 점을 문제 삼으며 안보리 회의를 보이콧하고 있었던 터라, 한국전쟁과 관련된 안보리 결의에 대한 거부권을 행사하지 못했다.[2] 안보리 결의 제83호 및 제84호에 대해서는 공산권 비상임이사국이었던 유고슬라비아가 유일하게 반대표를 던졌지만, 당시 회의에 참석한 모든 이사국이 찬성표를 던져 가결될 수 있었다. UN 안보리 결의에 따라 미국과 서방은 물론이고 동남아시아와 남아시아, 중동, 아프리카, 동유럽, 중남미 곳곳에서 무려 63개 나라[3]가 어려운 사정에도 불구하고 기꺼이 참전을 결정했다. 그렇게 결성된 UN군이 한반도에 파병되어 대한민국은 멸망의 위기에서 벗어날 수 있었다.

국군과 UN군은 1950년 8월 낙동강 방어선에서 북한군의 예봉을 막아낸 뒤 9월에 이루어진 인천상륙작전으로 북한군의 허리를 끊어 큰 타격을 입힌다. 국군과 UN군은 압록강 근처까지 북한군을 몰아붙였으나 같은 해 10월부터 북한을 지원해 참전한 중국군으로 인해 전쟁은 장기전이 된다. 무장은 미국이 주도하는 UN군이 앞섰으나 중국군은 워낙 대군이었던데다 중일전쟁과 국공내전으로 단련된 강군強軍이었기에 쉽사리 승부가 나지 않았다. 제공권을 장악한 미 공군을 견제하기 위해 소련 공군이 비공식적으로 참전했던 탓도 있다. 1951년부터 1953년까지 양측은 참호전 못지않게 끔찍하고 소모적인 고지전에 돌입한다. 어느 쪽도 상대방을 압도하지 못하는 상황에서 희생만 커지고 있었다. 결국 양측은 1953년 7월 27일 정전협정에 서명했다. 대한민국과 북한 사이에는 38도선과 거의 차이가 없는 휴전선이 그어졌다. 그 대가로 수백만의 군인과 민간인이 사망했고, 수천만의 이재민이 발생했으며, 한반도 전체가 쑥대밭이 됐다.

한국전쟁의 후유증은 심각했다. 남북한 모두 폐허로 변했을 뿐 아니라 정치적으로도 최악의 결과를 낳았다. 특히 전쟁의 후유증으로 쌍방에 대한 적개심이 깊어져 한반도의 분단이 고착화됐다. 북한의 김일성은 전후 대대적인 내부 숙청을 개시, 모든 정적을 일소한 뒤 세계사를 통틀어 유례를 찾아보기 힘들 정도로 압권적인 1인 독재체제를 확립한다. 침공당한 대한민국의 경우 공산주의에 대한 원한과 적개심에 '반공' 이데올로기가 골수까지 파고들었다. 한국전쟁으로 인한 반공정신은 식민 지배로 인한 반일정신과 함께 대한민국의 국가 정체성 확립에 있어 매우 큰 부분을 차지하게 된다.

동서 냉전기 자유 진영 속의 대한민국

한국전쟁의 휴전 협상이 시작되면서부터 북한의 재남침을 막기 위한 논의가 본격화됐다. 당시 대한민국이나 한반도는 잿더미였고 아무런 산업기반도 없었을뿐더러 천연자원의 불모지에 가까웠다. 애치슨 라인의 예에서도 알 수 있듯이 해군력과 공군력에서 압도적인 우위를 점한 미국으로서는 일본에 미군을 집중적으로 주둔시키는 것이 동북아시아에서 공산주의의 팽창을 막는 가장 효율적인 방법이었다. 우월한 해군력으로 일본과 대만, 필리핀과 괌만 틀어막으면 공산주의 세력은 태평양에 진출할 수 없었다. 반면 한반도에서의 전쟁은 미군의 대규모 희생이 요구되는 지상전이 될 수밖에 없었다. 미국은 소련을 봉쇄하기 위해 튀르키예와 서독에 이미 대군을 주둔시킨 상황이었는데, 1950년대의 국제정세에서는 미·소 간에 전쟁이 터지면 북한뿐 아니라 중국도 소련을 지원하기 위해 극동에서 미군과 충돌하게 될 가능성이 있었다. 소련 및 중국과 동시에 지상전을 벌이게 될 수 있는 미군의 한반도 주둔은 어느 모로 보나 상책이 아니었다.

미국은 북한이 대한민국을 다시 침공할 시 UN 참전국이 공동으로 대응하고, 필요시 핵무기도 사용할 것임을 천명하는 약속만을 제공하려 하였다. 그러나 그것만으로는 실효적 억제력을 담보할 수 없다고 본 이승만 대통령은 미국에 일본과 체결한 것에 준하는 상호방위조약과, 주한미군의 주둔을 요구하였다. 트루먼 행정부는 물론이고 그 후임인 아이젠하워 행정부도 이를 거부했지만, 이승만 정부는 수단과 방법을 가리지 않고 미국을 압박해 끝내 상호방위조약과 주한미군의 주둔을 얻어낸다. 이로써 한반도에서 전쟁이 발발할 시 주한미군을 필두로 미국이 곧바로 개입할 수밖에 없는 상황이 되었다. 한·미 상호방위조약의 체결과 주한미군의 주둔으로 인해, 미국과 소련 간에 전면전이 발생하지 않는 이상 대한민국은 전쟁의 참화에서 상당히 안전해질 수 있었다.

적대적으로 대치하는 나라 간의 긴장 상태는 각국 집권 세력의 정권 유지를 위한 수단으로 활용되는 게 보통이다. 전형적인 '적대적 공생'이 한반도에서도 벌어졌다. 북한은 김일성의 우상화와 공산당 철권통치를 정당화하기 위한 수단으로 '미 제국주의자들의 위협'을 강조하고 적화통일을 추구했다. 김일성은 북한의 국력이 대한민국보다 앞섰던 1960~1970년대는 물론이고 냉전의 향방이 정해지기 시작한 1980년대까지도 여러 불리한 국제정세에도 불구하고 적화통일에 대한 미련을 포기하지 않았던 것으로 보인다. 그 때문에 미군의 주둔에도 불구하고 한반도에는 상당히 오랜 기간 전쟁 위협이 상존했다. 소련과 동구권의 붕괴로 냉전이 끝나기 전까지 북한은 수천 차례의 대남도발을 감행했다. 한편 북한이란 이름의 실존적 위협은 대한민국에도 독재정권이 수립되고 유지될 수 있는 환경을 제공했다. 국가 보안을 명분 삼아 내부의 반대 세력을 탄압할 명분이 주어진 것이다.

한국전쟁 이후 대한민국은 오랫동안 자유민주주의 국가라고 보기 어려운 상태에 놓여 있었다. 자유민주주의 체제에서는 국민의 선택에 따라 정권을 주기적으로 교체함으로써 집권 세력과 견제 세력 간의 경쟁과 협력을 유도할 수 있어야 한다. 그러나 북한이 존재하는 상황에서는 반공 이데올로기가 득세할 수밖에 없었고, 범람하는 반공 이데올로기는 집권 세력이 정적을 탄압하기 쉬운 환경을 만들었다. 사실 여부와 관계없이 상대방에 '빨갱이' 딱지를 붙이는 것만으로도 정쟁에서 승리할 수 있었기 때문이다. 이승만 정권의 2선, 3선 재임 기간도 반공을 앞세운 독재로 얼룩졌고 뒤이은 박정희와 전두환 정권도 반공을 국시로 삼고 정적을 탄압했다. 그러나 독재정권의 억압에도 불구하고 민주화에 대한 국민의 갈망은 꺾이지 않았다. 김영삼-김대중으로 대표되는 민주화 세력은 서슬푸른 군부독재에 굴하지 않고 민주화 운동을 계속했고, 덕분에 대한민국이 1980년대 후반에 큰 유혈 사태 없이 자유민주주의 체제로 전환할 수 있는 귀중한 계기를 마련할 수 있었다.

한편 냉전기 대한민국은 자유 진영에 속한 환경을 십분 활용해 경제발전의 기회로 삼았다. 흔히 대한민국을 "석유 한 방울 나지 않는 나라"라고 한다. 천연자원이 턱없이 부족한 대한민국이 현대 사회에서 필요한 산업기반을 구축하고 운영하기 위해서는 부족한 자원을 외국에서 수입하는 게 불가피하다. 자원 수입에도 외화가 필요하지만, 경제발전에는 더욱 많은 외화가 필요하다. 그런 외화를 확보하려면 수출 외에는 답이 없었다.

한국전쟁이 끝난 1953년 대한민국은 세계 최빈국 중 하나였다. 1950년대 대한민국의 경제는 미국의 무상 원조가 없었다면 유지되기 어려웠다. 대한민국은 1960년대부터 악전고투 끝에 경공업을 키워내면서 조금씩 수출량을 늘려갔다. 박정희 정부는 순차적인 경제개발계획을 수립하고 강력히 추진했다. 먼저 경공업 수출을 통해 외화를 확보하고, 차관 등 유상 원조를 통해 종잣돈을 마련했다. 확보한 자금은 고속도로나 종합제철소와 같은 인프라 건설에 투자했다. 야당과 국내외 전문가, 외국 정부의 비판적 시각에도 불구하고 박정희의 도박은 성공했다. 1973년부터는 철강·조선·전자·화학·기계·비철금속을 6대 전략 업종에 선정하고 집중적으로 육성했는데, 이때도 국내외 대다수가 회의적이었음에도 끝끝내 중공업 산업을 확고한 궤도에 올려놓는 데 성공한다. 비약적인 수출 증가와 경제력 증대가 뒤따랐음은 물론이다. 박정희는 1970년대 말부터 경제개발계획을 경제·사회개발계획으로 전환하여 사회 안전망 구축 작업을 병행, 국민건강보험제도를 도입하는 등 여러 괄목할 만한 성과를 거뒀다. 박정희 대통령 암살 이후 쿠데타를 통해 집권한 전두환 정권과 그 뒤를 이은 노태우 정권도 국가 주도의 경제·사회개발계획을 계승하여 경제·사회 발전에 박차를 가했다. 경제적으로는 중공업에 이어 반도체와 같은 고부가가치 산업에 진출하기 위한 발판을 마련하였고, 사회적으로는 통행금지가 해제되고 프로 스포츠가 활성화되었으며, 1988년 올림

픽 개최와 발맞추어 각종 여가 · 편의시설도 설치되기 시작했다. 경제 · 사회 개발계획은 1993년 군부독재의 종식과 함께 출범한 김영삼의 문민정부에까지 이어졌다.

대한민국은 민주화와 산업화라는 두 마리 토끼를 모두 잡는 데 성공한, 매우 희소한 나라 가운데 하나이다. 더욱이 대한민국과 같이 수탈적 식민 지배를 거쳐 온 국토를 쑥대밭으로 만든 전쟁으로 세계 최빈국으로 추락하기까지 했음에도 불구하고 다시 일어나 경제발전과 민주주의를 모두 쟁취해낸 사례는 사실상 없다. 여기에는 박정희 정부로 대표되는 관치주의의 유례없는 성공과 김영삼-김대중으로 대표되는 민주주의 세력의 끈질긴 투쟁이 모두 작용했다 보는 게 타당할 것이다.

유치산업을 보호하고 수출 역량 증대에 집중한 국가 주도 경제개발계획이 없었거나, 강력한 관치주의가 경제개발을 견인하지 않았더라도 경제발전을 이룩하였을 거라는 주장에는 실증적 근거가 없다. 반면 군부독재의 서슬푸른 통제 속에서도 자유민주주의 사상이 대한민국 사회에 뿌리를 내리지 않았더라면 1987년 6월 10일에 있었던 민주화 항쟁이 큰 유혈 사태 없이 성공했으리란 보장이 없다. 민주주의의 기반이 다져지지 않은 상태에서는 설사 혁명으로 독재정권을 전복시켜도 또 다른 독재정권이 들어서게 될 가능성이 높다는 점은 아프리카나 중동의 여러 사례를 통해 증명된 바 있다. 대한민국의 산업화와 민주화는 수없이 불리한 악조건들을 극복하고 얻어낸, 우리 국민의 자랑스러운 성취이다. 다만 여기에는 대외적인 요인도 있었다는 점을 잊어서는 안 된다.

대한민국이 수출 주도 경제를 성공적으로 운용할 수 있었던 가장 큰 이유는 누가 뭐래도 우리 국민의 근면함과 성실함, 그리고 산업 발전을 체계적이고 효율적으로 견인한 경제정책 덕택일 것이다. 그러나 대한민국이 국제사회에서 자유 진영에 속하였기 때문이라는 점 역시 결코 빼놓을 수 없다. 대한민국은 1967년, WTO의 전신인 GATT에 가입하였다. 덕분에 대다수 자유 진영 소속 국가가 포함된 GATT 회원국으로부터 특혜관세를 적용받을 수 있었고, 비차별원칙에 따른 무역상의 혜택도 얻을 수 있었다. 또한 1980년대에 이르러 100개국을 넘어선 GATT 회원국으로부터 다양한 천연자원을 저렴하게 조달할 수 있었다. 원재료나 중간재를 수입해 가공하여 중간재 또는 완성재로 만들어 수출하는 대한민국의 산업 구조는 우리가 GATT 다자무역체제에 속해 있었기에 가능했다. 상업을 천대한 조선왕조 500년을 거친 우리 국민이었지만, 일단 자유무역질서에 편입된 뒤로는 여느 민족 못지않게 세계를 무대로 종횡무진 활동하기 시작했다. 오늘날의 재벌집단을 일궈낸 전설적인 경영인들 대다수가 이 시기 등장하여 대한민국의 산업과 경제발전을 견인했다.

군부독재 치하에서 민주주의의 싹이 꺾이지 않을 수 있었던 데에도 우리가 자유 진영에 속하였다는 점이 중요하게 작용했다. 냉전기에 미국은 자국의 이익을 위해서라면 독재국가와도 협력하였고, 대한민국의 군부독재 정권과도 동맹관계를 유지했다. 그러나 미국은 기본적으로 인권을 중요시하는 자유주의 국가다. 가능만 하다면 대한민국이 자유민주주의 국가가 되는 것을 선호했다. 미국은 1972년 CIA를 동원해 박정희 정권의 김대중 암살 시도를 막아냈고, 전두환 정권 출범 이후에도 김대중을 보호했다. 1980년에 있었던 5·18 광주 민주화 운동에는 개입하지 않았으나 1987년의 6·10 민주항쟁 때는 주한미군을 통해 군부가 시위대를 무력 진압하지 못하도록 경고를 보냄으로써 우리 국민이 직선제 개헌을 얻어내는 데 중요한 역할을 했다.

1987년의 6·10 민주항쟁은 대한민국이라는 신생 공화국의 정체성을 새롭게 다진 결정적인 변곡점이었다. 나라 안팎의 참담한 환경에 굴하지 않고 결사적인 노력으로 이룩한 경제적 성취에 더해, 국민의 이름으로 군부독재를 종식하고 민주화까지 얻어냈다. 독재와 전근대적 '정통성 정치'에서 단 한 발짝도 벗어나지 못한 북한과의 체제경쟁에서 대한민국이 확정적으로 승리한 것도 이때였고, 반일과 반공을 넘어 자유민주주의 국가로서의 정체성을 확립한 시점도 이때였다. 이듬해인 1988년에 세계인의 축제라는 올림픽을 성공적으로 개최하면서 얻어낸 고양감이 여기에 더해졌다. 이로써 '한민족의 나라'를 넘어, 자유민주주의 공화국으로서의 대한민국이 확립되었다.

자유주의 국제질서 속의 대한민국

동서냉전의 시대에 자유 진영에 소속되었던 행운이 대한민국의 경제발전과 민주화에 핵심적인 도움을 주었다면, 탈냉전기 자유주의 국제질서는 대한민국의 선진화에 핵심적인 역할을 했다.

냉전 종식과 함께 도래한 팍스 아메리카나는 대한민국이 단군 이래 최대의 전성기를 맞는데 결정적인 토양이 됐다. 우선 북한의 침공 위협이 사실상 사라졌다. 1990년대의 위태로웠던 안보 상황을 기억하는 사람은 이게 무슨 소리인가 의아할 수 있다. 그러나 소련이 해체되고 중국도 뒷배가 될 수 없는 상황에서 북한은 대한민국과 미국을 상대로 전면전을 벌일 수 있는 상황이 아니었다. 당시 중국과 러시아는 오늘날의 중국과 러시아가 아니었고, 미국도 오늘날의 미국이 아니었으며, 수십만의 지상군과 수백만의 예비군을 보유한 대한민국이 있는 한 전쟁이 아프가니스탄 전쟁처럼 장기화될 여지도 없었다. 이 시기 한반도에서의 전면전은 북한 정권과 체제의 확실한 몰락을 의미했다.

1997년에 터진 외환위기는 대외차관에 대한 의존도가 높던 우리 경제의 체질을 근본적으로 뒤바꾸었다. 대한민국에 구제금융을 제공한 IMF는 워싱턴 컨센서스에 입각해 여러 개혁·개방 요구를 하였다. 이에 따라 금리가 인상되고 자본시장이 개방되었으며 기업의 부채비율을 낮추고 은행의 자기자본비율을 높이는 개혁도 단행되었다. 기업은 은행 대출 대신 투자유치를 통해 자본을 조달해야 했고, 관치주의 경제를 지탱하던 수많은 공기업과 공공기관이 민영화되었으며, 비정규직 제도가 도입되면서 노동시장의 유연화가 실현되었다. 수많은 기업과 가정이 해체되었고, '평생직장' 개념이 사라지면서 사회와 문화적으로 지울 수 없는 흉터도 생겼다. 그렇지 않아도 경쟁적인 문화가 만연했던 대한민국 사회는 더 경쟁적이고 물질주의적인 사회가 됐다. 그러나 한국인은 여러 부작용을 악착같이 버텨내며 (안타깝지만, 이겨냈다고 평가하기는 어려울 것이다) 국가 경제의 체질을 개선하는 데 성공했다. 한국인은 눈앞의 국난을 극복하기 위해 금 모으기 운동과 같은 상징적인 기여는 물론이고 사실상 고용 안정성을 포기하라는 사회적 요구에도 순응했다. 김대중 정부는 외환위기 극복을 위한 노력과 함께 IT산업을 발전시키기 위한 노력도 병행하였다. 외환위기를 통해 체질 개선에 성공한 대한민국 경제는 더욱 탄탄해진 기초체력을 바탕으로 2000년대 들어 양적 성장과 질적 성장을 모두 이뤄낼 수 있었다.

2000년대 이후 대한민국이 단숨에 선진국의 반열에 오를 수 있었던 데도 여러 요인이 복합적으로 작용했다. 경제체질을 바꾸고, 산업 구조를 성공적으로 전환한 것도 주요했다. 뛰어난 인적자원의 역할도 컸다. 대한민국의 높은 교육열은 매년 뛰어난 인력을 배출했다. 훌륭한 인적자원을 통해 여느 나라에 뒤지지 않는 혁신을 선도할 수 있었다. 한국인의 전매특허인 근면함과 성실함도 큰 도움이 됐다. 그러나 무엇보다도 천운이라고 할 만한 국제환경의 도움을 빼놓을 수 없다.

냉전 종식 이후 더욱 강화된 세계화와 자유주의 국제질서는 대한민국에 한민족 역사상 전례 없는 기회를 제공하였다. 1995년에 출범한 WTO는 GATT보다 훨씬 포괄적이고 강화된 다자무역체제를 완성했다. 원재료와 중간재를 수입하여 가공, 수출하는 대한민국에 신자유주의가 지배하는 국제질서는 국가 경쟁력 강화를 위한 최적의 환경을 제공했다. 자유 무역에 힘입어 대한민국의 경제는 날개를 달고 날아올랐다.[4] 적시에 적절한 통상정책을 채택한 덕도 컸다. 노무현 정부는 WTO 개혁이 지지부진한 와중에 FTA를 통한 개방 확대에 선제적으로 나섰다. 노무현 정부가 물꼬를 튼 FTA 확대 정책은 후임 정부에서도 꾸준히 계승됐다. 대한민국은 2004년 한-칠레 FTA를 시작으로 2007년 한-미 FTA, 2010년 한-EU FTA, 2015년 한-중 FTA 등 WTO 협정보다 훨씬 높은 수준의 시장개방을 규정한 FTA를 적극적으로 체결했다. 그 결과 2023년 현재 전 세계 59개국과 총 21건의 FTA를 체결하여 세계시장에의 진입장벽을 훨씬 낮출 수 있었다.

옆 나라 중국이 2001년 WTO 가입과 더불어 폭발적으로 성장하고 있었다는 점도 큰 행운이었다. 성장하는 중국 시장은 거대한 기회의 땅이었다. 중국 시장은 대한민국의 수출 품목을 서비스, 상품을 가리지 않고 블랙홀처럼 빨아들였다. 특히 한류와 같은 우리 문화 상품은 서구 선진국에 진출하기에 앞서 중국 시장에서 많은 경험과 경쟁력을 쌓을 수 있었다. 대한민국 기업들은 중국의 노동력을 활용해 현지에서 값싸게 생산한 상품을 세계시장에 내다 팔기도 했다. 1960년대부터 이어진 대한민국의 천운은 실로 2000년대에 들어서도 계속된 것이다.

이 시기 대한민국은 탄탄한 경공업과 중공업 기반을 바탕으로 자동차, 전자는 물론 반도체나 배터리 같은 고부가가치 산업에서도 높은 경쟁력을 함양하는 데 성공했다. 소니나 파나소닉, 도시바와 같은 일본 전자 회사를 선망의 눈으로 바라보던 삼성전자와 LG전자는 어느덧 이들을 제치고 글로벌 선두 주자가 되었다. 한때 세계시장에서 이류, 삼류 취급을 받던 현대자동차와 기아자동차는 어느새 일본과 유럽의 자동차 명가들과 당당히 겨루고 있다. 제조업뿐만이 아니다. 2000년대부터 아시아 지역에서 경쟁력을 인정받기 시작한 한류는 2012년 범세계적인 히트가 된 싸이의 '강남스타일'을 기점으로 세계적인 수준으로 인정받기 시작했다. 2016년 북한 핵실험에 대응한 미국의 고고도 미사일 방어시스템"THAAD," Terminal High Altitude Area Defense 한반도 배치에 불만을 품은 중국이 한한령限韓令으로 우리 문화 상품을 제재하였지만, 그때는 이미 서구 시장에도 통용될 수준의 문화 경쟁력을 쌓은 상황이었다. 2010년대 후반부터 대한민국은 'BTS'나 '기생충'과 같이 세계시장에서 인정받는 문화콘텐츠 상품을 생산해내면서 '강남스타일'의 성공이 우연이 아님을 알렸다. 넷플릭스와 같은 OTT 플랫폼이 보편화된 이후로도 '오징어게임' 등 세계시장에서 인정받는 문화 상품을 꾸준히 선보이면서 누구에게나 인정받는 문화강국으로 거듭났다. 2000년도에 4천 8백억 달러였던 대한민국의 GDP는 2006년 1조 달러를 돌파했고, 2020년에는 1조 5천억 달러를 돌파했다. 대한민국은 '한강의 기적'을 넘어 '중진국 함정'을 돌파한 극소수의 나라 중 하나가 됐다.

02 변화하는 국제질서 속의 대한민국

오늘날 한반도의 지정학적 환경

팍스 아메리카나의 시대가 끝나고 국제사회의 세력 균형이 흔들리면서 인류는 수십 년 만에 돌아온 지정학의 시대를 겪고 있다. 미국의 패권 질서가 해체되면서 팍스 아메리카나 이전부터 원래 전화戰火에 취약했던 지역들을 중심으로 다시금 전운戰雲이 고조되고 있다. 그중 우크라이나에서는 이미 전쟁이 터졌고, 대만해협을 둘러싼 위기도 점차 첨예해지고 있다. 중동과 서남아시아, 아프리카에서도 전란戰亂이 확산되고 있다. 그런데 냉전기부터 이들 지역보다 어쩌면 더욱 전화에 취약했고, 오늘날 핵전쟁이 벌어질 가능성이 가장 높은 지역은 공교롭게도 동북아시아다.

동북아시아는 러시아와 중국, 그리고 일본이라는 규격 외의 강대국들이 한반도를 에워싸고 포진한 형국이다. 한반도의 북한과 대한민국은 수십 년째 총부리를 마주 겨누고 있다. 이런 상황에서 대한민국이 보유한 최강의 억지력은 주한미군이다. 주한미군이 갖는 억지력은 외국인 투자 유인에도 큰 역할을 한다. 한미동맹이 동북아의 험난한 안보 환경에서 대한민국의 안전을 보장하는 사이, 대한민국은 경제발전에 집중할 수 있었다.

한편 동구권이 붕괴하고 공산주의 중국과 베트남조차 개혁개방의 길을 걷는 사이, 오로지 체제 유지를 위해 폐쇄주의를 선택한 북한은 핵무기 등 WMD 개발에 매진하며 고립을 자처했다. 1990년대에 들어서면서부터 북한의 재래식 전력은 대한민국에 크게 뒤떨어졌지만, 대한민국이 선제공격할 가능성은 사실상 없다는 점을 잘 아는 북한은 내부 위기를 관리하기 위해 대남도발을 수시로 자행했다. 한국전쟁 이후 2022년 12월까지 북한은 대한민국을 상대로 대소 3천 4백여 회의 무력도발을 자행하였다. 핵무기 개발 이후로는 대륙간탄도미사일이나 잠수함발사미사일SLBM과 같이 미국이나 일본을 위협할 수 있는 투발 수단뿐 아니라 오로지 한반도 내에서의 핵무기 사용을 위한 다양한 투발 수단들도 지속 개발·강화하고 있다.[5] 북한이 현재 보유한 투발 수단을 혼합하여 사용하면 THAAD를 포함한 그 어떤 방어체계로도 다 막아내기가 어려울 것이다. 대한민국은 중국과의 경제적 관계가 긴밀해지자 중국의 힘을 빌려 북한 문제를 해결해보려 시도했었다. 그러나 여러 정권에 걸쳐 꾸준히 강화된 관계에도 불구하고 중국은 결정적인 순간에는 북한의 편을 들었다.

그런데 북한의 핵무기는 미국으로부터 정권과 체제를 보호하기 위한 수단이기도 하지만, 중국에 대한 보험이기도 하다. 2000년에 평양을 방문한 김대중 대통령에게 김정일은 러시아·중국·일본 등을 견제하기 위해서는 통일 이후에도 주한미군이 주둔해야 한다고 말했다고 한다. 김정은도 2018년에 평양을 방문한 마이크 폼페이오 당시 CIA 국장에게 주한미군이 철수하면 중국이 한반도를 티베트나 신장처럼 다루려 할 것이라 발언했다. 김정은은 측근들에게 "일본이 백 년의 적이면 중국은 천 년의 적"이라고까지 말했다고 한다. 2000년대 초반부터 중국이 진행한 동북공정은 조선족 등 중국 내 소수 민족 융합을 위한 프로젝트로서의 성격도 짙지만, 유사시 북한을 석권하기 위한 논리를 만들어내기 위해서라는 의혹도 있다. 중국 인민해방군이 북한 급변사태에 대응하기 위해 늦어도 2004년경부터 압록강 도하 훈련을 주기적으로 실시하고 있는 건 분명한 사실이기 때문이다. 그런 상황에서 북한이 '고난의 행군' 시기 중국에 복속되지 않을 수 있었던 이유 중 하나는 중국이 북한과의 관계를 "입술이 없으면 이가 시린" 이른바 순망치한脣亡齒寒의 관계로 인식했기 때문일 것이다. 일극의 패권을 행사하던 미국은 그 존재만으로 북한의 생존에 도움이 된 것이다. 어떻게 보면 북한이야말로 미국과 중국이란 초강대국이 대치하는 틈바구니에서 아슬아슬한 줄타기를 수십 년째 계속하고 있는 셈이다.

중국의 대국굴기는 미국의 세계 패권 해체를 목표로 하지만, 그 목적은 미국을 대체하는 세계패권국이 되는 것이 아니라 중화의 패권을 복원하는 데 있다. 이를 위해서는 최소한 동아시아 지역의 패권국이 되어야 할 것이다. 그래야만 과거의 종속국들을 다시 중화의 우산 아래 포섭할 수 있기 때문이다. 중국은 이미 1980년대에 미국의 해군력을 밀어내고 중국의 해양 패권을 확장하기 위한 목표로써 3개의 도련선을 제시한 바 있다. 이중 마지막 제3 도련선은 미국의 해양 패권을 하와이까지 밀어 붙여서 서태평양 전역을 장악하겠다는 장기적 목표를 보여주고, 제2 도련선은 일본과 필리핀까지를 세력권에 포섭하겠다는 중기적 목표를 보여준다. 한반도는 대만과 함께 제1 도련선 안에 포함되어 있다. 현재 대만을 노리고 미국과 대치하는 중국으로서는 근 40여 년 만에 자국의 일차적 패권 영역을 확보할 수 있느냐가 결정될 갈림길에 서 있는 셈이다. 제1 도련선은 중국이 대만을 석권한 뒤에는 한반도가 다음 목표가 될 수도 있다는 점을 예고한다. 물론 한반도는 대만과는 다르다. 남북한 모두 군사 강국이고, 북한은 핵무기까지 보유하고 있다. 그러나 중국에 점령되는 게 아니라, 중국의 세력권에 포섭되는 것은 또 다른 문제다.

미국의 세력권에 속하는 것과 중국의 세력권에 속하는 것의 차이는 크다. 가치나 체제의 차이점을 배제하고 온전히 현실주의적 관점에서만 보더라도 그렇다. 이 차이는 다름 아닌 중국인의 지혜를 빌려 정확히 설명할 수 있다. 한·중 관계가 날로 악화하던 2023년 중순, 중국의 인터넷 매체인 직신문直新聞의 장쓰난 주필은 "책임은 중국에 없다"라는 제목의 6월 10일자 기사에서 "대국 주변 소국에는 통상 두 갈래 길이 있다"라며 "하나는 역내 대국을 따르는 것이고, 두 번째는 역외 대국의 지지 아래 신변의 대국에 도전하는 것"이라고 정리한 뒤, "전자의 경우 소국은 왕왕 자아를 잃고, 후자의 경우 위험해진다"라고 평가했다.[6] 그렇다면 역내 소국의 입장에서는 전자와 후자 가운데 어느 쪽이 더 합리적인 선택일까? 이 의문에 대한 해답도 고대 중국의 병법서인 삼십육계三十六計를 참고할 수 있다. 삼십육계는 제23계에서 '원교근공遠交近攻'을 주문한다. 무릇 먼 나라와 화친하여 가까운 나라와 맞서야 한다는 것이다.[7] 인접 강대국을 따르면 소국은 보통 복속되어 "자아를 잃게" 된다. 동유럽의 리투아니아와 벨라루스는 모두 소련 해체와 함께 독립했지만, 러시아의 영향력에서 벗어나기 위해 필사적으로 노력한 리투아니아와 친러시아 정책을 펼친 벨라루스는 전혀 다른 길을 걸었다. 독립 직후부터 서방과의 협력 강화에 전력투구한 리투아니아는 EU와 NATO의 회원국이 되어 러시아의 영향권에서 완전히 벗어나는 데 성공했다. 제2차 세계대전 당시 소련에 무기력하게 항복한 대가를 거의 반세기에 걸쳐 치러야만 했던 리투아니아는 오늘날 러시아나 중국의 강압 정책에 단 한 발짝도 물러서지 않고 강경히 맞서고 있다. 반면 벨라루스는 경제와 안보, 정치의 모든 영역에서 러시아에 사실상 완벽히 종속된 상태다.

중국이 이미 역내 패권을 확보하여 선택의 여지가 없어진 상황이라면 모를까, 그렇지 않은 상황에서 양자택일해야만 한다면 한국이 중국보다 미국을 선택해야 한다는 점은 이와 같은 중국 측 논리에 따라도 불가피하다. 그러나 소국이 역내 대국에 정면으로 맞설 시 위험에 빠진다는 경고 또한 분명한 사실이다. 특히 미국이 언제든지 고립주의로 회귀할 수 있는 상황에서는 더욱 위험할 것이다.

중국이 대한민국을 상대로 쓸 수 있는 카드에는 여러 가지가 있다. 우리에게 익숙한 것은 경제적 강압 조치다. 중국은 패권국인 미국의 공격에 대해서는 수세적으로 대응하지만, 그 외 국가가 자국의 이해관계에 도전하면 좌시하지 않는다. 이 위계적 정념은 자국에 반하는 소국에 '징벌'을 가하려 드는 것으로 종종 발현된다. 그중 경제보복은 중국이 가장 빈번히 활용하는 카드다. 2010년 2월부터 2022년 3월까지 123건의 경제보복을 사용한 중국은[8] 2010년 센카쿠/댜오위다오 열도를 두고 일본과 분쟁이 일어나자 일본에 대한 희토류 수출을 금지하였고, 같은 해 노벨상 위원회가 중국의 반체제운동가 류샤오보에게 노벨 평화상을 수여하자 노르웨이산 연어의 수입을 제한했다. 2018년 캐나다가 미국의 요청에 따라 화웨이의 멍완저우 CFO를 이란 제재 위반 혐의로 체포하자 캐나다 카놀라유 수출자들의 수입 면허를 취소하였고, 2020년에는 코로나19의 진원지에 대한 철저한 조사를 요구한 호주에 대해 전방위적인 무역 보복을 가했다. 2022년 리투아니아가 대만 대표부를 설치하자 리투아니아에 대해서도 경제보복을 했다.

중국의 징벌적 조치는 우리에게도 익숙하다. 2000년에 대한민국이 저가의 중국산 마늘로 피해를 본 농가를 보호하기 위해 세이프가드 조치를 발동하자 중국은 한국산 휴대폰 등에 대한 수입 금지 조치로 대한민국을 굴복시켰다. 2016년의 THAAD 이전에 이미 마늘이 있었던 셈이다. 대한민국의 뿌리 깊은 공중증恐中症은 이 '마늘 사건'에서 시작됐다 해도 과언이 아니다. 중국에 대한 경제 의존도가 높은 제조업 강국인 대한민국은 2000년과 2016년에 있었던 두 차례의 무역 보복으로 상당한 피해를 볼 수밖에 없었다. 미·중 패권 경쟁이 한창 진행 중인 현시점에는 과거처럼 일방적인 경제보복을 일삼기는 어려울 것이나,[9] 대한민국에 대해 중국이 선택할 수 있는 강압적 수단은 경제 분야로 제한되지 않는다. 북한이란 약점을 항시 머리 위에 지고 사는 한 대한민국은 태생적으로 외세의 압박에 취약할 수밖에 없다. 예컨대 2022년 10월 러시아의 푸틴 대통령은 대한민국이 우크라이나에 살상용 무기를 지원하려 한다는 첩보를 입수했다며 무기 지원이 실제로 이루어지면 북한과의 군사협력을 재개할 수 있다고 경고하기도 했다.

미·중 패권 경쟁 속 대한민국이 마주한 딜레마

대한민국은 심각한 딜레마에 놓여 있다. 중국·러시아와 미국·일본 간에 대립이 심화하는 위태로운 상황에서, 대한민국이 선택할 수 있는 모든 지정학적 결정에는 대가와 위험이 따를 것이다. 위험부담 없이 이득만 취할 수 있는 선택지는 더 이상 존재하지 않는다.

　대한민국이 중국·러시아와 미국·일본 가운데 '절대적인 양자택일'만을 강요받는 상황이라면 답은 간단하다. 대한민국이 해방 이후 여기까지 올 수 있었던 것은 미국과 자유주의 국제질서가 있었기에 가능했다. 자유민주주의 국가로서 가치와 체제적 동질성을 공유하는 나라 역시 미국이지 중국이 아니다. 1987년 6월 민주 항쟁을 통해 군부독재에서 벗어난 이래 자유민주주의 국가로서 이미 수십 년을 발전해온 대한민국이 인제 와서 거꾸로 권위주의 진영에 소속될 수는 없는 노릇이다.

순수하게 지정학적인 시각으로만 사안을 바라봐도 해답은 다르지 않다. 중국과 안보 갈등을 겪는 나라 중 미국과 직접 대립하는 러시아를 제외한 세계 모든 나라는 미국과의 안보협력을 강화하고 있다. 중국과 미국 모두 한반도에 대한 영향력 강화를 원하지만, 각자가 바라는 영향력의 성격이나 수준은 전혀 다르다. 또한 중국과 러시아는 2023년 현재 북한의 핵무기 개발을 싸고돌며 UN 안보리 차원의 추가적 대북 대응을 전면 봉쇄하고 있는 데 반해 미국과 일본은 북한 문제에 있어서 만큼은 대한민국을 물심양면으로 지원하고 있다. 그런 만큼 우리가 양자택일 상황에 내몰리면 결국 미국을 선택할 수밖에 없다는 것은 중국이나 러시아도 상식적으로 인정하는 바다. 다만 중국과 러시아가 대한민국에 요구하는 것은 그들의 편에서 미국에 맞서는 것도, 미국을 버리고 중립이 되라는 것도 아니다. 비록 한미동맹을 상수로 둘 수밖에 없더라도 그들의 핵심 이익이 걸린 사안에 있어서 만큼은 그들을 적대시하지 말라는 것이다. 우리로서도 대북 관계에 있어서는 미국·일본과 긴밀히 공조하되 대만해협 문제나 반도체 제재, 우크라이나 전쟁 등에서는 한발 물러나 중국·러시아를 자극하지 않는 방안이 매력적으로 보인다. 그렇게만 된다면 중국·러시아를 크게 자극하지도 않고, 중국·러시아가 북한을 대놓고 지원하지 못하도록 견제할 수도 있을 거란 기대가 들기 때문이다. 사실 이는 전략적 모호성strategic ambiguity이란 명목하에 대한민국이 지난 20여 년간 꾸준히 채택해온 대전략과 일맥상통한다. 문제는 미·중 갈등이 심화하면서 전략적 모호성이 통용되지 않은 시대가 되었다는 점이다.

전략적 모호성이란 경쟁하는 국가 사이에서 입장을 명확히 하지 않은 채 모두로부터 이득을 취하는 전략을 의미한다.[10] 경쟁국들의 사이가 나쁘지 않은 상황에서는 전략적 모호성을 택하는 것에 특별한 문제가 없다. 그러나 경쟁국 간에 대립이 심화하는 상황이라면 전략적 모호성에도 위험이 따른다. 전략적으로 모호한 행보를 보이는 국가는 신뢰할 수 없기 때문이다. 특히 경쟁하는 국가 간에 대립이 심화하여 적대적으로 변모하는 상황에서는 중간국가의 신뢰성 부재는 큰 위험을 불러일으킬 수 있다. 초기에는 서로 자기 쪽으로 끌어들이기 위해 노력할 것이나, 끌려오지 않으면 상대편에 선 것으로 간주하게 될 수 있다. 또는 위험 요소가 될 수 있는 변수로 취급하여 진영에서 제외해버릴 수도 있다. 이 경우 자칫 전략적으로 반드시 함께해야 하는 국가로부터 버림받거나, 최악의 경우 양 국가 모두로부터 버림받게 될 수도 있다. 또한 전략적 모호성을 택한답시고 상식적으로 마땅히 대적해야 하는 국가에 적의 맞서지 않을 시에는 약세를 드러낸 것으로 오인되어 오히려 공격을 유도하는 결과가 초래될 위험성조차 있다. 물론 미·중 패권 경쟁의 시대에도 전략적 모호성이나 심지어 적극적인 이중헤징전략double hedging strategy을 채택하는 게 국익에 도움이 되는 나라도 있다. 인도나 튀르키예와 같이 양 진영 모두로부터 열렬한 구애를 받고, 어느 쪽으로부터도 불이익을 두려워할 필요가 없는 나라가 대표적이다. 그러나 대한민국은 다르다. 다른 모든 이유를 제쳐두더라도 북한이 있는 한 미국과 멀어질 수 없고, 마찬가지로 북한이 있는 한 중국·러시아를 적대시하는 것은 현명하지 않다. 북한과 협력관계를 구축할 수만 있다면 가장 좋겠으나 그동안의 여러 노력에도 불구하고 북한은 노선을 바꾸지 않았고, 북한은 내부의 불만을 돌리기 위해서라면 언제든지 대한민국을 상대로 도발을 감행할 것이다. 미국의 세계 패권이 흔들리는 데다 중국·러시아가 미국에 적극적으로 맞서는 현 상황에서는 북한이 더욱 과감해질 수 있다.

현재의 정세가 우리의 처신과 상관없이 상황을 극단으로 몰아갈 수 있다는 점도 중요하다. 예컨대 우크라이나 전쟁에서 러시아가 승리하면 중국이 대만해협에서 모험을 시도할 가능성이 커진다. 이는 곧 남북한 간에 대규모 무력 충돌이 발생할 가능성이 그만큼 커진다는 뜻이다. 대한민국으로선 북한과의 무력 충돌로 이어질 수 있는 대만해협에서의 전쟁 가능성을 원천 차단하기 위한 대중국 억지력 강화에 직간접적으로 참여할 실익이 있다. 또한 중국이 동아시아의 패권국으로 등극하지 못하도록 세력 균형을 도모할 유인도 있다. 전략적 모호성은 지난 시기 대한민국의 발전과 안보를 도왔지만, 더 이상 유효하지 않다.

그러나 한반도의 복잡한 지정학적 정세를 고려할 때 중국과 러시아의 입장을 마냥 무시하기 어려운 것 또한 사실이다. 대한민국이 한·미·일 동맹을 강화하게 되면 중국과 러시아는 반드시 북·중·러 동맹을 더욱 강화하는 것으로 대응할 것이다. 반대 상황도 마찬가지다. 중국과 러시아가 북한을 품어 북·중·러 동맹을 선제적으로 강화하면 대한민국으로서도 한·미·일 동맹을 강화해 대응할 수밖에 없다. 중국과 러시아가 이란의 경우와는 달리 북한과의 관계 강화에 상대적으로 소극적인 이유는 북한과 이란의 전략적 가치에 차이가 있기 때문이기도 하지만, 북한과의 전면적 협력 강화가 대한민국을 미·일 동맹 쪽으로 밀어내게 될 것이라는 사실을 잘 알기 때문이기도 하다.

미국의 일부 전문가는 북한과 중국·러시아가 이미 물밑에서 사실상의 동맹관계를 수립하고 공동의 목표를 위해 일사불란하게 움직이고 있기에 한국으로선 선택의 여지가 없어진 상황이라고 경고하기도 한다. 실제로 북한이 고체연료 엔진을 탑재한 대륙간탄도탄을 신속히 개발할 수 있었던 데에는 러시아의 기술 지원이 있었을 것이라는 의혹이 있고, 러시아가 우크라이나 전쟁에서 고전하면서 북한과의 협력이 강화되고 있는 것도 분명하다. 2023년 9월에 개최된 김정은과 푸틴의 정상회담에서도 비록 공개되지는 않았지만 광범위한 분야에 관한 협력 합의가 이루어졌을 것으로 예상된다. 드미트리 페스코프 크렘린궁 대변인도 푸틴-김정은 정상회담과 관련해 "공개할 수 없는 매우 민감한 분야에서 협력할 것"이라고 밝힌 바 있다. 러시아가 북한으로부터 재래식 무기와 탄약을 지원받는 대신 북한에 유류나 식량은 물론, 첨단 군사기술을 제공하게 될 것이란 의혹도 제시되고 있다. 하지만 물밑에서 협력하는 것과 전폭적으로 협력하는 것은 분명히 다르다.

중국과 러시아는 UN 안보리 상임이사국이고, 북한에 대해서는 과거에 채택된 다양한 UN 안보리 제재가 아직까지 실행되고 있다. 물론 UN 안보리 제재에도 불구하고 중국과 러시아가 북한에 이미 여러 가지 지원을 제공했다는 증거가 있고, 2023년 9월의 푸틴-김정은 정상회담을 계기로 러시아의 지원 수위가 더욱 높아질 가능성도 매우 높다. 그러나 적어도 현재로서는 기존에 채택된 UN 안보리 결의는 준수하고 있다는 게 중국과 러시아의 공식적인 입장이다. 2023년 9월에 개최된 김정은과의 정상회담 직후에도 푸틴은 "북한과 군사-기술에 관한 협력이 논의됐느냐"는 질문에 대해 협력을 제약하는 요인으로 UN 안보리 결의를 언급하며 "러시아는 이 모든 제약을 준수하고 있다"라고 확인했고, 다만 UN 안보리 결의의 틀 내에서 "논의하고 생각할 수 있는 것들이 존재한다"라고 단서를 달았다.[11] 하지만 군사기술협력 분야에 대해서는 "북한과 체결된 협정이 없고 그럴 계획도 없었다"라고 밝혔다. 또한 러시아는 북한과의 정상회담을 앞두고도 대한민국과의 관계를 "무역 파트너"라 정의하면서, 같은 달 개최된 푸틴과 김정은의 정상회담 내용을 한국이 요청하면 제공하겠다면서 관계를 관리하려는 성의를 보였다. 즉, 북-러 간에 위험한 거래가 이뤄지긴 했겠으나 아직 대한민국의 '레드라인'을 넘었다고 확신하기는 어려운 상황이다.

중국·러시아에 있어 북한과의 협력 강화는 대한민국을 압박할 수 있는 카드이고, 반대로 대한민국에 있어 미국·일본과의 협력 강화는 중국·러시아를 압박할 수 있는 카드다. 어느 카드가 먼저 사용되든, 반드시 다른 카드의 사용을 부른다. 또한 두 카드 모두 상대방이 다른 카드를 사용하지 못하도록 억제하는 효과가 있는 것이다.

이런 아슬아슬한 상황에서 미국이 더 이상 예전의 미국이 아니라는 점 또한 대한민국의 딜레마를 키우고 있다. 그동안 미국은 대한민국에 있어 믿고 따르면 뭐든지 중간 이상은 보장해주던 '큰형님'이었다. 일제를 패망시켜 독립을 주었고, 한국전쟁 이후 70년 이상의 세월 동안 군사 보호를 제공해줬으며, 물건을 사고팔 수 있는 국제시장을 만들어 내어주었다. 1945년부터 1969년까지의 25년간은 경제원조를 통해 아예 기초적인 생계까지 책임져줬다. 그 시절 국내에서 판매되던 거의 모든 담배곽에는 "납세로 자립경제"라는 글귀가 새겨져 있었다. 자립경제를 이루고자 하는 열망은 한국인에 강력한 동기부여가 됐지만, 어렵던 시절 경제원조를 받을 곳이 있었다는 점은 특별한 행운이었다. 냉전기의 냉엄하고 위험한 국제정세도 미국을 따르니 헤쳐 나갈 수 있었고, 탈냉전기에는 미국이 제공하는 해상안보와 자유무역질서, 세계화에 편승해 선진국까지 도약할 수 있었다. 실로 난세亂世에도 치세治世에도 답은 미국이었다.

그러나 오늘날의 미국은 제2차 세계대전 직후 홀로 전 세계 GDP의 절반에 육박하는 경제력을 자랑하던 그 미국이 아니다. 마셜플랜 등과 같은 무차별 원조를 통해 공산주의의 확장을 홀로 막아냈던 미국은 더 이상 없다. 팍스아메리카나 시절, 전 세계를 통합하는 자유주의 시스템을 구축한 뒤 이를 유지하기 위해 기꺼이 세계경찰 역할을 자임했던 미국도 이젠 없다. 미국의 정계는 날로 높아져 가는 고립주의 정서와 미국 우선주의에 휘둘리고 있다. 미국은 혈맹 영국과의 FTA 협상에서도, 중국을 글로벌 공급망에서 괴리시키려 구상한 IPEF에서도 자국 시장을 추가로 개방하지 않았다. 냉전기에 소련을 전방위적으로 고립시켜 끝내 고사시킨 것과 같은, 대국적인 국제전략도 찾아볼 수 없다. 중동이나 아프리카, 남태평양 등지에서도 중국이 먼저 세력을 확장하면 미국이 뒤늦게 대응하는 형세가 이어지고 있다. 그간 패권국으로써 으레 제공해온 체제적 혜택을 볼모 삼아 동맹국에 협력을 요구하는 모습도 왕왕 관찰된다. 이것이 반드시 미국의 약세를 의미하는 것은 아니나, 변화한 미국의 입장을 보여주는 것이기는 하다.

고립주의자가 미국 대통령이 되면 우크라이나 전쟁으로 오랜만에 활기를 띠는 NATO의 미래도 안심할 수 없다. 이승만 대통령의 최대 업적이라 할 수 있는 주한미군의 미래도 장담할 수 없는 것은 마찬가지다. 트럼프 행정부 시절 미국은 주유럽 미군의 축소 또는 전면 철수를 진지하게 고려했었고, 주한미군의 분담금 인상 문제와 주한미군의 존속 여부를 연계하기도 했었다.[12] 문제는 같은 생각을 하는 고립주의자가 또 미국 대통령에 당선될 수 있다는 점이다. 중국에 있어 주한미군은 턱밑의 비수이지만, 미국으로서도 양날의 검이다. 주한미군이 존재함으로 인해 중국을 공세적으로 압박할 수 있는 것은 맞지만 한반도 전쟁 발발 시 자칫 원치 않는 지상전에 휘말릴 수도 있다. 중국을 봉쇄하는 정도로 만족하자면 언제나 그랬듯이 주일미군을 강화하는 것으로도 충분하다. 고립주의자라면 중국에 대한 억지력을 강화하는 것보다는 지상전의 리스크를 없애는 쪽에 더 매력을 느낄지 모른다. 미국이 완전한 고립주의로 전환하면 태평양의 서쪽은 중국의 품에 들어갈 확률이 높아진다. 일본은 미국을 등에 업고 중국에 대항하려 하겠지만, 상황이 어떻게 전개될지는 확신할 수 없다.

이래저래 대한민국의 대외전략이 딜레마에 빠진 이유다.

앞으로 5년 또는 길어야 10년 안에 결정될 대한민국의 미래

미국의 일극체제가 유지되던 지난 30여 년, 또는 미국이 주도하는 자유 진영에 속한 지난 70여 년은 한민족의 수천 년 역사 중 지극히 예외적인 기간이었다. 우선은 한반도가 중국의 패권에서 벗어나 있었다는 점에서 그렇다. 한민족이 동북아시아를 벗어나 전 세계를 상대로 무역에 나섰다는 점도 기념비적인 변화였다. 지금은 상업을 억누르고 농업에 전념하여도 먹고 살 수 있던 조선시대가 아니다. 현대와 같은 산업 시대에 대한민국이 부존자원이 빈약하다는 천형天刑을 극복하고 선진국으로 도약할 수 있었던 것은 자유무역이 있었기에 가능했다. 자원을 저렴하게 수입해 가공하여 부가가치를 더한 뒤 수출하여 외화를 벌고, 그 외화로 다시 부족한 물건을 수입해서 쓰는 대한민국의 가공 무역형 산업 구조는 자유무역 덕택에 발전할 수 있었다. 덕분에 단군 이래 처음으로 '이밥에 고깃국'을 맘껏 먹는 것은 물론이고 세계 10대 강국으로 도약할 수 있었다. 단순히 명목 GDP로만 따지자면 오늘날 대한민국의 경제력은 역사적 초강대국인 러시아와도 비등할 정도다. 꿈같은 시대다. 그러나 지금의 대한민국을 만들어준 자유무역질서는 미국과 중국 간의 패권 경쟁으로 인해 형해화되고 있다.

미·중 패권 경쟁이 파국으로 치닫지 않고 현상 유지가 이어진다고 해도 대한민국의 장래는 솔직히 밝다고는 볼 수 없다. WTO 다자무역체제의 최대 수혜자인 중국은 대한민국이 앞서 있었던 거의 모든 기술 분야에서 우리를 따라잡았거나 추월했고, 그나마 대한민국이 앞서 있는 반도체 산업에서도 자립적 역량을 키우기 위해 총력을 기울이고 있다. 중국의 넓고 깊은 잠재력을 생각할 때 몇몇 예외적인 기업을 제외하면 중국이 산업의 거의 모든 영역에서 우리를 압도하거나 추월할 가능성은 상당하다. 한편 대한민국의 인구는 이미 감소하기 시작했고, 그 속도는 앞으로 더욱 빨라질 것이다. 시간이 지날수록 감소하는 인구구조는 사회적 비용을 증가시키고 생산성을 좀먹을 것이다. 그간 대한민국의 생산력을 뒷받침해줬던 가혹한 업무 문화는 선진 문화에 익숙한 젊은 세대에 더 이상 강요하기 어려워졌다.

대한민국을 둘러싼 안보 현실도 탈냉전 이래 최악이다. 선군정치와 핵 개발에 체제의 사활을 걸어온 북한은 핵무기를 보유하는 것을 넘어 핵탄두를 소형화한 전술핵을 보유하게 되었고, 다양한 투발 수단을 개발하여 사실상의 핵보유국으로 거듭났다. 2022년 5월 미국 전략사령부는 한반도에서 무력 충돌이 발생하면 북한이 초기에 전술핵을 사용할 가능성이 높다고 평가했다. 2022년 9월 북한은 적대세력이 김정은을 포함한 지휘체계를 공격하면 자동으로 핵무기를 사용해 반격하겠다는 핵 무력 정책을 법제화하였다. 2023년 6월 25일에는 북한 조선중앙통신이 한국전쟁 73주년을 맞아 한반도 정세가 핵전쟁 발발 임계점에 다가서고 있다고 위협했다. 핵을 보유한 뒤 체제수호에 자신감을 얻은 북한이 대만해협에서 미·중 간에 무력 충돌이 발생할 시 대남도발을 통해 미군의 전력을 분산시키려 할 가능성은 그 어느 때보다 커졌다. 팍스 아메리카나 시절에는 북한의 뒷배가 되지 못했던 러시아와 중국은 패권 경쟁의 맥락에서 북한을 활용할 방안을 찾느라 분주하다. 경제력이 빈약하고 세계적 관점에서는 부존자원도 빈약한 북한이지만, 어쨌든 사실상의 핵보유국이다. 북한이 명실상부한 반미연대의 일원이 되면 한반도는 다시 한번 동북아의 지정학적 최전선이 될 것이다.

조선이 서구열강과 처음 접촉한 1866년 병인양요로부터 일본이 운요호 사건을 일으킨 1875년 사이에는 약 9년이란 시간이 있었다. 일본에서 도쿠가와 막부가 무너지고 메이지 유신이 시작된 것은 1868년이었으므로, 막부 말기의 동란을 평정한 일본이 운요호 사건을 일으킬 만큼 발전하는 데 걸린 시간은 고작 7년이다. 일본은 이미 19세기에 거의 모든 국력 지표에서 조선을 추월한 상태였기에 조선이 근대화를 서둘렀다 해도 일본과 같은 수준의 국력 상승을 이뤄내기란 쉽지 않았을 수 있다. 그러나 아직 시간이 있었던 대원군 시절에 쇄국정책 대신 광무개혁과 같은 포괄적 개혁을 단행하였더라면 조선의 앞길에는 더 많은 선택지가 있었을 것이고, 어쩌면 그중에 식민 지배를 피할 수 있는 선택지가 있었을지도 모른다.

역사에 '만약'이란 없다. 하지만 미래에는 '만약'이 있다. 앞으로 5년에서 10년 또한 한민족에 있어서는 병인양요 직후의 9년 또는 7년만큼이나 중요한 시기가 될지도 모른다. 여러 모순과 불합리에도 불구하고 단군 이래 최전성기를 맞은 대한민국이 현재의 위상을 유지할 수 있을지, 아니면 예정된 쇠퇴의 수순에 접어들게 될지가 결정될 시기이기 때문이다. 우리가 지금 당연히 누리고 있는 모든 것들의 앞날이 향후 5년에서 10년 사이에 이루어질 우리의 선택에 달려있다고 해도 과언이 아닐 것이다.

03 대한민국의 대전략

제2차 세계대전이 끝나고 일제가 물러난 해방정국에 서울 저잣거리에는 다음과 같은 노래가 유행했다고 한다.

"미국 놈 믿지 말고, 소련 놈에 속지 마라. 일본 놈 일어선다. 되놈(중국) 되 나
온다(다시 온다). 조선 놈 조심해라."

미국에 너무 의지하지 말고, 공산주의 소련에 속지 말고, 다시 일어설 일본과 돌아올 중국을 조심하라는 경구다. 어쩌다 80여 년 전 저잣거리에서 이런 노래가 널리 불리게 되었는지는 알 수 없다. 다만 이 노래가 등장한 것은 우연이 아닐 것이다. 해방정국은 대한민국이 미국, 중국, 러시아, 일본이라는, 외교가에서 흔히 4강四強이라 부르는 세계 4대 강대국의 세력권 정중앙에 놓이게 된 시점이기 때문이다. 4강은 하나하나가 국제질서의 한 축을 담당할수 있는 강대국이지만, 미국이 세계 패권을 누렸던 지난 30여 년 동안은 다른 강대국들의 역할이 제한되었었다. 군사적 적대관계에 있는 북한도 미국

의 패권 아래 고립되어 있었기에, 처참할 정도로 불리한 지정학적 위치에도 불구하고 대한민국은 상당한 운신의 폭을 누릴 수 있었다. 바야흐로 이러한 균형이 깨지고 중국, 러시아, 일본, 그리고 북한이 각자의 세계전략에 따라 움직이기 시작한 이상, 대한민국이 누리던 운신의 폭이 제한되는 것은 자연스러운 결과다. 한반도의 가혹한 지리적 위치가 지정학적 제약으로 떠오르기 시작한 것이다.

탈냉전기와 세계화 시절 대한민국의 대전략은 안미경중과 이를 유지하기 위한 전략적 모호성이었다. 지나치게 수동적이란 비판이 많았으나, 어쩌면 대한민국이 선택할 수 있는 최선의 전략이었을지도 모른다. 그렇다고 대한민국의 대외정책이 항상 수동적이기만 했던 건 아니다. 대한민국은 정권을 막론하고 북한 문제를 해결하기 위해 여러 노력을 기울였다. 가장 유명한 것은 김대중 정부의 '햇볕 정책'이지만, 1988년 탈냉전의 분위기 속에서 노태우 정부가 북방외교를 개시한 이래 대한민국은 8개의 정부를 거치면서 동아시아 지역의 안보 문제를 관리하고 평화 체제를 구축하고자 꾸준히 노력해왔다.[13] 한국-미국-북한의 3자 회담이나 중국-러시아, 또는 일본이 포함된 5자 또는 6자 회담을 누차에 걸쳐 추진했다. 동북아시아의 지역 질서를 변화시켜 보고자 그 외에도 다양한 다자정책을 구상하고 실행해왔다. 그러나 역내 국제질서의 근본적인 변화를 끌어내기에는 대한민국의 역량이 부족했다. 패권 전환기에 각자의 전략을 갖고 움직이기 시작한 4강을 대한민국이 통제하기란 더더욱 역부족일 것이다. 더구나 4강의 손에는 하나 같이 대한민국의 코뚜레라 할 수 있는 북한이 쥐어져 있다.

4강과 북한 사이에서 주체적인 방향성을 세우기 위해서는 우리의 입장과 정체성, 그리고 핵심 이익이 무엇인지를 먼저 정리할 필요가 있다. 그리고 중요한 사안별로 우리의 핵심 이익이 걸린 '레드라인'이 무엇인지를 명확히

해야 한다. 대한민국의 레드라인이 무엇인지 알 수 없다면 다른 나라는 이를 존중할 수도 없고, 존중하지도 않을 것이다. 또 핵심 이익을 지키는데 필요한 조치는 적극적으로 취해야 한다. 그래야만 대한민국의 레드라인이 실제로 타국에 대한 억지력을 가지고 존중받을 수 있다.

그러나 패권 전환기의 국제정세는 너무나 불안정하고, 변수가 많다. 대한민국이 아무리 중국과 러시아를 자극하지 않기 위해 노력해도 우크라이나나 대만해협의 정세는 우리의 처신과 상관없이 한반도를 위기 상황으로 몰아갈 수 있다. 반대로 중국과 러시아를 지나치게 몰아붙이면 원래대로라면 피할 수 있었던 위기를 조장하게 될 수도 있다. 이런 복잡다기한 정세에서는 어느 하나의 결론을 사전적으로 정해놓고 따르는 건 바람직하지 않다. 그보다는 우리의 핵심 이익에 기초한 확고한 기준과 원칙을 수립하고, 사안별로 합리적이면서도 실용적으로 접근하는 자세가 필요할 것이다. 큰 방향은 정해놓되 눈앞의 장애물 하나하나를 넘는 데 최선을 다한다는 맘가짐이 중요하다는 뜻이다. 소용돌이치는 정세 속에서 그렇게 단단히 버티다 보면 언젠가 상황은 바뀌고 국면은 전환될 것이다.

역사상 모든 난제는 시간 앞에서 해결되거나 힘을 잃었다. 지금 우리 눈앞에 버티고 있는 문제들도 결코 예외가 아니다. 우리 힘으로 해결할 수 없는 문제들에 대해서는, 그 문제보다 오래 버텨내는 것[outlive]도 하나의 해결책이 될 수 있다. 문제보다 오래 버티는 데 성공한다면 결국은 문제를 초월하는 것과도 마찬가지이기 때문이다.

대한민국의 단기 전략

패권 전환기에 대한민국의 대외정책은 크게 두 가지의 상호 대립하는 전략 목표를 동시에 달성하는 데 초점을 맞추어야 할 것이다.

첫 번째 전략 목표는 미국과 서방에 대한민국이 자유 진영의 일원이라는 신뢰를 확고히 심어주는 것이다. 즉, 대한민국이 권위주의 진영과 자유주의 진영, 또는 북·중·러와 미·일 사이에서 이중헤징전략을 채택하려 한다는 의심이 들만한 여지를 남겨서는 안 된다.

미국이 안보 문제와 경제 문제를 동전의 양면으로 취급하기 시작한 이상 미국에 신뢰할 수 없는 파트너로 인식되는 것은 재앙적일 수 있다. 현재 미국은 국가별 신뢰성과 필요성에 기초해 글로벌 공급망을 재편하고 있다. 미국의 이런 노력은 인도와 같이 중국을 대체하는데 필수 불가결한 나라와의 전략적 협력을 강화하는 한편, 신뢰할 수 있는 나라를 중심으로 글로벌 공급망을 재구축하는 양상으로도 나타나고 있다. 경제적 효율성과 무관하게 필수전략산업을 무조건 미국 본토로 복귀시키는 리쇼어링reshoring과 경제적 효율성을 고려해 핵심 산업을 북미 등 인접 우호국으로 복귀시키는 니어쇼어링nearshoring, 그리고 효율성과 필요성 등을 복합적으로 고려해 중요 산업을 우방국에 안분하여 재배치하는 프렌드쇼어링friend-shoring이 다층적으로 진행되고 있다. 이때 효율성, 필요성과 함께 반드시 고려되는 요소는 가치를 공유하는 국가로서의 신뢰성이다.[14] 신뢰를 잃어 미국의 기술과 시스템, 공급망에서 배제되는 상황은 대한민국이 감당할 수 없다.

미국에 종속되어 매사 끌려다니라는 뜻이 아니다. 일단 확고한 신뢰를 얻은 뒤에는 오히려 유연한 정책 운용이 가능해질 수 있다. 일본이 우크라이나 전쟁에도 불구하고 러시아산 에너지를 대량 수입하며 극동의 자원개발을 위한 '사할린 사업'에 지속 참여하는 상황을 미국이 묵인하는 이유는, 역설적으로 일본이 어느 진영에 서 있는지에 대해 의심의 여지를 조금도 남기지 않았기 때문이다. 일각에서 우려하는 바와 달리 미국과의 협력 관계가 강고해지면 중국·러시아와의 관계에서도 오히려 대한민국의 레버리지가 강해질 것이다.

경제협력 분야에서 미국의 신뢰를 상실하면 안보협력 분야에도 큰 문제가 발생할 것이다. 그렇지 않아도 트럼프 행정부 시절 미국은 주한미군 유지에 회의적이었다. 미국의 씽크탱크 헤리티지재단은 트럼프 행정부의 전직 관료들을 주축으로 2023년 9월에 발간한 보고서를 통해 미국의 동맹국들이 안보와 관련해 더욱 큰 책임과 부담을 져야 한다며, 특히 북한에 대해서는 대한민국이 재래식 방어를 주도해야 한다고 강조하기도 했다. 미국의 정치 지형에 따라 한반도에 전개된 연합전력의 구조나 성격, 전략·전술에 변화가 발생할 수 있다는 뜻이다. 대한민국으로선 미국에 그 어떤 고립주의 정권이 들어서든 대한민국에 대한 미국의 방위 노력이 약화되지 않도록 보다 굳건한 신뢰 관계를 구축할 필요가 있다. 예를 들어 2023년 5월 미 국방부는 미군의 과학적·기술적 우위를 지속 유지하기 위한 '국방과학기술전략'을 발표했다. 이 전략문서는 미국의 군사적 우위를 유지하기 위해 핵심 과학기술을 보호하고 혁신 생태계를 육성할 필요성을 강조하면서, 핵심 의제 중 하나로 동맹국과의 협력을 꼽았다. 이미 미국은 통합억지integrated deterrence란 개념 아래 군사과학기술의 연구·개발은 물론 전투함이나 군수물자의 생산을 위해서도 동맹국과 협력하고 있다. 그런데 2023년 7월 현재 이 전략에 따른 협력대상에는 대한민국이 포함되어 있지 않다.[15] 미국에 있어 한미동맹은 중요하지만, 최상급 동맹은 아니라는 뜻이다.

미국의 필수 공급망에서 더 높은 위치를 차지하고, 한미동맹을 더욱 강화하기 위해서는 미국과 군사과학기술 분야에서의 협력 수준을 한층 강화하는 방안을 적극 고려할 필요가 있다. 특히 미국이 현재 영국·일본·호주·인도 등과 협력하고 있는 분야에는 전투함·핵잠수함 등 군사 무기의 생산뿐 아니라 인공지능·양자컴퓨터·우주기술 등의 미래 기술도 포함되어 있다. 21세기 4차 산업혁명 시대의 중추 기술은 대부분 이중용도로 사용될 수 있는바, 미국과의 기술협력은 최첨단 범용기술 확보에도 긴요하다.

두 번째 전략 목표는 중국과 러시아의 레드라인을 넘지 않는 것이다. 이 두 번째 목표는 일견 첫 번째 목표와 상충하는 것처럼도 보인다. 실제로 이들 두 가지 목표는 상호 대립하는 것이 사실이다. 그러나 두 가지 목표가 결코 양립할 수 없는 것은 아니다.

철저하게 현실주의적 세계관에 따라 움직이는 중국과 러시아는 북한이 존재하는 이상 대한민국이 한미동맹을 유지하는 것은 불가피하다는 점을 잘 알고 있다. 대한민국과 미국이 동맹으로서 보조를 맞추는 것은 그들이 보기에도 당연하다. 그 과정에서 중국과 러시아의 이해를 일정 부분 침해하는 것 역시 어쩔 수 없다. 2023년 6월 안드레이 쿨릭 주한 러시아 대사는 대한민국이 우크라이나에 우회적으로라도 무기를 공급하면 러시아의 레드라인을 넘는 것이라 말하면서도, 한국이 (사실상 미국의 우크라이나에 대한 포탄 지원분을 채우기 위해) 미국에 포탄을 수출한 부분과 관련해서는 이해하는 태도를 보였다. 중국도 다르지 않다. 중국 또한 대한민국이 한미동맹을 우선시할 수밖에 없다는 점에 대해서는 다양한 계기에 여러 차례에 걸쳐 명확한 언사를 통해 이해를 나타낸 바 있다. 중국은 대한민국을 미국의 동맹 세력 중 '약한 고리'로 보아 한국의 의지나 입장을 시험하기 위해 몰아붙이는 경우가 왕왕 있지만, 그것은 대한민국의 레드라인이 어디까지인지를 시험해보는 것에 가깝다. 우리가 약세를 보이면 가차 없이 밀어붙이지만, 이빨이 들어가지 않을 게 뻔한 상황에서도 섣불리 대한민국의 레드라인을 넘을 정도로 중국은 비합리적이지 않다.

즉, 한미동맹을 이유로, 또는 미국과의 협력 강화를 위해 필요한 경우 중국이나 러시아와 일정 수준 대립하거나 대치하는 것은 중·러의 입장에서도 예상 범위 내의 행동이다. 예상했던 행동이라면 본질적인 문제는 되지 않는다. 문제는 대한민국이 중국·러시아의 레드라인을 넘는 경우다. 중국과 러시아는 자국의 핵심 이익에 기초한 레드라인을 넘는다면 설령 그 상대가 미국일지라도 반드시 대응하겠다고 공언하고 있다. 대한민국을 상대로는 더욱 강한 보복을 할 것이다. 그리고 중국과 러시아의 보복에는 대한민국에 실존적 위협이 되는 북한을 지원하여 대한민국을 견제하고 압박하는 선택지가 반드시 포함될 것이다. 그런 만큼 중국과 러시아의 레드라인을 넘는 것은 현명한 선택이 아니다. 만약 대한민국이 중국과 러시아의 레드라인을 넘는다면, 그것은 중국과 러시아가 먼저 대한민국의 레드라인을 넘어 맞대응하지 않을 수 없는 상황이어야 할 것이다. 바꾸어 말하면 중·러가 북한을 적극적으로 지원하여 대한민국의 레드라인을 넘을 시에는 대한민국도 얼마든지 중·러의 레드라인을 넘을 수 있다는 점을 분명히 하여야 한다. 이것이 결코 허세가 아니라는 점을 보여준다면 그 자체로 중·러가 대한민국의 레드라인을 넘지 못하도록 억제하는 효과가 있을 것이다.

한편 북한이란 이름의 레드라인은 중·러를 상대로만 통용되는 것은 아니다. 미국도 북한이 대한민국에 있어 실존적 위협이라는 점은 잘 알고 있다. 그렇기에 대한민국이 중·러의 레드라인을 먼저 넘기 어려운 상황이란 점도 알고 있다. 사실 이는 국제사회에서는 상식에 가깝다. 전쟁 중인 우크라이나의 젤렌스키 대통령조차도 대한민국이 살상 무기 지원을 직접 하지 못하는 상황에 대해 "대한민국이 처한 상황을 잘 이해하고 있다"라고 여러 차례 밝힌 바 있다. 북한의 위협은 대한민국이 중·러의 레드라인을 넘는 미국의 결정에 동참하지 못하는 현 상황을 국제적으로 정당화하는 명분이 될 수 있다는 뜻이다. 그런 만큼 북한의 위협을 관리하는 것이 대한민국의 가장 중요한 핵심 이익이요, 같은 맥락에서 북한의 위협을 악화시키는 외부 세력의 행위는 대한민국의 레드라인을 넘는 행위라는 점을 국제사회에 체계적이면서도 엄중히 전파해야 한다. 그래야만 중국이 대만해협 급변사태 발발 시 북한을 대미對美 레버리지로 활용하는 상황을 억지할 수 있고, 나아가 대만해협에서의 급변사태 발생 가능성 자체를 억지할 수 있다.

자유 진영의 일원으로서 대열을 성실히 뒷받침하고 공동으로 억지력을 발휘하며, 우리의 레드라인을 넘는 상대에게 반드시 예고된 대응을 하는 것은 중요하다. 하지만 북한이란 위협을 고려할 때 대열의 선봉에 서서 화를 자초하여서는 안 된다. 대한민국과 중국·러시아는 시진핑이 늘상 강조하듯이 지리적으로 '도망갈 수 없는 이웃'이기 때문이다. 미국이 신형 고립주의로 전환할 가능성을 무시할 수 없는 상황이기에 더욱 그렇다.

만약 본격적인 신냉전이 시작된다면, 지난 동서냉전과 마찬가지로 대한민국이 북·중·러에 맞서는 전진기지가 되지 않을 합리적인 경우의 수는 거의 남아있지 않게 될 것이다. 하지만 본격적인 신냉전이 시작되지 않은 이상 대한민국은 '전략적 유연성strategic flexibility'을 발휘할 수 있고, 또 발휘해야 한다. 현재 미국은 신냉전까지 가지 않고도 중국의 추격을 뿌리칠 수 있는 상황이고, 적어도 현시점에는 신냉전을 원치 않는 것으로 보인다. 미국이 첨단기술 분야에서 중국과의 디커플링을 강화해 패권 경쟁의 고삐를 죄면서도 2023년 중순 고위 관료들을 잇달아 중국에 파견해 상황관리에 나섰던 사실이 이를 뒷받침한다. 그중 2023년 7월 중국을 방문한 재닛 옐런 미 재무장관은 '신형 대국관계'를 주창한 시진핑 주석의 과거 발언을 인용하며 미국은 "세계가 우리 두 나라가 번영할 수 있을 만큼 넓다고 믿는다"라고 발언하기도 했다. 대한민국도 신냉전 자체에 대해서는 반대할 수 있고, 또 반대하여야만 한다.

속 시원한 '사이다' 해답은 없다. 다만 그때그때 최선을 다해 위기를 모면하고 기회를 살리다 보면 시간이 흐르며 상황은 개선될 것이다. 일단 패권 전환기가 끝나면 여러 변수가 제거될 것이기 때문이다. 중국이 더 이상 미국의 동아시아 패권에 위협이 되지 않는다고 판단되는 순간이 오면 미국도 여유와 관대함을 되찾을 것이고, 중국도 21세기 중반까지 동아시아 패권을 차지할 수 없다는 점을 인정할 수밖에 없는 상황이 되면 모험심에 따라 준동하는 대신 장기 전략을 재검토하려 들 것이다. 반대로 이번 패권 경쟁에서 중국이 미국의 동아시아 패권을 꺾어내면 큰 혼란이 발생하겠지만, 그때는 상황이 외려 단순해진다. 중국의 지역 패권을 인정하고 순응하는 길과 역내 국가들과 연합하여 중국에 직접 대항하는 길 중 양자택일할 수밖에 없는 상황에 놓이게 될 것이기 때문이다.[16]

대한민국의 중장기 전략

미·중 패권 경쟁이 중국의 승리로 끝나는 경우는 말할 것도 없고, 미국의 완승으로 끝나는 경우라도 탈냉전기·세계화 시대의 팍스 아메리카나는 돌아오지 않을 것이다. 일극체제가 해체되면 세상은 다시 강대국들을 중심으로 돌아가게 될 가능성이 높다. 다극화된 세상의 국제무역은 자원부국과 거대 시장을 보유한 국가가 지배하고, 시장 논리 대신 중상주의적 경제정책이 득세하게 될 수 있다. 해상안보도 약화 되어 주요 항로와 면하는 연안국의 입김은 강해질 것이고, 자유무역은 그만큼 제약될 것이다. 미국의 세계 패권이 해체된 미래의 모습은 대한민국에 그다지 희망적이지 않다.

　대한민국은 수입이 아니고선 대다수 소비재와 필수재를 획득할 수 없고, 수출이 아니고선 외화를 획득할 길이 별로 없는 나라다. 또한 외화가 없으면 소비재와 필수재를 수입할 수 없고, 고도화된 산업경제는커녕 20세기에 간신히 키워낸 중공업조차 유지하기 어려워진다. 4차 산업혁명 시대를 맞아 내수를 키우고 서비스·콘텐츠 산업을 육성하며 해외 투자의 확대를 통해 배당 소득을 제고하는 등, 제조업 일변도의 산업 구조에서 최대한 탈피하기 위해 노력하는 것은 중요하다. 하지만 인구가 5천만이 넘는 자원빈국 대한민국이 가공무역 없이 부강해질 길은 솔직히 보이지 않는다. 그러나 우리가 원하든 원치 않든, 역사상 대한민국에 가장 유리했던 자유주의 국제질서의 시대는 끝나가고 있다.

　브라질의 룰라 대통령은 2022년 대선 캠페인 중 브라질을 원재료 수출국 역할에 묶어두는 무역협정을 더 이상 추구하지 않을 것이라고 공언했었다. 자원을 가진 글로벌 사우스는 앞다투어 "우리 자원은 우리가 가공하겠다"라고 천명하고 있다. 글로벌 사우스가 어느 수준의 가공 능력을 갖추게 될지는 알 수 없으나, 최대한 부가가치가 높은 산업으로 빨리 올라가지 않으면 대한민국의 가공무역은 치명상을 입게 될 수 있다. 그런데 이제는 선진국들도 앞다투어 제조산업을 부흥하는 데 혈안이 되어 있다. 최근까지 WTO 다자무역체제 아래에서 금융과 서비스 산업에 집중했던 나라들일수록 더 열심이다. 자원 민족주의를 외치는 자원부국에 밀려 가치사슬의 상단으로 올라가면 선진국들과의 정면승부가 기다리고 있는 셈이다. 각자도생의 세계에서 대한민국의 입지는 매우 불리하다.

　일극체제의 종말과 함께 자유주의 국제질서도 끝나는 게 운명이라면, 대한민국에 있어 가장 선호되는 미래 국제질서는 규칙 기반 국제질서일 것이다. 보편적인 규칙이 부재한 국제사회를 선호하는 나라도 존재하겠지만, 대한민국은 그럴 수 없다. 동북아에서 세계 4대 강대국의 한복판에 포위된 대한민국에 있어 순수한 다극체제는 최악의 국제질서가 될 것이다. 북한이 오늘날과 같은 모습으로 존속하는 한 대한민국이 다극 중 하나가 되는 모습은 상상할 수조차 없고, 언젠가 통일을 이루더라도 중국-러시아-일본에 에워싸인 통일 한국이 다극 중 일익을 담당할 가능성도 높지 않다. 대한민국이 꿈꿔야 할 목표는 선진국이지 강대국이 아니다. 그런데 규칙 기반 국제질서에서는 상대적으로 유리하고 상대적으로 불리한 나라는 있을지언정, 모두가 공존하고 함께 번영하는 게 가능하다. 하지만 역사상 인류가 겪어본 다른 모든 종류의 국제질서에서는 강대국, 특히 지역 패권국이 군림해왔다.

일극체제의 자유주의 국제질서에서도 완전한 법치法治가 이루어진 적은 없었기에 국제관계에서의 완전한 법치란 요원한 목표일 수 있다. 그래도 가능한 한 법과 규범이 지배하는 국제사회를 만들기 위해 노력해야 한다. 가톨릭 교의敎義의 근대화로 유명한 장 바티스트 앙리 라코르데르는 '파리 노트르담 설교'에서 "강자와 약자, 부자와 가난한 자 사이에서는 자유가 억압하고 법이 자유롭게 하리라"고 강조했다.[17] 대한민국으로서는 무정부상태의 국제사회를 힘과 외교의 역학으로 규율하는 질서보다는 국제법과 국제규범에 기초해 운용되는 질서를 선호할 수밖에 없는 이유다. 규칙 기반 국제질서에서는 대한민국이 다자주의라는 채널을 통해 국제적 영향력과 위상을 제고할 수 있다. 글로벌 컨센서스를 미국이 독점하는 시대가 끝나면서 일본이 내놓은 인도·태평양이란 전략 개념을 미국이 채택하고 EU가 내놓은 디리스킹이란 개념을 미국이 수용하는 등, 글로벌 컨센서스를 도출하는 주체가 다양해지는 오늘날이다. 대한민국도 다자주의가 아니고선 대응할 수 없는 범세계적 의제 가운데 우리의 핵심 이해관계와 맞닿아 있는 주요 의제를 전략적으로 선택하여 국제 표준과 컨센서스 도출에 국가적 역량을 투입하여야 한다.

또한 대한민국은 글로벌 노스(선진국)와 글로벌 사우스(개발도상국), 서방과 비서방, 자유 진영과 반미연대 등 대부분의 진영 사이에서 중계자 또는 연결자 역할을 하기에 유리한 위치에 있다. 다자주의가 유지되는 국제질서에서라면 대한민국의 '연결자' 위치는 강력한 무기가 된다. 여러 지역과 진영을 연결하고 중재할 수 있는 역량은 경제와 안보 양면에서 대한민국이 국제협력을 통해 발전하는 데 중요한 자산이 될 것이다. 즉, 대한민국은 국제사회에서의 전략적 연결성strategic connectivity을 배양하여야 한다. 과거에도 대한민국은 여러 진영을 잇는 교두보로써 중계자 또는 연결자 역할을 맡기 위해 노력했으나, 세계화와 자유무역주의로 전 세계가 통합되어 있던 시기에는 대한민국의 연결자적 가치가 그리 높지 않았다. 그러나 진영 간 균열이 깊어지는 패권 전환기 이후에는 대한민국의 연결자적 가치가 더욱 높아질 수 있을 것이다. 물론 이를 위해서는 대한민국이 여러 진영과 다층적으로 연결되기에 충분할 만큼 개방될 필요가 있다. 그리고 대한민국의 개방은 패권 경쟁이 진행되는 상황 속에서 외세의 영향과 모략으로 국가 역량이 희석되거나 국론이 분열되지 않도록, 정밀한 분석과 통제에 따른 전략적 개방성strategic openness을 추구하는 것이 되어야 할 것이다. 어려운 일이겠지만, 이 목표를 달성할 수만 있다면 대한민국은 자유무역질서가 해체된 세상에서도 여러 진영들을 잇는 가교로써 번영할 수 있는 입지를 선점할 수 있을 것이다.

한편 새로운 국제질서에서 대한민국의 자유민주주의는 중요한 자산이 될 것이다. 미국이나 유럽처럼 공세적인 '가치 외교'를 하기 위해서가 아니다. 자유민주주의는 외세의 간섭과 영향으로부터 대한민국의 내정을 수호하고, 역외의 우방들과 긴밀한 동맹·협력 관계를 유지하기 위한 '가치 자산'이 될 수 있기 때문이다. 대한민국의 주변에는 중국·러시아·북한이란 권위주의 국가가 존재한다. 자유민주주의는 권위주의에 맞서는 가장 강력한 이념이다. 자유민주주의가 깊게 뿌리내린 사회의 일반의지는 권위주의에 저항하는 습성을 가진바, 건강한 자유민주주의는 주변 권위주의 국가의 영향력에서 대한민국을 지켜주는 방파제 역할도 할 수 있을 것이다.

자유민주주의는 역내 또 다른 강대국인 일본과의 관계에서 경쟁과 대립 대신 화해와 협력의 미래를 열어줄 수 있는 유일한 열쇠이기도 하다. 과거사에도 불구하고 현재 양국을 심정적으로, 그리고 전략적으로 묶어주는 것은 자유민주주의 국가로서의 동질성이다. 양국이 진정으로 화해하기 위한 물꼬 역시, 자유민주주의 정신에 따라 이루어진 교류를 통해 트일 수 있을 것이다.

자유민주주의의 포용성은 대한민국이 다양한 종교·인종·문화적 배경을 가진 글로벌 사우스와 협력하는 데도 유리하게 작용할 것이다. 특히 대한민국이 전략적 연결성을 확보하기 위해서는 자유민주주의 정신에 따른 개방성 유지가 필수적이다.

자유민주주의는 대한민국과 서방 세계를 긴밀하게 연결해주는 고리도 될 것이다. 서방 세계와의 협력은 남은 21세기에도 대한민국의 발전과 번영, 그리고 안보에 중요한 요인으로 남게 될 것이다. 대한민국이 선호하는 규칙 기반 국제질서를 구현하기 위해서라도 미국, 그리고 유럽과 긴밀히 연대할 필요가 있다.

실타래같이 얽힌 북한 문제

오늘날 대한민국에 가장 큰 위협이 되는 세력은 불행히도 여느 외세가 아닌 같은 민족인 북한이다. 북한은 2022년 9월 '핵 무력 정책'을 법제화한 데 이어 2023년 9월에는 핵 무력의 고도화를 헌법에 규정했다. 북한이 말하는 핵 무력 고도화에는 미국을 견제하기 위한 투발 수단뿐 아니라 오로지 대한민국을 타격하는 용도로 쓰일 수밖에 없는 투발 수단의 증강도 당연히 포함된다. 북한의 실존적 위협은 이제 막연한 낭만이나 정념만으로 부정하기에는 너무나도 위험한 상태가 되었다. 북한의 핵무기 개발에 대응하기 위한 정석적인 목표는 북핵을 동결시키는 것이었겠지만, 북한이 사실상의 핵보유국이 된 이상 이미 그 단계는 지나가 버렸다. 미·중 패권 경쟁으로 반미연대가 진영화될 기미를 보이면서, 북한에 있어 미국과의 관계를 정상화해야 할 유인도 많이 떨어졌다. 현실적으로 대한민국의 대북 정책은 향후 상당 기간 전쟁을 억지하기 위한 노력에 맞춰질 수밖에 없다.

대한민국에 있어 가장 현실적인 억지력은 한미동맹에 기반한 연합전력 강화일 것이다. 그러나 2023년 9월 미국 시카고국제문제협의회CCGA가 미국인을 대상으로 "대한민국이 북한의 침략을 받으면 미국이 방어해야 하는지"를 질의한 여론 조사에서는 응답자의 절반 정도만이 미국이 한국을 방어해야 한다고 답변했다. 주한미군의 유지 여부에 대해서도 64%만이 찬성했다. 미국이 신형 고립주의로 전환할 가능성이 그 어느 때보다도 높아졌다는 점을 고려할 때, 미군의 지원을 받지 못하는 상황을 위한 '플랜 B'를 고민하는 것은 어느덧 선택이 아닌 필수가 되어 버렸다.

북한의 핵 위협이 날로 심화하는 상황에서 재래식 전력 강화만으로는 불충분하다. 그렇다고 현시점에 대한민국이 자체 핵무장을 추구하기는 어렵다. 국제사회에 대한 비핵화 약속은 신의 성실하게 준수하여야 한다. 다만 미국이 여하한 이유로든 한반도 방위에서 발을 빼게 되면 대한민국이 곧바로 핵무장에 돌입할 수 있다는 점에 대해서는 확실히 해둘 필요가 있다. 미국이 한반도 방위를 포기한다는 '가정적 상황'을 전제로 한다면 이 정도 수준의 양해는 충분히 수용될 수 있을 것이다. 주한미군의 전력 축소나 전면 철수가 대한민국의 핵무장으로 이어질 수 있다는 점을 명확히 하는 것은 미국에 핵우산을 유지하도록 압박하는 효과가 있음은 물론이고 중국과 러시아, 그리고 북한에 대해서도 현실적인 억지력으로 작용할 수 있다. 핵무장 가능성을 공식화함으로써 오히려 핵무장이 필요한 상황을 회피할 수 있는 것이다. 말뿐이 아니란 점을 보이기 위해서는 핵실험 없이 사실상의 핵보유국이 된 이스라엘 사례를 참조해 유사시 신속히 핵탄두를 생산할 수 있는 역량을 갖추고, 재래식 탄두와 핵탄두가 호환될 수 있는 다양한 투발 수단을 사전에 개발·확보해 두어야 할 것이다. 국제정세의 전개 양상에 따라 필요시 플루토늄 농축 및 재처리 능력을 확보해 적어도 일본과 유사한 수준의 핵무기 개발 준비 태세를 갖춰두는 방안도 고려할 수 있다. 대한민국이 핵무장을 하면 아마 일본도 핵무장을 하게 될 것인바,[18] 그 경우 동북아시아는 핵보유국이 득실거리는 지역이 될 것이다. 그러나 핵보유국 사이에서 대한민국만 무방비 상태에 놓이는 것보단 나을 것이다.

핵무장 가능성을 열어두는 것 외에 자체적인 대북 핵 억지력도 확보할 필요가 있다. 북한의 핵무기가 고도화됨에 따라 "미국이 서울을 지키기 위해 로스앤젤레스를 포기할 수 있을 것인지"와 같은 질문이 자주 등장하는 요즘이다. 물론 미국의 핵우산은 말뿐이 아니다. 동서냉전 시대에 서유럽의 많은 국가가 미국의 핵우산을 신뢰했었고, 미국은 냉전기 중국에 대한 소련의 핵 위협도 저지한 바 있으며, 2022년 우크라이나 전쟁 초반에도 러시아의 핵 위협을 완화하는 데 성공했었다. 미국에 대한 MAD 능력을 확보한 구소련이나 오늘날의 러시아에도 압박 수단이 될 수 있는 미국의 핵우산이 북한을 상대로 유효하지 않을 리는 없다. 또한 주한미군이 있는 이상 대한민국에 대한 WMD 공격은 미국에 대한 공격으로도 간주될 수 있는바, 북한도 핵무기 사용 유혹에 쉽사리 넘어가지는 못할 것이다. 하지만 핵탄두의 소형화를 달성하고 남한 전역을 타격할 수 있는 다양한 투발 수단을 확보한 북한이 잊을 만하면 핵으로 대한민국을 위협하는 상황에서 그저 안심하고 있을 수만도 없는 노릇이다.

미국 핵우산의 가장 큰 문제는 북한이 대한민국에 대해 소형 전술핵을 사용했을 시 미국이 반드시 핵으로 대응해준다는 보장이 없다는 점이다. 예컨대 북한이 도심이 아닌 군부대나 전략시설을 전술핵으로 타격하는 경우, 미국이 곧바로 평양에 핵 보복을 할 가능성은 높지 않아 보인다. 그렇다고 북한의 군부대나 군사시설에 대해 핵 공격을 할 것이란 보장도 없다. 북한의 군사시설 중 그만한 가치가 있는 시설이 있을지 의문일뿐더러 북한이 재보복으로 미국에 핵 공격을 할 가능성이 있기 때문이다. 오바마 행정부 시절 러시아가 미국이 아닌 어느 NATO 회원국 영토에 전술핵을 선제 투하하는 시나리오로 치러진 워게임이 있었는데, 이때 미국이 채택한 대응책 가운데 러시아에 대한 직접적인 핵 보복은 없었다고 한다. 러시아를 재래식 병기로 완전히 격퇴하는 대응책이 채택되기도 하였고, 러시아의 동맹국인 벨라루스에 핵을 투하하는 대응책이 채택되기도 했으나 러시아에 직접적인 핵 공격을 하는 방안은 끝내 채택되지 않았다고 한다. 러시아 본토에서 분리된 발트해 인접 영토인 칼리닌그라드에 핵 공격을 하는 방안이 논의되기도 했으나 러시아가 미국에 핵 보복을 가할 가능성 때문에 이 또한 채택되지 않았다.[19] 대한민국에 대한 북한 전술핵 공격에 대해서도 미국이 어떻게 대응할지 지금으로선 알 수 없다는 뜻이다.

미국의 핵우산이 신뢰할 수 없다는 뜻은 아니다. 또한 앞서 살펴본 워게임에서도 재래식 무기를 사용하여 러시아를 완전히 격퇴하는 방안은 미국의 전략 목표에 항상 포함되었었다. 하지만 핵보유국을 상대로는 미국의 핵우산이 매우 절제적일 수 있다는 현실은 고려해야 한다. 대한민국이 독자적인 대북한 핵 억지력을 갖추어야 하는 이유이기도 하다. 그런데 권력이 유독 집중되어있는 북한의 특성상 북핵에 대한 억지력을 확보하기 위해 반드시 핵무기와 같은 WMD를 갖출 필요는 없다. 2022년 9월에 발표된 북한의 핵 무력 정책은 김정은을 포함한 지도부에 대한 공격이 감행될 시에도 핵무기를 사용하여 반격할 것이라고 규정하였다. 사실상 지도부 수호에 방점을 둔 북한의 핵 무력 정책은 반대로 북한의 지도부를 괴멸시킬 수 있는 다차원적인 반격 수단을 확보하는 것이 강력한 대북 억지력이 될 수 있다는 점을 보여준다. 2022년 10월 미국은 '핵 태세 보고서'를 통해 북한이 핵무기를 사용하고도 "김정은 정권이 살아남는 시나리오는 없다"라고 경고하였다. 대북 억지력의 핵심을 정확히 짚은 분석이다.

합리적으로 고려할 수 있었던 거의 모든 대북 유화책이 소진된 이상 앞으로의 대북 정책은 현실적인 분석을 바탕으로 이뤄질 수밖에 없다. 특히 북한의 지상과제가 체제 유지라는 점을 냉철하게 인식하고 냉정하게 인정해야 한다. 북한이 제대로 된 개혁개방에 자발적으로 나설 일은 아마도 없을 거란 사실도 인정해야 한다. 북한의 개혁개방은 어떠한 상황에서도 체제가 위태로워지지 않을 수준으로 제한될 것이기 때문이다. 한편 사실상의 핵보유국이 된 북한 정권을 외부 공격으로 무너뜨리는 것이 비현실적이라는 점도 인정해야 한다. 오히려 북한 정권이 내부 문제로 인한 위기를 극복하기 위해 외부 도발을 감행하는 상황에 대비해야 한다.

같은 맥락에서, 여건이 허락되면 북한에 대한 인도주의적 지원을 재개하는 방안을 고려할 필요가 있다. 동포애나 인류애적 차원에서도 인도주의적 지원은 바람직하지만, 북한 정권을 무턱대고 고사나 붕괴 위기로 몰아붙이는 것은 너무 위험하다. 정권이 붕괴하기에 앞서 대한민국을 상대로 군사적 도박을 시도할 위험이 상당하고, 그게 아니라도 정권 붕괴의 여파로 급변사태가 발생할 확률이 높기 때문이다. 북한에 대한 인도적 지원이 대한민국에 대한 도발에 악용될 수 있다는 반대 의견은 타당하다. 그러나 지원물자를 생필품 위주로 제한하고 물자 사용에 관한 최소한의 투명성을 보장받을 방법은 있을 것이다. 북한이 생필품 부문에서 대한민국에 대한 의존도가 높아지면 (그렇다고 대한민국에 종속될 리는 없지만) 그만큼 중국이나 러시아에 종속되지 않을 수 있게 될 것이다. 팍스 아메리카나가 끝나고 북·중·러 연대가 현실이 된 이상 일각에서 선호하는 북한 봉쇄는 어차피 실현될 수 없다. 북한이 어려움에 몰릴수록 중국, 러시아에 대한 의존도만 높아질 뿐이다. 반면 북한이 궁지에 몰려 극단적인 선택을 하는 상황을 방지하고, 중국과 러시아에 지나치게 의존하지 않도록 하는 것을 전략적인 목표로 삼아 대북 지원을 관리하다 보면 언젠가 상황이 바뀌고 남북 교류가 재개될 가능성도 생길 것이다. 현 상황에서 그 이상의 욕심을 부리는 것은 과욕이다. 냉전기가 끝나고 팍스 아메리카나의 시대가 오기 전까지 남북 교류가 요원했던 것처럼, 어차피 패권 전환기라는 국제정세의 거대한 흐름이 바뀌기 이전까지 남북 교류 회복의 기회는 돌아오지 않을 가능성이 높기 때문이다. 그러니 패권 전환기가 끝날 때까지는 한 손에는 억지력을, 다른 한 손에는 소통이란 끈을 쥔 채 상황관리에 최선을 다할 수밖에 없다.

중장기적으로는 역시 북한과 평화롭게 공존하기 위해 노력해야 한다. 북한의 위협으로부터 자유로워지기 이전까지 대한민국이 국제사회에서 주도적인 역할을 하는 데는 한계가 있다. 대한민국이 앞으로 더 발전하는 데도 북한 문제는 계속 발목을 잡을 것이다. 가장 좋은 것은 평화 통일이겠지만 북한의 체제 변화 없는 통일은 실현 불가능하다. 같은 맥락에서 통일이란 곧 북한 체제의 붕괴를 의미하기에, 대한민국이 제시하는 그 어떠한 정책도 통일을 전제하는 한 북한 정권의 경계심을 살 수밖에 없다.

더욱이 대한민국에서도 북한과의 통일에 관심이 없거나 반감을 품은 인구가 매년 늘어나고 있다. 당장 남한 사회만 해도 내부적으로 심각하게 분열된 현 상황에서는 그저 같은 민족이란 이유만으로 70년간 분단되어 서로 적대했던 북한을 무조건 품어야 한다는 논리에는 호소력도 소구력도 찾아볼 수 없다. "우리의 소원은 통일"이란 구호도 시간이 지날수록 퇴색될 것이다. 분단 이후 너무 오랜 세월이 지났고, 남북한의 체제와 사상은 너무나도 이질적이다. 세계화 시대에 태어나 자란 청년층은 통일에 냉소적이기까지 한 경우도 많다. 그렇기에 장기적으로는 평화 통일을 추구하더라도, 중기 또는 중장기적으로는 통일이 아닌 평화 공존을 목표로 삼는 게 현실적이다. 어차피 북한의 체제 변화를 유도할 수 없고 북한의 체제가 유지되는 한 통일이 원천적으로 불가능하다면, 민족주의적 감성에 기반한 이상적인 통일 노력에서 현실적인 공존 노력으로 전환하는 것이 효과적일 수 있다. 결론적으로 대한민국의 중장기 대북 정책은 '선先 공존, 후後 통일'의 전략에 따라 우선은 북한과의 평화 공존을 모색하고, 통일은 장기 과제로 가져가는 방향이 바람직하다 보여진다.

때마침 북한 역시 유사한 움직임을 보이고 있다. 2021년 1월 노동당 제8차 대회에서 김정은은 노동당 규약에서 "민족해방민주주의혁명 노선"을 삭제했다.[20] 2022년 8월에는 김정은의 여동생인 김여정의 담화를 통해 대한민국을 향해 "제발 좀 서로 의식하지 말며 살았으면 하는 것이 간절한 소원이다'라고 고하기도 했다. 2023년 7월에는 미 공군 전략정찰기의 북한 배타적경제수역 침범에 대해 경고하는 담화에서 김여정은 그동안 사용했던 '남조선'이란 칭호 대신 '대한민국'이란 국호를 사용했다. 이때 겹화살괄호를 사용해 특별히 강조(《대한민국》)함으로써 이제부터 두 개의 주권 국가가 공존하는 체제를 추구할 것임을 선언했다. 2023년 9월에 개최된 UN 총회 고위급 회의에서도 북한의 김성 UN 대사는 '대한민국'이란 국호를 반복적으로 사용했다. 북한이 대한민국과 북한이 별개의 국가라는 점을 강조하기 시작한 것은 대남^{對南} 핵 공격의 가능성이 높아졌다는 불길한 징조일 수 있겠으나, 여하튼 이런 상황에서는 북한의 태도 변화를 끌어내기 위해서라도 당장 실현 불가능한 통일은 장기 과제로 밀어두고 대신 평화 공존을 현실적인 목표로 설정하는 것이 합리적일 것이다.

현시점에는 요원하지만, 우선 평화 공존의 체제를 확립하고 남북 간에 교류와 협력의 이력을 쌓아 나가다 보면 언젠가 통일을 다시 꿈꿀 수 있는 토양이 조성되지 말라는 법도 없을 것이다.

04 대한민국의 숙제

패권 전환기가 대한민국에 큰 위기라는 점은 분명하다. 그동안 대한민국의 성공 공식이 되어준 많은 수식數式이 더 이상 작동하지 않게 될 수도 있는 상황에서, 한반도의 빈곤한 자원상태와 불리한 지리적 위치, 북한의 존재 등은 천형과도 같은 족쇄가 되고 있다. 더구나 대한민국은 역사상 단 한 번도 겪어보지 못한 저출산과 역성장의 늪에 빠져들고 있다. 시간이 지날수록 사회의 활력은 떨어질 것이다. 단군 이래 최전성기를 맞았던 대한민국의 국운도 여기까지일까? 하지만 한국전쟁 이래로 쭉 이어져 온 천운이 끝났다고 단정하기엔 아직 이르다.

만일 자유무역질서가 트럼프 대통령에 의해 훼손되지 않고 쭉 이어졌다면, 대한민국의 미래는 세계화 시대에 선진국으로 도약하는 데 발판이 되어준 중국에 의해 꺾이게 되었을 수 있다. 중국은 가성비를 앞세워 GVC에서 대한민국과 비슷한 위치를 차지한 뒤, 기술 발전을 거듭한 끝에 산업의 거의 모든 영역에서 대한민국을 추월하는 중이다. 떨어질 수 없는 이웃인 중국은 경공업에서 중공업으로, 중공업에서 첨단기술 분야로 발전하는 과정에서 대한민국이 걸어온 산업화의 궤적을 거의 그대로 추적했다. 우리가 우위였던 통신기기, 전지, 전기, 가전, 자동차, 섬유, 제지 등의 분야는 열위로 돌아 선 지 오래다. 2023년 5월 대한상공회의소가 대한민국 기업을 대상으로 조사한 "중국기업과의 기술 경쟁력 격차"에 대해 40%에 달하는 기업이 중국이 이미 한국과 비슷하거나 앞서는 기술력을 확보했다고 응답했고, 70%가 넘는 기업이 5년 안에 중국이 한국과 비슷하거나 앞서는 기술력을 확보할 것이라고 응답했다. 자유무역질서가 몇 년만 더 유지됐다면 대한민국의 수출산업은 가성비와 기술력 모두에서 우세해진 중국발 경쟁을 이겨내기 어려울 지경에 처했을지도 모른다. 더구나 중국은 자체적으로 완결성 있는 경제·산업 구조를 달성하기 위해 모든 자원과 부품, 장비, 생산설비 등을 내재화하는 작업에도 돌입했다. 중국 시장에서 대한민국이 발 디딜 틈새도 빠르게 사라져 가고 있다. 그런 관점에서 볼 때 미·중 패권 경쟁은 어쩌면 대한민국 산업에 행운이 될 수도 있다.

자유무역질서가 막 훼손되기 시작할 무렵 대한민국이 선진국의 반열에 오르는 데 성공했다는 점도 크다. 우수한 제조업 역량에 더해 문화콘텐츠 산업의 약진으로 세계시장에서 대한민국의 국가 이미지가 크게 제고되었고, 대한민국이 생산한 상품들의 브랜드가치도 동반 상승했다. 대한민국의 위상은 10년 전과는 비교도 할 수 없을 정도로 높아졌다. 대한민국의 과학기술력은 세계에서 7번째로 자체 제작한 로켓으로 우주에 인공위성을 띄울 정도이고, K-9 자주포나 K-2 전차 등과 같은 국산 무기도 세계시장에서 군사 선진국의 명품 자주포·전차와 당당히 경쟁하고 있다. 때마침 4차 산업혁명이 찾아온 것도 큰 기회다. 그간 대한민국의 콘텐츠가 해외 시장에서 겨루는 데 최대의 약점이었던 유통망 문제는 플랫폼의 약진으로 많이 해소되었다. 대한민국의 우수한 서비스를 해외에 수출하는 데 최대의 제약이었던 언어장벽을 극복하는 것도 인공지능 기반 번역기의 발전으로 시간문제가 됐다. 패권 전환기와 함께 찾아온 기술 패러다임의 전환기에 더욱 부가가치가 높은 상품과 서비스를 앞세워 오히려 선두그룹으로 치고 나가지 못하라는 법도 없다. 어려운 시기인 것은 사실이나, 타이밍이 나쁘지만은 않은 것이다. 어떻게 대처하느냐에 따라 이 위기를 더 높은 곳으로 도약하기 위한 도전의 발판으로 삼지 못하리라는 법도 없다.

그러나 대한민국이 패권 전환기의 높고 거친 파도를 헤쳐 나가기 위해서는 국가의 역량을 총동원하여야 한다. 이를 위해서는 내부의 단합이 필요하다. 문제는 대한민국이 현재 심각하게 분열되어 있다는 점이다.

알고리즘 기반으로 운영되는 소셜 플랫폼들이 사용자의 정치적 성향을 양극화하며 사회 갈등을 심화하는 것은 대다수 자유민주주의 국가에서 공히 관측되는 현상이다. 그러나 대한민국이 겪고 있는 갈등과 분열은 특별히 심하게 느껴진다. 해묵은 이념 갈등과 지역 갈등은 물론이고 세대 갈등과 성별 갈등까지 더해진 상태다. 오늘날 대한민국이 겪고 있는 사회적 갈등은 이민자 문제로 홍역을 치르는 유럽이 겪고 있는 사회적 갈등과는 다르다. 미국이 겪는 문화적 갈등과 유사하다고 정의하기도 어렵다. 문화적 갈등도 없다곤 못하겠으나 그보다 대한민국이 겪고 있는 갈등의 실체는 '진영 갈등'이라고 여겨진다. 일단 진영에 소속된 개인은 부족주의와 피아식별이라는 원초적 본능에 따라 매사의 옳고 그름을 판단하는 모습을 보인다. 여당일 때 지지하던 정책을 야당이 되자마자 비난하고, 야당일 때 반대하던 정책을 여당이 되고선 옹호하는 코미디는 늘상 있는 일이다. 지지자들도 마찬가지다. 지지하는 정당이 여당일 때 지지하던 정책을 정권이 바뀌자마자 비난하고, 야당일 때 반대하던 정책을 정권이 바뀌었다는 이유만으로 옹호한다. 이러한 이율배반적인 형태는 좌우를 막론하고 보편적이고도 일관되게 찾아볼 수 있다. 이런 사회에서는 특정한 기준이나 시각의 옳고 그름을 설파할 실익조차 없을 지경이다.

물론 갈등 없는 사회는 건강하지 않다. 갈등이 드러나지 않는 사회는 권위주의 국가뿐이다. 갈등의 존재는 그 사회의 자유민주주의가 잘 작동하고 있음을 의미하기도 한다. 그러나 갈등을 조정하지 못하는 사회는 건강한 사회가 아니다. 다양성이 전제되는 자유민주주의 체제에서 다양성으로 인한 갈등이 뿌리 깊은 사회 분열로 이어진다는 것은 사회에 시스템적인 문제가 존재한다는 뜻이다. 치유되지 못한 갈등은 나라의 앞날에 악영향을 미칠 수밖에 없다. 국론이 분열되면 국력도 분열된다. 대한민국의 국력을 총동원해도 번영을 유지하는 게 가능할지 알 수 없는 상황이거늘, 갈등으로 국력이 찢어진 상태에서는 국가적 생존조차 위태로울지 모른다. 경제정책도, 사회정책도, 문화정책도, 국론이 분열된 상황에서는 모두 다 얄팍한 정쟁의 대상으로 가볍게 소모될 뿐이다. 그래서는 그 어떤 사안에 대해서도 국가적 힘을 모을 수 없다. 대외정책도 마찬가지다. 국론이 분열된 상태에서는 국가의 힘을 제대로 투사할 수 없다. 국가적 합의가 없고서는 대한민국의 레드라인을 설정하고 유지하며 관철할 수 없다. 일관된 입장 없이는 타국의 존중도 기대할 수 없기 때문이다. 그 틈에 외세는 대한민국의 국가적 갈등을 파고들어 분열을 더욱 키울 것이다.

제2차 세계대전 직후 미국에서는 전통적인 고립주의로 회귀할지 아니면 공산주의의 확산을 저지하기 위한 개입주의로 전환할지를 놓고 열띤 정쟁이 벌어졌다. 그때 전통적 고립주의자로 분류되던 공화당의 아서 반덴버그 상원의원은 당파적 신념을 버리고 NATO 창설 등을 지지하면서 "국내 정치는 국경에서 멈춰야 한다politics stop at the water's edge"라는 유명한 말을 남겼다. 대한민국도 과거에는 정파와 이념을 불문하고 국익을 위해 필요한 정책을 펼칠 수 있었다. 유치산업을 보호하여 대한민국의 산업기반을 구축한 박정희 대통령의 경제정책은 좌파 정책이라 봐도 과언이 아니고, 김영삼 대통령은 하나회 해체와 금융실명제와 같은 개혁을 통해 그때까지도 대한민국을 옥죄던 후진형 족쇄를 끊어버렸다. 김대중 대통령은 신자유주의적 경제개혁을 성공적으로 단행해 우리 경제의 체질 개선에 성공했다. 노무현 대통령도 지지층인 진보 진영의 강력한 반대를 무릅쓰고 한-미 FTA 체결 등 대한민국이 선진국으로 도약하는 데 필요했던 정치적 결단을 내렸다.

그러나 분열될 대로 분열된 오늘날의 대한민국이 과연 초당파적인 결정을 내릴 수 있는 상태일지는 의문이다. 그러기는커녕 국제정치를 국내 정치를 위한 정쟁의 불쏘시개로 삼는 위험하기 짝이 없는 광경을 하루가 멀다고 목격할 수 있는 지경이다. 이런 망국적인 행태는 꼭 정치인의 탓만은 아니다. 분열을 조장하고 망국적 정쟁에 매몰된 데 따른 일차적 책임이 정치인에게 있는 것은 분명하다. 하지만 그들이 사회 갈등의 전도사가 될 수 있는 것은 국민 사회에 이미 갈등과 분열이 존재하기 때문이다. 우리 사회에 토론과 양보를 통해 차이를 조정하고 타협에 이르는 능력과 관행이 부재하기 때문이기도 하다.

오늘날 대한민국에 가장 필요하지만 결여된 것은 사회적 갈등을 건설적으로 해결할 수 있는 능력이다. 이를 되찾기란 너무나도 어려운 일이지만, 결국은 자유민주주의로부터 해법을 찾을 수밖에 없다. 건설적인 토론과 승복, 합리적인 이견 조율, 그리고 도출된 결론이 모두에게 만족스럽지는 못하더라도 대승적인 타협을 할 수 있는, 성숙한 시민의식이 필요하다. 정치적으로 다른 의견을 가진 상대방을 무턱대고 악마화하지 말고, 포퓰리즘과 분열주의적 정치를 하는 정치인을 강하게 배척하며, 피아彼我를 가리지 않고 사안별로 합리적인 비판과 지지를 할 수 있어야 한다. 즉, 진영보다 중용中庸, mesotes 을 우선시하는 시민의식이 필요하다는 뜻이다. 말은 쉽지만, 매사에 어느 한 쪽 극단으로 치우침이 없이 합리적이고 균형 잡힌 선택을 한다는 것은 공자 나 아리스토텔레스와 같은 동서양의 대사상가들조차 인간의 한 이상향으로 제시하였던 난제다. 한 명의 개인이 이를 달성하는 것조차 지극히 어려울진 데, 하물며 중용적인 사회 분위기와 문화를 조성하는 것은 우리보다 한참 먼 저 민주주의를 쟁취한 서구 사회에서도 전혀 실현하지 못하고 있는 난제다. 하지만 사회적 타협이 가능한 분위기를 되찾지 못하면 대한민국은 어떤 문 제도 해결할 수 없다. 당면한 안보 문제도, 경제 위기도 해결할 수 없을 것이 며 저출산 극복과 혁신 친화적인 산업 구조 구축도 요원할 것이다. 현재 진 행 중인 패권 전환기의 파고를 헤치고 더 좋은 미래를 향해 나아가는 게 불 가능하다는 것은 말할 필요도 없다.

중용적인 시민의식과 사회문화를 제고하는 것이야말로 어쩌면 대한민국 이 당면한 가장 큰 숙제일 것이다.

참고 사항

1 U.N. General Assembly Resolution 195 ("The General Assembly … Declares that there has been established a lawful government (the Government of the Republic of Korea) having effective control and jurisdiction over that part of Korea where the Temporary Commission was able to observe and consult and in which the great majority of the people of all Korea reside; that this Government is based on elections which were a valid expression of the free will of the electorate of that part of Korea and which were observed by the Temporary Commission; and that this is the only such Government in Korea").

2 당시 소련은 "모든 사안에 대한 안보리 결의는 상임이사국들의 동의표를 포함한 7개 이사국의 찬성표로 이뤄져야 한다(Decisions of the Security Council on all other matters shall be made by an affirmative vote of seven members including the concurring votes of the permanent members)"고 규정한 UN 헌장 제27조 제3항에 따라, 모든 안보리 결의는 상임이사국 전원의 명시적 동의가 필요하다는 입장이었다. 그러나 한국전쟁에 관한 일련의 안보리 결의가 채택된 후 불참 또는 기권은 반대표(veto)로 보지 않는다는 관행이 형성됐다. Lori Damrosch, et al., *International Law - Cases and Materials* (4th ed), West Group (2002), p. 1012. 법적으로는 "상임이사국들의 동의표를 포함한(the concurring votes of the permanent members)"이라는 문구의 해석이 문제 시 되는데, 소련은 이것이 '모든 상임이사국'을 의미한다는 입장이었는 데 반해 미국 등은 "모든(all)" 상임이사국이라고 명시적으로 규정하지 않은 이상 복수의 상임이사국(permanent members)의 찬성표를 포함한 7개 이사국의 찬성표가 확보되면 결의가 채택될 수 있다는 입장이었다. 이후 안보리 결의와 관련된 관행이 정착하면서 UN 헌장 제27조 제3항이 상임이사국의 부작위 시 안보리가 마비된다고 정한 조항이 아니라, 상임이사국에 적극적인 '부결권(veto right)'을 부여하는 조항인 것으로 정리되었다.

3 병력지원은 16개국이었고, 의료 지원은 5개국, 그리고 물자지원국이 42개국이다.

4 세계은행에 따르면 대한민국은 1988년부터 2019년 사이 평균 5.45%의 경제성장률을 보였는데, 동 기간 매년 평균 9.27%의 수출 증가세를 보였다. 또한 1995년에서 2012년 사이 대한민국 GDP에서 수출이 차지하는 비중은 25.9%에서 56.3%로 증가했다.

5 『2022 국방백서』 대한민국 국방부 (2023.2) 참조. 북한은 대륙간탄도탄뿐 아니라 핵탄두를 장착할 수 있는 순항미사일이나 전술 탄도미사일, 초대형 방사포 등의 투발 수단을 다양화하고 있는데, 이들은 사정 거리상 남한을 주요 표적으로 할 수밖에 없다.

6 신경진, "中, 정재호 주중대사 초치 '맞불' … 中매체도 '韓, 반드시 후회'," 중앙일보 (2023.6.11.)

7 원교근공의 유례는 춘추전국시대에 천하통일을 노리던 진나라가 가까운 나라부터 차근차근 정복해나가기로 한 데서 기원했다. 따라서 기원만을 따지면 원교근공은 한 · 중 관계에서 오히려 중국이 채택할 수 있는 전략일 것이다. 다만 원교근공은 잠재적 패권국에 맞서는 역내 국가들의 행동강령을 보여주는 원칙으로도 널리 사용되고 있다. 대표적으로 냉전기에 마오쩌둥의 중국이 소련에 맞서기 위해 원교근공을 주창하며 미국과 협력한 사례가 있다. 그 외에도 삼국시대 신라가 당나라와 동맹을 맺고 고구려 · 백제와 맞선 것이나, 냉전기 인도가 중국에 맞서기 위해 소련 · 미국과 협력한 것도 원교근공 사례다.

8 Aya Adachi, Alexander Brown, Max Zenglein, "Fasten your seatbelts: How to manage China's economic coercion," *Mercator Institute for China Studies* (25 August 2022).

9 현재 중국이 대한민국에 대해 추가적인 무역 보복을 가하기는 전처럼 쉽지 않을 것이다. 더구나 미 · 중 패권 경쟁이 날로 심화하는 현 상황에서 과거와 같은 셈법에 따라 경제적 강압 조치를 적용했다간 중국이 원치 않는 결과만을 낳

게 될 가능성이 높다. 미국은 중국과의 경쟁에 돌입하면서 현재 동맹의 결속을 유인하기 위해 중국의 경제적 강압 (economic coercion)에 공동으로 대응하는 체제 결성에 박차를 가하고 있다. 2023년 5월 G7 정상회의에서 중국의 경제적 강화에 대한 대응책이 논의되었고, 실제 강압 사례가 등장하면 본격적인 대응책이 구상될 것으로 예상된다. 더구나 2023년 8월에 미국 캠프 데이비스에서 벌어진 한·미·일 3국 협의의 결과로 3국 간에는 안보와 경제 전반을 아우르는 협의체가 구축됐다. 여기에는 중국의 경제적 강압에 대응하기 위한 메커니즘도 포함되어 있다. 현 상황에서 중국이 대한민국을 압박하기 위해 2016년 THAAD 보복 때와 같은 선택을 하면 자유 진영 차원의 공동 대응을 부를 뿐만 아니라, 대한민국을 한·미·일 동맹을 구축하지 않을 수 없는 상황으로 영영 밀어내는 결과를 가져올 것이다. 또한 오늘날과 같이 반중(反中) 정서가 엄격한 상황에서 또 한 번의 한한령을 섣불리 채택했다간 불타고 있는 대한민국 국민 정서에 그야말로 기름을 끼얹는 격이 될 것이다.

10 대한민국이 그동안 전략적 모호성을 통해 미국과 중국 사이에서 이중헤징(double hedging)을 채택하였다고 볼 수 있는지는 의견이 분분할 수 있다. 미·중 간 경제·안보 영향력이 상호 상쇄될 수 있는 것이 아니므로 대한민국이 안미경중을 통해 정식으로 이중헤징전략을 채택하였다기보다는 섬세한 균형 전략을 채택한 것으로 볼 수 있는 한편 대한민국이 안미경중을 통해 미·중 일방에 대한 의존도를 줄이고 전략적 자율성의 확대를 도모한 것은 맞으므로 이중헤징전략을 사용했다고도 볼 수 있다.

11 다만 UN 안보리 결의가 북한과의 기술협력을 전면적으로 금지한다는 해석과 관련하여서는 UN 안보리 결의의 내용에 대해서는 "러시아가 독자적으로 판단할 수 있다"는 태도를 보였다.

12 2023년 3월 13일, 트럼프 전 대통령은 자신이 만든 소셜플랫폼인 '트루스소셜'에서 "한국이 한미연합훈련 비용을 많이 지불하고 있었는데 바이든 대통령이 아무것도 요구하지 않았고 후속 조치도 하지 않았다. 터무니없다"라고 불평했다. 2019년 트럼프는 11차 방위비 분담금 협정에서 대한민국에 그때까지의 연간 분담금의 5배가 넘는 금액을 지불토록 요구하기도 했다.

13 노태우 정부는 '동북아평화협의회'를 통해 북방외교를 개시했고, 김영삼 정부는 '동북아안보대화'라는 체제를 통해 역내국 간의 안보 인식을 조율하려고 노력했다. 김대중 정부는 '동아시아포럼' 등을 동아시아 국가 간의 경제협력을 확대해 평화 증진에까지 나아가기 위한 노력을 했다. 노무현 정부는 '동북아평화안보협의체'를 발족해 한국 중심의 균형 외교를 통해 동아시아의 갈등을 조정하기 위해 노력했으며, 이명박 정부는 '신(新)아시아 구상'을 통해 공전 중인 '6자 회담'의 틀을 벗어나 아시아 전역으로 협력 범위를 넓혀보려 시도했다. 박근혜 정부는 '동북아평화협력구상'을 통해 민감성이 낮은 연성안보분야에서의 대화와 협력으로 다자협력의 관행을 실질적으로 축적하고자 시도했다. 문재인 정부는 '동북아플러스 책임공동체'를 통해 협력 범위를 아세안·인도·유라시아로 넓히고자 시도했다. 그러나 대한민국의 역량 부족, 관련국들의 관심 저조, 국제질서의 변화 등으로 인해 구체적인 성과를 얻어내는 데 실패했다. 최은미, "동북아평화협력플랫폼 활성화를 위한 추진과제," IFANS 주요국제문제분석 2018-54.

14 이에 국제경제적 관점에서 기존의 GVC가 소위 TVC(신뢰가치사슬, Trust Value Chain)로 변화되고 있다는 분석도 제시되었다. 김양희, 「미국 주도 '신뢰가치사슬'의 구축 전망과 함의」 IFANS FOCUS (2021.11.8.); 김양희 「21세기 보호주의의 변용, '진영화'와 '신뢰가치사슬(TVC)'」, 국립외교원 외교안보연구소 (2022) 등 참고.

15 파이브아이즈 중 영국·캐나다·호주가 포함되어 있고, 거기에 일본과 인도가 추가되어 있다.

16 미국의 동아시아 패권이 해체되더라도 중국이 동아시아 지역의 지역 패권국으로 자동 등극할 수는 없다. 그전에 역내 강대국들의 대응 연합을 넘어서야 할 것이기 때문이다. 역사적인 관점에서 지역 패권국이 등장하려 할 때 역내 강대국이 연합하여 맞서게 되는 것은 필연에 가깝다. 일례로 30년 전쟁 이후 유럽에 등장했던 모든 잠재적 패권국은 그에 대항하는 강대국 연합 앞에 좌절되었었다. 동북아시아에는 중국 외에도 러시아와 일본이라는 강대국이 있고, 대한민국과 북한도 만만한 나라는 아니다. 만일 미국도 역외의 균형자로서 계속 관여한다면 설사 미국의 패권이 해체되더라도 중국이 패권을 확보하기란 쉽지 않을 것이다. Stephen Walt, *The Origins of Alliances* (Cornell University Press, 1987), pp. 17-21, 27-32 등 참고.

17 원문은 "Entre le faible et le fort, entre le riche et lepauvre … c'est la liberté qui opprime et la loi qui affranchit"이고 영문 번역은 "Between the weak and the powerful, between the rich and the poor … it is freedom that oppresses and the law that sets free"이다. Peter Van den Bosshe, *The Law and Policy of the World Trade Organization* (2nd Ed.), Cambridge University Press (2008), p. 34 참조.

18 또는 미국이 철수하면 일본이 먼저 핵무장에 돌입하고, 대한민국이 그 뒤를 잇게 될 수도 있을 것이다.

19 Fred Kaplan, "War Stories: Why the U.S. Might Not Use a Nuke, Even if Russia Does," Slate (7 October 2022) 참조.

20 전문가들은 북한의 당규약 개정이 법제도적인 측면에서 '투 코리아(Two Korea)'를 공식화한 것으로 평가하는 의견과, 단지 용어만 바뀐 것에 불과하다는 의견으로 나뉘고 있다. 전자의 경우 남한과의 통일이 오히려 체제 유지에 불리하다는 우려가 반영되었다는 것이고, 후자의 경우에는 남한 민중이 거부감을 느낄 수 있는 '혁명'이란 단어를 사용하지 않고 보다 은밀하게 통일전선전술을 펼치려는 것이란 취지다. 김일기, 채재병, 「북한의 개정 당규약과 대남혁명 전략 변화 전망」, 「INSS 전략보고」 (2021. 12.)

제9장

맺는말

그대는 바다에 떨어진 한 방울이 아닌,
한 방울의 바다 그 자체이니라.

تو قطره ای در اقیانوس نیستی
تو تمام اقیانوس ی در یک قطره

———

잘랄루딘 모하마드 루미 (1207~1273)
جلال الدین محمد رومی

남은 21세기에 대한민국이 안전하게 번영할 수 있는 길은 무엇일까? 각계각층의 전문가들 사이에 하루가 멀다고 이 주제로 토론이 벌어지고 있다. 전문가마다 상황에 대한 진단이 다르다 보니 해결책도 제각각이다. 그러나 모두가 한결같이 동의하는 지점이 있다. 대한민국은 국제질서에 결정적인 영향을 받을 수밖에 없는 나라라는 점이다.

그렇다. 대한민국의 미래는 국제질서에 달려있다. 대한민국의 안보는 동북아시아 정세에 종속되고, 동북아의 정세는 더욱 큰 국제질서와 직결되어 있다. 경제 역시 마찬가지다. 만일 지금 당신이 대한민국 땅 어딘 가에서 이 책을 읽고 있다면, 잠시 눈을 들어 주변을 둘러보라. 당신이 어디에 있든, 눈앞에 보이는 물건과 설비, 자재의 상당수가 수입품일 것이다. 설사 당신이 우연히 'Made in Korea'로 점철된 장소에 있다고 해도 눈앞에 보이는 물건들의 원재료만큼은 대부분 수입품이리라. 부존자원이 빈약한 대한민국은 자원을 수입하지 못하면 잠시도 산업을 유지할 수 없다. 내수도 당연히 키워야 하지만, 수출 주도형 산업을 포기하는 것은 물리적으로 불가능하다. 수출해야 외화를 벌고, 외화를 벌어야 소비재와 필수재를 수입할 수 있기 때문이다. 그래서 국제무역이 필요하다. 그런데 국제무역을 위한 환경은 국제질서에 좌우된다. 대한민국은 탈냉전기 30여 년간 자유주의 국제질서 속에서 한민족 역사상 처음으로 '이밥에 고깃국'을 맘껏 먹는 것을 넘어 세계 10위권의 선진국으로 도약할 수 있었다. 지금까지 대한민국의 성공을 견인해온 자유주의 국제질서가 해체될 미래에 새로 들어설 국제질서 또한, 그것이 무엇이든 대한민국의 미래를 사실상 결정하게 될 것이다.

현재 전방위적으로 벌어지고 있는 미·중 패권 경쟁은 국제사회의 지정학적 분열을 가속화하고 있다. 성큼 다가온 4차 산업혁명 시대에 중국과의 경제·기술 격차를 유지하려는 미국은 그간 자신이 가꾸고 수호해온 자유무역질서를 버리고자 한다. 국가들의 각자도생이 심화하는 와중에 글로벌 사우스는 자원을 무기로 부상을 꾀하고 있고, 패권 경쟁의 틈바구니에서 미래의 패권을 노리는 지역 강대국들이 속속들이 발호하고 있다. 만약 대한민국이 오늘날과 같은 국력을 갖춘 채로 아프리카나 동남아시아, 중동 등지에 붙어 있었다면 세계가 완전한 다극체제로 전환되는 쪽이 이득일지도 모른다. 그러나 동북아시아의 한복판에 붙어 있는 대한민국은 세계에서 가장 강력한 4개의 강대국과 실존적 위협인 북한에 에워싸여 있다. 현실의 대한민국은 다극 중 하나는커녕 지역 강대국이 되기도 어렵다. 아니, 대한민국의 지정학적 위치에는 영토와 경제 규모가 두 배 이상 큰 영국이나 프랑스, 독일을 가져다 놓아도 역내 약소국이 될 운명을 피할 수 없다. 패권 전환기 속 대한민국이 적응해야 하는 현실은 그만큼 녹록하지 않다.

대한민국은 긴밀한 한미동맹과 대승적인 한일협력을 통해 동북아에서 우리에게 유리한 안보 환경을 조성하는 한편, 중국과 러시아를 상대로도 소통과 교류의 끈을 유지하기 위한 최선의 합리적 노력을 기울여야 한다. 글로벌 사우스와의 협력을 통해 시장과 인력, 자원을 확보하는 한편 기술우위를 추구하며 선진국 시장을 공략해야 한다. 한반도에서의 전쟁 가능성이 사실상 사라졌던 팍스 아메리카나의 시대가 저문 이상, 통일을 위한 무조건적 노력에 앞서 북한과 평화롭게 공존할 방법을 우선 찾아내야 한다. 또한 장차 글로벌 사우스와 반미연대도 동의할 수 있는 성격의 규칙 기반 국제질서를 구축하는 데 일조하면서, 필요시 유럽과 적극 공조해야 할 것이다. 이 과정에서 진영 간 연결자 역할을 하기 위해 필요한 개방성을 전략적으로 함양하고 다자주의를 강도 있게 활용해야 한다.

2022년 2월에 시작된 우크라이나 전쟁은 국제정치학계에 큰 반향을 불러일으켰다. 자유주의 국제질서와 세계화의 타성에 젖었던 많은 이들이 자신의 이론이 틀렸다는 것을 인정해야 했다. 반면 NATO의 동진이 러시아의 응전을 불러올 것이라 예견한 일부 현실주의 이론가들은 흥분했다. 우크라이나 전쟁을 가장 정확하게 예측했던 사람은 최근 가장 주목받는 지정학 전문가 중 하나인 피터 자이한이다. 그는 2017년 한 강연에서 러시아는 지정학적 요충지인 우크라이나를 절대 포기할 수 없다며 만일 러시아가 군사적인 방법으로 우크라이나를 도모하고자 한다면 러시아의 인구구조를 고려할 때 앞으로 5년 안에 모험을 걸 수밖에 없을 것이라 예견했었다. 결과론적이지만 우크라이나 전쟁을 거의 정확히 예언한 셈이다. 자이한은 중국에 대해서는 가혹하다. 그는 수년 전부터 기회가 될 때마다 중국은 2030년이 되기 전에 추락할 것이라고 거리낌 없이 예언해왔다. 인구통계학과 지정학을 기초로 한 자이한의 예상은 구체적이고, 또 과감하다. 그런 그가 예측 자체를 꺼리는 나라가 있다. 자이한은 자신의 방법론에 따르면 대한민국은 실패할 수밖에 없는 지정학적 조건을 모두 갖추고 있지만, 한국인은 "물리법칙을 무시 defy the physics"하는 습성이 있어 대한민국에 대해서만은 아무런 장담도 할 수 없다고 입버릇처럼 말한다.

실제로 대한민국은 한국전쟁 이후 눈앞에 던져진 모든 난제를 아무도 예상치 못한 방식으로 극복해 왔다. 1997년 IMF 사태가 터졌을 때도 모두 '한강의 기적'은 여기까지라고 여겼다. 그러나 대한민국은 다시 한번 국제사회를 놀라게 했다. '한강의 기적'보다 훨씬 어렵다는 '중진국 함정'을 우리도 미처 인식하지 못하는 새에 돌파해낸 것이다. 그런 대한민국과 한국인에게 세계 그 어떤 나라에 비해도 뒤떨어지지 않는다고 자신 있게 말할 수 있는 개성이 있다면 바로 적응성^{adaptability}일 것이다. 대한민국은 가혹할 정도의 환경 변화에도 빠르게 적응해낸다. 수천 년에 걸친 왕조시대에서 식민 지배로 넘어갔을 때도 적응해냈고, 해방 후 군사독재와 자유민주주의에도 적응해냈다. 국가계획경제에도, IMF 관리체제에도, 신자유주의적 경제에도 신속히 적응했고, 동서냉전과 세계화에도 성공적으로 적응했다. 그 과정이 쉬웠던 것은 아니다. 적응의 결과가 모든 면에서 바람직했던 것도 아니다. 하지만 적응에 실패하지 않았기에 여기까지 올 수 있었다.

산업화와 민주화, 그리고 세계화 시대를 숨 가쁘게 달려오며 대한민국은 마음 한구석에서 '깊이 없음'을 한탄해왔다. 문화가 되었든 산업이 되었든, 오랜 역사에도 불구하고 장인정신과 전통, 문화적 깊이가 제대로 전수되지 않았다는 점에 비애를 느꼈다. 온고지신溫故知新을 추구할 여유가 없었기 때문이다. 세계화 시절에는 그것이 대한민국만의 경쟁력을 발휘하는데 일정 부분 제약으로 작용했을 수 있다. 그러나 아무도 걸어가 본 적 없는 길을 탐험하는 데는 적응력이 곧 생존력이요, 곧 경쟁력이 될 수 있다. 탈세계화 시대의 패권 전환기에도 대한민국이 잘 해낼 수 있다는 기대와 희망을 품어보는 이유다.

지금은 우리의 모든 선택이 대한민국의 미래와 운명을 좌우할 수 있는 결정적인 시점이다. 우리가 해야 할 일이 무엇인지는 명확하다. 대한민국의 지정학적 가치와 역할을 전략적으로 설정하여 국제질서의 격변기를 무사히 그리고 능동적으로 헤쳐나가는 것이다. 이것은 비단 정부와 기업의 몫만이 아니다. 자유민주주의 공화국인 대한민국에서 모든 국민은 직간접적인 방법으로 국가의 방향 설정과 노력에 영향을 미치고 있다. 이 어렵고 중요한 시기에 우리 모두에게 필요한 국제적 이해를 제고하는데 다만 조금이라도 이바지하는 것이 이 책의 목적이다.

* _____, 『2021 국제정세전망』, 국립외교원 외교안보연구소 (2020.12)
* _____, 『2022 국제정세전망』, 국립외교원 외교안보연구소 (2021.12)
* _____, 『2023 국제정세전망』, 국립외교원 외교안보연구소 (2022.12)
* _____, 『2022 국방백서』, 대한민국 국방부 (2023.2)
* _____, 『미-중 기술패권 경쟁에 대응한 주요국 산업정책 방향』, 한국산업기술진흥원 (2021.7)
* _____, 『중국의 디지털 실크로드: 중화 디지털블록(China-centered Digital Bloc)과 디지털 위계질서(digital hierarchy)의 부상』, 현대중국연구 21(4)(2020)
* 강봉구, 「자유주의 국제질서의 균열과 러시아의 주권적 국제주의」, 『슬라브硏究』 제35권 4호. (2019) pp. 1-33
* 강정인, 이상익 「유교적 국제질서의 이념과 그 현대적 함의」, 『한국철학논집』 제47집 (2015), pp. 171-206
* 강선주, 『미국의 자유주의 패권질서의 지속가능성: 국내정치 필요조건과 포스트-코로나 국제질서에 함의』, 국립외교원 외교안보연구소 (2020)
* 강선주, 「미국 주도의 자유주의 국제질서: 과거, 현재, 그리고 미래」, 『국제정치논총』 제60집 제2호. (2020) pp. 301-330
* 김경숙, 「아시아 · 태평양에서 인도 · 태평양으로 무게중심 이동」, 『월간 〈통상〉』 (2022.3) pp. 2-3
* 김동기, 『지정학의 힘: 시파워와 랜드파워의 세계사』 아카넷 (2020)

- 김두식, 정하늘, 김종우, 「해외건설 분쟁 해결 - 'ISD 중재'가 대안이다」, 『K-Build』 2016년 6월호, pp. 34-43
- 김상배 엮음, 『4차 산업혁명과 미중패권경쟁』. 서울대학교 국제문제연구소 총서 34 (2020)
- 김수민, 「중국 사법체계는 우리와 어떻게 다를까? - 법률해석과 사법해석을 중심으로」, 법률신문 (2022.4.11.)
- 김양희, 「미국 주도 '신뢰가치사슬'의 구축 전망과 함의」 IFANS FOCUS (2021.11.8.)
- 김양희 「21세기 보호주의의 변용, '진영화'와 '신뢰가치사슬(TVC)'」, 국립외교원 외교안보연구소 (2022)
- 김일기, 채재병, 「북한의 개정 당규약과 대남혁명전략 변화 전망」, 『INSS 전략보고』 (2021. 12.)
- 김재천, 「인도·태평양으로 보폭을 넓혀가는 세계의 중추 국가들」, 『월간 〈통상〉』. (2022.3), pp. 4-7
- 김정호, 『법과 경제학』, 한국경제연구원 (1997)
- 김종현, 『경제사』, 경문사 (2010)
- 김진아, 「한반도 위기의 핵벼랑끝 구조와 심리·인지적 변수에 대한 고찰」, 『국방정책연구』 제32권 제1호 (2016)
- 남궁곤, 「오바마 시대 '자유 국제주의 이념 3.0 버전'의 운영체계와 구성요소」, 『동향과 전망』, 92호 (2014), pp. 212-251
- 남동우·김덕기, 「러시아·우크라이나 갈등의 역사적 근원과 러시아의 우크라이나 침공이 한반도 안보에 주는 전략적 함의」, 『인문사회21』 제13권 제2호 (2022)
- 남윤선·이정·허성무, 『4차 산업혁명 시대 중국의 역습:반도체 전쟁』 한국경제신문 (2017)
- 니컬러스 웝숏, 『새뮤얼슨 vs 프리드먼』, (이가영 옮김) 부키(주) (2022)
- 도널드 부드로, 『하이에크는 어떻게 세상을 움직였나』, (최지희 옮김) 지식발전소·프레이저연구소 (2021)
- 론 처노, 『금융 권력의 이동』, (노혜숙 옮김) 플래닛 (2008)
- 마이클 샌델, 『정의란 무엇인가』, (이창신 옮김) 김영사 (2010)
- 박건영, 「핵무기와 국제정치: 역사, 이론, 정책, 그리고 미래」, 『한국과 국제정치』 제27권 제1호 (2011), pp. 1-45
- 박재적, 「인태 지역을 둘러싼 아세안과 인도의 관점」, 『더 특별한 통상, 월간 〈통상〉』. (2022.3), pp. 8-11

- 박지영, 「미중 기술패권경쟁의 의미」 아산정책연구원 (2020.5.28.)
- 박원곤 · 설인효, 「트럼프 행정부 안보국방전략 분석/전망과 한미동맹 발전 방향」, 『국방연구』, 60권 4호 (2017), pp. 1-27
- 제임스 뷰캐넌 · 존 버튼 · 리차드 와그너, 『케인스는 어떻게 재정을 파탄냈는가』, (옥동석 옮김) 자유기업원 (2021).
- 신각수, 「유엔 가입 30년과 새로운 30년: 국제평화와 정의를 위한 한국의 역할」, 『서울국제법연구』, 29권 1호 (2022), pp. 1-11
- 연원호 · 나수엽 · 박민숙 · 김영선, 『미 · 중간 기술패권 경쟁과 시사점』. 대외경제연구원 (2020.8.31.)
- 오종혁, 「미중 기술패권 경쟁의 최근 동향」 소프트웨어정책연구소 (2021.5.24)
- 유영신, 「4차 산업혁명을 대비하는 중국의 ICT 산업 및 정책 동향」, 『ICT Spot Issue』 정보통신기술진행센터(2017)
- 유지영, 「국가 안보 위협 논란에 따른 미국의 1962년 무역확장법 232조 수입조치에 대한 통상법적 쟁점」, 『통상법률』 138호 (2017)
- 유희복, 「국제질서의 다면성과 '자유주의 국제질서'의 미래: 중국의 시각을 예로」, 『아태연구』 제4호. (2018) pp. 129-169
- 윤성원, 「윈스턴 처칠과 유럽통합」 『통합유럽연구』 통권 제17호 (2018), pp. 115-140
- 윤우진, 「중국 환율제도의 변화와 영향」 『e-kiet 산업경제정보』 (산업연구원) 제485호 (2010.7.15.)
- 윤혜령, 「4차 산업혁명시대 미중기술패권 경쟁과 시사점 – 화웨이, 틱톡, 텐허 분쟁사례를 중심으로」, 『2020 STEPI Fellowship』
- 이재현, 「신남방정책과 인도 · 태평양 정책의 협력」, 『더 특별한 통상, 월간 〈통상〉』. (2022.3) pp. 12-15
- 이지용, 「21세기 세계질서와 미중 관계」, 『KINU 통일+』. (2015 여름호) pp. 99-109
- 이신화 · 박재적, 「미중 패권경쟁시대 인태 지역의 자유주의 국제질서: 도전과 전망」, 『국제지역연구』 제25권 제2호. (2021) pp. 2019-250
- 이승주, 「불확실성 시대의 국제정치경제: 자유주의 국제질서의 위기?」, 『국제정치논총』 제58집 4호 (2017) pp. 237-271
- 이혜정, 『냉전 이후 미국 패권: 자본주의와 민주주의, 전쟁의 변주』 한울아카데미 (2017)
- 이혜정 · 전혜주, 「미국 패권은 예외적인가?: 아이켄베리의 자유주의 국제질서 이론 비판」, 『한국과 국제정치』 제34권 제4호. (2018) pp. 1-31

- 임미원, 「칸트의 영구평화론」, 『법철학연구』 제14권 제1호. (2011) pp. 43-68
- 장세호, 「러시아-우크라이나 전쟁 이후 푸틴체제의 안정성 평가」, 『INSS 전략보고』 제193호 (2022년 11월)
- 장하준, 『나쁜 사마리아인들』, (이순희 옮김) 도서출판 부키 (2011)
- 장하준, 『사다리 걷어차기』, (형성백 옮김) 도서출판 부키 (2011).
- 정경록, 『중국일람 – 상하이 주재 상무영사의 비즈니스 에세이 64』 비아북 (2017)
- 정누리 & 정하늘, 「반덤핑조치 시 덤핑률편승(Rate Shopping) 방지를 위한 실무적 고려사항: 미국식 이해승계인 심사기준의 도입 필요성에 관한 검토를 중심으로」, 『통상법률』 제118호 (2014), pp. 16-48
- 정성철, 「일극체제와 상호의존을 통해 본 21세기 국제정치」, 『KINU 통일+』 통일연구원 (2015), pp. 45-55
- 정진영, 「중국의 부상과 국제통화 · 금융질서의 미래: 자유주의 국제질서가 붕괴될 것인가?」, 『한국과 국제정치』 33권 1호 (2017), pp. 131-168
- 정하늘, "국제재판에서 재심사되는 국내법원 판결들", 『법률신문』 (2022.8.11)
- 정하늘, "대한민국의 국제분쟁 대응역량 강화를 위한 해묵은 제언", 『법률신문』 (2022.12.8)
- 정하늘, "우크라이나 전쟁과 진퇴양난에 처한 국제사법재판소", 『법률신문』 (2022.8.29)
- 정하늘, 「문언외적 해석에 관한 법 해석규칙의 실증적 분석: WTO 판례에 대한 고찰을 중심으로」, 『통상법무정책』 제1호 (2021), pp. 1-27
- 정하늘, 『미국법 해설』 박영사 (2011)
- 정하늘, 「투자자-국가 분쟁해결제도(ISDS)에서의 국가책임 발생범위 확장 가능성에 대한 연구」, 『국제법학회논총』 제61권 제1호 (2016), pp. 221-245
- 정하늘, 「한반도 해역의 법적 지위와 해상작전법」, 『Strategy 21』 제26호 (2010), pp. 5-46
- 정홍상, 『국제기구 멘토링: 10년의 국제기구 경험담과 GCF 유치과정 스토리』 도서출판 하다 (2013)
- 존 미어샤이머, 『강대국 국제정치의 비극 – 미중 패권경쟁의 시대』, (이춘근 옮김) 김앤김북스 (2017)
- 차정미, 「미중기술패권경쟁과 중국의 강대국화 전략 – '기술혁신'과 '기술동맹' 경쟁을 중심으로」, 『국제전략 Foresight』 Vol. 03 (2021.8.12.)
- 차정미, 「중국의 4차산업혁명 담론과 전략, 추진체계」, 『동서연구』 30(1)(2018)
- 차태서, 「트럼프 현상과 자유주의세계질서의 위기」, 『JPI정책포럼』 제189권 (2017)

- 최우선, 「미국의 INF 조약 탈퇴와 미중 군사경쟁」, 『IFANS 2019-23』 국립외교원 외교안보연구소
- 최은미, 「동북아평화협력플랫폼 활성화를 위한 추진과제」 IFANS 주요국제문제분석 2018-54
- 한국금융연구원, 「제조강국을 목표로 한 '중국제조 2025'의 내용 및 평가」, 『China Inside 중국 내 주요 연구 동향』 제27권 17호
- 한승완, 「'정체성 정치' (Identity Politics)와 자유주의 국제질서」, 『국가안보전략연구원 Issue Brief』 18-52 (2018)
- 한인택 · 변영학 · 장지향 · 성일광 · 강충구 『민주주의 위기, 국제질서 혼란』 아산정책연구원 (2020년 12월)
- 허성무, 「반도체 패권을 둘러싼 한국중국미국 간 경쟁양상에 대한 연구」, 『통상정보연구』 제20권 4호 (2018)
- _____, *Decade Forecast: 2000-2010*, Stratfor Global Intelligence (1 January 2000)
- _____, *Decade Forecast: 2005-2015*, Stratfor Global Intelligence (7 February 2005)
- _____, *Decade Forecast: 2010-2020*, Stratfor Global Intelligence (21 January 2010)
- _____, *Decade Forecast: 2015-2025*, Stratfor Global Intelligence (23 February 2015)
- _____, *Decade Forecast: 2020-2030*, Stratfor Global Intelligence (12 February 2020)
- _____, *Freedom in the World 2022*, Freedom House (February 2002)
- _____, *Pacific Historical Review*, Volume 55, Number 1 (February 1986)
- _____, World Trade Report of 2023, World Trade Organization (2023)
- Adam Smith, *An Inquiry into the Nature and Causes of the Wealth of Nations* (originally in 1776)(ed. C.J. Bullock)(Collier, 1937)
- Adam Tooze, *Crashed: How a Decade of Financial Crisis Changed the World* (Penguin Books, 2019)
- Alexander Downes, "Regime Change Doesn't Work," *Boston Review* (September/October 2011)
- Aleksandr Dugin, *The Foundations of Geopolitics: The Geopolitical Future of Russia* (Arktogeja, 1997)(English Translation 2020)

- Alexander Wendt, "Anarchy Is What States Make of It: The Social Construction of Power Politics," *International Organizations,* Volume 46, Number 2 (Spring 1992), pp. 391–425.

- Aloysius Uche Ordu & Danielle Resnick, "After the US–Africa Leaders Summit, the US must ensure accountability and strengthen coordination," Brookings (23 December 2022)

- Amitav Acharya, *The End of American World Order* (Polity Press, 2015)

- Anique Ginneken, *Historical Dictionary of the League of Nations,* Scarecroww Press (2006)

- Angus Maddison, *Development Centre Studies – The World Economy: Historical Statistics,* OECD (2003)

- Anne-Marie Brady, "Magic Weapons: China's political influence activities under Xi Jinping," Conference paper presented at the conference on "The corrosion of democracy under China's global influence, supported by the Taiwan Foundation for Democracy," hosted in Arlington, Virginia, USA, 16–17 September 2017

- Anshu Siripurapu and Noah Berman, "Is Industrial Policy Making a Comeback?" *Renewing America* (18 November 2022)

- Antonios Tzanakopoulos, *Disobeying The Security Council* (Oxford University Press, 2013)

- Arthur Nussbaum, *A Concise History of the Law of Nations* (Macmillan Company, 1954)

- Arvind Subramanian, "The Inevitable Superpower: Why China's Dominance Is a Sure Thing," *Foreign Affairs,* Volume 90, Number 5 (September/October 2011)

- Benjamin Valentino, "The True Costs of Humanitarian Intervention," *Foreign Affairs,* Volume 90, Issue 6, (November/December 2011)

- Bernard Hoekman and Petros C. Mavroidis, "WTO Reform: Back to the Past to Build for the Future," Global Policy Volume 12, Supplement 3 (April 2021)

- Bill Emmott, The fate of the West: the battle to save the world's most successful political idea. Public Affairs (2017)

- Brian Katulis & Peter Juul, "The Lessons Learned for U.S. National Security Policy in the 20 Years Since 9/11," *CAP Article* (10 September 2021)

- Bruce Hoffman, *Inside Terrorism, Revised and Expanded Edition* (Columbia

University Press, 2006)

- Bruce Jones & Susana Malcorra, "Competing for Order – Confronting the Long Crisis of Multilateralism," Brookings (October 2020)
- Caroline de Gruyter, "Putin's War is Europe's 9/11," *FP* (28 February 2022)
- Carter Malkasian, "The Korea Model: Why an Armistice Offers the Best Hope for Peace in Ukraine," *Foreign Affairs* (July/August 2023)
- Chad P. Bown and Soumaya Keynes, "Why Trump Shot the Sheriffs: The End of WTO Dispute Settlement 1.0", Peterson Institute for International Economics (March 2020)
- Charles Lois Montesquieu, *The Spirit of Laws (originally in 1748),* Prometheus (2002)
- Christian Goeschel, *Mussolini and Hitler: The Foreging of the Fascist Alliance,* Yale University Press (2018)
- Christopher Layne, "Kant or Cant: The Myth of the Democratic Peace," *International Security,* Volume 19, Number 2 (Fall 1994)
- Chris Miller, *Chip War: The Fight for the World's Most Critical Technology* (Scribner, 2022)
- Clyde Prestowitz, "CHIPS as usual: A defense of US industrial policy," *hinrich foundation* (30 August 2022)
- Colin Gray, *The Second Nuclear Age,* Lynne Reinner Publishers (1999)
- Dale Copeland, *The Origins of Major War* (Cornell University Press, 2000)
- Dani Rodrik, *The Globalization Paradox: Democracy and the Future of the World Economy* (Norton, 2011)
- Daniel Drezner, *The System Worked: How the World Stopped Another Great Depression* (Oxford University Press, 2014)
- David Kang, *East Asia Before the West: Five Centuries of Trade and Tribute* (Columbia University Press, 2010)
- Donald Trump, *Crippled America: How to Make America Great Again* (Simon & Schuster, 2015)
- Doni Rodrik, *The Globalization Paradox, Why Global Markets, States, and Democracy Can't Coexist,* (Oxford University Press, 2012)
- Doo-Sik Kim & Haneul Jung, "Special Report: The Legal Status of the Northern Limit Line", *Korean Yearbook of International Law,* Volume 2 (2015), pp. 191–

203

- Douglas Irwin, "Globalization enabled nearly all countries to grow richer in recent decades," *Peterson Institute for International Economics* (16 June 2022)
- Douglas Irwin and Oliver Ward, "What is the Washington Consensus?", *Peterson Institute for International Economics* (2021)
- Dukgeun Ahn, "Why Reform is Needed: WTO 'Public Body' Jurisprudence", Global Policy Volume 12, Supplement 3 (April 2021)
- Edgar Feuchtwanger, *Bismarck,* Routledge Historical Biographies (2002)
- Edward Carr, *The Twenty Years' Crisis, 1919-1939* (Macmillan, 1951)
- Edward Carr, *What is History?* (Vintage, 1967)
- Edward Luce, The retreat of western liberalism, Atlantic Monthly Press (2017)
- Edwin Feulner, "What Are America's Vital Interests?", REPORT Political Porcess, The Heritage Foundation (6 February 1996)
- Eleanor Lattimore, "Pacific Ocean or American Lake?" *Far Eastern Survey,* Volume 14, Number 22 (7 November 1945), pp. 313-316
- Eric Schmidt, "Innovation Power – Why Technology Will Define the Future of Geopolitics," *Foreign Affairs* (28 February 2023)
- Francis Fukuyama, "The End of History?", *The National Interest,* Number 16 (1989), pp. 3-18
- Francis Fukuyama, "The End of History and the Last Man", *Free Press* (2006)
- Francis Fukuyama "Against Identity Politics: The New Tribalism and the Crisis of Democracy", Foreign Affairs, Volume 97, Number 5 (2018) pp. 90-114
- Francis Fukuyama, Barak Richman, and Ashish Goel, "How to Save Democracy from Technology Ending Big Tech's Information Monopoly", *Foreign Affairs* (January/February 2021)
- Gail Braybon, *Evidence History, and the Great War: Historians and the Impact of 1914-18* (Berghahn Books, 2004)
- George Friedman, *The Next 100 Years: A Forecast for the 21st Century* (Knopf Doubleday Publishing Group, 2010)
- George Modelski and William Thompson, *Leading Sectors and World Powers: The Coevoluation of Global Economics and Politics* (University of South Carolina Press, 1996)
- Gerhard Weinberg, *A World at Arms: A Global History of World War II (2nd*

ed.) (Cambridge University Press, 2005)

- Graham Allison, *Destined for War: Can America and China Escape Thucydides's Trap?* (Houghton Mifflin Harcourt, 2017)

- Graham Allison, "The Myth of the Liberal Order: From Historical Accident to Conventional Wisdom", *Foreign Affairs,* Volume 97, Number 4 (2018), pp. 124-133

- Graham Allison, Kevin Klyman, Karina Barbesino, Hugo Yen, "The Great Tech Rivalry: China vs the U.S.", Avoiding Great Power War Project, Harvard Kennedy School Belfer Center for Science and International Affairs (December 2021)

- Graham Allison and Robert Blackwill, *America's National Interests,* The Commission on America's National Interests (1998)

- Hal Brands and Michael Beckley, "China is a Declining Power – and That's the Problem," *Foreign Policy* (24 September 2021)

- Halford Mackinder, "The Geographical Pivot of History", *The Geographical Journal,* Volume 23, Number 4 (1904), pp. 421-437

- Haneul Jung & Jeongmeen Suh, "Preventing Systematic Circumvention of the SCM Agreement: Beyond the Mandatory / Discretionary Distinction", *World Trade Review,* Volume 15, Issue 3 (2016), pp. 475-493

- Haneul Jung & Nu Ri Jung, "Enforcing 'Purely' Environmental Obligations Through International Trade Law: A Case of the CPTPP's fisheries subsidies", Journal of World Trade, Volume 53, Issue 6 (2019), pp. 1001-1020

- Haneul Jung & Nu Ri Jung, "Longstanding Riddle about the Doctrine of Legitimate Expectation Under International Investment Law – Ascertaining Legal Tests for the Customary International Law's Minimum Standard of Treatment", *Northwestern Journal of International Law and Business,* Volume 42, Issue 2 (2022)

- Haneul Jung, et al., "Responding to Foreign Anti-Dumping Investigations: Exclusion of Korean PVC Shrink Film Products from Colombian Anti-Dumping Duties", *Lexology* (29 November 2013)

- Haneul Jung, "Tackling Currency Manipulation with International Law: Why and How Currency Manipulation should be Adjudicated?", *Manchester Journal of International Economic Law,* Volume 9, Issue 2 (2012)

- Hans Kelsen, *Pure Theory of Law* (originally in 1960), The Lawbook Exchange

(2009)

- Hans Kundnani, "What is the Liberal International Order?", German Marshall Fund (3 May 2017)

- Hans Morgenthau, Politics Among Nations (7th ed), McGraw-Hill Education (2005)

- Henry Farrel and Abraham Newman, "Weaponized Interdependence: How Global Economic Network Shape State Coercion", *International Security*, Vol. 44, No. 1 (2019)

- Henry Kissinger, *World Order*, Penguin Books (2015)

- Henry Sokolski, "Getting Ready for a Nuclear-Ready Iran: Report of the NPEC Working Group," in *Getting Ready for a Nuclear-Ready Iran*, ed. Henry Sokolski and Patrick Clawson. (Strategic Studies Institute, 2005), pp. 1-10

- Hippolyte Forack, "US-Africa Leaders Summit could make history – if leaders recalibrate trade relations," Atlantic Council (12 December 2022)

- Hope Seck, "The Navy Wants to Decommision 24 Ships. Are Plans for A Mega-Fleet Dead?" *SANDBOXX* (3 April 2022)

- Hope Seck, "Hypersonic Weapons Could Rescue The Navy's Stealth Destroyer" *SANDBOXX* (3 April 2022)

- H.L.A. Hart, *The Concept of Law*, Oxford University Press (1997)

- H. P. Willmott, *First World War*, Dorling Kindersley H/B (2003)

- Ian Hurd, *International Organizations: Politics, Law, Practice*, 2011, Cambridge University Press, Chapter 2

- Ian Hurd, "Legitimacy and Authority in International Politics," *International Organization* (World Peace Foundation, 1999), pp. 379-403

- Immanuel Kant, *Perpetual Peace – A Philosophical Essay (originally in 1795)*, CreateSpace Independent Publishing Platform (2016)

- International Bank for Reconstruction and Development (The World Bank): "The 2011 World Development Report"

- Isaac Chotiner, "Why John Mearsheimer Blames the U.S. for the Crisis in Ukraine," *The New Yorker* (1 March 2022)

- Jack Donnelly, "The Ethics of Realism", in Christian Reus-Smit & Duncan Snidal (eds.), *The Oxford Handbook of International Relations*, Oxford University Press (2008)

- Jaemin Lee, IHR 2005 in the Coronavirus Pandemic: A Need for a New Instrument to Overcome Fragmentation?, *ASIL Insights*, Volume 24, Issue 16 (2020).
- Jaemin Jeon & Haneul Jung, "Korea" Chapter, Brian Facey (ed.), *Foreign Investment Regulation Review*, Law Business Research (2016)
- James Fearon, "Rationalist Explanations for War," *International Organization*, Volume 49, Number 3 (Summer 1995), pp. 379-414
- Jamie Gaida, Jennifer Wong Leung, Stephan Robin & Danielle Cave, "ASPI's Critical Technology Tracker – The global race for future power," *Australian Strategic Policy Institute* (2 March 2023)
- Jared Diamond, *Guns, Germs, and Steel,* W. W. Norton (2005)
- Jean Jacques Rousseau, *The Social Contract (originally 1762),* Ozymandias Press (2018)
- Jeannette Money, "Globalization, international mobility and the liberal international order", International Affairs, Volume 97, Issue 5 (2021), pp. 1559-1577
- Jeff Colgan and Robert Keohane, "The Liberal Order is Rigged: Fix it Now or Watch it Wither", *Foreign Affairs*, Volume 96, Number 3 (2017) pp. 36-44
- Jeremy Baum & John Villasenor, "How close are we to AI that surpasses human intelligence?" *Brookings* (18 July 2023)
- John Culver, "How to Read Xi Jinping – Is China Really Preparing for War?", *Foreign Affairs* (6 June 2023)
- John Delaney, et. al, *"2022 Emerging Technology Trends,* Perkins Coie LLP (January 2022)
- John Ikenberry, *After Victory: Institutions, Strategic Restraint, and the Rebuilding of Order after Major Wars.* Princeton University Press (2001)
- John Ikenberry, *A World Safe for Democracy: Liberal Internationalism and the Crises of Global Order.* Yale University Press (2020)
- John Ikenberry, "Is American Multilateralism in Decline?", Perspectives on Politics, Volume 1, Number 3 (2003), pp. 533-550
- John Ikenberry, *Liberal Leviathan: the origins, crisis, and transformation of the American world order.* Princeton University Press (2011)
- John Ikenberry, *Liberal Order and Imperial Ambition: Essays on American*

Power and International Order. Princeton University Press (2011)

- John Ikenberry, *Power, Order, and Change in World Politics.* Cambridge University Press (2014)

- John Ikenberry, "Salvaging the G-7", Foreign Affairs, Vol. 72, No. 2 (1993), pp. 132-139

- John Ikenberry, "The End of liberal international order?", International Affairs, Issue 94, Volume 1 (2018), pp. 7-23

- John Ikenberry, "The Future of the Liberal World Order", Foreign Affairs, May/June (2011), pp. 56-68

- John Ikenberry, "The Illusion of Geopolitics: The Enduring Power of the Liberal Order", Foreign Affairs, Volume 93, No. 3 (2014) pp. 80-90

- John Ikenberry, "The Plot Against American Foreign Policy: Can the Liberal Order Survive?", Foreign Affairs, Volume 93, No. 3 (2017) pp. 2-9

- John Lewis Gaddis, *The Cold War: A New History,* Penguin Books (2006)

- John Locke, *Two Treatises of Government (originally in 1689),* CreateSpace Independent Publishing Platform (2014)

- John Mearsheimer, "Bound to Fail: The Rise and Fall of the Liberal International Order", *International Security,* Vol. 43, No. 4 (Spring 2019), pp. 7-50

- John Mueller, "PAX AMERICA is a Myth: Aversion to War Drives Peace and Order," *The Washington Quarterly* (Fall 2020), pp. 115-136

- John Pomfret & Matt Pottinger, "Xi Jinping Says He is Preparing China for War – The World Should Take Him Seriously," *Foreign Affairs* (29 March 2023)

- John Ravenhill (ed.), Global Political Economy (Oxford University Press)

- John Rawls, *A Theory of Justice (originally in 1971),* (Belknap Press, 1999)

- John Ruggie, "International Regimes, Transactions, and Change: Embedded Liberalism in the Postwar Economic Order", International Organization, Vol. 36, No. 2 (1982), pp. 379-415

- John Ruggie, "Multilateralism: The anatomy of an institution", in John Ruggie (ed.), *Multilateralism Matters: The Theory and Praxis of an Institutional Form,* Columbia University Press (1993), pp. 3-47

- J.V. Stalin, Questions & Answers to American Trade Unionists: Stalin's Interview with the First American Trade Union Delegation to Soviet Russia

(September 15, 1927), *Marxists Internet Archive*

- John Stuart Mill, *On Liberty (originally in 1859)*, Dover Publications (2002)
- John Weitz, *Hitler's Banker: Hjalmar Horace Greeley Schaht (originally in 1997)*, Warner Futura (2002)
- Jon Western & Joshua Goldstein, "Humanitarian Intervention Comes of Age, Lessons From Somalia to Libya," *Foreign Affairs,* FRNA, 48, Volume 90 (2011)
- Jonathan Kirshner, "Bring Them All Back Home? Dollar Diminution and U.S. Power," *The Washington Quarterly,* Volume 36, Issue 3 (Summer 2013), pp. 27-45
- Joseph Ebeghulem, "The Failure of Collective Security in the Post World Wars I and II International System", International Journal of Peace and Conflict Studies. Volume 1, Number 1 (2012)
- Karen Mingst, Heather Mckibben, Ivan Arreguín-Toft, *Essentials of International Relations* (8th Ed.), W.W. Norton (2019)
- Karl Marx & Frederick Engels, *Manifesto of Communist Party*, Foreign Language Press (1972)
- Keith Rockwell, "The drums echoing: Africa's rising clout in global trade and geopolitics," hinrich foundation (8 August 2023)
- Kenneth Oye, "Explaining Cooperation under Anarchy: Hyopthesis and Strategies," World Politics Volume 38, Issue 1 (1985), pp. 1-24
- Kenneth Waltz, "Globalization and Governance," Political Science and Politics, Volume 32, Number 4 (December 1999), pp. 693-700
- Kenneth Waltz, *Theory of International Politics*, (Waveland Press, 2010)
- Kenneth Waltz, "Why Iran Should Get the Bomb: Nuclear Balancing Would Mean Stability," Foreign Affairs, Volume 91, Issue 4 (2012)
- Kenton Thibaut, *Chinese Discourse Power: Capabilities and Impact,* Atlantic Council (August 2023)
- Kevin Grier and Robin Grier, "The Washington Consensus Works: Causal Effects of Reform, 1970-2015", *Journal of Comparative Economics,* Vol. 49 (8 September 2020), pp. 59-72
- Kofi Annan, "Reflections on Intervention," *The Question of Intervention: Statements by the Secretary-General* (United Nations, 1999)
- Lisa Martin, "Interests, Power, and Multilateralism", *International*

Organization, Volume 46, Number 4, (1992), pp. 765-792

- Lori Damrosch, et al., *International Law – Cases and Materials* (4th ed), West Group (2002)

- Louis Henkin, *How Nations Behave – Law and Foreign Policy* (2nd ed), Council on Foreign Relations (1979)

- Luke Amadi, "Globalization and the changing liberal international order: A review of the literature", Research in Globalization 2 (2020)

- Malcolm Jorgensen, "The German National Security Strategy and International Legal Order's Contested Political Framing," *European Journal of International Law Blog* (5 July 2023)

- Mario Coccia, "Why do nations produce science advances and new technology?", *Technology in Society* 59 (2019)

- Mark Esper, *A Sacred Oath: Memoirs of a Secretary of Defense During Extraordinary Times,* William Morrow (2022)

- Mark Gunzinger & Bryan Clark, "Winning The Salvo Competition: Rebalancing America's Air and Missile Defenses," *Center for Strategic and Budgetary Assessments* (20 May 2016)

- Mark Copelovitch, Sara Hobolt & Stefanie Walter, "Challenges to the contemporary global order. Cause for pessimism or optimisim?", *Journal of European Public Policy,* Volume 27, Issue 7 (2020), pp. 1114-1125

- Markus Kornprobst and T. V. Paul, "Globalization, deglobalization and the liberal international order," *International Affairs,* Volume 97, Issue 5, (2021) pp. 1305-1316

- Martin Gilbert, *First World War,* Stoddart Publishing (1994)

- Mette Eilstrup-Sangiovannia and Stephanie C. Hofmann, "Of the contemporary global order, crisis, and change," *Journal of European Publis Policy,* Volume 27, Issue 7 (2020) pp. 1077-1089

- Michael Cox, "Power Shifts, Economic Change and the Decline of the West," *International Relations,* Volume 26, Issue 4 (2012)

- Michael Desch, "Benevolent Cant? Kant's Liberal Imperialism," *The Review of Politics,* Volume 73, Number. 4 (2011) pp. 649-656

- Michael Doyle, "Kant, Liberal Legacies, and Foreign Affairs," *Philosophy & Public Affairs,* Volume 12, Issue 3 (1983), pp. 205-235

- Michael Kofman and Rob Lee, "Beyond Ukraine's Offensive – The West Needs to Prepare the Country's Military for a Long War," *Foreign Affairs* (March 10, 2023)
- Michael Mandelbaum, *The Case for Goliath: How America Acts as the World's Government in the 21st Century* (Perseus Books, 2005)
- Michael Mandelbaum, *The ideas that conquered the world: peace, democracy and free markets in the twenty-first century*. Public Affairs (2004)
- Mike Pence, *So Help Me God*, Simon & Schuster (2022)
- Miles Kahler, "Multilateralism with Small and Large Numbers," *International Organization*, Volume 46, Number 3, (1992), p. 681
- Moisés Naím, "Globalization," *Foreign Policy* (March/April 2009), pp. 28-34
- Nicola-Ann Hardwick, "The UN During the Cold War: 'A tool of superpower influence stymied by superpower conflict?'", *E-International Relations* (2011)
- Nicholas Lardy, "Issues in China's WTO Accession," *Brookings Testimony* (9 May 2001)
- Nicholas Lardy, "How serious is China's economic slowdown?" Peterson Institute for International Economics (17 August 2023)
- Niccolo Machiavelli, *The Prince* (originally in 1532)(A Penguin Classics Hardcover), Penguin Classics (2015)
- Noam Chomsky, *World Orders, Old and New* (Pluto Press, 1994)
- Norrin Ripsman, "Globalization, deglobalization and Great Power Politics," *International Affairs*, Volume 97, Issue 5, (2021), pp. 1317-1334
- Odd Arne Westad, *The Cold War: A World History*, Basic Books (2019)
- Pankaj Ghemawat, "Why the World Isn't Flat," *Foreign Policy*, Number 159 (March/April 2007), pp. 54-60
- Pascal Lamy, "The slow American protectionist turn," VOX (27 March 2023)
- Paul Bracken, *The Second Nuclear Age: Strategy, Danger, and the New Power Politics*, Times Books (2012)
- Paul Kennedy, *The Rise and Fall of the Great Powers: Economic Change and Military Conflict from 1500 to 2000*, Random House (1989)
- Paul Krugman, "China's Future Isn't What It Used to Be," *The New York Times* (22 December 2022)
- Peter Drysdale & Charlie Barnes, "How India can realize its ambitions to

become a great power," hinrich foundation (23 August 2022)

- Peter Gries, *China's New Nationalism: Pride, Politics, and Diplomacy*, University of California Press (2004)

- Peter Hays Harris, "Losing the International Order: Westphalia, Liberalism and Current World Crises," *The National Interest* (10 November 2015)

- Peter Zeihan, *Disunited Nations: The Scramble for Power in an Ungoverned World*, HarperCollins (2020)

- Peter Van den Bosshe, *The Law and Policy of the World Trade Organization* (2nd Ed.), Cambridge University Press (2008)

- Petros C. Mavroidis and André Sapir, "All the Tea in China: Solving the 'China Problem' at the WTO," *Global Policy* Volume 12, Supplement 3 (April 2021)

- Philip Setler-Jones, "Welcome to the New Deal-based Order," World Economic Forum (2017)

- Pierre Lemieux, "Dispelling Supply Chain Myths," CATO Institute (Summer 2022)

- Rakesh Kochhar, Richard Fry, and Molly Rohal, "The American Middle Class is Losing Ground," Pew Research Center (9 December 2015)

- Rakesh Kochhar & Stella Sechopoulos, "How the American middle class has changed in the past five decades," Pew Research Center (20 April 2022).

- Randall Schweller, "Grand Strategy Under Nonpolarity," in Thierry Balzacq & Ronald Krebs (eds.), The Oxford Handbook of Grand Strategy (2021)

- Richard Hass, "The Age of Nonpolarity: What Will Follow U.S. Dominance," *Foreign Affairs* (3 May 2008)

- Richard Haas, "World Order 2.0," *Foreign Affairs*, (January/February 2017)

- Richard Helms, "Memorandum for the Director of Central Intelligence: Meeting with the Attorney General of the United States Concerning Cuba" (19 January 1962)

- Richard Kohn, "An Essay on Civilian Control of the Military," *Diplomacy*, March (1997)

- Robert Art, "American Foreign Policy and the Fungibility of Force," *Security Studies*, Volume 5, Number 4 (Summer 1996), pp. 7-42

- Robert Art, "To What Ends Military Power?" *International Security*, Volume 4, Number 4 (Spring 1980), pp. 3-35

- Robert Art & Robert Jervis (eds.), *International Politics: Enduring Concepts and Contemporary Issues* (12th ed)(Pearson, 2015)

- Robert Gilpin, *U.S. Power and the Multinational Corporation* (Basic Books, 1975)

- Robert Jervis, "Cooperation Under the Security Dilemma," *World Politics*, Volume 30, Number 2 (January 1978), pp. 18-214

- Robert Jervis, "Theories of War in an Era of Leading-Power Peace: Presidential Address, American Political Science Association, 2011," *American Political Science Review*, Volume 96, Number 1 (March 2022), pp. 1-14

- Robert Kagan, *The World America Made*. Vintage Books (2012)

- Robert Kagan, "The twilight of the liberal world order," Brookings Report (24 January 2017)

- Robert Keohane, "International Institutions: Can Interdependence Work?" *Foreign Policy*, Issue 110 (Spring 1998), pp. 82-94

- Robert Powell. 1991. "Absolute and Relative Gains in International Relations Theory," The American Political Science Review, Volume. 85, Number 4:1303-1320

- Robert Ross and Zhu Feng (eds.), *China's Ascent: Power, Security, and the Future of International Politics*, (Cornell University, 2008)

- Ronald Dworkin, *Law's Empire*, Harvard University Press (1986)

- Samuel Barkin and Bruce Cronin, "The state and the nation: changing norms and the rules of sovereignty in international relations," *International Organization*, Volume 48, Issue 1 (1994), pp. 107-130

- Samuel Huntington, *The Clash of Civilization and the Remaking of World Order*, Simon & Schuster (2011)

- Samuel Huntington, *The Third Wave: Democratization in the Late Twentieth Century*, Volume 4, University of Oklahoma Press (1993)

- Sherzod Shadikhodjaev, "Steel Overcapacity and the Global Trading System," *Asian Journal of WTO & International Health Law and Policy*, Vol. 16, No. 2 (Sep 2021), pp. 179-218

- Sid Simpson, "Making liberal use of Kant? Democratic peace theory and Perpetual Peace," *International Relations*, Vol. 33, Issue 1 (2019) p. 109-128

- Sonali Das, "China's Evolving Exchange Rate Regime," IMF Working Paper

(March 2019)

- Stephen Brooks, John Ikenberry and William Wohlforth, "Lean Forward: In Defense of American Engagement," *Foreign Affairs,* Volume 92, Number 1 (2013), pp. 130-142

- Stephen McGlinchey, "Nuclear Weapons and International Relations," *E-International Relations* (2022)

- Stephen Walt, *The Origins of Alliances* (Cornell University Press, 1987)

- Stephanie Hofmann, "Global Ordering and Organizational Alternative for Europe: NATO vs. the European Union?", *Texas National Security Review* (2019), pp. 13-20

- Steve Chan, "Challenging the liberal order: the US hegemon as a revisionist power," *International Affairs*, Volume 97, Issue 5 (2021), pp. 1335-1352

- Steven Croley & John Jackson, "WTO Dispute Procedures, Standard of Review, and Deference to National Government," *American Journal of International Law* Volume 90, Number 2 (April 1996), pp. 193-213

- Steven Ratner, "International Law: The Trials of Global Norms," *Foreign Policy*, Issue 110 (Spring 1998), pp. 65-75

- Suisheng Zhao, *A Nation-State by Construction: Dynamics of Modern Chinese Nationalism*, Stanford University Press (2004)

- Ted Galen Garpenter, "The Imperial Lure: National Building as a US Response to Terrorism" *Mediterranean Quarterly* (Winter 2006), pp. 34-47

- The White House, Indo-Pacific Strategy of the United States (February 2022)

- Thomas Friedman, *The Lexus and the Olive Tree*, (Farrar, Straus, Giroux, 1999)

- The White House, "United States Strategic Approach to the People's Republic of China," (May 20th, 2020)

- Thomas Hobbes, *Leviathan (originally in 1651)*, Hackett Publishing Company (1994)

- Thomas Paine, *Rights of Man (originally in 1791)*, Dover Publications (1999)

- Thomas Schelling, *Arms and Influences* (Yale University, 1966)

- Thucydides, *History of the Peloponnesian War* (Rex Warner, 1954)

- Tim Marshall, *Prisoners of Geography: Ten Maps that Explain Everything About the World*, Scribner (2015)

- Tim Chapman, *The Congress of Vienna 1814-1815*, Routledge (1998)

- Tom Buchanan, *Europe's Troubled Peace, 1945-2000*, Blackwell Publishing (2006)
- Tom Wright, *All Measures Short of War: The Contest for the 21st Century and the Future of American Power* (Yale University Press, 2012)
- Tomuschaat Christian, *The United Nations at Age Fifty: A Legal Perspective*, Martinus Nijhoff Publishers (1995)
- United States Trade Representative, *2018 Trade Policy Agenda and 2017 Annual Report of the President of the United States on the Trade Agreements Program* (2018)
- United States Trade Representative, 2021 Report to Congress on China's WTO Compliance (February 2022)
- Umut Aydin, "Emerging middle powers and the liberal international order", International Affairs, Volume 97, Issue 5 (2021), pp. 1377–1394
- Walden Bello, *Deglobalization: Ideas for a New World Economy*, Zed Books (2004)
- Ward Wilson, *Five Myths about Nuclear Weapons, Houghton Mifflin Harcourt* (2013)
- William Thompson, *Power Concentration in World Politics: The Political Economy of Systemic Leadership, Growth and Conflict*, Springer (2020)
- Yubal Harari, "Why Vladimir Putin has already lost this war," *The Guardian* (28 February 2022)
- Zbigniew Brzezinski, *The Grand Chessboard: American Primacy and Its Geostrategic Imperatives*, Basic Books (1998)

저자는 위에 기재된 자료들 외에도 무수히 많은 자료를 참고했고, 개중에는 저자가 여기에 식별할 수 없는 자료도 상당하다. 저자가 어린 시절부터 매일 같이 읽고 접한 뉴스와 서적, 잡지와 보고서, 각종 영상자료 가운데 이 책에 직간접적으로 반영되었거나 적어도 논리 전개의 틀을 구축하는 데 도움을 준 자료는 무수히 많다. 그러나 그 출처를 모두 식별하여 기재하는 것은 원시적으로 불가능했다. 또한 저자가 커리어 과정을 통해 지득한 수많은 정보도 이 책에 직간접적으로 반영되어 있을 것이다. 그중 대외비에 해당하는 내용들은 이 책에 포함되지 않았다고 자신하나, 해당 정보가 저자가 가진 사고의 틀에 미친 영향까지는 어쩔 수가 없다.

21세기 국제질서, 맥락으로 이해하기

패권 전환기 속 대한민국의 미래

발 행 일　　2023년 11월 20일

지 은 이　　정하늘
발 행 인　　정하늘
발 행 처　　국제법질서연구소
등　　록　　제2022-000198호
기획편집　　심지원
디 자 인　　오성민

ISBN　　　979-11-984119-0-7
정가　　　26,000원

본 서적에는 KoPubWorld 및 Noto Sans 서체가 사용되었습니다.